Galli / Moser / Lang / Clerc

Praxis des öffentlichen Beschaffungsrechts

Praxis des öffentlichen Beschaffungsrechts

Eine systematische Darstellung der Rechtsprechung
des Bundes, der Kantone und der Europäischen Union

von

Dr. iur. Peter Galli, Rechtsanwalt
Dr. iur. André Moser, Bundesverwaltungsrichter
Lic. iur. Elisabeth Lang, Rechtsanwältin
Prof. Dr. iur. Evelyne Clerc, Professorin

Zweite, vollständig überarbeitete und erweiterte Auflage

1. Band: Landesrecht

Schulthess § 2007

Zitiervorschlag: Peter Galli/André Moser/Elisabeth Lang/Evelyne Clerc, Praxis des öffentlichen Beschaffungsrechts, 1. Band, Zürich/Basel/Genf 2007, Rz. …

Bibliografische Information «Der Deutschen Bibliothek»
Die Deutsche Bibliothek verzeichnet diese Publikation in der Deutschen Nationalbibliografie; detaillierte bibliografische Daten sind im Internet über «http://dnb.ddb.de» abrufbar.

Alle Rechte, auch die des Nachdrucks von Auszügen, vorbehalten. Jede Verwertung ist ohne Zustimmung des Verlages unzulässig. Dies gilt insbesondere für Vervielfältigungen, Übersetzungen, Mikroverfilmungen und die Einspeicherung und Verarbeitung in elektronische Systeme.

© Schulthess Juristische Medien AG, Zürich · Basel · Genf 2007
  ISBN 978-3-7255-5491-1

www.schulthess.com

Vorwort zur zweiten Auflage

Das öffentliche Beschaffungsrecht ist weiterhin in Bewegung. So ist kurz nach Erscheinen der ersten Auflage des Buches die revidierte Interkantonale Vereinbarung über das öffentliche Beschaffungswesen in Kraft getreten. Seit der Herausgabe der ersten Auflage zu Beginn des Jahres 2003 hat sich aber auch die Rechtsprechung auf allen Stufen weiter entwickelt. Die Eidgenössische Rekurskommission für das öffentliche Beschaffungswesen (BRK) ist auf Ende des Jahres 2006 aufgehoben und durch das Bundesverwaltungsgericht abgelöst worden. Auch verfahrensmässig hat sich mit dem Inkrafttreten von Bundesgerichtsgesetz und Verwaltungsgerichtsgesetz auf den 1. Januar 2007 einiges geändert. Die Autoren der ersten Auflage nehmen dies zum Anlass, sich ein letztes Mal als (ehemalige) Mitglieder der BRK zu Wort zu melden und als Vermächtnis namentlich einen Überblick über die vollständige, elfjährige Rechtsprechung der Rekurskommission zu hinterlegen. Das Autorenteam hat sich ergänzt durch Evelyne Clerc, ebenfalls (ehemalige) Richterin der BRK und zudem Professorin an der Universität von Neuenburg, die es insbesondere übernahm, in einem auf Französisch verfassten 2. Band das europäische Recht und die Rechtsprechung des europäischen Gerichtshofes darzustellen. Damit wird in der vorliegenden Auflage die bis Ende August 2007 zugängliche Rechtsprechung von Bundesgericht und Bundesverwaltungsgericht, jene der Rekurskommission und schwerpunktmässig auch jene der Kantone sowie des europäischen Gerichtshofes systematisch erörtert. Mit der vergleichenden Darstellung der Probleme, die in der Rechtsprechung aufgetaucht sind, bezweckt das Werk zudem, einen konstruktiven Beitrag zu leisten im Hinblick auf die in Bund und Kantonen anstehende Revision der Gesetzgebung auf dem Gebiete des Submissionswesens.

Die Autoren haben auch die zweite Auflage des Buches aus persönlichem Interesse an diesem anspruchsvollen Rechtsgebiet verfasst, ohne Auftrag Dritter. Unterstützung erhielten sie einzig durch Hüseyin Celik, der Evelyne Clerc als Assistent zur Verfügung stand und im Übrigen auch das Stichwortverzeichnis neu gestaltete und ergänzte. Diese Anstellung ermöglichte der Schweizerische Nationalfonds zur Förderung der wissenschaftlichen Forschung, was an dieser Stelle herzlich verdankt sei. In dem Rahmen, in dem die Autoren Entscheide kommentieren, geben sie nur ihre persönliche Meinung wieder.

Zürich, Lausanne, Brugg und Genf, im September 2007

Peter Galli / André Moser / Elisabeth Lang / Evelyne Clerc

Vorwort zur ersten Auflage

Das öffentliche Beschaffungswesen in der Schweiz steht im Umbruch. So oder ähnlich wurden verschiedentlich Publikationen eingeleitet, die in den Jahren 1996 bis 1998 erschienen sind. Dies völlig zu Recht, hat sich in diesen Jahren doch Einiges bewegt auf dem Gebiete der Submissionen. Zu denken ist vorab an das Inkrafttreten des GATT/WTO-Übereinkommens zum öffentlichen Beschaffungswesen (ÜoeB) für die Schweiz am 1. Januar 1996 und die zur Umsetzung dieses Übereinkommens auf Stufe Bund und Kantone geschaffenen Ausführungserlasse. Weitere Vorgaben und Verpflichtungen ergaben sich für Kantone und Gemeinden durch das Inkrafttreten des Binnenmarktgesetzes (BGBM) auf den 1. Juli 1996 bzw. 1. Juli 1998. Da durch all diese Erlasse der Rechtsschutz auf dem Gebiete des öffentlichen Beschaffungswesens verbessert bzw. teilweise gar erst geschaffen wurde, ist es nicht erstaunlich, dass sich in den letzten sechs Jahren auch die Rechtsprechung auf allen Ebenen entsprechend entwickelt hat. Peter Galli und André Moser haben im Jahre 1998 resp. im Jahre 2000 je im Anschluss an eine Tagung zu Fragen des öffentlichen Beschaffungswesens einen Überblick über die Rechtsprechung vorab der Eidgenössischen Rekurskommission für das öffentliche Beschaffungswesen (Rekurskommission) mit Bezug auf die Jahre 1996/97 bzw. die Jahre 1998/99 publiziert. Statt nach weiteren zwei Jahren die seither ergangene Rechtsprechung in einem neuen Aufsatz darzustellen, haben sich die beiden Autoren zusammen mit Elisabeth Lang entschlossen, die bis Ende Oktober 2002 zugängliche Rechtsprechung des Bundesgerichts, jene der Rekurskommission und schwerpunktmässig auch jene der Kantone in Form eines Buches systematisch zu erörtern. Damit soll einerseits versucht werden, das Minenfeld öffentliches Beschaffungswesen, wie es in einem Zeitungsartikel kürzlich so benannt wurde (NZZ vom 16. Mai 2002, S. 18), etwas zu entschärfen. Andererseits soll auch aufgezeigt werden, dass Bundesgericht, Rekurskommission und kantonale Gerichte in ihren Urteilen mitunter wohl zu divergierenden Schlüssen gelangen, dass deswegen aber keineswegs gesagt werden kann, bei der Vergabe von öffentlichen Bauaufträgen gebe es in gleichen Fällen so viele unterschiedliche Verwaltungsgerichtsentscheide, wie es Kantone gibt (dies die Aussage eines Parlamentariers gemäss Amtlichem Bulletin der Bundesversammlung, Ständerat, 2001, S. 797).

Auf den 1. Juni 2002 ist das Abkommen zwischen der Europäischen Gemeinschaft und der Schweizerischen Eidgenossenschaft über bestimmte Aspekte des öffentlichen Beschaffungswesens in Kraft getreten. Dies ist ebenfalls Anlass für einen Marschhalt und rechtfertigt sowohl einen Rückblick auf die Rechtsprechung vor dem Inkrafttreten dieses bilateralen Vertrags wie gelegentlich auch einen Ausblick auf die neue rechtliche Ausgangslage und damit verbundene Anpassungen von Bundes-, interkantonalem bzw. kantonalem Recht.

Alle drei Autoren sind Mitglieder der Eidgenössischen Rekurskommission für das öffentliche Beschaffungswesen, Elisabeth Lang ist zudem Richterin am Verwaltungsgericht des Kantons Aargau. Sie haben dieses Buch aus persönlichem Interesse an diesem neuen, anspruchsvollen Rechtsgebiet verfasst, ohne Auftrag oder Unterstützung Dritter. In dem Rahmen, in dem die Autoren Entscheide kommentieren, geben sie nur ihre persönliche Meinung wieder, ohne die Rekurskommission oder das Verwaltungsgericht damit irgendwie zu verpflichten.

Zürich, Lausanne und Brugg, im Oktober 2002

Peter Galli / André Moser / Elisabeth Lang

Inhaltsverzeichnis

1. Band

Fundstellen Rechtsprechung	XVII
Internet-Adressen zum öffentlichen Beschaffungswesen	XXXI
Literaturverzeichnis	XXXIII
Abkürzungsverzeichnis	XLVII

I. Teil	Materielles Submissionsrecht	1
1. Kapitel:	Rechtsgrundlagen	3
I.	Die Rechtsgrundlagen für Vergaben auf Bundesebene	3
	1. Das GATT/WTO-Übereinkommen	3
	2. Das Abkommen zwischen der Europäischen Gemeinschaft und der Schweizerischen Eidgenossenschaft über bestimmte Aspekte des öffentlichen Beschaffungswesens	6
	3. Das EFTA-Übereinkommen	9
	4. Das Bundesgesetz und die Verordnung über das öffentliche Beschaffungswesen	10
	5. Revision des BoeB und der VoeB	16
	6. Weitere relevante Rechtsgrundlagen des Bundes	18
	A. Alpentransit-Beschluss und Alpentransit-Verordnung	18
	B. Entsendegesetz	19
	C. Kartellgesetz	20
II.	Die Rechtsgrundlagen für Vergaben auf kantonaler und kommunaler Ebene	20
	1. Das GATT/WTO-Übereinkommen	20
	2. Das Abkommen zwischen der Europäischen Gemeinschaft und der Schweizerischen Eidgenossenschaft über bestimmte Aspekte des öffentlichen Beschaffungswesens	22
	3. Das Bundesgesetz über den Binnenmarkt	24
	4. Die Interkantonale Vereinbarung über das öffentliche Beschaffungswesen	29
	5. Das Bundesgesetz und die Verordnung über die Nationalstrassen	33
	6. Die kantonale Gesetzgebung über das Beschaffungswesen	34
	7. Das kommunale Vergaberecht	41
2. Kapitel:	Gegenstand des öffentlichen Beschaffungsrechts	45
I.	Der Begriff der öffentlichen Beschaffung	45
II.	Auftragsarten	53
	1. Bauaufträge	53
	2. Lieferaufträge	54
	3. Dienstleistungsaufträge	56
III.	Gemischte Aufträge	63

3. Kapitel:	Verfahrensarten und Wahl des Verfahrens	65
I.	Im Submissionsrecht des Bundes	65
II.	Im kantonalen Submissionsrecht	76
	1. Verfahrensarten und Schwellenwerte; massgebender Auftragswert	76
	2. Durchsetzung der richtigen Verfahrensart	83
	3. Beschränkung der Zahl der Anbieter im selektiven Verfahren	85
	4. Einladungsverfahren; Anspruch auf Teilnahme?	88
	5. Zulässigkeit des freihändigen Vergabeverfahrens	90
	6. Freihändiges Verfahren mit mehreren Anbietern	95
4. Kapitel	Ausschreibung und Ausschreibungsunterlagen	99
I.	Im Allgemeinen	99
II.	Schranken bei der Ausgestaltung von Ausschreibung und Ausschreibungsunterlagen	104
	1. Grundsatz der Ausgestaltungsfreiheit	104
	2. Technische Spezifikationen	104
	3. Fairness der Ausschreibungsbedingungen	108
III.	Funktionale Ausschreibung	109
5. Kapitel:	Eliminationsverfahren	113
I.	Ausschluss	113
	1. Im Allgemeinen	113
	2. Übersicht über die geltende Ausschlusspraxis	114
	A. Ausschluss und rechtliches Gehör	114
	B. Impliziter und expliziter Ausschluss	115
	C. Einzelne Ausschlussgründe und deren Handhabung	116
	1. Ausschluss wegen Verletzung von Formvorschriften und wegen eines unvollständigen Angebots oder wegen eigenmächtiger Änderung der Angebotsbedingungen durch einen Anbietenden	116
	2. Ausschluss wegen falscher Auskünfte, Nichtbezahlung von Steuern und Abgaben oder wegen eines sonstigen gesetzwidrigen Verhaltens, insbesondere wegen strafrechtlicher Verurteilung eines gegenwärtigen oder früheren Organs der Anbieterin	125
	3. Ausschluss wegen Auflösung der anbietenden Gesellschaft, Konkurs	126
	4. Ausschluss wegen Denunziation und Einmischung	127
	5. Ausschluss wegen gestörtem Vertrauensverhältnis zwischen einem Submittenten und der Vergabebehörde bzw. einzelnen Beamten	127
	6. Ausschluss wegen Einreichens einer Variante ohne Grundangebot	128
	7. Ausschluss wegen verspäteter Einreichung des Angebots und Einreichen des Angebots bzw. des Antrags auf Teilnahme im selektiven Verfahren am falschen Ort	128
	8. Ausschluss wegen Nichteinhaltung gesetzlicher oder vertraglicher Arbeitsbedingungen, Arbeitsschutzbestimmungen sowie Verletzung der Gleichbehandlungspflicht von Mann und Frau	130

		9. Ein Ausschluss kann ausnahmsweise auch wegen Einreichens eines Unterangebots erfolgen	134
		10. Ausschluss wegen Bildung eines Submittentenkartells bzw. wegen Preisabsprachen	134
		11. Zum Ausschluss aus ökologischen Gründen	137
		12. Ausschluss wegen nachträglichem Wegfall der Eignung	137
		13. Ausschluss, weil der Anbieter bzw. dessen Zusammensetzung ändert	138
		14. Ausschluss wegen Vorbefassung	139
	3.	Bekanntgabe von Ausschlüssen	139
	4.	Exkurs: Sanktionen gegen Anbieter	140
II.	Widerruf des Zuschlags		140

6. Kapitel: Eignung und Eignungskriterien 143

I.	Im Submissionsrecht des Bundes	143
II.	Im kantonalen Submissionsrecht	150
	1. Begriff der Eignungskriterien; unzulässige und zulässige Eignungskriterien	150
	2. Rechtsnatur der Eignungskriterien; Ermessen der Vergabestelle	157
	3. Eignungskriterien und Zuschlagskriterien; Frage der Mehreignung	159
	4. Bekanntgabe der Eignungskriterien; Bindung der Vergabebehörde	163
	5. Eignungsprüfung auch im offenen Verfahren und im Einladungsverfahren	164
	6. Ständige Listen	166
	7. Eignung von Bietergemeinschaften und Subunternehmern	167

7. Kapitel: Öffnung der Angebote 169

8. Kapitel: Prüfung und Bereinigung der Angebote; Verhandlungen mit den Anbietenden 173

I.	Im Allgemeinen	173
	1. Grundanforderungen, Vergleichbarmachung	173
	2. Pflicht der Anbietenden zur sofortigen Geltendmachung von Mängeln der Unterlagen und des Verfahrens ausserhalb von Rechtsmittelverfahren	174
II.	Offertbereinigung und Abgebotsrunden im Bundessubmissionsrecht	176
III.	Offertbereinigung im kantonalen Submissionsrecht	183
	1. Verbot von Abgebotsrunden («Verhandlungsverbot»)	183
	2. Grundsatz der Unveränderbarkeit der Angebote nach deren Einreichung bei der Vergabebehörde und dessen Ausnahmen	184
	3. Praxis zur Offertbereinigung	185
	A. Im Allgemeinen	185
	B. Im Speziellen zu den Berichtigungen von offensichtlichen Fehlern in den Offerten	190
	C. Problematik des Einholens von Erläuterungen bezüglich einzelner Angebote unter Ausschluss von anderen	193
	D. Zulässigkeit von Unternehmergesprächen	195

9. Kapitel:	Varianten	197
I.	Im Submissionsrecht des Bundes	197
II.	Im kantonalen Submissionsrecht	199
	1. Im Allgemeinen	199
	2. Varianten mit Reduktion/Ausweitung des ausgeschriebenen Leistungsinhalts; Teilangebote	201
10. Kapitel:	Aufteilung des Auftrags	203
I.	Anwendungsfall im Bereiche des Bundesbeschaffungsrechts	203
II.	Anwendungsbeispiele aus der kantonalen Praxis	204
11. Kapitel:	Abbruch und Wiederholung des Submissionsverfahrens	207
I.	Im Submissionsrecht des Bundes	207
	1. Verfahrensabbruch mit endgültigem Verzicht auf das Beschaffungsgeschäft	207
	2. Verfahrensabbruch im Hinblick auf eine Wiederholung oder Neuauflage des Beschaffungsgeschäfts	208
	3. Verfahrensabbruch wegen Einleitung eines falschen Vergabeverfahrens	213
II.	Im kantonalen Submissionsrecht	214
	1. Im Allgemeinen	214
	2. Abbruch und Wiederholung des Verfahrens zufolge einer wesentlichen Leistungsänderung (Projektänderung)	216
	3. Zulässigkeit eines Teilabbruchs?	219
12. Kapitel:	Der Zuschlag	221
I.	Im Allgemeinen	221
II.	Im Submissionsrecht des Bundes	223
III.	Im kantonalen Submissionsrecht	235
	1. Auswahl und Rechtmässigkeit der Zuschlagskriterien	235
	A. Im Allgemeinen	235
	B. Zuschlagskriterium Preis	236
	a) Im Allgemeinen	236
	b) Benotung des Preises (Festlegung der Preiskurve)	238
	C. Benotung der neben dem Preis bestehenden weiteren Zuschlagskriterien	251
	D. Grundsätzlich unzulässige Zuschlagskriterien	252
	E. Gewichtung der Zuschlagskriterien	255
	F. Vergabefremde Zuschlagskriterien	256
	a) Im Allgemeinen	256
	b) Berücksichtigung der Lehrlingsausbildung	257
	c) Umweltschutzkriterien	259
	2. Bekanntgabe der Zuschlagskriterien, der Unterkriterien und der im konkreten Beschaffungsgeschäft zur Anwendung gelangenden Gewichtung aller Kriterien	264
	A. Im Allgemeinen	264

	B. Rechtsprechung in ausgewählten Kantonen	265
	C. Das Bundesgericht	269
3.	Ergänzende Anforderungen an die Rechtmässigkeit der Offertevaluation bzw. der gestützt darauf erfolgenden Zuschlagserteilung	273
4.	Evaluationsmittel	275

13. Kapitel: Planungs- und Gesamtleistungswettbewerbe; Studienaufträge — 277

I. Im Allgemeinen — 277
II. Im Submissionsrecht des Bundes — 279
III. Im Submissionsrecht der Kantone — 285

14. Kapitel: Vorbefassung — 297

I. Im Submissionsrecht des Bundes — 297
II. Im kantonalen Submissionsrecht — 298
III. Das Bundesgericht — 303

15. Kapitel: Ausstandspflicht — 305

I. Im Submissionsrecht des Bundes — 305
II. Im kantonalen Submissionsrecht — 306
III. Das Bundesgericht — 307

16. Kapitel: Vergaberecht und Beschaffungsvertrag — 309

I. Im Allgemeinen — 309
II. Dauerverträge und Submissionsrecht — 312
III. KBOB-Planervertrag — 314

17. Kapitel: Ungewöhnlich niedrige Angebote («Unterangebote») — 317

I. Allgemeines — 317
II. Im Bund — 318
III. In den Kantonen — 318

18. Kapitel: Missbräuche bei der Vergabe öffentlicher Aufträge — 329

I. «Missbrauchsanfälligkeit» des öffentlichen Beschaffungswesens? — 329
II. Delikte im Vergabewesen — 336
III. Missbrauch von Nachfragemacht — 340

19. Kapitel: Vertraulichkeit und Urheberrechte — 343

I. Grundsatz der Vertraulichkeit — 343
    1. Im Submissionsrecht des Bundes — 343
    2. Im kantonalen Submissionsrecht — 346
II. Urheberrechtliche Aspekte des Vergabeverfahrens — 348

II. Teil	Beschwerdeverfahren und Schadenersatz	353
1. Kapitel:	Öffentlichkeit des Verfahrens	355
2. Kapitel:	Zuständigkeiten und Anwendungsbereich des Submissionsrechts	357
I.	Mit Bezug auf das Bundesgericht	357
II.	Mit Bezug auf das Bundesverwaltungsgericht	364
	1. Im Allgemeinen	364
	2. Anwendungsbereich in sachlicher Hinsicht	367
	A. Unterstellte Auftraggeberinnen	367
	B. Einschränkungen bei Dienstleistungsaufträgen	369
	3. Anwendungsbereich in zeitlicher Hinsicht	370
III.	Mit Bezug auf kantonale Verwaltungsjustizorgane	371
3. Kapitel:	Vergabeverfügungen	377
I.	Begründung	377
II.	Rechtsmittelbelehrung	381
III.	(Selbständige) Anfechtbarkeit	381
4. Kapitel:	Beschwerdefrist	389
5. Kapitel:	Beschwerdeschrift und Sprache des Beschwerdeverfahrens	395
I.	Form, Rechtsbegehren und Begründung der Beschwerde	395
II.	Sprache des Beschwerdeverfahrens	398
6. Kapitel:	Beschwerdelegitimation und Verfahrensbeteiligung	399
I.	Beschwerdelegitimation	399
	1. Im Allgemeinen	399
	2. Nicht berücksichtigte Anbieter	401
	3. Arbeitsgemeinschaft	404
	4. Dritte	406
	5. Verbände	406
	6. Behörden	408
	7. Bei freihändiger Vergabe	409
II.	Verfahrensbeteiligung	411
7. Kapitel:	Vertragsschluss und aufschiebende Wirkung	413
I.	Im Allgemeinen	413
II.	Zum (vorzeitigen) Vertragsschluss	414
III.	Speziell zur aufschiebenden Wirkung	417
8. Kapitel:	Sicherheiten	425
9. Kapitel:	Akteneinsicht	427

10. Kapitel:	Wiedererwägung und Widerruf durch die Vergabebehörde	435
11. Kapitel:	Untersuchungsgrundsatz und Mitwirkungspflichten der Parteien	437
12. Kapitel:	Beschwerdeentscheid	439
I.	Im Allgemeinen	439
II.	Wirkung des Entscheids bei Gutheissung der Beschwerde	443
13. Kapitel:	Schadenersatz	451
14. Kapitel:	Verfahrenskosten und Parteientschädigung	459
I.	Verfahrenskosten	459
II.	Parteientschädigung	462

Stichwortverzeichnis 1. Band 465

Übersicht über den 2. Band

Volume 2

Chapitre 1: La réglementation dans l'UE

Chapitre 2: Le champ d'application

Chapitre 3: La passation du marché

Chapitre 4: Les recours

Fundstellen eidgenössische und kantonale Rechtsprechung

Entscheide der Eidgenössischen Rekurskommission für das öffentliche Beschaffungswesen (BRK)

Die Entscheide der **BRK** werden im nachfolgenden Buchtext mit der Prozedurnummer sowie grundsätzlich der massgeblichen Erwägung zitiert, wobei sich nähere Angaben zum Entscheiddatum, den Parteien und den Fundstellen in der nachfolgenden Tabelle finden.

Entscheide der Eidgenössischen Rekurskommission für das öffentliche Beschaffungswesen (1996 bis 2006) samt Hinweisen auf Publikation(en)

- *Die Entscheide sind in der Reihenfolge der Prozedurnummern angeführt. Auf die in der VPB publizierten Entscheide besteht Zugriff über folgende Internet-Adresse: http:www.vpb.admin.ch. Einige wichtigere Entscheide der BRK sind zudem zugänglich über die Adresse: http:www.reko-efd.admin.ch.*

Prozedurnummer:	Entscheiddatum:	Parteien:	Publikation(en):
BRK 1/96	03.06.96	U. AG / Bundeskanzlei	
CRM 7/96	02.05.97	C. / Bundesamt für Verkehr	VPB 61/1997 Nr. 76 S. 731 ff.; Baurecht 4/97, S. 120 (Auszug und Kommentar)
BRK 8/96	17.02.97	I. AG / Bundesamt für Statistik (Zwischenentscheid betreffend aufschiebende Wirkung)	AJP 3/97 S. 333 ff.; ZBl 5/1997 S. 218 ff.; VPB 61/1997 Nr. 24 S. 261 ff.; Baurecht 4/97, S. 121 (Auszug und Kommentar)
BRK 8/96	07.11.97	I. AG / Bundesamt für Statistik	VPB 62/1998 Nr. 17 S. 116 ff.; Baurecht 2/98 S. 50 (Kommentar)
CRM 1/97	13.08.98	Z. SA / Gruppe Rüstung	VPB 63/1999 Nr. 17 S. 159 ff.; Baurecht 4/98 S. 126 (Kommentar)
BRK 5/97	13.06.97	S. / Amt für Bundesbauten	
BRK 6/97	13.06.97	E. / Amt für Bundesbauten	

BRK 7/97	13.06.97	A. / Amt für Bundesbauten	
CRM 8/97	26.03.97	M. / Amt für Bundesbauten (Zwischenentscheid betreffend aufschiebende Wirkung)	VPB 61/1997 Nr. 77 S. 738 ff.; RDAF 1998 I S. 34 ff.; Baurecht 2/98 S. 51 f. und S. 52 (Kommentar)
CRM 8/97	13.06.97	M. / Amt für Bundesbauten	VPB 62/1998 Nr. 31 S. 239 ff.; RDAF 1998 I 129 ff.
BRK 9/97	13.06.97	S.A. / Amt für Bundesbauten	VPB 62/1998 Nr. 16 S. 111 ff.
CRM 10/97	15.07.97	F. SA / Gruppe Rüstung (Zwischenentscheid betreffend aufschiebende Wirkung)	VPB 62/1998 Nr. 32 (I) S. 252 ff.; RDAF 1998 I S. 140 ff.; Baurecht 4/97, S. 121 (Auszug und Kommentar)
CRM 10/97	07.11.97	F. SA / Gruppe Rüstung	VPB 62/1998 Nr. 32 (II) S. 265 ff.; RDAF 1998 I S. 252 ff.; Baurecht 4/98 S. 119 ff. (Kommentar), S. 126 (Auszug) und S. 129
BRK 11/97	04.12.97	S. AG / Amt für Bundesbauten	Baurecht 2/98 S. 50 (Kommentar)
BRK 12/97	07.07.97	W. AG / Amt für Bundesbauten	VPB 61/1997 Nr. 78 S. 750 ff.; Baurecht 2/98 S. 53 (Kommentar)
BRK 13/97	18.12.97	H. AG / Amt für Bundesbauten	
CRM 15/97	29.06.98	Y. GmbH / Amt für Bundesbauten	VPB 63/1999 Nr. 15 S. 136 ff.; Baurecht 4/98 S. 128 (Kommentar)
BRK 17/97	29.04.98	Z. AG / EDMZ	VBP 62/1998 Nr. 80 S. 799 ff.; Baurecht 4/98 S. 127 (Kommentar)
BRK 19/97	06.02.98	A. AG / Amt für Bundesbauten (Zwischenentscheid betreffend aufschiebende Wirkung)	VPB 62/1998 Nr. 79 S. 788 ff.; Baurecht 2/98 S. 51 und S. 52 (Kommentar)
BRK 20/97	03.04.98	S. AG / Bundesamt für Gesundheit	
BRK 2/98	09.07.98	A. / Post	Baurecht 4/98 S. 125; Baurecht 2/99 S. 53 und S. 54 (Auszug und Kommentar)
CRM 3/98	08.10.98	S. SA / Amt für Bundesbauten	VPB 63/1999 Nr. 16 S. 146 ff.; RDAF 1999 I S. 149 ff.; AJP 11/1999 S. 1456 (Hinweis)

BRK 4/98	11.05.98	A. / SBB	
BRK 5/98	04.08.98	A. AG / Amt für Bundesbauten	Baurecht 2/99 S. 54 (Auszug und Kommentar)
BRK 9/98	09.12.98	A. / Amt für Bundesbauten	VPB 63/1999 Nr. 42 S. 421 ff.; AJP 11/1999 S. 1455 f. (Hinweis); Baurecht Sonderheft 2004 S. 51 (Hinweis)
BRK 10/98	09.12.98	S. / Amt für Bundesbauten	
BRK 12/98	05.11.98	A. / Bundesamt für Umwelt, Wald und Landschaft (Zwischenentscheid betreffend Akteneinsicht)	Baurecht 2/99 S. 54 (Auszug und Kommentar)
BRK 12/98	04.02.99	A. / Bundesamt für Umwelt, Wald und Landschaft	VPB 64/2000 Nr. 9 S. 87 ff.; Baurecht 2/99 S. 53 (Auszug und Kommentar); Baurecht 4/2000 S. 126 [Hinweis und Kommentar]
CRM 14/98	31.08.99	S. AG / EPFL	Baurecht 4/99 S. 139 f. (Auszug und Kommentar); Baurecht 2/2000 S. 54 und 56 (Auszug und Kommentar [2x]); Baurecht Sonderheft 2004 S. 31 und 51 (Hinweise)
BRK 1/99	03.03.99	M. AG / Bundesamt für Bauten und Logistik	VPB 63/1999 Nr. 61 S. 584 ff.; Baurecht 2/99 S. 54 f. (Auszug und Kommentar); AJP 2/2000 S. 201 und 209 (Hinweise)
CRM 2/99	16.08.99	P. SA / Bundesamt für Bauten und Logistik	RDAF 2000 I S. 29 ff.; VPB 64/2000 Nr. 29 S. 392 ff.; Baurecht 4/2000 S. 127 (Hinweis und Kommentar)
BRK 4/99	25.08.99	D. / Oberzolldirektion	
BRK 5/99	19.07.99	A. / Bundesamt für Bauten und Logistik	VPB 64/2000 Nr. 8 S. 77 ff.; Baurecht 4/99 S. 140 (Auszug und Kommentar [2x]); Baurecht Sonderheft 2004 S. 44 (Hinweis)
BRK 6/99	03.09.99	S. / Bundesamt für Umwelt, Wald und Landschaft	Baurecht 4/99 S. 140 f. (Auszug und Kommentar [3x]); VPB 64/2000 Nr. 30 S. 412 ff.; RDAF 2000 I S. 181 ff.; AJP 1/2001 S. 100 f. (Hinweis)
BRK 7/99	29.10.99	T. AG / Bundesamt für Verkehr	Baurecht 2/2000 S. 54 (Auszug und Kommentar); Baurecht 4/2000 S. 126 f. (Hinweis und Kommentar)

CRM 10/99	29.02.00	C. / Bundesamt für Gesundheit	VPB 64/2000 Nr. 60 S. 701 ff.
CRM 11/99	09.12.99	F. SA / Gruppe Rüstung	VPB 64/2000 Nr. 63 S. 718 ff.; Baurecht 2/2000 S. 54 f. (Auszug und Kommentar [2x]); Baurecht 4/2000 S. 126 f. (Hinweis und Kommentar); Baurecht 2/2002 S. 65 (Hinweis und Kommentar)
BRK 12/99	08.02.00	P. / Gruppe Rüstung	Baurecht 4/2000 S. 124 f. (Hinweis und Kommentar)
BRK 13/99	01.03.00	H. / Bundesamt für Energie	VPB 64/2000 Nr. 59 S. 692 ff.; RDAF 2000 I S. 336 ff.; Baurecht 4/2000 S. 126 [Hinweis und Kommentar]
BRK 1/00	26.04.00	W. GmbH / Paul Scherrer Institut	VPB 64/2000 Nr. 62 S. 712 ff.; Baurecht 4/2000 S. 125 f. (Hinweis und Kommentar)
BRK 2/00	23.02.00	R. AG / Rhätische Bahn	VPB 64/2000 Nr. 61 S. 707 ff.; Baurecht 4/2000 S. 127 f. (Hinweis und Kommentar)
BRK 5/00	27.06.00	I. / Bundesamt für Umwelt, Wald und Landschaft	VPB 65/2001 Nr. 10 S. 121 ff.; RDAF 2000 I S. 331 ff.; AJP 9/2001 S. 1085 (Hinweis)
BRK 6/00	25.08.00	S. AG / Bundesamt für Betriebe des Heeres	VPB 65/2001 Nr. 9 S. 117 ff.; AJP 9/2001 S. 1085 (Hinweis); Baurecht 4/2001 S. 154 f. (Hinweis und Kommentar)
BRK 7/00	03.11.00	A. / Bundeskanzlei	VPB 65/2001 Nr. 41 S. 482 ff.; Baurecht 2/2001 S. 62 (Hinweis und Kommentar [2x]); AJP 10/2001 S. 1206 (Hinweis); Baurecht 2/2002 S. 69 f. (Hinweis und Kommentar [2x]); Baurecht Sonderheft 2004 S. 37 (Hinweis)
BRK 9/00	01.09.00	W. AG / ETHZ	VPB 65/2001 Nr. 11 S. 125 ff.; Baurecht 2/2001 S. 62 f. (Hinweis [2x]); AJP 9/2001 S. 1085 (Hinweis)
BRK 11/00	11.08.00	L. AG / Generalstab, UG Sanität, Armeeapotheke (Zwischenentscheid betreffend aufschiebende Wirkung)	

BRK 11/00	11.09.00	L. AG / Generalstab, UG Sanität, Armeeapotheke	
CRM 13/00	30.08.00	C. / Bundesamt für Armeematerial und Bauten (Zwischenentscheid betreffend aufschiebende Wirkung)	VPB 65/2001 Nr. 12 S. 132 ff.; AJP 9/2001 S. 1085 (Hinweis); Baurecht 4/2001 S. 155 (Hinweis und Kommentar)
CRM 13/00	22.01.01	V. (vormals C.) Bundesamt für Armeematerial und Bauten	VPB Nr. 65/2001 Nr. 78 S. 825 ff.; Baurecht 4/2001 S. 153 f. (Hinweis und Kommentar [2x])
BRK 14/00	23.01.01	C. AG / Bundesamt für Bauten und Logistik	
BRK 18/00	26.01.01	Dr. W. AG / Bundesamt für Statistik	VPB 65/2001 Nr. 77 S. 813 ff.; Baurecht 2/2002 S. 72 (Hinweis und Kommentar); Baurecht Sonderheft 2004 S. 44 und 64 (Hinweise)
BRK 20/00	18.12.00	S. / Bundesamt für Umwelt, Wald und Landschaft	Baurecht 2/2001 S. 63 f. (Hinweis)
BRK 21/00 BRK 23/00	26.03.01	C. AG bzw. S. / Bundesamt für Umwelt, Wald und Landschaft	VPB 65/2001 Nr. 80 S. 848 ff.
BRK 22/00	26.03.01	V. / Bundesamt für Umwelt, Wald und Landschaft	VPB 65/2001 Nr. 79 S. 844 ff.
BRK 3/01	05.07.01	B. / Bundesamt für Energie	VPB 65/2001 Nr. 94 S. 1045 ff.; Baurecht 2/2002 S. 65 (Hinweis und Kommentar) und S.70 (Hinweis und Kommentar); Baurecht Sonderheft 2004 S. 56 (Hinweis)
BRK 5/01	16.11.01	b. AG / Bundesamt für Energie	VPB 66/2002 Nr. 39 S. 418 ff.; Baurecht 2/2002 S. 70 ff. (Hinweis und Kommentar), Baurecht Sonderheft 2004 S. 44 (Hinweis)
CRM 7/01	25.07.01	R. / Skyguide (Präsidialverfügung betreffend Verfahrenssprache)	
CRM 7/01	28.09.01	R. / Syguide	VPB 66/2002 Nr. 5 S. 57 ff.; AJP 7/2002 S. 813 (Hinweis)
CRM 8/01	19.09.01	L. SA / Bundesamt für Umwelt, Wald und Landschaft (Zwischenentscheid betreffend aufschiebende Wirkung)	

CRM 8/01	09.11.01	L. SA / Bundesamt für Umwelt, Wald und Landschaft (Zwischen-verfügung betreffend Akteneinsicht)	
CRM 8/01	28.12.01	L. SA / Bundesamt für Umwelt, Wald und Landschaft (Zwischenentscheid betreffend Instruktionsmassnahmen)	
CRM 8/01	17.04.02	L. SA / Bundesamt für Umwelt, Wald und Landschaft	VPB 66/2002 Nr. 54 S. 638 ff.
BRK 9/01	11.10.01	A. / Bundesamt für Gesundheit	VPB 66/2002 Nr. 4 S. 45 ff.; AJP 7/2002 S. 814 (Hinweis); Baurecht 2/2002 S. 68 (Hinweis und Kommentar)
BRK 11/01	16.11.01	P. AG / Generalstab, UG Sanität, Armeeapotheke	VPB 66/2002 Nr. 38 S. 401 ff.
BRK 14/01	16.11.01	V. GmbH / Post (Zwischenentscheid betreffend aufschiebende Wirkung)	VPB 66/2002 Nr. 37 S. 391 ff.; Baurecht 2/2002 S. 73 (Hinweis und Kommentar); Baurecht 4/2002 S. 162 f. (Hinweis und Kommentar)
BRK 3/02	19.03.02	B. AG / Gruppe Rüstung (Zwischenentscheid betreffend Akteneinsicht)	
BRK 3/02	26.06.02	B. AG / Gruppe Rüstung	
BRK 4/02	26.06.02	B. AG / Gruppe Rüstung	VPB 66/2002 Nr. 86 S. 1033 ff.; Baurecht 2/2003 S. 58 (Hinweis und Kommentar)
BRK 7/02	29.01.03	G. AG / Bundesamt für Armeematerial und Bauten	Baurecht 2/2003 S. 57 f. (Hinweis und Kommentar [2x]); Baurecht 4/2003 S. 153 f. (Hinweis und Kommentar); Baurecht Sonderheft 2004 S. 77 f., 80 f. und 86 (Hinweise)
BRK 8/02	09.10.02	M. AG / BLS Alp Transit AG	VPB 67/2003 Nr. 6 S. 58 ff.
BRK 11/02	08.10.02	F. AG / Post	VPB 67/2003 Nr. 5 S. 54 ff.
BRK 12/02	06.12.02	E. AG / Generalstab	

BRK 13/02	06.03.03	J. AG / ETHZ	VPB 67/2003 Nr. 67 S. 633 ff.; AJP 12/2003 S. 1459 (Hinweis); Baurecht Sonderheft 2004 S. 81 und 83 (Hinweise)
BRK 15/02	29.01.03	E. AG / Eidgenössische Linthkommission	VPB 67/2003 Nr. 65 S. 590 ff.; Baurecht 2/2003 S. 58 (Hinweis und Kommentar); Baurecht Sonderheft 2004 S. 80 (Hinweis)
BRK 16/02	04.02.03	A. AG / seco	Baurecht Sonderheft 2004 S. 79 f. (Hinweis)
CRM 2/03 CRM 3/03	04.03.03	G. / Kanton Genf und SBB	VPB 67/2003 Nr. 66 S. 595 ff.; Baurecht 4/2003 S. 148 (Hinweis und Kommentar), S. 152 (Hinweis und Kommentar) und S. 158 (Hinweis); Baurecht Sonderheft 2004 S. 74 und 84 (Hinweise)
BRK 4/03	27.03.03	L. AG. / Gruppe Rüstung	Baurecht Sonderheft 2004 S. 75 (Hinweis)
BRK 5/03	27.03.03	A. AG / Gruppe Rüstung	
BRK 7/03	27.03.03	O. AG / Gruppe Rüstung	
BRK 8/03	27.03.03	A. / Gruppe Rüstung	
BRK 12/03	23.05.03	L. AG / Bundesamt für Bauten und Logistik (Zwischenverfügung betreffend aufschiebende Wirkung)	Baurecht Sonderheft 2004 S. 85 (Hinweis)
CRM 14/03	03.07.03	I. SA / Bundesamt für Bauten und Logistik (Zwischenentscheid betreffend aufschiebende Wirkung und Akteneinsicht)	Baurecht Sonderheft 2004 S. 85 (Hinweise)
CRM 15/03	03.06.03	C. SA / Gruppe Rüstung (Zwischenverfügung betreffend aufschiebende Wirkung)	Baurecht Sonderheft 2004 S. 85 (Hinweis)
CRM 15/03	01.09.03	C. SA / Gruppe Rüstung	VPB 68/2004 Nr. 10 S. 112 ff.; Baurecht 4/2003 S. 153 (Hinweis und Kommentar); Baurecht Sonderheft 2004 S. 76 f., 82 und 86 (Hinweise); Baurecht 2/2005 S. 75 (Hinweis und Kommentar); Baurecht Sonderheft 2006 S. 75 und S. 84 (Hinweise)

BRK 16/03	03.07.03	I. / EVD (Zwischenverfügung betreffend aufschiebende Wirkung)	Baurecht Sonderheft 2004 S. 85 (Hinweis)
BRK 16/03	23.07.03	I. / EVD	VPB 67/2003 Nr. 108 S. 1090 ff.; Baurecht 4/2003 S. 157 (Hinweis und Kommentar); Baurecht Sonderheft 2004 S. 81 und 86 (Hinweise); AJP 2/2004 S. 183 (Hinweis); AJP 5/2004 S. 596 (Hinweis)
BRK 18/03	04.12.03	C. AG / Oberzolldirektion	Baurecht Sonderheft 2004 S. 82 (Hinweis)
BRK 19/03	02.10.03	E. AG / Bundesamt für Bauten und Logistik	Baurecht Sonderheft 2004 S. 76 (Hinweis)
BRK 20/03	28.10.03	R. AG / Swissmedic	Baurecht Sonderheft 2004 S. 76 (Hinweis)
BRK 21/03	05.11.03	D. AG / SBB	Baurecht Sonderheft 2004 S. 76 (Hinweise)
BRK 22/03	11.11.03	M. AG / Paul Scherrer Institut	VPB 68/2004 Nr. 47 S. 576 ff.; AJP 8/2004 S. 979 (Hinweis); Baurecht 4/2005 S. 178 (Hinweis und Kommentar); Baurecht Sonderheft 2004 S. 76 und 85 (Hinweise); Baurecht Sonderheft 2006 S. 90 f. (Hinweis)
BRK 23/03	21.11.03	B. AG / ETHZ	Baurecht Sonderheft 2004 S. 76 f., 81 und 86 (Hinweise)
BRK 24/03	08.01.04	P. AG / Bundesamt für Bauten und Logistik	VPB 68/2004 Nr. 66 S. 834 ff.; Baurecht Sonderheft 2004 S. 83 f. (Hinweise); AJP 10/2004 S. 1244 (Hinweis)
CRM 25/03	16.12.03	G. SA / SBB (Zwischenentscheid betreffend aufschiebende Wirkung)	Baurecht Sonderheft 2004 S. 85 (Hinweis)
CRM 25/03	17.03.04	G. SA / SBB	Baurecht Sonderheft 2004 S. 76, 80 und 83 (Hinweise)
BRK 29/03	12.12.03	A. AG / Beschaffungsgemeinschaft S-POS	VPB 68/2004 Nr. 65 S. 824 ff.; Baurecht Sonderheft 2004 S. 77, 84 und 86 (Hinweise)
BRK 32/03	29.04.04	S. AG / Bundesamt für Bauten und Logistik (Zwischenverfügung betreffend aufschiebende Wirkung)	Baurecht Sonderheft 2004 S. 85 (Hinweis)

BRK 32/03	15.06.04	S. AG / Bundesamt für Bauten und Logistik	VPB 68/2004 Nr. 120 S. 1564 ff.; Baurecht Sonderheft 2004 S. 77 f., 80 und 84 ff. (Hinweise); Baurecht 2/2005 S. 80 (Hinweis); Baurecht Sonderheft 2006 S. 94 (Hinweis)
BRK 1/04	30.03.04	E. AG / Post	Baurecht Sonderheft 2004 S. 76 (Hinweis)
BRK 3/04	22.03.04	A. / ETHZ	VPB 68/2004 Nr. 88 S. 1172 ff.; AJP 12/2004 S. 1539 (Hinweis); Baurecht Sonderheft 2004 S. 77 und 84 (Hinweise)
CRM 4/04	04.05.04	G. / SBB (Zwischenentscheid betreffend aufschiebende Wirkung und Akteneinsicht)	VPB 68/2004 Nr. 89 S. 1181 ff.; Baurecht Sonderheft 2004 S. 85 (Hinweise)
CRM 4/04	30.06.04	G. / SBB	VPB 68/2004 Nr. 119 S. 1532 ff.; Baurecht Sonderheft 2004 S. 76 f., 80, 83 f. und 86 (Hinweise); Baurecht 2/2005 S. 70 f. (Hinweis und Kommentar), S. 72 (Hinweis und Kommentar), S. 75 (Hinweis und Kommentar); Baurecht Sonderheft 2006 S. 71, S. 75 f. und S. 85 (Hinweise)
BRK 6/04	09.11.04	T. B.V. / Bundesamt für Landestopografie swisstopo	Baurecht 4/2005 S. 177 (Hinweise und Kommentare); Baurecht Sonderheft 2006 S. 89 (Hinweise [3x])
BRK 7/04	22.09.04	N. AG / armasuisse	Baurecht 4/2005 S. 171 f. (Hinweise und Kommentare); Baurecht Sonderheft 2006 S. 69 f. und S. 74 (Hinweise)
BRK 10/04 BRK 11/04	15.09.04	A. / SBB (Zwischenverfügung betreffend aufschiebende Wirkung)	
BRK 10/04 BRK 11/04	11.03.05	A. / SBB	VPB 69/2005 Nr. 56 S. 656 ff.; Baurecht 2/2005 S. 72 f. (Hinweis und Kommentar); Baurecht Sonderheft 2006 S. 76 (Hinweis)
BRK 12/04	30.11.04	T. AG / SBB	VPB 69/2005 Nr. 32 S. 339 ff.; Baurecht 2/2005 S. 68 f. (Hinweise und Kommentare), S. 78 (Hinweis und Kommentar); Baurecht Sonderheft 2006 S. 68 (Hinweise [3x]) und S. 90 (Hinweis)

BRK 14/04	11.03.05	B. AG / Oberzolldirektion	VPB 69/2005 Nr. 79 S. 977 ff.; Baurecht 2/2005 S. 71 f. (Hinweis und Kommentar), S. 74 f. (Hinweis und Kommentar), S. 77 f. (Hinweis und Kommentar), S. 80 (Hinweis und Kommentar); Baurecht Sonderheft 2006 S. 72, S. 77, S. 88 und S. 94 (Hinweise)
BRK 15/04	17.12.04	S. AG / Bundesamt für Bauten und Logistik	VPB 69/2005 Nr. 55 S. 647 ff.; Baurecht 2/2005 S. 70 (Hinweis), S. 73 (Hinweis und Kommentar); Baurecht Sonderheft 2006 S. 69, S. 74 und S. 88 (Hinweise)
CRM 17/04	08.09.05	T. / SBB	VPB 70/2006 Nr. 3 S. 51 ff.; Baurecht 4/2005 S. 167 ff. (Hinweis und Kommentar); Baurccht Sonderheft 2006 S. 70, S. 72, S. 91 und S. 94 (Hinweise)
BRK 18/04	29.03.05	M. GmbH / Bundesamt für Statistik	VPB 69/2005 Nr. 81 S. 1001 ff.
BRK 1/05	14.04.05	A. / AlpTransit Gotthard AG (Zwischenentscheid betreffend aufschiebende Wirkung und Akteneinsicht)	VPB 69/2005 Nr. 80 S. 995 ff.; Baurecht 2/2005 S. 78 f. (Hinweis und Kommentar); Baurecht 4/2005 S. 180 f. (Hinweis und Kommentar); Baurecht Sonderheft 2006 S. 93 (Hinweis)
BRK 2/05	15.02.05	S. / Bundesamt für Verkehr (Zwischenverfügung betreffend vorsorgliche Massnahmen)	
BRK 2/05	30.05.05	S. / Bundesamt für Verkehr	VPB 69/2005 Nr. 105 S. 1283 ff.; Baurecht 4/2005 S. 171, S. 176 und S. 182 (Hinweise und Kommentare); Baurecht Sonderheft 2006 S. 74, S. 76 ff., S. 88 und S. 96 (Hinweise)
CRM 3/05	17.03.05	L. / ETHL (Zwischenentscheid betreffend aufschiebende Wirkung und Akteneinsicht)	Baurecht 2/2005 S. 78 f. (Hinweis und Kommentar); Baurecht Sonderheft 2006 S. 90 (Hinweis)
BRK 4/05	11.08.05	T. AG / Paul Scherrer Institut	Baurecht 4/2005 S. 169 f. (Hinweis und Kommentar); Baurecht Sonderheft 2006 S. 72 (Hinweis)
CRM 7/05	07.12.05	P. / SBB Cargo AG	

BRK 8/05	23.01.06	G. AG / armasuisse	Baurecht 2/2006 S. 80 (Hinweis) und S. 84 (Hinweis)
BRK 10/05 BRK 11/05 BRK 12/05 BRK 13/05	23.11.05	S. AG / armasuisse	
CRM 14/05	27.01.06	C. SA / armasuisse	
BRK 15/05	28.12.05	C. AG / armasuisse	VPB 70/2006 Nr. 34 S. 522 ff.; Baurecht 2/2006 S. 83 f. (Hinweis und Kommentar)
BRK 16/05	21.11.05	A. / AlpTransit Gotthard AG (Zwischenentscheid betreffend aufschiebende Wirkung und Akteneinsicht)	
BRK 16/05	13.02.06	A. / AlpTransit Gotthard AG	VPB 70/2006 Nr. 51 S. 824 ff.; Baurecht 2/2006 S. 84 ff. (Hinweise und Kommentare)
BRK 17/05	23.12.05	A. AG / Oberzolldirektion	VPB 70/2006 Nr. 33 S. 510 ff.; Baurecht 4/2006 S. 189 f. (Auszug und Kommentar [2x])
CRM 18/05	09.11.05	C. / AlpTransit Gottardo SA (Zwischenentscheid betreffend aufschiebende Wirkung und Akteneinsicht)	
CRM 18/05	21.02.06	C. / AlpTransit Gottardo SA	
CRM 22/05	12.12.05	Z. / Bundesamt für Verkehr (Zwischenentscheid betreffend aufschiebende Wirkung und Akteneinsicht)	
CRM 22/05	15.06.06	Z. / Bundesamt für Verkehr	
CRM 23/05	12.12.05	R. / Bundesamt für Verkehr (Zwischenentscheid betreffend aufschiebende Wirkung und Akteneinsicht)	
CRM 23/05	15.06.06	R. / Bundesamt für Verkehr	VPB 70/2006 Nr. 80 S. 1322 ff.
BRK 24/05	28.12.05	U. AG / Bundesamt für Polizei (fedpol) (Zwischenverfügung betreffend aufschiebende Wirkung)	

BRK 24/05	06.06.06	U. AG / Bundesamt für Polizei (fedpol)	
BRK 25/05	24.01.06	B. AG / Bauten Forschungsanstalten (Zwischenentscheid betreffend aufschiebende Wirkung und Akteneinsicht)	
BRK 25/05	18.05.06	B. AG / Bauten Forschungsanstalten	VPB 70/2006 Nr. 74 S. 1199 ff.; Baurecht 4/2006 S. 185 f. (Auszug und Kommentar) und S. 188 (Auszug und Kommentar)
BRK 1/06	24.02.06	A. AG / Beschaffungsgemeinschaft S-POS (Zwischenentscheid betreffend aufschiebende Wirkung)	Baurecht 2/2006 S. 80 (Hinweis); Baurecht 4/2006 S. 192 (Auszug und Kommentar)
BRK 1/06	11.05.06	A. AG / Beschaffungsgemeinschaft S-POS	
BRK 3/06	20.06.06	I. / Bundesamt für Verkehr (Zwischenentscheid betreffend aufschiebende Wirkung und Akteneinsicht)	Baurecht 4/2006 S. 186 f. (Auszug und Kommentar)
BRK 4/06	26.06.06	N. AG / Bundesamt für Bauten und Logistik	Baurecht 4/2006 S. 190 f. (Auszug und Kommentar)
BRK 8/06	11.09.06	A. / AlpTransit Gotthard AG	
BRK 10/06	28.08.06	S. GmbH / armasuisse (Zwischenverfügung betreffend aufschiebende Wirkung)	Baurecht 4/2006 S. 193 (Auszug)
BRK 11/06	22.08.06	R. AG / AlpTransit Gotthard AG (Zwischenverfügung betreffend aufschiebende Wirkung und Akteneinsicht)	Baurecht 4/2006 S. S. 187 (Auszüge), S. 192 (Auszug und Kommentar) und S. 193 (Auszüge und Kommentar [2x])
BRK 16/06	31.10.06	T. AG / Oberzolldirektion (Zwischenverfügung betreffend aufschiebende Wirkung und Akteneinsicht)	
BRK 16/06	05.12.06	T. AG / Oberzolldirektion	
BRK 18/06	08.12.06	S. AG / Paul Scherrer Institut (Zwischenverfügung betreffend aufschiebende Wirkung)	

Entscheide des Bundesgerichts und des Bundesverwaltungsgerichts

Die im vorliegenden Buch berücksichtigten **Bundesgerichtsentscheide** sind entweder in der Amtlichen Sammlung der Bundesgerichtsentscheide (BGE) oder unter der Internet-Adresse www.bger.ch zu finden. Die Urteile des **Bundesverwaltungsgerichts** sind in der Sammlung der Entscheide des Bundesverwaltungsgerichts (BVGE) oder unter der Internet-Adresse www.bundesverwaltungsgericht.ch veröffentlicht.

Kantonale Entscheide

Die kantonalen Urteile zum Beschaffungsrecht werden, soweit sie im Internet zugänglich sind, lediglich mit ihrer Prozedurnummer zitiert. Die übrigen veröffentlichten Urteile werden nach dem jeweiligen kantonalen Publikationsorgan zitiert. Nicht veröffentlichte Entscheide werden in der Regel als solche bezeichnet.

Kantonale **Internet-Adressen,** unter denen (auch) Submissionsentscheide zu finden sind:

Allgemein	http://www.rechtsinformation.admin.ch
Basel-Landschaft	http://www.baselland.ch
Bern	http://www.eBVR.ch (nur für Abonnenten)
Freiburg	http://www.simap.ch
	http://appl.fr.ch/tad/
Genf	http://www.simap.ch
	http://justice.geneve.ch/jurisprudence/TA
Graubünden	http://www.vg-gr.ch
Luzern	http://www.gerichte.lu.ch/index/rechtsprechung.htm
Solothurn	http://www.old.so.ch/extappl/sog/index.php
Schwyz	http://www.schwyz.ch/entscheide
St. Gallen	http://www.gerichte.sg.ch
Uri	http://www.ur.ch/de/ger/og/entscheide-m646/
Waadt	http://www.simap.ch
Wallis	http://www.vs.ch
Zug	http://www.zug.ch/gvp
Zürich	http://www.vgrzh.ch

Kantonale **Entscheidsammlungen** und **Zeitschriften,** in denen auch submissionsrechtliche Urteile veröffentlicht werden:

Aargau	Aargauische Gerichts- und Verwaltungsentscheide (AGVE)
Appenzell AI	Geschäftsberichte über die Staats- und Verwaltungsrechtspflege
Appenzell AR	Ausserrhodische Gerichts- und Verwaltungspraxis (AR GVP)
Bern	Bernische Verwaltungsrechtsprechung (BVR) = Jurisprudence administrative bernoise (JAB)
Basel-Landschaft	Basellandschaftliche Verwaltungsgerichtsentscheide (BLVGE); Kantonsgerichtsentscheide (KGE)
Basel-Stadt	Basler Juristische Mitteilungen (BJM)
Freiburg	Freiburger Zeitschrift für Rechtsprechung (FZR) = Revue fribourgeoise de jurisprudence (RFJ)
Genf	Revue de Droit Administratif et de Droit Fiscal et Revue genevoise de droit public (RDAF)
Graubünden	Praxis des Verwaltungsgerichts des Kantons Graubünden (PVG)
Jura	Revue jurassienne de jurisprudence (RJJ)
Luzern	Luzerner Gerichts- und Verwaltungsentscheide (LGVE)
Neuenburg	Receuil de jurisprudence neuchâteloise (RJN)
Nidwalden	Nidwaldner Gerichts- und Verwaltungspraxis (NGVP)
Obwalden	Verwaltungs- und Verwaltungsgerichtsentscheide des Kantons Obwalden (VVGE)
Schaffhausen	Amtsbericht des Obergerichts an den Grossen Rat des Kantons Schaffhausen (SH OG)
Solothurn	Solothurner Gerichtspraxis (SOG)
Schwyz	Entscheide der Gerichts- und Verwaltungsbehörden des Kantons Schwyz (EGV-SZ)
St. Gallen	St. Gallische Gerichts- und Verwaltungspraxis (SGGVP)
Thurgau	Thurgauische Verwaltungsrechtspflege (TVR)
Tessin	Rivista di Diritto Amministrativo e Tributario ticinese (RDAT); Rivista ticinese di Diritto (RtiD)
Uri	Rechenschaftsbericht über die Rechtspflege des Kantons Uri (UR RB Obergericht)
Waadt	Journal des Tribunaux (JT)
Wallis	Zeitschrift für Walliser Rechtsprechung (ZWR) = Revue valaisanne de jurisprudence (RVJ)
Zug	Gerichts- und Verwaltungspraxis des Kantons Zug (GVP-ZG)
Zürich	Rechenschaftsberichte des Verwaltungsgerichts des Kantons Zürich an den Kantonsrat (RB); Baurechtsentscheide Kanton Zürich (BEZ)

Internet-Adressen zum öffentlichen Beschaffungswesen

http://www.bbl.admin.ch/bkb/
Bundesamt für Bauten und Logistik BBL / Beschaffungskommission des Bundes BKB

http://www.beschaffungswesen.zh.ch
Öffentliches Beschaffungswesen im Kanton Zürich

http://www.bpuk.ch/
Schweizerische Bau-, Planungs- und Umweltdirektorenkonferenz BPUK

http://www.bundesverwaltungsgericht.ch/index/entscheide.htm
Urteile des Bundesverwaltungsgerichts

http://ec.europa.eu/internal_market/publicprocurement/index_de.htm
Europäische Kommission Binnenmarkt, öffentliches Auftragswesen

http://www.europabrevier.ch/beschaffung_aktuelle_infos.htm
Aktuelle Informationen und Links zum Beschaffungswesen

http://www.forum-vergabe.de/
forum vergabe e.V.

http://www.gimap.admin.ch/
Interaktiver Führer durch das öffentliche Beschaffungswesen des Bundes

http://www.igoeb.ch/
Interessengemeinschaft Ökologische Beschaffung Schweiz

http://www.osec.ch
osec business network switzerland

http://www.seco.admin.ch/
Staatssekretariat für Wirtschaft SECO

http://www.sg.ch/content/kanton_st_gallen/
links/oeffentliches_beschaffungswesen.html
Öffentliches Beschaffungswesen im Kanton St. Gallen

http://www.shab.ch/
Schweizerisches Handelsamtsblatt

http://www.simap.ch
SIMAP Internetportal der Auftraggeberinnen der Kantone und des Bundes

http://simap.eu.int
http://simap.europa.eu/
SIMAP Europa Système d'informations sur les Marchés Publics (SIMAP), e-Procurement Europe

http://www.submissionsbuero-bs.ch/
Submissionsbüro Kanton Basel-Stadt

http://www.svme.ch/
SVME – Schweizerischer Verband für Materialwirtschaft und Einkauf

http://www.svoeb.ch/
Schweizerische Vereinigung für öffentliches Beschaffungswesen

http://ted.eur-op.eu.int/
Tenders Electronic Daily TED Europäische Plattform für sämtliche öffentlichen Beschaffungen in Europa

http://www.transparency.ch
Transparency International Schweiz

http://www.transparency.org/
Transparency International

http://www.umwelt-schweiz.ch/buwal/de/fachgebiete/fg_produkte/umsetzung/oeffentliche_beschaffung/index.html
BUWAL, Fachstelle umweltorientierte öffentliche Beschaffung

http://unstats.un.org/unsd/cr/registry/regct.asp?Lg=1
Zentrale Produkteklassifikation (CPC)

http://www.vergabedatenbank.de/
veris Vergaberechtsinformationssystem

http://www.vpb.admin.ch
Urteile der BRK

http://www.wto.org/english/tratop_e/gproc_e/gproc_e.htm
http://www.wto.org/french/tratop_f/gproc_f/gproc_f.htm
World Trade Organization (WTO)

Literaturverzeichnis

ALBERTINI MICHELE, Der verfassungsmässige Anspruch auf rechtliches Gehör im Verwaltungsverfahren des modernen Staates, Diss. Bern 2000 (zit.: ALBERTINI, Diss.)
– Die bundesgerichtlichen Kriterien zum öffentlichrechtlichen Rechtsschutz im Submissionsverfahren, eine Analyse der aktuellen bundesgerichtlichen Praxis und insbesondere von BGE 119 Ia 424, in recht 1994, S. 279 ff.

ANTWEILER CLEMENS/DREESEN KAI PETRA, Vergaberechtliche Beurteilung der Rundfunkgebührenfinanzierung – Neue Entwicklungen und Parallelen zum Beihilferecht, in EuZW 4/2007, S. 107 ff.

ARROWSMITH SUE, The Law of Public and Utilities Procurement, 2. Auflage, London 2005 (zit.: ARROWSMITH)
– Government Procurement in the WTO, Kluwer Law International, The Hague 2003 (zit.: ARROWSMITH, WTO)
– The Community's Legal Framework on Public Procurement: «The Way Forward» at Last?, in CMLR 1999, S. 13 ff. (zit.: ARROWSMITH, CMLR 1999)
– Reviewing the GPA: the Role and Development of the Plurilateral Agreement after Doha, in JIEL 2002, S. 761 ff. (zit.: ARROWSMITH, JIEL 2002)
– Transparency in Government Procurement: The Objectives of Regulation and the Boundaries of the Word Trade Organization, in JWT 37(2)/2003, S. 283 ff. (zit.: ARROWSMITH, JWT 2003)

BASS ANDREAS/CRAMERI ALBERTO/LANG HERBERT/MALFANTI VINICIO/SPÖRRI PHILIPP, Die Anwendung des Binnenmarktgesetzes auf Ortsansässige, in ZBl 2000, S. 249 ff.

BAUMBERGER XAVER, Aufschiebende Wirkung bundesrechtlicher Rechtsmittel im öffentlichen Recht, Zürich/Basel/Genf 2006

BELLANGER FRANÇOIS, Le droit applicable aux marchés publics, in RDAF 2001 (1. Teil – Verwaltungsrecht), S. 367 ff.

BELLANGER FRANÇOIS/BOVET CHRISTIAN, Marché de l'affichage public ou marché public de l'affichage ?, in BR 1999, S. 164 ff.

BEYELER MARTIN, Das Vergaberecht in den Entscheiden des Bundesgerichts der Jahre 2005 und 2006, in: Jusletter 14. Mai 2007
– Die Rechtsprechung zum Vergaberecht, in BR, Sonderheft Vergaberecht 2006, S. 68 ff.
– Öffentliche Beschaffung, Vergaberecht und Schadenersatz, Zürich 2004 (zit.: BEYELER, Öffentliche Beschaffung)
– Überlegungen zum Abbruch von Vergabeverfahren, in AJP 2005, S. 784 ff.

BIAGGINI GIOVANNI, Abkommen über bestimmte Aspekte des öffentlichen Beschaffungswesens, in : Daniel Thürer/Rolf H. Weber/Roger Zäch (Hrsg.), Bilaterale Verträge Schweiz – EG, Ein Handbuch, Zürich 2002, S. 307 ff.

BILLIET STIJN, From GATT to WTO: The internal struggle for external competences in the EU, in JCMS 44(5)/2006, S. 899 ff.

BIRCHLER DANIEL/SCHERLER STEFAN, Missbräuche bei der Vergabe öffentlicher Aufträge im Bauwesen, Studie für das Nationale Forschungsprogramm 40 : «Gewalt im Alltag und organisierte Kriminalität». Schlussbericht vom 15. November 2000

BLAAS MIRJAM, Ökologische Aspekte im Vergaberecht, Zürich 2004

BOCK CHRISTIAN, Das europäische Vergaberecht für Bauaufträge unter besonderer Berücksichtigung der Auswirkungen auf das schweizerische Submissionsrecht, Basler Studien zur Rechtswissenschaft, Band 43, Basel und Frankfurt am Main 1993 (zit.: BOCK, Vergaberecht)
– Öffentliches Beschaffungsrecht Submissionsrecht, Schweizerische Rechtserlasse, Basel und Frankfurt am Main 1996

BOESEN ARNOLD, Vergaberecht. Kommentar zum 4. Teil des GWB, Köln 2000

BOLLINGER ERWIN, Grundzüge des Abkommens über bestimmte Aspekte des öffentlichen Beschaffungswesens, in : Bilaterale Abkommen Schweiz–EU (Erste Analysen), hrsg. von Daniel Felder/Christine Kaddous, Basel 2001, S. 641 ff.

BOVAY BENOÎT, La non-discrimination en droit des marchés publics, in RDAF 2004 (1. Teil – Verwaltungsrecht), S. 227 ff.

BOVET CHRISTIAN, Le contentieux des marchés publics, in RDAF 2001 (1. Teil – Verwaltungsrecht), S. 415 ff.
– Contentieux AIMP et LMI, in BR 2000, S. 51
– La procédure de gré à gré, in BR, Sonderheft Vergaberecht 2004, S. 42 ff.

BOVIS CHRISTOPHER, EC Public Procurement: Case Law and Regulations, Oxford 2006 (zit.: BOVIS)
– Developing Public Procurement Regulation: Jurisprudence and its Influence on Law Making, in CMLR 43/2006, S. 461 ff. (zit.: BOVIS, CMLR 2006)
– Public Procurement in the European Union: A Critical Analysis of the New Regime, LIEI 33(1)/2006, S. 29 ff. (zit.: BOVIS, LIEI 2006)
– Public Procurement in the European Union: Lessons from the Past and Insights to the Future, in 12 Columbia Journal of Europena Law (Winter 2005-2006), S. 53 ff. (zit.: BOVIS, Colum. J. Eur. L. 2005-2006)
– Recent case law relating to Public Procurement: A Beacon for the Integration of Public Markets, in CMLR 39(5)/2002, S. 1025 ff. (zit.: BOVIS, CMLR 2002)
– Financing services of general interest, public procurement and state aid: The delineation between market forces and protection, in 10 Columbia Journal

of European Law (Summer 2004), S. 419 ff (zit.: BOVIS, Colum. J. Eur. L. 2004)

BRAUN CHRISTIAN, Besprechung der Mitteilung der Kommission zum Vergaberecht, in EuZW 22/2006, S. 683 ff.

BRAUN CHRISTIAN/HAUSWALDT CHRISTIAN, Vergaberechtliche Wirkung der Grundfreiheiten und das Ende der Inländerdiskriminierung?, in EuZW 6/2006, S. 176 ff.

BÜHLER THEODOR, Der Werkvertrag, Teilband V 2d, 3., völlig neu bearbeitete Auflage, Zürich 1998

BYOK JAN/JAEGER WOLFGANG, Kommentar zum Vergaberecht: Erläuterungen zu den vergaberechtlichen Vorschriften des GWB und der VgV, 2. Auflage, Frankfurt am Main 2005

CARRON VINCENT/FOURNIER JACQUES, La protection juridique dans la passation des marchés publics, Etude de droit comparé – Règles types et rapport explicatif, Fribourg 2002

CASSINA MATTEO, La legge federale sul mercato interno: principi fondamentali e note in merito alla giurisprudenza del Tribunale federale, in RDAT I-2000, S. 99 ff.

CHRIST BENEDICT F., Die Submissionsabsprache. Rechtswirklichkeit und Rechtslage, DisS. Freiburg 1999

CLERC EVELYNE, Commentaire de l'art. 5 LMI et de l'art. 9 LMI, in: Pierre Tercier/ Nicolas Bovet (Hrsg.), Commentaire romand – Droit de la concurrence, Genf/Basel/München 2002, S. 1304 ff. und S. 1399 ff.
- L'ouverture des marchés publics: Effectivité et protection juridique, Fribourg 1997 (zit.: CLERC, Diss.)
- Le sort du contrat conclu en violation des règles sur les marchés publics, in AJP 1997, S. 804 ff.
- Innovation et marchés publics: Propriété , intellectuelle, prototype, concours d'idées, dialogue technique et financement privé, in: Nicolas Michel/Roger Zäch (Hrsg.), Submissionswesen im Binnenmarkt Schweiz, Erste praktische Erfahrungen und Entwicklungen, Zürich 1998, S. 83 ff. (zit.: CLERC, Innovation)

COMMISSION EUROPÉENNE, Communication interprétative de la Commission sur les concessions en droit communautaire, JO 2000 C 121/2 (zit. : COMMISSION EUROPÉENNE, Concessions)
- Communication interprétative sur le droit communautaire applicable aux marchés publics et les possibilités d'intégrer des considérations environnementales dans lesdits marchés, COM(2001) 274 du 4.7.2001 = JO 2001 C 333/12 (zit. : COMMISSION EUROPÉENNE, Considérations environnementales)
- Communication interprétative sur le droit communautaire applicable aux marchés publics et les possibilités d'intégrer des aspects sociaux dans les-

- dits marchés, COM(2001) 566 du 15.10.2001 = JO 2001 C 333/27 (zit. : COMMISSION EUROPÉENNE, Aspects sociaux)
- Livre vert sur les marchés publics de la défense, COM(2004) 608 du 23.9.2004 (zit. : COMMISSION EUROPÉENNE, Défense)
- Livre vert sur les partenariats public-privé et le droit communautaire des marchés publics et des concessions, COM(2004) 327 du 30.4.2004 (zit.: COMMISSION EUROPÉENNE, Livre vert – PPP)
- Communications concernant les partenariats public-privé et le droit communautaires des marchés publics et des concessions, COM(2005) 569 du 15.11.2005 (zit. : COMMISSION EUROPÉENNE, Communication – PPP)
- Communication interprétative relative au droit communautaire applicable aux passations de marchés non soumises ou partiellement soumises aux directives « marches publics », JO 2006 C 179/2 (zit.: COMMISSION EUROPÉENNE, Marchés non ou partiellement soumis)
- Communication interprétative sur l'application de l'article 296 du traité dans le domaine des marchés publics de la défense, COM(2006) 779 du 7.12.2006 (zit. : COMMISSION EUROPÉENNE, Article 296)

COTTIER THOMAS/EVTIMOV ERIK, Probleme des Rechtsschutzes bei der Anwendung der sektoriellen Abkommen mit der EG, in: Thomas Cottier/Matthias Oesch (Hrsg.), Die sektoriellen Abkommen Schweiz–EG: ausgewählte Fragen zur Rezeption und Umsetzung der Verträge vom 21. Juni 1999 im schweizerischen Recht / Berner Tagung für die juristische Praxis, Bern 2002, S. 179 ff.

COTTIER THOMAS/MERKT BENOÎT, Die Auswirkungen des Welthandelsrechts der WTO und des Bundesgesetzes über den Binnenmarkt auf das Submissionsrecht der Schweiz, in: Roland von Büren/Thomas Cottier (Hrsg.), Die neue schweizerische Wettbewerbsordnung im internationalen Umfeld: Globalisierung, Wettbewerbsrecht, öffentliches Beschaffungswesen, Bern 1997

COTTIER THOMAS/WAGNER MANFRED, Das neue Bundesgesetz über den Binnenmarkt (BGBM), in AJP 1995, S. 1582 ff.

CRAMERI ALBERTO, Das öffentliche Beschaffungswesen aus der Sicht Graubündens, in: ZGRG 1998, S. 136 f.
- Die Schwellenwerte – Ein heilloses Durcheinander, in BR 2002, S. 83 f.

DANIOTH HALTER PATRIZIA/LANG Herbert, Das bilaterale Abkommen über das öffentliche Beschaffungswesen, in BR 1999, S. 61 ff.

DELVOLVÉ PIERRE, Marchés publics: les critères des «contrats-maison», in RDUE 1/2002, S. 53 ff.

DENZLER BEAT, Bewertung der Angebotspreise, in BR, Sonderheft Vergaberecht 2004, S. 20 ff.
- Fusioniert, gespalten und übertragen – wenn Anbieter ihr Rechtskleid wechseln, in BR, Sonderheft Vergaberecht 2006, S. 23 ff.

DROLSHAMMER JENS, Entwicklungen im Wettbewerbs- und Kartellrecht, in SJZ 98/2002, S. 275 ff.

DUBEY JACQUES, Le concours en droit des marchés publics, Zürich/Basel/Genf 2005

ELSNER BERNT, Vergaberecht, Systematische Darstellung des österreichischen Vergaberechts, Bundesvergabegesetz mit Materialien, ÖNORM A 2050 und EG Vergaberichtlinien, Wien 1999

ELSNER BERNT/KEISLER ROBERT/HAHNL KATHARINA, Vergaberechtsschutz in Österreich, Wien 2004

ESSEIVA DENIS, Concours, mandats d'étude parallèles et autres procédures spéciales en droit cantonal, in BR, Sonderheft Vergaberecht 2006, S. 44 ff.
- Les nouveautés en législation, in BR, Sonderheft Vergaberecht 2004, S. 8 ff.
- Les problèmes liés au prix, in BR, Sonderheft Vergaberecht 2004, S. 27 ff.
- Mise en concurrence de l'octroi de concessions cantonales et communales selon l'article 2 al. 7 LMI, in BR 2006, S. 203 ff.

FLAMME PHILIPPE/FLAMME MAURICE-ANDRÉ/DARDENNE CLAUDE, Les Marchés publics européens et belges: L'irrésistible européanisation du droit de la commande publique, Bruxelles 2005

FRENZ WALTER, Grundrechte und Vergaberecht, in EuZW 24/2006, S. 748 ff.

GADOLA ATTILIO R., Rechtsschutz und andere Formen der Überwachung der Vorschriften über das öffentliche Beschaffungswesen, in AJP 1996, S. 967 ff.

GALLI PETER, Die Submission der öffentlichen Hand im Bauwesen, Zürich 1981
- Rechtsprechung der Eidgenössischen Rekurskommission für das öffentliche Beschaffungswesen (BRK), Die ersten Entscheide und ihre Tragweite, in: Nicolas Michel/Roger Zäch (Hrsg.), Submissionswesen im Binnenmarkt Schweiz, Erste praktische Erfahrungen und Entwicklungen, Zürich 1998, S. 103 ff. (zit.: GALLI, Rechtsprechung)
- Zuschlagskriterien, Beurteilungsmatrix und Evaluationsbericht, in BR 1999, S. 138

GALLI PETER/LEHMANN DANIEL/RECHSTEINER PETER, Das öffentliche Beschaffungswesen in der Schweiz, Zürich 1996

GANZ GEORGE M., Öffentliches Beschaffungswesen: Ausschreibung von Verkehrsdienstleistungen, in AJP 2001, S. 975 ff.

GAUCH PETER, Das öffentliche Beschaffungsrecht der Schweiz. Ein Beitrag zum neuen Vergaberecht, in recht 1997, S. 165 ff.
- Der verfrüht abgeschlossene Beschaffungsvertrag (eine Reprise), in BR 2003, S. 3 ff.
- Der Werkvertrag, 4. Auflage, Zürich 1996
- Vergabeverfahren und Vergabegrundsätze, in BR 1996, S. 99 ff.

- Zur Nichtigkeit eines verfrüht abgeschlossenen Beschaffungsvertrages, in BR 1998, S. 119 ff.
- Zuschlag und Verfügung, ein Beitrag zum öffentlichen Vergaberecht, in: Mensch und Staat, Festschrift für Thomas Fleiner zum 65. Geburtstag, hrsg. von Peter Hänni, Freiburg 2003, S. 595 ff.

GAUCH PETER/TERCIER PIERRE, Das Architektenrecht, 3. Auflage, Freiburg 1995

GAUCH PETER/STÖCKLI HUBERT, Thesen zum neuen Vergaberecht des Bundes (Vergabethesen), Freiburg 1999

GIANNANGELO MARCHEGIANI, Les relations in-house et le syndrome du cheval à bascule – Quelques considérations à propos de l'arrêt Stadt Halle, in RMC 2006, S 47 ff.

GIORELLO MARCO, Gestions in house, entreprises publique et marché public: la Cour de justice au croisement des chemins du marché intérieure et des services d'intérêt économique général, in RDUE 1/2006, S. 23 ff.

GORDON HARVEY/RIMMER SHANE/ARROWSMITH SUE, The Economic Impact of the European Union Regime on Public Procurement: Lessons for the WTO, in World Economy 21(2)/1998, S. 159 ff.

GRABER DANIELE, La legittimazione a ricorrere delle associazioni professionali in materia di commesse pubbliche, in RDAT I-2001, S. 457 ff.

GREB KLAUS/KAELBLE HENDRIK, Die beihilfenrechtliche Unwirksamkeit der Defacto-Vergabe öffentlicher Aufträge über Marktpreis, in WuW 56(10)/2006, S. 1011 ff.

GROLIMUND PASCAL, Ökologische Aspekte im öffentlichen Beschaffungswesen. Eine Analyse der Vorschriften des WTO-, des EG und des Schweizer Rechts, Basel/Genf/München 2004

Guide romand pour les marchés publics, version du 2 juin 2005

HÄFELIN ULRICH/MÜLLER GEORG/UHLMANN FELIX, Allgemeines Verwaltungsrecht, 5. Auflage, Zürich/Basel/Genf 2006

HANDSCHIN LUKAS/SIEGENTHALER THOMAS, Privatisierung öffentlicher Aufgaben, in SJZ 96/2000, S. 405 ff.

HÄNNI MARCO/SCRUZZI PETER, Zur Ausstandspflicht im Rahmen von Submissionsverfahren in BR 1999, S. 131 ff.

HAUSER MATTHIAS, Umweltaspekte von Baustellen im Vergaberecht, in URP 2002, S. 339 ff.
- Zuschlagskriterien im Submissionsrecht, in AJP 2001, S. 1405 ff.

HOEKMAN BERNHARD M./MAVROIDIS PETROS C., Law and Policy in the Public Purchasing: The WTO Agreement on the Government Procurement, 4. Auflage, Michigan 2000

Hürlimann Roland, Unternehmervarianten – Risiken und Problembereiche, in BR 1996, S. 3 ff.

Institut für Schweizerisches und Internationales Baurecht, Das Vergaberecht der Schweiz, Rechtsgrundlagen und Rechtsprechung, hrsg. von Hubert Stöckli, 6. Auflage, Freiburg 2004 (zit. Institut, Vergaberecht)
- Wettbewerbsverfahren und andere Verfahren für Beschaffungen mit intellektuellen Dienstleistungen, Freiburg 2005

Jost Felix/Schneider Heusi Claudia, Architektur- und Ingenieurwettbewerbe im Submissionsrecht, in ZBl 2004, S. 341 ff.

Juridictions administratives, Les juridictions administratives face aux marchés publics, Colloque du 3 octobre 2000, hrsg. von Jean-Baptiste Zufferey, Fribourg 2001

KBBK, Bericht der Kommission Beschaffungswesen Bund/Kantone (KBBK) über die Auswirkungen der Liberalisierung des öffentlichen Beschaffungswesens in der Schweiz vom 15. Januar 2001 (zit.: Bericht KBBK)

Kessler Jürgen/Dahlke Ann, Der soziale Wohnungsbau in Deutschland im Lichte des europäischen Beihilferechts, in EuZW 4/2007, S. 103 ff.

Kölz Alfred/Bosshart Jürg/Röhl Martin, Kommentar zum Verwaltungsrechtspflegegesetz des Kantons Zürich (Gesetz über den Rechtsschutz in Verwaltungssachen [Verwaltungsrechtspflegegesetz] vom 24. Mai 1959), 2. Auflage, Zürich 1999

Kristoferitsch Hans, Eine «vergaberechtliche Interpretation» des Bietverfahrens bei Privatisierungen?, in EuZW 14/2006, S. 428 ff.

Kuonen Dominik, Das Einladungsverfahren im öffentlichen Beschaffungsrecht, Bern 2005

Kunz Daniel, Verfahren und Rechtsschutz bei der Vergabe von Konzessionen, Bern 2004

Laget-Annamayer Aurore, Le statut des accords OMC dans l'ordre juridique communautaire: en attendant la consécration de l'invocabilité, in RTDE 2006, S. 249 ff.

Lang Elisabeth, Die Praxis des Verwaltungsgerichts des Kantons Aargau zum Submissionsrecht, in ZBl 2002, S. 453 ff.
- Der Grundsatz der Transparenz im öffentlichen Beschaffungsrecht, in Festschrift 100 Jahre Aargauischer Anwaltsverband, Zürich/Basel/Genf 2005, S. 105 ff.

Lang Herbert, Binnenmarkt: Aktuelle Fragen bei der Anwendung des Binnenmarktgesetzes und der Interkantonalen Vereinbarung über das öffentliche Beschaffungswesen, in: Nicolas Michel/Roger Zäch (Hrsg.), Submissionswesen im Binnenmarkt Schweiz, Erste praktische Erfahrungen und Entwicklungen, Zürich 1998, S. 15 ff. (zit.: Herbert Lang, Binnenmarkt)

- Neue Rechtsgrundlagen für das Vergabeverfahren in der Schweiz – Das Abkommen CH-EU im öffentlichen Beschaffungswesen, in ZBl 2003, S. 32 ff.
- Offertenbehandlung und Zuschlag im öffentlichen Beschaffungswesen, in ZBl 2000, S. 225 ff.

LANTER BEAT, Vergabe von Versicherungsdienstleistungen, in Kriterium, Informationen zur Submissionspraxis, hrsg. von der Kommission für das öffentliche Beschaffungswesen des Kantons Zürich, Nr. 6/April 2002, S. 3 f.

LUTZ DANIELA, Ausstand und Vorbefassung, in BR, Sonderheft Vergaberecht 2004, S. 45 ff.

LUTZ MARTIN, Vergaberegime ausserhalb des Vergaberechts? Die Mitteilung der Kommission zur Vergabe öffentlicher Aufträge, die niet oder teilweise unter die Vergaberichtlinien fallen, in WuW 56(9)/2006, S. 890 ff.

MALFANTI VINICIO, Appalti pubblici alle soglie del XXI secolo in diritto intercantonale e cantonale, in: Marco Borghi/Guido Corti (Hrsg.), Problemi emergenti di diritto pubblico : atti della giornata di studio del 5 giugno 2000, Basel/Genf/München 2001, S. 25 ff.
- Due esempi di applicazione della normativa sulle commesse pubbliche, in RDAT I-2002, S. 97 ff.
- Principali novità introdotte dalla Legge sulle commesse pubbliche, in RDAT I-2001, S. 439 ff.

MATTERA ALFONSO, La communication interprétative de la Commission sur les concessions de services d'utilité publique : un instrument de transparence et de libéralisation, in RDUE 2/2000, S. 253 ff. (zit.: MATTERA, RDUE 2/2000)
- Vers un Code européen des marches publics, in RDUE 3/2002, S. 523 ff. (zit.: MATTERA, RDUE 3/2002)

MAYER ROLAND, Erfahrungen der Kantone mit dem Abkommen über bestimmte Aspekete des öffentlichen Beschaffungswesens, in: Bilaterale Abkommen Schweiz – EU (Erste Analysen), Basel 2001, S. 663 ff.

MCCRUDDEN CHRISTOPHER, International Economic Law and the Pursuit of Human Rights: A Framework for Discussion of the Legality of «Selective Purchasing» Laws under the WTO Government Procurement Agreement, in JIEL 2/1999, S. 3 ff.

MERKLI THOMAS/AESCHLIMANN ARTHUR/HERZOG RUTH, Kommentar zum Gesetz über die Verwaltungsrechtspflege im Kanton Bern, Bern 1997

MESSERLI BEAT, Der Planungs- und Gesamtleistungswettbewerb im öffentlichen Beschaffungsrecht, 2. Auflage, Bern 2007

METZ MARKUS/SCHMID GERHARD, Rechtsgrundlagen des öffentlichen Beschaffungswesens, in ZBl 1998, S. 49 ff.

MEYER CHRISTOPH, Freihändige Vergabe als Ausnahme von der Ausschreibungspflicht im öffentlichen Beschaffungsrecht, in AJP 2005, S. 716 ff.

MICHEL NICOLAS, Droit public de la construction, Fribourg 1996
- Les marchés publics dans la jurisprudence européenne, Freiburg 1995 (zit.: MICHEL, Jurisprudence européenne)
- Les règles de passation des marchés publics sous l'aspect du risque de corruption, in : Marco Borghi/Patrice Meyer-Bisch/Dina Balleyguier (Hrsg.), La corruption: l'envers des droits de l'homme, Fribourg 1995, S. 224 ff. (zit.: MICHEL, Règles)

MOOR PIERRE, Droit administratif, Band II, 2. Auflage, Bern 2002

MOSER ANDRÉ, Les marchés publics en Suisse au seuil du XXI siècle, in: Marco Borghi/Guido Corti (Hrsg.), Problemi emergenti di diritto pubblico : atti della giornata di studio del 5 giugno 2000, Basel/Genf/München 2001, S. 3 ff. (zit.: MOSER, marchés publics)
- Rechtsprechung : Entschiedenes und Unentschiedenes, in BR, Sonderheft Vergaberecht 2004, S. 74 ff.
- Überblick über die Rechtsprechung 1998/99 zum öffentlichen Beschaffungswesen (Bund sowie Hinweise auf kantonale Entscheide), in AJP 2000, S. 682 ff.

MOSER ANDRÉ/UEBERSAX PETER, Prozessieren vor eidgenössischen Rekurskommissionen, Basel und Frankfurt am Main 1998 (zit.: MOSER, Prozessieren)

NELL PHILIPPE, Liberalisierung des Beschaffungswesens Schweiz-EG : auf dem Weg zur Gleichwertigkeit zwischen dem EG-Recht und dem neuen GATT-Abkommen über das Beschaffungswesen, in: Hans-Joachim Meyer-Marsilius/Walter R. Schluep/Werner Stauffacher (Hrsg.), Beziehungen Schweiz-EG, Band 2, Kapitel 4.5, Beschaffungswesen, Zürich 1997

NIGGLI MARCEL ALEXANDER, Vergabe und ungetreue Amtsführung, in BR 1999, S. 151

NYFFENEGGER RES/KOBEL HANS ULRICH, Vorbefassung im Submissionsverfahren, in BVR 2004, S. 49 ff.

ODENDAHL KERSTIN, Die Berücksichtigung vergabefremder Kriterien im öffentlichen Auftragswesen – Rechtslage nach EG- und WTO-Recht –, in EuZW 21/2004, S. 647 ff.

Parlamentsdienste, L'ouverture des marchés publics en Suisse sous l'angle juridique et économique, Rapport final à l'attention de la sous-commission DFF/DFE de la Commission de gestion du Conseil national, vom 14. März 2002 (zit.: Parlamentsbericht)

PASSERIEUX RÉGIS/THOUVENIN JEAN-MARC, Le partenariat public-privé à la croisée des chemins, entre marché et concession, in RMC 2005, S. 232 ff.

PICTET JACQUES/BOLLINGER DOMINIQUE, Adjuger un marché au mieux-disant, Lausanne 2003

PFAMMATTER CHRISTIAN, Concours et marchés publics, in RDAF 2002 (1. Teil – Verwaltungsrecht), S. 439 ff.

PIETH MARC, Korruption – Ein Thema?, in: Institut für Baurecht, Baurechtstagung 1997/Tagungsunterlage 6, S. 31 ff.

POLTIER ETIENNE, Les marchés publics: premières expériences vaudoises, in RDAF 2000 (1. Teil – Verwaltungsrecht), S. 297 ff.

PRIESS HANS-JOACHIM, Handbuch des europäischen Vergaberechts, 3. Auflage, Köln/Berlin/München 2005

RAPPO AURÉLIA, Les marchés publics : champ d'application et qualificationhés publics, in RDAF 2005 (1. Teil – Verwaltungsrecht), S. 165 ff.

RECHSTEINER PETER, Begründung von Entscheiden, in BR 2002, S. 65
- Bekanntgabe der Zuschlagskriterien, in BR 2002, S. 65
- Die Ausschreibungspflicht: Grundsatz mit vielen Ausnahmen, in BR, Sonderheft Vergaberecht 2004, S. 36 ff.
- Erkenntnisgewinn im Verfahren – darf man klüger werden?, in BR, Sonderheft Vergaberecht 2006, S. 35 ff.
- Ermittlung der Angebotspreise, in BR, Sonderheft Vergaberecht 2004, S. 17 ff.
- Modifikation von Vertragsunterlagen nach dem Zuschlag, in BR 2000, S. 122 f.
- Option und Auftragswert, in BR 1999, S. 49
- Rechnungsfehler, in BR 2000, S. 123
- «Überschiessende Offertangaben», in BR 2001, S. 60
- Vergabe eines Generalunternehmerauftrags – eine Reihe von Rechtsfragen, in BR 2001, S. 98 ff.

REHBINDER MANFRED, Schweizerisches Urheberrecht, 3. Auflage, Bern 2000

REICH BERTRAND, Droit des marchés publics – L'indemnisation en cas d'admission du recours, in RDAF 2006 (1. Teil – Verwaltungsrecht), S. 115 ff.

REINBACHER PETRA, Schadenersatz im Vergaberecht, Wien 2002

REY ALEXANDER/WITTWER BENJAMIN, Die Ausschreibungspflicht bei der Übertragung von Monopolen nach revidiertem Binnenmarktgesetz – unter besonderer Berücksichtigung des Elektrizitätsbereichs, in AJP 2007, S. 585 ff.

RHINOW RENÉ/SCHMID GERHARD/BIAGGINI GIOVANNI, Öffentliches Wirtschaftsrecht, Basel 1998

RODONDI OLIVIER, Le droit cantonal des marchés publics, in RDAF 1999 (1. Teil – Verwaltungsrecht), S. 265 ff.
- Les critères d'aptitude et les critères d'adjudication dans les procédures de marchés publics, in RDAF 2001 (1. Teil – Verwaltungsrecht), S. 387 ff.

RODRIGUES STÉPHANE, Chronique des Marchés publics dans la jurisprudence communautaire, in RMC 2005, S. 242 ff.

SCHALLER OLIVIER, Clause d'exemption et LMI, in BR 2001, S. 151

SCHERLER STEFAN, Abbruch des Verfahrens, in BR 2001, S. 152
- Beschaffung von Beratungsleistungen im Informatikbereich, in BR 2002, S. 67
- Prinzipien und Rechtsschutz in vergabenahen Bereichen, in BR, Sonderheft Vergaberecht 2006, S. 40 ff.
- Verfahrensprinzipien unterhalb der Schwellenwerte, in BR 2000, S. 53 f.
- Vergabe von Gesamtleistungen (kombinierte Ausschreibungen), in BR 2002, S. 66 f.

SCHNEIDER HEUSI CLAUDIA/JOST FELIX, Public Private Partnership – wenn Staat und Private kooperieren, in BR, Sonderheft Vergaberecht 2006, S. 27 ff.

STEINER MARC, Nachhaltige Beschaffung – vergaberechtliche Möglichkeiten und Grenzen, in BR, Sonderheft Vergaberecht 2004, S. 54 ff.

SCHERRER-JOST RENATE, Öffentliches Beschaffungswesen, in: Schweizerisches Bundesverwaltungsrecht (hrsg. von Heinrich Koller/Georg Müller/René Rhinow/Ulrich Zimmerli, Band Schweizerisches Aussenwirtschafts- und Binnenmarktrecht (hrsg. von Thomas Cottier/Remo Arpagaus), Basel/Genf/München 1999

SCHMID GERHARD/METZ MARKUS, Öffentliche Bauvorhaben, insbsesondere Beschaffungsrecht, in: Peter Münch/Peter Karlen/Thomas Geiser (Hrsg.), Beraten und Prozessieren in Bausachen, Basel/Genf/München 1998, S. 797 ff.

SCHUBARTH MARTIN, Submissionsbetrug – Zu einem Urteil des deutschen BGH, in: Baurecht 1993, S. 56 ff.

STÖCKLI HUBERT, Bundesgericht und Vergaberecht, Zur vergaberechtlichen Praxis des Bundesgerichts seit 1998, in BR 2002, S. 3 ff.

STRAUB WOLFGANG, Beschaffung komplexer Leistungen zwischen Vertragsfeiheit und Beschaffungsrecht, in AJP 2005, S. 1330 ff.

SUBILIA-ROUGE LILIANE, Aspects juridiques de l'audit environnemental. A la lumière des droits suisse et européen, Genève 2000

TERCIER PIERRE, La libération du marché de la construction, in: Baurechtstagung (f) 1997, Freiburg 1997, S. 16 ff.

TRECHSEL STEFAN, Schweizerisches Strafgesetzbuch, Kurzkommentar, 2. Auflage, Zürich 1997

TREPTE PETER-ARMIN, Regulating Procurement: Understanding the Ends and Means of public Procurement Regulation, Oxford 2004

TRYBUS MARTIN, The EC Treaty as an Instrument of European Defence Integration: Judicial Scrutiny of Defence and Security Exceptions, in CMLR 39/2002, S. 1347 ff.

ULRICH SIMON, Die neue SIA-Ordnung 142 für Architektur- und Ingenieurwettbewerbe: Inhalt und Bedeutung – eine erste Einschätzung, in AJP 1999, S. 243 ff.
– Gestaltungsspielräume im öffentlichen Beschaffungswesen, in: Alfred Koller (Hrsg.), 7. St. Galler Baurechtstagung 2006, Tagungsbeiträge, St. Gallen 2006, S. 145 ff.
– Öffentliche Aufträge an Architekten und Ingenieure unter besonderer Berücksichtigung des neuen Bundesrechts, in: Alfred Koller (Hrsg.), Bau- und Bauprozessrecht, St. Gallen 1996, S. 127 ff. (zit.: ULRICH, Öffentliche Aufträge)

WAGNER MANFRED, Das Bundesgesetz über den Binnenmarkt (BGBM), in: Schweizerisches Bundesverwaltungsrecht (hrsg. von Heinrich Koller/Georg Müller/René Rhinow/Ulrich Zimmerli, Band Schweizerisches Aussenwirtschafts- und Binnenmarktrecht (hrsg. von Thomas Cottier/Remo Arpagaus), Basel/Genf/München 1999
– Haupt- oder Anschlusspartei eines Gesamtarbeitsvertrages, in BR 1999, S. 139
– Herkunfts- oder Leistungsortsprinzip, in BR 1999, S. 51 f.
– Rechtsvertretung in vergaberechtlichen Streitigkeiten, in BR 2000, S. 52

WASESCHA LUZIUS, Das Abkommen über bestimmte Aspekte des öffentlichen Beschaffungswesens: eine Würdigung aus politischer und wirtschaftspolitischer Sicht, in: Bilaterale Abkommen Schweiz – EU (Erste Analysen), Basel 2001, S. 633 ff.

WASESCHA LUZIUS/NELL PHILIPPE, L'OMC et les marchés publics, in La Vie économique 10/2002, S. 15 ff.

WEBER KARL, Das neue Binnenmarktgesetz, in Schweizerische Zeitschrift für Wirtschaftsrecht (SZW) 1996, S. 164 ff.

WILLIAMS SOPE, The mandatory exclusions for corruption in the new EC Procurement Directives, 31/2006 EL Rev., S. 711 ff.

WOLF ROBERT, Die Beschwerde gegen Vergabeentscheide – Eine Übersicht über die Rechtsprechung zu den neuen Rechtsmitteln, in ZBl 2003, S. 1 ff.
– Die neue Rechtsmittelordnung im Bund, in BR, Sonderheft Vergaberecht 2006, S. 11 ff.
– Preis und Wirtschaftlichkeit, in BR, Sonderheft Vergaberecht 2004, S. 12 ff.

WUNDER KILIAN, Die Binnenmarktfunktion der schweizerischen Handels- und Gewerbefreiheit im Vergleich zu den Grundfreiheiten in der Europäischen Gemeinschaft, Basel/Genf München 1998

ZÄCH ROGER, Die Rolle der Wettbewerbskommission im Submissionswesen, in: Nicolas Michel/Roger Zäch (Hrsg.), Submissionswesen im Binnenmarkt Schweiz, Erste praktische Erfahrungen und Entwicklungen, Zürich 1998, S. 59 ff.

ZIMMERLI ULRICH, Auswirkungen des Abkommens über bestimmte Aspekte des öffentlichen Beschaffungswesens auf das Vergaberecht insbesondere der Gemeinden, in: Thomas Cottier/Matthias Oesch (Hrsg.), Die sektoriellen Abkommen Schweiz – EG: ausgewählte Fragen zur Rezeption und Umsetzung der Verträge vom 21. Juni 1999 im schweizerischen Recht / Berner Tagung für die juristische Praxis, Bern 2002, S. 153 ff.

ZUFFEREY JEAN-BAPTISTE, La qualité pour recourir contre les décisions de l'adjudicateur, in: Jean-Baptiste Zufferey (Hrsg.), Les juridictions administratives face aux marchés publics, Colloque du 3 octobre 2000, Fribourg 2001, S. 77 ff.

ZUFFEREY JEAN-BAPTISTE/DUBEY JACQUES, Vergleichsstudie : Vergaberecht des Bundes und der Kantone, Freiburg 2003
– Quid après l'adjudication?, in BR, Sonderheft Vergaberecht 2004, S. 62 ff.

ZUFFEREY JEAN-BAPTISTE/MAILLARD CORINNE/MICHEL NICOLAS, Droit des marchés publics, Présentation générale, éléments choisis et code annoté, Fribourg 2002

Abkürzungsverzeichnis

a.a.O.	am angeführten Ort
Abs.	Absatz/Absätze
aBV	(alt)Bundesverfassung der Schweizerischen Eidgenossenschaft vom 29. Mai 1874
a.E.	am Ende
AELE	Association européenne de libre-échange (= *EFTA*)
aff.	affaire
AG	Aktiengesellschaft
AGB	allgemeine Geschäftsbedingungen
AGVE	Aargauische Gerichts- und Verwaltungsentscheide
AIMP	Accord intercantonal sur les marchés publics (= *IVöB*)
aIVöB	Interkantonale Vereinbarung über das öffentliche Beschaffungswesen vom 25. November 1994
AJP	Aktuelle Juristische Praxis, St. Gallen
al.	alinéa
a.M.	anderer Meinung
AMP	Accord du 15.4.1994 sur les marchés publics, RS 0.632.231.42 (= *ÜoeB*)
Amtl. Bull. NR/SR	Amtliches Bulletin der Bundesversammlung, Nationalrat/Ständerat
Anm.	Anmerkung(en)
aOG	Bundesgesetz über die Organisation der Bundesrechtspflege (Bundesrechtspflegegesetz) vom 16. Dezember 1943, aufgehoben durch das BGG
ARGE	Arbeitsgemeinschaft
AR GVP	Appenzell Ausserrhodische Gerichts- und Verwaltungspraxis
Art.	Artikel
art.	article
AS	Amtliche Sammlung der Bundesgesetze und Verordnungen (Eidgenössische Gesetzessammlung)
ATB	Alpentransit-Beschluss vom 4. Oktober 1991, SR 742.104
ATF	Arrêts du Tribunal fédéral suisse, Recueil officiel (= BGE)
ATG	AlpTransit Gotthard AG
Aufl.	Auflage
aVRöB	Vergaberichtlinien aufgrund der Interkantonalen Vereinbarung über das öffentliche Beschaffungswesen vom 25. November 1994

BAWI	Bundesamt für Aussenwirtschaft
BBl	Bundesblatt der Schweizerischen Eidgenossenschaft
BBL	Bundesamt für Bauten und Logistik
Bd(e).	Band (Bände)
bez.	bezüglich
BEZ	Baurechtsentscheide Kanton Zürich (Stutz Druck AG, Wädenswil)
BFE	Bundesamt für Energie
BG	Bundesgesetz
BGBM	Bundesgesetz über den Binnenmarkt (Binnenmarktgesetz) vom 6. Oktober 1995, SR 943.02
BGE	Bundesgerichtsentscheid/Entscheidungen des Schweizerischen Bundesgerichts, Amtliche Sammlung, nur über das Internet (www.bger.ch) greifbare Entscheide des Bundesgerichts sind mit der Abteilungs-/Prozessnummer angegeben (vgl. Fundstellen)
BGG	Bundesgesetz vom 17. Juni 2005 über das Bundesgericht (Bundesgerichtsgesetz), SR 173.110
BilatAbk	Abkommen zwischen der Schweizerischen Eidgenossenschaft und der Europäischen Gemeinschaft über bestimmte Aspekte des öffentlichen Beschaffungswesens vom 21. Juni 1999, in Kraft getreten am 1. Juni 2002 (SR.0.172.052.68)
BKB	Beschaffungskommission des Bundes
BKP	Baukontenplan
BLS	Berner Alpenbahn-Gesellschaft Bern-Lötschberg-Simplon
BLVGE	Basellandschaftliche Verwaltungsgerichtsentscheide
BoeB	Bundesgesetz über das öffentliche Beschaffungswesen vom 16. Dezember 1994, SR 172.056.1
BPUK	Schweizerische Bau-, Planungs- und Umweltschutzdirektoren-Konferenz
BR	Baurecht/Droit de la Construction (Universität Freiburg)
BRK	Eidgenössische Rekurskommission für das öffentliche Beschaffungswesen bzw. Bezeichnung von Entscheiden der BRK in deutscher Sprache
BUWAL	Bundesamt für Umwelt, Wald und Landschaft
BV	Bundesverfassung der Schweizerischen Eidgenossenschaft vom 18. April 1999, SR 101
BVGE	Entscheid(e) des Bundesverwaltungsgerichts
BVR	Bernische Verwaltungsrechtsprechung, Bern
BZP	Bundesgesetz über den Bundeszivilprozess vom 4. Dezember 1947, SR 273

bzw.	beziehungsweise
c.-à-d.	c'est-à-dire
CE	Communauté européenne <u>ou</u> traité instituant la Communauté européenne, JO 2006 C 321 E/1
CEE	Communauté économique européenne
CEDH	Convention de sauvegarde des droits de l'homme et des libertés fondamentales, conclue à Rome le 4.11.1950, en vigueur pour la Suisse le 28.11.1974, RS 0.101 (= *EMRK*)
cf.	confer
ch.	chiffre
CJCE	Cour de justice des Communautés européennes
CMLR	Common Market Law Review
COM	Communication
cons.	considérant
CPA	Classification of Products by Activities
CPM	Code des marchés publics
CPC	Central Product Classification (Zentrale Produkteklassifikation), abgedruckt in: Hubert Stöckli (Hrsg.), Das Vergaberecht der Schweiz – Überblick, Erlasse, Rechtsprechung, 6. Auflage, Freiburg 2004; http://unstats.un.org/unsd/cr/registry/regct.asp?Lg=1
CPV	Common Procurement Vocabulary
CRM	Commission fédérale de recours en matière de marchés publics bzw. Commissione federale di ricorso in materia di acquisti pubblici bzw. Bezeichnung von Entscheiden in französischer bzw. italienischer Sprache
ders.	derselbe
d.h.	das heisst
Directive classique	Directive 2004/18/CE du Parlement européen et du Conseil du 31.3.2004 relative à la coordination des procédures de passation des marchés publics de travaux, de fournitures et de services, JO 2004 L 134/114
Directive-secteurs	Directive 2004/17/CE du Parlement européen et du Conseil du 31.3.2004 portant coordination des procédures de passation des marchés dans les secteurs de l'eau, de l'énergie, des transports et des services postaux, JO 2004 L 134/1
Directive-recours	Directive 89/665/CEE du Conseil, du 21.12.1989, portant coordination des dispositions législatives, réglementaires et administratives relatives à l'application des procédures de recours en matière de passation des marchés publics de fournitures et de travaux, JO 1989 L 395/33

Directive-recours secteurs	Directive 92/13/CEE du Conseil, du 25.2.1992, portant coordination des dispositions législatives, réglementaires et administratives relatives à l'application des règles communautaires sur les procédures de passation des marchés des entités opérant dans les secteurs de l'eau, de l'énergie, des transports et des télécommunications, JO 1992 L 76/14
Diss.	Dissertation
DPC	Droit et politique de la concurrence (= *RPW*)
DTS	Droits de tirage spéciaux
E.	Erwägung
éd.	édition ou éditeur(s)
EEE	Accord du 2.5.1992 sur l'Espace Economique Européen, JO 1994 L 1/1 (= *EWR*)
EFD	Eidgenössisches Finanzdepartement
EFTA	Europäische Freihandelsassoziation
EGMR	Europäischer Gerichtshof für Menschenrechte
EGV-SZ	Entscheide der Gerichts- und Verwaltungsbehörden des Kantons Schwyz
Eidg.	Eidgenössisch(e)
ELR	European Law Review
EMRK	Konvention zum Schutz der Menschenrechte und Grundfreiheiten (Europäische Menschenrechtskonvention) vom 4. November 1950, SR 0.101
EntG	Bundesgesetz über die minimalen Arbeits- und Lohnbedingungen für die in die Schweiz entsandten Arbeitnehmerinnen und Arbeitnehmer und flankierende Massnahmen vom 8. Oktober 1999, SR 823.20
env.	environ
Erw.	Erwägung
etc.	et cetera
ETHZ	Eidgenössische Technische Hochschule Zürich
ETS	European Telecommunication Standard
ETSI	European Telecommunication Standard Institute
EU	Europäische Union
EuGH	Gerichtshof der Europäischen Gemeinschaften
EuR	Europarecht
EuZW	Europäische Zeitschrift für Wirtschaftsrecht
EURATOM	Traité instituant la Communauté européenne de l'énergie atomique

EVD	Eidgenössisches Volkswirtschaftsdepartement
EWG	Europäische Wirtschaftsgemeinschaft
EWR	Europäischer Wirtschaftsraum
EWS	Europäisches Wirtschafts- und Steuerrecht
f.	folgende
ff.	fortfolgende
FF	Feuille fédérale
Fn.	Fussnote(n)
FOSC	Feuille officielle suisse du commerce (= *SHAB*)
Fr.	Franken
GATS	General Agreement on Trade in Services
GATT	General Agreement on Tariffs and Trade (Allgemeines Zoll- und Handelsabkommen)
GAV	Gesamtarbeitsvertrag/Gesamtarbeitsverträge
GPA	Government Procurement Agreement (GATT/WTO-Übereinkommen über das öffentliche Beschaffungswesen), SR 0.632.231.42
GU	Generalunternehmung/Generalunternehmer
Hrsg.	Herausgeber
i.c.	in casu
i.f.	in fine (am Ende)
i.i.	in initio (am Anfang)
inkl.	inklusive
InöB	Interkantonales Organ
insb.	insbesondere
i S	in Sachen
ISO	International Organization for Standardization
i.V.m.	in Verbindung mit
IVöB	Interkantonale Vereinbarung über das öffentliche Beschaffungswesen vom 25. November 1994/15. März 2001
JIEL	Journal of International Economic Law
JT Droit européen	Journal des Tribunaux, Droit européen (Bruxelles)
jtes	jointes
JWT	Journal of World Trade
JO	Journal official de l'Union européenne
JZ	Juristenzeitung
KG	Bundesgesetz über Kartelle und andere Wettbewerbsbeschränkungen (Kartellgesetz) vom 6. Oktober 1995, SR 251
KBBK	Kommission Beschaffungswesen Bund - Kantone

KBOB	Konferenz der Bauorgane des Bundes
KdK	Konferenz der Kantonsregierungen
KMU	Kleine und mittlere Unternehmen
KöB	Kommission für das öffentliche Beschaffungswesen (Kanton Zürich)
LCart	Loi fédérale du 6.10.1995 sur les cartels et autres restrictions à la concurrence (Loi sur les cartels, LCart), RS 251 (= *KG*)
let.	lettre
LGVE	Luzerner Gerichts- und Verwaltungsentscheide
LIEI	Legal Issues of European Integration
lit.	Buchstabe
LMI	Loi fédérale du 6.10.1995 sur le marché intérieur (LMI), RS 943.02 (= BGBM)
LMV	Landesmantelvertrag
m.w.H.	mit weiteren Hinweisen
N	Note(n)
n°	numéro
NACE	Nomenclature générale des activités économiques dans la Communauté européenne
NAV	Normalarbeitsvertrag
NEAT	Neue Eisenbahn-Alpentransversale (Alpentransit)
NJW	Neue Juristische Wochenschrift
Nr.	Nummer(n)
NSG	Bundesgesetz vom 8. März 1960 über die Nationalstrassen, SR 725.11
NSV	Verordnung vom 18. Dezember 1995 über die Nationalstrassen, SR 725.111
NZZ	Neue Zürcher Zeitung (Zürich)
o. ä.	oder ähnlich
OG	Bundesgesetz über die Organisation der Bundesrechtspflege (Bundesrechtspflegegesetz) vom 16. Dezember 1943, aufgehoben durch das BGG
OMC	Organisation mondiale du commerce
ONG	Organisation non gouvernementale
ONU	Nations Unies
OR	Bundesgesetz betreffend die Ergänzung des Schweizerischen Zivilgesetzbuches (Fünfter Teil: Obligationenrecht) vom 30. März 1911, SR 220

Org-VoeB	Verordnung über die Organisation des öffentlichen Beschaffungswesens des Bundes vom 22. November 2006, SR 172.056.15
p.	page(s)
para.	paragraphe
PG	Postgesetz vom 30. April 1997, SR 783.0
plädoyer	Plädoyer, Magazin für Recht und Politik, Zürich/Genève
PPLR	Public Procurement Law Review
PPN	Public Procurement Network
PPP	Public Private Partnership, Partenariat public-privé
Pra	Die Praxis des Schweizerischen Bundesgerichts
pt	point
PVG	Praxis des Verwaltungsgerichts des Kantons Graubünden
RB	Verwaltungsgericht des Kantons Zürich, Rechenschaftsbericht
RB Uri	Rechenschaftsbericht über die Rechtspflege des Kantons Uri
RDAF	Revue de droit administratif et de droit fiscal, Genève
RDAT	Rivista di diritto amministrativo e tributario ticinese
RDUE	Revue du Droit de l'Union européenne
Rec.	Recueil de la Jurisprudence de la Cour de justice et du Tribunal de première instance
recht	Recht, Zeitschrift für Juristische Ausbildung und Praxis, Bern
RekoWEF	Eidgenössische Rekurskommission für Wettbewerbsfragen
rev.	revidiert
RMC	Revue du Marché commun
RPW	Recht und Politik des Wettbewerbs (Wettbewerbskommission, Bern)
resp.	respektive
RMUE	Revue du Marché Unique Européen
RS	Recueil systématique du droit fédéral
Rz.	Randziffer(n)
S.	Seite(n)
s.	et suivant
SBB	Schweizerische Bundesbahnen
SGGVP	St. Gallische Gerichts- und Verwaltungspraxis
SHAB	Schweizerisches Handelsamtsblatt, Bern
SIA	Schweizerischer Ingenieur- und Architektenverein
SIMAP	Système d'Information sur les Marchés Publics
SJ	La semaine judiciaire

SJZ	Schweizerische Juristen Zeitung, Zürich
sog.	sogenannt
SOG	Solothurnische Gerichtspraxis
SR	Systematische Sammlung des Bundesrechts (seit Mitte März 1998 ist die gesamte Rechtssammlung zugänglich im Internet über die Adresse http://www.admin.ch/ch/d/sr/sr.html.)
ss	et suivants
StGB	Schweizerisches Strafgesetzbuch vom 21. Dezember 1937, SR 311.0
SubmG bzw. SubmV/(+Kanton)	Submissionsordnung des jeweiligen Kantons
SuG	Bundesgesetz über Finanzhilfen und Abgeltungen (Subventionsgesetz) vom 5. Oktober 1990, SR 616.1
SVÖB	Schweizerische Vereinigung für öffentliches Beschaffungswesen
SZR	Sonderziehungsrechte
SZW	Schweizerische Zeitschrift für Wirtschaftsrecht, Zürich
TED	Tenders Electronic Daily (http://ted.europa.eu)
TVR	Thurgauische Verwaltungsrechtspflege
u.a.	unter anderem
ÜbBest.	Übergangsbestimmung(en)
u.E.	unseres Erachtens
UE	Union européenne; traité sur l'Union européenne, JO 2006 C 321 E/1
UNCITRAL	United Nations Commission on International Trade Law
UNTS	United Nations Treaty Series
ÜoeB	GATT/WTO-Übereinkommen vom 15. April 1994 über das öffentliche Beschaffungswesen, SR 0.632.231.422
URG	Bundesgesetz vom 9. Oktober 1992 über das Urheberrecht und verwandte Schutzrechte (Urheberrechtsgesetz), SR 231.1
URP	Umweltrecht in der Praxis (Vereinigung für Umweltrecht, Zürich)
usw.	und so weiter
UVEK	Eidgenössisches Departement für Umwelt, Verkehr, Energie und Kommunikation
UWG	Bundesgesetz gegen den unlauteren Wettbewerb vom 19. Dezember 1986, SR 241
u.U.	unter Umständen
VDK	Konferenz der kantonalen Volkswirtschaftsdirektoren

VG	Verwaltungsgericht
VGG	Bundesgesetz über das Bundesverwaltungsgericht (Verwaltungsgerichtsgesetz), SR 173.32
vgl.	vergleiche
VGKE	Reglement vom 11. Dezember 2006 über die Kosten und Entschädigungen vor dem Bundesverwaltungsgericht, SR 173.320.2
VKEV	Verordnung vom 10. September 1969 über Kosten und Entschädigungen im Verwaltungsverfahren, SR 172.041.0
VoeB	Verordnung über das öffentliche Beschaffungswesen vom 11. Dezember 1995, SR 172.056.11
VPB	Verwaltungspraxis der Bundesbehörden, Bern
VRG bzw. VRP bzw. VRPG/ (+Kanton)	Verwaltungsrechtspflegegesetz des jeweiligen Kantons
VRöB	Vergaberichtlinien zur Interkantonalen Vereinbarung über das öffentliche Beschaffungswesen vom 25. November 1994/15. März 2001
VwVG	Bundesgesetz über das Verwaltungsverfahren (Verwaltungsverfahrensgesetz) vom 20. Dezember 1968, SR 172.021
WEKO	Wettbewerbskommission
WTO	World Trade Organization (Welthandelsorganisation)
WuW	Wirtschaft und Wettbewerb
z.B.	zum Beispiel
ZBJV	Zeitschrift des bernischen Juristenvereins, Bern
ZBl	Schweizerisches Zentralblatt für Staats- und Verwaltungsrecht, Zürich
ZBOK	Zentralschweizer Baudirektorenkonferenz
ZGB	Schweizerisches Zivilgesetzbuch vom 10. Dezember 1907, SR 210
ZGRG	Zeitschrift für Gesetzgebung und Rechtsprechung in Graubünden (Chur)
Ziff.	Ziffer(n)
zit.	zitiert
ZSR	Zeitschrift für Schweizerisches Recht

I. Teil

Materielles Submissionsrecht

1. Kapitel:
Rechtsgrundlagen

I. Die Rechtsgrundlagen für Vergaben auf Bundesebene

1. Das GATT/WTO-Übereinkommen

1. Das GATT/WTO-Übereinkommen über das öffentliche Beschaffungswesen vom 15. April 1994 (ÜoeB)[1] trat für die Erstunterzeichnerstaaten, zu denen auch die Schweiz gehört, auf den 1. Januar 1996 in Kraft. Zielsetzung des ÜoeB ist es, «einen effizienten multilateralen Rahmen von Rechten und Pflichten betreffend Gesetze, Vorschriften, Verfahren und Praktiken auf dem Gebiet des öffentlichen Beschaffungswesens festzulegen, um eine grössere Liberalisierung und Ausweitung des Welthandels zu erreichen und den internationalen Rahmen für die Abwicklung des Welthandels zu verbessern»[2]. Die dem Abkommen unterstehenden Beschaffungsstellen des Bundes sind in Anhang I Annex 1 ÜoeB explizit aufgeführt. Dazu gehören die Departemente mit den jeweiligen Bundesämtern und den zugehörigen Anstalten[3] und die Bundeskanzlei. Sie unterstehen dem ÜoeB, soweit sie Aufträge ab einem bestimmten Schwellenwert vergeben[4]. Die Schweizerische Post untersteht dem ÜoeB, soweit sie nicht Tätigkeiten in Konkurrenz zu Dritten ausübt, die dem Übereinkommen nicht unterstehen[5]. Vom ÜoeB hingegen nicht erfasst werden die Schweizerischen Bundesbahnen (SBB)[6]. Das ÜoeB ist vor allem ein **Instrument zur Marktöffnung für grössere Beschaffungen**[7]. Die Vergabestellen auf Gemeinde- und Bezirksebene un-

---

[1] Zur historischen Entwicklung vgl. COTTIER/MERKT, S. 43 f.; GALLI/LEHMANN/RECHSTEINER, S. 1 f. Rz. 2 f.; RHINOW/SCHMID/BIAGGINI, S. 407 f. Rz. 61 ff.; BIAGGINI, S. 338 f.; ZIMMERLI, S. 155 f.
[2] Abs. 1 der Präambel des ÜoeB.
[3] Dem ÜoeB untersteht z.B. das Paul Scherrer Institut (PSI) als autonome öffentlichrechtliche Anstalt des Bundes (BRK 1/00 E. 1a).
[4] Zu den derzeit geltenden Schwellenwerten des Bundes vgl. Art. 1 der Verordnung des EVD über die Anpassung der Schwellenwerte im öffentlichen Beschaffungswesen für das Jahr 2007 (SR 172.056.12).
[5] Vgl. BRK 14/01 E. 1a.
[6] Vgl. aber unten Rz. 9, 16.
[7] BIAGGINI, S. 333.

terstanden dem ÜoeB mit Ausnahme der (Sektoren-)Unternehmen, die in der Wasser-, der Energie- und der Verkehrsversorgung tätig sind[8], ursprünglich nicht[9]. Mit dem bilateralen Abkommen wurde dies geändert. Die im ÜoeB vorgesehenen Vergabeverfahren und Rechtsmittel finden im Verhältnis zu den Anbietern aus den Mitgliedstaaten des ÜoeB (mit Ausnahmen[10]) auch auf Vergabeverfahren der Behörden und staatlichen Stellen auf Bezirks- und Gemeindeebene Anwendung, sofern die im ÜoeB vorgesehenen Schwellenwerte überschritten werden[11].

2 **2.** Das ÜoeB enthält sowohl sehr detaillierte Bestimmungen mit hoher Regelungsdichte als auch konkretisierungsbedürftige Grundsätze. Während die Letzteren zu ihrer Anwendbarkeit vorgängig der Umsetzung ins Landesrecht bedürfen, sind zahlreiche andere Bestimmungen für eine direkte richterliche Anwendung genügend bestimmt[12]. Die BRK stützte sich in ihrer Rechtsprechung denn auch regelmässig unmittelbar auf Vorschriften des ÜoeB ab[13].

3 So hat die BRK beispielsweise festgestellt, dass die Vergabestelle unmittelbar gestützt auf Art. XIII Abs. 4 lit. a ÜoeB – das BoeB und die VoeB enthalten keine besonderen Bestimmungen zum Unterangebot – ein solches nur dann nicht berücksichtigen darf, wenn feststeht, dass der Anbieter ausserstande ist, die Teilnahmebedingungen einzuhalten oder die Auftragsbedingungen zu erfüllen[14].

4 **3.** Die BRK hat die Vorschriften des ÜoeB – in Befolgung des Grundsatzes, dass das Landesrecht staatsvertragskonform auszulegen ist – wiederholt auch als **Auslegungshilfen** für das innerstaatliche Recht herangezogen.

5 Die BRK gelangte aufgrund einer Auslegung des in dieser Hinsicht unklaren Wortlauts von Art. 22 BoeB zum Schluss, dass die Vergabestelle den Vertrag mit dem erfolgreichen Anbieter erst abschliessen darf, wenn feststeht, dass keine Beschwerde erhoben wurde oder dass eine Beschwerde erhoben wurde, welche die aufschiebende Wirkung nicht beantragt, oder ein Gesuch um aufschiebende Wirkung abgewiesen wurde. Sie begründete

---

[8] BGE 125 II 90; vgl. auch Institut, Vergaberecht, S. 20 Fn. 3.
[9] Zur mit dem bilateralen Abkommen mit der EU erfolgten Ausweitung des Geltungsbereichs vgl. unten Rz. 9.
[10] Vgl. dazu unten Rz. 43 und Fn. 117.
[11] Anhang 1 Annex 2 Ziff. 3 des ÜoeB. Vgl. ferner die Liste in Anhang I Annex 3 zum ÜoeB, wo die weiteren dem Abkommen unterstehenden Beschaffungsstellen («entités adjudicatrices qui sont des pouvoirs publics ou des entreprises publiques») aufgeführt werden.
[12] GATT-Botschaft 2 (BBl 1994 IV 1149 f.); COTTIER/MERKT, S. 48 ff.; RHINOW/SCHMID/BIAGGINI, S. 411 Rz. 78; BIAGGINI, S. 340 f. Die unmittelbare Anwendbarkeit von ÜoeB-Vorschriften ist allerdings nicht unumstritten (vgl. die Hinweise bei BIAGGINI, S. 340 f.).
[13] Ebenso das Bundesgericht, vgl. Urteil 2P.151/1999 vom 30. Mai 2000, E. 1b, und Urteil 2P.339/2001 vom 12. April 2002, E. 1d/bb, sowie unten Rz. 41.
[14] BRK 11/01 E. 5c/bb. Vgl. auch unten Rz. 713.

dieses Resultat u.a. auch mit der staatsvertragskonformen Auslegung von Art. 22 BoeB: Art. XX Ziff. 2 und 7 Bst. b ÜoeB verpflichteten die Vertragsstaaten, im öffentlichen Beschaffungswesen nichtdiskriminierende, zügige, transparente und wirksame Verfahren festzulegen, mit denen namentlich die wirtschaftlichen Chancen des Beschwerdeführers im Submissionsverfahren gewahrt werden könnten. Die Tatsache, dass die Vertragsstaaten keine «Standstill»-Klausel in das ÜoeB aufgenommen hätten, bedeute nicht, dass damit das Gebot eines wirksamen Rechtsschutzes in Frage gestellt worden sei. Die wirtschaftlichen Chancen aus dem Vergabeverfahren könnten nun aber mit der vom schweizerischen Gesetzgeber bei bereits erfolgtem Vertragsabschluss vorgesehenen beschränkten Schadenersatzlösung nur gewahrt werden, wenn im Einzelfall die Rechtmässigkeit des Zuschlags überprüft und dieser gegebenenfalls aufgehoben werden könne[15].

Gemäss Art. XIII Ziff. 4 Bst. b ÜoeB kann die Vergabestelle im öffentlichen Interesse beschliessen, keinen Auftrag zu vergeben. Nach der BRK begründet die Tatsache, dass eine Beschaffung im offenen Verfahren hätte ausgeschrieben werden müssen, ein öffentliches Interesse im Sinne von Art. XIII Ziff. 4 Bst. b ÜoeB, welches den Abbruch eines laufenden Verfahrens rechtfertigt. Art. 30 VoeB ist insofern staatsvertragskonform auszulegen[16].

Die oft detaillierten Bestimmungen des ÜoeB tragen so zur richtigen Auslegung des innerstaatlichen Rechts bei[17]. Mit der **völkerrechtskonformen Auslegung des Landesrechts** wird aber auch der Gefahr, dass die Vorgaben und Anforderungen des ÜoeB in der Praxis nicht oder zu wenig respektiert werden, entgegengewirkt[18].

4. Das ÜoeB ist derzeit **in Revision** begriffen. Die Vorschriften des Abkommens werden vollständig überarbeitet. Zu den wesentlichen mit dieser Revision verfolgten **Zielen** äussert sich die **WTO** folgendermassen: «The revised text entails a complete revision of the provisions of the Agreement with a view to making them more user friendly. The provisions have also been updated to take into account developments in current government procurement practice, including the role of electronic tools in the procurement process. Additional flexibility has been built in on some points, for example shorter time-periods for procuring goods and services of type available on the commercial market place. Special and differential treatment for developing countries has been more clearly spelled out, in a manner that is hoped will facilitate future accessions by such countries. A good deal of attention

---

[15] BRK 19/97 E. 2c/ff., vgl. auch BRK 13/00 E. 3a sowie unten Rz. 875 ff.
[16] BRK 18/00 E. 3a.
[17] COTTIER/MERKT, S. 49. Vgl. als weitere Beispiele für die Anwendung der staatsvertragskonformen Auslegung BRK 8/96 E. 4d; BRK 11/99 E. 4c.
[18] BIAGGINI, S. 341 f.

has been given to such questions as domestic review procedure for supplier challenges and the rules for modification of the coverage lists of Parties. On this latter matter, it has been agreed to develop arbitration procedures for resolving differences»[19]. Der Zeitpunkt des Inkrafttretens des revidierten Abkommens ist nicht bekannt, der neue Text soll aber bereits Grundlage für die Verhandlung mit verschiedenen Staaten, die neu dem Abkommen beitreten wollen, bilden.

2. Das Abkommen zwischen der Europäischen Gemeinschaft und der Schweizerischen Eidgenossenschaft über bestimmte Aspekte des öffentlichen Beschaffungswesens

9 **1.** Auf den 1. Juni 2002 ist das Abkommen zwischen der Europäischen Gemeinschaft und der Schweizerischen Eidgenossenschaft über bestimmte Aspekte des öffentlichen Beschaffungswesens[20] in Kraft getreten[21]. Inhalt ist einerseits die gegenseitige Ausdehnung der im Rahmen des ÜoeB erreichten Liberalisierung auf die öffentlichen Beschaffungen durch Behörden und öffentliche Stellen auf Bezirks- und Gemeindeebene[22]. Im Verhältnis zu Anbietern aus der Gemeinschaft, die insoweit Gegenrecht hält, haben sich auch diese Vergabestellen an die Vorschriften des ÜoeB zu halten. Anderseits werden durch das Abkommen folgende Bereiche öffentlicher Beschaffungen liberalisiert: Beschaffungen durch Unternehmen in den Sektoren Schienenverkehr und Telekommunikation sowie im Bereich der Gas- und Wasserversorgung, sodann Beschaffungen durch private Unternehmen in den Sektoren der Wasser-, Elektrizitäts- und Verkehrsversorgung[23]. Ziel ist gemäss Art. 3 Ziff. 1 des Abkommens die Sicherstellung eines gegenseitigen, transparenten und nichtdiskriminierenden Zugangs zu den bisher im Rahmen des ÜoeB nicht erfassten öffentlichen Beschaffungsmärkten Telekommunikation, Schienenverkehr sowie Energieversorgung[24]. Vom Anwendungsbereich des Abkommens erfasst werden auf Bundesebene u.a. die Swisscom und die Schweizerischen Bundesbahnen[25].

---

[19] WTO News 8. Dezember 2006 (www.wto.org).
[20] SR 0.172.052.68.
[21] AS 2002 1951 ff.
[22] Vgl. unten Rz. 43 ff.; CLERC, N 22 zu Art. 5 BGBM; Institut, Vergaberecht, S. 21.
[23] Botschaft des Bundesrates vom 23. Juni 1999 zur Genehmigung der sektoriellen Abkommen zwischen der Schweiz und der EG, in BBl 1999, S. 6128 ff. Sie wird im Folgenden zitiert mit Botschaft zum Abkommen (S. 1 ff.). Zu den wesentlichen Neuerungen vgl. auch ZIMMERLI, S. 162 ff.
[24] Vgl. die Definitionen in Art. 3 Ziff. 2 des Abkommens.
[25] Vgl. Anhänge I–IV des Abkommens. Vgl. auch STÖCKLI, in BR 2001, S. 164. Zum Schienenverkehr im Besonderen vgl. GANZ, AJP 2001, S. 978.

2. Auch der bilaterale Vertrag mit der EU verpflichtet nur dann zur Marktöffnung, wenn beim entsprechenden Auftrag ein bestimmter Schwellenwert überschritten ist[26]. Er enthält aber in Art. 6 Ziff. 3 eine Bestimmung, welche die Vertragsparteien auffordert, sich dafür einzusetzen, dass die vom Abkommen erfassten Beschaffungsstellen bei den Vergabeverfahren und beim Zuschlag Anbieter der anderen Partei auch bei Beschaffungen unterhalb der Schwellenwerte nichtdiskriminierend behandeln. Bei dieser Bestimmung handelt es sich indessen um eine rechtlich nicht durchsetzbare Verpflichtung («best-endeavour»-Klausel)[27].

3. Das bilaterale Abkommen enthält in Art. 3 Abs. 5 eine sog. «**Ausklinkklausel**» (Nichtunterstellungsklausel) für die dem Beschaffungsrecht unterstellten Auftraggeberinnen und Auftraggeber[28]. Diese vom Gemeinschaftsrecht inspirierte Klausel ermöglicht es den Vertragsparteien, einen wirtschaftlichen Tätigkeitsbereich oder Teile davon von der Unterstellung unter das Beschaffungsrecht zu befreien, wenn unter den Auftraggebern Wettbewerb herrscht[29]. Die Ausklinkklausel trägt damit der in bestimmten Bereichen stattfindenden Liberalisierung Rechnung. Sie betrifft nur diejenigen Unternehmen, die aufgrund des bilateralen Abkommens **neu** den Regeln über die öffentlichen Beschaffungen unterworfen sind[30]. Vom Geltungsbereich des Abkommens «ausgeklinkt» werden dabei nicht bestimmte Auftraggeber, sondern deren Aufträge bzw. Beschaffungen, die sie tätigen müssen, um ihre eigenen Dienstleistungen erbringen zu können[31]. Die Ausklinkklausel gilt nur für die im bilateralen Abkommen genannten Tätigkeiten, nicht aber für den Bereich des ÜoeB. Das Abkommen fordert, dass jede Vertragspartei die andere unverzüglich über derartige Aufträge unterrichtet. Das Verfahren zur Anwendung und Umsetzung der Ausklinkklausel ist im Abkommen selbst nicht geregelt, sondern bleibt den Vertragsparteien vorbehalten[32].

---

[26] Die Schwellenwerte, ab denen die Bestimmungen des Vertrags anwendbar sind, werden auf Verordnungsstufe konkretisiert (Botschaft zum Abkommen, S. 83).
[27] Botschaft zum Abkommen, S. 79 f.
[28] Art. 3 Ziff. 5 lautet: «Dieses Kapitel gilt nicht für Aufträge, die Anbieter von Telekommunikationsdienstleistungen für Einkäufe ausschliesslich in Verbindung mit einem oder mehreren Telekommunikationsdienstleistungen vergeben, sofern andere Unternehmen die Möglichkeit haben, diese Dienstleistungen in demselben geografischen Gebiet unter im Wesentlichen gleichen Bedingungen anzubieten. Jede Vertragspartei unterrichtet die andere unverzüglich über derartige Aufträge. Diese Bestimmung gilt unter den oben genannten Bedingungen ebenfalls für die Anbieter von Dienstleistungen des Schienenverkehrs, den im Bereich der Energieversorgung mit Ausnahme der Stromversorgung tätigen Vergabestellen und den privaten Vergabestellen, die öffentliche Dienstleistungen erbringen, vergebenen Aufträge, sobald diese Sektoren liberalisiert sind.»
[29] Vgl. BIAGGINI, S. 357 f.; Gutachten der Wettbewerbskommission betreffend Ausklinkklausel und BGBM, in RPW 2001/3 Ziff. 1 ff. und unten Rz. 17 f.
[30] Vgl. das in Fn. 29 erwähnte Gutachten der Wettbewerbskommission, Ziff. 4.
[31] STÖCKLI, in: BR 2001, S. 164.
[32] Art. 5 Ziff. 5 Satz 2 des Abkommens.

12 **4.** Die Art. 4 und 5 des Abkommens regeln die **Anforderungen an das Vergabe- und an das Beschwerdeverfahren.** Gemäss Art. 4 Ziff. 1 achten die Vertragsparteien darauf, dass die von ihren Vergabestellen angewandten Verfahren und Praktiken der Auftragsvergabe den **Grundsätzen der Nichtdiskriminierung, der Transparenz und der Gleichbehandlung** entsprechen. Aufgeführt werden in Art. 4 Ziff. 1 lit. a–e des Abkommens sodann die **Mindestanforderungen,** denen die Vergabeverfahren hinsichtlich öffentlicher Ausschreibung, Fristen, Ausschreibungsunterlagen, Auswahlkriterien und Prüfsystemen sowie der Kriterien für Auftragsvergabe (massgebend ist entweder das wirtschaftlich günstigste Angebot unter Berücksichtigung besonderer Wertungskriterien oder ausschliesslich der niedrigste Preis) genügen müssen[33]. Die Vertragsparteien richten nichtdiskriminierende, rasch greifende, transparente und wirksame Verfahren ein, damit Lieferanten oder Dienstleistungserbringer gegen angebliche Verletzungen des Abkommens bei Beschaffungen, an denen sie ein Interesse haben oder hatten, Beschwerde erheben können (Art. 5 Ziff. 2 des Abkommens). Die Einzelheiten des Beschwerdeverfahrens werden in Anhang V zum Abkommen geregelt[34]. Als Beschwerdeinstanz ist ein Gericht oder eine unparteiische und unabhängige Prüfinstanz, die gewissen Minimalanforderungen genügt, vorzusehen; im Rahmen des Beschwerdeverfahrens werden auch die Schadenersatzansprüche geregelt, die durch die Verletzung des Abkommens entstehen[35]. Das **Nichtdiskriminierungsgebot** gemäss Art. 6 des Abkommens verpflichtet die Vertragsparteien dafür zu sorgen, dass die auf ihrem jeweiligen Gebiet niedergelassenen Vergabestellen Anbieter der anderen Vertragspartei nicht ungünstiger behandeln als inländische Lieferanten oder Dienstleistungserbringer (Prinzip der Inländerbehandlung) bzw. solche aus Drittländern (Prinzip der Meistbegünstigung)[36]. Auch werden Kompensationsgeschäfte für unzulässig erklärt. Die Art. 7–18 betreffen die Durchführung des Abkommens. Vorgesehen sind u.a. verschiedene Organe und Behörden. So

---

[33] Art. 4 des Abkommens geht inhaltlich nicht über die Anforderungen hinaus, die bereits das ÜoeB statuiert und die Schweiz zwischenzeitlich sowohl auf der Ebene des Bundes als auch der Kantone umgesetzt hat. Mit der Einhaltung der Vorschriften des ÜoeB werden auch die sich aus dem bilateralen Abkommen ergebenden Verpflichtungen respektiert (DANIOTH HALTER/LANG, S. 64). Insoweit erwachsen der Schweiz aus dem Abschluss des Abkommens keine neuartigen Verpflichtungen (BIAGGINI, S. 358).

[34] Diese entprechen wiederum den Anforderungen des ÜoeB, sodass sich auch hier keine neuartigen Verpflichtungen ergeben, welche Anpassungen des nationalen Rechts erforderlich machen würden (BIAGGINI, S. 359; DANIOTH HALTER/LANG, S. 64).

[35] Ziff. 1 und 3 des Anhangs V zum Abkommen.

[36] Vgl. BOLLINGER, S. 653. Der Anhang X zum Abkommen nennt Beispiele von Bereichen, die eine Diskriminierung darstellen können. Dazu gehören Rechtsvorschriften, Verfahren und Praktiken wie Abzüge, Preisvorteile, örtliche Auflagen in Bezug auf Inhalt, Investitionen oder Produktion etc., die bei der Vergabe Waren, Dienstleistungen und Anbieter der anderen Partei diskriminieren.

sieht Art. 7 die Schaffung von «**Kontaktstellen**» vor, die beauftragt sind, Informationen über die Rechtsvorschriften, auch auf kommunaler Ebene, zu liefern, die in den Anwendungsbereich des bilateralen Abkommens und des ÜoeB fallen. Damit wird auch der Informationsfluss zwischen Anbietern und Beschaffungsstellen erleichtert[37]. Weiter bestimmt Art. 8, dass die Durchführung des Abkommens in jeder Vertragspartei von einer unabhängigen **Überwachungsbehörde,** die Beschwerden und Reklamationen entgegennimmt, überwacht wird[38]. Ein **Gemischter Ausschuss** ist für die Verwaltung und ordnungsgemässe Anwendung des Abkommens zuständig; ihm obliegt auch die Streitbeilegung bei Streitigkeiten der Vertragsparteien hinsichtlich der Auslegung oder Anwendung des Abkommens[39].

5. Die Umsetzung der Verpflichtungen aus dem bilateralen Abkommen erforderte auf Bundesebene keine Rechtsanpassungen auf Gesetzesstufe; die notwendig werdenden Anpassungen des Bundesrechts erfolgten ausschliesslich durch die Revision der VoeB[40]. Wie das ÜoeB enthält sodann auch der bilaterale Vertrag einzelne Bestimmungen, die in der Rechtspraxis grundsätzlich unmittelbar anwendbar sind und in Beschwerdeverfahren direkt angerufen werden können[41].

3. Das EFTA-Übereinkommen

Mit dem **Übereinkommen vom 4. Januar 1960 zur Errichtung der Europäischen Freihandels-Assoziation (EFTA) bzw. mit dem revidierten Übereinkommen vom 21. Juni 2001** wurde die mit dem bilateralen Abkommen angestrebte Öffnung der Beschaffungsmärkte zwischen der Schweiz und der EU auf die übrigen EFTA-Staaten (die zugleich EWR-Staaten sind) ausgedehnt[42]. Der zusätzliche gegenseitige Marktzugang wird in Art. 37 Kapitel XII sowie in Anhang R des EFTA-Übereinkommens geregelt. Wie das bilaterale Abkommen Schweiz-EU bauen auch die Bestimmungen des

---

[37] WASESCHA, S. 639.
[38] Vgl. dazu unten Rz. 20 f.; ferner BIAGGINI, S. 360 f.; DANIOTH HALTER/LANG, S. 63. Die Möglichkeit, sich bei der Überwachungsbehörde zu beschweren, besteht neben dem (ordentlichen) Beschwerdeverfahren nach Art. 5 des Abkommens und konkurrenziert dieses nicht (vgl. BOLLINGER, S. 654).
[39] Art. 10 und 11 des Abkommens.
[40] Damit machte der Bundesrat von seiner Kompetenz nach Art. 2 Abs. 2 BoeB Gebrauch, beim Abschluss internationaler Verträge auf Verordnungsstufe zu legiferieren (Botschaft zum Abkommen, S. 83; DANIOTH HALTER/LANG, S. 64).
[41] STÖCKLI, in: BR 2002, S. 5; BIAGGINI, S. 362 f. mit Hinweisen; vgl. auch DANIOTH HALTER/LANG, S. 63. Zur unmittelbaren Anwendbarkeit der sektoriellen Abkommen mit der EG vgl. allgemein COTTIER/EVTIMOV, S. 190 ff.
[42] Das Abkommen zur Änderung der EFTA-Konvention trat am 1. Juni 2002 zusammen mit dem bilateralen Abkommen in Kraft.

EFTA-Übereinkommens auf dem ÜoeB auf. Dies wird im Übereinkommen festgehalten, das darüber hinaus auch die Grundprinzipien der Nichtdiskriminierung, der Transparenz und des gegenseitigen Marktzutritts festhält. Die Umschreibung des erweiterten Anwendungsbereichs erfolgt im Anhang und in seinen Anlagen. Inhaltlich entsprechen die Regelungen im Wesentlichen dem bilateralen Abkommen Schweiz-EU[43].

4. Das Bundesgesetz und die Verordnung über das öffentliche Beschaffungswesen

15   1. Das Bundesgesetz vom 16. Dezember 1994 über das öffentliche Beschaffungswesen (BoeB) ist zusammen mit der Verordnung vom 11. Dezember 1995 über das öffentliche Beschaffungswesen (VoeB) am 1. Januar 1996 in Kraft getreten[44]. Das BoeB ist gleichzeitig notwendige Umsetzung des GATT/WTO-Übereinkommens und Baustein marktwirtschaftlicher Erneuerung[45]. Das BoeB ist ein Grundsatzgesetz; die Ausführungs- und Detailvorschriften sind in der VoeB festgehalten. Die VoeB ist damit einerseits Ausführungserlass zum BoeB und anderseits Grunderlass für die «übrigen Beschaffungen des Bundes» sowie für den Planungs- und Gesamtleistungswettbewerb[46]. Die Art. 32 ff. VoeB regeln alle Aufträge des Bundes, die entweder die Schwellenwerte des ÜoeB und des bilateralen Vertrags nicht erreichen oder die durch Auftraggeber vergeben werden, die keinem der beiden internationalen Abkommen und damit auch nicht dem BoeB unterstehen[47].

16   2. Das BoeB erfasste bis zum 1. Juni 2002 nur diejenigen Beschaffungen, die dem ÜoeB unterstellt sind; alle übrigen Beschaffungen von Bundesstellen waren in der VoeB geregelt[48]. Im Hinblick auf das Inkrafttreten des bilateralen Abkommens mit der EU auf den 1. Juni 2002 wurde die VoeB am

---

[43]   Vgl. die Botschaft des Bundesrates zur Genehmigung des Abkommens vom 21. Juni 2001 zur Änderung des Übereinkommens vom 4. Januar 1960 zur Errichtung der Europäischen Freihandelsassoziation (EFTA) vom 12. September 2001, in: BBl 2001, S. 4963 ff., insb. S. 4998 ff.

[44]   Zur Entstehungsgeschichte vgl. GALLI/LEHMANN/RECHSTEINER, S. 5 f. Rz. 13 ff.; RHINOW/SCHMID/BIAGGINI, S. 411 Rz. 77.

[45]   Botschaft zu den für die Ratifizierung der GATT/WTO-Übereinkommen (Uruguay-Runde) notwendigen Rechtsanpassungen – Öffentliches Beschaffungswesen (GATT-Botschaft 2), in: BBl 1994, S. 1149 ff., S. 1151.

[46]   Art. 1 VoeB.

[47]   Vgl. Institut, Vergaberecht, S. 24.

[48]   BRK 9/01 E. 1/b.

30. November 2001[49] (und am 15. Mai 2002[50]) revidiert. Diese Teilrevision, die ebenfalls auf den 1. Juni 2002 in Kraft trat, führte zu einer bedeutenden **Erweiterung des Anwendungsbereichs des BoeB in den Bereichen der Wasser-, der Energie- und der Verkehrsversorgung sowie der Telekommunikation**[51] (Art. 2 Abs. 2 BoeB). So werden in Art. 2a Abs. 1 VoeB verschiedene Auftraggeberinnen, die auf der Ebene des Bundes Aufträge vergeben, neu dem Geltungsbereich des Gesetzes unterstellt. Ausdrücklich der Submissionsgesetzgebung des Bundes unterstellt ist beispielsweise in Art. 2a Abs. 2 lit. b VoeB nun der Bau und der Betrieb von Eisenbahnanlagen durch die SBB, durch die Unternehmen, bei denen sie die Aktienmehrheit besitzen, oder durch andere unter dem beherrschenden Einfluss des Bundes stehende Betreiber von Eisenbahnanlagen; ausgenommen sind alle Tätigkeiten dieser Unternehmen, die nicht unmittelbar etwas mit dem Bereich Verkehr zu tun haben. Erweiterungen ergeben sich sodann in den Bereichen des öffentlichen Fernmeldewesens und der Stromversorgung[52].

3. Art. 2b VoeB regelt das Verfahren und die Voraussetzungen für die Anwendung der in Art. 3 Abs. 5 des bilateralen Abkommens statuierten **Ausklinkklausel**[53]. Zuständig für die vollständige oder teilweise Befreiung des Tätigkeitsbereichs einer Auftraggeberin aus dem Sektorenbereich gemäss Art. 2a VoeB von der Unterstellung unter das öffentliche Beschaffungsrecht ist das UVEK. Voraussetzung für eine solche Befreiung ist, dass im fraglichen Tätigkeitsbereich Wettbewerb herrscht. Das UVEK konsultiert vorgängig seines Entscheids die Wettbewerbskommission, die Kantone und die betroffenen Wirtschaftskreise[54]. Die Details des Ausklinkverfahrens hat das UVEK auf Verordnungsstufe zu regeln[55]. Diesem Auftrag ist es mit der **Verordnung über die Nichtunterstellung unter das öffentliche Beschaffungsrecht vom 18. Juli 2002**[56] nachgekommen. Die auf den 1. September 2002 in Kraft getretene Verordnung gilt für Auftraggeberinnen, die aufgrund des bilateralen Abkommens dem Bundes- oder dem kantonalen Recht über das öffentliche Beschaffungswesen unterstellt sind[57]. Sind die Voraussetzungen für die Befreiung von der Unterstellung erfüllt, nimmt das UVEK die Befreiung von der Unterstellung mittels einer Änderung des Anhangs

17

---

[49] AS 2002 886 ff. Vgl. zur Revision der VoeB auch den erläuternden Bericht vom 21. Dezember 2001.
[50] AS 2002 1759. Berücksichtigt wurde mit dieser Anpassung lediglich die Änderung des EFTA-Übereinkommens (vgl. oben Rz. 14).
[51] Vgl. zur Telekommunikation aber unten Rz. 18.
[52] Art. 2a Abs. 2 lit. a und c VoeB.
[53] Vgl. oben Rz. 11.
[54] Art. 2b Abs. 2 VoeB.
[55] Art. 2b Abs. 3 VoeB.
[56] SR 172.056.111.
[57] Art. 1 der Verordnung des UVEK.

vor[58]. Erachtet das UVEK die Voraussetzungen als nicht erfüllt, kann die Gesuchstellerin eine entsprechende Feststellungsverfügung verlangen, gegen welche beim Bundesverwaltungsgericht Beschwerde geführt werden kann[59]. Für den Fall, dass das UVEK einen Bereich oder Teilbereich von der Unterstellung unter das öffentliche Beschaffungsrecht befreit, kann auch jeder potenzielle Anbieter eine Feststellungsverfügung verlangen und diese mittels Beschwerde beim Bundesverwaltungsgericht anfechten[60].

18 Auf Gesuche der drei Telekommunikationsanbieterinnen Swisscom AG, Orange Communications AG und TDC Switzerland (sunrise) befreite das UVEK den Tätigkeitsbereich der **Telekommunikation,** soweit er in den Anwendungsbereich des bilateralen Abkommens fällt, von der Unterstellung unter das öffentliche Beschaffungsrecht[61]. Die entsprechende Feststellungsverfügung erging am 1. Juni 2002, also zum Zeitpunkt des Inkrafttretens des bilateralen Abkommens und der revidierten VoeB. Das UVEK kam gestützt auf ein Gutachten der Eidgenössischen Wettbewerbskommission vom 15. Oktober 2001 zum Schluss, dass aufgrund der gegebenen Wettbewerbsverhältnisse der Telekommunikationssektor integral, d.h. in Bezug auf Festnetzkommunikation, Mobilkommunikation, Internet-Zugang und Datenkommunikation, von der Anwendung des öffentlichen Beschaffungsrechts auszunehmen sei[62].

19 **4.** Eine **kollisionsrechtliche** Bestimmung enthält Art. 2c VoeB: Beteiligen sich mehrere dem Bundesrecht und dem kantonalen Recht unterstellte Auftraggeberinnen gemeinsam an einer Beschaffung, so gilt das Recht der Hauptauftraggeberin[63]. Diese Bestimmung ist zwingender Natur; eine Rechtswahl ist ausgeschlossen. Als Hauptauftraggeberin gilt diejenige Auftraggeberin, deren finanzielle Beteiligung am grössten ist. Da dies in einem konkreten Anwendungsfall die SBB – und nicht der Kanton Genf – waren, wies die BRK diese an, den Teilnahmeantrag der nicht präqualifizierten Beschwerdeführerin noch einmal, diesmal nach Massgabe des Bundesbeschaf-

---

[58] Art. 4 der Verordnung des UVEK.
[59] Art. 5 Abs. 1 der Verordnung des UVEK.
[60] Art. 5 Abs. 2 der Verordnung des UVEK.
[61] Entscheid 369.1/0.–02-02 vom 1. Juni 2002.
[62] Der Entscheid ist mit einer Rechtsmittelbelehrung an den Bundesrat versehen, da die Verordnung des UVEK am 1. Juni 2002 noch nicht in Kraft stand. Er ist inzwischen rechtskräftig geworden, und die Telekommunikation auf dem Gebiet der Schweiz (mit den Teilbereichen Festnetzkommunikation, Mobilfunkkommunikation, Internet-Zugang und Datenkommunikation) ist gemäss dem Anhang zur Verordnung des UVEK von der Unterstellung unter das öffentliche Beschaffungsrecht befreit.
[63] Eine ähnliche Regelung enthält Art. 8 Abs. 3 IVöB, der allerdings nicht auf den Bund Bezug nimmt (vgl. Parlamentsbericht, S. 11, insb. Fn. 23 und unten Rz. 65). Abweichende Vereinbarungen sind hier im Gegensatz zu Art. 2c VoeB ausdrücklich vorbehalten.

fungsrechts statt nach interkantonalem bzw. kantonalem Recht zu prüfen[64]. Der Staatsrat des Kantons Genf, der die Auffassung vertrat, Art. 2c VoeB müsse verfassungskonform dahin gehend ausgelegt werden, dass Hauptauftraggeberin diejenige sei, die ein überwiegendes Interesse an der Ausführung des zu vergebenden Auftrags habe, reichte daraufhin beim Bundesrat eine Aufsichtsbeschwerde und beim Bundesgericht eine staatsrechtliche Klage ein. Während der Bundesrat aus Gründen der Gewaltenteilung auf die Aufsichtsbeschwerde nicht eintrat, verwarf das Bundesgericht die Interpretation des Staatsrats und wies die Klage aus dem Kanton Genf ab[65].

5. Im 4. Abschnitt der VoeB wird die **Überwachungsbehörde** geregelt. Die Überwachung der internationalen Verpflichtungen der Schweiz im öffentlichen Beschaffungswesen obliegt einer **Kommission,** die sich paritätisch aus Vertretern des Bundes und der Kantone zusammensetzt[66]. Der Kommission kommen verschiedene Aufgaben zu. Sie fördert u.a. den Informations- und Erfahrungsaustausch zwischen Bund und Kantonen, pflegt die Beziehungen zu ausländischen Überwachungsbehörden, erteilt Ratschläge und vermittelt in Einzelfällen bei Streitigkeiten. Auch kann sie auf Anzeige einer Anbieterin oder auf Antrag einer ausländischen Behörde wegen Verletzung internationaler Verpflichtungen bei der zuständigen Behörde des Bundes oder der Kantone Beschwerde einreichen[67]. Ihr kommt somit eine aufsichtsrechtliche Funktion zu. Sie ist eine Ergänzung und nicht eine Konkurrenzierung des Rechtsmittelverfahrens[68]. Die Kommission hat keine Akteneinsicht[69].

Die Aufgaben der Überwachungsbehörde hat die **Kommission Beschaffungswesen Bund-Kantone (KBBK)**[70] übernommen.

6. Die **KBBK** hat in Wahrnehmung der ihr im Zusammenhang mit dem bilateralen Abkommen zukommenden Überwachungsfunktionen am 25. September 2002 mit der italienischen Überwachungsbehörde[71] eine Vereinbarung abgeschlossen mit dem Ziel, die Zusammenarbeit hinsichtlich Informationsaustausch und Förderung der Kooperation zwischen den bei-

---

[64] CRM 2/03 E. 3; MOSER, Rechtsprechung, S. 74 f.
[65] Entscheid des Bundesrats vom 19. Dezember 2003, in: VPB 68 Nr. 46; BGE 130 I 156, insbes. 166 ff.
[66] Art. 68a VoeB. Vgl. BOLLINGER, S. 655 f.
[67] Art. 68b VoeB.
[68] BOLLINGER, S. 656. Vgl. auch oben Rz. 12 Fn. 38.
[69] Art. 68b Abs. 4 VoeB.
[70] Diese paritätisch aus Bundes- und Kantonsvertretern bestehende Kommission wurde aufgrund von Beschlüssen des Bundesrats vom 4. Dezember 1995 und 3. April 1996 sowie der Konferenz der Kantonsregierungen vom 21. Juni 1996 eingesetzt zur Umsetzung und Überwachung der internationalen Verpflichtungen der Schweiz im Bereich des öffentlichen Beschaffungswesens (vgl. dazu BOLLINGER, S. 655, 659).
[71] Autorità italiana per la Vigilanza sui Lavori Pubblici.

den Überwachungsbehörden zu präzisieren[72]. Das **Abkommen mit Italien** lautet folgendermassen[73]:

Artikel 1

Zur Umsetzung der gegenseitigen Zusammenarbeit verpflichten sich die Parteien, den ständigen Informationsaustausch in Bezug auf öffentliche Beschaffungen insbesondere von öffentlichen Bauten und Architektur- und Ingenieurdienstleistungen in Italien und der Schweiz zu gewährleisten.

Der Datenaustausch muss derart sein, dass beidseitig möglichst breite Informationen garantiert werden.

Die Spezifikationen für die elektronische Übermittlung werden zwischen dem «Osservatorio dei lavori pubblici» und dem Sekretariat der Kommission definiert.

Artikel 2

Behörde und Kommission verpflichten sich zur gegenseitigen Beratung bei Interpretationsproblemen im vorliegenden Bereich. Die Präsidenten (bzw. Vize-Präsidenten) der unterzeichnenden Organisationen bestimmen das Vorgehen zur Bereinigung von Problemen, die bei der Anwendung der Vereinbarung entstehen könnten.

Artikel 3

Zur Verbesserung und Harmonisierung der jeweiligen Tätigkeiten verpflichten sich die Behörde und die Kommission, ein ständiges Zusammenarbeitsmodell zu entwickeln, das ein informelles Vorgehen bei Problemen, welche in der Phase vor der Vergabe von Beschaffungen auftreten können und Verwaltungen im Beschaffungswesen der beiden Länder betreffen, gewährleistet.

Dieses informelle Vorgehen soll gemäss den folgenden Modalitäten stattfinden:
- Überwachen der Erfahrungen betreffend grenzüberschreitende Streitigkeiten im öffentlichen Beschaffungswesen;
- Errichtung eines Diskussionsforums zur Erörterung von Fällen, in welchen schweizerische oder italienische Anbieter betroffen sind (*cross-border cases*);
- Entwicklung eines Informationssystems, das die involvierten Parteien über ihre Rechte und Pflichten informiert.

Artikel 4

Behörde und Kommission verpflichten sich, durch Prüfung und Vergleich der gängigen Praktiken in beiden Ländern die besten Methoden zur Vereinfachung der Verfahren und zur Gewährleistung einer Umsetzung der besten organisatorischen und funktionalen Lösungen zu finden. Zu diesem Zweck sind gemeinsame Massnahmen wie Abklärungen und Prüfungen auch mittels Zusammenkünften von Fachleuten vorgesehen.

---

[72] Vgl. dazu auch PETER GALLI, Zusammenarbeit im internationalen öffentlichen Beschaffungswesen, in: tec 21, 2004/31-32, S. 34.
[73] In der Vereinbarung werden die KBBK als «Kommission» und die Autorità per la Vigilanza sui Lavori Pubblici als «Behörde» bezeichnet.

Artikel 5

Dieses Abkommen tritt sofort nach der Unterzeichnung durch die beteiligten Parteien in Kraft.

Es wird für die Dauer von vier Jahren abgeschlossen. Ein Jahr vor Ablauf dieser Frist nehmen die Parteien eine gemeinsame Bewertung zur Aktualisierung dieses Protokolls vor.

Diese Bewertung erfolgt vor der Erneuerung oder dem Widerruf des vorliegenden Protokolls.

Dies kann erst nach Durchführung eines Bereinigungsverfahrens im Sinne von Artikel 2 erfolgen.

Dieses Abkommen steht allen EU-Mitgliedern sowie anderen interessierten europäischen Ländern zum Beitritt offen. Die Art der Beteiligung muss mit dem jeweiligen beitrittswilligen Land konkret ausgehandelt werden.

Artikel 6

Das vorliegende Abkommen wird in drei Originalexemplaren verfasst. Alle drei Texte in italienischer, deutscher und französischer Sprache sind massgebend.

Die Vereinbarung mit Italien ist das erste Abkommen dieser Art. Die KBBK strebt den Abschluss weiterer solcher Vereinbarungen an, namentlich mit den übrigen vier Nachbarstaaten, um bei grenzüberschreitenden Fragen im Bereich des öffentlichen Beschaffungswesens schnell und effizient handeln zu können[74]. Ein Abschluss weiterer Abkommen ist bisher allerdings nicht erfolgt.

7. Seit dem 15. Mai 2006 beansprucht der neue Art. 36 Abs. 2 lit. f VoeB Geltung[75]. Danach können Aufträge nach Art. 3 Abs. 1 lit. e BoeB (Beschaffung von Waffen, Munition und Kriegsmaterial und Erstellung von Bauten der Kampf- und Führungsstruktur von Gesamtverteidigung und Armee) direkt und ohne Ausschreibung vergeben werden, wenn das freihändige Verfahren zum **Erhalt von inländischen Unternehmen, die für die Landesverteidigung wichtig sind,** unerlässlich ist[76]. Andernfalls gelangt gemäss Art. 35 Abs. 3 lit. a VoeB wie bis anhin das Einladungsverfahren zur Anwendung[77].

8. Auf den 1. Januar 2007 in Kraft getreten ist die **Verordnung über die Organisation des öffentlichen Beschaffungswesens des Bundes (Org-VoeB)** vom 22. November 2006[78]. Sie regelt die Aufgaben und die Zustän-

---

[74] NZZ vom 26. September 2002; Pressemitteilung des EVD vom 23. September 2002.
[75] Änderung der VoeB vom 26. April 2006 (AS 2006, S. 1667).
[76] Vgl. auch unten Rz. 128 und 157.
[77] Vgl. dazu ESSEIVA, in BR, Sonderheft Vergaberecht 2006, S. 5.
[78] SR 172.056.15. Grundlagen bilden Art. 35 BoeB und die Art. 43 Abs. 2 und 3 sowie Art. 47 Abs. 2 des Regierungs- und Verwaltungsorganisationsgesetzes vom 21. März 1997 (RVOG; SR 172.010).

digkeiten im öffentlichen Beschaffungswesen der Bundesverwaltung. Sie gilt für die Einheiten der zentralen und der dezentralen Bundesverwaltung mit Ausnahme derjenigen Verwaltungseinheiten, die sowohl über eigene Rechtspersönlichkeit als auch eigene Rechnung verfügen[79]. Sachlich gilt sie für die Beschaffung von Gütern und Dienstleistungen, nicht aber für die Beschaffung von Bauleistungen[80]. Letztere sind in der **Verordnung über das Immobilienmanagement und die Logistik des Bundes** vom 14. Dezember 1998 geregelt. Die zentralen Beschaffungstellen des Bundes für Güter und Dienstleistungen sind das Bundesamt für Logistik (BBL), die Gruppe armasuisse und die Bundesreisezentrale. In einem Anhang zur Verordnung sind diejenigen Güter und Dienstleistungen aufgelistet, für deren Beschaffung grundsätzlich[81] eine der drei zentralen Beschaffungsstellen zuständig ist. In der Org-VoeB ebenfalls geregelt sind die Aufgaben der Beschaffungskommission des Bundes (BKB); sie ist das Strategieorgan der Bundesverwaltung für die Bereiche Güter- und Dienstleistungsbeschaffung[82]. Zudem bestehen unterstützende Fachstellen, wie das Kompetenzzentrum für das öffentliche Beschaffungswesen (KBB)[83], die Fachstelle umweltorientierte öffentliche Beschaffung[84] und die Fachstelle Informationstechnologien im öffentlichen Beschaffungswesen[85].

5. Revision des BoeB und der VoeB

26 1. Das Beschaffungsrecht des Bundes soll nach dem Willen des Bundesrats **moderner, klarer und flexibler** werden. Zudem soll im Rahmen der laufenden Revision eine **gesamtschweizerische Harmonisierung** des Beschaffungsrechts angestrebt werden. Diese Ziele hat der Bundesrat am 1. September 2004 für die laufende Revision des Beschaffungsrechts des Bundes festgelegt. In einem umfangreichen Bericht hat das Sekretariat der BKB in Zusammenarbeit mit der Koordination der Bau- und Liegenschaftsorgane des Bundes (KBOB) die Ziele und die Inhalte der Revision konkretisiert[86].

---

[79] Art. 1 Abs. 1 und 2 Org-VoeB.
[80] Art. 2 Abs. 3 Org-VoeB.
[81] Zu den Ausnahmen, in denen die Bedarfsstelle ein Gut oder eine Dienstleistung selbst beschaffen kann, vgl. Art. 5 Org-VoeB.
[82] Art. 16 OrG-VoeB.
[83] Art. 19 OrG-VoeB.
[84] Art. 20 OrG-VoeB.
[85] Art. 21 OrG-VoeB.
[86] Ziele und Inhalte der Revision des Bundesgesetzes über das öffentliche Beschaffungswesen (BoeB), Bericht vom 7. April 2005 zuhanden des Projektausschusses, erstellt vom Sekretariat der Beschaffungskommission des Bundes (BKB) in Zusammenarbeit mit der Koordination der Bau- und Liegenschaftsorgane des Bundes (KBOB). Vgl. auch ELISABETH VOGT/

2. a) Im Rahmen der angestrebten **Modernisierung** des Beschaffungsrechts sollen die neuen Informationstechnologien auch im öffentlichen Beschaffungsprozess zum Einsatz kommen. Das gesamtschweizerische elektronische Publikationsorgan **www.simap.ch** soll offizielles Publikationsorgan für beschaffungsrechtliche Verfügungen werden und so die Transparenz und den Wettbewerb stärken. Es werden die rechtlichen Rahmenbedingungen für die vollständige elektronische Abwicklung öffentlicher Ausschreibungen geschaffen. Die öffentliche Hand soll ein modernes Beschaffungsmanagement betreiben können. Für nationale und internationale Beschaffungskooperationen soll ein klarer Rechtsrahmen geschaffen werden, ebenso für allfällige Zusammenarbeitsformen zwischen dem Staat und Privaten (strategische Partnerschaften, Auslagerungen, Sponsoring-Beziehungen). Innovationen sollen gefördert werden.

27

b) Ein weiteres Ziel ist die **Klärung** wichtiger offener Fragen im BoeB. So sollen der Begriff der öffentlichen Beschaffung definiert und der persönliche und sachliche Geltungsbereich klar geregelt werden. Weiter klargestellt werden sollen Fragen wie der Ausschluss vorbefasster Anbieter, die Ausstandsgründe, die Behandlung von ungewöhnlich tiefen Angeboten, die Problematik vergabefremder Kriterien oder die Einhaltung von Minimalstandards durch ausländische Anbieter. Beseitigt werden sodann Unsicherheiten beim System der Ermittlung des wirtschaftlich günstigsten Angebots.

28

c) Angestrebt mit der Revision wird sodann eine **Vereinfachung** und **Flexibilisierung** des Beschaffungsrechts. Neu sollen beschaffungsrechtliche Instrumente zur Verfügung gestellt werden, um den Dialog zwischen der Beschaffungsstelle und den Anbietern bei der Abwicklung komplexer Projekte und der damit verbundenen Beschaffungen (insbesondere auch intellektueller Dienstleistungen) zu ermöglichen. Neben der Neukonzeption des Wettbewerbsverfahrens (Ideen-, Planungs- und Gesamtleistungswettbewerb) sollen auch die Vorteile des Verfahrens des wettbewerblichen Dialogs nach Vorbild des EU-Vergaberechts fruchtbar gemacht werden. Die funktionale Ausschreibung soll unter bestimmten Voraussetzungen für zulässig erklärt werden.

29

d) Für die angestrebte **Harmonisierung** der Rechtsprechung soll das Bundesgericht als gemeinsame letzte Instanz für beschaffungsrechtliche Entscheide des Bundes, der Kantone und der Gemeinden sorgen. Eine gesamtschweizerische Beschaffungskommission soll zudem harmonisierend auf die Rechtsanwendung einwirken. Angestrebt werden soll auch eine gesamtschweizerische Vereinheitlichung der Schwellenwerte.

30

HERBERT TICHY, Ziele und Inhalte der Revision des Bundesgesetzes über das öffentliche Beschaffungswesen – ein Werkstattbericht, in: Baurecht 2004, S. 174 ff.

31 3. In Bezug auf den weiteren Verlauf der Revision ist für das Jahr 2008 die Vernehmlassung vorgesehen. Mit dem Inkrafttreten des revidierten BoeB und der revidierten VoeB ist nicht vor 2009 zu rechnen.

6. Weitere relevante Rechtsgrundlagen des Bundes

A. Alpentransit-Beschluss und Alpentransit-Verordnung

32 1. Seit dem Inkrafttreten des bilateralen Abkommens unterstehen die Beschaffungen im Sektorenbereich Eisenbahnen auf Bundesebene dem BoeB. Vom Gesetz umfasst werden dabei der Bau und Betrieb von Eisenbahnanlagen durch die SBB, durch die Unternehmen, bei denen sie die Aktienmehrheit besitzt, oder durch andere unter dem beherrschenden Einfluss des Bundes stehende Betreiber von Eisenbahnanlagen[87]. Die am 12. Mai 1998 gegründete AlpTransit Gotthard AG ist eine 100-prozentige Tochtergesellschaft der SBB und ist daher gestützt auf Art. 2 Abs. 2 BoeB in Verbindung mit Art. 2a Bst. b VoeB ebenfalls direkt dem BoeB unterstellt[88].

33 2. Für öffentliche Beschaffungen des Bundes im Zusammenhang mit dem Bau der Neuen Eisenbahn-Alpentransversale (NEAT) von Bedeutung ist der **Bundesbeschluss über den Bau der schweizerischen Eisenbahn-Alpentransversale (Alpentransit-Beschluss)** vom 4. Oktober 1991[89]. Gemäss Art. 13 des Beschlusses stellt der Bund im Rahmen seines Submissionsrechts für Planung, Projektierung und Bau den freien Wettbewerb für einzelne Teilstücke sicher (Abs. 1); für in- und ausländische Bewerber sind gleichwertige Wettbewerbsbedingungen zu verlangen (Abs. 2)[90]. Ausländische NEAT-Anbieterinnen haben auch dann einen Anspruch auf Gleichbehandlung, wenn ihr Sitzstaat kein Gegenrecht gewährt[91]. Konkretisiert wird der Verweis in Art. 13 Abs. 1 des Alpentransit-Beschlusses durch die **Verordnung über den Bau der schweizerischen Eisenbahn-Alpentransversale (Alpentransit-Verordnung, AtraV) vom 28. Februar 2001**[92]. Gemäss Art. 4 AtraV unterstehen die Vergaben der Ersteller von Liefer-, Dienstleistungs- und Bauaufträgen im Rahmen des Alpentransit-Beschlusses wie die entsprechenden Beschaffungen der SBB – indirekt – der Bundesgesetz-

---

[87] Art. 2a Abs. 2 lit. b VoeB. Vgl. auch oben Rz. 16. Vgl. ferner Bundesverwaltungsgericht B1774/2006, Zwischenentscheid vom 13. März 2007.
[88] BRK 11/06 E. 1a; BRK 16/05 E. 1a (Zwischenentscheid vom 21. November 2005); CRM 18/05 E. 1.
[89] SR 742.104.
[90] Vgl. GALLI/LEHMANN/RECHSTEINER, S. 14 f. Rz. 43 ff.; CLERC, Diss., S. 385 ff., 389 f.
[91] Art. 33 Abs. 2 VoeB; Institut, Vergaberecht, S. 22.
[92] SR 742.104.1.

gebung über das öffentliche Beschaffungswesen. Auch daraus folgt, dass die AlpTransit Gotthard AG eine dem Bund unterstellte Vergabestelle ist[93]. In den Geltungsbereich des BoeB fällt aufgrund der Regelung von Art. 4 AtraV als Vergabebehörde beispielsweise auch die BLS Alp Transit AG, eine mehrheitlich von der BLS[94] beherrschte Aktiengesellschaft nach den Bestimmungen des OR[95]. Mit der Unterstellung unter das BoeB ist auch der bundesrechtliche Rechtsschutz verbunden, indem der Rechtsmittelweg an die BRK (bis Ende 2006) bzw. seit dem 1. Januar 2007 an das Bundesverwaltungsgericht offensteht[96].

B.   Entsendegesetz

Am 1. Juni 2004 trat das **Bundesgesetz über die minimalen Arbeits- und Lohnbedingungen für die in die Schweiz entsandten Arbeitnehmerinnen und Arbeitnehmer und flankierende Massnahmen (EntG)** vom 8. Oktober 1999[97] in Kraft. Es regelt die minimalen Arbeits- und Lohnbedingungen für Arbeitnehmerinnen und Arbeitnehmer, die ein Arbeitgeber mit Wohnsitz oder Sitz im Ausland in die Schweiz entsendet, damit sie für einen bestimmten Zeitraum auf seine Rechnung und unter seiner Leitung im Rahmen eines Vertragsverhältnisses zwischen ihm und dem Leistungsempfänger eine Arbeitsleistung erbringen oder in einer Niederlassung oder einem Betrieb arbeiten, der zur Unternehmensgruppe des Arbeitgebers gehört[98]. Die Arbeitgeber müssen den entsandten Arbeitnehmerinnen und Arbeitnehmern mindestens die Arbeits- und Lohnbedingungen garantieren, die in Bundesgesetzen, Verordnungen des Bundesrates, allgemein verbindlich erklärten Gesamtarbeitsverträgen und Normalarbeitsverträgen im Sinne von Art. 360a OR in den Bereichen minimale Entlöhnung, Arbeits- und Ruhezeit, Mindestdauer der Ferien, Arbeitssicherheit und Gesundheitsschutz am Arbeitsplatz, Schutz von Schwangeren, Wöchnerinnen, Kindern und Jugendlichen, Nichtdiskriminierung, namentlich Gleichbehandlung von Mann und Frau, vorgeschrieben sind[99].

34

---

[93] BRK 11/06 E. 1a.
[94] Die BLS ihrerseits wird von den Kantonen beherrscht.
[95] BRK 8/02 E. 4c.
[96] BIAGGINI, S. 343; Institut, Vergaberecht, S. 22. Vgl. ferner Bundesverwaltungsgericht B1774/2006, Zwischenentscheid vom 13. März 2007, und unten Rz. 786 ff., insbes. 792.
[97] SR 823.20.
[98] Art. 1 Abs. 1 lit. a und b EntG.
[99] Art. 2 Abs. 1 EntG. Zum Verhältnis der Vorschriften des Entsendegesetzes zum Vergaberecht vgl. STÖCKLI, in BR, Sonderheft Vergaberecht 2004, S. 4 ff.

C. Kartellgesetz

35 Die auf den 1. April 2004 in Kraft getretene Teilrevision des **Bundesgesetzes über Kartelle und andere Wettbewerbsbeschränkungen (Kartellgesetz, KG)** vom 6. Oktober 1995[100] enthält namentlich zwei vergaberechtlich relevante Neuerungen. So gelten gemäss Art. 2 Abs. 1bis KG als Unternehmer sämtliche Nachfrager oder Anbieter von Gütern und Dienstleistungen im Wirtschaftsprozess, unabhängig von ihrer Rechts- und Organisationsform. Damit wollte der Gesetzgeber auch die **Nachfragemacht der öffentlichen Hand** den normalen wettbewerbsrechtlichen Regeln unterstellen[101]. Sodann sieht Art. 49a KG die Sanktionierung von Unternehmen, die sich an unzulässigen **Submissionsabreden**[102] beteiligen oder die sich als **marktbeherrschende Unternehmen** unzulässig verhalten[103], mit einer Busse vor, die bis zu 10 Prozent des in den letzten drei Geschäftsjahren in der Schweiz erzielten Umsatzes betragen kann.

II. Die Rechtsgrundlagen für Vergaben auf kantonaler und kommunaler Ebene

1. Das GATT/WTO-Übereinkommen

36 **1.** a) Dem ÜoeB unterstehen heute, sofern die massgebenden Schwellenwerte erreicht werden, die öffentlichen Auftraggeber sowohl **auf kantonaler Stufe** als auch **auf Bezirks- und Gemeindeebene**[104]. Ebenfalls unterstehen gemäss Anhang 1 Annex 3 zum ÜoeB die (öffentlichen oder von der öffentlichen Hand beherrschten[105]) Beschaffungsstellen in den Sektoren Trinkwasserversorgung (z. B. Wasserverbund Regio Bern), Elektrizität (z. B. Nordwestschweizerische Kraftwerke AG), Nahverkehr (z. B. Verkehrsbetriebe Zürich), Flughäfen (z. B. Aeroport Genève-Cointrin) und Binnenhäfen[106].

37 b) Das Verwaltungsgericht des Kantons Zürich hat in einem Urteil vom 24. November 1999 festgehalten, die Vergabe des Betriebs von Buslinien für

---

[100] SR 251.
[101] STÖCKLI, in: BR, Sonderheft Vergaberecht 2004, S. 6 mit Hinweis.
[102] Vgl. dazu Art. 5 KG. Vgl. auch Rz. 322 ff.
[103] Vgl. Art. 7 KG.
[104] Anhang I Annex 2 zum ÜoeB, vgl. auch oben Rz. 1 und 9 sowie unten Rz. 4.
[105] Vgl. die Definition der «pouvoir public» und der «entreprises publiques» in Anhang 1 Annex 3 zum ÜoeB. Somit nicht dem ÜoeB unterstellt sind private Auftraggeber. Siehe auch Urteil des Verwaltungsgerichts des Kantons Genf vom 24. April 2007 (ATA 191/2007) betreffend Partenariat des achats informatiques romands (PAIR) und unten Rz. 43.
[106] Vgl. auch unten Rz. 44.

die Personenbeförderungen[107] durch den Zürcher Verkehrsverbund und die Verkehrsbetriebe der Stadt D. falle in den Anwendungsbereich des ÜoeB. Nach Ziff. 3 von Anhang I Annex 3 zum ÜoeB gehören zu diesem Sektor unter anderem staatliche Behörden und öffentliche Unternehmen als Betreiber von «Netzen zur Versorgung der Öffentlichkeit im Bereich des Verkehrs per Stadtbahn ... Strassenbahn, Trolleybus, Bus oder Kabel». Zur Präzisierung werden in Annex 3 Ziff. III unter anderem die öffentlichen Transportunternehmungen gemäss Bundesgesetz vom 18. Juni 1993/20. März 1998 über die Personenbeförderung und die Zulassung als Strassentransportunternehmung[108] und als Beispiel die Verkehrsbetriebe Zürich erwähnt[109].

2. a) Das Verwaltungsgericht des Kantons Basel-Landschaft geht davon aus, dass die Vorschriften des ÜoeB auch auf kantonale Vergaben grundsätzlich unmittelbar anwendbar sind[110]. Bejaht hat es die direkte Anwendbarkeit von Art. XX ÜoeB, der das Beschwerdeverfahren betrifft, aber auch verschiedener materieller Bestimmungen. Auch das Verwaltungsgericht des Kantons Aargau stützt sich in seiner Praxis direkt auf die Bestimmungen des ÜoeB ab[111]. Gelegentlich zieht es diese auch zur Auslegung des kantonalen Submissionsrechts bei[112]. In einem neueren Entscheid hat es im Hinblick auf die Frage, ob im Kanton ansässige, von der öffentlichen Hand beherrschte Unternehmen im Bereich Energieversorgung auch für ihre Auslandstätigkeit dem Submissionsdekret unterstünden, für die Auslegung des diesbezüglich nicht eindeutigen § 30 Abs. 1 SubmD/AG die entsprechenden Vorschriften des ÜoeB (und des bilateralen Abkommens mit der EU) herangezogen[113]. 38

Der Grundsatz der staatsvertragskonformen Auslegung wird auch in der kantonalen Rechtsprechung berücksichtigt. 39

Gemäss dem Verwaltungsgericht des Kantons Bern war Art. 4 Abs. 3 lit. c aSubV, wonach ein Auftrag unter gewissen Voraussetzungen ohne Durchführung eines Submissionsverfahrens vergeben werden konnte, grundsätzlich GATT-konform auszulegen[114]. 40

b) Auch das Bundesgericht geht davon aus, dass das ÜoeB sowohl direkt anwendbare Bestimmungen (so z. B. Art. XII «Vergabeunterlagen» über den Inhalt einer Ausschreibung) als auch konkretisierungsbedürftige Grundsätze enthält. Die Tatsache, dass eine Arbeitsvergebung in den Anwendungsbereich 41

---

[107] Vgl. unten Rz. 141.
[108] SR 744.10.
[109] RB 1999 Nr. 64 E. 2c.
[110] BLVGE 1998/1999, S. 303 ff. und 321 ff.
[111] AGVE 1997, S. 345 f.; 1998, S. 357.
[112] AGVE 1998, S. 406.
[113] AGVE 2005, S. 229 ff.
[114] BVR 1998, S. 76 f.

des Übereinkommens fällt, bedeutet einerseits, dass die Ausschreibung den Anforderungen des Übereinkommens genügen muss, und anderseits, dass sich die Anbietenden auf jene Bestimmungen des völkerrechtlichen Vertrags berufen können, die direkt anwendbar («self-executing») sind[115].

42 Bei der Auslegung der IVöB zieht das Bundesgericht die Parallelbestimmungen des ÜoeB (und des BoeB) bei[116].

2. Das Abkommen zwischen der Europäischen Gemeinschaft und der Schweizerischen Eidgenossenschaft über bestimmte Aspekte des öffentlichen Beschaffungswesens

43 1. In Erweiterung des bisherigen Anwendungsbereichs des ÜoeB beansprucht das bilaterale Abkommen mit der EU Geltung auch für Beschaffungen durch Behörden und öffentliche Stellen auf Gemeinde- und Bezirksebene. Die Schweiz verpflichtete sich gemäss Art. 2 des Vertrags zu einer entsprechenden Ergänzung des Anhangs 1 Annex 2 zum ÜoeB. Diese Ergänzung ist am 7. Februar 2003 in Kraft getreten. Damit finden die im ÜoeB vorgesehenen Vergabeverfahren und Rechtsmittel im Verhältnis zu Anbietern aus den Mitgliedstaaten des ÜoeB[117] auch auf Vergabeverfahren der Behörden und öffentlichen Stellen auf **Bezirks- und Gemeindestufe** Anwendung, sofern die im ÜoeB vorgesehenen Schwellenwerte überschritten sind. Im Gegenzug können schweizerische Anbieter nun auch gegen Beschaffungsentscheide unterer Gebietskörperschaften in den EU-Staaten (gemäss Anhang I Annex 2 Absatz 2 zum ÜoeB) Beschwerde im Sinne von Art. XX ÜoeB erheben. Die entsprechenden Vorbehalte der Mitgliedstaaten der EU in ihrem jeweiligen Anhang 1 zum ÜoeB wurden gemäss Art. 1 des Vertrags fallen gelassen. Nicht vom ÜoeB erfasst werden im Sektorenbereich private Stellen[118].

44 2. Die Vorschriften des Kapitels II des Vertrags, welche eine Öffnung der Beschaffungsmärkte in den Bereichen **Telekommunikation, Schienenverkehr und Energieversorgung** anstreben, erfassen die staatlichen und privaten Anbieter auf Kantons-, Bezirks- und Gemeindeebene in den betreffenden Sektoren. So werden in Anhang IV als Beispiele für private Vergabestellen, die im Bereich der Trinkwasserversorgung öffentliche Dienstleistungen

---

[115] Urteil des Bundesgerichts 2P.151/1999 vom 30. Mai 2000, E. 1b; Urteil des Bundesgerichts 2P.4/2000 vom 26. Juni 2000, E. 1d (ZBl 102/2001, S. 215 ff.); Urteil des Bundesgerichts 2P.130/2005 vom 21. November 2005, E. 4; COTTIER/EVTIMOV, S. 197 Fn. 55. Vgl. auch oben Rz. 2 ff.
[116] BGE 125 II 99 f.
[117] Zu den Ausnahmen vgl. die Allgemeine Anmerkung zu den Anhängen des ÜoeB.
[118] Vgl. oben Rz. 36 Fn. 105.

erbringen, die Wasserversorgung Zug AG und die Wasserversorgung Düdingen genannt. Ebenfalls in den Anwendungsbereich des Abkommens fallen Eisenbahngesellschaften, soweit sie öffentliche Transportdienstleistungen auf normalspurigen Bahnen und Schmalspurbahnen anbieten (so z. B. die Rhätische Bahn), Stromversorgungsunternehmen und Flughäfen.

3. Auch für die Kantone von Bedeutung ist die **Ausklinkklausel,** die es ihnen ermöglicht, im Sektorenbereich bestimmte Tätigkeiten vom öffentlichen Beschaffungsrecht auszunehmen[119]. 45

4. Die Geltung des bilateralen Abkommens auch für die Vergabestellen auf Bezirks- und Gemeindeebene hat eine entsprechende Anpassung des Konkordats von 1994 (IVöB) notwendig gemacht[120]. Überdies mussten jene Kantone, die ihre Gemeinden und Bezirke bisher vom Geltungsbereich des Konkordats ausgeklammert hatten, auch ihre kantonale Gesetzgebung entsprechend anpassen[121]. 46

5. Im Zusammenhang mit der Umsetzung des bilateralen Beschaffungsabkommens einerseits durch den Bund und anderseits durch die Kantone stellen sich verschiedene Abgrenzungsfragen. Eine wichtige Kollisionsregelung enthält Art. 2c VoeB für gemeinsame Beschaffungen von Vergabestellen des Bundes und der Kantone[122]. 47

6. Für **Beschaffungen unterhalb der festgelegten Schwellenwerte** ist vereinbart worden, dass die beiden Vertragsparteien ihre dem Abkommen unterstellten Beschaffungsstellen anhalten, Anbieter der anderen Partei nichtdiskriminierend zu behandeln, ohne dass ein rechtlich einklagbarer Anspruch auf Gleichbehandlung bestünde. Die Schweiz hat klargestellt, dass diesbezüglich Anbietern aus der EU für Beschaffungen auf kantonaler oder kommunaler Ebene unterhalb der Schwellenwerte kantonale Rechtsmittel nicht offenstehen[123]. 48

---

[119] Vgl. oben Rz. 11 und zum Verfahren unten Rz. 66.
[120] Vgl. unten Rz. 63 und ZIMMERLI, S. 165 ff.
[121] Vgl. unten Rz. 71. Zu den spezifischen Auswirkungen auf die Gemeinden vgl. auch ZIMMERLI, S. 169 f.
[122] Vgl. oben Rz. 19 sowie den erläuternden Bericht zur Revision der VoeB, S. 14 f. Vgl. dazu auch BGE 130 I 156 ff. und unten Fn. 132. Eine kollisionsrechtliche Bestimmung enthält auch Art. 8 IVöB (vgl. unten Rz. 65).
[123] Botschaft zum Abkommen, S. 20.; BOLLINGER, S. 654; ferner CLERC, N 23 und 90 zu Art. 5 BGBM.

3. Das Bundesgesetz über den Binnenmarkt

49 1. Das Bundesgesetz über den Binnenmarkt (BGBM) vom 6. Oktober 1995 gehörte zu einem ersten Massnahmepaket des Bundes für eine «marktwirtschaftliche Erneuerung», die nach der Ablehnung des EWR-Abkommens durch den Souverän in die Wege geleitet wurde[124]. Es ist auf den 1. Juli 1996 in Kraft gesetzt worden, mit Ausnahme der Rechtsschutzbestimmungen in Bezug auf die öffentlichen Beschaffungen, die erst auf den 1. Juli 1998 in Kraft traten. Die am 16. Dezember 2005 verabschiedete **Teilrevision** des BGBM trat am 1. Juli 2006 in Kraft. Die Änderungen betreffen namentlich die Ausdehnung des Prinzips des freien Marktzugangs auf die Niederlassung (Art. 2 Abs. 4 BGBM), die Erschwerung der Beschränkung des freien Marktzugangs nach Art. 3 BGBM, die Harmonisierung der Anerkennung kantonaler Fähigkeitsausweise (Art. 4 Abs. 3bis BGBM) und die Einführung eines Beschwerderechts für die Wettbewerbskommission (Art. 9 Abs. 2bis BGBM). Ebenfalls angepasst wurden die Art. 9 Abs. 2 und 3 BGBM. Die Übertragung der Nutzung kantonaler und kommunaler Monopole auf Private hat auf dem Weg der Ausschreibung zu erfolgen und darf Personen mit Niederlassung oder Sitz in der Schweiz nicht diskriminieren (Art. 2 Abs. 7 BGBM)[125]. Der die öffentlichen Beschaffungen betreffende Art. 5 BGBM, welcher den diskriminierungsfreien Zugang zu den Beschaffungsmärkten der Kantone und Gemeinden vorschreibt, ist unverändert geblieben. Die Frage einer allfälligen Teilrevision von Art. 5 BGBM wurde bewusst ausgeklammert. Gründe dafür waren einerseits die Tatsache, dass die Bestimmung die ihr zugedachte integrierende Rolle erfüllt und ihr Potential zum Tragen gekommen ist, und anderseits auch der Umstand, dass das öffentliche Beschaffungsrecht in Revision begriffen ist. Aufgrund des Sachzusammenhangs soll über eine allfällige Revision von Art. 5 BGBM im Rahmen dieser Revision entschieden werden[126]. Die Auswirkungen der per 1. Juli 2006 in Kraft getretenen Teilrevision auf das Beschaffungsrecht der Kantone und der Gemeinden sind daher eher gering[127]. Von (beschaffungsrechtlicher) Relevanz ist das in Art. 9 Abs. 2bis BGBM neu eingeführte **Beschwerderecht**

---

[124] Botschaft zu einem Bundesgesetz über den Binnenmarkt (Binnenmarktgesetz, BGBM) vom 23. November 1994, in: BBl 1995, S. 1213 ff., S. 1236; GALLI/LEHMANN/RECHSTEINER, S. 16 Rz. 49.
[125] Dazu ausführlich REY/WITTWER, S. 585 ff.
[126] Botschaft des Bundesrats über die Änderung des Binnenmarktgesetzes vom 24. November 2004, BBl 2005, S. 465 ff., insbes. S. 476; HOLZBERGER BRIGITTA, Revision des Binnenmarktgesetzes (BGBM), SJZ 2005, S. 187 ff.
[127] Vgl. auch ESSEIVA, in BR, Sonderheft Vergaberecht 2006, S. 6. Zur in Art. 2 Abs. 7 BGBM neu eingeführten Ausschreibungspflicht bei der Übertragung der Nutzung kantonaler und kommunaler Monopole auf Private vgl. unten Rz. 122.

der Wettbewerbskommission auf die Sicherstellung des diskriminierungsfreien Zugangs zu den Beschaffungsmärkten[128].

2. Das BGBM verpflichtet ausschliesslich die Kantone und die Gemeinden. Anders als das ÜoeB und das bilaterale Beschaffungsabkommen mit der EU enthält es keine Schwellenwerte und gilt somit für sämtliche kantonalen und kommunalen Beschaffungen, ungeachtet des Auftragswertes[129]. Das BGBM ist aber als blosses Rahmen- oder Grundsatzgesetz konzipiert[130], d.h. die öffentlichen Beschaffungen durch Kantone, Gemeinden und andere Träger kantonaler und kommunaler Aufgaben richten sich primär nach kantonalem oder interkantonalem Recht[131]. Obschon das BGBM keine materiellen Rechtsvereinheitlichungen auf Bundesebene enthält[132], kommt ihm für das Vergabewesen der Kantone und Gemeinden grosse Bedeutung zu, indem es Grundsätze von elementarer Bedeutung aufstellt[133] und diesbezüglich einen materiellen und formellen Mindeststandard vorgibt. Die integrierende Rolle des BGBM im Bereich des öffentlichen Beschaffungswesens ist anerkannt[134]. Die in Art. 5 BGBM formulierten Mindestanforderungen haben namentlich auch in die IVöB Eingang gefunden, welche die Schwellenwerte, ab welchen ein Wettbewerb nach dem offenen oder selektiven Vergabeverfahren stattfinden muss, tiefer festgelegt hat, als es den staatsvertraglichen Verpflichtungen entspricht, welche die Schweiz mit Bezug auf die Kantone eingegangen ist[135].

50

Der Charakter als Mindeststandard kommt auch in einem Entscheid des Verwaltungsgerichts des Kantons Appenzell-Ausserrhoden aus dem Jahr 1999 zum Ausdruck. Aus dem Urteil geht hervor, dass auf die streitige Vergabe des Winterdienstes (Schneeräumung) auf einer Gemeindestrasse einzig die Vorschriften des BGBM anwendbar waren, da der Kanton und die Gemeinde X. zum Urteilszeitpunkt (noch) nicht über eigene, auf die Beschaffungen durch die Gemeinden anwendbare Rechtsgrundlagen verfügten und die Bestimmungen der IVöB mangels Erreichen des Schwellenwerts nicht zur Anwendung kamen[136].

51

---

[128] Botschaft Änderung, a.a.O. (Fn. 126), S. 479 f. und 489 ff. Vgl. auch unten Rz. 61 und 864.
[129] BGE 125 II 86; WAGNER, S. 22 f. Rz. 62; AGVE 2001, S. 349; CLERC, N 62 zu Art. 5 BGBM.
[130] CLERC, N 1 zu Art. 5 BGBM.
[131] Art. 5 Abs. 1 BGBM.
[132] Dazu fehlt dem Bund mit Bezug auf Kantone und Gemeinden die verfassungsrechtliche Kompetenzgrundlage (vgl. CLERC, N 18 zu Art. 5 BGBM). Der Bund ist aber zuständig für den Erlass einer Kollisionsregel über das anwendbare Recht und die zuständige Behörde im Fall gemeinsamer Beschaffungen (BGE 130 I 160 ff.). Vgl. oben Rz. 19.
[133] WUNDER, S. 181 f.
[134] Vgl. Parlamentsbericht, S. 10.
[135] Botschaft Änderung, a.a.O. (Fn. 126), S. 476. Vgl. unten Rz. 63 und Fn. 168.
[136] AR GVP 1999, Nr. 2183, S. 59.

52 3. Heute verfügen alle Kantone über entsprechende Rechtsgrundlagen auf kantonaler Ebene[137]. Die Vorschriften des BGBM werden aber regelmässig **zusätzlich** zum kantonalen Recht angerufen. Das BGBM enthält zwar lediglich eine Grundsatzregelung bzw. die Vorgabe eines Mindeststandards; es hat aber **nicht bloss subsidiären Charakter.** Seine Geltung und Anwendbarkeit wird durch die Existenz binnenmarktgesetzkonformen kantonalen (und kommunalen) Rechts nicht abgelöst. Ein Anbieter kann daher neben der Verletzung kantonalen Rechts stets auch die Verletzung der bundesrechtlichen Grundsätze des BGBM rügen[138].

53 Insbesondere dem in Art. 5 BGBM (in Verbindung mit Art. 3 BGBM) statuierten Grundsatz des diskriminierungsfreien Zugangs zu den öffentlichen Beschaffungen durch Kantone und Gemeinden auch für ortsfremde Anbieter kommt in der kantonalen Rechtsprechung zum öffentlichen Beschaffungswesen eine wesentliche Bedeutung zu[139]. Das Bundesgericht geht in seiner Rechtsprechung überdies davon aus, dass das BGBM auch für ortsansässige Anbieter uneingeschränkt gelte, also auch die Gleichbehandlung Ortsansässiger untereinander sicherstelle[140]. Insoweit kommt ihm die Bedeutung eines allgemein geltenden Diskriminierungsverbots bzw. Gleichbehandlungsgebots für das kantonale und kommunale öffentliche Beschaffungswesen zu[141].

54 4. Für das kantonale und das kommunale öffentliche Beschaffungsrecht bedeutet das BGBM letztlich die Loslösung aus dem Bereich der politischen Verantwortung und damit der allenfalls protektionistisch motivierten politischen Entscheidfindung[142]. Angestrebt ist eine Entpolitisierung und Versachlichung des Beschaffungswesens, damit verbunden ist aber auch die zunehmende Verrechtlichung bzw. der Einbezug des Beschaffungswesens in einen Rechtsrahmen.

55 5. Das BGBM statuiert die folgenden **grundlegenden Anforderungen** an die öffentlichen Beschaffungen durch die Kantone, Gemeinden und andere Träger kantonaler und kommunaler Aufgaben[143]:

---

[137] Vgl. unten Rz. 62 ff.
[138] CLERC, N 32 zu Art. 5 BGBM. In Bezug auf das Verhältnis zwischen BGBM und IVöB wird allerdings auch die Auffassung vertreten, die Bestimmungen des BGBM würden gelten, wenn nicht die IVöB zur Anwendung komme (Parlamentsbericht, S. 9).
[139] Vgl. z. B. VG Aargau, in: AGVE 1997, S. 361 ff.; 1998, S. 401 f.; VG Zürich, in: RB Nr. 70 E. 2, und in BEZ 1999 Nr. 27 E. 4.
[140] BGE 125 I 410 f.; Urteil des Bundesgerichts 2P.151/1999 vom 30. Mai 2000, E. 1c. Vgl. aber BGE 131 I 37 ff.
[141] Vgl. auch BASS/CRAMERI/LANG/MALFANTI/SPOERRI, S. 249 ff.
[142] ZÄCH, S. 65; WAGNER, S. 20 Rz. 57.
[143] Das BGBM erfasst alle Träger kantonaler oder kommunaler öffentlicher Aufgaben unabhängig von ihrer konkreten Rechtsform. Erfasst werden also auch rein privatrechtlich

a) Zunächst dürfen gemäss Art. 5 Abs. 1 BGBM die Submissionsbestimmungen auf interkantonaler, kantonaler und kommunaler Stufe und darauf gestützte Verfügungen Personen mit Niederlassung oder Sitz in der Schweiz nicht durch ungerechtfertigte Beschränkungen des freien Zutritts zum Markt benachteiligen[144]. Art. 3 Abs. 1–3 BGBM regelt die Voraussetzungen, unter denen für ortsfremde Anbieterinnen und Anbieter der freie Zugang zum Markt beschränkt werden darf: Die Beschränkungen müssen gleichermassen auch für ortsansässige Personen gelten, sie müssen zur Wahrung überwiegender öffentlicher Interessen unerlässlich und verhältnismässig sein. Sodann dürfen nach Art. 3 Abs. 3 BGBM (an sich zulässige) Beschränkungen in keinem Fall ein verdecktes Handelshemmnis zugunsten einheimischer Wirtschaftsinteressen beinhalten. Zu denken ist hier beispielsweise an umweltrechtlich motivierte Beschränkungen des freien Marktzugangs wegen zu langer Transportwege[145].

Zu den Art. 3 und 5 BGBM hat sich seit Inkrafttreten des Binnenmarktgesetzes eine **umfangreiche kantonale Rechtsprechung** entwickelt[146]. So wies etwa das Verwaltungsgericht des Kantons Graubünden darauf hin, dass Zuschlagskriterien, die auf Wirtschaftsfaktoren wie Steuerdomizil, Vermeidung von Konkursen und Unterstützungspflichten innerhalb der Gemeinde beruhten, sich krass diskriminierend auf auswärtige Anbieter auswirkten. Derartige Anforderungen stellten verkappte Handelshemmnisse dar und verzerrten den freien Wettbewerb[147]. Das Verwaltungsgericht des Kantons Aargau hielt fest, das Prinzip der Gleichbehandlung der Anbietenden erfordere eine grundsätzliche Gleichstellung von ortsansässigen und ortsfremden Anbietern. Jede direkte Bevorteilung von Ortsansässigen, wie etwa durch Prozentklauseln, sei mit dem Binnenmarktgesetz nicht zu vereinbaren[148]. Auch das Verwaltungsgericht des Kantons Thurgau erklärte die Bestimmung, wonach das Angebot eines ortsansässigen Anbieters als gleich teuer wie dasjenige eines auswärtigen zu gelten habe, solange es nicht mehr als 5% höher sei, für binnenmarktgesetzwidrig[149].

b) Art. 5 Abs. 2 BGBM enthält eine minimale rechtliche Vereinheitlichung der Vergabeverfahren auf kantonaler und kommunaler Ebene, indem er von

---

organisierte Vergabestellen, sofern sie Ausgaben tätigen, die zur Erledigung öffentlicher Aufgaben dienen (AGVE 2001, S. 349; WAGNER, S. 22 Rz. 62). Vgl. auch unten Rz. 797 sowie CLERC, N 69 ff., insb. N 81 ff. zu Art. 5 BGBM.

[144] Vgl. CLERC, N 93 ff. zu Art. 5 BGBM; WAGNER, S. 21 f. Rz. 58 ff.
[145] ZÄCH, S. 63; vgl. auch AGVE 1997, S. 364 f. und 366 f., sowie unten Rz. 602 ff.
[146] Vgl. dazu ausführlich unten Rz. 579 ff.; CLERC, N 96 ff. zu Art. 5 BGBM.
[147] VG Graubünden, in: BR 2000, S. 58, Nr. S14. Vgl. unten Rz. 580.
[148] AGVE 1997, S. 361; VG Aargau, in: BR 2000, S. 58, Nr. S12; WAGNER, S. 21 Rz. 61; CLERC, N 102 zu Art. 5 BGBM.
[149] TVR 1999, S. 142 ff., Nr. 27.

1. Kapitel

den Kantonen, Gemeinden und anderen Trägern kantonaler und kommunaler Aufgaben verlangt, dass die Vorhaben für **umfangreiche öffentliche Einkäufe, Dienstleistungen und Bauten amtlich publiziert** werden, unter Einschluss der Kriterien für Teilnahme und Zuschlag[150]. Damit sind jedenfalls die Beschaffungsvorhaben im Bereich der Schwellenwerte des ÜoeB[151] und des Bilateralen Abkommens mit der EU[151] gemeint[152], doch sind die Kantone frei, auch Beschaffungen unter den Schwellenwerten der staatsvertraglichen Abkommen zu publizieren. Das Binnenmarktgesetz lässt den Kantonen insofern einen Spielraum, als sie unterhalb der Schwellenwerte im Staatsvertragsbereich selbst bestimmen können, welches «umfangreiche Vorhaben» sind, die publiziert werden müssen[153].

59 c) Die Abs. 1 und 2 von Art. 6 BGBM untersagen die Diskriminierung von Personen mit Niederlassung oder Sitz in der Schweiz gegenüber ausländischen Personen in Bezug auf den inländischen Marktzugang durch völkerrechtliche Vereinbarungen des Bundes oder der Kantone[154]. Dem **Verbot der Inländerdiskriminierung** kommt in der Praxis des öffentlichen Beschaffungswesens keine grosse praktische Bedeutung zu; die Gleichbehandlung der Anbietenden ist überdies durch verschiedene andere Bestimmungen (z. B. Art. 5 BGBM, Art. 8 BV) ausreichend gewährleistet[155]. Art. 6 Abs. 3 BGBM statuiert für das Binnenverhältnis ein sinngemässes Verbot der Diskriminierung ausserkantonaler Anbieter durch interkantonale Vereinbarungen. Wenn also einzelne Kantone unter sich ein Konkordat abschliessen, das den Konkordatsangehörigen einen besseren Marktzugang ermöglicht, so haben Drittkantone das Recht, unter Gewährung von Gegenrecht, am erleichterten Marktzugang teilzuhaben[156].

60 d) Beschränkungen des freien Zugangs zum Markt im Bereich des öffentlichen Beschaffungswesens sind gemäss Art. 9 Abs. 1 BGBM in der Form einer **anfechtbaren Verfügung** zu erlassen[157], wobei das kantonale

---

[150] Vgl. dazu ausführlich CLERC, N 143 ff. zu Art. 5 BGBM; WAGNER, S. 23 f. Rz. 65 ff. Zur Publikation der Eignungs- und Zuschlagskriterien vgl. auch unten Rz. 386 und Rz. 611 ff.
[151] Vgl. oben Rz. 43.
[152] Vgl. Art. 5 Abs. 2 Satz 2 BGBM.
[153] WEBER, S. 171; ZÄCH, S. 64; CLERC, N 148 ff. zu Art. 5 BGBM; WAGNER, S. 24 f. Rz. 67 f. mit Hinweisen. Zu den unterschiedlichen Schwellenwerten in den Kantonen vgl. auch unten Rz. 175.
[154] Die Kantone sind gemäss Art. 56 Abs. 1 BV berechtigt, in ihren Zuständigkeitsbereichen mit dem Ausland Verträge abzuschliessen. Im Bereich des öffentlichen Beschaffungswesens existierten solche Abkommen zwischen den Kantonen Aargau, Basel-Stadt, Basel-Landschaft, St. Gallen, Thurgau, Zürich und dem benachbarten deutschen Bundesland Baden-Würtemberg (vgl. CLERC, N 38 zu Art. 5 BGBM; WEBER, S. 172 f.).
[155] CLERC, N 36 ff. zu Art. 5 BGBM.
[156] WAGNER, S. 30 Rz. 85.
[157] Das Erfordernis der Verfügungsform gilt grundsätzlich für alle Vergabeentscheide auf kantonaler und kommunaler Ebene, namentlich für jeden Zuschlag (GAUCH/STÖCKLI, S. 9

Recht aufgrund von Art. 9 Abs. 2 BGBM wenigstens ein Rechtsmittel an eine **verwaltungsunabhängige Behörde** vorsehen muss[158]. Diese Instanz entscheidet, unter Vorbehalt der Beschwerde an das Bundesgericht[159], endgültig. Art. 9 Abs. 3 BGBM bestimmt, dass die Rechtsmittelinstanz lediglich feststellt, inwiefern die angefochtene Verfügung das massgebende Recht verletzt, falls sich ein Rechtsmittel im Bereich des öffentlichen Beschaffungswesens zwar als begründet erweist, jedoch bereits ein Vertrag mit einem Anbieter abgeschlossen worden ist[160].

6. Die **Wettbewerbskommission** überwacht die Einhaltung des Binnenmarktgesetzes; sie kann Untersuchungen durchführen und (rechtlich unverbindliche) Empfehlungen abgeben (Art. 8 sowie Art. 8a–c BGBM). Nach Art. 10 Abs. 1 BGBM kann die Wettbewerbskommission eidgenössischen, kantonalen und kommunalen Verwaltungsbehörden sowie Rechtsprechungsorganen Gutachten über die Anwendung des Binnenmarktgesetzes erstatten. Sie kann zudem im Verfahren vor Bundesgericht angehört werden (Art. 10 Abs. 2 BGBM)[161]. Neu kann sie zudem Beschwerde erheben, um feststellen zu lassen, ob ein Entscheid den Zugang zum Markt in unzulässiger Weise beschränkt (Art. 9 Abs. 2bis BGBM)[162]. Hingegen kommt ihr im Bereich des öffentlichen Beschaffungswesens keine Rechtsprechungsfunktion zu; Verletzungen von Art. 3 und 5 BGBM können ausschliesslich durch Beschwerdeinstanzen nach Art. 9 Abs. 1 und 2 BGBM sanktioniert werden[163].

61

4. Die Interkantonale Vereinbarung über das öffentliche Beschaffungswesen

1. Die Umsetzung des ÜoeB auf subnationaler Stufe ist im Rahmen der bundesstaatlichen Kompetenzverteilung Sache der Kantone. Auch die mit der Ausarbeitung des BGBM angestrebte Verwirklichung des schweize-

62

Rz. 4.2 Fn. 38) und andere wichtige Entscheide der Vergabebehörden. Zur Frage, welche Akte der Vergabebehörden in Verfügungsform ergehen müssen, vgl. auch Clerc, N 41 ff. zu Art. 9 BGBM mit zahlreichen Literaturhinweisen. Das Bundesgericht erachtet es allerdings mit Art. 9 Abs. 1 BGBM vereinbar, dass sog. «Bagatellvergaben» von geringem Wert nicht in einem förmlichen Verfahren erfolgen und entsprechende Anordnungen nicht in die Form einer anfechtbaren Verfügung gekleidet sein müssen (BGE 131 I 137 ff., insbes. S. 143). Vgl. dazu auch unten Rz. 217 und Rz. 801.

[158] Vgl. unten Rz. 796; Clerc, N 53 ff. zu Art. 9 BGBM.
[159] Vgl. dazu unten Rz. 774 ff.
[160] Vgl. unten Rz. 940; Clerc, N 94 ff. zu Art. 8 BGBM.
[161] Zu den Instrumenten, die der Wettbewerbskommission zur Verfügung stehen, vgl. Zäch, S. 66 ff.; Clerc, N 40 ff. zu Art. 5 BGBM; Wagner, S. 31 ff. Rz. 87 ff.
[162] Vgl. Botschaft Änderung, a.a.O. (Fn. 126), S. 479 f. und 489 ff.; ferner oben Rz. 49 sowie unten Rz. 864.
[163] Wagner, S. 32 Rz. 89; vgl. auch Clerc, N 40 zu Art. 5 BGBM.

rischen Binnenmarkts führte zu politischem Druck auf die Kantone[164]. Die **Interkantonale Vereinbarung über das öffentliche Beschaffungswesen (IVöB)** ist von der Schweizerischen Bau-, Planungs- und Umweltschutzdirektoren-Konferenz (BPUK) und von der Konferenz der kantonalen Volkswirtschaftsdirektoren (VDK) am 25. November 1994 verabschiedet worden. Dem Konkordat von 1994 sind alle Kantone beigetreten. Für den Bund hat es keine Geltung[165].

63   **2.** Am 15. März 2001 ist die Interkantonale Vereinbarung zur Änderung der Vereinbarung über das öffentliche Beschaffungswesen vom 25. November 1994 vom Interkantonalen Organ (InöB) mit Zustimmung der BPUK beschlossen worden. Die **Revision der IVöB** ist im Hinblick auf das Inkrafttreten des bilateralen Vertrags erfolgt, sie brachte aber auch weitere Änderungen, namentlich hinsichtlich der Schwellenwerte und des Verfahrens, mit sich. Zielsetzungen der IVöB sind die internationale Öffnung des Beschaffungswesens durch die Umsetzung des ÜoeB und des bilateralen Abkommens einerseits und der Abbau von Handelshemmnissen unter den Kantonen und damit die Verwirklichung eines gesamtschweizerischen Binnenmarkts im Sinne des BGBM – bzw. als Alternative zu diesem – anderseits[166]. Das heisst, auch die Gleichbehandlung der schweizerischen Anbieter soll gewährleistet sein. Angestrebt wird namentlich eine Harmonisierung der kantonalen Vergaberegeln durch gemeinsame Grundsätze[167]. In Bezug auf den Anwendungsbereich wurde bei der Revision neu zwischen einem Staatsvertragsbereich und einem von Staatsverträgen nicht erfassten Bereich (mit unterschiedlichen Schwellenwerten[168]) unterschieden[169]. Während im Staatsvertragsbereich die Verpflichtungen aus den internationalen Verträgen ins kantonale Recht umgesetzt werden (Art. 5bis Abs. 2 IVöB), werden im von den Staatsverträgen nicht erfassten Bereich innerstaatliche Bestimmungen der Kantone harmonisiert (Art. 5bis Abs. 3 IVöB). Dem revidierten Konkordat sind zwischenzeitlich mit Ausnahme der Kantone Genf und Glarus alle Kantone beigetreten[170] und haben ihre eigene Gesetzgebung entsprechend

---

[164] RHINOW/SCHMID/BIAGGINI, S. 417 Rz. 99.
[165] Zur Zusammenarbeit mit dem Bund vgl. Art. 4 Abs. 4 IVöB. Die fehlende Beteiligung des Bundes am Vergabekonkordat ist im Hinblick auf eine Harmonisierung des Beschaffungsrechts zu bedauern. GAUCH/STÖCKLI (S. 9 Rz. 4.3) sprechen zu Recht von einer Chance, die vertan worden sei.
[166] Musterbotschaft zur Interkantonalen Vereinbarung über das öffentliche Beschaffungswesen, abgedruckt in BOCK, Submissionsrecht, S. 219 ff., S. 224; SCHMID/METZ, S. 809 f. Rz. 19.35.
[167] Art. 1 Abs. 2 IVöB. Vgl. Institut, Vergaberecht, S. 27.
[168] Zu den massgebenden Schwellenwerten vgl. die Anhänge 1 und 2 zur IVöB sowie die Übersicht in BR 2001, S. 166, und bei ZIMMERLI, S. 175 f.
[169] Art. 5bis Abs. 1 IVöB. Vgl. auch ZIMMERLI, S. 16 ff.
[170] Stand 15. Juli 2007. Siehe zum Kanton Genf ESSEIVA, in BR, Sonderheft Vergaberecht 2006, S. 6.

angepasst[171]. Die revidierten Bestimmungen gelten indessen nur für diejenigen Kantone, welche sie übernommen haben. Im Verhältnis zu den übrigen Kantonen, zurzeit also noch Genf und Glarus, gilt weiterhin die unveränderte Vereinbarung vom 25. November 1994[172]. Soweit allerdings das bilaterale Abkommen mit der EU Bestimmungen enthält, die direkt anwendbar sind[173], gelten diese Bestimmungen für die Kantone unabhängig davon, ob sie dem revidierten Konkordat beigetreten sind oder nicht[174].

3. Neben der Ziel- und Zweckbestimmung enthält die IVöB die grundlegenden Regeln zur Organisation, zu ihrem Anwendungsbereich, zum Verfahren und zum Rechtsschutz.

64

4. a) Als **Auftraggeber** unterstehen ihr im Staatsvertragsbereich die Kantone, Gemeinden sowie Einrichtungen des öffentlichen Rechts auf kantonaler oder kommunaler Ebene, mit Ausnahme ihrer kommerziellen oder industriellen Tätigkeiten[175]. Des Weiteren unterstehen Behörden sowie öffentliche und private Unternehmen, die mit ausschliesslichen oder besonderen Rechten ausgestattet sind, jeweils in den Sektoren Wasser-, Energie- und Verkehrsversorgung sowie Telekommunikation. Sie unterstehen allerdings nur für Aufträge, die sie zur Durchführung ihrer in der Schweiz ausgeübten Tätigkeit in diesen Bereichen vergeben[176]. Im von Staatsverträgen nicht erfassten Bereich unterstehen der IVöB überdies andere Träger kantonaler oder kommunaler Aufgaben (mit Ausnahme deren kommerzieller oder industrieller Tätigkeiten) sowie Objekte und Leistungen, die zu mehr als 50% der Gesamtkosten mit öffentlichen Geldern subventioniert werden[177]. Art. 8 Abs. 3 IVöB bestimmt u.a., dass Vergaben, an denen mehrere Auftraggeber beteiligt sind, dem Recht am Sitz des Hauptauftraggebers unterstehen. Abweichende Vereinbarungen der beteiligten Auftraggeber sind zulässig[178].

65

b) Art. 4 Abs. 2 lit. c[bis] IVöB erklärt das **Interkantonale Organ** für zuständig zur **Entgegennahme** und **Weiterleitung** eines Gesuchs um Befreiung von Auftraggeberinnen von der Unterstellung unter die Vereinbarung, sofern andere Unternehmen die Möglichkeit haben, diese Dienstleistungen in demselben geographischen Gebiet unter im Wesentlichen gleichen Bedingungen anzubieten **(Ausklinkklausel).** Darüber, an welche zur Beurteilung zuständige Behörde das Interkantonale Organ ein entgegengenommenes

66

---

[171] Art. 3 i. V. m. Art. 13 IVöB. Vgl. unten Rz. 71 ff.
[172] Art. 21 Abs. 3 IVöB.
[173] Vgl. oben Rz. 13.
[174] Institut, Vergaberecht, S. 27.
[175] Art. 8 Abs. 1 lit. a IVöB.
[176] Art. 8 Abs. 1 lit. c IVöB. Vgl. dazu auch AGVE 2005, S. 229 ff.
[177] Art. 8 Abs. 2 lit. a und b IVöB.
[178] Vgl. auch oben Rz. 19 und 47 sowie unten Rz. 100.

Gesuch um Befreiung weiterleitet, enthält die IVöB keine ausdrückliche Regelung[179]. Für Bund und Kantone kommt indessen dasselbe Ausklinkverfahren zur Anwendung. Die Details sind in der Verordnung des UVEK über die Nichtunterstellung unter das öffentliche Beschaffungswesen vom 18. Juli 2002 geregelt[180]. Die Gesuche um Befreiung von der Unterstellung unter das öffentliche Beschaffungsrecht werden vom Interkantonalen Organ (allenfalls zusammen mit einer Stellungnahme) beim UVEK eingereicht[181]. Das UVEK entscheidet erstinstanzlich auf Grundlage eines Gutachtens der Wettbewerbskommission. Vorgängig hört es die zuständigen interkantonalen Stellen und die interessierten Kreise an. Das Gutachten der Wettbewerbskommission spricht sich darüber aus, ob sich die Unternehmen, die sich auf die Ausklinkklausel berufen, auf dem Markt in einer Konkurrenzsituation befinden[182]. Der Entscheid des UVEK kann mit Beschwerde an das Bundesverwaltungsgericht weitergezogen werden[183].

67 **5.** Die IVöB beschränkt sich bewusst auf die Regelung der Grundzüge des öffentlichen Beschaffungsrechts und der zur Durchsetzung ihrer Ziele notwendigen Vorschriften. Die beteiligten Kantone erlassen die erforderlichen Ausführungsbestimmungen, die mit der Vereinbarung übereinstimmen müssen[184]. Um hier eine gewisse Vereinheitlichung zu erreichen, haben die BPUK und die VDK am 14. September 1995 und 1. Dezember 1995 Vergaberichtlinien aufgrund der IVöB genehmigt. Sie wurden im Kontext mit der Revision der IVöB ebenfalls einer Anpassung unterzogen[185]. Die Mustervorlage für **Vergaberichtlinien zur Interkantonalen Vereinbarung über das öffentliche Beschaffungswesen (IVöB) vom 25. November 1994 / 15. März 2001 (VRöB)**[186] wurde am 2. Mai 2002 als Modellerlass für die Ausführungsbestimmungen in den Kantonen neu herausgegeben. Es wurden verschiedene kleinere Anpassungen vorgenommen und auch einige neue Regelungen aufgenommen. So wird beispielsweise die Frage der sogenannten Vorbefassung ausdrücklich geregelt, indem § 8 VRöB bestimmt,

---

[179] Vgl. auch MAYER, S. 678 f.
[180] Vgl. oben Rz. 17.
[181] Art. 2 Abs. 2 der Verordnung des UVEK.
[182] Vgl. das in Fn. 29 erwähnte Gutachten der Wettbewerbskommission, Ziff. 4. Die Wettbewerbskommission vertritt in diesem Gutachten im Übrigen die Auffassung, dass das BGBM eine Ausdehnung des Geltungsbereichs der Ausklinkklausel auf öffentliche Beschaffungen, welche die Schwellenwerte gemäss dem bilateralen Abkommen nicht erreichen, zulässt. Voraussetzung sei, dass sich das beschaffende Unternehmen in einer Konkurrenzsituation befinde. In diesem Fall sei davon auszugehen, dass die (öffentlichen) Beschaffungen nach marktwirtschaftlichen Kriterien getätigt würden, wodurch ein Eingriff des Staates überflüssig würde (Gutachten, Ziff. 10 ff., 14). Vgl. dazu auch SCHALLER, in: BR 2001, S. 151.
[183] Art. 5 der Verordnung des UVEK. Vgl. auch oben Rz. 17.
[184] Art. 3 IVöB.
[185] Vgl. oben Rz. 63.
[186] Siehe www.bpuk.ch.

dass Personen und Unternehmen, die an der Vorbereitung der Unterlagen oder des Vergabeverfahrens derart mitgewirkt haben, dass sie die Vergabe zu ihren Gunsten beeinflussen können, sich nicht am Verfahren beteiligen dürfen[187]. Bei Ausschreibungen im Staatsvertragsbereich muss zusätzlich zur Publikation im kantonalen Amtsblatt mindestens eine Zusammenfassung der Ausschreibung im Schweizerischen Handelsamtsblatt (SHAB) oder auf einer gemeinsamen elektronischen Plattform von Bund und Kantonen erfolgen[188]. Nach wie vor verboten sind auf kantonaler Ebene Abgebotsrunden. Hingegen werden für das freihändige Verfahren Verhandlungen als zulässig erklärt[189]. Vorgesehen sind auch massive Sanktionen gegen fehlbare Anbieter[190]. Die Vergaberichtlinien («Mustervorlage») von 2002 haben wie schon die Vorgängerin von 1995 allerdings lediglich unverbindlichen Charakter[191], da die BPUK und die VDK nicht zuständig sind, solche Vergaberichtlinien verbindlich zu erlassen. Die Kompetenz zum Erlass von (verbindlichen) Vergaberichtlinien steht dem Interkantonalen Organ zu[192]. Gemäss bundesgerichtlicher Rechtsprechung tragen die Vergaberichtlinien trotz der fehlenden Rechtsverbindlichkeit zum Verständnis der in der IVöB statuierten Grundsätze bei und spielen insofern eine wichtige Rolle[193]. Zur Auslegung der Bestimmungen der IVöB können in Zweifelsfällen sodann auch die Regeln des ÜoeB und des BoeB herangezogen werden[194].

5. Das Bundesgesetz und die Verordnung über die Nationalstrassen

1. Gemäss Art. 41 Abs. 2 des Bundesgesetzes über die Nationalstrassen (NSG) vom 8. März 1960[195] erfolgt die Vergabe von Bauarbeiten an Nationalstrassen, obwohl es sich dabei um Werke des Bundes handelt und die Finanzierung zum grossen Teil durch den Bund erfolgt[196], nach den vom Bundesrat bestimmten Grundsätzen durch die Kantone, und nach Art. 16

68

---

[187] Zur Vorbefassung vgl. unten Rz. 679 ff.
[188] § 10 VRöB. Vgl. unten Rz. 234.
[189] § 30 VRöB. Vgl. Rz. 441 ff.
[190] § 38 VRöB.
[191] Institut, Vergaberecht, S. 28.
[192] Art. 4 Abs. 2 lit. b IVöB. Von dieser Befugnis hat das Interkantonale Organ bis jetzt noch keinen Gebrauch gemacht (vgl. Institut, Vergaberecht, S. 28).
[193] BGE 125 II 86; Urteil des Bundesgerichts 2P.218/2001 vom 31. Januar 2002, E. 2.3; vgl. auch BGE 125 I 203; ferner CLERC, N 28 zu Art. 5 BGBM; Institut, Vergaberecht, S. 28.
[194] BGE 125 II 86.
[195] SR 725.11.
[196] Gemäss Art. 83 Abs. 2 BV bauen und unterhalten die Kantone die Nationalstrassen nach den Vorschriften und der Oberaufsicht des Bundes. Die Kosten werden gemeinsam getragen (Art. 83 Abs. 2 BV).

der Verordnung über die Nationalstrassen (NSV) vom 18. Dezember 1995[197] findet dabei – abgesehen von speziellen Bestimmungen über die Art des Wettbewerbs, die Schwellenwerte und die Genehmigung durch ein Bundesamt[198] – das kantonale Recht Anwendung[199].

69 2. Werden die entsprechenden Schwellenwerte vom Wert der zu vergebenden Bau- und Unterhaltsarbeiten an Nationalstrassen erreicht, gelangen auch die Vorschriften des ÜoeB, der IVöB (einschliesslich der VRöB) zur Anwendung. Zu berücksichtigen sind, da es sich um kantonale Vergaben handelt, schliesslich auch die Bestimmungen des BGBM[200].

70 3. Zukünftig soll der Nationalstrassenbau (Ausbau, Erweiterungen, Unterhalt und Betrieb) allerdings **alleinige Bundesaufgabe** werden, was eine entsprechende Verfassungsänderung voraussetzt und was zur Konsequenz hätte, dass die mit dem Nationalstrassenbau in Zusammenhang stehenden Vergaben öffentlicher Aufträge inskünftig dem Beschaffungsrecht des Bundes unterstehen würden[201].

6. Die kantonale Gesetzgebung über das Beschaffungswesen

71 1. Die Kantone haben mit den Ausnahmen von Genf und Glarus, die dem Konkordat vom 15. März 2001 noch nicht beigetreten sind, ihre Beschaffungsgesetzgebungen, soweit sich dies überhaupt als notwendig erwies[202], inzwischen der revidierten IVöB angepasst.

72 2. Die einzelnen **kantonalen Regelungen:**

73 **Aargau.** Submissionsdekret (SubmD) vom 26. November 1996 (SAR 150. 910). Interkantonale Vereinbarung über das öffentliche Beschaffungswesen vom 15. März 2001 (SAR.150.950).
Internet-Fundstelle: http://www.ag.ch/sar/index.htm?/sar/sar.htm

74 **Appenzell-Innerrhoden.** Gesetz über das öffentliche Beschaffungswesen (GöB) vom 29. April 2001 (GS AI 726.000). Verordnung über das öffent-

---

[197] SR 725.111.
[198] Art. 44, 45 und 47 NSV.
[199] VG Zürich: VB.2001.00095; VG Aargau: Urteil BE.2002.00041 vom 30. April 2002, E. II.1b (nicht publiziert).
[200] VG Aargau: Urteil BE.2002.00041 vom 30. April 2002, E. I/1b (nicht publiziert). Vgl. oben Rz. 49 ff.
[201] Vgl. EFD/KdK, Neugestaltung des Finanzausgleichs und der Aufgabenteilung zwischen Bund und Kantonen – NFA (www.nfa.ch), NFA Faktenblatt 17, Nationalstrassen.
[202] So konnte sich der Kanton Basel-Landschaft, der erst sehr spät dem Konkordat von 1994 beigetreten war und die aktuellen Entwicklungen direkt in die kantonale Gesetzgebung umgesetzt hatte, auf eine Anpassung des kantonalen Rechts verzichten und einzig den Beitritt zur revidierten IVöB beschliessen. Vgl. auch oben Rz. 63.

liche Beschaffungswesen (VöB) vom 1. Oktober 2001 (GS AI 726.010). Interkantonale Vereinbarung über das öffentliche Beschaffungswesen vom 1. Oktober 2001 (AI GS 726.910). Grossratsbeschluss betreffend Beitritt zur Interkantonalen Vereinbarung über das öffentliche Beschaffungswesen vom 31. Oktober 2005 (GS AI 726.911).
Internet-Fundstelle: http://www.ai.chde/politik/gesetzessammlung/gesetzeskapitel

Appenzell-Ausserrhoden. Gesetz über das öffentliche Beschaffungswesen vom 24. September 2000 (bGS AR 712.1). Verordnung über das öffentliche Beschaffungswesen vom 13. November 2000 (bGS AR 712.11). Beschluss des Kantonsrats vom 27. Oktober 2003 betreffend Beitritt des Kantons Appenzell A.-Rh. zur Interkantonalen Vereinbarung über das öffentliche Beschaffungswesen (bGS AR 712.2).
Internet-Fundstelle: http:// bgs.ar.ch

Basel-Landschaft. Gesetz über öffentliche Beschaffungen vom 3. Juni 1999 (GS BL 33.1062[203]). Verordnung zum Beschaffungsgesetz (Beschaffungsverordnung) vom 25. Januar 2000 (GS BL 33.1090[204]). Interkantonale Vereinbarung über das öffentliche Beschaffungswesen (IVöB) vom 15. März 2001 (GS BL 33.1074[205]).
Internet-Fundstelle: http://www.baselland.ch/index.htm[206]

Basel-Stadt. Gesetz über öffentliche Beschaffungen (Beschaffungsgesetz) vom 20. Mai 1999 (GS BS 914.100). Verordnung zum Gesetz über öffentliche Beschaffungen (Beschaffungsverordnung, VöB) vom 11. April 2000 (GS BS 914.110). Grossratsbeschluss vom 20. November 1996 betreffend Beitritt des Kantons Basel-Stadt zur Interkantonalen Vereinbarung über das öffentliche Beschaffungswesen vom 25. November 1994 (IVöB) (GS BS 914.500). Beschluss des Regierungsrats betreffend Zustimmung zur Änderung der Interkantonalen Vereinbarung über das öffentliche Beschaffungswesen vom 22. Oktober 2002 (GS BS 914.501).
Internet-Fundstelle: http://www.gesetzessammlung.bs.ch/main/

Bern. Gesetz vom 11. Juni 2002 über das öffentliche Beschaffungswesen (ÖBG) (BGS 731.2). Verordnung vom 16. Oktober 2002 über das öffentliche Beschaffungswesen (ÖBV) (BGS 731.21).
Internet-Fundstelle: http://www.sta.be.ch/belex/d/

Freiburg. Gesetz vom 11. Februar 1998 über das öffentliche Beschaffungswesen (SGF 122.91.1). Reglement vom 28. April 1998 über das öffentliche

---

[203] Systematische Gesetzessammlung (SGS) 420.
[204] SGS 420.11.
[205] SGS 420.12.
[206] SGS.

Beschaffungswesen (ÖBR) (SGF 122.91.11). Interkantonale Vereinbarung vom 25. November 1994 über das öffentliche Beschaffungswesen (SGF 122.91.2)[207].
Internet-Fundstelle: http://admin.fr.ch/ww/fr/pub/index.cfm

80 **Genf.** Loi sur les soumissions et adjudications de l'état, des communes et des établissements publics du 9 mars 1999 (PL 8013). Règlement sur la passation des marchés publics en matière de construction du 19 novembre 1997 (RSG L 6 05.01). Règlement sur la passation des marchés publics en matière de fourniture et de services du 23 août 1999 (RSG L 6 05.03). Accord intercantonal sur les marchés publics (AIMP) du 25 novembre 1994 (RSG 6 05). Loi du 12 juin 1997 autorisant le Conseil d'Etat à adhérer à l'accord intercantonal sur les marchés publics du 25 novembre 1994[208] (RSG L 6 05.0).
Internet-Fundstelle: http://www.geneve.ch/legislation/

81 **Glarus.** Kantonales Submissionsgesetz vom 4. Mai 1997 (GS GL II G/2/1). Submissionsverordnung vom 17. Dezember 1997 (GS GL II G/2/2). Beschluss der Landsgemeinde vom 4. Mai 1997 über den Beitritt des Kantons Glarus zur Interkantonalen Vereinbarung über das öffentliche Beschaffungswesen vom 25. November 1994[209] (GS GL II G/1/1).
Internet-Fundstelle: http://www.gl.ch/xml_1/internet/de/application/d41/ f343.cfm

82 **Graubünden.** Submissionsgesetz (SubG) vom 10. Februar 2004 (Bündner Rechtsbuch 803.300). Submissionsverordnung (SubV) vom 25. Mai 2004 (Bündner Rechtsbuch 803.310). Beitritt des Kantons Graubünden vom 9. Juni 1996 zur Interkantonalen Vereinbarung über das öffentliche Beschaffungswesen vom 25. November 1994[210] (Bündner Rechtsbuch 803.400). Beitritt des Kantons Graubünden zur Interkantonalen Vereinbarung über das öffentliche Beschaffungswesen vom 15. März 2001 vom 10. Februar 2004 (Bündner Rechtsbuch 803.500). Interkantonale Vereinbarung über das öffentliche Beschaffungswesen (IVöB) vom 25. November 1994 / 15. März 2001 (Bündner Rechtsbuch 803.510).
Internet-Fundstelle: http://www.navigator.ch/gr/lpext. dll?f=templates&fn=main-h.htm

83 **Jura.** Arrêté du 9 septembre 1998 portant approbation de l'accord intercantonal sur les marchés publics du 25 novembre 1994 (RSJU 174.01). Loi

---

[207] Der Kanton Freiburg war am 1. Januar 1996 als erster Kanton, der IVöB beigetreten. Auf den 1. Januar 2002 ist er, wiederum als erster Kanton der revidierten IVöB beigetreten (Amtsblatt des Kantons Freiburg vom 16. November 2001 und vom 21. Dezember 2001).
[208] RSG L 6 05.
[209] SG GL II G/1/2.
[210] Bündner Rechtsbuch 803.410.

concernant les marchés publics (LMP) du 21 octobre 1998 (RSJU 174.1). Ordonnance concernant l'adjudication des marchés publics (OAMP) du 4 avril 2006 (RSJU 174.11).
Internet-Fundstelle: http://rsju.jura.ch/extranet/common/rsju/index.html

Luzern. Gesetz über die öffentlichen Beschaffungen vom 13. Februar 1998 (SRL 733). Interkantonale Vereinbarung über das öffentliche Beschaffungswesen vom 25. November 1994 / 15. März 2001(SRL 733a). Verordnung zum Gesetz über die öffentlichen Beschaffungen vom 7. Dezember 1998 (SRL 734). 84
Internet-Fundstellen: http://www.lu.ch/index/systematische_rechtssammlung.htm; http://srl.lu.ch/sk/srl/default/first.htm

Neuenburg. Loi du 26 juin 1996 portant adhésion à l'Accord intercantonal sur les marchés publics du 25 novembre 1994 (LAIMP) (RSN 601.70). Accord intercantonal sur les marchés publics (AIMP) du 25 novembre 1994 (RSN 601.71). Loi cantonale sur les marchés publics (LCMP) du 23 mars 1999 (RSN 601.720). Règlement d'exécution de la loi cantonale sur les marchés publics (RELCMP) du 3 novembre 1999 (RSN 601.720). 85
Internet-Fundstelle: http://www.ne.ch/neat/site/jsp/rubrique/rubrique.jsp?StyleType=bleu&CatId=2151

Nidwalden. Gesetz über das öffentliche Beschaffungswesen (Beschaffungsgesetz) vom 7. Februar 2001 (SR NW 612.1). Vollzugsverordnung zum Gesetz über das öffentliche Beschaffungswesen (Submissionsverordnung) vom 19. Juni 2001 (SR NW 612.11). Interkantonale Vereinbarung über das öffentliche Beschaffungswesen vom 25. November 1994 / 15. März 2001 (SR NW 612.2). 86
Internet-Fundstelle: http://www.navigator.ch/nw/lpext.dll?f=templates&fn= main-h.htm&2.0

Obwalden. Gesetz über das öffentliche Beschaffungswesen (Submissionsgesetz) vom 27. November 2003 (SR OW 975.6). Ausführungsbestimmungen zum Submissionsgesetz vom 6. Januar 2004 (SR OW 975.6). Kantonsratsbeschluss vom 29. Februar 1996 über einen Beitritt zur Interkantonalen Vereinbarung über das öffentliche Beschaffungswesen vom 25. November 1994 (SR OW 975.61). 87
Internet-Fundstelle: http://ilz.ow.ch/gessamml/

Schaffhausen. Einführungsgesetz zum Bundesgesetz über den Binnenmarkt (BGBM) vom 29. Juni 1998 (SHR 172.500). Interkantonale Vereinbarung über das öffentliche Beschaffungswesen vom 25. November 1994 / 15. März 2001 (SHR 172.510). Verordnung zur Interkantonalen Vereinbarung über das öffentliche Beschaffungswesen vom 25. November 1994 / 15. März 2001 (ViVöB) vom 15. April 2003 (SHR 172.511). Vergaberichtlinien zur IVöB (VRöB) (SHR 172.512). Beschluss des Grossen Rates betreffend den 88

Beitritt zur revidierten Interkantonalen Vereinbarung über das öffentliche Beschaffungswesen (IVöB) vom 16. Dezember 2002 (SHR 172.520).
Internet-Fundstelle: http:/www.rechtsbuch.sh.ch/

89 **Schwyz.** Kantonsratsbeschluss über den Beitritt des Kantons Schwyz zur Interkantonalen Vereinbarung über das öffentliche Beschaffungswesen, vom 17. Dezember 2003 (SR SZ 430.120). Interkantonale Vereinbarung über das öffentliche Beschaffungswesen (IVöB), vom 25. November 1994/15. März 2001 (SR SZ 430.120.1). Verordnung zur Interkantonalen Vereinbarung über das öffentliche Beschaffungswesen, vom 15. Dezember 2004 (SR SZ 430.130).
Internet-Fundstelle: http://www.sz.ch/gesetze/

90 **Solothurn.** Interkantonale Vereinbarung (Gegenrechtsvereinbarung) über die Vergabe von Arbeiten und Lieferungen des Baugewerbes für die kantonale Verwaltung vom 8. April 1994 (BGS 721.51). Interkantonale Vereinbarung über das öffentliche Beschaffungswesen vom 25. November 1994 (BGS 721.52). Interkantonale Vereinbarung über das öffentliche Beschaffungswesen vom 15. März 2001 (BGS 721.521). Kantonsratsbeschluss (KRB) vom 22. September 1996 über den Beitritt zur Interkantonalen Vereinbarung über das öffentliche Beschaffungswesen vom 25. November 1994[211] (BGS 721.53). Genehmigung der Änderung der revidierten Vereinbarung über das öffentliche Beschaffungswesen vom 15. März 2001, KRB vom 3. September 2003 (BGS 721.531). Gesetz über öffentliche Beschaffungen (Submissionsgesetz) vom 22. September 1996 (BGS 721.54). Verordnung über öffentliche Beschaffungen (Submissionsverordnung) vom 17. Dezember 1996 (BGS 721.55).
Internet-Fundstelle: http://www.old.so.ch/extappl/bgs/index.bhp

91 **St. Gallen.** Einführungsgesetz zur Gesetzgebung über das öffentliche Beschaffungswesen (EGöB) vom 2. April 1998 (sGS 841.1). Verordnung über das öffentliche Beschaffungswesen vom 21. April 1998 (sGS 841.11). Interkantonale Vereinbarung über das öffentliche Beschaffungswesen vom 25. November 1994 (sGS 841.31). Interkantonale Vereinbarung über das öffentliche Beschaffungswesen vom 15. März 2001 (sGS 841.32).
Internet-Fundstelle: http://www.gallex.ch

92 **Thurgau.** Interkantonale Vereinbarung über das öffentliche Beschaffungswesen (IVöB) vom 25. November 1994/15. März 2001 (Thurgauer Rechtsbuch 720.1). Gesetz über das öffentliche Beschaffungswesen vom 18. Dezember 1996 (Thurgauer Rechtsbuch 720.2). Verordnung des Regierungsrates zum Gesetz über das öffentliche Beschaffungswesen vom 23. März 2004 (Thurgauer Rechtsbuch 720.21). Weisung des Regierungsrates betr. Zuständigkeiten und Ablauforganisation für das öffentliche Beschaffungswesen der

---

[211] BGS 721.52.

Zentralverwaltung und der unselbständigen kantonalen Anstalten (Thurgauer Rechtsbuch 720.211). Gegenrechtserklärung betreffend Beschaffungswesen (Thurgauer Rechtsbuch 720.61).
Internet-Fundstelle: http://www.rechtsbuch.tg.ch/rechtsbuch/default.cfm

Tessin. Legge sulle commesse pubbliche (LCPubb) del 20 febbraio 2001 (RL 7.1.4.1). Concordato intercantonale sugli appalti pubblici (CIAP) del 25 novembre 1994/15 marzo 2001 (RL 7.1.4.1.3). Decreto legislativo concernente l'adesione del Cantone Ticino al Concordato intercantonale sugli appalti pubblici (del 25 novembre 1994/15 marzo 2001) del 6 febbraio 1996/30 novembre 2004 (RL 7.1.4.1.4). Regolamento di applicazione delle legge cantonale sulle commesse pubbliche (LCPubb) del 20 febbraio 2001 e del Concordato intercantonale sugli appalti pubblici (CIAP) del 12 settembre 2006 (RL 7.1.4.1.6).
Internet-Fundstelle: http://www.ti.ch/CAN/temi/rl/

93

Uri. Interkantonale Vereinbarung über das öffentliche Beschaffungswesen (IVöB) vom 25. November 1994/15. März 2001 (Urner Rechtsbuch 3.3111). Submissionsverordnung des Kanton Uri (SubV) vom 15. Februar 2006 (Urner Rechtsbuch 3.3112). Reglement über die paritätische Kommission im öffentlichen Beschaffungswesen (Submissionsreglement) vom 27. August 1997 (Urner Rechtsbuch 3.3115).
Internet-Fundstelle: http://ur.lexspider.com/

94

Waadt. Loi sur les marchés publics (LMP-VD) du 24 juin 1996 (RSV 726.01). Règlement d'application de la loi du 24 juin 1996 sur les marchés publics (RLMP) du 7 juillet 2004 (RSV 726.01.1). Accord intercantonal sur les marchés publics (A-IMP) du 25 novembre 1994 (RSV 726.91).
Internet-Fundstelle: http://www.rsv.vd.ch/

95

Wallis. Gesetz betreffend den Beitritt des Kantons Wallis zur Interkantonalen Vereinbarung über das öffentliche Beschaffungswesen vom 8. Mai 2003. Vereinbarung vom 25. November 1994/15. März 2001 (SR VS 726.1). Gesetz betreffend das öffentliche Beschaffungswesen vom 23. Juni 1998 (GS VS 726.1). Verordnung über das öffentliche Beschaffungswesen vom 11. Juni 2003 (GS VS 726.100). Verordnung betreffend die Führung ständiger Listen vom 11. Juni 2003 (GS VS 726.101).
Internet-Fundstelle: http://www.vs.ch/Navig/departement.asp?MenuID=4486

96

Zug. Submissionsgesetz (SubG) vom 2. Juni 2005 (BGS 721.51). Interkantonale Vereinbarung über das öffentliche Beschaffungswesen (IVöB) vom 15. März 2001 (BGS 721.52). Submissionsverordnung (SubV) vom 20. Januar 2005 (BGS 721.521).
Internet-Fundstelle: http://www.zug.ch/bgs/

97

98 **Zürich.** Gesetz über den Beitritt zur revidierten Interkantonalen Vereinbarung über das öffentliche Beschaffungswesen vom 15. März 2001 (revIVöB) vom 15. September 2003 (Zürcher Gesetzessammlung 720.1). Submissionsverordnung vom 23. Juli 2003 (Zürcher Gesetzessammlung 720.11). Beschluss des Regierungsrates über das öffentliche Beschaffungswesen (Einbezug der Städte und Gemeinden) vom 1. Juli 1998 (Zürcher Gesetzessammlung 720.111).
Internet-Fundstelle: http://www.zhlex.zh.ch/internet/zhlex/de/home.html

99 3. Um eine gewisse Harmonisierung in der Handhabung des kantonalen öffentlichen Beschaffungsrechts zu erreichen, hat eine Arbeitsgruppe der «Conférence romande des travaux publics», der Vertreter der Kantone Bern, Freiburg, Genf, Jura, Neuenburg und Waadt angehörten[212], im Jahr 1999 eine Wegleitung mit dem Titel «Guide Romand pour l'adjudication des marchés publics» ausgearbeitet[213]. Die derzeit geltende Fassung des **«Guide Romand pour les marchés publics, en application de l'AIMP révisé du 15 mars 2001»** (herausgegeben von der «Conférence romande des marchés publics») datiert vom 2. Juni 2005[214]. Mit dem Guide romand sollte den Vergabebehörden in den Westschweizer Kantonen ihre Aufgabe erleichtert und auch für die Anbietenden vermehrt Klarheit und Sicherheit geschaffen werden. Sogenannte Vergabehandbücher wurden in der Zwischenzeit auch in zahlreichen anderen Kantonen geschaffen. So findet beispielsweise im Kanton Zürich das **«Handbuch für Vergabestellen»** der Kommission für das öffentliche Beschaffungswesen des Kantons Zürich Verwendung[215], und die Bau-, Verkehrs- und Energiedirektion des Kantons Bern hat einen **«Leitfaden für die Vergabe von öffentlichen Aufträgen im Kanton Bern»** herausgegeben[216].

100 4. Die Zentralschweizer Baudirektorenkonferenz (ZBOK) hat am 7. Juli 2006 einen **«Leitfaden für interkantonale Submissionen»** als Ergänzung zu den kantonalen Submissionshandbüchern verabschiedet. Der Leitfaden soll seiner Zweckbestimmung nach der gemeinsamen Durchführung von Beschaffungen durch mehrere Kantone dienen[217]. Er nimmt daher aus-

---

[212] Nicht beteiligt haben sich die Kantone Tessin und Wallis.
[213] Zugänglich ist der Guide romand u.a. auf www.simap.ch. Vgl. auch PATRICK VALLAT, Le guide romand pour les marchés publics, in: Aktuelles Vergaberecht 2006, Sonderheft Baurecht 2006, S. 66 f.
[214] Akualisiert und vervollständigt am 9. Juni 2006 sowie am 18. Dezember 2006. Es existiert auch eine deutschsprachige Version.
[215] Siehe unter www.beschaffungswesen.zh.ch.
[216] Vgl. ferner das «Handbuch öffentliches Beschaffungswesen im Kanton Graubünden» (Stand: 31.3.2005), herausgegeben vom Bau-, Verkehrs- und Forstdepartement Graubünden (www.bvfd.gr.ch).
[217] Vgl. dazu auch oben Rz. 65.

schliesslich zur interkantonalen Submission Bezug und ist für kantonale Beschaffungen unbeachtlich. Der Leitfaden umfasst einen theoretischen Teil, der sich insbesondere zur Definition der interkantonalen Submission und zur Problematik des anwendbaren Rechts äussert. Empfohlen wird zur Schaffung klarer Verhältnisse die Vereinbarung des anwendbaren Rechts durch die beteiligten Kantone, sei dies durch einen rechtsetzenden Vertrag (Konkordat) oder gestützt auf Art. 8 Abs. 3 IVöB einzelfallweise. In einem praktischen Teil (mit Mustervorlagen) wird der mögliche Ablauf einer interkantonalen Submission näher erläutert.

7. Das kommunale Vergaberecht

1. Verschiedene Gemeinden kannten bereits früher eigene Submissionsordnungen[218]. Den kantonalen Submissionserlassen unterstehen heute als Auftraggeberinnen auch die Gemeinden, deren Zweckverbände und deren öffentlichrechtliche Körperschaften. Es stellt sich damit die Frage, ob und in welchem Umfang noch Raum bleibt für kommunale Vergabeordnungen. Die Befugnis zur eigenen kommunalen Submissionsrechtsetzung ergibt sich jedenfalls dort, wo das kantonale Recht ausdrücklich Gemeinderecht zulässt, d.h. wo den Gemeinden im Bereich des öffentlichen Beschaffungswesens Rechtsetzungsautonomie[219] zukommt. Klar ist, dass das kommunale Vergaberecht das übergeordnete internationale, nationale, interkantonale und kantonale Recht respektieren muss und nicht im Widerspruch dazu stehen darf[220].

101

2. In diesem Sinne enthält etwa § 3 der Verordnung des Kantons Schaffhausen zur IVöB vom 15. April 2003 (ViVöB) die Regelung, dass die Gemeinden anstelle oder ergänzend zu den Vergaberichtlinien eigene Submissionsbestimmungen erlassen können. Die Submissionsbestimmungen der Gemeinden dürfen allerdings der IVöB, dem BGBM, dem Einführungsgesetz zum BGBM sowie insbesondere den Definitionen der Aufträge und der Berechnung des Auftragswertes gemäss Art. 2 ff. der Vergaberichtlinien (VRöB/SH) nicht widersprechen. Soweit ein Submissionserlass einer Gemeinde den im vorstehenden Absatz erwähnten Normen widerspricht oder im Sinne von Art. 13 IVöB unvollständig ist, gilt gemäss § 3 Abs. 2 ViVöB/SH die VRöB/SH subsidiär[221].

102

---

[218] So z.B. die Städte Bern oder Zürich.
[219] Vgl. Häfelin/Müller/Uhlmann, S. 297 ff. Rz. 1395 ff.
[220] BGE 125 I 406; Clerc, N 30 zu Art. 5 BGBM.
[221] Vgl. auch Art. 1 Abs. 2 VRöB/SH.

1. Kapitel

103 **3.** Das Solothurner Gesetz über öffentliche Beschaffungen gestattet es den kommunalen Vergabestellen, in rechtsetzenden Reglementen vom kantonalen Recht abweichend **tiefere Schwellenwerte** festzulegen[222].

104 **4.** Auch im **Kanton Bern** steht es den Gemeinden grundsätzlich frei, eigene Submissionsvorschriften zu erlassen, soweit das kantonale Recht dazu Raum lässt. Letzteres ist unterhalb der Schwellenwerte des kantonalen Rechts im Rahmen des BGBM der Fall[223]. Art. 5 Abs. 2 ÖBG bestimmt, dass die Gemeinden für ihre Beschaffungen tiefere Schwellenwerte vorsehen können. Eine solche Regelung kennt z. B. die Stadt Bern mit der Verordnung über das Beschaffungswesen vom 4. Dezember 2002.

105 **5.** Im **Kanton Zürich** sind mit der Ausdehnung der Geltung der kantonalen Submissionsverordnung auf die Gemeinden die Submissionserlasse auf kommunaler Ebene seit dem 1. Januar 1999 nicht mehr anwendbar. Die kommunalen Vergabestellen unterstehen – vorbehältlich ihrer kommerziellen oder industriellen Tätigkeiten – dem übergeordneten kantonalen Recht. Kommunale Richtlinien und Anleitungen bei Ermessensfragen sind als interne Dienstanweisungen möglich, doch können die kantonalen Regeln weder aufgehoben noch geändert werden. Einzelne Gemeinden haben im Hinblick auf die einheitliche Anwendung des übergeordneten kantonalen Rechts für ihre Abteilungen Richtlinien oder Wegleitungen erlassen.

106 **6.** Das Submissionsdekret des **Kantons Aargau** unterstellte die Gemeinden, deren Anstalten und die Gemeindeverbände in seiner ursprünglichen Fassung nur, wenn sie Aufträge oberhalb bestimmter Schwellenwerte oder Aufträge, die von der öffentlichen Hand subventioniert wurden, vergaben. Im unterschwelligen Bereich unterstanden die Gemeinden, mit Ausnahme des Rechtsschutzes, nicht den Vorschriften des Submissionsdekrets, sondern waren selbst für die Einhaltung der Vorschriften des BGBM verantwortlich[224]. In diesem Rahmen waren sie auch befugt, eigene kommunale Vergaberegeln zu erlassen[225]. Im Rahmen der im Hinblick auf den Beitritt zur revidierten IVöB erfolgten Revision des Submissionsdekrets wurde die entsprechende Bestimmung ersatzlos gestrichen. Diese Streichung hat zur Konsequenz,

---

[222] § 1 lit. b i.V.m. §§ 13 Abs. 1bis und 14 Abs. 2 Sub/SO. Von dieser Befugnis wird beispielsweise im Submissionsreglement der Einwohnergemeinde Kriegstetten vom 22. Juni 2006 Gebrauch gemacht.

[223] BVR 1999, S. 454 f. Da im konkreten Fall nicht der diskriminierende Ausschluss eines ortsfremden Anbieters zur Beurteilung steht, gelangen die Bestimmungen des BGBM nicht zur Anwendung. Das Verwaltungsgericht des Kantons Bern vertrat damit einen anderen Standpunkt als das Bundesgericht, in: BGE 125 II 410 f. (vgl. oben Rz. 53). Vgl. nun aber BGE 131 I 137 ff. sowie Rz. 217 und 801.

[224] Vgl. AGVE 1997, S. 348 ff.

[225] Botschaft des Regierungsrats des Kantons Aargau an den Grossen Rat zum SubmD vom 22. Mai 1996, S. 12 unten.

dass die Gemeinden für sämtliche öffentlichen Beschaffungsgeschäfte den Vorschriften des kantonalen Submissionsrechts unterstehen[226]. Ob sie nach wie vor die Befugnis haben, eigene Vorschriften zu erlassen, erscheint eher fraglich.

---

[226] Eingeschränkt wurde hingegen mit der Dekretsrevision vom 18. Oktober 2005 die Beschwerdemöglichkeit. So können vergaberechtliche Verfügungen nur noch mit Beschwerde beim Verwaltungsgericht angefochten werden, wenn die Schwellenwerte des Einladungsverfahrens erreicht sind (§ 24 Abs. 2 SubmD/AG). Dies hat insbesondere auf kommunaler Ebene eine erhebliche Verminderung des Rechtsschutzes zur Folge, steht doch bei der Mehrzahl der kommunalen Vergebungen kein ordentliches Rechtsmittel mehr zur Verfügung.

2. Kapitel:
Gegenstand des öffentlichen Beschaffungsrechts

I. Der Begriff der öffentlichen Beschaffung[227]

1. Die Anwendung des Submissionsrechts sowohl des Bundes als auch der Kantone setzt voraus, dass eine «Beschaffung» im Sinne der einschlägigen Bestimmungen zu beurteilen ist. Das Submissionsrecht des Bundes und der Kantone befasst sich inhaltlich nur mit **Bau-, Liefer- und Dienstleistungsaufträgen**. Gemäss der Umschreibung des Bundesgerichts liegt eine öffentliche Beschaffung nur dann vor, wenn die öffentliche Hand als Abnehmerin von Sachen oder Dienstleistungen auftritt, und nicht auch dann, wenn sie selber gewerbliche Leistungen offeriert[228]. Typisches Merkmal der öffentlichen Beschaffung ist «le paiement d'un prix par l'Etat»[229]. Bei öffentlichen Aufträgen handelt es sich mithin stets um Rechtsgeschäfte, mit denen die öffentliche Hand sich gegen entsprechende Bezahlung die für ihre Tätigkeit nötigen Sachmittel und Leistungen beschafft, d.h. um «Einkäufe des Staates»[230].

2. Keine öffentlichen Beschaffungen sind **Konzessionserteilungen**[231].

a) Das Bundesgericht hielt im «**Genfer Plakataushang-Fall**» fest, dass mit der Monopolkonzession keine Investitionen zur Erledigung öffentlicher Aufgaben verbunden seien, sondern dass Stadt und Kanton vielmehr als «Verkäufer» des Rechts auf Gebrauch des öffentlichen Grundes für kommerzielle Zwecke auftreten würden. Die öffentlichen Mittel der Gemeinwesen

---
[227] Vgl. dazu auch unten Rz. 788.
[228] BGE 126 I 255.
[229] BGE 125 I 214; 126 I 255 f.; vgl. ferner HANDSCHIN/SIEGENTHALER, SJZ 96/2000, S. 406.
[230] VG Zürich: VB.2000.00126 und VB.2000.00194; RHINOW/SCHMID/BIAGGINI, S. 395 Rz. 5; MALFANTI, RDAT I-2002, S. 97 f.; CLERC, N 48 zu Art. 5 BGBM.
[231] Vgl. BOVET, in BR 2001, S. 59. In der Literatur wird allerdings der Standpunkt vertreten, auch die Vergabe von Konzessionen habe nach den Anforderungen eines Submissionsverfahrens zu erfolgen, da nur so der Grundsatz der Gleichbehandlung der Gewerbegenossen gewahrt werden könne (HANDSCHIN/SIEGENTHALER, SJZ 96/2000, S. 406 f.). CLERC befürwortet eine Unterstellung der Vergabe von Dienstleistungskonzessionen unter Art. 5 BGBM, jedenfalls aber unter Art. 2 BGBM, mit dem Resultat, dass auch hier die Grundsätze der Nichtdiskriminierung, Transparenz und Verhältnismässigkeit beachtet werden müssen (N 51 ff., insb. N 53 zu Art. 5 BGBM). Vgl. nun auch die Regelung im Binnenmarktgesetz unten Rz. 122.

seien dabei nicht beansprucht worden; vielmehr hätten die Gemeinwesen über die Pacht eine Gebühr mit Nebenleistungen realisieren können. Auch stelle das Anschlagen von Plakaten zu Zwecken der Aussenwerbung keine öffentliche Aufgabe dar und die betreffende Aussenwerbegesellschaft habe von den Gemeinwesen auch nicht den Auftrag erhalten, zugunsten des Gemeinwesens Plakate zu entwerfen oder zu erstellen. Vielmehr handle die Unternehmung auf eigenes Risiko, für eigenen Profit und auf eigene Rechnung; sie erfülle keine öffentliche Aufgabe. Verpflichtungen der Unternehmung zum Anschlagen von Plakaten, welche prophylaktischen Zwecken, Präventionsmassnahmen im Strassenverkehr oder der amtlichen oder militärischen Information der Bevölkerung dienten, stellten Nebenpflichten zur Hauptsache der kommerziellen Nutzung des öffentlichen Grundes dar. Die **Vergabe der Monopolkonzession betreffend Aussenwerbung** stelle daher **keine öffentliche Beschaffung** dar[232].

110 b) Das Zürcher Verwaltungsgericht erkennt in der Erteilung des Rechts zum Plakataushang eine zur Leistungsbeschaffung durch die öffentliche Hand gegenteilige Konstellation: Leistung und Gegenleistung würden in die umgekehrte Richtung fliessen. Die öffentliche Hand erteile dem Privaten eine Berechtigung, für welche sie ein finanzielles Entgelt verlange; es handle sich somit, im Gegensatz zum Beschaffungswesen, um den «Verkauf» einer staatlichen Leistung. Bei der Erteilung des Rechts zum Plakataushang auf öffentlichem Grund durch das Gemeinwesen handle es sich daher nicht um eine Vergabe im Sinn des Submissionsrechts, sondern um die Verleihung einer Sondernutzungskonzession[233].

111 **3.** Die BRK hat sowohl die vertragliche Übertragung der Erhebung, Verwaltung und Verwendung einer vorgezogenen Entsorgungsgebühr für gebrauchte Batterien und Akkumulatoren[234] als auch die Erhebung, Verwaltung und Verwendung einer vorgezogenen Entsorgungsgebühr auf Getränkeverpackungen

---

[232] BGE 125 I 212 ff. E. 6. Nach Auffassung der Wettbewerbskommission sind die Mindestanforderungen des BGBM aber jedenfalls dann zu respektieren, wenn im Rahmen von Pachtverträgen über die Aussenwerbung umfangreiche Vorhaben zur Erledigung von öffentlichen Aufgaben (z.B. Aufstellen von Busunterständen, Bau und Unterhalt von öffentlichen Telefonkabinen oder Toiletten) vorgenommen werden (Ergänzungsschreiben der Wettbewerbskommission vom 9. Juli 1999 zu den Empfehlungen vom 17. Mai 1999 betreffend Pachtverträge über die Aussenwerbung, zuhanden der kantonalen und kommunalen Gemeinwesen). Vgl. RPW 1999, S. 260; RPW 2000, S. 94; RPW 2000, 270.
[233] VG Zürich: VB.2000.00194.
[234] Gemäss Ziff. 65 des Anhangs 4.10 (Batterien und Akkumulatoren) zur Verordnung vom 9. Juni 1986 über umweltgefährdende Stoffe (Stoffverordnung; SR 814.013) beauftragt das BUWAL eine geeignete private Organisation mit der Erhebung, der Verwaltung und der Verwendung der vorgezogenen Entsorgungsgebühr.

aus Glas[235] auf private Organisationen als der Submissionsgesetzgebung des Bundes unterstehende öffentliche Beschaffungsgeschäfte qualifiziert[236]. Im erstgenannten Fall hat sich die BRK ausführlich mit dem «Plakataushang»-Entscheid des Bundesgerichts auseinandergesetzt und ist zum Schluss gekommen, dass das BUWAL zwar ebenfalls nicht als «Konsument» von Bauleistungen, Lieferungen oder Dienstleistungen gegenüber privaten Anbietern auftrete, die für ihre Leistungserbringung vom Staat eine Entschädigung fordern könnten. Vielmehr werde der auszuwählenden privaten Organisation die Befugnis eingeräumt, die vorgezogene Entsorgungsgebühr bei den Pflichtigen zu erheben und damit einen möglichst hohen Rücklauf an gebrauchten Batterien und Akkumulatoren im Rahmen des Entsorgungskonzepts zu bewerkstelligen sowie dieses Sammelgut alsdann der Verwertung zuzuführen. Im Gegensatz zu dem vom Bundesgericht beurteilten Fall **habe die private Organisation aber eine staatliche Aufgabe zu erfüllen,** wobei sie der Aufsicht des Bundes unterstehe[237]. Weiter wird darauf hingewiesen, dass es für die Förderung des Wettbewerbs unter den Anbietenden sowie im Dienste des wirtschaftlichen Einsatzes der öffentlichen Mittel sehr wohl auch in Fällen, in denen sich der Staat nicht eine Dienstleistung, eine Lieferung oder eine Bauleistung beschafft, sondern eine solche Leistung in Erfüllung einer Staatsaufgabe auslagert und durch einen Privaten auf dessen Rechnung und Gefahr unter staatlicher Aufsicht erfüllen lässt, massgeblich darauf ankomme, dass das wirtschaftlich günstigste Angebot ausgewählt werde. Auch könne die Gleichbehandlung der Anbieter und Anbieterinnen nur gewährleistet werden, wenn die Regeln über das öffentliche Beschaffungswesen auch in diesen Fällen Anwendung fänden[238].

4. Hingegen verneinte die BRK das Vorliegen eines öffentlichen Beschaffungsgeschäftes in einem Fall, in dem die SBB AG die Partnerschaft mit einer PWLAN(Public Wireless Local Area Network)-Anbieterin suchte, die auf dem Areal der SBB AG die PWLAN-Dienste aufbauen und betreiben sollte, während die SBB AG ihr gegen Entgelt den kontrollierten Zugang zu ihren Standorten und die Vernetzung aller Antennenstandorte ermöglichte. Der PWLAN-Betreiber sollte von der SBB AG für den Netzaufbau und Betrieb gegen Entschädigung verschiedene Leistungen beziehen, wie Antennenstandorte für die Abdeckung mit PWLAN auf SBB-Grundstücken und -Trassen, Installationen und Verkabelung der Antennen, «Housing»

112

---

[235] Art. 32abis des Bundesgesetzes über den Umweltschutz vom 7. Oktober 1983 (SR 814.01) und Art. 15 Abs. 1 Satz 1 der bundesrätlichen Verordnung über Getränkeverpackungen vom 5. Juli 2000 (SR 814.621) sehen vor, dass das BUWAL eine geeignete private Person mit der Erhebung, der Verwaltung und der Verwendung der Gebühr zu beauftragen hat.
[236] BRK 6/99; BRK 21/23/00.
[237] Ziff. 66 des Anhangs 4.10 zur Stoffverordnung.
[238] BRK 6/99 E. 1b.

für aktive Komponenten, Wartung der installierten Anlagen, Übertragung der Daten und Übergabe der Daten an einem «Point of Interconnection», Freigabe der Funknetzplanung. Die Entschädigung sollte aus einmaligen Gebühren für die Installationen und festen, wiederkehrenden Grundgebühren für die Benutzung der SBB-Infrastruktur sowie aus einer Umsatzbeteiligung bestehen. Die BRK stellte fest, die SBB AG trete hier nicht als Nachfragerin von entgeltlichen Leistungen auf, sondern sie erbringe ihrerseits Leistungen gegen Entschädigung (Gebühren und Umsatzbeteiligung) an einen privaten Interessenten, der als eigenständiger Betreiber der PWLAN-Dienste, die von den Bahnkunden genützt werden könnten, in Erscheinung trete. Der Umstand, dass die SBB AG dem Partner bzw. Betreiber gewisse Vorgaben mache, welche dieser ihr gegenüber einzuhalten habe, vermöge daran nichts zu ändern[239]. Soweit die SBB AG allerdings beabsichtige, vom ausgewählten Betreiber für zwei Jahre PWLAN-Dienstleistungen für ihren Eigenbedarf zu beziehen, trete sie als Kundin, d.h. als Nachfragerin von Kommunikationsdienstleistungen PWLAN gegen Entgelt auf. Hier liege unbestrittenermassen ein öffentliches Beschaffungsgeschäft vor[240].

113   **5.** Die Übertragung der Aufgaben der spitalexternen Krankenpflege **(Spitex)** auf eine private Organisation durch eine Gemeinde, hier die Stadt Zürich, stellt nach Auffassung des Verwaltungsgerichts des Kantons Zürich keine öffentliche Beschaffung dar, da nicht die Stadt (auch nicht mittelbar), sondern Privatpersonen (Patienten/Versicherte) «Konsumenten» der zu erbringenden Dienstleistungen sind. Das Verwaltungsgericht ging dabei von einer ähnlichen Stellung des Gemeinwesens wie bei einer Konzessionserteilung aus[241].

114   **6.** Offengelassen hat es das Zürcher Verwaltungsgericht, ob die **Führung einer Berufsschulmensa durch ein Privatunternehmen** eine öffentliche Beschaffung im Sinne von Art. 5 BGBM darstellt. Das Binnenmarktgesetz spreche generell von «öffentlichen Beschaffungen» (Art. 5 Abs. 1 BGBM) und «öffentlichem Beschaffungswesen» (Art. 9 Abs. 1 BGBM) bzw. von «Vorhaben für ... öffentliche Einkäufe, Dienstleistungen und Bauten» (Art. 5 Abs. 2 BGBM), ohne diese Begriffe näher zu definieren. Als Kriterien, die für oder gegen die Qualifikation als öffentliche Beschaffung sprechen, könnten etwa die Art der Leistung des privaten Unternehmens und der Gegenleistung des Gemeinwesens, ferner die Verteilung von Nutzen und Gefahr und die Interessenlage herangezogen werden. Stelle das Gemein-

---

[239] Anders als in den in Rz. 111 genannten Urteilen übernahm die private Anbieterin von PWLAN-Dienstleistungen keine staatliche Aufgabe.
[240] BRK 12/04 E. 1b/bb. Vgl. auch die Anmerkung von STÖCKLI zu diesem Entscheid, in: BR 2005, S. 68 f.
[241] VG Zürich: VB.2000.00126.

wesen lediglich öffentliche Sachen (hier: Verwaltungsvermögen) einem Unternehmer zur Ausübung einer privatwirtschaftlichen Tätigkeit zur Verfügung, so liege wohl keine öffentliche Beschaffung vor, sofern das Betriebsrisiko beim Unternehmer liege (…). Der Staat sei dann nicht Nachfrager, sondern Anbieter. Dies sei etwa der Fall, wenn das Gemeinwesen eine in seinem Eigentum stehende Liegenschaft als Wirtshaus einem Pächter zur Verfügung stelle. Eine Submission (unter Anwendung der entsprechenden Verfahrensnormen) sei dagegen wohl dann vorzunehmen, wenn ein interner Verpflegungsbetrieb einer Anstalt vorab im öffentlichen Interesse und in Erfüllung einer öffentlichen Aufgabe erfolge, wie dies etwa bei einer von privaten Unternehmungen bereitgestellten Verpflegung von Patienten in öffentlichen Spitälern der Fall wäre. Sodann sei zu beachten, dass es sich bei den direkten Leistungsempfängern um die Schülerinnen und Schüler sowie um die Lehrkräfte handelt, die sich in der Kantine verpflegen und hierfür ein Entgelt entrichteten; nur mittelbar werde durch den Verpflegungsbetrieb auch gegenüber dem Gemeinwesen eine Leistung erfüllt. Ferner sei der Umstand, dass die Abgeltung durch den Staat nicht durch eine Geldleistung, sondern durch ein kostenloses Anstaltsnutzungsrecht erfolge, für eine Submission atypisch; dasselbe gelte insofern, als der vom Gemeinwesen zu leistende «Preis» (d.h. das kostenlose Bereitstellen von Räumlichkeiten) fest fixiert und demzufolge nicht je nach Angebot der Unternehmer mehr oder weniger zu bezahlen sei. Alle diese Umstände liessen es zumindest als fraglich erscheinen, ob die Bestimmung eines Vertragspartners zur Führung eines Verpflegungsbetriebs in der vorliegenden Art und Weise eine öffentliche Beschaffung darstelle. Für eine abschliessende Beurteilung fehle es indessen an weiteren Informationen[242].

7. Gemäss dem Verwaltungsgericht des Kantons St. Gallen ist die Entsorgung von Kehricht eine typische Aufgabe des Gemeinwesens, welche im öffentlichen Interesse durchgeführt werde und durch gesetzliche Vorschrift den Gemeinden übertragen sei. «Aufgrund der derzeitigen Preise bezahlen Verwerter den Gemeinden für das **Altpapier** ein Entgelt. Dieses deckt aber gesamthaft betrachtet die Sammelkosten in der Regel nicht. Da die Sammlungen in der Regel durch Schulen oder Vereine durchgeführt werden, werden die Sammelkosten durch die Gemeinden nicht separat ausgewiesen. Weil die Kosten nicht im Rahmen von Dienstleistungen aufgewendet werden, die von Privaten entgeltlich geleistet werden, unterstehen sie nicht dem öffentlichen Beschaffungsrecht. (…) Muss für die Entsorgung als Dienstleistung ein Entgelt bezahlt werden bzw. wird im Rahmen der Entsorgung eine solche Dienstleistung beansprucht, so fällt sie unter die Bestimmungen des öffentlichen Beschaffungsrechts. Handelt es sich aber wie im vorliegen-

115

---

[242] VG Zürich: VB.2002.00022 E. 2.

Fall um einen **Verkauf eines Wertstoffes,** so liegt keine Beanspruchung einer Dienstleistung vor und die Bestimmungen über das öffentliche Beschaffungswesen gelangen nicht zur Anwendung.» Es könnte – so das Verwaltungsgericht weiter – zwar argumentiert werden, dass die Gemeinden im Rahmen der Entsorgung von Altpapier eine Dienstleistung beanspruchten, indem die Entsorger Mulden zur Verfügung stellten, Transporte durchführten oder das gesammelte Papier einem Abnehmer lieferten. Das Entgelt für das Papier sei deshalb geringer, wenn es die Entsorger selbst abholen. Ein Anteil des Entgelts entfalle somit auf die Transportdienstleistung. In der Regel würden die Entsorger das Papier auf eigene Rechnung übernehmen, was in der vorliegenden Ausschreibung auch verlangt worden sei. Somit betrage die Entschädigung für die Transportleistung nur einen geringen Anteil des gesamten Entgelts. Im Vordergrund stehe der Austausch von Altpapier gegen Erstattung eines Entgelts, was das Geschäft als Kauf kennzeichne, wobei die Dienstleistung im Zusammenhang mit dem Transport eine untergeordnete Rolle spiele und dem Geschäft nicht die Eigenschaft einer Dienstleistung gebe[243].

116 **8.** Gemäss dem Verwaltungsgericht des Kantons Waadt stellt die entgeltliche Vergebung der Kehrichtentsorgung durch eine Gemeinde an ein privates Unternehmen eine öffentliche Beschaffung stricto sensu dar. Demgegenüber fällt die Übertragung dieser öffentlichen Aufgabe an eine andere Gemeinde durch verwaltungsrechtlichen Vertrag nicht in den Anwendungsbereich des öffentlichen Beschaffungsrechts[244].

117 **9.** Entscheidet sich die Stadt Zürich, Särge im Rahmen eines Arbeitsintegrationsangebots der Sozialen Einrichtungen und Betriebe der Stadt von eigenen Mitarbeitern herstellen zu lassen, statt eine aussen stehende Unternehmung zu beauftragen, ist dies keine öffentliche Beschaffung. Vielmehr handelt es sich um einen Verzicht auf eine solche. Die vorgesehene Herstellung der Särge erfolgt in Erfüllung einer öffentlichen Aufgabe für den eigenen Bedarf der Stadt. Eine weiter gehende Produktion zum Verkauf an Private ist – soweit bekannt – nicht vorgesehen; der Verkauf würde im Übrigen ebenfalls keine Beschaffung darstellen. Daran ändert gemäss dem Verwaltungsgericht des Kantons Zürich auch nichts, dass nach Art. 9 Abs. 3

---

[243] VG St. Gallen: Urteil B 2006/184 vom 23. Januar 2007, E. 2b. Vgl. dazu die in Bezug auf die Beurteilung der Transportdienstleistungen durch das St. Galler Verwaltungsgericht kritischen Anmerkungen von BEYELER, in: BR 2007, S. 72 f. BEYELER vertritt zu Recht die Auffassung, die sog. Präponderanztheorie, wonach der (finanziell) hauptsächliche Teil eines Geschäftes für die Unterstellung bzw. Nichtunterstellung unter das Submissionsrecht massgebend sein soll, sei abzulehnen. Falls der Wert der Transportleistungen den Schwellenwert mindestens des Einladungsverfahrens erreiche, sei dieser Transport auch im entsprechend vorgeschriebenen Verfahren zu vergeben.

[244] RDAF 56/2000 (1. Teil – Verwaltungsrecht), S. 123 ff.

der städtischen Verordnung über das Bestattungswesen und die Friedhöfe die Vergabe von Aufträgen zur Herstellung von Särgen sich nach den Vorschriften des Submissionsrechts richtet. Aus dieser Bestimmung lasse sich keine Verpflichtung zur externen Beschaffung ableiten[245].

Beim Vorgehen der Stadt Zürich zur Sargbeschaffung handelt es sich um eine sog. **In-House-Vergabe.** In-House-Geschäfte im engeren Sinn sind Vorgänge, bei denen ein öffentlicher Auftraggeber einen Auftrag an eine seiner Dienststellen erteilt, die über keine eigene Rechtspersönlichkeit verfügt. Im weiteren Sinn werden zu den In-House-Geschäften auch bestimmte Situationen gezählt, in denen öffentliche Auftraggeber mit von ihnen kontrollierten Gesellschaften, die über eigene Rechtspersönlichkeit verfügen, Verträge abschliessen. Während die In-House-Geschäfte im engeren Sinn von vornherein nicht vergaberechtlich relevant sind, da es sich um rein verwaltungsinterne Vorgänge handelt, stellt sich bei In-House-Geschäften im weiteren Sinn regelmässig die schwierige Abgrenzungsfrage, ob für sie eine Ausschreibungspflicht besteht oder nicht[246].

118

10. Im Zusammenhang mit einem Submissionsverfahren für das **Abschleppen von falsch parkierten Fahrzeugen sowie Pannen- und Unfallfahrzeugen** hat das Zürcher Verwaltungsgericht festgehalten, soweit die Submission das Abschleppen von falsch parkierten Fahrzeugen im Auftrag der Stadtpolizei betreffe, liege unstreitig eine öffentliche Beschaffung vor. Auch Abschleppaufträge für Pannen- und Unfallfahrzeuge, welche die Polizei ohne Ermächtigung der Fahrzeuginhaber erteile, seien als öffentliche Beschaffungen für eigene Bedürfnisse zu qualifizieren – unabhängig davon, ob diese Aufträge nachträglich vom Fahrzeuginhaber genehmigt würden. Hingegen würden mit den direkt durch den Fahrzeuginhaber oder durch die Polizeiorgane in direkter Stellvertretung des Fahrzeuginhabers erteilten Abschleppaufträgen nicht in erster Linie eigene Bedürfnisse des Gemeinwesens, sondern solche der Unfallbeteiligten befriedigt. Trotz eines öffentlichen Interesses an der raschen Beseitigung der Fahrzeuge und an der Auswahl von geeigneten Abschleppdiensten stelle der Abschleppdienst für Pannen- und Unfallfahrzeuge, der nicht dem Gemeinwesen gegenüber erbracht werde, keine Erfüllung einer staatlichen Aufgabe dar. Damit liege in solchen Fällen keine öffentliche Beschaffung vor[247].

119

11. Keine öffentlichen Beschaffungen im Sinne des Submissionsrechts stellen Landkäufe, der Kauf oder die Miete von Gebäuden, der Abschluss

120

---
[245] VG Zürich: VB.2006.00145 E. 1.2 und 1.3.
[246] Vgl. STEFAN SCHERLER, «In-House»-Vergaben in der Schweiz, in: BR 2005, S. 67; DERS., in: BR, Sonderheft Vergaberecht 2006, S. 40 f.; ferner auch REY/WITTWER, S. 589, jeweils auch zur Rechtsprechung des EuGH.
[247] VG Zürich: VB.2005.00155 E. 3.2.1 und E.3.2.2.

von Sponsoring-, Merchandising- und Lizenzverträgen oder von Arbeitsverträgen durch das Gemeinwesen dar[248].

121 **12.** Die öffentliche Beschaffung hat synallagmatischen Charakter. In Ermangelung eines Leistungsaustausches kann eine **Finanzhilfe** daher nach der Rechtsprechung der **BRK** nicht als öffentliche Beschaffung qualifiziert werden[249].

122 **13.** Das revidierte Binnenmarktgesetz schreibt neu eine **Ausschreibungspflicht** vor, wenn die **Nutzung kantonaler und kommunaler Monopole** (mittels Konzession) auf Private übertragen werden soll. Dabei dürfen Personen mit Niederlassung oder Sitz in der Schweiz nicht diskriminiert werden[250]. Statuiert wird lediglich die Ausschreibungspflicht als solche. Ein Schwellenwert ist – wie bei den öffentlichen Beschaffungen der Kantone und Gemeinden – nicht vorgesehen. Die Ausschreibungsmodalitäten richten sich nach kantonalem oder interkantonalem Recht, wie dies gemäss Art. 5 Abs. 1 BGBM auch für die öffentlichen Beschaffungen durch Kantone und Gemeinden gilt. Es drängt sich dabei auf, die Regeln für die Vergabe öffentlicher Aufträge analog anzuwenden. Jedenfalls sind die allgemeinen Verfahrensgarantien des Vergaberechts ebenfalls einzuhalten, namentlich die Grundsätze der Gleichbehandlung, der Nichtdiskriminierung sowie der Transparenz[251]. REY/WITTWER vertreten zu Recht den Standpunkt, der Entscheid über die Übertragung einer Konzession habe zwingend in Form einer anfechtbaren Verfügung gemäss Art. 9 Abs. 1 BGBM zu erfolgen, solle Art. 2 Abs. 7 BGBM die gewünschte Wirkung entfalten[252]. Wird die Übertragung einer Konzession bzw. der Entscheid darüber richtigerweise als Verfügung im Sinne von Art. 9 Abs. 1 BGBM qualifiziert, muss das kantonale Recht wenigstens **ein Rechtsmittel an eine verwaltungsunabhängige Behörde** vorsehen[253].

---

[248] Vgl. Anhang I Annex 4 Anmerkungen 3 und 4 zum ÜoeB. Dazu ausführlich ZUFFEREY/MAILLARD/MICHEL, S. 59 ff.
[249] CRM 10/99 E. 1b. Vgl. auch unten Rz. 788.
[250] Art. 2 Abs. 7 BGBM. Siehe auch oben Rz. 49.
[251] REY/WITTWER, S. 585 ff., insbes. auch S. 590 ff. zur Ausschreibungspflicht im Elektrizitätsbereich; DENIS ESSEIVA, Mise en concurrence de l'octroi de concessions cantonales et communales selon l'article 2 al. 7 LMI, in: Baurecht 2006, S. 203 ff., insbes. auch zum Verhältnis zum öffentlichen Beschaffungsrecht.
[252] REY/WITTWER, S. 592.
[253] Art. 9 Abs. 2 BGBM. Der Wettbewerbskommission kommt dabei ebenfalls ein Beschwerderecht zu (Art. 9 Abs. 2bis BGBM). Vgl. REY/WITTWER, S. 592; ESSEIVA (Fn. 251), S. 205.

II. Auftragsarten

1. Bauaufträge

1. Bei einem Bauauftrag handelt es sich nach der Umschreibung in Art. 5 Abs. 1 lit. c BoeB um einen Vertrag zwischen der Auftraggeberin und einem Anbieter oder einer Anbieterin über die Durchführung von **Hoch- und Tiefbauarbeiten** im Sinne von Ziff. 51 der zentralen Produkteklassifikations-(CPC-)Liste nach Anhang I Annex 5 des ÜoeB[254]. Dazu gehören die Vorbereitung des Baugeländes und der Baustellen, Bauarbeiten für Hochbauten, Bauarbeiten für Tiefbauten, Montage von Fertigbauten, Arbeiten spezialisierter Bauunternehmen, Einrichtungsarbeiten von Installationen, Ausbauarbeiten und Endfertigung von Bauten, andere Dienstleistungen.

2. Im Zusammenhang mit der **Abgrenzung der verschiedenen Auftragsarten** hatte das Verwaltungsgericht des Kantons Genf den folgenden Sachverhalt zu beurteilen: H., der vom Genfer Staatsrat mit der Unterbringung von Asylbewerbern beauftragt worden war, holte von verschiedenen schweizerischen und ausländischen Anbietern Angebote für Unterkünfte (Baracken aus vorfabrizierten Elementen) mit insgesamt 534 Plätzen ein. Verlangt waren Angebote für den Kauf der Unterkünfte, die Miete für drei oder fünf Jahre und für das Leasing der Bauten. Es gingen zwölf Angebote ein, wovon lediglich drei Angebote auch die Miete offerierten. In einer zweiten Runde lud H. einige der Anbieter, die eine Offerte eingereicht hatten, ein, ein Angebot zu machen für einen Leasingvertrag mit Rücknahme nach fünf Jahren sowie für die Miete während drei bzw. fünf Jahren. Das Verwaltungsgericht des Kantons Genf kam zum Schluss, dass es sich beim zu vergebenden Auftrag um einen Bauauftrag im Sinne von Art. 6 Abs. 1 lit. a IVöB und Annex 5 des ÜoeB handle, da es um die Montage und den Bau von Fertigbauten gehe[255]. In der Zusammenfassung dieses Entscheids wird festgehalten: «Par marchés de construction, il faut entendre l'assemblage et la construction d'ouvrages préfabriqués et la location et le crédit-bail portant sur des équipements de construction ou de démolition, travaux du personel compris. Les structures modulables faisant l'objet de l'appel d'offre de H. entrent donc dans la définition des marchés de construction, aussi bien s'agissant de leur assemblage que de la location.»

3. Im kantonalen Recht wird bei den Bauaufträgen zum Teil auch unterschieden zwischen solchen des **Bauhaupt- und des Baunebengewerbes**

---

[254] Vgl. CRM 15/97 E. 1b.
[255] VG Genf: Urteil vom 5. Oktober 1999, E. 3 und 4.

mit entsprechend unterschiedlichen Schwellenwerten[256]. Für die Frage, ob ein Auftrag als solcher des Bauhaupt- oder des Baunebengewerbes gilt, wird in der Praxis auf den Landesmantelvertrag für das Schweizerische Bauhauptgewerbe (LMV) abgestellt[257]. Die dem LMV unterstehenden Branchen gelten als Bauhauptgewerbe; dies sind das Hochbau- und Tiefbau-, Zimmer-, Steinhauer- und Steinbruchgewerbe sowie die Sand- und Kiesgewinnung. Die Betriebe des Bauhauptgewerbes sind abschliessend definiert. Die übrigen Branchen gehören zum Baunebengewerbe, z. B. Maler, Schreiner, Spengler, Sanitär, Elektriker etc[258].

126 Nach den Vergaberichtlinien zur IVöB[259] fallen unter das Bauhauptgewerbe alle Arbeiten für die tragenden Elemente eines Bauwerks. Die übrigen Arbeiten gehören zum Baunebengewerbe[260]. Gemäss **Definition** im Anhang zur VöB/SG zählen zu den **Aufträgen des Baunebengewerbes** die Arbeiten für die mit dem Bauwerk fest verbundene Ausstattung und Ausrüstung des Bauwerkes sowie die technischen Installationen.

2. Lieferaufträge

127 **1.** Ein Lieferauftrag ist ein Vertrag zwischen der Auftraggeberin und einem Anbieter oder einer Anbieterin über die **Beschaffung beweglicher Güter,** namentlich durch Kauf, Leasing, Miete, Pacht oder Mietkauf[261]. Erfasst werden grundsätzlich alle Arten von Lieferungen[262].

128 **2.** Vom öffentlichen Beschaffungsrecht (BoeB, ÜoeB) ausgenommen ist die Beschaffung von Waffen, Munition und Kriegsmaterial[263]. Der Anhang I Annex 1 zum ÜoeB enthält eine **Liste über ziviles Material für Verteidigung und Zivilschutz, das unter das Übereinkommen über das öffentliche Beschaffungswesen** fällt. Es handelt sich um eine Positivliste, d.h. dem öffentlichen Beschaffungsrecht unterstehen nur jene Güter, die in der (abschliessenden) Liste aufgeführt sind. Die Beschaffung von Arbeitsmaschinen für Militärflugplätze (Reinigungswagen und Mehrzweckfahrzeuge für den

---

[256] So z.B. § 8 Abs. 1 und 2 SubmD/AG und Art. 8 SubG/GR.
[257] VG Aargau: Urteil BE.2001.00261 vom 25. September 2001, E. 1a (nicht publiziert); VG Aargau: Urteil BE.2001.00223 vom 25. September 2001, E. 1a (nicht publiziert).
[258] Vgl. Botschaft des Regierungsrats des Kantons Aargau an den Grossen Rat vom 13. Oktober 1999, S. 7, und die in Fn. 257 erwähnten beiden Urteile.
[259] Vgl. oben Rz. 67.
[260] § 3 Abs. 1 VRöB.
[261] Vgl. die Umschreibung in Art. 5 Abs. 1 BoeB. Vgl. auch CRM 15/97 E. 1b; CLERC, N 46 zu Art. 5 BGBM.
[262] CRM 7/01 E. 2b; GALLI/LEHMANN/RECHSTEINER, S. 39 f. Rz. 120; ZUFFEREY/MAILLARD/MICHEL, S. 77.
[263] Art. 3 Abs. 1 lit. e BoeB; Art. XXIII Ziff. 1 ÜoeB. Vgl. auch oben Rz. 24.

Unterhalt der Flugplätze) untersteht dem öffentlichen Submissionsrecht, da Zugmaschinen, Automobile, Fahrräder und andere nicht schienengebundene Fahrzeuge gemäss der erwähnten Liste in den Geltungsbereich des Abkommens fallen[264]. Hingegen trat die BRK auf Beschwerden, bei denen es um die Lieferung von T-Shirts und Trikothemden bzw. eines Gepäcksets für die Armee ging, nicht ein, da diese Güter als solche unter kein Kapitel der vorgenannten Positivliste subsumiert werden konnten[265].

3. Das Verwaltungsgericht des Kantons Schwyz hat die Submissionsfähigkeit von **Heizöllieferungen** bejaht. Die Unterstellung der Heizöllieferungen unter das Submissionsrecht ist auch unter Berücksichtigung der Preisschwankungen auf dem Heizölmarkt sachlich zu akzeptieren[266].

129

4. a) Die Verträge eines Gemeinwesens über den **Kauf elektrischer Energie** sind gemäss dem Verwaltungsgericht des Kantons Zürich den Vorschriften über das öffentliche Beschaffungswesen nicht unterstellt, sondern können von den Behörden ohne Durchführung eines Submissionsverfahrens abgeschlossen werden[267]. Das Verwaltungsgericht gelangte zu dieser Schlussfolgerung aufgrund einer eingehenden Prüfung und Auslegung der einschlägigen Rechtsgrundlagen. Zunächst hielt es fest, dass sich aus dem ÜoeB keine Verpflichtung der Schweiz bzw. ihrer Kantone zur Unterstellung von Energielieferungen unter das öffentliche Beschaffungsrecht ergebe[268]. Eine solche Verpflichtung ergibt sich nach dem Verwaltungsgericht auch nicht aus der IVöB. Diese sei vor allem geschaffen worden, um die mit dem ÜoeB eingegangenen Verpflichtungen ins kantonale Recht umzusetzen. In einzelnen Punkten sei der Geltungsbereich der Vereinbarung gegenüber dem ÜoeB zwar bewusst erweitert worden, so mit Bezug auf Unternehmen des Sektors Telekommunikation sowie private Auftraggeber, die subventionierte Aufträge vergeben. Die unterstellten Auftragsarten seien jedoch nur in dem Umfang erfasst worden, der durch das ÜoeB vorgezeichnet worden sei. Auch hinsichtlich der Beschaffung elektrischer Energie sei keine Erweiterung vorgenommen worden. Das Verwaltungsgericht vertritt den Standpunkt, angesichts der praktischen Tragweite eines Einbezugs von Energielieferungen wäre dieser beim Erlass der Vereinbarung zweifellos zur Sprache gekommen. Es könne daher davon ausgegangen werden, dass

130

---

[264] BRK 3/02 E. 1a; BRK 4/02 E. 1a. Vgl. auch unten Rz. 789 Fn. 1609.
[265] BRK 4/03 E. 3; BRK 5/03 E. 3; BRK 7/03 E. 3; BRK 8/03 E. 3; Moser, Rechtsprechung, S. 75. Vgl. unten Rz. 789 f.
[266] EGV-SZ 1996, Nr. 15, S. 41 ff.
[267] VG Zürich: VB.2000.00406 E. 4 a–f.
[268] Auch das bilaterale Abkommen mit der EU begründet, wie das Verwaltungsgericht zutreffend feststellt, keine derartige Verpflichtung. Die Vergabe von Aufträgen zur Lieferung von Energie oder Brennstoffen für die Energieerzeugung wird ausdrücklich ausgenommen (Art. 3 Abs. 7 und Anhang VIII lit. f des Abkommens).

die Beschaffung elektrischer Energie durch die IVöB ebenso wenig erfasst werde wie durch das ÜoeB. Die Vorschriften von Art. 5 und 9 BGBM erfassen den Kauf elektrischer Energie ebenfalls nicht. Das Verwaltungsgericht begründet dies einerseits damit, dass sich elektrische Energie derzeit (noch) nicht in einem freien Markt beschaffen lasse, und anderseits, dass die Vorschriften des BGBM, sofern sie auf den Einkauf elektrischer Energie anwendbar wären, zwingend von allen Energieverbrauchern der öffentlichen Hand befolgt werden müssten, was nicht der geübten Praxis entspreche. Schliesslich sprach sich das Verwaltungsgericht auch gegen die Unterstellung der Energielieferungen unter die kantonale SubmV aus. Es sei davon auszugehen, dass die SubmV/ZH für die Beschaffung elektrischer Energie keine über das Bundes- und interkantonale Recht hinausgehenden Anforderungen aufstelle.

131 b) Die im Zürcher Entscheid vertretene Auffassung, der Auftrag zur Lieferung elektrischer Energie stelle keine öffentliche Beschaffung im Sinne der Submissionsgesetzgebung dar, ist zu Recht nicht unumstritten[269]. In der Botschaft zum Elektrizitätsmarktgesetz (EMG) wurde davon ausgegangen, dass Elektrizitätswerke (insbesondere Verteilunternehmen), soweit sie öffentlichrechtlich oder gemischtwirtschaftlich organisiert sind, für den Einkauf von Elektrizität der (kantonalen und kommunalen) Gesetzgebung über das öffentliche Beschaffungswesen unterliegen. Sie müssten für jene Elektrizität, die sie auf dem offenen Markt einkaufen könnten, die entsprechenden Bestimmungen über die Vergabeverfahren einhalten, sofern die vorgegebenen Schwellenwerte für Lieferungen und Dienstleistungen überschritten würden. Aufgeworfen wurde auch die Frage, ob in der IVöB nicht entsprechende Ausnahmen bezüglich des Einkaufs von Elektrizität vorzusehen wären[270]. Die geltende IVöB vom 15. März 2001 enthält keine solche Ausnahme. Es ist daher nach wie vor davon auszugehen, dass der Einkauf von Elektrizität zu den ausdrücklich von der Unterstellung unter das Konkordat ausgenommenen kommerziellen Tätigkeiten von Trägern kantonaler oder kommunaler Aufgaben zählt[271].

3. Dienstleistungsaufträge

132 1. Nach Art. 5 Abs. 1 lit. b BoeB bedeutet der Begriff «Dienstleistungsauftrag» einen Vertrag zwischen der Auftraggeberin und einem Anbieter oder

---

[269] Kritisch namentlich EGBERT WILMS, Präsentation an SVÖB vom 29. April 2002 (Referatsskizze), S. 7 ff.
[270] Botschaft des Bundesrates zum Elektrizitätsmarktgesetz (EMG) vom 7. Juni 1999, in: BBl 1999, S. 7421 f.
[271] Siehe Art. 8 Abs. 1 lit. a IVöB.

einer Anbieterin über die Erbringung einer Dienstleistung nach Anhang I
Annex 4 ÜoeB. In diesem Anhang werden die unterstellten Dienstleistungen
im Sinne einer Positivliste abschliessend aufgeführt. Gemäss Art. 3 Abs. 1
VoeB gelten als Dienstleistungen die in Anhang 1 zur VoeB aufgeführten
Leistungen. Die darin enthaltene Liste entspricht derjenigen des Anhangs
I Annex 4 ÜoeB[272]. Nach ständiger Rechtsprechung der BRK fallen in den
Geltungsbereich des BoeB ausschliesslich die in der Positivliste gemäss
Anhang I Annex 4 ÜoeB abschliessend genannten Dienstleistungskategorien[273], d.h. das BoeB erfasst nicht sämtliche Dienstleistungen.

2. Anhang I Annex 4 ÜoeB, Annex VI BilatAbk und auch Anhang 1 zu
Art. 3 VoeB enthalten eine zum Teil vom Wortlaut her leicht unterschiedlich
formulierte Kurzbeschreibung der einzelnen angesprochenen Dienstleistungen[274]. Im Übrigen wird auf die Referenz-Nummern der (provisorischen)
Zentralen Produkteklassifikation (Central Product Classification; CPC) der
UNO (Ausgabe 1991) verwiesen. Die BRK stützt sich bei der Auslegung der
Dienstleistungskategorien des ÜoeB und der VoeB auf die Umschreibungen
der CPC. Die nähere Prüfung, ob eine konkrete Dienstleistung dem BoeB
untersteht, erfolgt im Lichte der entsprechenden CPC-Referenz-Nummer[275].
Auf diese Weise ist die BRK z. B. zum Schluss gekommen, dass die Vergabe eines Auftrags, der die «Umsetzung des Interventionsplans zur HIV/
Aids-Prävention bei Sub-Sahara-MigrantInnen sowie die Erarbeitung eines
Konzepts und Umsetzung mittels geeigneter personeller und infrastruktureller Ressourcen» zum Gegenstand hatte, kein Dienstleistungsauftrag
im Sinne des BoeB darstellte[276]. Vom BoeB ebenfalls nicht erfasst werden
Agentur-Dienstleistungen an die Bundesverwaltung und an die Bundeshausjournalisten[277]. In den Geltungsbereich des BoeB fielen dagegen Informatik-Dienstleistungen im Zusammenhang mit einem Verkehrsleitsystem für die
zivile Luftfahrt, welche die Swisscontrol/Skyguide beschaffen wollte[278].
Hingegen sind integrierte Telekommunikations-Dienstleistungen («Integrated telecommunication services»; CPC 7526) gemäss Anhang 1 Annex
4 ÜoeB bzw. Anhang 1 Ziff. 5 zur VoeB von der Anwendbarkeit des ÜoeB
und mithin des BoeB ausgenommen[279].

133

---

[272] BRK 9/01 E. 2b/cc mit weiteren Hinweisen; BRK 12/2004 E. 1c/aa.
[273] CRM 7/01 E. 2c/aa; BRK 9/01 E. 2b/cc/ddd. Die BRK trat mangels sachlicher Zuständigkeit auf gegen solche Vergaben gerichtete Beschwerden nicht ein. Vgl. dazu unten Rz. 794.
[274] Vgl. CRM25/03 E. 1d.
[275] BRK 9/01 E. 2c/aa.
[276] BRK 9/01 E. 2c.
[277] BRK 7/00 E. 3a; vgl. dazu STÖCKLI, in: BR 2001, S. 62, und unten Rz. 794.
[278] CRM 7/01 E. 2c/aa.
[279] BRK 12/04 E. 1c.

134 **3.** Die **IVöB** vom 15. März 2001 verweist für ihre Anwendung im Staatsvertragsbereich auf die in den Staatsverträgen definierten Aufträge. Mithin werden hier in Bezug auf die Dienstleistungsaufträge – wie im Bundesbeschaffungsrecht – nur die in den jeweiligen Anhängen der Staatsverträge explizit aufgeführten Dienstleistungsaufträge erfasst[280]. Im von Staatsverträgen nicht erfassten Bereich findet die IVöB hingegen Anwendung auf alle Arten von öffentlichen Aufträgen, somit auch auf sämtliche Dienstleistungen[281].

135 **4.** In den **Kantonen** ist die Rechtslage in Bezug auf die der jeweiligen kantonalen Submissionsgesetzgebung unterstehenden Dienstleistungen oder Dienstleistungsaufträge unterschiedlich. Art. 3 des Gesetzes betreffend den Beitritt des Kantons Wallis zur Interkantonalen Vereinbarung über das öffentliche Beschaffungswesen vom 8. Mai 2003 bestimmt kurz und einfach: «Das vorliegende Gesetz findet auf alle Arten von öffentlichen Aufträgen Anwendung.» Mithin werden auch sämtliche Dienstleistungen erfasst. Die Zürcherische Submissionsverordnung verweist für die in ihren Geltungsbereich fallenden Aufträge auf die von der IVöB erfassten Aufträge[282], d.h. es kommt ebenfalls die dortige Differenzierung zum Tragen[283]. Dem Submissionsdekret des Kantons Aargau unterstehen nach dessen Wortlaut – ungeachtet des Art. 6 Abs. 2 IVöB – in seinem gesamten Geltungsbereich ausschliesslich die in Anhang 2 aufgeführten Dienstleistungen. Dieser Anhang 2 übernimmt vollumfänglich die Umschreibung der Dienstleistungskategorien von Anhang I Annex 4 ÜoeB. So gilt für die Erteilung von Dienstleistungsaufträgen im Bildungsbereich, im medizinischen und sozialen Bereich oder für Aufträge betreffend Rechtsberatung das Submissionsdekret nicht[284]. Den Vergabestellen ist es nach § 6 Abs. 2 SubmD/AG allerdings unbenommen, das Dekret sinngemäss auch auf die Vergaben anderer staatlicher Dienste und Leistungen freiwillig anzuwenden.

136 Das Verwaltungsgericht des Kantons Schwyz hingegen hat festgehalten, der Submissionsverordnung würden auch **alle Dienstleistungen** unterstehen[285]. Mit dieser vom Verwaltungsgericht des Kantons Schwyz befürworteten Auslegung von § 1 Abs. 1 SubV/SZ «werden auch zum Teil schwierige Abgrenzungsfragen obsolet und dem zeitgemässen Trend zu mehr Wettbewerb und offenen Märkten wird angemessen Rechnung getragen»[286]. Auch

---

[280] Art. 6 Abs. 1 lit. c IVöB. Siehe Anhang 1 Annex 4 ÜoeB und Anhang VI BilatAbk.
[281] Art. 6 Abs. 2 IVöB.
[282] § 1 SubmV/ZH: «Diese Verordnung regelt die Einzelheiten für die Vergabe von Aufträgen, die von der Interkantonalen Vereinbarung über das öffentliche Beschaffungswesen (IVöB) sowie vom Bundesgesetz über den Binnenmarkt erfasst werden.»
[283] Siehe oben Rz. 134.
[284] Vgl. ELISABETH LANG, in ZBl 2002, S. 459 mit Hinweisen.
[285] EGV-SZ 1999, Nr. 48, S. 151; EGV-SZ 1996, Nr. 14, S. 40.
[286] EGV-SZ 1996, Nr. 14, S. 40 mit weiteren Hinweisen.

für Art. 4 Abs. 3 LCPubb/TI wird in der Literatur der Standpunkt vertreten, die Bestimmung erfasse die Dienstleistungen in umfassenderer Weise als Art. 6 Abs. 1 lit. c IVöB[287].

Zu beachten ist, dass das **BGBM** generell von «öffentlichen Beschaffungen» (Art. 5 Abs. 1) und «öffentlichem Beschaffungswesen» (Art. 9 Abs. 1) bzw. von «Vorhaben für … öffentliche Einkäufe, Dienstleistungen und Bauten» (Art. 5 Abs. 2) spricht. Vom Wortlaut her sind diese Umschreibungen umfassend. Es ist umstritten, ob damit alle Arten von Dienstleistungen gemeint sind oder lediglich jene erfasst werden, die in den einschlägigen Listen (z. B. Anhänge ÜoeB) ausdrücklich erwähnt sind[288]. Das Verwaltungsgericht des Kantons Zürich hat es offengelassen, ob sie lediglich als Kurzform für die an anderer Stelle im Bundesrecht definierten Auftragsarten zu verstehen sind oder auf einen weiteren Geltungsbereich abzielen. Auch unter der zweiten Annahme könne jedenfalls nicht davon ausgegangen werden, dass das Gesetz jegliche Beschaffung von Gütern oder Leistungen seitens des Gemeinwesens ohne Ausnahmen erfassen wolle[289]. Das BGBM zumindest dürfte somit der einschränkenden Umschreibung der dem öffentlichen Beschaffungswesen unterstehenden Dienstleistungsarten im Sinne des ÜoeB (und des BoeB) in einzelnen kantonalen Submissionsrechtsordnungen (z. B. SubmD/AG) nicht entgegenstehen[290].

5. Das **Walliser Kantonsgericht** hat in Bezug auf die Ausarbeitung des Generellen Entwässerungsplans (GEP) für die Gemeinde Zermatt festgehalten, dabei gehe es um einen Dienstleistungsauftrag, würden doch diese Art von Ingenieurarbeiten unbesehen der zivilrechtlichen Qualifikation im öffentlichen Beschaffungsrecht dieser Kategorie zugeordnet[291]. Gemäss dem Verwaltungsgericht des Kantons St. Gallen ist die Beauftragung einer privaten Firma mit der Durchführung einer Submission oder mit der Übernahme bestimmter Aufgaben im Rahmen derselben eine dem Vergaberecht unterstellte öffentliche Beschaffung von Dienstleistungen, welche das Erreichen des anwendbaren Schwellenwerts vorausgesetzt – in Einzelfällen sogar dem ÜoeB unterstehen kann[292]. Weitere Beispiele aus der kantonalen Rechtsprechung für den jeweiligen kantonalen Vergaberechtsordnungen

---

[287] MALFANTI, RDAT I-2002, S. 99.
[288] Parlamentsbericht, S. 10; CLERC, N 46 zu Art. 5 BGBM mit weiteren Hinweisen.
[289] VG Zürich: VB.2000.00406 E. 4d.
[290] Nach WAGNER erfasst das BGBM allerdings sämtliche Auslagen, die zur Erledigung von öffentlichen Aufgaben getätigt werden, was bedeutet, «dass die Grundsätze des BGBM, insbesondere das Recht auf diskriminierungsfreien Marktzugang, für sämtliche Beschaffungen der Kantone und Gemeinden, unabhängig von einem Schwellenwert, gelten» (WAGNER, S. 23 Rz. 62 ff.; vgl. auch GANZ, AJP 2001, S. 982).
[291] KG Wallis: A1 00 206 E. 2; ebenso OG Uri: Urteil OG V 00 28 vom 14. Juli 2000.
[292] VG St. Gallen, in: BR 2007, S. 71 f.

unterstehende Dienstleistungen sind: Informatik-Dienstleistungen[293], Planungs- und Gesamtleistungsaufträge[294], Studienaufträge[295], Architekturaufträge[296], Geometer- und Vermessungsaufträge[297], Ingenieurleistungen (Planung, Projektierung und Koordination einer Kläranlage)[298], Stadtingenieurleistungen[299], Gebäudereinigung[300], Abfall- und Abwasserbeseitigung[301], Kanalspülarbeiten[302], Strassenunterhaltsarbeiten, insbesondere der Winterdienst auf Strassen[303], Geltendmachung von Regressforderungen bei ausserkantonalen Hospitalisationen[304].

139 **6.** Besondere Fragen stellen sich im Zusammenhang mit der **Vergabe von Transportdienstleistungen.** Nach dem Anhang I Annex 4 ÜoeB stellen die nicht schienengebundenen Transportdienstleistungen Dienstleistungsverträge im Sinne des öffentlichen Beschaffungsrechts dar[305].

140 Nach vorherrschender Auffassung handelt es sich bei der Bestellung von Verkehrsdienstleistungen durch den Bund und die Kantone allein um einen Subventionsvertrag und nicht um eine öffentliche Leistungsbeschaffung im Sinne der Submissionsgesetzgebung[306]. Das UVEK entschied, dass die Vergabe von vier konzessionierten Buslinien keine Vergabeverfahren, mithin keine öffentlichen Beschaffungen, darstellten. Die Regeln über das öffentliche Beschaffungsrecht würden daher nur im Sinne einer Orientierungshilfe Anwendung finden. Rechtlich massgebend sei das Subventionsrecht des

---

[293] VG Waadt: Urteil vom 17. November 2000 (Einrichten einer interkantonalen Web-Site über die Behandlung von Siedlungsabfällen).
[294] VG Zürich: VB.2001.00035.
[295] AGVE 2000, S. 267 ff.; AGVE 1998, S. 379 ff.; OG Uri: Urteil OG V 00 10 vom 14. Juli 2000. Vgl. auch SCHERLER, in BR 2002, S. 67.
[296] VG Zürich: VB 1999.00359.
[297] AGVE 1999, S. 324 ff.; KG Wallis: A1 00 176 (amtliche Vermessung); VG Zürich: VB.2001.0016.; VG Bern: BVR 2000, S. 569 ff., BVR 1999, S. 453 ff., BVR 1998, S. 72 ff.; VG Graubünden: Urteil U 01 115 vom 15. Januar 2002.
[298] VG Zürich: VB.2000.00379.
[299] VG Zürich: VB.2000.00136.
[300] AGVE 1997, S. 344 f.
[301] AGVE 1999, S. 303.; VG Waadt: Urteil vom 2. Juli 1999.
[302] VG Zürich: VB.2000.0039.
[303] EGV-SZ 1999, Nr. 48, S. 150 ff.
[304] VG Zürich: VB.2005.00504.
[305] Zu beachten ist indessen die Anmerkung 1 betreffend Annex 4. Danach ist das ÜoeB nicht anwendbar auf Dienstleistungsaufträge, die an eine Stelle vergeben werden, die ihrerseits Auftraggeberin im Sinne von Annex 1, 2 und 3 ist, aufgrund eines ausschliesslichen Rechts desselben, das ihr durch veröffentlichte Rechts- und Verwaltungsvorschriften übertragen wurde.
[306] Vgl. zur Problematik ausführlich GANZ, AJP 2001, S. 975 ff.; ferner auch ZUFFEREY/MAILLARD/MICHEL, S. 64. Vgl. nun aber auch Bundesgericht: Urteil 2P.315/2004 vom 26. April 2005, E. 2.3, wo das Bundesgericht vergaberechtliche Elemente bei der Vergabe von Transportdienstleistungen im öffentlichen Regionalverkehr anerkennt.

Bundes, das ein eigenes Sanktionssystem kenne[307]. Verschiedene kantonale Verwaltungsgerichte teilen diese Rechtsauffassung. So handelt es sich bei der Vergabe einer **Regionalbuslinie** laut Verwaltungsgericht des Kantons Bern nicht um eine Beschaffung im Sinne der Submissionsgesetzgebung, sondern um die Zusicherung einer Abgeltung für das Bereitstellen einer Transportleistung. Diese Zusicherung richtet sich nach der eidgenössischen Eisenbahn- und Subventionsgesetzgebung sowie nach der kantonalen Angebotsverordnung. Die Abgeltungsvereinbarungen stellen Subventionsverträge dar; sie haben keine Dienstleistungen nach ÜoeB, BoeB oder IVöB zum Gegenstand[308]. Auch das Verwaltungsgericht des Kantons St. Gallen ist auf eine Beschwerde, die sich gegen die Vergebung zweier regionaler Buslinien richtete, mangels sachlicher Zuständigkeit nicht eingetreten mit der Begründung, dass Gegenstand der strittigen Ausschreibung eine Abgeltungsvereinbarung im Sinne von Art. 20 der eidgenössischen Verordnung über Abgeltungen, Darlehen und Finanzhilfen nach Eisenbahngesetz[309] und nicht eine Transportdienstleistung gemäss Annex 4 im Anhang I zum ÜoeB sei[310].

Das Zürcher Verwaltungsgericht hielt ebenfalls fest, die Erteilung einer Konzession[311] und die Bestellung von entsprechenden Transportleistungen stellten keine Vergabe eines öffentlichen Auftrags nach den Bestimmungen des Submissionsrechts dar. Die Ausschreibung von Transportleistungen gemäss § 21 Abs. 4 des kantonalen Gesetzes über den öffentlichen Personenverkehr (PVG) vom 6. März 1988[312] sei jedoch nicht auf die Erteilung einer Konzession ausgerichtet. Gegenstand der Vergabe seien vielmehr Transportaufträge (Fahrleistungen), die von den (konzessionierten) Transportunternehmen mittels (privatrechtlichem) Betriebsvertrag an Dritte erteilt

141

---

[307] Entscheid des UVEK vom 7. November 2000, bestätigt mit Entscheid des Bundesrats vom 16. Januar 2002, veröffentlicht in VPB 66.46. Bemerkenswert (und bedenklich) ist die in E. 2 dieses aus dem Jahr 2002 stammenden Entscheids enthaltene Feststellung, dass nach Lehre und Rechtsprechung (hingewiesen wird auf BGE 119 Ia 477 und FRITZ GYGI, Bundesverwaltungsrechtspflege, 2. Aufl., Bern 1983, S. 138 f.) der in einem behördlichen Submissionsverfahren ergehende Zuschlag einer Arbeit oder einer Lieferung an einen Bewerber beziehungsweise die Verweigerung des Zuschlags gegenüber andern Bewerbern keine Verfügung (sic!) darstelle, sondern den behördlichen Beschluss oder die Ermächtigung zum Abschluss eines öffentlichrechtlichen oder privatrechtlichen Vertrages.
[308] BVR 1999, S. 507 ff.
[309] SR 742.101.1.
[310] VG St. Gallen: Urteil B 210/1998 vom 10. Juni 1999 (nicht publiziert); vgl. auch VG Graubünden: Urteil vom 16. September 1999.
[311] Die Konzession verleiht dem Inhaber das Recht und die Pflicht, auf den konzessionierten Linien gewerbsmässigen und regelmässigen Personentransport zu betreiben (vgl. GANZ, AJP 2001, S. 980).
[312] LS 7.40.1.

würden[313]. Diese Aufträge [314] stellten Dienstleistungsaufträge im Sinne von Art. 6 Abs. 1 lit. c IVöB bzw. Anhang I Annex 4 ÜoeB[315] und Anhang 2 der kantonalen SubV (in der damals geltenden Fassung) dar[316].

142 Die vom UVEK und den genannten Verwaltungsgerichten befürwortete rechtliche Qualifizierung der Bestellung von öffentlichen Verkehrsdienstleistungen allein als Subventionsverträge vermag nicht zu überzeugen[317]. Auch bei der Vergabe von Transportdienstleistungen handelt es sich letztlich um eine *entgeltliche* Leistungsbeschaffung am Markt. Die Tatsache, dass die Abgeltung der Subventionsgesetzgebung untersteht, schliesst u.E. die unmittelbare Anwendbarkeit des einschlägigen Submissionsrechts auf die Leistungsbeschaffung nicht aus. So untersteht denn im Fürstentum Liechtenstein die Vergabe des Nahverkehrs mit Bussen an Anbieter von Transportdienstleistungen dem Beschaffungsrecht[318].

143 **7.** Um dem öffentlichen Beschaffungsrecht unterstehende Dienstleistungen handelt es sich bei Versicherungsverträgen, die das Gemeinwesen bei einer privaten[319] Versicherungsgesellschaft abzuschliessen beabsichtigt[320]. Dies gilt auch für damit zusammenhängende Broker- oder Maklermandate[321].

144 **8.** In **rechtsvergleichender Hinsicht** interessant ist die differenzierte Umschreibung der Dienstleistungsaufträge im **österreichischen Vergaberecht**. In Anhang III zum Bundesvergabegesetz 2006 (BVergG) werden die «prioritären Dienstleistungen», für die alle Bestimmungen des BVergG gelten, aufgelistet. Anhang III BVergG stimmt inhaltlich mit Anhang I Annex 4 ÜoeB überein. Anhang IV BVergG listet zusätzlich die sonstigen Dienstleistungen

---

[313] Art. 21 Abs. 4 PVG lautet wie folgt: «Der Verkehrsrat kann Unternehmungen des privaten Transportgewerbes berücksichtigen. Dafür geeignete Transportleistungen werden alle zehn Jahre zur freien Konkurrenz ausgeschrieben.»

[314] GANZ spricht in diesem Zusammenhang von reinen Fuhrhalterverträgen (GANZ, AJP 2001, S. 981).

[315] Nach Anhang I Annex 4 ÜoeB gehören zu den Dienstleistungsverträgen unter anderem auch der «Landverkehr ... ohne Post- und Eisenbahnverkehr». Die entsprechenden Referenz-Nummern 712 (ausser 71235), 7512 und 87304 umfassen insbesondere die nicht mittels Eisenbahn erfolgenden, fahrplanmässigen und nicht fahrplanmässigen Personentransporte (Nrn. 7121 und 7122). Der Eisenbahnverkehr fällt weder unter das ÜoeB noch unter das bilaterale Abkommen.

[316] VG Zürich: VB.98.00319, in: RB 1999 Nr. 64 E. 2b.

[317] Vgl. auch die ausführlich begründete Kritik bei GANZ, AJP 2001, S. 976 ff.

[318] Mit Vergabebekanntmachung vom 14. Februar 2000 hat die Liechtenstein Bus Anstalt «Fahraufträge im öffentlichen Linienverkehr und Schülerverkehr» im offenen Verfahren für einen Zeitraum von zehn Jahren öffentlich ausgeschrieben. In der Folge erhielt die Schweizerische Post den Zuschlag in diesem Submissionsverfahren.

[319] Nicht zur Anwendung gelangt das Submissionsrecht, wo die Versicherung nicht frei gewählt werden kann, z.B. SUVA, Gebäudeversicherung.

[320] Vgl. z.B. Anhang I Annex 4 zum ÜoeB; ESSEIVA, in: BR 2000, S. 121. Zur Frage der Berechnung des Werts der Aufträge vgl. unten Rz. 189.

[321] LANTER, S. 3 f.

(«Nicht-prioritäre Dienstleistungen») auf, die einem Teil der Vorschriften des BVergG, u.a. den Bestimmungen über den Rechtsschutz, unterstehen. Dazu gehören Gaststätten und Beherbergungsgewerbe, Eisenbahnen, Schifffahrt, Neben- und Hilfstätigkeiten des Verkehrs, Rechtsberatung, Arbeits- und Arbeitskräftevermittlung, Auskunfts- und Schutzdienst (ohne Geldtransport), Unterrichtswesen und Berufsausbildung, Gesundheits-, Veterinär- und Sozialwesen, Erholung, Kultur und Sport und sonstige Dienstleistungen. Keine dem Vergaberecht unterstehenden Dienstleistungen sind Erwerb und Miete von unbeweglichem Vermögen, Rundfunk, Fernsehen, Fernsprechdienstleistungen, Schiedsgerichte, Wertpapiergeschäfte, Arbeitsverträge, Forschungsverträge und öffentliche Dienstleistungskonzessionen.

III. Gemischte Aufträge

1. Probleme, namentlich in Bezug auf die Schwellenwerte[322], können sich ergeben, wenn sich eine öffentliche Beschaffung aus **Leistungen verschiedener Kategorien** (z.B. Liefer- und Bauauftrag) zusammensetzt[323]. Nach der Rechtsprechung der BRK ist in solchen Fällen festzustellen, welcher Leistung der Charakter als Hauptleistung und welcher derjenige als Nebenleistung zukommt. Ein gemischter Auftrag ist als Lieferauftrag zu betrachten, wenn der diesbezügliche Wert höher ist als derjenige des Bauauftrags. Im umgekehrten Fall handelt es sich um einen Auftrag für ein Bauwerk[324]. Die gleichen Überlegungen sind bei einem Auftrag anzustellen, der einerseits Lieferungen und anderseits Dienstleistungen umfasst, z.B. Lieferung und Installation einer EDV-Anlage. Ein solcher Auftrag ist gesamtheitlich als Lieferauftrag zu qualifizieren, wenn der Wert der Lieferungen höher ist als der Wert der Dienstleistungen. Im umgekehrten Fall liegt ein Dienstleistungsauftrag vor[325].

145

---

[322] Vgl. unten Rz. 165; CLERC, N 47 zu Art. 5 BGBM. Die Qualifikation des Auftrags kann auch aufgrund der Tatsache, dass nicht sämtliche Dienstleistungen submissionsrechtlich erfasst werden (vgl. oben Rz. 132 ff.), eine Rolle spielen (CRM 7/01 E. 2c; ZUFFEREY/MAILLARD/MICHEL, S. 80).

[323] Vgl. GALLI/LEHMANN/RECHSTEINER, S. 40 f. Rz. 121 ff., S. 42 f. Rz. 133 ff., 140 f. Ein Beispiel für einen gemischten Bau-, Liefer- und Dienstleistungsauftrag findet sich in AGVE 2001, S. 314 (Modernisierung eines örtlichen Gemeinschaftsantennenanlagenetzes).

[324] CRM 15/97 E. 1d mit Hinweisen. Vgl. auch VG Waadt: Urteil vom 24. Januar 2001, E. 3b/bb.

[325] CRM 7/01 E. 2. Im konkreten Fall ging es um die Lieferung eines Flugleitsystems für die Zivilluftfahrt, welche einerseits die Lieferung der benötigten Hardware und anderseits die Entwicklung der erforderlichen Informatik-Programme umfasste (vgl. auch oben Rz. 133). Die BRK konnte die Frage, welche Leistungen wertmässig überwogen, offenlassen, da auch die ausgeschriebenen Dienstleistungen in den Geltungsbereich des BoeB fielen (E. 2d).

146 **2.** Im Zusammenhang mit einem **Gesamtleistungswettbewerb** hat die BRK ihre Rechtsprechung bestätigt und festgehalten, auch bei der gemeinsamen Vergabe von Planerleistungen und Bauleistungen sei die Qualifikation des Auftrags grundsätzlich nach dem Schwerpunkt der Leistungen vorzunehmen, wobei regelmässig das Übergewicht bei den Bauleistungen liegen werde[326].

147 **3.** Ein von der BRK zu beurteilender Beschwerdefall hatte die Vergebung eines **gemischten Dienstleistungsauftrags** durch die SBB zum Gegenstand, der sich aus verschiedenen Leistungskomponenten im Hinblick auf die Überwachung und den Unterhalt von schweizerischen SBB-Bahnhöfen zusammensetzte. Diese Komponenten fielen zum Teil (z. B. Hauswartungen) in den Geltungsbereich des BoeB, zum Teil (z. B. Bewirtschaftung der Park&Rail-Anlagen der Bahnhöfe inkl. Überwachung des Parkregimes) wurden sie, da im massgebenden Anhang des Bilat Abk und der Voeb nicht erwähnt, davon nicht erfasst. Die BRK lehnte – unter Bezugnahme auf die europäische Rechtsprechung – eine Aufteilung des Auftrags ab und kam zum Schluss, **dass die Vergabe als Ganzes in den Anwendungsbereich des BoeB fallen**, da der Wert des dem Anhang VI Bilat Abk unterstehende Teils der Dienstleistungen grösser sei als der Wert des nicht unterstehenden Teils[327].

---

[326] BRK 4/05 E. 2. Siehe auch unten Rz. 654 f.
[327] CRM 25/03 E. 1e.

3. Kapitel:
Verfahrensarten und Wahl des Verfahrens

I. Im Submissionsrecht des Bundes

1. Im BoeB vorgesehen sind das **offene Verfahren,** das **selektive Verfahren** und das **freihändige Verfahren**[328]. Nicht erwähnt ist das sogenannte **Einladungsverfahren,** bei dem mehrere Anbieter – in der Regel mindestens drei – auf direkte Aufforderung («Einladung») der Vergabestelle hin, d.h. ohne öffentliche Ausschreibung, ein Angebot einreichen können. Die VoeB nennt das Einladungsverfahren nur im Zusammenhang mit den nicht unter das Gesetz fallenden «Übrigen Beschaffungen»[329]. Daraus darf indessen nicht geschlossen werden, im Anwendungsbereich des ÜoeB, welches diese Verfahrensart ebenfalls nicht kennt, und des BoeB sei das Einladungsverfahren nicht zulässig. Rechtsprechung und herrschende Lehre gehen davon aus, dass dieses Verfahren nicht nur in den Fällen des Art. 35 Abs. 3 VoeB, sondern darüber hinaus auch in all jenen Fällen zulässig ist, in denen eine freihändige Vergabe möglich ist, und zwar unabhängig davon, ob die Vergabe dem BoeB untersteht oder nicht[330]. Nicht durchführbar ist ein Einladungsverfahren selbstverständlich in jenen Fällen, in denen die Zulässigkeit der freihändigen Vergabe gerade damit begründet wird, dass für einen Auftrag wegen der ihm eigenen Besonderheiten (z. B. Kunstwerke) nur ein ganz bestimmter Anbieter in Betracht kommen kann[331]. Die nicht erfolgte Regelung des Einladungsverfahrens im BoeB hat sodann zur Folge, dass dieses nur unter den engen Bedingungen des freihändigen Verfahrens zulässig ist[332].

148

---

[328] Art. 13–16 BoeB. Diese Verfahrensarten werden ergänzt durch den Planungs- und Gesamtleistungswettbewerb, der in den Art. 40–57 VoeB speziell geregelt wird (vgl. unten Rz. 647).
[329] Art. 34 und 35 VoeB; ZUFFEREY/MAILLARD/MICHEL, S. 90.
[330] BRK 5/99 E. 1a/bb; GAUCH/STÖCKLI, S. 37 Rz. 15.3; GAUCH, in: BR 1996, S. 100; a.M. anscheinend METZ/SCHMID, S. 59. Diese Autoren gehen davon aus, dass das Einladungsverfahren (nur) für nicht unter das ÜoeB (und damit auch nicht unter das BoeB) fallende Aufträge zur Durchführung kommt.
[331] Art. XV Ziff. 1 lit. b ÜoeB; Art. 13 Abs. 1 lit. c VoeB; vgl. unten Rz. 160.
[332] Demgegenüber gestatten die kantonalen Submissionsordnungen das den Wettbewerb in höherem Masse als das freihändige Verfahren gewährleistende Einladungsverfahren zumeist bei Aufträgen von geringerem Wert, ohne dass die Voraussetzungen für eine freihändige Vergabe erfüllt sein müssen. Vgl. unten Rz. 173 f.

149 **Planungs- und Gesamtleistungswettbewerbe** stellen neben dem offenen, dem selektiven sowie dem Einladungs- und dem freihändigen Verfahren eine weitere selbständige Verfahrensart zur Vergabe von öffentlichen Beschaffungsgeschäften dar[333]. Inhaltlich handelt es sich bei Planungsaufträgen um Dienstleistungsaufträge[334].

150 **2.** Im **offenen Verfahren** können alle interessierten Anbieter direkt aufgrund der (öffentlichen) Ausschreibung ein Angebot einreichen[335]. Das **selektive Verfahren** charakterisiert sich dadurch, dass es in zwei voneinander getrennten Phasen oder Stufen abläuft. In der ersten Phase reichen die interessierten Anbieter (lediglich) einen Antrag auf Teilnahme ein, und die Auftraggeberin prüft anhand der von ihr in der Ausschreibung bekannt gegebenen Kriterien deren finanzielle, wirtschaftliche und technische Eignung. Diese Kriterien müssen klar umschrieben sein und dürfen sich nicht diskriminierend auswirken[336]. In der zweiten Phase lädt die Auftraggeberin dann die präqualifizierten Bewerber ein, ein Angebot einzureichen, und vergibt (unter ihnen) schliesslich den Auftrag[337].

151 Im Anwendungsbereich des BoeB hat die Vergabebehörde die **freie Wahl zwischen dem offenen und dem selektiven Vergabeverfahren**[338]. In der Literatur wird allerdings im Hinblick auf die vom Gesetz angestrebte Stärkung des Wettbewerbs unter den Anbietern[339] die Auffassung vertreten, im Normalfall sei trotz des damit für die Vergabestelle unter Umständen verbundenen grösseren Aufwands[340] das offene Verfahren zu wählen. Das selektive Verfahren dränge sich grundsätzlich nur für Aufträge von hoher Komplexität auf, deren Ausführung eine ausserordentliche technische, organisatorische oder wirtschaftliche Leistungsfähigkeit voraussetze[341]. In der Literatur wird überdies zu Recht auch darauf hingewiesen, dass die Durchführung eines selektiven Verfahrens sorgfältig vorbereitet werden muss, ansonsten es für die Vergabestelle mit verschiedenen Schwierigkeiten und Mehraufwand verbunden sein kann[342].

---

[333] CRM 8/97 E. 3a; 11/99 E. 4a. Vgl. unten Rz. 642 ff.
[334] Vgl. oben Rz. 132 ff.
[335] Art. 14 Abs. 1 BoeB; Art. VII Ziff. 3 lit. a ÜoeB; vgl. GALLI/LEHMANN/RECHSTEINER, S. 48 Rz. 150 f.
[336] CRM 3/98 E. 4 mit Hinweisen.
[337] CRM 7/96 E. 3a mit Hinweisen; vgl. auch ZUFFEREY/MAILLARD/MICHEL, S. 87.
[338] Art. 13 Abs. 1 BoeB. Vgl. BRK 5/99 E. 1a/bb; BRK 7/00 E. 4a; BRK 18/00 E. 2a; ZUFFEREY/MAILLARD/MICHEL, S. 86.
[339] Art. 1 Abs. 1 lit. b BoeB.
[340] GALLI/LEHMANN/RECHSTEINER, S. 48 Rz. 151. Vgl. auch unten Rz. 176.
[341] GALLI/LEHMANN/RECHSTEINER, S. 48 f. Rz. 153 und S. 56 Rz. 179; ähnlich METZ/SCHMID, S. 59. In der Sache grundsätzlich zustimmend auch GAUCH, in: BR 1996, S. 100, der allerdings zu Recht auf die gesetzlich vorgegebene Wahlfreiheit hinweist.
[342] ZUFFEREY/MAILLARD/MICHEL, S. 87.

3. a) Grundsätzlich sind im selektiven Verfahren alle Bewerber, welche die in der Ausschreibung angegebenen Eignungskriterien erfüllen, einzuladen, ihre Offerte für die zweite Vergabephase einzureichen[343]. Nur **ausnahmsweise** kann die Vergabebehörde die **Zahl der zur Angebotsabgabe Einzuladenden beschränken.** Eine solche Beschränkung ist nur zulässig, wenn andernfalls die Auftragsvergabe nicht effizient abgewickelt werden kann[344]. Diese Voraussetzung ist beispielsweise dann erfüllt, wenn die mit dem Vergabeverfahren bzw. der Auswertung der Angebote verbundenen Kosten in keinem vernünftigen Verhältnis zum Wert des zu vergebenden Auftrags mehr stehen. Ein wirksamer Wettbewerb muss aber auf jeden Fall gewährleistet bleiben[345]. Eine nicht gerechtfertigte Beschränkung der Anzahl der Anbieter verletzt Art. X Ziff. 1 ÜoeB[346]. Den Nachweis dafür, dass die Effizienz des Vergabeverfahrens eine Beschränkung der Anbieterzahl verlangt, hat die Vergabestelle zu erbringen[347]. Beabsichtigt die Vergabestelle eine Beschränkung der Einladungen im selektiven Verfahren, so muss sie dies nach der Rechtsprechung der BRK, die sich namentlich auf den Grundsatz der Transparenz stützt, bereits in der öffentlichen Ausschreibung bekannt geben[348]. Fehlt die Bekanntgabe der Absicht zur Beschränkung in der öffentlichen Ausschreibung, so kann gemäss BRK eine (nachträgliche) Beschränkung der Teilnehmerzahl nur unter aussergewöhnlichen Umständen in Betracht kommen, so wenn sich die Vergabestelle mit einer sehr grossen Anzahl von Bewerbern, welche die Eignungskriterien erfüllen, konfrontiert sieht[349]. Im Hinblick auf das Transparenzprinzip und das Gleichbehandlungsgebot unzulässig ist es, die Zahl der zugelassenen Teilnehmer intern nachträglich auf lediglich drei zu beschränken, wenn in der Ausschreibung eine mögliche Beschränkung auf fünf Bewerber (unter dem Vorbehalt, dass

152

---

[343] Vgl. zum ähnlichen Problem, mit welchen Anbietern die Vergabebehörde Verhandlungen zu führen hat, unten Rz. 439 und Rz. 464.
[344] CRM 7/96 E. 3c.
[345] Art. 15 Abs. 4 BoeB. Art. 12 Abs. 1 VoeB bestimmt, dass die Auftraggeberin mindestens drei Anbieter zur Angebotsabgabe einladen muss, sofern so viele für die Teilnahme qualifiziert sind. Dies bedeutet nicht, dass drei Anbieter in jedem Fall genügend sind (GAUCH, BR 1997, S. 120; vgl. auch CRM 7/96 E. 3c; CRM 3/98 E. 4; CRM 11/99 E. 4c).
[346] Nach dieser Bestimmung laden die Beschaffungsstellen für jede geplante Beschaffung die grösstmögliche mit einer effizienten Abwicklung der Beschaffung zu vereinbarende Zahl von in- und ausländischen Anbietern zur Angebotsabgabe ein, um so einen optimal wirksamen Wettbewerb bei den selektiven Verfahren zu gewährleisten.
[347] CRM 3/98 E. 4; CRM 11/99 E. 4c.
[348] BRK 8/05 E. 2b (Bestätigung der Rechtsprechung), vgl. ferner CRM 7/96 E. 3d; CRM 3/98 E. 4; CRM 11/99 E. 4c; MOSER, AJP 2000, S. 690; ZUFFEREY/MAILLARD/MICHEL, S. 88; kritisch GAUCH, BR 1997, S. 120. Ein Anbieter, der sich gegen die Beschränkung der Teilnehmerzahl zur Wehr setzen will, muss die Ausschreibung mit der entsprechenden Ankündigung sofort anfechten (CRM 3/98 E. 4; vgl. auch unten Rz. 820).
[349] CRM 7/96 E. 3d.

eine Vielzahl von Bewerbungen erfolgen würde) bekannt gegeben worden war[350].

153 b) Die **Auswahl** unter den als geeignet erachteten Bewerbern im Fall einer zulässigen mengenmässigen Beschränkung muss in einer objektiven, den Grundsätzen der Gleichbehandlung und Transparenz verpflichteten Weise erfolgen[351]. Wie die Vergabestelle dabei im Einzelnen vorgehen will, ist grundsätzlich ihr überlassen. Weder das ÜoeB noch das BoeB oder die VoeB enthalten diesbezüglich ausdrückliche Vorschriften. In Betracht kommt namentlich eine Bewertung der Bewerber mit Punkten anhand der ausgeschriebenen Eignungskriterien mit anschliessender Rangierung. Nach der Rechtsprechung der BRK kann auf eine individuelle Beurteilung der Eignung der einzelnen Bewerber nicht verzichtet werden, auch wenn dies mit Mehraufwand für die Vergabebehörde verbunden ist. Als grundsätzlich unzulässig erachtet wird daher ein **Losentscheid**[352]. Im konkret zu beurteilenden Fall hatte die Vergabestelle einen Wettbewerb im selektiven Verfahren mit dem Hinweis, dass sie nur 15 Bewerber berücksichtigen würde, ausgeschrieben. Es meldeten sich 97 Interessenten. Die Vergabestelle schied zunächst die ungeeigneten Bewerber aus und kategorisierte die verbleibenden Kandidaten in gerade noch geeignete Teilnehmer, sehr geeignete Teilnehmer und Nachwuchsteilnehmer. Übrig blieb dabei eine Anzahl von Bewerbern, aus denen noch 6 Teilnehmer zu selektionieren waren. Die Vergabebehörde liess das Los entscheiden. Die BRK hielt fest, dass ein solches Vorgehen, welches die Auswahl dem reinen Zufall überlasse, willkürlich sei und das Diskriminierungsverbot verletze; es lasse zudem die richterliche Kontrolle illusorisch werden. Ein Losentscheid könne höchstens dann zulässig sein, wenn sich aufgrund einer vorgängigen Prüfung der Eignung ergebe, dass es unmöglich sei, zwei oder mehrere Anbieter hinsichtlich des Eignungsgrades zu unterscheiden[353].

154 c) Die **nachträgliche Erhöhung** der Zahl der zur Offertstellung zugelassenen Teilnehmer ist rechtlich ebenfalls nicht unproblematisch, da sie den Grundsatz der Transparenz, der verlangt, dass die Anzahl der zuzulassenden Bewerber in der Ausschreibung bekannt gegeben werden muss und nicht

---

[350] BRK 8/05 E. 3b/bb.
[351] CRM 11/99 E. 4d/aa in fine.
[352] CRM 11/99 E. 4d/cc.
[353] CRM 11/99 E. 4d/dd und ee; MOSER, AJP 2000, S. 690. Den Ausführungen der BRK grundsätzlich zustimmend RECHSTEINER, in: BR 2000, S. 55, der darauf hinweist, dass das Erfordernis der «Unmöglichkeit» einer Differenzierung beim Eignungsgrad nicht überspannt werden dürfe. RECHSTEINER erachtet eine Entscheidung durch das Los als zulässig, wenn sich nach angemessener (und nachvollziehbarer) Beurteilung der einzelnen Bewerber ergibt, dass nach Ansicht des Beurteilungsgremiums mehrere derselben den gleichen Grad an Eignung aufweisen. Vgl. auch unten Rz. 199 ff. und Rz. 649.

nach Belieben der Vergabestelle erfolgen darf, beeinträchtigt und auch den Grundsatz der Gleichbehandlung der Anbietenden verletzen könnte[354].

4. In einem neueren Entscheid hatte die BRK die Zulässigkeit von **Mehrfachbewerbungen bei parallel durchgeführten selektiven Vergabeverfahren** zu beurteilen. Die Vergabestelle hatte acht Teilprojekte im selektiven Verfahren öffentlich ausgeschrieben. Die Ausschreibungsunterlagen enthielten die folgende Bestimmung: «Der Anbieter kann sich für ein Teilprojekt seiner Wahl oder auch für mehrere Teilprojekte bewerben. Ein Anbieter wird jedoch höchstens für ein Teilprojekt qualifiziert.» Nebst anderen bewarben sich auch drei Tochtergesellschaften einer Unternehmergruppe um die Aufträge. Die BRK stellte fest, das Vergaberecht regle nicht, wie die Situation zu beurteilen sei, wenn wie im konkreten Fall mehrere parallele (selektive) Vergabeverfahren durchgeführt würden und sich für die verschiedenen Vergaben gleichzeitig mehrere Gesellschaften bewerben würden, die derselben Holding angehörten (eine pro Teilprojekt). Prinzipiell spreche nichts dagegen, zwei Bewerber ein und derselben Gruppe für unterschiedliche Teilprojekte zuzulassen. Namentlich stünden dem auch die vergaberechtlichen Grundsätze in Art. 1 BoeB nicht entgegen. Der Zweck des Gesetzes, den Wettbewerb unter den Anbietern zu stärken, sowie jener der Förderung des wirtschaftlichen Einsatzes der öffentlichen Mittel würden dadurch nicht vereitelt, denn innerhalb der einzelnen Teilprojekte konkurrenzierten die Gruppengesellschafter nicht direkt untereinander, sondern nur mit den anderen Bewerbern für das entsprechende Teilprojekt, irgendwelche Absprachen unter den Gruppengesellschaften würden das Vergabeverfahren somit nicht verfälschen. Weiter hielt die BRK fest, die Frage, ob in einer Unternehmergruppe die einzelnen Tochtergesellschaften oder aber die gesamte Gruppe als «Anbieter» angesehen werden müsse, müsse im Einzelfall geprüft werden. Im konkreten Fall gelangte die BRK aufgrund der gegebenen Umstände zum Schluss, dass die einzelnen Tochterfirmen als eigenständige «Anbieter» im Sinne der Ausschreibungsunterlagen zu betrachten seien[355].

In einem Parallelfall kam die BRK hingegen zum Schluss, dass es sich bei der betreffenden Beschwerdeführerin, die über verschiedene Büros verfügte (Hauptsitz und rechtlich unselbständige Zweigniederlassungen), nicht um verschiedene (eigenständige) Anbieter im Sinne der Ausschreibungsunterlagen handle. Nachdem die Beschwerdeführerin mit einer ihrer Bewerbungen qualifiziert worden sei, sei die Vergabebehörde zu Recht nicht auf die weiteren Bewerbungen der anderen Niederlassungen eingetreten[356].

---

[354] CRM 3/98 E. 5; MOSER, AJP 2000, S. 690; ZUFFEREY/MAILLARD/MICHEL, S. 88.
[355] BRK 15/05 E. 2; vgl. auch CRM 14/05.
[356] BRK 13/05 E. 2b.

157 **5.** Beim **freihändigen Verfahren** vergibt die Auftraggeberin einen Auftrag direkt und ohne Ausschreibung einem Anbieter oder einer Anbieterin[357]. Eine freihändige Vergabe (oder eine Vergabe im Einladungsverfahren)[358] ist nur unter den in Art. 13 Abs. 1, Art. 35 Abs. 3 und Art. 36 Abs. 2 VoeB abschliessend und detailliert aufgeführten Voraussetzungen zulässig[359]. Da es sich um Ausnahmen handelt, sind die Tatbestände, unter denen eine freihändige Beschaffung zulässig ist, **restriktiv** auszulegen[360].

158 Die BRK hat sich in mehreren Fällen mit der Zulässigkeit einer freihändigen Vergabe befasst und das Folgende festgehalten:

159 a) Nach Art. 36 Abs. 2 lit. a VoeB können Auftraggeberinnen einen Auftrag direkt und ohne Ausschreibung (also freihändig) vergeben, wenn der Auftrag im Rahmen von Art. 3 Abs. 1 lit. a–d und Abs. 2 lit. a und b BoeB vergeben wird. Bei der **Vergabe eines Generalplanerauftrags** für den Ausbau der Schweizer Botschaft in Peking (Aufstockung des Kanzleigebäudes) berief sich die zuständige Vergabebehörde darauf, dass die **Sicherheit der Botschaftsangehörigen und ihrer Familien** sowie die **Wahrung des vertraulichen Charakters von Informationen** durch ein Vergabeverfahren mit öffentlicher Ausschreibung gefährdet werden könnten, weshalb der Auftrag gestützt auf Art. 3 Abs. 2 lit. a BoeB[361] (trotz den im Übrigen für eine öffentliche Ausschreibung gegebenen Voraussetzungen) im Einladungsverfahren vergeben worden sei. In materieller Hinsicht hielt die BRK fest, Art. XXIII Ziff. 2 ÜoeB[362] und der auf diese Bestimmung aufbauende Art. 3 Abs. 2 BoeB erlaubten es der Vergabebehörde nicht, eine öffentliche Beschaffung, bei der es Gründe der öffentlichen Sicherheit zu beachten gelte, automatisch dem Anwendungsbereich des BoeB zu entziehen. Die Nichtanwendbarkeit des Gesetzes sei vielmehr auf jene **Ausnahmefälle** zu beschränken, bei denen eines der zu beachtenden Interessen der Sicherheit usw. nicht anders gewahrt werden könne. Eine Ausnahmesituation zum

---

[357] Art. 16 BoeB.
[358] Vgl. oben Rz. 148.
[359] BRK 5/99 E. 1b/aa; BRK 18/00 E. 2a. Vgl. auch Zufferey/Maillard/Michel, S. 86.
[360] BRK 18/00 E. 2a; BRK 7/00 E. 4a mit Hinweisen.
[361] Gemäss Art. 3 Abs. 2 lit. a BoeB braucht die Auftraggeberin «einen Auftrag nicht nach den Bestimmungen dieses Gesetzes zu vergeben, wenn (...) dadurch die Sittlichkeit oder die öffentliche Ordnung und Sicherheit gefährdet sind».
[362] Art. XXIII Ziff. 2 ÜoeB lautet folgendermassen: «Unter dem Vorbehalt, dass die folgenden Massnahmen nicht so angewendet werden, dass sie zu einer willkürlichen oder ungerechtfertigten Diskriminierung zwischen Ländern, in denen die gleichen Bedingungen herrschen, oder zu einer versteckten Beschränkung des internationalen Handels führen, darf keine Bestimmung dieses Übereinkommens so ausgelegt werden, dass sie eine Vertragspartei daran hindert, Massnahmen zu beschliessen oder durchzuführen zum Schutze der öffentlichen Sittlichkeit, Ordnung und Sicherheit, zum Schutze des Lebens und der Gesundheit von Menschen, Tieren und Pflanzen, zum Schutze des geistigen Eigentums oder in Bezug auf von Behinderten, Wohltätigkeitseinrichtungen oder Strafgefangenen hergestellte Waren.»

Schutze der öffentlichen Sicherheit dürfe einerseits nicht ungerechtfertigt diskriminierend oder versteckt protektionistisch sein, müsse andererseits aber auch dem Grundsatz der Verhältnismässigkeit genügen und die den Umständen entsprechend am wenigsten einschneidende Massnahme darstellen. Im konkreten Fall war nach Auffassung der BRK nicht ersichtlich, inwiefern die Sicherheit der Botschaftsangehörigen (und ihrer Familien) bzw. die Pflicht zur Wahrung des vertraulichen Charakters von Informationen im Rahmen der Durchführung einer öffentlichen Ausschreibung des geplanten Beschaffungsgeschäfts in Frage gestellt würde. Die BRK stellte fest, die Möglichkeit der Vergabestelle, im Rahmen der Eignungsprüfung – z.B. eines selektiven Verfahrens – die Anbieter daraufhin zu untersuchen, ob sie in der Lage seien, den im nationalen Interesse an die Vertraulichkeit und die Sicherheit zu stellenden Anforderungen bei Beschaffungsgeschäften im Zusammenhang mit Auslandvertretungen Genüge zu tun, könne im gleichen Masse erfolgen, ob das betreffende Beschaffungsgeschäft nun ausgeschrieben werde oder nicht. Diese Abklärungen würden nicht von der Frage der Ausschreibung eines Beschaffungsgeschäfts abhängen und vermöchten daher den Verzicht auf ein Vergabeverfahren mit öffentlicher Ausschreibung nicht zu rechtfertigen[363].

b) Gemäss Art. 13 Abs. 1 lit. c VoeB kann die Auftraggeberin den Auftrag direkt und ohne Ausschreibung vergeben, sofern aufgrund der **technischen oder künstlerischen Besonderheiten des Auftrags** oder aus Gründen des **Schutzes des geistigen Eigentums** nur ein Anbieter in Frage kommt und es keine angemessene Alternative gibt[364]. Dieser Ausnahmezustand ist erst dann erfüllt, wenn der Auftrag aufgrund der genannten Besonderheiten nur an einen bestimmten Anbieter erteilt werden kann, d.h. wenn dieser als einziger in der Lage ist, ein entsprechendes Produkt zu liefern bzw. eine entsprechende Bau- oder Dienstleistung zu erbringen. Die Beweislast dafür, dass die aussergewöhnlichen Umstände, welche die Ausnahmen rechtfertigen, tatsächlich vorliegen, obliegt demjenigen, der sich auf sie berufen will. D.h. die Vergabestelle ist nicht nur verpflichtet, zur Rechtfertigung der Anwendung des freihändigen Verfahrens das Vorliegen technischer Gründe im Sinne von Art. 13 Abs. 1 lit. c VoeB darzutun, sondern sie muss auch glaubwürdig erläutern und – wenn möglich – belegen, dass diese technischen Gründe es unbedingt erforderlich machen, den Auftrag freihändig zu vergeben[365].

aa) Im Falle der Vergebung eines Dienstleistungsauftrags für die «Entwicklung des Systems CODAM (Corporate Data Management) mit einer Output-(Diffusions-)Datenbank in erster Priorität» durch das Bundesamt

160

161

---

[363] BRK 5/99 E. 2a. Vgl. auch unten Rz. 793.
[364] Diese Bestimmung beruht ihrerseits auf dem Vorbehalt von Art. XV Ziff. 3 lit. b ÜoeB.
[365] BRK 7/00 E. 4b; BRK 18/00 E. 2a.

für Statistik (BFS) hat die BRK den Standpunkt der Vergabebehörde, die Voraussetzungen für eine freihändige Vergabe seien nicht erfüllt, geschützt. Das BFS hatte der Beschwerdeführerin X. zunächst schriftlich mitgeteilt, es sei ein «bedingter Entscheid» getroffen worden, das CODAM-Projekt mit der von ihr entwickelten Y-Software zu realisieren, da einzig diese alle CODAM-Anforderungen erfülle. Das Ergebnis eines Benchmarkttests und von Detailevaluationen zeigten dann aber, dass auch die konkurrierende Z-Lösung durchaus in Betracht zu ziehen war. Nach der Einholung eines Rechtsgutachtens über die Frage der Ausschreibungspflicht wurde der Auftrag im offenen Verfahren öffentlich ausgeschrieben. Die BRK qualifizierte den bedingten Entscheid der Vergabebehörde zugunsten der Y-Software als Entscheid für die Durchführung eines freihändigen Verfahrens. Diese Entscheidung, einen Auftrag nicht auszuschreiben, sondern ihn im freihändigen Verfahren zu vergeben, sei nicht mit dem Zuschlag gleichzusetzen, sondern leite lediglich einen Verfahrensabschnitt ein, in welchem die Vergabebehörde frei mit einem von ihr ausgewählten Anbieter verhandle. Komme es zwischen ihr und dem Anbieter zu einer Einigung, so vergebe sie den Auftrag im freihändigen Verfahren. Im konkreten Fall sei es weder bezüglich Leistung noch bezüglich Preis zu einer Einigung mit der X. gekommen, folglich auch kein Zuschlag im freihändigen Verfahren erteilt worden. Die öffentliche Ausschreibung des Auftrags im offenen Verfahren stelle damit gleichzeitig einen Abbruch des laufenden freihändigen Verfahrens dar[366]. Angesichts der Tatsache, dass mit der Z-Lösung nachweislich eine Alternative zur Y/X-Lösung vorhanden war, erachtete die BRK die Voraussetzungen für die Durchführung einer Vergabe im freihändigen Verfahren gemäss Art. 13 Abs. 3 lit. c VoeB bzw. Art. XV Ziff. 1 lit. b ÜoeB als nicht gegeben[367].

162 bb) In einem andern von der BRK beurteilten Fall hatte die Beschwerdeführerin verlangt, dass die Bundeskanzlei drei Verträge über Informationsdienstleistungen, welche diese in den Jahren 1991 und 1995 mit der Schweizerischen Depeschenagentur (SDA) abgeschlossen hatte, nach Inkrafttreten des BoeB hätte öffentlich ausschreiben müssen. Die BRK trat zwar auf die Beschwerde nicht ein, wies in materieller Hinsicht aber im Sinne eines obiter dictums darauf hin, dass in Bezug auf denjenigen der Verträge, der einen Übermittlungsdienst, mit dem die Daten wichtiger Erklärungen oder Kommuniqués des Bundesrats direkt den Redaktionen übermittelt werden können, zum Inhalt hatte, nicht ersichtlich sei, wieso diese Dienstleistung von vornherein nur von der SDA sollte erbracht werden können. So stehe beispielsweise auch die Associated Press GmbH (AP) in einem Vertragsver-

---

[366] BRK 18/00 E. 1d; vgl. auch Rz. 500.
[367] BRK 18/00 E. 2a. Vgl. auch BR 2002, S. 72 Nr. S6 mit Anmerkungen; ferner SCHERLER, in: BR 2002, S. 67.

hältnis zu den meisten Schweizer Zeitungen, welche AP als zweite Informationsquelle benutzten. Es sei daher nicht ausgeschlossen, dass AP auch die Gegenstand des besagten Vertrags bildende Dienstleistung übernehmen könnte. Schliesslich seien mit der Liberalisierung der Telekommunikationsmärkte in der Schweiz verschiedene andere Unternehmen entstanden, welche die genannten Übermittlungsdienste zwischen Bundeshaus und den Redaktionen wohl auch besorgen könnten[368].

6. Grundsätzlich steht es den Auftraggebenden frei, ein **höherstufiges Verfahren** durchzuführen, als im konkreten Einzelfall erforderlich wäre[369]. Sie können deshalb auch ein Vergabeverfahren mit öffentlicher Ausschreibung anordnen, wo sie den Auftrag ohne eine solche vergeben dürften, oder ein Einladungsverfahren durchführen, wo direkt vergeben werden dürfte[370]. Ein Anbieter hat bei der Vergabe eines öffentlichen Auftrags keinen Rechtsanspruch darauf, nicht der Konkurrenzierung durch Mitbewerber ausgesetzt zu werden[371]. Aufgrund des Vertrauensgrundsatzes klar erscheint, dass die Bestimmungen des höherstufigen Verfahrens, für das sich die Vergabebehörde entschieden hat, zur Anwendung kommen. Schreibt eine Vergabestelle einen Auftrag im offenen Verfahren öffentlich aus, obwohl sie zur freihändigen Vergabe befugt wäre, untersteht die gesamte Vergebung somit den Vorschriften des offenen Verfahrens[372].

163

7. Gemäss der BRK ist die Vergabebehörde aufgrund des Legalitätsprinzips an die in BoeB und VoeB vorgesehenen Verfahrensarten und an die diesbezüglichen Regelungen gebunden **(Numerus clausus der Verfahrensarten).** Sie darf weder neue gesetzlich nicht vorgesehene Verfahrensarten schaffen noch die bestehenden Verfahren miteinander vermischen. Es muss bei jeder Vergabe zu jedem Zeitpunkt klar erkennbar sein, um welche Verfahrensart es sich konkret handelt[373].

164

8. a) Im Bund sind die sogenannten **Schwellenwerte** vorab für die Frage, ob eine Vergabe in den Geltungsbereich des BoeB fällt oder nicht, von Bedeutung[374]. Das BoeB ist nur anwendbar, wenn der geschätzte Wert des zu

165

---

[368] BRK 7/00 E. 4c.
[369] BRK 18/00 E. 2b; GALLI/LEHMANN/RECHSTEINER, S. 53 Rz. 166; HERBERT LANG, Binnenmarkt, S. 28 f.
[370] Zu möglichen Ausnahmen vgl. GALLI/LEHMANN/RECHSTEINER, S. 53 Rz. 167.
[371] ZUFFEREY/MAILLARD/MICHEL, S. 87.
[372] Vgl. auch unten Rz. 179.
[373] CRM 17/2004 E. 4. Siehe zu diesem Entscheid auch unten Rz. 653 und zur kantonalen Rechtsprechung Rz. 177 f.
[374] Vgl. dazu auch Art. 1 und 9 ff. VoeB. Die nicht dem BoeB unterstehenden Vergaben, d.h. die sog. «übrigen Beschaffungen» des Bundes sind im 3. Kapitel der VoeB geregelt (Art. 32 ff. VoeB). Bei ihnen ist der Rechtsschutz ausgeschlossen (Art. 39 VoeB). Vgl. dazu hinten Rz. 776 und 787.

vergebenden öffentlichen Auftrags die folgenden Schwellenwerte erreicht: 248 950 Franken bei Lieferungen und Dienstleistungen, 9,575 Millionen Franken bei Bauwerken und 766 000 Franken bei Lieferungen und Dienstleistungen im Auftrag einer Auftraggeberin nach Art. 2 Abs. 2 BoeB oder für Aufträge, welche die Automobildienste der Schweizerischen Post zur Durchführung ihrer in der Schweiz ausgeübten Tätigkeit im Bereich des Personentransports vergeben[375]. Der Schwellenwert ist also unterschiedlich hoch, je nachdem, ob das Vorhaben Bauwerke, Lieferungen oder Dienstleistungen betrifft. Wird der Schwellenwert für die betreffende Leistungskategorie erreicht, ist der Auftrag in der Regel öffentlich auszuschreiben, ausser es seien die Voraussetzungen für eine freihändige Vergabe gemäss Art. 13 VoeB gegeben[376]. Bei gemischten Leistungen[377] ist zunächst die Hauptleistung des Auftrags festzustellen und dann zu prüfen, ob deren geschätzter Wert den für sie relevanten Schwellenwert erreicht[378].

166 b) Das BoeB und die VoeB enthalten verschiedene **Regeln zur Berechnung der massgeblichen Schwellenwerte:**

167 aa) Art. 7 Abs. 1 BoeB untersagt es den Vergabebehörden, einen Auftrag aufzuteilen, um so die Anwendbarkeit des BoeB zu umgehen.

168 bb) Bei der Vergabe von mehreren **Bauaufträgen** im Zusammenhang mit der Realisierung eines Bauwerks ist grundsätzlich ihr Gesamtwert massgebend (Art. 7 Abs. 2 BoeB). Vergibt eine Auftraggeberin im Rahmen der Realisierung eines Bauwerks mehrere Bauaufträge, so unterstehen diese auf jeden Fall (d.h. auch wenn insgesamt der Schwellenwert für Bauwerke gemäss Art. 6 BoeB nicht erreicht wird) dem BoeB, wenn ihr Wert je einzeln 2 Millionen Franken erreicht. Bauaufträge, die den Wert von 2 Millionen Franken je einzeln nicht erreichen, müssen hingegen nicht nach den Bestimmungen des BoeB vergeben werden (sog. **Bagatellklausel**), sofern ihr Wert insgesamt nicht mehr als 20 % des Gesamtwerts des Bauwerks ausmacht[379].

---

[375] Art. 6 Abs. 2 BoeB in Verbindung mit Art. 1 der Verordnung des EVD über die Anpassung der Schwellenwerte im öffentlichen Beschaffungswesen für das Jahr 2007 vom 30. November 2006 (SR 172.056.12). Vgl. aber auch die teilweise abweichenden Schwellenwerte in Art. 2a Abs. 3 VoeB für die gestützt auf Art. 2a VoeB dem BoeB unterstellten Auftraggeberinnen (z.B. die SBB AG).
[376] Vgl. oben Rz. 157 ff.
[377] Zur Problematik von gemischten Leistungen vgl. oben Rz. 145 ff. Zur Vergabe von Gesamtleistungen (kombinierte Ausschreibung von Erstellung [Planung und Erstellung] und Bewirtschaftung eines Bauwerkes) vgl. SCHERLER, in: BR 2002, S. 66 f., ferner BRK 4/05 E. 2; BRK 25/05 E. 2a/aa.
[378] CRM15/97 E. 1d.
[379] Art. 14 Abs. 2 VoeB; Art. 7 Abs. 2 BoeB; ZUFFEREY/MAILLARD/MICHEL, S. 83 f. Die Bagatellklausel gilt nicht für im Zusammenhang mit Bauwerken stehende Dienstleistungsaufträge (z.B. Architektur- oder Ingenieurdienstleistungen), die gesondert vergeben werden (vgl.

Mit der Bagatellklausel wird der Tatsache Rechnung getragen, dass in der Schweiz – im Gegensatz zu vielen andern Mitgliederstaaten des ÜoeB – bei der Realisierung von Bauten in den meisten Fällen nicht Generalunternehmeraufträge, sondern einzelne Aufträge für jede Arbeitsgattung vergeben werden. **Deshalb wurde im BoeB der massgebende Schwellenwert für Bauaufträge pro Bauwerk und nicht pro Einzelauftrag festgelegt;** andernfalls wären die meisten Bauaufträge nicht in den Geltungsbereich des BoeB gefallen. Die Festlegung des Schwellenwerts pro Bauwerk führt dazu, dass an sich auch kleinste Einzelaufträge ausgeschrieben werden müssen. Hier schafft die Bagatellklausel im Interesse der Minimierung des Verwaltungsaufwands Abhilfe[380].

cc) In Fällen, wo der Wert des Gesamtwerkes den für Bauwerke massgeblichen Schwellenwert erreicht, der Einzelauftrag denjenigen von 2 Millionen Franken jedoch nicht, hat der Auftraggeber grundsätzlich **die Freiheit zu entscheiden,** ob er den Einzelauftrag den Verfahrensregeln des BoeB unterstellen will oder nicht (vgl. den Wortlaut von Art. 14 Abs. 2 VoeB: «Sie braucht Bauaufträge, deren Wert 2 Millionen Franken je einzeln nicht erreichen, nicht nach den Bestimmungen des Gesetzes zu vergeben.»)[381].

169

dd) Vergibt die Auftraggeberin **mehrere gleichartige Liefer- oder Dienstleistungsaufträge** oder teilt sie einen Liefer- oder Dienstleistungsauftrag in mehrere gleichartige Einzelaufträge auf, so berechnet sich der Auftragswert entweder aufgrund des tatsächlichen Werts der während der vergangenen zwölf Monate vergebenen wiederkehrenden Aufträge[382] oder des geschätzten Werts der wiederkehrenden Aufträge, die in den zwölf Monaten nach der Vergabe des ersten Auftrags vergeben werden[383]. Bei mehrjährigen Liefer- oder Dienstleistungsaufträgen mit einer bestimmten Laufzeit ist der Gesamtwert massgebend[384]; hingegen gilt bei Verträgen mit unbestimmter Laufzeit die monatliche Rate multipliziert mit 48 als Auftragswert[385]. In Bezug auf einen Dienstleistungsvertrag (für die Übermittlung von Daten) mit einem jährlichen Auftragswert von 140 000 Franken, der anfänglich für ein Jahr abgeschlossen wurde und sich stillschweigend erneuerte, sofern er nicht unter Einhaltung einer Kündigungsfrist von sechs Monaten auf Ende Jahr gekündigt wurde, ging die BRK von einem Vertrag mit unbestimmter Laufzeit aus, sodass für die Berechnung des Schwellenwerts auf die mo-

170

ZUFFEREY in: BR 1999, S. 49, in Bezug auf Art. 7 Abs. 2 IVöB; GALLI/ LEHMANN/RECHSTEINER, S. 43 f. Rz. 141 und unten Rz. 188).
[380] Vgl. auch ZUFFEREY/MAILLARD/MICHEL, S. 83 f.
[381] BRK 23/03 E. 1a; MOSER, Rechtsprechung, S. 76; ZUFFEREY/MAILLARD/MICHEL, S. 84.
[382] Art. 7 Abs. 3 lit. a BoeB.
[383] Art. 7 Abs. 3 lit. b BoeB.
[384] Art. 15 lit. a VoeB.
[385] Art. 15 lit. b VoeB.

natliche Rate multipliziert mit 48 abzustellen war (Art. 15 lit. b VoeB). Der massgebliche Auftragswert lag damit bei 560 000 Franken, d.h. klar über dem für die Anwendbarkeit des BoeB erforderlichen Schwellenwert für Dienstleistungsverträge[386].

171 ee) Analog der ausdrücklichen gesetzlichen Regelung für Bauwerke in Art. 5 Abs. 2 und Art. 7 Abs. 2 BoeB ist auch bei der Vergabe von **Dienstleistungen** (die SBB AG hatte in der Ausschreibung den betreffenden Auftrag in insgesamt 28 Lose aufgeteilt und festgehalten, dass er in einzelnen Losen vergeben würde) auf den Gesamtwert des Auftrags – also auf den Wert aller gleichzeitig vergebenen Lose – abzustellen[387].

172 ff) Enthält ein Auftrag die **Option auf Folgeaufträge,** so ist der Gesamtwert massgebend[388]. Entscheidend für die Berechnung des Wertes eines Auftrags ist somit nicht nur, was sicher vergeben werden soll, sondern auch was lediglich möglicherweise – gestützt auf das Optionsrecht – vergeben wird[389]. Als unzulässig erachtete es die BRK, einen Lieferauftrag für Fahrzeuge im Rahmen von Verhandlungen nachträglich, d.h. ohne öffentliche Ausschreibung, um die Option des Fullservices zu erweitern[390].

II. Im kantonalen Submissionsrecht

1. Verfahrensarten und Schwellenwerte; massgebender Auftragswert

173 1. Art. 12 Abs. 1 lit. a–c IVöB nennt als Verfahrensarten das **offene,** das **selektive,** das **Einladungsverfahren** und das **freihändige Verfahren.** In Art. 12 Abs. 3 IVöB wird zudem der **Planungs- und Gesamtleistungswettbewerb** erwähnt. Nach Art. 12bis Abs. 1 IVöB können Aufträge **im Staatsvertragsbereich** wahlweise im offenen oder selektiven Verfahren vergeben werden. In besonderen Fällen gemäss den internationalen Verträgen können sie im freihändigen Verfahren vergeben werden. Art. 12bis Abs. 2 IVöB bestimmt, dass Aufträge **im von Staatsverträgen nicht erfassten Bereich**

---

[386] BRK 7/00 E. 3b.
[387] BRK 21/03 E. 1a.
[388] Art. 7 Abs. 4 BoeB. Art. II Ziff. 6 ÜoeB bestimmt in ähnlicher Weise: «In Fällen, in denen eine geplante Beschaffung den Bedarf von Optionsklauseln ausdrücklich vorsieht, gilt als Grundlage für die Bewertung der Gesamtwert der maximal erlaubten Beschaffung, einschliesslich der Optionskäufe.»
[389] RECHSTEINER, in: BR 1999, S. 49. Zu den Optionen vgl. auch unten Rz. 668 f.
[390] BRK 3/02 E. 5; BRK 4/02 E. 5.

gemäss den Schwellenwerten im Anhang 2[391] überdies im Einladungs- oder im freihändigen Verfahren vergeben werden können.

2. Die geltenden **Vergabeordnungen der Kantone** erwähnen in der Regel ebenfalls das offene, das selektive und das freihändige Verfahren sowie das Einladungsverfahren. Als weitere (besondere) Verfahrensart wird auch der **Architektur-, Ingenieur- und Gesamtleistungswettbewerb** genannt.

174

3. Die kantonalen Submissionsordnungen sehen für die Anwendung der einzelnen Verfahrensarten im nicht dem Staatsvertragsrecht unterstehenden Bereich nach wie vor **Schwellenwerte** vor, die sich zum Teil erheblich unterscheiden[392]. Die Kantone stützen sich dabei auf das BGBM, welches ihnen nur vorschreibt, dass sie «umfangreiche» öffentliche Einkäufe, Dienstleistungen und Bauten amtlich publizieren müssen[393]. CRAMERI stellt zutreffend fest, dass die Kantone in Umsetzung dieser auslegungsbedürftigen Regelung nach ihrem Belieben Schwellenwerte definiert hätten, die teilweise nicht unterschiedlicher sein könnten[394]. So sind z. B. gemäss § 8 Abs. 1 SubmD/AG Aufträge des Bauhauptgewerbes im offenen oder selektiven Verfahren zu vergeben, wenn der geschätzte Wert des Einzelauftrags 500 000 Franken übersteigt; bei Lieferungen, Dienstleistungen und Aufträgen des Baunebengewerbes beträgt der entsprechende Wert 250 000 Franken. Beim Einladungsverfahren betragen die Schwellenwerte 300 000 Franken für das Bauhauptgewerbe, 150 000 Franken für das Baunebengewerbe sowie die Dienstleistungen und 100 000 Franken bei Lieferungen (§ 8 Abs. 2 lit. a – c SubmD/AG). Wird der Betrag für das Einladungsverfahren nicht erreicht, kann der Auftrag freihändig vergeben werden (§ 8 Abs. 3 lit. a SubmD/AG). Demgegenüber bestimmt Art. 14 Abs. 1 Ziff. 1 SubG/GR, dass das offene oder das selektive Verfahren Anwendung findet bei Vergaben für Aufträge im Bauhauptgewerbe ab 400 000 Franken, für Aufträge im Baunebengewerbe und für Lieferaufträge ab 150 000 Franken sowie für Dienstleistungsaufträge ab 250 000 Franken. Das Einladungsverfahren ist zulässig für Aufträge im

175

---

[391] Im offenen oder selektiven Verfahren sind Lieferungen, Dienstleistungen sowie Aufträge des Baunebengewerbes ab 250 000 Franken und Aufträge des Bauhauptgewerbes ab 500 000 Franken zu vergeben. Aufträge unterhalb dieser Schwellenwerte können im Einladungsverfahren vergeben werden. Lieferungen unter 100 000 Franken, Dienstleistungen und Aufträge des Baunebengewerbes sowie Aufträge des Bauhauptgewerbes unter 300 000 Franken dürfen freihändig vergeben werden. Den Kantonen ist es allerdings unbenommen, in diesem von Staatsverträgen nicht erfassten Bereich für die Verfahren tiefere Schwellenwerte anzusetzen (Art. 12bis Abs. 3 IVöB).
[392] Zur Problematik der Schwellenwerte vgl. u.a. STÖCKLI, Die Schwellenwerte – ein Dauerthema, in: BR 2006, S. 195 mit Hinweis auf zwei neuere Studien; ferner auch ANDREAS BALSINGER BETTS/ANTON FUCHS, Berner Schwellenwerte: Eine Gegenmeinung, in: BR 2003, S. 69 f.
[393] Art. 5 Abs. 2 BGBM. Vgl. dazu oben Rz. 58.
[394] CRAMERI, in: BR 2002, S. 83.

Bauhauptgewerbe ab 100 000 Franken und unter 400 000 Franken, für Aufträge im Baunebengewerbe und Lieferaufträge ab 50 000 Franken und unter 150 000 Franken sowie für Dienstleistungsaufträge ab 100 000 Franken und unter 250 000 Franken (Art. 14 Abs. 1 Ziff. 2 SubG/GR). Das freihändige Verfahren ist möglich für Aufträge im Bauhauptgewerbe unter 100 000 Franken, für Aufträge im Baunebengewerbe und Lieferaufträge unter 50 000 Franken sowie für Dienstleistungsaufträge unter 100 000 Franken (Art. 14 Abs. 1 Ziff. 3 SubG/GR).

176 4. Auch im interkantonalen[395] und im kantonalen Recht[396] kann die Auftraggeberin zwischen dem offenen und dem selektiven Verfahren frei wählen[397]. Das Verwaltungsgericht des Kantons Aargau vertritt aber die Auffassung, da im selektiven Verfahren nicht alle interessierten Anbieter zur Angebotseinreichung zugelassen würden, werde mit diesem Verfahren der Wettbewerb eingeschränkt. Angesichts des Umstandes, dass die Neuregelung des öffentlichen Beschaffungswesens in der Schweiz auf allen Stufen eine Stärkung des Wettbewerbs zum Ziele habe, sei das selektive Verfahren deshalb nur mit der gebotenen Zurückhaltung anzuwenden[398].

177 5. Das Verwaltungsgericht des Kantons Aargau hatte das Vorgehen einer Vergabebehörde zu beurteilen, die zwar ein «selektives Verfahren mit Referenz-Präqualifikation» öffentlich ausschrieb, aber verlangte, dass zusammen **mit den Präqualifikationsunterlagen auch bereits die Offerte einzureichen** war. Von der Vergabestelle geprüft wurden allerdings, um den Aufwand zu reduzieren, lediglich die Angebote derjenigen Bewerber, die bei den Eignungskriterien eine bestimmte Mindestpunktzahl erreichten. Das Verwaltungsgericht schützte dieses Vorgehen und führte zur Begründung Folgendes aus: «Auch wenn der Verfahrensschritt der Eignungsprüfung in aller Regel mit einer anfechtbaren Verfügung abgeschlossen wird – die Vergabestelle geht dann das Risiko nicht ein, nach Durchführung des u.a. aufwändigen Zuschlagsverfahrens, letztlich nur an der Eignungsprüfung zu scheitern –, ist ein solches Vorgehen nicht zwingend erforderlich. Weder schreibt § 7 Abs. 2 SubmD oder eine andere Bestimmung dies ausdrücklich vor, noch hat das Vorgehen der Vergabestelle, die Präqualifikationsunterlagen zusammen mit der Honoraroferte einzuverlangen und den Bewerbern die Ergebnisse der Eignungsprüfung und des Zuschlagsverfahrens in einer einzigen Verfügung zu eröffnen, irgendwelche nachteiligen Folgen für die Bewerber. Es liegt auch kein Verstoss gegen den Gleichbehandlungsgrundsatz oder den Grundsatz der Transparenz vor; alle Bewerber wurden gleich behandelt und mittels

---

[395] Art. 12bis Abs. 1 IVöB; Anhang 2 IVöB.
[396] Vgl. z. B. VG Neuenburg, in: BR 1999, S. 144.
[397] Für das Bundesbeschaffungsrecht vgl. oben Rz. 151.
[398] VG Aargau, in: BR 1999, S. 144. Vgl. auch oben Rz. 151.

der Ausschreibung über das beabsichtigte Vorgehen der Vergabestelle in Kenntnis gesetzt. Der Beschwerdeführerin ist einzig ein unnötiger Aufwand für die Ausarbeitung der Honorarofferte entstanden, diesen hat sie aber in Kenntnis des von der Vergabestelle beabsichtigten Vorgehens geleistet. Andere Nachteile sind nicht ersichtlich»[399]. Diese Überlegungen mögen für ein offenes Verfahren, wo ja vor dem Entscheid über den Zuschlag ebenfalls eine Eignungsprüfung stattfindet, zutreffen; hingegen verkennt das aargauische Verwaltungsgericht den Sinn und Zweck des selektiven Verfahrens, das per definitionem in zwei (auch zeitlich) gesonderten Stufen durchgeführt wird[400]. Die beliebige Vermischung der beiden Verfahrensarten ist submissionsrechtswidrig. Es geht nicht an, von den an einem Auftrag interessierten Unternehmern (quasi auf Vorrat) Angebote einzuverlangen, um dann mit dem Hinweis, man habe aus Effizienzgründen eine Limitierung der Zahl der Anbieter vorgenommen, eingereichte Offerten von durchaus geeigneten Anbietern ungeprüft und unbewertet zurückzuweisen. Mit einem solchen Vorgehen missbraucht die Auftraggeberin letztlich auch die ihr zukommende Marktmacht[401]. Die Vergabebehörde hat grundsätzlich die Möglichkeit und die Wahlfreiheit, ein selektives Verfahren mit vorgängiger Eignungsprüfung durchzuführen. Hier dürfen nur diejenigen Anbieter, welche die (unter Umständen hoch angesetzten) Eignungsanforderungen erfüllen, eine Offerte einreichen, und die Vergabestelle ist gegebenenfalls auch berechtigt, die Zahl der geeigneten Teilnehmer zu beschränken. Die fristgerecht eingereichten Offerten muss sie dann aber prüfen und bewerten. Verlangt die Vergabebehörde hingegen zugleich mit den Eignungsnachweisen auch die Offerten ein, führt sie – ungeachtet der konkreten Bezeichnung – faktisch ein offenes Verfahren durch, und jeder Anbieter, der ein Angebot eingereicht hat, hat von vornherein einen Anspruch auf dessen Prüfung und Bewertung, es sei denn es liege ein gesetzlicher Ausschlussgrund vor[402].

6. Gemäss der (richtigen) Praxis des Zürcher Verwaltungsgerichts sind die auftraggebenden Behörden grundsätzlich **an die von Gesetz und Verordnung vorgesehenen Verfahrensarten gebunden.** Es steht deshalb nicht in ihrem Belieben, Elemente verschiedener Verfahren miteinander zu vermischen oder neue, in den Bestimmungen nicht vorgesehene Verfahren einzuführen. Solange allerdings die Anforderungen einer gesetzlichen Verfahrensart erfüllt werden, spricht aus Sicht des Verwaltungsgerichts nichts dagegen, zusätzliche Massnahmen zu treffen, welche die Zielsetzungen des Vergabeverfahrens unterstützen. So kann auch in einem «gewöhnlichen»

178

---

[399] VG Aargau: nicht publiziertes Urteil vom 18. Oktober 2002 (BE.2002.00225) E. 3b.
[400] Zutreffend demgegenüber VG Zürich: VB.1999.00015 E. 6c, in: RB 1999, Nr. 70, S. 149.
[401] Vgl. dazu auch Rz. 248 f.
[402] Vgl. unten Rz. 259 ff.

offenen oder selektiven Verfahren ein Gremium von sachkundigen Personen für die Beurteilung der Angebote zuhanden der Vergabebehörde eingesetzt werden, oder es können den Teilnehmern eines selektiven Verfahrens Entschädigungen für das Ausarbeiten der Angebote ausgerichtet werden. Wesentlich ist jedoch, dass in allen Fällen stets klar erkennbar bleibt, welche der gesetzlichen Verfahrensarten zur Anwendung kommen[403].

179   7. Nach dem Verwaltungsgericht des Kantons Zürich steht es einem Auftraggeber frei, ein **höherstufiges Verfahren** durchzuführen, als es im konkreten Einzelfall erforderlich wäre. In all jenen Fällen, in denen eine freihändige Vergabe möglich ist, ist daher auch das Einladungsverfahren zulässig. Der öffentliche Auftraggeber muss sich indessen nach zutreffender Auffassung des Verwaltungsgerichts **bei der gewählten Verfahrensart behaften lassen** und hat die dafür geltenden Grundsätze z. B. betreffend Nichtdiskriminierung und Gleichbehandlung einzuhalten. In gleicher Weise ist es den Auftraggebenden verwehrt, das einzuschlagende Verfahren nachträglich aufgrund der eingegangenen Offerten zu bestimmen. Die Vergabebehörde muss sich vorgängig, gestützt auf eine Schätzung der mutmasslichen Kosten, für eine Verfahrensart entscheiden[404].

180   8. Für die Wahl des richtigen Verfahrens massgebend ist einerseits die **Art des zu vergebenden Auftrags** (Lieferung, Dienstleistung, Bauauftrag) und anderseits der **Wert des konkreten Auftrags bzw. das Auftragsvolumen**[405], dessen Ermittlung nicht immer problemlos möglich ist, wie die nachfolgenden Beispiele aus der Gerichtspraxis zeigen.

181   9. Für die Ermittlung der anwendbaren Verfahrensart ist gemäss dem Verwaltungsgericht des Kantons Thurgau nicht der Wert des Gesamtbauwerks, sondern der **Auftragswert des Einzelauftrages** massgebend. Im konkreten Fall, der Holzbauarbeiten im Zusammenhang mit dem Neubau eines Einzelkindergartens betraf, wurde zu Recht das Einladungsverfahren gewählt[406].

182   10. Nach der Rechtsprechung des Verwaltungsgerichts des Kantons Aargau ist es unzulässig, **einen Auftrag künstlich in mehrere kleinere Einzelaufträge aufzuteilen** in der Absicht, auf diese Weise das auf ihn anwendbare Submissionsrecht zu umgehen. Dies würde dem Gebot der Förderung des wirksamen Wettbewerbs, aber auch dem Verbot rechtsmissbräuchlichen Verhaltens widersprechen. Als zulässig erklärte es das Gericht aber in einem Fall, der die Neuvergabe der Abfallbeseitigung betraf, die Abfuhr von Keh-

---

[403] VG Zürich: VB.2002.00044 E. 2a mit Hinweisen auf frühere Entscheide. Zur Rechtsprechung der BRK vgl. oben Rz. 164.
[404] VG Zürich: VB.99.00125, in: BR 1999, Nr. 65, S. 150. Vgl. auch unten Rz. 180 ff.
[405] Vgl. auch GVP 1999 Nr. 36, S. 104.
[406] TVR 2000, Nr. 29 S. 138 f.

richt, Grüngut und Altpapier in drei Einzelaufträge aufzuteilen, da es sich um die Beseitigung unterschiedlicher Materialien handle, deren Entsorgung bzw. allfällige Weiterverwertung ungleich erfolge[407]. Zu prüfen hatte das Verwaltungsgericht in diesem Entscheid auch die Frage, wie sich der Wert des Einzelauftrags berechnet, wenn für eine zu vergebende Dienstleistung ein **mehrjähriger Vertrag** abgeschlossen werden sollte. Es kam zum Schluss, für die Berechnung des Werts des zu vergebenden Auftrags müsse die vorgesehene Dauer bzw. die Laufzeit des Vertrags jedenfalls mitberücksichtigt werden. Im konkreten Fall hiess es daher die gegen die Durchführung eines Einladungsverfahrens erhobene Beschwerde gut und hielt fest, dass das streitige Beschaffungsgeschäft betreffend Kehrichtentsorgung angesichts des Auftragswerts in einem offenen oder selektiven Verfahren hätte vergeben werden müssen[408].

11. Gemäss dem Walliser Kantonsgericht ist die Höhe des Wertes des zu vergebenden Auftrags von den Behörden **im Voraus gestützt auf eine Schätzung der mutmasslichen Kosten** festzulegen. Dies hat deshalb im Voraus zu geschehen, damit die Vergabebehörde die richtige Verfahrensart wählen kann. Um die Bestimmungen über die Schwellenwerte einzuhalten, darf nicht zu knapp kalkuliert werden und hat sich die Behörde eher an die obere Bandbreite der Schätzung zu halten[409].

Das Verwaltungsgericht des Kantons Graubünden verlangt ebenfalls, dass der Auftragswert anhand einer **zuverlässigen Schätzung** ermittelt werden muss. Der Beweis bezüglich der Höhe des Auftragswerts obliegt dabei dem Auftraggeber. Liegt der geschätzte Auftragswert im Grenzbereich des oberen Schwellenwerts, nach welchem die Durchführung des Einladungsverfahrens noch zulässig ist, muss die Vergabebehörde den Auftrag öffentlich ausschreiben[410].

12. Auch nach dem Verwaltungsgericht des Kantons Zürich hat sich die Vergabestelle bei der Wahl der Verfahrensart auf eine **vorgängige Schätzung der mutmasslichen Auftragssumme** abzustützen. Dabei darf sie jedoch – um nicht die Bestimmungen über die Schwellenwerte ihres Zweckes zu berauben – nicht zu knapp kalkulieren und hat die Verfahrensart aufgrund der **oberen Bandbreite** der Schätzung auszuwählen. Im konkreten Fall gingen Angebote zwischen Fr. 89 247.40 und Fr. 168 513.50 ein, sodass die geschätzten Kosten auf jeden Fall mit mehr als Fr. 100 000 einzusetzen

183

184

185

---

[407] AGVE 1999, S. 304 f.
[408] AGVE 1999, S. 307 f.
[409] KG Wallis: Urteil A1 00 206 vom 11. Januar 2001 E. 5.2.
[410] PVG 2003 Nr. 28, E. 3.

waren und die Vergabebehörde daher verpflichtet war, das Einladungsverfahren zu wählen[411].

186 **13.** Das Verwaltungsgericht des Kantons Waadt verlangt, dass die Vergabebehörde nur aufgrund **genügend sicherer Kalkulationen** der Auftragswerte zugunsten der freihändigen Vergabe von einem Ausschreibungsverfahren absehen dürfe, da das Freihandverfahren auf Kosten der Marktöffnung gehe[412].

187 **14.** Das Verwaltungsgericht des Kantons Jura hat in Bezug auf die **Konsequenzen einer unrichtigen Schätzung** des Auftragswerts Folgendes festgehalten: «Selon la jurisprudence, une estimation trop basse de la valeur du marché peut aboutir à un choix erroné de procédure: l'adjudicateur choisit la procédure de gré à gré ou d'invitation alors qu'il aurait dû opter pour une procédure avec mise en concurrence. Il y a alors de bonnes raisons de penser que la décision d'adjudication prise au terme de cette procédure doit être annulée pour autant que le recourant démontre une erreur dans l'estimation de la valeur du marché. Si cette condition est remplie, il faut admettre un motif de nullité absolue puisque plusieurs règles d'ordre public (égalité de traitement, libre accès au marché et économie des deniers publics) sont violées. L'adjudication doit être annulée même si le recours émane d'un des soumissionaires qui a pu participer à la procédure»[413].

188 **15.** Gemäss dem Verwaltungsgericht des Kantons Waadt ist die für die Vergabe von Bauwerken einschlägige **Bagatellklausel**[414] bei Ingenieurarbeiten nicht anwendbar, da es sich bei Ingenieurleistungen um Dienstleistungsaufträge handelt[415].

189 **16.** Nicht unproblematisch ist die Berechnung des massgebenden Auftragswerts bei der Vergabe von **Versicherungsdienstleistungen** oder damit im Zusammenhang stehenden Broker- oder Maklermandaten[416]. Nicht mitzurechnen sind Versicherungen, bei denen der Versicherer nicht frei gewählt werden kann (z. B. Gebäudeversicherung, SUVA). Besteht die Absicht, ein ganzes Versicherungspaket einem einzigen Versicherer zu vergeben, ist der Gesamtwert für die Ermittlung der Schwellenwerte massgebend. Eine getrennte Vergabe einzelner Versicherungen ist grundsätzlich zulässig. So

---

[411] VG Zürich: VB.1999.00125 E. 2b = RB 1999 Nr. 65, S. 150.
[412] VG Waadt: Urteil vom 26. Januar 2000, E. 2, in: BR 2000, S. 128.
[413] KG Jura Adm 93/100 vom 17. Mai 2001 E. 2b. Vgl. auch Esseiva, in: BR 2000, S. 128 Anmerkungen zu Nrn. S39-S40.
[414] Art. 7 Abs. 2 IVöB.
[415] VG Waadt: Urteil vom 24. Januar 2001 E. 3b, in: RDAF 2002 (1. Teil – Verwaltungsrecht), S. 148 ff. und in: BR 2001, S. 163 Nr. S59. Vgl. auch Zufferey/Maillard/Michel, S. 84; Zufferey in: BR 1999, S. 49 und oben Rz. 168.
[416] Vgl. oben Rz. 143. Zur Methode der Berechnung vgl. z. B. § 4 Abs. 1 und 2 VRöB.

handelt es sich beispielsweise bei der Betriebshaftpflichtversicherung und der Mobiliarversicherung nicht um gleichartige Dienstleistungen, die zwingend gemeinsam auszuschreiben und zu vergeben sind. Anderseits wäre es – im Hinblick auf eine unzulässige Aufteilung – eher problematisch, wenn eine Gemeinde für jeden Verwaltungszweig eine eigene Betriebshaftpflichtversicherung abschliessen würde[417]. In der Praxis werden drei Kategorien von (versicherten) Risiken unterschieden: Personenversicherungen (z. B. Krankheit, Unfall, Invalidität, Alter), Sachversicherungen (Feuer, Wasserschaden, Diebstahl etc.) und Vermögensversicherungen (z. B. Haftpflicht, Rechtsschutz). In der Regel werden die einzelnen Kategorien gemeinsam vergeben, d.h. der Auftragswert der auszuschreibenden Versicherungsleistung bestimmt sich aufgrund der Addition der Werte der einzelnen Verträge[418].

2. Durchsetzung der richtigen Verfahrensart

1. Es stellt sich die Frage, inwiefern sich der Anbieter gegen die **Wahl des Vergabeverfahrens** wehren kann, insbesondere wenn ein **Verfahren ohne öffentliche Ausschreibung** zur Anwendung kommen soll: 190

2. Die Vergabe der Gebäude-Innenreinigung des Kantonsspitals B. als ein dem Submissionsrecht unterstellter Dienstleistungsauftrag wurde von der zuständigen Vergabebehörde im Einladungsverfahren durchgeführt. Der dabei ergangene Zuschlag wurde angefochten, nicht beanstandet wurde jedoch die im strittigen Submissionsverfahren getroffene **Wahl des Vergabeverfahrens.** Das **Aargauer Verwaltungsgericht** überprüfte indes die getroffene Wahl der Verfahrensart in Anwendung des Grundsatzes der Rechtsanwendung von Amtes wegen auch ohne entsprechende Rüge der Beschwerdeführerin und kam dabei zum Schluss, dass der in Frage stehende Auftrag nach Art. 5 Abs. 2 BGBM, den einschlägigen Bestimmungen des Submissionsdekrets, der IVöB und auch des ÜoeB hätte öffentlich ausgeschrieben werden müssen. Da das Verwaltungsgericht indes nach § 43 Abs. 2 VRPG/AG nicht über die Beschwerdebegehren hinausgehen darf, hob es in der Folge nicht die Submission als solche auf, sondern beschränkte sich auf die (beantragte) Zuschlagsaufhebung und überliess die Wiederholung des Verfahrens in Beachtung der massgebenden Vergaberechtsnormen der Beschaffungsstelle[419]. 191

3. In einem **Berner Fall** hatte eine Einwohnergemeinde die im Anschluss an die Gesamtmelioration notwendig gewordene Neuvermessung **freihändig** 192

---
[417] Vgl. dazu LANTER, S. 3 f.; ferner auch ESSEIVA, in: BR 2000, S. 121.
[418] ESSEIVA, in: BR 2000, S. 121.
[419] Vgl. AGVE 1997, S. 343 ff.; zu einem analogen Fall auch AGVE 2001, S. 311 ff.

dem technischen Leiter der Melioration vergeben. Im Beschwerdeverfahren einer Anbieterin, welche die Einwohnergemeinde erfolglos darum gebeten hatte, ebenfalls eine Offerte einreichen zu können, und die geltend machte, das Beschaffungsgeschäft hätte öffentlich ausgeschrieben werden müssen, entschied das Berner Verwaltungsgericht, wenn gerügt würde, **es sei in einem Fall gerade zu Unrecht kein Wettbewerb durchgeführt worden bzw. es hätte ein anfechtbarer Zuschlag erfolgen sollen,** so müsse diese Frage in einem Rechtsmittelverfahren überprüft werden können[420].

193 **4.** Gemäss dem Zürcher Verwaltungsgericht ist ein potentieller Anbieter berechtigt, die freihändige Vergabe eines Auftrags anzufechten und die Durchführung eines Einladungsverfahrens zu begehren. Obschon ein Anbieter nicht ohne Weiteres damit rechnen darf, zur Einreichung eines Angebots eingeladen zu werden[421], steht er in einer näheren Beziehung zum Streitgegenstand als beliebige Dritte oder die Allgemeinheit. Vorausgesetzt ist, dass er zum Kreis der für eine Einladung in Frage kommenden Anbieter zählt, d.h. über die Fähigkeit, einen Auftrag der betreffenden Art zu übernehmen, verfügt und ein Interesse an dessen Ausführung glaubhaft machen kann. Das Verwaltungsgericht stellt zudem fest, dass ein Ausschluss der Beschwerde in solchen Fällen dazu führen würde, dass die Durchführung einer freihändigen Vergabe anstelle des Einladungsverfahrens nie mit einem Rechtsmittel beanstandet werden könnte; die Pflicht zur Durchführung des Einladungsverfahrens bei der Überschreitung bestimmter Schwellenwerte wäre damit weitgehend lex imperfecta[422].

194 **5.** Das Verwaltungsgericht des Kantons Neuenburg hat entschieden, dass es einer Vergabebehörde nicht gestattet sein könne, mit einem potentiellen Anbieter (hier im Rahmen eines Projekts der Expo 2001) eine Zusammenarbeit aufzunehmen und sich alsdann auf diesen Umstand zu berufen, um ihm das in Frage stehende Beschaffungsgeschäft freihändig zu vergeben. Auf die Beschwerde gegen die nach Auffassung des Beschwerdeführers **unrechtmässig erfolgte freihändige Vergebung ist das Gericht ebenfalls eingetreten**[423].

195 **6.** Umgekehrt ist es der Vergabebehörde gemäss Zürcher Verwaltungsgericht nicht nur gestattet, freiwillig ein höherstufiges als das an sich anwendbare Vergabeverfahren zu wählen[424]; sie kann auch bei Einholung einer Offerte im

---

[420] BVR 1998, S. 72 ff.; ebenso VG Bern: Urteil VGE 21309 vom 21. März 2002 E. 1a/dd; vgl. auch unten Rz. 840 und 868.
[421] Vgl. unten Rz. 868.
[422] VG Zürich: VB.2001.00116 E. 2c.
[423] RDAF 1998 (1. Teil – Verwaltungsrecht), S. 297 ff.
[424] VG Zürich: VB.1999.00125 E. 2b = RB 1999 Nr. 65, S. 150. Sie kann z.B. ein Einladungsverfahren durchführen, wo auch die freihändige Vergabe offenstünde. Der öffentliche Auf-

freihändigen Verfahren – falls sie den Eindruck hat, das betreffende Angebot sei nicht marktkonform – ohne Rechtsverletzung das Verfahren wiederholen oder das höherstufige Einladungsverfahren durchführen[425].

7. Gemäss dem Verwaltungsgericht des Kantons St. Gallen kann die **Nichtausschreibung eines Beschaffungsvorhabens** (im konkreten Fall eines Kehrichtsammel- und -transportauftrages) auch ohne ausdrückliche gesetzliche Grundlage und trotz Fehlens einer (anfechtbaren) Verfügung mit Beschwerde gerügt werden. Fehlt es an einer Verfügung, so ist der Beginn des Fristenlaufs für die Beschwerde aufgrund der konkreten Verhältnisse zu beurteilen[426]. Bei der **freihändigen Vergabe** beschränkt sich der Rechtsschutz gemäss dem St. Galler Verwaltungsgericht auf die Frage nach der **Zulässigkeit der gewählten Verfahrensart,** d.h. es kann nur geltend gemacht werden, ein bestimmter Auftrag sei zu Unrecht im freihändigen Verfahren vergeben worden. Weitere Rügen sind nicht möglich[427].

3. Beschränkung der Zahl der Anbieter im selektiven Verfahren

1. Die **Präqualifikation** im selektiven Verfahren erfolgt anhand von **Eignungskriterien.** Die vergebende Behörde hat dabei zu Beginn des Verfahrens objektive Kriterien und die zu erbringenden Nachweise zur Beurteilung der Anbieter festzulegen[428].

2. Nach Art. 12 Abs. 1 lit. b IVöB kann die Zahl der im selektiven Verfahren zum Einreichen eines Angebots einzuladenden Anbieter beschränkt werden, wenn die rationelle Durchführung des Vergabeverfahrens es erfordert. Dabei muss jedoch ein wirksamer Wettbewerb gewährleistet bleiben[429]. Die **Beschränkung der Teilnehmerzahl** zielt in erster Linie darauf ab, den bei der auftraggebenden Amtsstelle anfallenden Aufwand für die Abwicklung des Vergabeverfahrens in einem tragbaren Rahmen zu halten. Beim Entscheid darüber, ob sich eine Beschränkung der Teilnehmerzahl rechtfertigt, ist nach der Rechtsprechung des Verwaltungsgerichts des Kantons Zürich einerseits die Komplexität der durchzuführenden Beschaffung, anderseits der Wert des zu vergebenden Auftrags zu berücksichtigen. Je komplexer die Beschaffung

---

traggeber muss sich indessen bei der gewählten Verfahrensart behaften lassen und hat die dafür geltenden Grundsätze z. B. betreffend Nichtdiskriminierung und Gleichbehandlung einzuhalten.
[425] VG Zürich: VB.2000.00206 E. 4.
[426] GVP 2001 Nr. 17, S. 58 f. Zur Berechnung der Beschwerdefrist beim freihändigen Verfahren vgl. auch Esseiva, in: BR 2000, S. 52 sowie unten Rz. 840.
[427] GVP 1999, Nr. 36 S. 104 ff. Vgl. auch unten Rz. 221.
[428] Vgl. dazu unten Rz. 347 ff., Rz. 386 f.
[429] Art. 12 Abs. 1 lit. b IVöB.

und je geringer der Auftragswert, umso eher ist eine Beschränkung der Teilnehmerzahl gerechtfertigt. Bei einem Präqualifikationsverfahren für die Vergabe von Studienaufträgen, bei dem die ausgewählten Anbieter für ihre Studienentwürfe entschädigt werden sollen, sind die Voraussetzungen für eine Beschränkung erfüllt[430].

199   3. In einem weiteren Fall des Zürcher Verwaltungsgerichts hatte die Vergabebehörde in der Ausschreibung bekannt gegeben, es würden mindestens drei Bewerber selektioniert, wobei fünf Anbieter zur Offerteinreichung zugelassen wurden. Das Verwaltungsgericht führte dazu Folgendes aus: «Wie eine Vergabestelle vorzugehen hat, wenn die geforderten Eignungskriterien von einer grösseren Anzahl Interessenten erfüllt werden, als aufgrund der vorgesehenen Beschränkung zur Abgabe eines Angebots eingeladen werden können, regelt die Submissionsverordnung nicht. Art. X Ziff. 1 des GATT/WTO-Übereinkommens verlangt, dass die Teilnehmenden in gerechter und nicht diskriminierender Weise ausgewählt werden. In der Literatur wird vorgeschlagen, dabei **auf das Mass der Eignung** abzustellen und im Zweifelsfall das Los entscheiden zu lassen (…). Jedenfalls dürfen bei der Auswahl im selektiven Verfahren keine vergabefremden Kriterien zur Anwendung gelangen. Werden Eignungskriterien oder allenfalls weitere Auswahlkriterien dazu verwendet, die Auswahl der Teilnehmer im selektiven Verfahren mit beschränkter Teilnehmerzahl vorzunehmen, müssen diese Anforderungen in gleicher Weise wie die Zuschlagskriterien (…) aus den Ausschreibungsunterlagen ersichtlich sein»[431]. Im konkreten Fall war die Auswahl aufgrund der Vorgaben der Vergabestelle nach dem Mass der Eignung der jeweiligen Bewerber vorzunehmen, wobei der Vergabebehörde ein erheblicher Ermessensspielraum bei der Bewertung zukam. Die fünf selektionierten Bewerber wurden bei allen Kriterien mit «gut» oder «genügend» bewertet. Die Bewerbung der Beschwerdeführenden wurde teils als «genügend», teils als «ungenügend» beurteilt, was nach Auffassung des Verwaltungsgerichts nicht zu beanstanden war. Es stellte fest, dass die Vergabebehörde die Auswahl nach sachlichen Kriterien getroffen habe. Im Übrigen seien auch geeignete Bewerber nicht zu berücksichtigen, wenn ihre Zahl die vorgesehene Beschränkung übersteige[432].

200   4. Unzulässig ist es gemäss dem Zürcher Verwaltungsgericht, wenn sich die Vergabebehörde bei der Auswahl unter den geeigneten Bewerbern weder auf das Mass der Eignung noch auf einen Losentscheid abstützt, sondern diejenigen Bewerber auswählt, «deren Arbeiten und ihre Firma bekannt

---

[430] VG Zürich: VB.1999.00385 E. 3c/aa; VB.1999.00359 E. 4b/bb.
[431] VG Zürich: VB.1999.00348 E. 5b; VB.1999.00359 E. 4b/bb; vgl. auch VG Zürich: VB.1999.00385 E. 3c/bb.
[432] VG Zürich: VB.1999.00348 E. 5c und d.

waren». Ein solches vergabefremdes Kriterium beruht auf Zufälligkeiten, schafft sachlich nicht gerechtfertigte Unterscheidungen und bevorzugt überdies tendenziell die ortsansässigen Anbieter[433].

5. Das Baudepartement des Kantons Schwyz hatte die Ingenieurleistungen für einen Neubau im selektiven Verfahren öffentlich ausgeschrieben. Vorgesehen wurde u.a., dass nach dem Präqualifikationsverfahren (Stufe 1) drei bis fünf Ingenieurbüros oder Bietergemeinschaften für die anschliessende Submission (Stufe 2) ausgewählt würden. Von den siebzehn eingegangenen Bewerbungen um die Teilnahme wurden drei Ingenieurbüros mit der Note 3.6 bewertet. Drei Büros erzielten die Bewertung 3.3. Die Bewertung der restlichen Bewerber lag zwischen 3.0 und 2.2. Von den drei zweitrangierten Bewerbern mit der Bewertung 3.3 wurde ein Bewerber mittels Losentscheid eliminiert. Das Verwaltungsgericht hiess die vom eliminierten Anbieter erhobene Beschwerde gut. Es kam zum Schluss, dass **ein Beharren auf der ausgeschriebenen Teilnehmerzahl von drei bis fünf Ingenieurbüros vor dem Diskriminierungsverbot nicht standhalte.** Dieses gebiete, dass die Auswahl unter geeigneten Bewerbern primär nach **individuellen, qualitativen Kriterien** zu erfolgen habe. Ohne eine solche Differenzierung den Losentscheid zu bemühen, sei willkürlich. Erst wenn die individuellqualitative Differenzierung eine derart hohe Anzahl von gleich geeigneten Bewerbern hervorrufe, dass dem Effizienzgebot nicht mehr nachgelebt werden könne, rechtfertige sich ein **Losentscheid.** Dies könne im konkreten Fall dann zutreffen, wenn beispielsweise auf dem zweiten Rang sieben gleich geeignete Bewerber liegen würden, so dass zehn von siebzehn Bewerbern zur Angebotseinreichung einzuladen wären, was die Effizienz des Vergabeverfahrens tatsächlich in Frage stellen könne. Die blosse Aufstockung der Teilnehmerzahl um lediglich einen Bewerber hingegen tangiere die Effizienz des Verfahrens nicht entscheidend, sondern gewähre vielmehr einen wirksamen und diskriminierungsfreien Wettbewerb[434].

6. Das Verwaltungsgericht des Kantons Aargau dagegen liess **Losentscheide** in wesentlich weiter gehender Weise zu. Nach dessen Rechtsprechung kann die ein selektives Verfahren durchführende Vergabestelle sich im Rahmen der Präqualifikation darauf beschränken, anhand der Eignungskriterien die ungeeigneten Bewerber auszuscheiden und dann entweder sämtliche geeigneten Bewerber zur Angebotseinreichung zuzulassen oder für den Fall der zahlenmässigen Limitierung die zuzulassenden Anbieter mittels Los zu bestimmen. Sie könne aber auch aufgrund der Mehr- oder Mindereignung der Bewerber eine Rangliste erstellen und im Falle der beschränkten Teilneh-

---

[433] VG Zürich:VB.1999.00385 E. 3c/cc; zum Verbot der Bevorzugung der ortsansässigen Anbieter vgl. unten Rz. 580.
[434] EVG-SZ 2000 Nr. 18, S. 67 ff. E. 3.

merzahl die am besten bewerteten, d.h. die geeignetsten Bewerber zulassen. Bei gleicher Eignung könne sie auch hier nötigenfalls das Los entscheiden lassen. Welches Vorgehen sie wähle, bestimme die Vergabestelle im Hinblick auf den zu vergebenden Auftrag; es handle sich hierbei weitestgehend um einen **Ermessensentscheid der Vergabebehörde.** Je nach zu vergebendem Auftrag könne es sachgerecht sein, nur die qualifiziertesten Bewerber zur Teilnahme zuzulassen; in andern Fällen rechtfertige es sich, allen geeigneten Anbietern (zumindest) eine Chance einzuräumen und das Los entscheiden zu lassen[435].

203   7. Gemäss dem Verwaltungsgericht des Kantons Aargau gebieten es namentlich das Transparenzgebot, aber auch das Verbot der Diskriminierung und die Förderung des wirksamen Wettbewerbs, dass die Vergabebehörde, welche die Anzahl der geeigneten Anbieter im selektiven Verfahren aus Effizienzgründen beschränken will, ihre **Limitierungsabsicht** in der öffentlichen Ausschreibung oder aber jedenfalls in den Präqualifikationsunterlagen **im Voraus bekannt gibt**[436].

4. Einladungsverfahren; Anspruch auf Teilnahme?

204   1. Das Verwaltungsgericht des Kantons Luzern umschreibt **Sinn und Zweck des Einladungsverfahrens**[437] folgendermassen: Ohne öffentliche Ausschreibung wird die Möglichkeit geboten, in einem kleineren Rahmen Wettbewerb zu schaffen, der sowohl für die Vergabebehörde als auch für die Anbieter volkswirtschaftlich vertretbar ist. Insbesondere auch für die Vergabestelle soll der administrative Aufwand (Durchführung des Verfahrens, Bewertung der Angebote) in einem gesunden Verhältnis zum Auftragvolumen stehen. Darüber, welche Unternehmen zur Abgabe einer Offerte eingeladen werden, entscheidet allein die Vergabebehörde. Grundsätzlich widerspricht es laut dem Luzerner Verwaltungsgericht daher der Konzeption des Einladungsverfahrens, wenn ein eingeladener Anbieter sich mit einem nicht eingeladenen Anbieter zu einer **Bietergemeinschaft** zusammenschliesst, um ein gemeinsames Angebot einzureichen. Denn in der Weise werde der Anbieterkreis gegen den Willen der Vergabebehörde erweitert. Eine solche Erweiterung müsse sich die Vergabebehörde dann nicht gefallen lassen, wenn sie die Anbieter wegen bestimmter persönlicher oder fachlicher Eignungen ausgewählt habe oder für das konkrete Projekt nur Unternehmen mit ähnlicher Struktur

---

[435] VG Aargau: Urteil BE.1998.00388 vom 15. März 1999, E. 5b (nicht publiziert); zusammengefasst bei MOSER, AJP 2000, S. 690.
[436] VG Aargau: Urteil BE.2002.00252 vom 29. Oktober 2002, E. 5e (nicht publiziert). Zur analogen Rechtsprechung der BRK für das Bundesrecht vgl. oben Rz. 152.
[437] Zum Einladungsverfahren im Allgemeinen vgl. die Dissertation von KUONEN.

oder Kapazität in Frage kommen würden. Anderseits seien Bietergemeinschaften möglich und zugelassen, solange sie in der Ausschreibung nicht ausdrücklich ausgeschlossen worden seien. Im konkreten Fall sei ein solcher Ausschluss nicht erfolgt. Auch könne nicht argumentiert werden, die Art der zu vergebenden Leistungen (Kostenplanung) lasse eine Bietergemeinschaft nicht zu oder es komme auf die persönliche Leistungserbringung durch ein einziges Unternehmen an. Massgebend sei allerdings, dass die beiden Unternehmen bereits im Vorfeld der umstrittenen Vergabe als Bietergemeinschaft aufgetreten seien. Sie hätten als Architektengemeinschaft beim vorgängigen Studienauftrag mitgemacht und ein Projekt eingereicht. Unter diesen Umständen hätte die Vergabebehörde darauf hinweisen müssen, wenn sie tatsächlich das Planungsbüro A hätte allein einladen wollen[438].

2. Beim Einladungsverfahren bestimmt die Auftraggeberin grundsätzlich frei, wen sie zur Einreichung eines Angebots auffordert. In der Regel sind aber mindestens drei Angebote einzuholen. Einen **Anspruch auf Teilnahme besitzt niemand** unter den potentiellen Anbietenden[439]. Die Vergabestelle ist auch nicht verpflichtet, die Gründe zu nennen, warum sie eine bestimmte Anbieterin nicht eingeladen hat. Das Verwaltungsgericht des Kantons Zürich hat es offengelassen, ob bei der Auswahl der Einzuladenden dennoch gewisse Einschränkungen zu beachten sind, insbesondere zur Vermeidung einer gezielten Diskriminierung einzelner Anbieter[440]. Ob es im Hinblick auf das BGBM beispielsweise zulässig ist, wenn eine Vergabebehörde konsequent stets nur ortsansässige Anbieter einlädt, wäre zumindest zu hinterfragen. Nach dem Verwaltungsgericht des Kantons Aargau könnte eine unzulässige gezielte Diskriminierung darin bestehen, dass die Vergabebehörde über einen langen oder zumindest längeren Zeitraum hinweg und ohne sachliche Gründe dafür zu haben, konsequent davon absieht, einen bestimmten Anbieter zum Einreichen eines Angebots einzuladen. Aufgrund der Wahlfreiheit der Vergabebehörde, die ihr mit der Möglichkeit des Einladungsverfahrens bewusst zugebilligt werde, dürfe eine Diskriminierung allerdings nicht leichthin, sondern nur unter sehr strengen Voraussetzungen angenommen werden[441]. Im konkreten Fall wies es die Beschwerde eines ortsansässigen langjährigen Familienunternehmens, das bei verschiedenen Arbeitsvergaben nicht berücksichtigt worden war, ab. Die Vergabestelle sei nicht verpflichtet, bei

205

---

[438] VG Luzern: Entscheid V 06 192 vom 24. Oktober 2006, E. 4b und 5a, mit Hinweis auf KUONEN, S. 66 und 152. Vgl. auch KG Basel-Landschaft: Entscheid 2004-034 vom 24. März 2004, E. 1c/dd.
[439] VG Zürich: VB.2001.0016 E. 2b; ferner AGVE 2003, S. 239 ff. Zur Bevorzugung der Ortsansässigen im Rahmen des Einladungsverfahrens vgl. unten Rz. 584.
[440] VG Zürich: VB.2001.00256 E. 4.
[441] AGVE 2003, S. 244.

jedem Einladungsverfahren, das sie zur Vergebung von öffentlichen Arbeiten ausführe, stets auch die ortsansässigen Anbietenden miteinzuladen[442].

206 **3.** Auch nach Auffassung des Verwaltungsgerichts des Kantons Thurgau steht es im Einladungsverfahren der Vergabestelle frei, wem sie eine Einladung zur Offertstellung zukommen lässt. Da im konkreten Fall die Vergabestelle die Beschwerdeführerin auf deren Begehren hin zur Offertstellung eingeladen hatte, musste sie sich bei der Einhaltung der Bestimmungen über das Submissionsrecht behaften und eine gerichtliche Überprüfung des Zuschlagsentscheids gefallen lassen[443].

5. Zulässigkeit des freihändigen Vergabeverfahrens

207 **1.** Das Verwaltungsgericht des Kantons Aargau geht davon aus, dass öffentliche Aufträge – von den Beschaffungen von geringerem Wert abgesehen – grundsätzlich zwingend im offenen, selektiven oder zumindest im Einladungsverfahren zu vergeben sind. Bei den in § 8 Abs. 3 SubmD/AG aufgeführten Fällen der zulässigen freihändigen Vergabe handle es sich um **Ausnahmen, bei deren Anwendung Zurückhaltung geboten sei.** Die einzelnen Ausnahmefälle seien allerdings zum Teil so umschrieben, dass der Vergabebehörde ein erheblicher Ermessensspielraum bleibe. Sie dürfe diesen nicht dazu missbrauchen, den Auftrag direkt einem bevorzugten Anbieter zu vergeben. Für die freihändige Vergabe und den damit verbundenen Ausschluss des freien Wettbewerbs müssten stets zwingende sachliche Gründe bestehen[444]. Verneint wurden solche Gründe – geltend gemacht worden waren technische Probleme und Koordinationsschwierigkeiten – im Falle der Vergabe eines Auftrags für die Erweiterung und Modernisierung einer Gemeinschaftsantennenanlage an die bisherige Signallieferantin und Betreuerin des Kabelnetzes (hinsichtlich Ausbau und technischen Unterhalts)[445].

208 **2.** Das Zürcher Submissionsrecht enthält in § 10 SubmV/ZH einen Katalog von Fällen, bei welchen eine freihändige Vergabe unabhängig vom wirtschaftlichen Wert des Beschaffungsgegenstandes zulässig ist. Das Verwaltungsgericht erklärte in einem Anwendungsfall Folgendes: Ob beim Vorliegen eines umfangreichen öffentlichen Auftrags ausnahmsweise dennoch eine Vergabe ohne öffentliche Ausschreibung zulässig ist, gehe aus Art. 5 Abs. 2 BGBM nicht hervor. Es müsse aber zulässig sein, die im interkantonalen und internationalen Recht vorgesehenen Ausnahmen von der Publikationspflicht in

---

[442] AGVE 2003, S. 245.
[443] TVR 2000, Nr. 29 S. 139.
[444] AGVE 1997, S. 346 f.; 1998, S. 407; 1999, S. 307 f.; 2001, S. 316.
[445] AGVE 2001, S. 314 ff.

Anspruch zu nehmen[446], was im Kanton Zürich mit § 10 SubmV/ZH geschehen sei. Weitergehende Einschränkungen der Publikationspflicht seien nicht zulässig[447]. Auch das Zürcher Verwaltungsgericht legt die einzelnen in § 10 SubmV/ZH enthaltenen Tatbestände, welche auch bei Überschreitung der Schwellenwerte freihändige Vergebungen gestatten, zu Recht einschränkend aus[448]. So ist etwa für die Anrufung des **Ausnahmetatbestands** von § 10 Abs. 1 lit. f SubmV/ZH[449] u.a. erforderlich, dass «die **früher erbrachten Leistungen, zu welchen die Austauschbarkeit gewährleistet werden soll,** in einem dem massgeblichen Auftragswert entsprechenden Verfahren vergeben wurden; soweit damals die Notwendigkeit von Folgeaufträgen bereits erkennbar war, war dies der Gesamtwert der kombinierten Aufträge. Andernfalls könnte die Ausnahme dazu missbraucht werden, um bei einem grösseren Projekt zunächst ein erstes Los geringen Umfangs freihändig zu vergeben und anschliessend die Vergabe der weiteren Lose unter Berufung auf das Kompatibilitätserfordernis wiederum freihändig vorzunehmen. Das entspräche offensichtlich nicht dem Sinn der Vorschrift, sondern müsste als Umgehung der Regeln über die einzuschlagende Verfahrensart gewertet werden»[450].

3. Gemäss § 10 Abs. 1 lit. e SubmV/ZH kann auf die Ausschreibung eines Auftrags verzichtet werden, wenn aufgrund unvorhergesehener Ereignisse zur Ausführung oder Abrundung eines zuvor im Wettbewerb vergebenen Bauauftrags **zusätzliche Bauleistungen** notwendig werden, deren Trennung vom ursprünglichen Auftrag aus technischen oder wirtschaftlichen Gründen für die Auftraggeberin mit erheblichen Schwierigkeiten verbunden wäre. Der Wert der zusätzlichen Bauleistungen darf in diesem Fall höchstens die Hälfte des Werts des ursprünglichen Auftrags betragen. Das Zürcher Verwaltungsgericht erachtete im Fall einer freihändig erfolgten Vergabe eines Zusatzauftrags für den Ausbau einer Abwasseranlage diese Voraussetzungen als nicht bzw. nur teilweise erfüllt. Es liess es für die Anwendung des Ausnahmetatbestands nicht genügen, dass eine Vergabe beider Projekte an denselben Auftragnehmer die notwendige Koordination der Bauausführung erleichtert hätte. Dies gelte für zahlreiche Teilaufgaben bei der Realisierung eines Bauwerks und sei daher für sich allein kein Grund, zusätzliche Teilaufträge ohne neue Ausschreibung zu vergeben. Oft würden

209

---

[446] Art. XV ÜoeB; vgl. auch Art. 13 VoeB.
[447] VG Zürich: VB.1999.00106 E. 5a.
[448] Vgl. VG Zürich: VB.1999.00106 E. 5a–d.
[449] § 10 Abs. 1 lit. f SubmV/ZH lautet wie folgt: «Leistungen zur Ersetzung, Ergänzung oder Erweiterung bereits erbrachter Leistungen müssen der ursprünglichen Anbieterin oder dem ursprünglichen Anbieter vergeben werden, weil einzig dadurch die Austauschbarkeit mit schon vorhandenem Material oder Dienstleistungen gewährleistet ist.»
[450] VG Zürich: VB.2001.00116 E. 4d.

zwar gute Gründe dafür sprechen, zusammenhängende Teilbereiche eines Bauvorhabens an denselben Auftragnehmer zu vergeben. Dieser Entscheid sei jedoch vor der Ausschreibung zu treffen und könne grundsätzlich nicht durch die nachträgliche Ergänzung eines bereits vergebenen Auftrags nachgeholt werden. Eine Ausnahme sei nur zulässig, wenn unvorhersehbare Ereignisse die Ergänzung eines bereits erteilten Auftrags notwendig machten. Schwierigkeiten aus dem Planungsablauf, welche die Vergabestelle selbst zu verantworten habe (diese hatte geltend gemacht, es habe sich erst nach der Ausschreibung des Hauptprojekts, bei der Weiterbearbeitung des Teilprojekts, gezeigt, dass dieses aus technischen Gründen mit Vorteil an denselben Generalunternehmer vergeben werde), genügten dafür nicht[451].

210 **4. a)** Das Verwaltungsgericht des Kantons Bern hat es als zulässig erachtet, die im Anschluss an eine Landumlegung zu vergebenden Vermessungsarbeiten freihändig, d.h. ohne Durchführung eines Wettbewerbs, an dasjenige Geometerbüro zu vergeben, das bereits die Landumlegung ausgeführt hatte. Zwar sei an sich vorhersehbar gewesen, dass im Anschluss an eine Güterzusammenlegung das Land neu vermessen werden müsse. Die Gründungsversammlung der Landumlegungsgenossenschaft habe indessen bereits 1982 – also lange vor Inkrafttreten des ÜoeB – stattgefunden, und damals habe die Praxis bestanden, die im Nachgang an Güterzusammenlegungen erforderliche Neuvermessung erst in einem zweiten Schritt zu vergeben. Die Voraussehbarkeit des Anschlussauftrags spreche unter diesen Umständen nicht gegen eine freihändige Vergabe. Es stehe weiter fest, dass sich der Auftrag für die Neuvermessung nur schwer vom Auftrag der Gesamtmelioration des fraglichen Gebiets habe trennen lassen, weshalb eine Vergabe an den technischen Leiter der Melioration sinnvoll sei. Nicht zu überzeugen vermöge allerdings das Argument, das mit der Güterzusammenlegung betraute Büro habe sich Vorkenntnisse aneignen können, welche zu Erleichterungen und Einsparungen bei der Neuvermessung führten. Sollte dies der Fall sein, so würde sich dieser Vorteil in einem günstigeren Angebot niederschlagen und stellte mithin keinen Grund für einen Verzicht auf einen Wettbewerb dar[452].

211 **b)** In einem späteren Entscheid ist das Verwaltungsgericht des Kantons Bern freilich zum Schluss gekommen, dass Art. XV Ziff. 1 lit. f ÜoeB und der ihm nachgebildete Art. 12 Abs. 2 lit. e aSubV/BE als Grundlage für die freihändige Vergabe im Bereich der amtlichen Vermessung ausser Betracht fallen, und es hat die bisherige Rechtsprechung insoweit präzisiert. Anschliessend hat es geprüft, ob die freihändige Vergabe der Vermessungsarbeiten im kon-

---
[451] VG Zürich: VB.1999.00106 E. 5d.
[452] BVR 1998, S. 77 f.

kreten Fall gestützt auf Art. XV Ziff. 1 lit. d ÜoeB und Art. 12 Abs. 2 lit. f aSubV/BE gerechtfertigt werden könne. Das Verwaltungsgericht hat die Frage verneint und die freihändige Vergabe im Lichte von Art. XV Ziff. 1 lit. d ÜoeB als nicht zulässig bezeichnet[453].

5. a) Ist aufgrund unvorhergesehener Ereignisse eine Beschaffung derart dringlich, dass die Durchführung eines ordentlichen Vergabeverfahrens unmöglich ist, so kann die Vergabestelle den Auftrag freihändig vergeben. Damit ein Auftrag wegen **Dringlichkeit** freihändig vergeben werden kann, müssen gemäss dem Verwaltungsgericht des Kantons Waadt indessen **drei Voraussetzungen** erfüllt sein: Erstens muss ein unvorhersehbares Ereignis vorliegen; zweitens muss das zu vergebende Geschäft dringlich sein; drittens muss zwischen Ereignis und Dringlichkeit ein Kausalzusammenhang bestehen. Letzteres bedeutet, dass die Dringlichkeit nicht von der Vergabestelle verursacht worden sein darf und auch nicht in deren Planung begründet liegt. Zudem darf sich der derart freihändig vergebene Auftrag nicht über andere Leistungen erstrecken als über jene, deren sofortige Vergabe erforderlich ist[454].

212

b) Es sind allerdings auch Situationen denkbar, in denen das **öffentliche Interesse an einer zeitverzugslosen Vergabe** so gross ist, dass es nicht mehr ausschliesslich darauf ankommen kann, wer die Ursache für den entstandenen Verzug gesetzt hat, sofern die Zwangslage von der Vergabebehörde nicht mit der Absicht herbeigeführt worden ist, den Wettbewerb auszuschliessen. Ist das öffentliche Interesse an einer sofortigen Ausführung der Arbeiten unzweifelhaft grösser als der Anspruch potentieller Anbieter auf gleichberechtigte Teilnahme an einem ordentlichen Vergabeverfahren, soll somit nicht jedes Mitverschulden der Vergabebehörde die Durchführung des freihändigen Verfahrens verunmöglichen[455].

213

c) Das Verwaltungsgericht des Kantons Graubünden hat die **Dringlichkeit** in einem Fall bejaht, in dem die Vergabebehörde, ein Abfallbewirtschaftungsverband, einem Unternehmen in einem offenen Vergabeverfahren den Zuschlag für den Sammeldienst für Hauskehricht erteilt hatte. In der Folge verzögerte sich allerdings die Vertragsunterzeichnung, da das betreffende Unternehmen eine Preisanpassung verlangte. Im Sinne einer

214

---

[453] VG Bern: Urteil VGE 21309 vom 21. März 2002, E. 3 und 4.
[454] VG Waadt: Urteil vom 24. Januar 2001, E. 4, in RDAF 2002 (1. Teil – Verwaltungsrecht), S. 152 ff. und in BR 2001, S. 160, Nr. S48 mit Anmerkungen Esseiva.
[455] KG Basel-Landschaft: Entscheid 2005-037 vom 1. Juni 2005. Im konkreten Fall bejahte das Kantonsgericht Basel-Landschaft die Dringlichkeit der Vergabe und stellte fest, dass diese zumindest nicht überwiegend von der Vergabestelle verursacht worden sei, weshalb die Arbeiten zulässigerweise im freihändigen Verfahren vergeben worden seien (E. 5). Vgl. auch VG Bern, in: BVR 2003, S. 229.

Übergangslösung beauftragte der Abfallbewirtschaftungsverband ein anderes Unternehmen mit der Ausführung des Sammeldienstes, wogegen die Zuschlagsempfängerin Beschwerde erhob. Das Verwaltungsgericht hielt fest, die Beschwerdeführerin habe für den abzuschliessenden Vertrag eine Anpassung der Entschädigung verlangt, die im Rahmen des Vergabeverfahrens nicht vorgesehen gewesen sei, obwohl ihr die damit verbundenen Tatsachen bereits bei der Angebotseinreichung bekannt gewesen seien. Daran habe sie selbst im Beschwerdeverfahren noch festgehalten. Dadurch habe sie selber eine Lage geschaffen, welche es der Vergabebehörde verunmöglicht habe, den privatrechtlichen Vertrag mit ihr abzuschliessen. Da der alte Kehrichtsammelvertrag ausgelaufen sei und der Abfallbewirtschaftungsverband die Kehrichtentsorgung ununterbrochen zu gewährleisten habe, sei diesem gar nichts anderes übrig geblieben, als einen Drittunternehmer vorläufig mit diesen Arbeiten im freihändigen Verfahren zu betrauen. Die Dringlichkeit der Beschaffung im Sinne einer Übergangslösung sei daher offensichtlich gegeben gewesen, weshalb der Verband befugt gewesen sei, den entsprechenden Zuschlag freihändig zu vergeben[456].

215 **6.** Gemäss § 8 Abs. 3 lit. b SubmD/AG kann die Vergabestelle einen wegen der Höhe des Auftragswertes an sich im offenen oder selektiven Verfahren zu vergebenden Auftrag freihändig vergeben, wenn die eingereichten **Angebote unter den Anbietenden abgesprochen worden sind**[457]. Die diesfalls zulässige freihändige Vergabe setzt implizit den Abbruch des ursprünglichen, offenen oder selektiven Verfahrens voraus[458]. Die blosse Vermutung, dass es möglicherweise zu Preisabsprachen kommen könnte, stellt allerdings nach der Rechtsprechung des Verwaltungsgerichts des Kantons Aargau noch keinen ausreichenden Grund für die Durchführung des freihändigen anstelle des offenen oder selektiven Verfahrens dar. § 8 Abs. 3 lit. b SubmD/AG gestattet die freihändige Vergabe nur dann, wenn nachweislich eine Preisabsprache vorliegt bzw. zumindest der **sachlich begründete Verdacht**, dass Preisabreden stattgefunden haben, dargetan werden kann. Das freihändige Verfahren darf **nicht rein präventiv** angewendet werden, um solche Abreden unter den Konkurrenten möglicherweise auszuschliessen[459].

216 **7.** Kommt die Vergabebehörde anlässlich des freihändigen Verfahrens zum begründeten Schluss, der Bieter nütze die Tatsache aus, als Einziger zum

---

[456] VG Graubünden: Urteil U 06 91 vom 7. November 2006, E. 4.
[457] Vgl. zur Frage der Preisabsprachen und zum Abbruch des Verfahrens unten Rz. 322 ff., 501 ff.
[458] AGVE 1999, S. 314 f.; vgl. auch VG Aargau: Urteil BE.2000.00151 vom 14. Juli 2000, E. 2b (nicht publiziert); ferner VG Zürich: VB.2000.00403 E. 3a.
[459] AGVE 1999, S. 308 f.; vgl. auch STÖCKLI, in: BR 2000, S. 129, der es als fraglich erachtet, ob die Zulässigkeit der freihändigen Vergabe bei Preisabsprachen voraussetzt, dass «ausschliesslich» abgesprochene Angebote eingereicht worden sind.

Angebot aufgefordert worden zu sein, kann sie ohne Rechtsverletzung das Verfahren wiederholen oder das höherstufige Einladungsverfahren[460] durchführen[461].

6. Freihändiges Verfahren mit mehreren Anbietern

1. Gemäss dem Verwaltungsgericht des Kantons Bern kann die Vergabestelle auch dann Konkurrenzofferten einholen, wenn eine freihändige Vergabe zulässig wäre. Das Vergabeverfahren wird aber dadurch nicht zu einem Einladungsverfahren im Sinne von Art. 4 ÖBG/BE[462]. Das bernische Submissionsgesetz bestimmt Schwellenwerte, ab denen die kantonalen oder kommunalen Behörden für die Vergebung von Aufträgen ein offenes/selektives oder ein Einladungsverfahren durchführen müssen, wobei die Gemeinden für ihre Beschaffungen tiefere Schwellenwerte festlegen dürfen (Art. 3–5 ÖBG/BE). Bei Nichterreichung des Schwellenwerts «kann» der Zuschlag im «freihändigen Verfahren» vergeben werden (Art. 6 ÖBG/BE). In diesem Fall besteht gegen den «Zuschlag» keine Beschwerdemöglichkeit (Art. 11 Abs. 2 lit. b ÖBG/BE). Art. 12 Abs. 3 und Art. 13 Abs. 3 ÖBG/BE sehen überdies ausdrücklich vor, dass «Auftragsvergaben unterhalb der Schwellenwerte des Einladungsverfahrens» bzw. «Auftragsvergaben unterhalb der Schwellenwerte oder tieferer kommunaler Schwellenwerte» nicht anfechtbar sind. Das Bundesgericht hat diese Regelung einerseits mit Hinweis auf die Beschränkung des Rechtsschutzes im Bundesvergaberecht und andererseits mit der Begründung, dass das freihändige Verfahren kein formalisiertes Vergabeverfahren darstelle, weshalb eine Anfechtungsmöglichkeit grundsätzlich keinen Sinn mache, für zulässig erklärt. Dass die Gemeinde **im Rahmen der freihändigen Vergebung mehrere Offerten** eingeholt und diese miteinander verglichen habe (was das Bundesgericht somit implizit als zulässig erachtet[463]), könne ebenfalls nicht zur Folge haben, dass deswegen eine Anfechtungsmöglichkeit der Offerenten gegen den Zuschlag eröffnet werden müsse; es wäre sachwidrig, ein solches Vorgehen, das auch bei

217

---

[460] Auch in den Kantonen kann wie im Bund generell davon ausgegangen werden, dass es den Vergabebehörden erlaubt ist, ein höherrangiges Vergabeverfahren zu wählen als dasjenige, das im konkreten Einzelfall erforderlich wäre (vgl. dazu oben Rz. 163 und 179); VG Zürich: VB.2000.00206 E. 2; VG Schwyz: VGE 1017/05 vom 28. April 2005, E. 3 (Festlegen eines Einladungsverfahrens statt eines freihändigen Verfahrens auch im unterschwelligen Bereich).
[461] VG Zürich: VB.2000.00206 E. 4.
[462] BVR 2005, S. 499 ff.; BR 2007, S. 78.
[463] Vgl. auch unten Rz. 223.

einer freihändigen Vergabe zweckmässig sein könne, durch das Risiko von Rechtsmittelverfahren zu erschweren[464].

218   2. § 8 Abs. 4 SubmD/AG sieht ausdrücklich vor, dass in den Fällen des freihändigen Verfahrens gemäss § 8 Abs. 3 SubmD/AG die Vergabestelle eine Wettbewerbssituation dadurch schaffen kann, dass sie ohne öffentliche Ausschreibung verschiedene Anbietende nach ihrer Wahl zur Einreichung eines Angebots einlädt. Handelt es sich um so genannte Bagatellvergaben, bei denen die Schwellenwerte des Einladungsverfahrens nicht erreicht werden (§ 8 Abs. 3 lit. a SubmD/AG), so besteht auch im Kanton Aargau keine Rechtsmittelmöglichkeit (mehr)[465]. In den restlichen Fällen eines freihändigen Verfahrens mit mehreren Konkurrenten dürfte der Rechtsschutz allerdings gegeben sein.

219   3. Die irrtümliche Bezeichnung als «Einladungsverfahren» in der Zuschlagsverfügung hat gemäss dem Verwaltungsgericht des Kantons Luzern nicht zur Folge, dass eine gesetzlich zulässige freihändige Vergabe durch ein Einladungsverfahren ersetzt wird, zumal das (durchgeführte) Verfahren selber die Anforderungen an ein Einladungsverfahren in keiner Weise erfüllte. Dass zwei Unternehmen angefragt wurden, eine Offerte auszuarbeiten, spricht nicht gegen eine freihändige Vergabe und vor allem nicht für das Vorliegen eines Einladungsverfahrens. Denn im Einladungsverfahren sind in der Regel mindestens drei Angebote einzuholen (§ 12 öBG/LU)[466].

220   4. Nach dem Verwaltungsgericht des Kantons Schwyz sind auch im freihändigen Verfahren die öffentlichen Mittel haushälterisch einzusetzen, weshalb die Einholung von Konkurrenzofferten angezeigt ist[467].

221   5. Das Verwaltungsgericht des Kantons St. Gallen hat bereits früher die Auffassung vertreten, die Vergabe von kleineren Aufträgen im freihändigen Verfahren sei Ausdruck der den Gemeinden verbliebenen Restautonomie im öffentlichen Vergabewesen. Damit solle dem mit den örtlichen Gegebenheiten am besten vertrauten Gemeinwesen auch unter der Herrschaft des neuen Beschaffungsrechts gestattet sein, zumindest bei kleineren Aufträgen ein möglichst rasches, kostengünstiges und unkompliziertes Vergabeverfahren beizubehalten. Zulässig müsse es in diesem (restautonomen) Bereich auch sein, zum Offertvergleich vor einer freihändigen Vergabe ausserhalb der Formvorschriften des Einladungsverfahrens eine oder mehrere Konkurrenzofferten einzuholen und den Auftrag in der Folge direkt, d.h. freihändig,

---

[464] BGE 131 I 137 ff. Vgl. dazu auch oben Rz. 60 Fn. 157 und unten Rz. 801 f. sowie die Anmerkung von MARTIN BEYELER, in: BR 2005, S. 70 f.
[465] Vgl. § 24 Abs. 2 SubmD/AG.
[466] VG Luzern: Entscheid V 06 107 vom 10. Juli 2006, E. 2c.
[467] VG Schwyz: VGE 1036/05 vom 31. August 2005, E. 3.4.1.

zu vergeben. Die Vorschriften des Einladungsverfahrens würden in solchen Fällen nicht zum Tragen kommen, da sonst der Anwendungsbereich des freihändigen Verfahrens ausgehöhlt würde. Das Verwaltungsgericht gelangte zum Schluss, dass die Vorschriften des Submissionsrechts über die förmliche Ausschreibung und die Einladung auf das freihändige Verfahren nicht anwendbar seien und der Zuschlag im freihändigen Verfahren auch dem Rechtsschutz entzogen sei, soweit es nicht um die Verfahrensart selbst gehe[468]. Die Vergabestelle sei namentlich auch nicht gehalten, Zuschlagskriterien festzulegen und diese bei der Vergabe transparent anzuwenden. Diese Grundsätze beanspruchten auch dann Geltung, wenn Konkurrenzofferten eingeholt worden seien[469].

6. Wählt eine Gemeinde das Einladungsverfahren, obwohl auch das freihändige Verfahren zulässig gewesen wäre, so unterstellt sie sich gemäss dem Verwaltungsgericht des Kantons Thurgau **freiwillig** den Bestimmungen über das öffentliche Beschaffungswesen. Unabhängig davon sind die Gemeinden nach dem Thurgauer Verwaltungsgericht aber auch in denjenigen Vergabeverfahren, welche die einschlägigen Schwellenwerte nicht erreichen, rechtlich nicht völlig ungebunden; sie dürfen die Aufträge insbesondere nicht willkürlich vergeben[470].

222

7. In der **Lehre** ist es umstritten, ob das freihändige Verfahren stets nur mit einem Anbieter durchgeführt werden darf oder ob es zulässig ist, gleichzeitig (oder auch noch nachträglich) **Konkurrenzofferten** einzuholen. Verschiedene Autoren sind der Auffassung, dass die Vergabebehörde materiell das Einladungsverfahren wähle, wenn sie mehrere Anbieter unter Konkurrenzbedingungen offerieren lasse, ohne dass die Bedingungen des offenen oder selektiven Verfahrens erfüllt seien. Alsdann sei sie auch zur Einhaltung der für das Einladungsverfahren geltenden submissionsrechtlichen Grundsätze verpflichtet[471]. Andere Autoren erachten ein freihändiges Verfahren mit mehreren Anbietern hingegen als grundsätzlich zulässig, jedenfalls soweit der das freihändige Verfahren begründende Ausnahmetatbestand im konkreten Fall eine Konkurrenzsituation überhaupt zulasse[472]. Auch diese Vergaben würden dem Wirtschaftlichkeits- und dem Wettbewerbsgebot unterstehen und die Konkurrenz mehrerer Anbieter würde zu einer wirtschaftlichen Optimierung der Angebote führen[473].

223

---

[468] Vgl. oben Rz. 196.
[469] GVP 1999, Nr. 36, S. 104 ff. Vgl. auch VG St. Gallen: Urteil B 2004/ 148 vom 16. Dezember 2004, E. 2; Urteil B 2004/ 208 vom 7. April 2005, E 2.
[470] TVR 1999, Nr. 26, S. 146; vgl. auch oben Rz. 179.
[471] RECHSTEINER, in BR, Sonderheft Vergaberecht 2004, S. 39; BOVET, in: BR, Sonderheft Vergaberecht 2004, S. 42.
[472] KUONEN, S. 48 f. mit Hinweisen; BEYELER, in: BR 2007, S. 78.
[473] BEYELER, in: BR 2007, S. 78.

4. Kapitel:
Ausschreibung und Ausschreibungsunterlagen

I. Im Allgemeinen

1. In der Ausschreibung und den Ausschreibungsunterlagen hat die Vergabebehörde den **Beschaffungsgegenstand**[474] und die auf das konkrete Geschäft zur Anwendung gelangenden Bedingungen zu umschreiben[475]. Die Beschaffungsstelle ist zu einer genauen Bedürfnisabklärung verpflichtet, dient diese doch zunächst dem optimalen **Einsatz der öffentlichen Mittel.** Der Inhalt von Ausschreibung und Ausschreibungsunterlagen hat aber auch für die Anbieter eine grosse Bedeutung, und die Nichtkonformität eines Angebots mit diesen kann zum **Ausschluss** der betreffenden Offerte vom Vergabeverfahren führen[476].

224

Die Ausschreibung oder die Ausschreibungsunterlagen haben obligatorisch[477] einen **Leistungsbeschrieb** zu enthalten[478]; dieser muss klar und vollständig sein[479]. Die Vergabeunterlagen haben die benötigten Waren oder Dienstleistungen mittels eines umfassenden Produkte- oder Aufgabenbeschriebs oder eines detaillierten Leistungsverzeichnisses zu beschreiben sowie alle Anforderungen an technische Spezifikationen, die erfüllt werden müssen, zu enthalten[480]. Andernfalls gibt es Probleme für das weitere Submissionsverfahren, namentlich können nicht vergleichbare Offerten resultieren[481]. Dabei kann auch das Fragerecht der Anbieter in der Regel nicht mehr Abhilfe schaffen, und der Versuch der Vergabebehörde, die auf einem ungenügend genauen Leistungsbeschrieb beruhenden nicht (genügend) vergleichbaren Angebote im Rahmen der Offertbereinigung nachträglich vergleichbar zu machen, gefährdet das Gleichbehandlungsgebot gegenüber den Anbietenden.

225

---

[474] Vgl. zum Ganzen auch unten Ziffer 9, Rz. 236 ff.
[475] BRK 014/04 E. 2b/aa und die Hinweise in BR 2/2005 S9, S. 71 ff.
[476] Vgl. unten Rz. 226, 287 ff.
[477] Vgl. für die Fälle, in welchen die Erstellung eines Leistungsbeschriebs als nicht möglich erscheint, unten Rz. 236 ff.
[478] Vgl. dazu z. B. Art. 18 Abs. 1 lit. b VoeB und Art. XII Ziffer 2 Ingress und lit. g derselben Ziffer des ÜoeB sowie ferner § 14 Abs. 1 lit. b und g VRöB.
[479] Vgl. dazu statt vieler GAUCH/STÖCKLI, S. 14 Rz. 8.1.
[480] Art. XII Ziffer 2 lit. g ÜoeB; Art. 16 Abs. 1 VoeB i.V.m. Ziffer 3 lit. b und Ziffer 10 des Anhangs 4 zur VoeB, Art. 18 Abs. 1 lit. b VoeB.
[481] Vgl. Rz. 511 (auch zum Änderungsverbot bez. Leistungsverzeichnis).

Der Leistungsbeschrieb, dem die Angebote zu entsprechen haben, muss die direkte Grundlage für den mit dem erfolgreichen Anbieter abzuschliessenden **Vertrag** bilden. Es ist unzulässig, einen davon abweichenden Vertragsinhalt mit dem Zuschlagsempfänger zu vereinbaren[482].

226 **2.** Nach Art. 16 lit. c aSubG/GR erfolgt namentlich dann ein Ausschluss, wenn der Anbieter ein Angebot einreicht, welches den Anforderungen der Ausschreibung nicht entspricht (heute Art. 22 lit. c SubG/GR). Um dieser Bedingung korrekt nachzukommen, ist es aber unerlässlich, dass das **Leistungsverzeichnis widerspruchsfrei und unmissverständlich** formuliert ist. Die *Konsequenz aus einem unvollständigen oder gar fehlerhaften Devis trägt grundsätzlich die Vergabebehörde*[483].

227 Nach § 12 Abs. 3 SubmD/AG sind die Ausschreibungsunterlagen so zu gestalten, dass die Anbietenden ordnungsgemäss offerieren können. Welche Anforderungen an den Inhalt und an den Präzisierungs- und Detaillierungsgrad eines Ausschreibungstextes zu stellen sind, damit ein ordnungsgemässes Offerieren möglich ist, lässt sich nicht verallgemeinern, sondern hängt vor allem von der Art des zu vergebenden Auftrags ab. Das Aargauer Verwaltungsgericht sah in einem Fall, in welchem das Leistungsverzeichnis fehlerhafte Angaben in Bezug auf die Spezifikationen enthielt, keinen Grund für eine Wiederholung der Submission, da die Fehler von den Anbietenden erkannt wurden und insbesondere die Beschwerdeführerin selbst in ihrem Angebot darauf hingewiesen und entsprechend die fraglichen Produkte korrekt angeboten hatte. Die Anbietenden wurden durch die fehlerhaften Angaben nicht irregeführt[484].

228 **3.** Nach § 7 Abs. 1 aSubmV/SZ sind die sachlichen und zeitlichen Grundlagen der Bewerbung in einem ausführlichen Leistungsverzeichnis niederzulegen, welches die Beschreibung der einzelnen Arbeiten, die Materialqualität, die voraussichtlichen Mengen und besonderen Bedingungen für die Ausführung enthält. Der Regierungsrat des Kantons Schwyz hat die Ausgestaltung eines Leistungsverzeichnisses für die Durchführung eines Wettbewerbs unter Elektroingenieuren, das bewusst keinen qualitativen Standard vorgab, sondern es den Wettbewerbsteilnehmern überlassen wollte, mit der gewählten honorarberechtigten Bausumme gewissermassen auch in qualitativer Hinsicht eine Offerte zu unterbreiten, als unzureichend erachtet[485].

---

[482] Vgl. dazu im Einzelnen unten Rz. 701 ff.
[483] VG Graubünden: U 01 62 E. 2 Ingress; ferner PVG 1994 Nr. 8, 1998 Nr. 57, 1999 Nr. 58.
[484] VG Aargau: AGVE 2004 (54), S. 223 ff.
[485] EGV-SZ 1998, Nr. 52, S. 158 f.

4. Bei unklaren Ausschreibungsunterlagen besteht nach den Feststellungen des Bundesgerichts eine **Fragepflicht der Anbietenden**[486]: In einem Fall war strittig, ob der Beschwerdeführer seinem Angebot ein Bauprogramm hätte beifügen und sich zum vorgegebenen Terminplan hätte äussern müssen. Die Ausschreibungsunterlagen sahen in Ziffer 221 vor, dass ein Bauprogramm einzureichen war; andererseits bestimmte Ziffer 710 der Ausschreibungsunterlagen, dass die Bauleitung vom Unternehmer «jederzeit und kostenlos die Vorlage eines detaillierten und vertraglich bindenden Arbeitsprogrammes für alle oder einzelne Bauphasen verlangen» könne. Das Bundesgericht räumte ein, dass die Regelung zu Missverständnissen Anlass geben konnte. Bei einer solchen Sachlage wäre es aber nach Auffassung des Bundesgerichts Sache der Beschwerdeführerin gewesen, «sich durch eine (allenfalls informelle) Rückfrage über die zu diesem Punkt erwarteten Angaben ins Bild zu setzen». Dies sei ohne besonderen Aufwand möglich gewesen, zumal Ziffer 291 der abgegebenen Ausschreibungsunterlagen ausdrücklich das Tiefbauamt des Kantons Zug als Auskunftsstelle «über alle Belange der Ausschreibung» bezeichnete. Die in den Ausschreibungsunterlagen enthaltene Regelung habe jedenfalls nicht ausgeschlossen, dass von der Beschwerdeführerin erwartet werden durfte, dass sie sich bereits zum Zeitpunkt der Angebotseinreichung in einem eigenen Bauprogramm mit den vorgegebenen Terminen auseinandersetzte. Der massive und letztlich trotz des Preisvorteils der Beschwerdeführerin getätigte Punkteabzug bei der Bewertung ihres Angebots unter dem Kriterium «Termine» infolge eines fehlenden Bauprogramms führte daher zur Abweisung der staatsrechtlichen Beschwerde[487].

229

Kritik: Es kann nicht angehen, die Anbietenden letztlich die Nachteile eines ungenauen Leistungsverzeichnisses tragen zu lassen, denn dafür trägt einzig und allein die Vergabestelle die Verantwortung. Die Annahme einer Fragepflicht des Anbietenden ist auf Fälle zu beschränken, in welchen feststeht, dass das Unterlassen einer Anfrage und die anschliessende Berufung des Anbietenden auf den Mangel der Ausschreibungsunterlagen auf eine Verletzung der Pflicht zum Verhalten nach Treu und Glauben hinausliefe. Eine solche Annahme kann insbesondere getroffen werden, wenn feststeht, dass der betreffende Anbietende den Mangel seinerzeit erkannte und der Vergabebehörde gleichwohl keine Fragen unterbreitete[488].

230

5. Beschaffungsgegenstand darf auch eine Leistung sein, die auf dem Schweizer Markt in der umschriebenen Form nicht erhältlich ist. So kann

231

---

[486] Vgl. generell zur Pflicht der Anbietenden zur sofortigen Geltendmachung von Mängeln der Unterlagen und des Verfahrens ausserhalb von Rechtsmittelverfahren unten Rz. 419 ff. Vgl. andererseits zur Rückfragepflicht der Vergabebehörden Rz. 266 f.
[487] BGE 2P.1/2004 E. 2.2; 3.3.
[488] Vgl. zum vorliegenden Problembereich insbesondere auch unten Rz. 421.

das Leistungsverzeichnis zulässigerweise auch Vorgaben enthalten, die für den Anbieter einen Erwerb von Gegenständen im Ausland voraussetzt, wenn dieser Gegenstand im Schweizer Handel nicht in ausschreibungskonformer Weise erhältlich ist[489].

232   6. Von der Vergabestelle in der Ausschreibung **vorgeschriebene Auflagen** bzw. vom Zuschlagsempfänger bei Auftragsvergabe zu erbringende **Nebenleistungen** sind nach Auffassung des Luzerner Verwaltungsgerichts nicht zu beanstanden, insoweit die Grundsätze des Beschaffungsrechts, insbesondere das Gleichbehandlungsgebot bzw. das Diskriminierungsverbot respektiert würden. Die Anbietenden hätten die wirtschaftlichen Auswirkungen der Auflage in den Angebotspreis einzurechnen. So hat das Gericht im Rahmen eines Kehrichtentsorgungsauftrages die Auflage einer Vergabestelle, der obsiegende Anbieter müsse vom bisherigen Abfuhrunternehmen die beiden von diesem eingesetzten Kehrichtfahrzeuge zu festgelegten Konditionen übernehmen, als rechtmässig qualifiziert. Dem stehe auch der Grundsatz der Wirtschaftlichkeit nicht entgegen, weshalb es auch keine Rolle spiele, ob für den gleichen Übernahmepreis Neuwagen mit neueren Motoren, also hochwertigere und wirtschaftlich bessere Fahrzeuge, erworben werden könnten[490].

233   7. Bei **Änderung der Anforderungen der Vergabestelle bezüglich Beschaffungsgegenstand** ist zunächst Art. XIV Abs. 4 lit. b ÜoeB zu beachten, wonach die Beschaffungsstellen sämtliche Änderungen der Kriterien und technischen Anforderungen allen verbleibenden Verhandlungsteilnehmern schriftlich mitzuteilen haben[491]. Die Änderung der ausgeschriebenen Leistung nach Offertöffnung ist im Übrigen unzulässig, wenn damit ein einzelner Bewerber einen erheblichen Vorteil erfährt. Bei der Prüfung der Offerten ist der Grundsatz der Gleichbehandlung zu beachten[492].

234   8. Explizit erwähnt wird in den Vergaberichtlinien die **elektronische Publikation der Ausschreibung** in § 10 Abs. 2 VRöB. Die ganze Bestimmung lautet:

> «[1] Im offenen und selektiven Verfahren erfolgt die Ausschreibung von Aufträgen mindestens im kantonalen Amtsblatt.
> [2] Im Staatsvertragsbereich wird zusätzlich mindestens die Zusammenfassung der Ausschreibung im Schweizerischen Handelsamtsblatt (SHAB) oder auf

---

[489] VG Zürich: VB.2001.00071.
[490] VG Luzern: V 05 177.
[491] Vgl. zum Ganzen unten Rz. 495 ff.
[492] GVP-SG 1999, Nr. 34 S. 99 ff. Vgl. im vorliegenden Zusammenhang im Übrigen Kapitel 11, insbesondere die Rz. 489 ff. und 494 ff.

einer gemeinsamen elektronischen Plattform⁴⁹³ von Bund und Kantonen publiziert.
³ Im Einladungsverfahren sowie im freihändigen Verfahren erfolgt die Einladung zur Offertstellung durch direkte Mitteilung. Im freihändigen Verfahren kann dies formlos erfolgen.»

Im Übrigen wird auch auf die Vorschriften bezüglich der elektronischen Einreichung der Offerte verwiesen⁴⁹⁴. 235

9. Wie erwähnt⁴⁹⁵, ist die Erstellung einer detaillierten und genauen **Umschreibung des Beschaffungsgegenstands** grundsätzlich für jede Beschaffung obligatorisch. Es gibt aber Fälle, in denen dies **nicht** möglich ist. Auch in diesen Fällen darf nicht einfach auf eine genaue Umschreibung des Leistungsgegenstands verzichtet werden; vielmehr sind diesfalls andere submissionsrechtliche Instrumente zu wählen. Statt der geplanten Submission ist zunächst ein Beschaffungsgeschäft durchzuführen, welches die genaue Ermittlung des Beschaffungsbedarfs bezweckt. Je nach den Kosten dieser **Vorbereitungsbeschaffung** wird dafür das für diese Dienstleistungssubmission anwendbare Verfahren zu wählen sein. Sofern dabei Fachleute beizuziehen sind, die als Anbieter (in der Hauptsubmission) in Frage kommen, soll die Vergabebehörde diese vor der Vergabe des Vorbereitungsauftrags darauf hinweisen, dass sie in der Hauptsubmission aus Gründen der Vorbefassung⁴⁹⁶ gegebenenfalls nicht mehr anbieten dürfen. 236

Eine Einschränkung der Anforderungen an die Umschreibung des Beschaffungsgegenstands kann bei der **sog. funktionalen Ausschreibung** in Frage kommen, insofern deren **Anwendungsvoraussetzungen**⁴⁹⁷ in casu erfüllt sind⁴⁹⁸. Das ist nicht der Fall, wenn bei der Vergebung der Elektroarbeiten für die Klima- und Lüftungsanlage einer Schulzahnklinik die technische Ausführung den Anbietenden mit Plänen und ergänzenden Angaben detailliert vorgegeben wird. Aus der Ausschreibung/den Ausschreibungsunterlagen muss diesfalls zumindest klar hervorgehen, *welche Leistungen die Offerte umfassen muss*. Da dies vorliegend nicht der Fall war, hat die Vergabebehörde 237

---

⁴⁹³ Eine solche steht nunmehr mit www.simap.ch zur Verfügung.
⁴⁹⁴ § 23 Abs. 2 VRöB.
⁴⁹⁵ Oben Rz. 224 ff.
⁴⁹⁶ Vgl. dazu unten Rz. 679 ff.
⁴⁹⁷ Die Rechtsprechung hat bisher keine genauen Abgrenzungskriterien für jene Fälle entwickelt, in denen die Anwendung der funktionalen Ausschreibungsmethode unzulässig wäre. Es bleibt also letztlich unklar, in welchen Beschaffungsgeschäften die funktionale Ausschreibungsmethode zulässig ist; eine gewisse Grauzone besteht auch für die Frage, wann eine funktionale Ausschreibung vorliegt und wann diese noch als konventionell qualifiziert werden kann. Vgl. dazu auch unten Rz. 250, ferner Rz. 257 ff.
⁴⁹⁸ Vgl. dazu unten Rz. 247 und 250 ff.

die Schwierigkeit verschuldet, dass ein direkter Vergleich der Angebote nur schwer möglich war[499].

238 Die Zielsetzung, den Beschaffungsgegenstand genau zu umschreiben, kann auch über andere submissionsrechtliche Instrumente wie den Ideen[500]- und Projektwettbewerb[501] bzw. den Studienauftrag[502] erreicht werden[503].

II. Schranken bei der Ausgestaltung von Ausschreibung und Ausschreibungsunterlagen

1. Grundsatz der Ausgestaltungsfreiheit

239 **1.** Das Aargauer Verwaltungsgericht führt zur **Ausgestaltungsfreiheit** der Vergabebehörden bezüglich Ausschreibungsunterlagen aus, die Vergabestellen seien in der inhaltlichen Ausgestaltung der Ausschreibungsunterlagen weitgehend frei; ihnen stehe dabei ein erheblicher Ermessensspielraum zu. § 12 Abs. 3 SubmD/AG verlange aber, dass die Ausschreibungsunterlagen so zu gestalten seien, dass die Anbietenden ordnungsgemäss offerieren könnten. Welche Anforderungen an den Inhalt und an den Präzisierungs- und Detaillierungsgrad eines Ausschreibungstextes zu stellen seien, damit ein ordnungsgemässes Offerieren möglich sei, lasse sich nicht verallgemeinern, sondern hange vor allem auch von der Art des zu vergebenden Auftrags ab[504].

240 **2.** U.E. ist aber in Ergänzung des Entscheids des Aargauer Verwaltungsgerichts klar, dass Bestimmungen in Ausschreibungsunterlagen, welche einzelne Anbieter **diskriminieren**[505] können, unzulässig sind[506].

2. Technische Spezifikationen

241 **1.** Zu verweisen ist auf die Regeln über die Handhabung der technischen Spezifikationen gemäss Art. VI ÜoeB bzw. Art. 4 Abs. 2 BilatAbk, Art. 13

---

[499] VG Zürich: VB.2004.00195 E. 3.2.
[500] Zum Ideenwettbewerb, vgl. unten Rz. 661 ff.
[501] Zum Planungswettbewerb, vgl. unten Rz. 661 ff., 663.
[502] Zum Studienauftrag, vgl. Rz. 666 ff.
[503] ESSEIVA, in BR 2/2005, Note zu S9, S. 72.
[504] AGVE 1998, S. 410 ff.
[505] Vgl. dazu auch unten zur Freiheit der Vergabestellen bei der Festlegung der Zuschlagskriterien: Rz. 544 ff.
[506] Vgl. zur Aargauer Praxis auch unten Rz. 244 und 245.

lit. b IVöB und in § 15 VRöB sowie auf die kantonalen Submissionserlasse. Das Bundessubmissionsrecht enthält keine ausdrückliche Bestimmung über die Frage, ob ein Auftraggeber das von ihm nachgefragte Produkt auch mit einer **Markenbezeichnung** umschreiben darf[507]. Das entsprechende Verbot ergibt sich aber direkt aus Art. VI ÜoeB sowie auch aus dem Diskriminierungsverbot und (jedoch nur in entsprechender Fallkonstellation) aus dem Gebot des wirtschaftlichen Einsatzes der öffentlichen Mittel[508]. Art. VI Ziff. 3 ÜoeB hält im Grundsatz fest, dass «Anforderungen oder Hinweise in Bezug auf besondere Handelsmarken oder Handelsnamen, Patente, Muster oder Typen sowie auf einen bestimmten Ursprung, bestimmte Produzenten oder Anbieter» verboten sind. Nur wenn es «keine andere hinreichend genaue oder verständliche Art und Weise der Beschreibung des Beschaffungsbedarfs gibt», darf die Vergabebehörde im Rahmen ihrer Leistungsumschreibung ausnahmsweise z. B. auf ein Markenprodukt verweisen, muss diesfalls aber die Worte «oder gleichwertig[509]» beifügen[510]. Gestützt auf das bilaterale Abkommen gilt diese Regel jetzt auch unmittelbar für die Gemeinden und die übrigen dem Abkommen unterstellten Auftraggeber[511].

2. Vergabebehörden dürfen technische Spezifikationen im Regelfall **nicht derart eng** umschreiben, dass nur ein ganz bestimmtes Produkt oder nur ein einzelner Anbieter bzw. nur wenige Anbieter für die Zuschlagserteilung in Frage kommen. Nach dem Verwaltungsgericht des Kantons Tessin muss ein Zuschlag aufgehoben werden, wenn er auf einer technischen Spezifikation beruht, die die Unverbindlichkeit der aufgeführten Produkte- und Markennamen nicht erwähnt und die überdies Leistungen beschreibt, die nur von einem bestimmten Hersteller erbracht werden können[512].

242

3. Kann im Rahmen einer im offenen oder selektiven Verfahren erfolgenden Vergabe eine Leistungs- oder Produktumschreibung in den Ausschreibungsunterlagen nur mit einer bestimmten Produktbezeichnung erfolgen, ist sie als beispielhaft («z. B.») kenntlich zu machen oder durch den Zusatz «oder gleichwertig» zu ergänzen[513].

243

4. In Bezug auf die technischen Spezifikationen hat das Verwaltungsgericht des Kantons Aargau entschieden, dass es den Vergabebehörden grundsätzlich verwehrt sei, ausschliesslich das Produkt eines bestimmten Herstellers

244

---

[507] Art. 12 BoeB; vgl. das THG (SR 946.51).
[508] STÖCKLI, in BR 1999, S. 51.
[509] Das Zürcher Verwaltungsgericht hat aber in analoger Anwendung von § 10 Abs. 1 lit. f SubmV/ZH in einem Fall auch darauf verzichtet, vgl. dazu unten Rz. 345.
[510] Art. VI Ziff. 3 ÜoeB.
[511] Vgl. oben Rz. 9.
[512] VG Tessin: Urteil vom 5. August 1998, in: BR 1999, S. 144, Nr. S39.
[513] AGVE 1998, S. 406.

zu verlangen oder die technischen Spezifikationen so zu bestimmen, dass **nur ein beschränkter Anbieterkreis oder sogar nur ein einziger Anbieter** überhaupt in der Lage sei, ein den einschränkenden Bedingungen der Ausschreibung entsprechendes Angebot einzureichen[514]. Dem öffentlichen Auftraggeber sei es untersagt, sich auf technische Spezifikationen zu beziehen oder Produktevorgaben zu machen, die dazu führten, dass bestimmte Unternehmen bevorzugt oder ausgeschlossen würden. Grundsätzlich müssten in einem öffentlich ausgeschriebenen Verfahren alle interessierten und geeigneten Anbieter der betreffenden Branchen die gleiche Möglichkeit haben, für die zu vergebende Leistung ein Angebot einzureichen, welches auch eine Chance auf den Zuschlag habe. Die öffentlichen Vergabestellen hätten sich neutral zu verhalten und allen potentiellen Anbietern einen offenen und fairen Wettbewerb zu gewährleisten[515].

245 Im Rahmen der Beschaffung eines Medizinalproduktes (Gerät, welches in der Radio-Onkologie eingesetzt werden soll) verlangten die Ausschreibungsunterlagen eine «CE-Zertifizierung» des angebotenen Produkts. Strittig war, ob diese Zertifizierung erst zurzeit des Vertragsabschlusses oder bereits vor der Zuschlagserteilung vorliegen müsse. Das Aargauer Verwaltungsgericht stellte fest, dass es sich bei der verlangten CE-Zertifizierung um eine **Produkteanforderung** in Bezug auf die Tauglichkeit für den vorgesehenen Zweck und die Sicherheit der Anlage handle. Produkteanforderungen bestimmten den zwingenden Inhalt des Angebots und die technischen Spezifikationen. Unter dem Begriff der **technischen Spezifikation** seien die technischen Anforderungen an ein Material, das Erzeugnis oder eine Lieferung zu verstehen, mit deren Hilfe das Material, das Erzeugnis oder eine Lieferung so bezeichnet werden könnten, dass sie ihren durch den Auftraggeber festgelegten Verwendungszweck erfüllten; dazu gehörten Qualitätsstufen, Gebrauchstauglichkeit, Leistungsfähigkeit, Sicherheit, Abmessungen usw. Produkteanforderungen seien absolute Kriterien; ihre Nichterfüllung führe unabhängig vom Vergleich mit den anderen Angeboten zur Nichtberücksichtigung des Angebots. Die Produkteanforderung «CE-Zertifizierung» sei in casu – was auch aus dem Submissionstext hervorgehe – eine Muss-Position, welche nicht erst anlässlich des Vertragsabschlusses habe vorliegen dürfen. Würde nämlich letzterer Auffassung gefolgt, wäre eine transparente, nachvollziehbare Abwicklung des Submissionsverfahrens, namentlich ein aussagekräftiger Vergleich der Angebote, wegen der damit verbundenen Unsicherheit ausgeschlossen[516].

---

[514] Vgl. auch Rz. 363.
[515] AGVE 1998, S. 402 ff.
[516] AGVE 2005 (48), S. 236 ff.

5. a) Das Bundesgericht hielt es für rechtmässig, dass eine Vergabebehörde bei der Beschaffung einer Kehrichtverbrennungsanlage nur eine Anlage mit «konventioneller Rostfeuerung» zuliess und eine Anbieterin, welche eine **andere Technologie** anbieten wollte, gar nicht in den Wettbewerb einbezogen wurde. Für die Vergabebehörde hätten «zeitliche und finanzielle Sachzwänge» bestanden, aufgrund welcher die in der Beschränkung der nachgefragten Technologie liegende Möglichkeit der Diskriminierung der beschwerdeführenden Anbieterin hinzunehmen sei. Im Zusammenhang mit diesen Sachzwängen sei in dem dem bundesgerichtlichen Verfahren zugrunde liegenden kantonalen Entscheid geltend gemacht worden, die Vergabebehörde habe im Laufe ihrer Evaluation auf die ursprüngliche Ausführungsart verzichtet und sich nun für die genannte Technologie mit Rostfeuerung entschieden, was umfangreiche weitere Schritte zur Folge gehabt habe, welche die Vergabestelle im Hinblick auf die Erlangung der Subventionen letztlich in Zeitnot gebracht habe. Selbst wenn trotz vorstehender Umstände keine «Dringlichkeit aufgrund unvorhersehbarer Ereignisse» (Art. 12 Abs. 2 lit. d SubmV/BE; heute: Art. 7 Abs. 3 lit. d ÖBV/BE) gegeben sei, habe vorliegend eine freihändige Vergebung aufgrund der «technischen Besonderheiten» (Art. 12 Abs. 2 lit. c SubmV/BE; heute Art. 7 Abs. 3 lit. c ÖBV) erfolgen dürfen, da die «vorgängige Einschränkung des Auftrags auf bestimmte Verfahren und Technologien» hier zulässig gewesen sei: Vorliegend sei es (nämlich) verständlich und sachlich gerechtfertigt, dass sich die Vergabebehörde aufgrund der massiven Widerstände in der Bevölkerung, welche im Zusammenhang mit dem ursprünglichen Schwelbrennprojekt entstanden seien, für eine herkömmliche und mehrfach erprobte Technologie entschieden habe[517].

246

b) **Kritik** zum vorstehenden Bundesgerichtsentscheid: Offenbar hat die Vergabebehörde das Beschaffungsvorhaben zunächst auf eine bestimmte Technologie beschränkt (grossdimensionierte Schwelbrandanlage), die sich in der Folge (wegen nicht weiter spezifizierten «Widerständen in der Bevölkerung») angeblich als nicht weiterverfolgbar erwies. Dem Urteil kann nicht entnommen werden, ob die (daraufhin neu gewählte) «herkömmliche und mehrfach erprobte Technologie» (der Rostfeuerung) den «massiven Widerständen der Bevölkerung gegen das ursprüngliche Schwelbrennprojekt» am besten Rechnung getragen habe. Sollten etwa Bedenken im Zusammenhang mit der Luftreinhaltung bestanden haben, so hätte (statt der Beschränkung auf eine einzige Technologie) die Ausschreibung des Beschaffungsgeschäfts gemäss Art. VI Ziffer 2 lit. a ÜoeB «eher bezüglich Leistung als bezüglich Konzeption oder beschreibender Eigenschaften definiert werden» sollen. Der

247

---

[517] Vgl. zu den vorstehenden Ausführungen Urteil des Bundesgerichts 2P.282/1999 vom 2. März 2000; vgl. ferner zu diesem Fall Rz. 511.

Entscheid der Vergabebehörde, das Projekt zu redimensionieren und eine andere Technologie zu wählen, beruht auf einer ursprünglichen Fehleinschätzung der Reaktion der Bevölkerung, die offenbar nicht dem Beschwerdeführer angelastet werden kann. Der Widerstand der Bevölkerung gegen eine (grossdimensionierte) Kehrichtverbrennungsanlage dürfte heute auch nicht mehr als unvorhersehbares Ereignis qualifiziert werden können. *Funktionale Ausschreibungsmethoden*[518] vermögen bei solchen *Optimierungsproblemen* ein Maximum an Lösungsvorschlägen zugunsten der öffentlichen Hand hervorzubringen. Einer Vergabebehörde, die zuerst einer Fehleinschätzung (z. B. infolge ungenügender Vorabklärungen) unterliegt und die alsdann (wohl eher zur Vermeidung von [politischen] Risiken als im Interesse einer optimalen Lösung) einfach «eine herkömmliche und mehrfach erprobte Technologie» unter Ausschaltung des Wettbewerbs freihändig beschafft, zulasten des beschwerdeführenden Anbieters Rechtsschutz zu gewähren, erscheint aber jedenfalls als problematisch[519].

3. Fairness der Ausschreibungsbedingungen

248 Im schweizerischen öffentlichen Beschaffungsrecht wurde es bisher versäumt, Normen zu schaffen, welche **nachfragemächtigen Vergabestellen**[520] Schranken bei der Ausgestaltungsfreiheit von Ausschreibung und Ausschreibungsunterlagen setzen würden. Vielmehr wurden die diesbezüglichen Vorschriften einseitig auf die möglichen Wettbewerbsbeschränkungen der Anbieter ausgerichtet[521].

249 Es ist von den Beschaffungsstellen, die dem öffentlichen Beschaffungsrecht unterstehen, zu verlangen, dass sie sich als **faire Marktpartner** verhalten und dass sie **bei Marktmächtigkeit keine unangemessenen Bedingungen**

---

[518] Vgl. dazu oben Rz. 237 und unten 250 ff.
[519] Kritisch zur beschriebenen Praxis auch STÖCKLI, in BR 2001, S. 65 (Anmerkung).
[520] Vgl. dazu die Hinweise von GAUCH/STÖCKLI, S. 73 Rz. 27.5 Fn. 312, wo auf die Nachfragemacht der staatlichen Vergabestellen Bezug genommen wird; vgl. ferner unten Rz. 753 ff.
[521] Vgl. dazu unten Rz. 271 ff. sowie die Ausführungen bei GALLI/LEHMANN/RECHSTEINER, S. 21 f. Rz. 63 ff., insb. Rz. 66.

durchsetzen⁵²². Insoweit ist die Ausgestaltungsfreiheit somit beschränkt⁵²³. Im Bereiche der Durchsetzung eines fairen Marktverhaltens der Vergabebehörden könnte auch der konstruktive Dialog der Wirtschaftsverbände mit den staatlichen Nachfragern eine Funktion wahrnehmen.

III. Funktionale Ausschreibung

1. Bei der funktionalen Ausschreibung[524] beschränkt sich das Leistungsverzeichnis auf die Festlegung des Beschaffungszieles bzw. eines Leistungsprogrammes, ohne den Gegenstand und den Umfang der nachgesuchten Leistung abschliessend und genau zu umschreiben. Die technische Lösung zur Erreichung des Beschaffungszieles muss vom Anbieter noch erarbeitet werden[525]. Die Auftraggeber streben mit dieser Vergabeform die Mithilfe der Anbieter bei der Leistungsermittlung unter Ausnützung ihres Knowhow an. Die Frage, in welchen Beschaffungsgeschäften die funktionale Ausschreibungsmethode angewandt werden darf, hat die Rechtsprechung bislang nicht klar beantwortet[526]; fest steht aber, dass die konventionelle Ausschreibungsmethode mit genauem Leistungsverzeichnis grundsätzlich

250

---

[522] Obschon Art. 7 lit. c KG (Verbot für den marktmächtigen Nachfrager, unangemessene Preise oder sonstige unangemessene Geschäftsbedingungen zu erzwingen) seinem Wortlaut nach nur anwendbar ist, soweit die Vergabebehörde ein marktbeherrschendes Unternehmen des privaten oder des öffentlichen Rechts ist, ist die generelle Berücksichtigung des diesbezüglichen Normgehalts für alle Vergabebehörden zu verlangen. Vgl. dazu auch STÖCKLI, Öffentliche Vergabe und privatrechtlicher Vertrag, Vortragsunterlagen zur Vergabetagung 2002 des Instituts für Schweizerisches und Internationales Baurecht der Universität Freiburg, Schweiz, und der Stiftung juristische Weiterbildung, Zürich, vom 29. August 2002 in Zürich, S. 4, Fn. 10. STÖCKLI verweist zudem darauf, dass allgemeine Geschäftsbedingungen der Unklarheitsregel unterstehen (BGE 115 II 268 E. 5a), nach der unklar vorformulierte Bedingungen im Zweifel (BGE 124 III 158 E. 1b) zulasten ihres Verfassers auszulegen sind. Zu Recht verweist STÖCKLI ferner darauf, dass die genannte Unklarheitsregel auch dann anzuwenden ist, wenn «Musterverträge», «allgemeine Geschäftsbedingungen» oder «Rahmenverträge» zur Debatte stehen, welche die Vergabebehörde (z. B. nach Art. 67 Abs. 2 lit. c VoeB) «erlassen» hat, und dass ohne Rücksicht auf die behördliche Herkunft vorformulierter Vertragsbedingungen Art. 8 UWG anwendbar ist (a.a.O., S. 9); vgl. zum Missbrauch der Nachfragemacht auch unten Rz. 753 ff.
[523] Vgl. zu den Rechtsbehelfen der Anbieter bei Verletzung vorstehender Grundsätze GAUCH/STÖCKLI, S. 74 Rz. 28.1, und GALLI/LEHMANN/RECHSTEINER, S. 21 ff. Rz. 63 ff.
[524] Vgl. dazu auch Rz. 237.
[525] VG Zürich: VB.2004.00195 E. 3.2, ferner BEZ 1999 Nr. 15, E. 4b.
[526] Vgl. etwa das Zürcher Verwaltungsgericht, das die funktionale Ausschreibungsmethode «bei der Vergabe eines technisch komplexen Auftrags» für zulässig hält (nachfolgend Rz. 254). Vgl. auch etwa das in Rz. 256 wiedergegebene Urteil des Waadtländer Verwaltungsgerichts, das die funktionale Ausschreibungsmethode in casu nicht zuliess. Aus diesen beiden Fällen lassen sich aber keine allgemeinen Regeln über die Zulässigkeit der funktionalen Ausschreibungsmethode im Einzelfall ableiten. Den Vergabebehörden ist zu empfehlen, grundsätzlich die konventionelle Ausschreibungsmethode mit genauem Leistungsverzeichnis anzu-

stets zur Anwendung gelangt und der funktionalen Ausschreibungsmethode somit der Charakter einer Ausnahmeregelung zukommt[527].

251 Die Wettbewerbsintensität kann durch die grössere Gestaltungsfreiheit der Anbieter bei der funktionalen Ausschreibungsmethode u.U. gesteigert werden, wobei allerdings infolge der erhöhten Offertkosten der Anbieter deren Anzahl reduziert und damit bezüglich Wettbewerbsintensität auch der gegenteilige Effekt resultieren kann.

252 Aus der Rechtsprechung sei auf folgende Fälle verwiesen:

253 a) Das Verwaltungsgericht des Kantons **Aargau** erachtet die funktionale Ausschreibung, bei der seitens der Vergabestelle auf die Festsetzung der Ausführungsdetails verzichtet und dem Unternehmer ein erheblicher Spielraum bei der Ausgestaltung seines Angebots auch in inhaltlicher Beziehung eingeräumt wird, als mit den submissionsrechtlichen Vorgaben grundsätzlich vereinbar[528].

254 b) Die Umschreibung von Gegenstand und Umfang eines öffentlichen Auftrags sei grundsätzlich Sache der vergebenden Instanz. Ihr obliege es, vorgängig eine sachgerechte Bedürfnisabklärung vorzunehmen und den Auftrag anhand derselben zu bestimmen (…). Bei der Vergabe eines technisch komplexen Auftrags kann es allerdings nach Auffassung des **Zürcher** Verwaltungsgerichts zulässig sein, den (Beschaffungs-)Gegenstand relativ offen zu umschreiben und die Anbieter damit zur Mitwirkung bei der näheren Ausgestaltung des Auftrags heranzuziehen (…). Werde eine derart offene Umschreibung des Auftragsgegenstands gewählt, sei von Seiten der Vergabebehörde umso grössere Sorgfalt erforderlich, um die Gleichbehandlung der Bewerber zu gewährleisten. So möge es zwar zutreffen, dass die Vergabeinstanz nicht generell verpflichtet sei, die Anbieter zur Ergänzung von unvollständigen Offerten aufzufordern. Habe die Auftraggeberin jedoch, wie im vorliegenden Fall, den Gegenstand der Vergabe im Voraus nicht genau umschrieben und gelange sie im Verlauf des Vergabeverfahrens zu einer besseren Kenntnis ihrer Bedürfnisse, so liege es zweifellos an ihr, die Bewerber über die Präzisierung der Anforderungen zu unterrichten[529].

255 c) Bei einer funktionalen Ausschreibung verzichtet die Vergabebehörde gemäss einem Urteil des **Berner** Verwaltungsgerichts[530] auf die detaillierte Festlegung des Gegenstands und Umfangs der Leistungen und gebe nur das

---

wenden (vgl. dazu oben Rz. 224 ff.). Vgl. zum Ganzen auch unten Rz. 257. Für die weiteren Anforderungen an die Vergabestelle bei funktionalen Ausschreibungen vgl. Rz. 258.
[527] Vgl. auch oben Rz. 237.
[528] AGVE 1998, S. 414.
[529] VG Zürich: VB.1998.00252 E. 4b = BEZ 1999 Nr. 15.
[530] VG Bern: Geschäft 22443U, Urteil vom 4.10.2005 E. 4.3.

zu erreichende Beschaffungsziel vor; dadurch werde den Submittenten hinsichtlich der Ausgestaltung ihres Angebots in inhaltlicher Hinsicht ein erheblicher Spielraum eingeräumt. Vorliegend werde der Beschaffungsgegenstand eng umschrieben. Das Leistungsverzeichnis enthalte einen abschliessenden und detaillierten Katalog der im Einzelnen zu erbringenden Aufgaben und gebe den Ablauf für die Durchführung der Erhebung der Teilstatistiken klar vor. Den Submittenten verbleibe (auch) mit Bezug auf die medizinische Statistik kaum Gestaltungsspielraum. Daran ändere der Umstand nichts, dass das Umsetzungskonzept ein mit 30 % gewichtiges Zuschlagskriterium bilde: Von den Submittenten detailliert (d.h. inkl. Zeitbudget, Stundenansatz und Verantwortlichkeiten) darzustellen sei nicht die Art und Weise der Erhebung der Teilstatistiken als solche, sondern die Erfüllung der von der Vergabestelle klar vorgegebenen Teilschritte der Durchführung der Erhebung.

d) Das **Waadtländer** Verwaltungsgericht hat eine funktionale Ausschreibung im Rahmen eines Dienstleistungsauftrags (im Zusammenhang mit dem Aufbau eines Funksystems u.a. für die Kantonspolizei), in welchem der Beschaffungsgegenstand nicht klar definiert war, als unzulässig erklärt. Das Pflichtenheft des vorliegend beurteilten Beschaffungsgeschäfts enthielt keine klare und vollständige Aufzählung der von den Anbietenden verlangten Dienstleistungen, sondern überliess es den Letzteren, in deren Offerten die zu erbringenden Leistungen, von denen sie glaubten, dass sie den Bedürfnissen der Vergabebehörde am besten entsprechen würden, zu definieren. Zudem waren auch die Bedürfnisse («besoins») der Vergabebehörde nicht klar umschrieben. Kommt dazu, dass die Vergabebehörde für den Zuschlag hauptsächlich auf den Preis abstellte und die unterschiedlichen Sachleistungen ungenügend auswertete[531].

256

2. Grundsätzlich hat die Vergabebehörde – gegebenenfalls unter Beizug aussenstehender Fachleute – den Beschaffungsgegenstand in der Ausschreibung bzw. den Ausschreibungsunterlagen so genau zu umschreiben, dass die Anbietenden gestützt darauf über alle notwendigen Angaben verfügen, um ihre Offerte zu erstellen[532]. Es kann bei der funktionalen Ausschreibung nicht darum gehen, die Kosten des Beschaffungsverfahrens für die Vergabestelle zulasten der Anbietenden zu reduzieren. Die funktionale Ausschreibung kann etwa dann sinnvoll sein, wenn es darum geht, am Markt neue, (z.B. technisch) innovative Lösungen zu suchen, welche den Zielvorstellungen der Vergabebehörde entsprechen sollen[533]; die Innovationskraft des Marktes

257

---
[531] VG Waadtland: GE.2003.0064.
[532] Vgl. oben zur konventionellen Ausschreibung mit vollständigem Leistungsbeschrieb in Rz. 224 ff.
[533] Vgl. z.B. den Fall der Beschaffung einer Kehrichtverbrennungsanlage, oben Rz. 246, und die Bemerkungen dazu (Rz. 247).

zugunsten der öffentlichen Hand für die Suche noch nicht allgemein bekannter Lösungen auszuschöpfen erscheint sinnvoll und legitim.

258 Angesichts des Umstands, dass die funktionale Ausschreibung die Vergleichbarkeit der Angebote reduziert und damit erhöhte Gefahren für die Verletzung des Gleichbehandlungsprinzips schafft, verlangt die Lehre zu Recht, dass die Vergabebehörde bei dieser Ausschreibungsart verpflichtet ist, in den Ausschreibungsunterlagen zumindest die technischen, wirtschaftlichen, gestalterischen und funktionsbedingten Eckwerte zuhanden der Anbieter zu umschreiben[534]. Auch hat die Vergabebehörde die Pflicht, den Anbietern Präzisierungen der Anforderungen an das Beschaffungsobjekt aufgrund neuer Erkenntnisse sofort bekannt zu geben mit der Möglichkeit der Letzteren, in ihren Offerten darauf noch reagieren zu können[535]. Ausserdem muss den Anbietern im konkreten Beschaffungsgeschäft tatsächlich und nicht nur vermeintlich ein erheblicher Gestaltungsspielraum zur Verfügung stehen, andernfalls die Anbieter getäuscht würden[536].

---

[534] GAUCH/STÖCKLI, S. 14 Rz. 8.1 unter Verweis auf RAINER SCHUMACHER, Die Vergütung im Bauwerkvertrag, Freiburg 1998, Nr. 55.
[535] Vgl. dazu die zutreffenden Erwägungen des Zürcher Verwaltungsgerichts im oben in Rz. 254 erwähnten Fall.
[536] HAUSER, AJP, S. 1411.

# 5. Kapitel:
Eliminationsverfahren

I. Ausschluss

1. Im Allgemeinen

Der Ausschluss von Anbietenden bzw. ihren Angeboten vom Submissionsverfahren ist im Bund in den Art. 11 und 19 BoeB, in den Kantonen in § 27 VRöB bzw. in den einzelnen kantonalen Submissionserlassen geregelt (die IVöB selbst nennt keine Ausschlussgründe)[537]. Die bestehenden gesetzlichen Grundlagen zu den Ausschlüssen enthalten nicht abschliessend gehaltene Generalklauseln in Kombination mit Beispielkatalogen von Ausschlussgründen. Zur Frage des Ausschlusses hat sich eine reiche Gerichtspraxis gebildet. Sachlich geht es um **Grundanforderungen an die Anbietenden** (z. B. Erteilen falscher Auskünfte, berufliches Fehlverhalten) **bzw. deren Angebote** (z. B. Bestimmbarkeit des Offertpreises[538]), bei deren Fehlen eine Teilnahme am Wettbewerb ausgeschlossen ist[539].

259

Vergabebehörden sind nicht nur berechtigt, sondern verpflichtet, bei gegebenen Voraussetzungen einen Anbieter bzw. dessen Angebot vom Submissionsverfahren auszuschliessen[540], was freilich bedeutet, dass ein Mitanbieter im Beschwerdeverfahren u.a. zur Rüge berechtigt sein muss, der Zuschlagsempfänger hätte vom Verfahren ausgeschlossen werden müssen.

260

Insbesondere bei Anordnung eines Ausschlusses darf sich eine Vergabestelle auch keines widersprüchlichen Verhaltens schuldig machen. Letzteres ist der Fall, wenn ein Ausschluss wegen Nichterfüllung eines als «Musskriterium» deklarierten Eignungskriteriums erfolgt, wenn dieses Kriterium in den Ausschreibungsunterlagen gleichzeitig als relatives, einer Bewertung unterstehendes Element umschrieben wird; dieser Ausschluss wurde folglich nicht geschützt[541].

261

---

[537] Vgl. dazu im Einzelnen GALLI/LEHMANN/RECHSTEINER, S. 100 ff. Rz. 317 ff. bzw. S. 104 f. Rz. 327 ff.; ferner HERBERT LANG, ZBl 2000, S. 234 ff.
[538] Vgl. dazu unten Rz. 416.
[539] Vgl. zur Handhabung von Ausschlüssen im Allgemeinen ESSEIVA, in BR 2002, S. 77 f.
[540] HERBERT LANG, ZBl 2000, S. 234. Ebenso im Kanton Aargau (AGVE 2000, S. 315). Vgl. auch oben Rz. 241 ff.
[541] VG Zürich: VB.2005.00350 E. 4.2.

262 Zwischen den Ausschlussregeln auf Stufe Bund einerseits und der Kantone anderseits bestehen keine grundsätzlichen Unterschiede, weshalb es sich nicht rechtfertigt, die diesbezüglichen Regeln in gesonderten Kapiteln darzustellen. Die nachfolgende Praxisübersicht beinhaltet daher sowohl kantonale Fälle wie auch Geschäfte von Bundesvergabebehörden.

2. Übersicht über die geltende Ausschlusspraxis

A. Ausschluss und rechtliches Gehör

263 1. Es stellt sich die Frage, inwieweit dem betreffenden Anbietenden **vor** der Anordnung des Ausschlusses das **rechtliche Gehör** zu gewähren ist.

264 Zu Recht hält das Aargauer Verwaltungsgericht fest, dass die Vergabestelle im Rahmen der Offertbereinigung verpflichtet ist, dem Anbietenden die Gelegenheit zu geben ein Dokument nachzureichen, wenn klar ist, dass dessen Fehlen auf ein offensichtliches Versehen zurückzuführen ist[542]. Im gleichen Sinne hat sich auch das Zürcher Verwaltungsgericht geäussert[543].

265 Einer Verletzung des rechtlichen Gehörs sowie des Verbots des überspitzten Formalismus kann sich eine Vergabestelle nach der Praxis der BRK u.U. schuldig machen, wenn sie einen Anbietenden ohne vorgängige Rücksprache ausschliesst, weil sie der Auffassung ist, dessen Angebot leide an einem Formmangel[544].

266 Das Basler Appellationsgericht hat die Rückfragepflicht der Vergabestelle in einem technisch hochkomplexen Beschaffungsgeschäft abgelehnt, in welchem der Anbietende eine von den Vorgaben der Ausschreibungsunterlagen abweichende Offerte einreichte[545]. Die Vergabestelle sei zwar berechtigt, vom Anbieter Erläuterungen einzuholen, dazu aber nicht verpflichtet. Sie könne nicht wissen, aus welchen Gründen der betreffende Anbieter in seiner Offerte von den Vorgaben der Ausschreibungsunterlagen abgewichen sei. Falls die Abweichung von den Vorgaben auf eine Widersprüchlichkeit der Ausschreibungsunterlagen zurückzuführen sei, habe der Anbieter die Pflicht zur Klärung derselben durch eine Rückfrage bei der Vergabestelle[546]. Letzteres ist zwar zutreffend, setzt aber voraus, dass dem Anbietenden die Widersprüchlichkeit der Ausschreibungsunterlagen zur Zeit der Abfassung

---

[542] Vgl. zu den Einzelheiten des Falles unten Rz. 281.
[543] Vgl. unten die Fälle sub Rz. 278 und 279 betr. Referenzlisten.
[544] Vgl. zu den Einzelheiten des Falles unten Rz. 290, vgl. anderseits aber auch Rz. 289 für verspätete Unterschriften.
[545] Urteil vom 16. August 2006 i.S. S. AG c/Sicherheitsdepartement E. 6.3.
[546] Vgl. dazu auch die Rz. 229 und 419 ff.

seiner Offerte bekannt war. Steht dies – wie im vorliegenden Fall – nicht fest und ist die Widersprüchlichkeit auch nicht offensichtlich, so bleibt es bei der Verantwortlichkeit der Vergabestelle für ihre Ausschreibungsunterlagen[547]. Diesfalls wäre auch eine **Rückfragepflicht**[548] der Vergabebehörde vor der Anordnung des Ausschlusses zu bejahen gewesen.

2. Pflicht der Vergabebehörde zur Einholung von Erläuterungen und Schranken nachträglicher Korrekturen: Unter Umständen ist die Vergabebehörde verpflichtet, auf geringfügige Formfehler hinzuweisen und zu deren Beseitigung beizutragen, da sich ein Ausschluss vom Verfahren nur bei wesentlichen Mängeln des Angebotes rechtfertigt[549]. Im Übrigen sind der weiteren Einholung fehlender Angaben zur Behebung der Mängel im Rahmen von Berichtigungen und Erläuterungen nach den §§ 29/30 SubmV/ZH wegen den für das Vergabeverfahren wichtigen Grundsätzen der Gleichbehandlung aller Anbietenden, der unparteiischen Vergabe sowie der Sicherstellung der Transparenz des Vergabeverfahrens Grenzen gesetzt. Dies gilt nach der zutreffenden Auffassung des Zürcher Verwaltungsgerichts selbst dann, wenn dadurch das günstigste Angebot nicht berücksichtigt werden kann[550].

267

B. Impliziter und expliziter Ausschluss

1. Der Ausschluss eines Anbieters vom Submissionsverfahren **kann** gemäss BRK **durch gesonderte Verfügung, aber auch bloss implizit** durch Zuschlagserteilung an einen anderen Submittenten erfolgen[551]. Ebenso wie beim Bund[552] haben die Anbieter auch etwa im Kanton Zürich[553] *keinen* Anspruch darauf, dass über einen allfälligen Ausschluss von der Teilnahme (am Submissionsverfahren) mit separatem Entscheid vorweg entschieden wird[554]. Die Vergabebehörden machen häufig von dieser Möglichkeit Gebrauch, da der Erlass von gesonderten Ausschlussverfügungen das Verfahren verzögern kann.

268

---

[547] Vgl. dazu oben Rz. 230.
[548] Vgl. demgegenüber unten Rz. 280 und 281. Vgl. andererseits zur Fragepflicht der Anbietenden oben Rz. 229.
[549] VG Zürich: VB.2006.00131 E. 5.2; vgl. zum Verhältnismässigkeitsprinzip beim Ausschluss auch unten, Rz. 273. Vgl. zur Rückfragepflicht auch den Fall Rz. 277.
[550] VG Zürich: VB.2006.00131 E. 5.3.3.
[551] BRK 8/96 E. 3a; BRK 13/97 E. 2c; BRK 12/99 E. 3; MOSER, AJP 2000, S. 688; dagegen kritisch ESSEIVA, in BR 2000, S. 124; vgl. auch Rz. 352.
[552] Vgl. oben Rz. 262.
[553] Ebenso wenig im Kanton Graubünden (vgl. PVG 2000 13/65 E. 2a).
[554] VG Zürich: VB.1999.00015 E. 6.

269 **2. Direkte Ausschlussverfügung und Gleichbehandlung:** Umgekehrt ist es in einem offenen Verfahren auch zulässig, Anbietende, welche die Eignungsanforderungen nicht erfüllen, vom weiteren Verfahren direkt (mittels anfechtbarer Verfügung) auszuschliessen und ihnen dies nicht erst mit dem Zuschlagsentscheid zu eröffnen[555]. Ist die Vergabebehörde in dieser Weise vorgegangen, so ist es nicht zulässig, die Eignung der im Verfahren verbleibenden Anbietenden erst nach Eintritt der Rechtskraft des mangels Eignung ausgeschlossenen Anbieters zu prüfen, denn dieses Vorgehen schneidet dem ausgeschlossenen Anbieter die Möglichkeit ab, auf dem Rechtsmittelweg überprüfen zu lassen, ob bei der Eignungsprüfung das Gleichbehandlungsgebot eingehalten worden ist. Der Ausschluss mangels Eignung[556] darf folglich erst dann verfügt werden, wenn auch in Bezug auf die Konkurrenten die Eignungsprüfung durchgeführt worden ist[557].

270 **3. Verwirkung eines Ausschlussgrundes:** In einem Zürcher Fall machte die Vergabestelle im Beschwerdeverfahren (im Sinne einer Eventualbegründung ihres Antrages auf Abweisung der Beschwerde) geltend, die Beschwerdeführerin hätte wegen einer fehlenden Unterschrift und einer nicht beantworteten Frage in der Selbstdeklaration ihrer Offerte auch ausgeschlossen werden können. Das Verwaltungsgericht erklärte, diese Mängel müssten nicht zwingend zum Ausschluss führen. *Die Vergabestelle könne sich im Beschwerdeverfahren nicht auf einen Ausschlussgrund berufen, wenn sie sich nicht bereits im Rahmen des Submissionsverfahrens zu einem Ausschluss entschieden habe*[558].

C. Einzelne Ausschlussgründe und deren Handhabung

271 **1.** Ausschluss wegen Verletzung von **Formvorschriften** und wegen eines **unvollständigen Angebots** oder wegen **eigenmächtiger Änderung der Angebotsbedingungen durch einen Anbietenden:**

272 a) Den Formvorschriften im Submissionsrecht kommt – jedenfalls insofern, als sie im Dienste der Gewährleistung wichtiger Vergabeprinzipien (wie des Prinzips der Gleichbehandlung der Submittenten und ihrer Angebote) stehen – ein hoher Stellenwert zu[559]. Die Entgegennahme eines Angebots, das den Vorschriften der Ausschreibung und der betreffenden Unterlagen nicht entspricht, würde das Gebot der Gleichbehandlung der Anbietenden (Art. 1

---
[555] BRK 015/04 E. 2b/bb. Vgl. Rz. 352.
[556] Vgl. dazu auch unten Rz. 330 ff.
[557] BRK 015/04 E. 2b/bb/cc. Vgl. auch unten Rz. 352.
[558] VG Zürich: VB.2005.00286 E. 2.5 a.E.
[559] BRK 017/05 E. 2a/aa; BRK 013/97 E. 2d, letzterer Entscheid auch wiedergegeben in BR 1998, S. 126.

Abs. 2, Art. 8 Abs. 1 lit. a BoeB) verletzen. Ein solches Angebot ist daher grundsätzlich auszuschliessen (Art. XIII Ziffer 4, lit. a und c ÜoeB). Vorbehalten bleibt das **Verbot des überspitzten Formalismus:** Das aus Art. 29 BV abgeleitete Verbot des überspitzten Formalismus ist eine besondere Form der Rechtsverweigerung und liegt vor, wenn für ein Verfahren rigorose Formvorschriften aufgestellt werden, ohne dass die Strenge sachlich gerechtfertigt wäre, wenn die Behörde formelle Vorschriften mit übertriebener Schärfe handhabt oder an Rechtsvorschriften überspannte Anforderungen stellt und dem Bürger den Rechtsweg in unzulässiger Weise versperrt[560]. Nicht jede prozessuale Formstrenge steht mit diesem Grundsatz im Widerspruch, sondern nur jene, die durch kein schutzwürdiges Interesse mehr gerechtfertigt ist und zum blossen Selbstzweck wird. Ansonsten sind prozessuale Formen unerlässlich, um die ordnungsgemässe Abwicklung des Verfahrens sowie die Durchsetzung des materiellen Rechts zu gewährleisten[561].

Verhältnismässigkeit[562]: Wegen unbedeutender Mängel der Offerte darf ein Anbieter nicht ausgeschlossen werden. Ein Ausschlussgrund muss **eine gewisse Schwere** aufweisen. Verhalten mit Bagatellcharakter rechtfertigen in der Regel keinen Ausschluss[563]. Angebote, die nicht den Ausschreibungsunterlagen entsprechen, sind vorbehaltlich der Regeln über die Varianten[564] auch nach der Praxis der BRK vom Verfahren auszuschliessen. Vorbehalten bleiben zudem die Fälle, in denen die Abweichungen von der Ausschreibung und/oder den Ausschreibungsunterlagen geringfügig sind oder der Ausschluss auf einen überspitzten Formalismus[565] hinausliefe, und schliesslich Fälle, wo die amtlichen Vorgaben ihrerseits schwere Mängel enthalten[566]. Zu verweisen ist diesbezüglich generell auf widerrechtliche Bestimmungen in der Ausschreibung/den Ausschreibungsunterlagen oder etwa auf Fälle, in welchen eine nachfragemächtige Vergabebehörde unangemessene

273

---

[560] BGE 127 I 34 E. 2a/bb; 115 Ia 17 E. 3b; 114 Ia 40 E. 3; BRK 017/05 E. 2b.
[561] BGE 118 V 311 E. 4; 114 Ia 34 E. 3; BRK 017/05 E. 2b.
[562] Das Zürcher Verwaltungsgericht hat die Verhältnismässigkeit eines Ausschlusses wegen des in der Offerte der Beschwerdeführerin für die Ingenieursubmission Gubristtunnel aus Sicht der Vergabebehörde vorgesehenen «ungenügenden Personaleinsatzes» bejaht (VG Zürich: VB.2005.00240 E. 3.6).
[563] BRK 017/05 E. 2a/aa; LGVE 2000 II, Nr. 11, S. 206. Vgl. zur vorliegenden Problematik auch CLERC, N 104 zu Art. 5 BGBM.
[564] Vgl. unten Rz. 469 ff.
[565] VG Zürich: VB.2005.00350 E. 4.1: Die Zürcher Richter lehnten einen Ausschluss zu Recht als überspitzten Formalismus ab, in welchem der Anbietende seine Offerte entgegen einer Formvorschrift der Ausschreibungsunterlagen nicht in einem «Ordner mit Registern» einreichte.
[566] CRM 14/98 E. 3a.

Bedingungen in die Ausschreibung bzw. die Ausschreibungsunterlagen aufgenommen hat[567].

274 Das Verwaltungsgericht des Kantons Graubünden hatte den Zuschlagsempfänger ausgeschlossen und eine direkte Zuschlagserteilung an einen anderen Anbieter vorgenommen, was das Bundesgericht in Gutheissung einer dagegen gerichteten staatsrechtlichen Beschwerde des (wegen eines Formfehlers) ausgeschlossenen Anbieters wieder korrigierte[568]. Das oberste Gericht hielt die Beweiswürdigung des Verwaltungsgerichts für willkürlich, wonach es der Beschwerdeführerin nicht gelungen sei nachzuweisen, dass sie ihr Angebot mit dem nach Art. 16 lit. a SubG/GR verlangten Vermerk (Stichwort) eingereicht hatte.

275 b) Nach Art. 19 Abs. 3 BoeB schliesst die Auftraggeberin Angebote und Anträge auf Teilnahme mit wesentlichen[569] **Formfehlern** vom weiteren Verfahren aus.

276 Gemäss § 28 lit. h SubmV/ZH werden Anbietende von der Teilnahme insbesondere ausgeschlossen, wenn sie «wesentliche Formerfordernisse verletzt haben, insbesondere durch *Nichteinhalten der Eingabefrist, fehlende Unterschrift, Unvollständigkeit des Angebots oder des Antrags auf Teilnahme im selektiven Verfahren oder Änderung der Ausschreibungsunterlagen*».

277 Das Zürcher Verwaltungsgericht hat bereits unter der Geltung der alten SubmV von 1997 entschieden, dass das Fehlen einer **Referenzliste** in der Offerte trotz entsprechender Vorschrift in den Ausschreibungsunterlagen im konkreten Fall keine Verletzung wesentlicher Formvorschriften darstelle. Denn die betreffende Anbieterin habe im Beilagenverzeichnis ihres Angebots auf die Referenzliste verwiesen, aber nach dem Vorbringen der Vergabebehörde die Liste gleichwohl nicht beigelegt. Diesfalls sei das Fehlen der Referenzliste klar als Versehen erkennbar gewesen. Ein Ausschluss dieser Anbieterin rechtfertige sich in casu umso weniger, als die «Mitbeteiligte» (= Inhaberin des angefochtenen Zuschlags) unbestrittenermassen ebenfalls keine Referenzliste einreichte, die Vergabebehörde aber diesbezüglich geltend machte, diese seien von früheren Aufträgen her bekannt. Dabei verstosse es gegen den Gleichbehandlungsgrundsatz, dass die Vergabebehörde bei einer Anbieterin auf früher namhaft gemachte Referenzen abstelle, wäh-

---

[567] Vgl. dazu oben Rz. 249. Vgl. zur vorliegenden Problematik auch CLERC, N 104 zu Art. 5 BGBM.
[568] Urteil des Bundesgerichts 2P.60/2002 vom 16. April 2002.
[569] Wird eine untergeordnete, unwesentliche Regel der Ausschreibung bzw. der Ausschreibungsunterlagen über den Beschaffungsgegenstand durch einen Anbieter nicht oder nur ungenügend erfüllt, so kann diese Abweichung auch bloss durch Berücksichtigung bei der Offertevaluation geahndet werden und führt nicht zwangsläufig zum Ausschluss des betreffenden Angebots (CRM 8/01 E. 5).

rend der anderen nicht einmal Gelegenheit gegeben wird, die Referenzliste nachzureichen, wenn diese trotz des Verweises im Beilagenverzeichnis angeblich vergessen worden sei[570]. Bereits aus diesem formellen Grund war der Zuschlag aufzuheben[571]. Die vorstehende Praxis dürfte auch im Rahmen der aktuellen SubmV Bestand haben.

Ebenfalls zu Recht hat das Zürcher Verwaltungsgericht demgegenüber in Anwendung der (diesbezüglich materiell nicht veränderten) revidierten SubmV entschieden, der Anbieter dürfe in einem Submissionsverfahren, in welchem die Ausschreibungsunterlagen die Einreichung einer **Referenzliste** verlangen, nicht einfach darauf vertrauen, dass die von ihm ausgeführten früheren Aufträge für die Gemeindeverwaltung bereits bekannt seien und für die Bewertung genügten. Die Vergabebehörde sei vielmehr auch bei Anbietenden, die ihr bereits bekannt sind, berechtigt, Referenzen über vergleichbare Objekte zu verlangen[572]. 278

Obschon der Anbieter infolge Nichteinreichung der in der Ausschreibung verlangten **Referenzliste** aus dem Verfahren hätte ausgeschlossen werden können, sei es auch zulässig gewesen, auf den Ausschluss zu verzichten, aber sein Angebot unter dem Kriterium «Erfahrung» mit null Punkten zu bewerten[573]. 279

Nach aargauischem Submissionsrecht müssen die Angebote schriftlich, vollständig und fristgerecht eingereicht werden (§ 14 Abs. 1 SubmD/AG). Diesen Anforderungen nicht entsprechende Angebote sind zwingend von der weiteren Vergabe auszuschliessen; dies gilt nicht nur für **verspätete,** sondern auch für **unvollständige Angebote.** Diese können nicht im Rahmen der Offertbereinigung nachträglich vervollständigt werden. Einzig offensichtliche Versehen dürfen nach Ablauf der Eingabefrist noch behoben werden[574]. Das Verwaltungsgericht des Kantons Aargau hat in einem Fall eine Ermessensüberschreitung angenommen, in dem die Vergabebehörde versuchte, ein in wesentlichen Punkten unvollständiges und teilweise auch 280

---

[570] Auch Graubünden behält das Verhältnismässigkeitsprinzip vor, wonach Angebote wegen untergeordneter Mängel nicht vom Wettbewerb auszuschliessen sind und namentlich dort eine gewisse Zurückhaltung mit Ausschlüssen geboten ist, wo die fehlenden Angaben ohne grossen Aufwand durch die Vergabebehörde ergänzt werden können oder die Bewertung der Wirtschaftlichkeit eines Angebots nicht im Entferntesten von diesen Angaben abhängt (VG Graubünden: U 01 121 E. 1a und b).
[571] VG Zürich: VB.2001.00215 E. 7 und 8.
[572] VG Zürich: VB.2004.00499 E. 6.1 ff., insbesondere E. 6.2. Die Vergabebehörde hat im vorstehend genannten Fall statt eines Ausschlusses lediglich eine Schlechterbenotung des Angebots der Beschwerdeführerin vorgenommen, damit aber letztlich das (wirtschaftlich) gleiche Ergebnis – die Nichtberücksichtigung der Beschwerdeführerin – bewirkt.
[573] VG Zürich: VB.2003.0028 E. 3.5.
[574] AGVE 1999, S. 345 ff.

unrichtiges Angebot, das allerdings preislich das weitaus günstigste war, im Rahmen der technischen **Bereinigung** durch entsprechende Rückfragen[575] überhaupt erst mit den anderen Angeboten vergleichbar zu machen, statt es von der Vergabe auszuschliessen. Zum Teil reduzierte die Vergabestelle dem betreffenden Anbieter gegenüber auch die ursprünglich gestellten Anforderungen. Nach Auffassung des Verwaltungsgerichts gefährdet ein solches Vorgehen die Transparenz des Vergabeverfahrens und bewirkt eine Ungleichbehandlung der Anbieter[576].

281 Das Aargauer Verwaltungsgericht hat seine Ausschlusspraxis wegen Verletzung wesentlicher Formvorschriften in einem Fall vom 25. Oktober 2005 zusammengefasst[577]. Umstritten war in casu, ob die Beschwerdeführerin die verlangte Selbstdeklaration ihrem Angebot beigefügt habe. Untergeordnete Mängel eines Angebotes dürfen nach Auffassung des Gerichts im Rahmen der Offertbereinigung beseitigt werden. Dazu gehörten nicht nur die offensichtlichen Rechnungsfehler (§ 17 SubmD/AG), sondern auch andere offensichtliche Irrtümer, wie z. B. das Fehlen einer im Beilagenverzeichnis erwähnten Beilage. Beim Einholen von Erläuterungen gemäss § 17 Abs. 2 SubmD/AG muss die Vergabestelle Zurückhaltung anwenden und die Anbietenden gleich behandeln. Betrifft die Unvollständigkeit wesentliche Punkte des Angebots, muss es ausgeschlossen werden. Insofern liegt ein ähnlicher Sachverhalt vor wie bei einem bei der Vergabestelle verspätet eingetroffenen Angebot, welches von Gesetzes wegen ausgeschlossen werden muss (§ 15 Abs. 3 SubmD). Stets zu beachten sind aber die Grundsätze der Verhältnismässigkeit und das Verbot des überspitzten Formalismus. Vorliegend erschien die fehlende Selbstdeklaration angesichts der zahlreichen anderen dem Angebot unbestrittenermassen beiliegenden Dokumente und der von der Anbietenden beigebrachten sachdienlichen Informationen als ein offensichtliches Versehen oder eine Unachtsamkeit der Beschwerdeführerin. Die Vergabestelle wäre daher verpflichtet gewesen, der Beschwerdeführerin im Rahmen der Offertbereinigung das Nachbringen der strittigen Selbstdeklaration zu ermöglichen, und durfte diese nicht einfach ohne Rücksprache ausschliessen. Wäre ein Ausschluss in Fällen wie dem vorliegenden ohne weitere Abklärungen zulässig, so hätten es die Vergabestellen in der Hand, einen aus irgendwelchen Gründen unerwünschten Anbieter zu eliminieren, indem sie vorbringen, es hätten Bestandteile des Angebots gefehlt.

282 Aus einem Angebot unter bestimmten Voraussetzungen ein Kostendach zu fingieren, vermag eine Offerte, der **kein bestimmter oder bestimmbarer Preis** entnommen werden kann, nicht zu heilen. Eine solche Offerte genügte

---

[575] Vgl. demgegenüber oben Rz. 266 und 267.
[576] AGVE 1999, S. 341 ff.
[577] AGVE 2005, Nr. 52.

den Anforderungen der Ausschreibung bzw. der Ausschreibungsunterlagen nicht. Solch unbestimmte Angebote sind nach Luzerner Praxis, der beizupflichten ist, aus dem Verfahren auszuschliessen[578].

Die eigenmächtige **Änderung des Angebotstextes durch einen Anbieter** ist unzulässig und führt zu seinem Ausschluss[579]. 283

Das Verwaltungsgericht des Kantons Graubünden hat das Verhältnismässigkeitsprinzip bezüglich Ausschluss von nicht ausschreibungskonformen Angeboten in verschiedenen Entscheiden konkretisiert[580]. Bezüglich **Nichtausfüllens einer Position im Offertformular** der Vergabebehörde hielt das Gericht fest, dass dieser Umstand nicht zwangsläufig zur Ungültigkeit des Angebots führen müsse. Vielmehr kann dieses dann als gültig erklärt werden, wenn die Position bezogen auf den Gesamtauftrag unbedeutend ist, sich nicht wesentlich auf die Differenz zum nächstgelegenen Angebot auswirkt und es sich zudem nicht um eine Position handelt, die trotz ihrer relativen betragsmässigen Geringfügigkeit für die Erfüllung des Auftrages bedeutsam ist. Verhält es sich so, bleiben die Vergleichbarkeit der Angebote und die Überprüfbarkeit ihrer Wirtschaftlichkeit erhalten. Dies trifft vorliegend zu. Die fragliche Position ist in der Gesamtsumme enthalten, wie sich leicht hätte nachprüfen lassen können, und beläuft sich auf Fr. 924.– bei einem Angebot von Fr. 268 279.95. Es handelt sich demnach um eine unbedeutende Position, welche sich auch auf die Differenz zur berücksichtigten Offerte mit Fr. 298 710.85 nicht entscheidend auswirkt. 284

Weniger offensichtlich leuchtet ein, dass das Gericht in casu auch die Nichtangabe von exakten Terminzusicherungen **(Fehlen des Terminplanes)** durch die betreffende Anbieterin (diese hatte in ihrer Offerte stattdessen lediglich vermerkt, die Arbeiten «nach Absprache» ausführen zu wollen) trotz entsprechender Vorgabe in den Angebotsunterlagen als nicht ausreichend für einen Ausschluss angesehen hatte. Mit der Angabe «nach Absprache» habe die Anbieterin nach Treu und Glauben bekundet, dass sie sich bei den Terminen an die direkten Anweisungen der Auftraggeberin halten werde. 285

Andererseits hat das Bündner Verwaltungsgericht das Angebot eines Zuschlagsempfängers, der entgegen dem Devis der Vergabeunterlagen seiner 286

---

[578] LGVE 1999 II, Nr. 15, S. 215; vgl. auch einen entsprechenden Fall im Hinblick auf das Kriterium «Termin», das vom betreffenden Zuschlagsempfänger nicht in genügend bestimmbarer Weise in dessen Offerte eingegeben wurde. In letzterem Falle wurde dem Beschwerdeführer dessen Anspruch auf Ausschluss des Konkurrenten (vgl. dazu Rz. 221) zu Unrecht verweigert; immerhin gelangte das Bundesgericht aus einem anderen Grund zur Gutheissung der Beschwerde (BGE 2P.219/2003 E. 3.3).
[579] LGVE 2000 II, Nr. 16, S. 223.
[580] VG Graubünden: U 01 109. Vgl. dazu auch die in Rz. 286, 290 und 292 genannten Urteile.

Offerte **keine Subunternehmerliste** beilegte, obschon er eine Arbeitsgattung untervergeben wollte, vom Verfahren ausgeschlossen. Aus den Offertbedingungen ergab sich einerseits, dass die Subunternehmerliste zwingend beizulegen war, und andererseits vermochte auch das Argument, beim unterzuvergebenden Auftrag handle es sich um einen solchen von geringer Bedeutung, nicht zu stechen, da nach Art. 11 Abs. 1 aSubG/GR (heute: Art. 16 SubG/GR) Untervergaben nur für untergeordnete bzw. spezielle Leistungen erfolgen dürfen[581].

287 c) **Unvollständige Angebote** oder solche, bei welchen die **Anbieter von den Bedingungen in den Ausschreibungsunterlagen abgewichen sind oder Vorbehalte**[582] zu einzelnen von der Vergabebehörde aufgestellten Regeln erklärt haben[583], kommen relativ häufig vor. Wie HERBERT LANG[584] zu Recht hervorhebt, ist diesen Angeboten gegenüber im Interesse der Vergleichbarkeit der Angebote und in Nachachtung des Gleichbehandlungsgrundsatzes eine strenge Haltung am Platz. Abweichungen von der Ausschreibung bzw. den Ausschreibungsunterlagen werden von den Anbietern etwa bei der Anbringung von «**Vorbehalten**[585]» oder «**auslegenden Erklärungen**[586]» zu diesen explizit vorgenommen. Soweit solche Erklärungen auf Abweichungen von der Ausschreibung/den Ausschreibungsunterlagen hinauslaufen, führen sie zum Ausschluss, sofern sie nicht unwesentlich sind[587];

---

[581] VG Graubünden: U 01 3 E. 1c.

[582] Vgl. neben diesen verbotenen Vorbehalten demgegenüber zu den gebotenen Vorbehalten unten Rz. 421.

[583] Ein unzulässiges Abweichen von den Ausschreibungsbedingungen ist allerdings nur dann und insofern anzunehmen, als diese einen unter allen Titeln zulässigen Inhalt aufweisen (vgl. zu den Schranken der Ausgestaltungsfreiheit betreffend Ausschreibung/Ausschreibungsunterlagen oben Rz. 239 ff.). Von zu weit gehenden bzw. unzulässigen Bedingungen der Ausschreibung/Ausschreibungsunterlagen kann der Anbieter abweichen und/oder Vorbehalte anbringen, ohne dass dies die Vergabebehörde berechtigen würde, den betreffenden Anbieter bzw. das entsprechende Angebot vom Verfahren auszuschliessen. Tut dies die Vergabebehörde dennoch, so kann sich der betroffene Anbieter dagegen sowohl im Beschwerdeverfahren gegen den Ausschluss als auch (bei implizitem Ausschluss durch Nichtgewährung des Zuschlags) im Beschwerdeverfahren gegen die Zuschlagserteilung an einen Dritten zur Wehr setzen.

[584] HERBERT LANG, ZBl 2000, S. 235.

[585] Mit Vorbehalten erklärt der Anbieter, dass auf sein Angebot bzw. den allfälligen künftigen Vertrag der Parteien nicht die in Ausschreibung und/oder Ausschreibungsunterlagen enthaltenen Bedingungen, sondern eine oder mehrere entsprechend geänderte Regeln zur Anwendung kommen werden.

[586] Mit solchen Erklärungen versucht der Anbieter, die Vergabebehörde insofern zu binden, als die betreffenden (möglicherweise unklaren) Regeln der Ausschreibung/Ausschreibungsunterlagen für sein Angebot bzw. im Rahmen des allfälligen künftigen Vertrags der Parteien in einem ganz bestimmten, vom Anbieter definierten Sinne zu verstehen sind.

[587] Vgl. zu einem Fall einer unwesentlichen eigenmächtigen Abänderung der Ausschreibungsunterlagen VG Zürich: VB.2006.00228: das Verhältnismässigkeitsprinzip und das Verbot des überspitzten Formalismus verboten hier den Ausschluss, da der begangene Formfehler

vorbehalten bleiben hier allerdings die Fälle, in welchen die Ausschreibung/
Ausschreibungsunterlagen ihrerseits schwere Mängel enthalten[588]. Das Aargauer Verwaltungsgericht hat in einem Fall, wo der Vorbehalt des Anbieters die Berechnung des Werklohnes betraf, entschieden, dass dieser Vorbehalt mit Kostenauswirkungen auch bei der Preisbewertung berücksichtigt werden dürfe[589].

Oft werden Abweichungen von der Ausschreibung/den Ausschreibungsunterlagen von den Anbietern indes nicht offen deklariert. Solche Abweichungen können irrtümlich erfolgt sein. Es ist jedoch auch nicht auszuschliessen, dass in Einzelfällen Abweichungen von Ausschreibung/Ausschreibungsunterlagen absichtlich vorgenommen worden sind und nachträglich ein Versehen vorgetäuscht wird. Der Anbieter kann über solche Manipulationen nach dem Bekannt werden von Details aus den Konkurrenzangeboten im Nachhinein sein Angebot (je nach den konkreten Bedürfnissen) «optimieren», d.h. je nach Situation auf der Korrektur des «Irrtums» beharren oder den «irrtümlichen» Preis anerkennen, wenn dies für den Erhalt des Zuschlags notwendig ist. Gegenüber der Anerkennung von angeblichen Irrtümern der Anbieter ist namentlich im Interesse der Gleichbehandlung der Letzteren eine grosse Zurückhaltung am Platz; nur wenn die Mängel von absolut untergeordneter Bedeutung sind, ein absichtliches oder fahrlässiges Vorgehen des Anbieters auszuschliessen ist oder dieses zumindest entschuldbar erscheint und die Beseitigung des Mangels ohne Weiteres und ohne Beeinträchtigung eines fairen Wettbewerbs erfolgen kann, verbieten das Verhältnismässigkeitsprinzip und der Grundsatz von Treu und Glauben einen Ausschluss aus dem Wettbewerb.

288

d) aa) Das Problem **formfehlerhafter Offerten**[590] ist im Übrigen submissionsrechtlich im Zusammenhang mit der Offertbereinigung, im Bundessubmissionsrecht auch mit allfälligen Verhandlungen mit Submittenten sowie dem Einholen von Erläuterungen bei den Anbietern zu sehen[591]. Eine

289

---

nur einen geringen Betrag der Offerte berührte und die Korrektur gemäss den §§ 29 f. SubmV/ZH ohne weiteres möglich war (E. 3).
[588] Vgl. dazu oben Rz. 239 ff. sowie 248 ff.
[589] VG Aargau: AGVE 2003 (Nr. 61) S. 258 ff.
[590] § 27 lit. h VRöB bestimmt, dass der Ausschluss zu erfolgen hat, wenn sie oder er «wesentliche Formerfordernisse verletzt hat, insbesondere durch Nichteinhaltung der Eingabefrist, fehlende Unterschrift, Unvollständigkeit des Angebots oder Änderung der Ausschreibungsunterlagen».
[591] Vgl. dazu unten Rz. 441 ff., 444 ff. Vgl. zu den Rechnungsfehlern (unten Rz. 456 ff.). Zu den «Verhandlungen» im Bundessubmissionsrecht und zur diesbezüglich vorzunehmenden Abgrenzung von der blossen Offertbereinigung, Rz 425 ff., insbesondere 428. Im kantonalen Submissionsrecht besteht ein Verhandlungsverbot und deshalb können von den Anbietenden nur Erläuterungen eingeholt werden (vgl. dazu unten Rz. 441 ff., 444 ff.). Auch im Bund können etwa dann Erläuterungen eingeholt werden, wenn es im Rahmen einer

fehlende **Unterzeichnung** des Angebots kann nach Ablauf der Eingabefrist nicht mehr nachgebracht werden[592]; lediglich ergänzende Beilagen können unter Umständen noch eingegeben oder auch ohne Unterschrift akzeptiert werden, wenn das Hauptdokument unterschrieben ist[593]. Zum Vornherein nicht zu akzeptieren sind Mängel im Angebot, die eine seriöse sachliche Beurteilung des Angebots ausschliessen. In der Regel stellt auch etwa das Fehlen der in der Ausschreibung ausdrücklich verlangten Einheitspreise (und stattdessen das Offerieren eines Pauschalpreises) einen schwerwiegenden Mangel dar, der zum Ausschluss der unvollständigen Offerte führt.

290 bb) Die Ausschreibungsunterlagen haben für die Offerten das Beifügen eines Begleitschreibens verlangt, welches «durch eine zeichnungsberechtigte Person (gemäss Handelsregistereintrag) des Bieters zu unterzeichnen» sei. Auf gleiche Weise seien die Anerkennung der Vertragsentwürfe (und das Preisverzeichnis) zu unterschreiben. Die Anbietenden hatten weiter einen Handelsregisterauszug (…) einzureichen. Die Beschwerdeführerinnen haben den Formvorschriften nicht entsprochen, indem die Unterzeichnung des Angebots nicht durch eine gemäss Handelsregistereintrag **zeichnungsberechtigte Person** erfolgt ist. Strittig war im Beschwerdeverfahren vor BRK die Frage, ob es sich hierbei um einen wesentlichen Formfehler gemäss Art. 19 Abs. 3 BoeB handelt. Grundsätzlich können über eine gewillkürte Vertretung auch nicht im Handelsregister eingetragene Personen als Bevollmächtigte bestellt werden bzw. können von diesen die Angebote unterzeichnet werden (Art. 11 VwVG i.V.m. Art. 26 BoeB). Auf Verlangen der Behörde muss die Zeichnungsberechtigung bzw. Vollmacht nachgewiesen werden[594]. Diese Grundsätze hat die Vergabebehörde in ihren Ausschreibungsunterlagen abgeändert, indem sie verlangt hat, dass das Angebot durch eine im HR eingetragene Person zu unterzeichnen sei. Die BRK hat die Zulässigkeit einer solchen Bestimmung in einer konkreten Vergabe als zweifelhaft bezeichnet, zumal von der Vergabebehörde dafür keine einleuchtende Begründung geliefert wurde. Die Frage konnte aber letztlich offengelassen werden, da die beanstandete Unterschrift einer nicht im HR eingetragenen Person vorliegend ohnehin nicht als wesentlicher Formfehler nach Art. 19 Abs. 3 BoeB einzustufen war. Einerseits hat die OZD die Unterschrift des nicht im HR als zeichnungsberechtigt eingetragenen Mitarbeiters nämlich in anderen Fällen bereits als gültig anerkannt und andererseits wurde die Offerte vorliegend immerhin von einem im HR als kollektiv zeichnungsberechtigt eingetragenen

---

Offertbereinigung gerechtfertigt ist, Offerten mit Formfehlern zu bearbeiten, für welche sich die Sanktion von Art. 19 Abs. 3 BoeB nicht rechtfertigen lässt (BRK 017/05 E. 2a/bb).

[592] Vgl. etwa § 26 Abs. 1 SubmV/ZH; Art. 16 lit. b SubG/GR; Art. 27 lit. b RABöB/GR. Vgl. aber auch Rz. 265 und 290.
[593] HERBERT LANG, ZBl 2000, S. 235.
[594] BRK 017/05 E. 3b/aa.

weiteren Mitarbeiter unterzeichnet. Angesichts dieser Tatsachen hat sich die OZD nach Auffassung der BRK durch den **ohne Rücksprache erfolgten sofortigen Ausschluss der Beschwerdeführerin überspitzt formalistisch** und treuwidrig verhalten[595]. In Berücksichtigung der vorliegenden Sachlage und gerade unter dem Gesichtspunkt der bisherigen Geschäftsbeziehung der OZD mit der Bietergemeinschaft ist nach Auffassung der BRK eine Pflicht der Vergabebehörde, die Anbieterin auf den Formmangel aufmerksam zu machen, zu bejahen. Aus dem Verbot des überspitzten Formalismus und dem Grundsatz von Treu und Glauben kann nach der Rechtsprechung unter Umständen eine Pflicht der Behörde abgeleitet werden, den Privaten auf Verfahrensfehler hinzuweisen, bevor sie zu so drastischen Massnahmen wie Nichteintreten oder Ausschluss greift. Diese Rücksprache mit der Anbieterin hätte im Rahmen formeller Verhandlungen oder einer Offertbereinigung (Art. XII Ziffer 1 lit. b ÜoeB) erfolgen können[596].

2. Ausschluss wegen **falscher Auskünfte, Nichtbezahlung von Steuern und Abgaben** oder wegen eines **sonstigen gesetzwidrigen Verhaltens**, insbesondere wegen strafrechtlicher Verurteilung eines gegenwärtigen oder früheren Organs der Anbieterin: 291

a) aa) Nach Art. 16 aSubG/GR (heute: Art. 22 SubG/GR) ist ein Angebot auch dann von der Berücksichtigung auszuschliessen, wenn der Anbieter dem Auftraggeber **falsche Auskünfte** erteilt hat (lit. e) oder wenn er **Steuern oder Sozialabgaben** nicht bezahlt hat (lit. f). Das Verwaltungsgericht des Kantons Graubünden hat gestützt auf vorstehende Bestimmungen den Ausschluss des preisgünstigsten Angebots geschützt, obschon der betreffende Anbieter die strittigen AHV-Abgaben nach einer Mahnung inzwischen bezahlt hat, da dies zur Zeit seiner Selbstdeklaration in der Offerte nicht zugetroffen hat[597]. 292

bb) **Falsche oder irreführende Angaben** eines Anbieters über rechtlich bedeutsame Umstände wie Gesellschaftsform, die Firma, den Gesellschaftssitz, den Gesellschaftszweck oder die Vertretungsbefugnis führen nach der Praxis des Zürcher Verwaltungsgerichts zum Ausschluss vom Verfahren[598]. 293

b) aa) Ein zentraler Vergabegrundsatz besagt, dass Aufträge nur an Anbieter vergeben werden, die gewährleisten, dass sie allen öffentlich-rechtlichen Verpflichtungen, insbesondere der Bezahlung von Abgaben, Steuern und Sozialleistungen, nachkommen. Ein Ausschlussgrund muss indes eine gewisse Schwere aufweisen, um vor dem Verhältnismässigkeitsgrundsatz 294

---
[595] BRK 017/05 E. 3b/bb; vgl. dazu auch oben Rz. 265.
[596] BRK 017/05 E. 3b/cc; zur Offertbereinigung vgl. unten Rz. 428 ff.
[597] VG Graubünden: U 01 41 E. 1.
[598] VG Zürich: VB.2001.00419 E. 4.

Bestand zu haben. Ein **hängiges Nach- und Strafsteuerverfahren** stellt in diesem Sinne nach Luzerner Praxis keinen hinreichenden Ausschlussgrund dar. Es ist nicht ersichtlich, inwiefern der blosse Umstand des laufenden Untersuchungsverfahrens den Anbieter zur Leistungserfüllung ungeeignet erscheinen lassen würde. Ein Ausschluss wegen eines laufenden Ermittlungsverfahrens verstösst zudem gegen die Unschuldsvermutung und den Verhältnismässigkeitsgrundsatz[599].

295 bb) Die Konkretisierungsbedürftigkeit der Ausschlussregelung wegen Nichtbezahlung von Steuern und Sozialabgaben bereitet schwierige Abgrenzungsfragen. Im Kanton Zürich wurde diesbezüglich durch die Einführung von Selbstdeklarationen der Anbieter auf Formularen der Verwaltung eine gewisse Rechtssicherheit erreicht. Den Anbietern ist in den Formularen aufzuzeigen, was sie zu bestätigen haben und welche Folgen falsche Angaben haben könnten.

296 c) Das Genfer Submissionsrecht sieht den Ausschluss der Angebote von Anbietern vor, wenn Letztere «les garanties de bienfacture, de solvabilité et de correction en affaires» nicht erfüllen (Art. 35 lit. e RPMPC/GE). Das Genfer Verwaltungsgericht erlaubt gestützt auf die vorstehende Bestimmung generell den Ausschluss der Angebote von Anbietern, deren Vertrauenswürdigkeit in Zweifel gezogen werden kann, weil etwa «son attitude, en tant que partenaire commercial, prêterait le flanc à la critique». In diesem Sinne hat das Gericht den Ausschluss der Offerte einer Aktiengesellschaft geschützt, bei welcher im Angebot u.a. ein wegen ungetreuer Geschäftsführung Verurteilter als für die Anbieterin Verantwortlicher bezeichnet wurde. Daran änderte auch nichts, dass zur Zeit der Urteilsfindung durch das Verwaltungsgericht noch ausserordentliche Rechtsmittel gegen die strafrechtliche Verurteilung hängig waren und die betreffende Person nicht mehr im Verwaltungsrat der Anbieterin Einsitz hatte. Der Begriff der «correction en affaires» greife nicht nur bei rechtskräftigen Verurteilungen, sondern erlaube es der Vergabebehörde auch, Anbieter auszuschliessen, die «peu corrects dans la gestion de leurs relations d'affaires» seien[600]. Festzuhalten ist, dass ein (rein) **berufliches Fehlverhalten** eines Anbieters nur zum Ausschluss führen kann, wenn dies in einem gerichtlichen Verfahren festgestellt worden ist (§ 27 lit. g VRöB).

297 **3. Ausschluss wegen Auflösung der anbietenden Gesellschaft, Konkurs:**

298 Vgl. zu diesem Punkt auch unten Ziffer 12, Rz. 331 ff. betr. den Ausschluss wegen Wegfalls der Eignung.

---

[599] LGVE 2000 II Nr. 12, S. 205 ff.
[600] VG Genf: Urteil vom 7. August 2001 in Sachen Société B., E. 5.

Die R. AG ist im Mai 2003 in Anwendung von Art. 708 Abs. 4 OR und Art. 86 Abs. 2 HRegV von Amtes wegen aufgelöst worden, weil die ihr zur Wiederherstellung des gesetzmässigen Zustands in Bezug auf den Verwaltungsrat und die Vertretung angesetzte Frist fruchtlos abgelaufen ist. Nachdem der gesetzmässige Zustand in Bezug auf den Verwaltungsrat und die Vertretung wieder hergestellt worden war, wurde die Auflösung der Gesellschaft am 19. August 2003 widerrufen. Ein sich auf § 28 Abs. 1 lit. g SubmD/AG stützender Ausschluss vom Verfahren bzw. ein Widerruf des Zuschlags kommt daher nicht in Betracht. Das Vorhandensein von Betreibungen führt hingegen nicht zu einem zwingenden Ausschluss nach § 28 SubmD/AG. Die Frage, ob eine Vergabebehörde die Existenz von (berechtigten) Betreibungen bei der Eignung oder beim Zuschlag im Rahmen ihres Ermessens negativ berücksichtigen darf, kann vorliegend offen bleiben[601].

4. Ausschluss wegen Denunziation und Einmischung:

Zu prüfen war in einem Zürcher Fall, ob ein Anbieter, welcher die Vergabebehörde während eines laufenden Einladungsverfahrens über die schlechte finanzielle Lage eines Mitbewerbers informierte und diesen damit nach Auffassung jener Behörde denunzierte, vom Verfahren ausgeschlossen werden durfte. In casu hielt das Zürcher Verwaltungsgericht den Ausschluss des Anzeigeerstatters für unrechtmässig, da die «wirtschaftliche Lage (Liquidität/Solvenz/Bonität)» in der Ausschreibung als Zuschlagskriterium vorgesehen gewesen sei und die Vergabebehörde der denunzierten früheren Firma in den beiden Vorjahren bereits mehrere Aufträge erteilt habe, weshalb davon habe ausgegangen werden können, dass der Vergabebehörde die finanziellen Verhältnisse dieser Firma nicht oder zu wenig bekannt gewesen seien. Das Verwaltungsgericht hat aber auch deutlich gemacht, dass die Einmischung eines Anbieters in den Eignungs- und Offertprüfungsprozess gemäss der nicht abschliessenden Regelung von § 26 Abs. 1 aSubmV/ZH (bzw. § 28 SubmV/ZH) auch zum Ausschluss führen könne[602].

5. Ausschluss wegen gestörtem Vertrauensverhältnis zwischen einem Submittenten und der Vergabebehörde bzw. einzelnen Beamten:

a) Ein Anbieter kann nach Auffassung des Regierungsrats des Kantons Schwyz dann nicht als ungeeignet aus dem Wettbewerb ausgeschlossen werden, wenn zu befürchten ist, dass bei einer Vergebung an diesen bei der Erstellung einer Kanalisationsleitung mit einzelnen Privateigentümern Schwierigkeiten entstehen würden[603]. Ist das Vertrauensverhältnis zwischen einem Auftraggeber und einem Anbieter massiv gestört, sodass eine frucht-

---

[601] VG Aargau: AGVE 2004, S. 222 f.
[602] VG Zürich: VB.2000.00353.
[603] EGV-SZ 1998 Nr. 53, S. 160 f.

bare Zusammenarbeit nicht mehr denkbar ist, kann dies nach der Praxis des Regierungsrats des Kantons Schwyz zu einem Ausschluss aus dem Wettbewerb führen. Für diese Schlussfolgerung ist nach Auffassung des Schwyzer Regierungsrats an sich nicht relevant, wer für das Zerwürfnis verantwortlich ist. Im konkreten Fall wurden dem Anbieter ohne Einverständnis der Vergabestelle vorgenommene Abweichungen von den Vorgaben bei früheren Arbeiten und ein aggressiver Umgangston mit Architekt und Bauherrschaft vorgeworfen[604]. Gestützt darauf ist sein Ausschluss verfügt worden.

304 b) Wir erachten die dargestellte Praxis des Schwyzer Regierungsrats als problematisch, da sie den Anbieter letztlich (wie vor Einführung des formellen Rechtsschutzes, wo ihm im Submissionsrecht jeder wirksame Rechtsschutz fehlte[605]) vom Wohlwollen der einzelnen verantwortlichen Vertreter der Vergabebehörde abhängig macht (was nicht zuletzt als Nährboden der Korruption anzusehen ist). Zumindest muss es dem betroffenen Anbieter im Beschwerdeverfahren gegen einen solchen Ausschluss möglich sein, darzutun, dass ihn am bestehenden Zerwürfnis kein Verschulden trifft. Dabei besteht auch Anspruch auf Durchführung eines Beweisverfahrens. Die Beweislast für das alleinige Verschulden des betreffenden Anbieters am behaupteten Zerwürfnis obliegt der Vergabebehörde. Liegt das Verschulden nicht allein beim Anbieter, ist sein Ausschluss aus diesem Grunde u.E. nicht zulässig.

305 **6. Ausschluss wegen Einreichens einer Variante ohne Grundangebot:**

306 Vom Vergabeverfahren zwingend auszuschliessen sind nach aargauischem Submissionsrecht Offerten, die kein Grundangebot, sondern lediglich eine Unternehmervariante enthalten[606]. Anders ist die Rechtslage z. B. im Kanton Zürich, wo zulässigerweise auch bloss eine Variante ohne Grundangebot eingereicht werden kann[607].

307 **7. Ausschluss wegen verspäteter Einreichung des Angebots und Einreichen des Angebots bzw. des Antrags auf Teilnahme im selektiven Verfahren am falschen Ort:**

308 a) Die BRK hat entschieden, dass die **Nichteinhaltung der Frist** zur Einreichung des Antrags auf Teilnahme auch dann einen solchen (schweren) Formfehler darstellt, wenn diese Frist nur geringfügig überschritten wird.

---

[604] EGV-SZ 1997 Nr. 57, S. 202.
[605] Wobei ausgerechnet im Kanton Schwyz im Gegensatz zu den meisten anderen Schweizer Kantonen bereits vor Einführung der Pflicht zur Gewährleistung eines formellen submissionsrechtlichen Rechtsschutzes durch das ÜoeB ein gewisser rechtlicher Schutz bestand (vgl. dazu GALLI, S. 192 ff.).
[606] § 16 Abs. 3 SubmD/AG. Vgl. AGVE 2001, S. 336. Vgl. zur Aargauer Praxis auch unten Rz. 474. Zur diesbezüglichen Praxis der BRK und des Zürcher Verwaltungsgerichts vgl. unten Rz. 469 bzw. Rz. 472 f.
[607] Vgl. Rz. 472.

Das Beharren auf der Respektierung der Fristen durch die Submittenten liegt im Interesse der Gleichbehandlung der Anbieter und der Transparenz des Verfahrens. Obschon ein Formmangel nach Art. 19 Abs. 3 BoeB nicht leichthin anzunehmen ist, stellt der Ausschluss vom Verfahren des verspätet eingereichten Teilnahmeantrags keinen überspitzten Formalismus dar[608].

Verspätet eingegangene Offerten sind vom Verfahren auszuschliessen. Die Wiederherstellung einer verpassten Offerteingabefrist ist grundsätzlich ausgeschlossen[609]. Diese Praxis des Aargauer Verwaltungsgerichts dürfte auch in der Praxis anderer Kantone Geltung haben, indem die Nichteinhaltung der Eingabefrist regelmässig als Ausschlussgrund bezeichnet wird[610]. 309

b) In Abweichung von den üblichen Regeln über die Rechtzeitigkeit der Einreichung einer Eingabe bei einer Behörde (Schweizer Poststempel des letzten Fristtages) sieht § 23 Abs. 1 VRöB vor, dass die **Angebote innerhalb der Frist bei der in der Ausschreibung genannten Stelle eintreffen müssen.** Diese Regelung soll vermeiden, dass sich Anbietende aus dem Ausland auch bei grosser Verspätung noch auf einen ausländischen Poststempel berufen können oder dass sie Diskriminierung geltend machen, wenn man von ihnen eine Postaufgabe in der Schweiz verlangen würde[611]. Beim Bund oder auch etwa im Kanton Glarus[612] gelten für die Fristwahrung die allgemeinen Regeln des Verwaltungsverfahrens, d.h. das Angebot muss rechtzeitig bei der Vergabestelle selbst, bei der Schweizer Post oder bei einer Schweizer Vertretung im Ausland eingereicht werden[613]. Demgegenüber verlangt Zürich explizit, dass auch Anträge auf Teilnahme im selektiven Verfahren nicht nur innerhalb der von der Vergabebehörde angesetzten Frist, sondern auch noch an dem von dieser genannten Ort eintreffen müssen. Die allgemeine verwaltungsrechtliche Regel von § 5 Abs. 2 VRG/ZH, wonach für die Einhaltung der Fristen die Einreichung bei der unzuständigen Behörde massgebend ist, gilt im Zürcher Submissionsrecht daher nicht. Zutreffend hält das Zürcher Verwaltungsgericht fest, dass die Gleichbehandlung der Anbieter und die Transparenz des Verfahrens erfordern, dass alle Teilnahmeanträge fristgemäss auch am richtigen Ort eintreffen; ein Ausschluss auch wegen geringfügiger Verspätung stellt keinen überspitzten Formalismus dar[614]. 310

---

[608] CRM 1/1997 E. 3b.
[609] AGVE 2001, S. 353 ff.
[610] Vgl. § 27 lit. h VRöB; ferner etwa § 28 lit. h SubmV/ZH; ferner zur diesbezüglichen Praxis der BRK oben Rz. 261.
[611] HERBERT LANG, ZBl 2000, S. 226.
[612] Art. 15 Abs. 1 Sub/GL.
[613] HERBERT LANG, ZBl 2000, S. 227.
[614] VG Zürich: VB.2004.00331.

311 In einem Aargauer Beschaffungsgeschäft bestimmte die Vergabestelle betreffend Frist für die Einreichung der Angebote Folgendes: «25. April 2005 (A-Post, Datum des Poststempels [schweizerische Post]; automatische Frankaturen sind nicht zugelassen; Angebote aus dem Ausland müssen bis spätestens 26. April 2005 beim Besteller eintreffen).» Das Angebot der (inländischen) Anbieterin traf am 26. April 2005 bei der Vergabestelle ein. Das Verwaltungsgericht hielt die erwähnte Differenzierung im konkreten Fall für zulässig und schloss auch aus Art. XI Ziffer 1 lit. a ÜoeB, dass eine unterschiedliche Fristbemessung nicht grundsätzlich unstatthaft sein könne, denn nach der erwähnten Vorschrift müsse jede festgesetzte Frist so bemessen sein, dass es sowohl ausländischen als auch inländischen Anbietern möglich sei, Angebote einzureichen, bevor das Verfahren abgeschlossen sei. Bei der Festsetzung dieser Fristen berücksichtigten die Beschaffungsstellen, soweit es mit ihren angemessenen Bedürfnissen zu vereinbaren sei, Umstände wie die Komplexität der geplanten Beschaffung, das voraussichtliche Ausmass der Vergabe von Unteraufträgen und *die übliche Zeit für die Übermittlung von Angeboten durch die Post vom In- und Ausland aus* (Hervorhebung im Urteil)[615].

312 **8. Ausschluss wegen Nichteinhaltung gesetzlicher oder vertraglicher Arbeitsbedingungen, Arbeitsschutzbestimmungen sowie Verletzung der Gleichbehandlungspflicht von Mann und Frau:**

313 a) Die Vergabebehörde kann von den Anbietern gemäss Praxis der BRK eine Erklärung betreffend Einhaltung der Arbeitsbedingungen verlangen[616]. Ferner habe die Auftraggeberin für die Durchsetzung der Arbeitsbedingungen und Arbeitsschutzbestimmungen beim Vertragsabschluss Konventionalstrafen vorzusehen[617].

314 b) Gemäss Art. 33 Abs. 1 lit. e aSubV/BE (heute: Art. 24 ÖBV/BE) werden Anbietende von der Teilnahme ausgeschlossen, wenn sie den Arbeitnehmenden nicht Arbeitsbedingungen bieten, welche namentlich hinsichtlich

---

[615] VG Aargau: AGVE 2005 (Nr. 49) S. 240 ff.
[616] Art. 9 BoeB, Art. 9 VoeB, Ziff. 6 Anhang 3 zur VoeB. In einer Antwort vom 30. September 2002 auf eine Einfache Anfrage von Nationalrat Rennwald bekräftigte der Bundesrat, dass er der Einhaltung der Arbeitsschutzbestimmungen und Arbeitsbedingungen einen wichtigen Stellenwert beimesse. Die Kontrolle und Durchsetzung erfolgten heute mittels Selbstdeklaration der Anbieter und der vertraglich festgehaltenen Option der Konventionalstrafe. Bezüglich der Selbstdeklaration arbeite der Bund gegenwärtig in einem Pilotprojekt in einer bestimmten Branche des Baubereichs eng mit den paritätischen Berufskommissionen zusammen, den eigentlichen Kontrollorganen für die Einhaltung der Gesamtarbeits- und Normalarbeitsverträge (GAV/NAV). Die Berufskommissionen erteilten Zertifikate, die bestätigten, dass der Anbieter den GAV/NAV einhalte. Diese Lösung minimiere den administrativen Aufwand für die Bundesverwaltung. Die Einführung dieses Kontrollmodells werde gegenwärtig auch für die Druckerbranche geprüft (Amtl. Bull. NR, 2002 IV, B, S. 65 f.).
[617] Art. 6 Abs. 5 VoeB.

Entlöhnung, Lohngleichheit für Mann und Frau sowie Sozialleistungen der Gesetzgebung und dem Gesamtarbeitsvertrag der Branche entsprechen. Diese Bestimmung verlangt nach den Ausführungen des Berner Verwaltungsgerichts nicht, dass die Verletzung der Gesetzgebung oder des Gesamtarbeitsvertrags durch gerichtliches Urteil festgestellt sein muss. Die Kontrolle und Durchsetzung erfolge grundsätzlich im Rahmen der Vertragsabwicklung durch die Auftraggebenden. Auf unbestimmte Anzeigen oder vage Verdächtigungen hin dürften Bewerbende nicht ausgeschlossen werden. Sofern der Nachweis einer Verletzung von Art. 33 Abs. 1 lit. e aSubV/BE indessen erbracht sei, seien die betroffenen Anbieter auszuschliessen, auch wenn kein gerichtliches Urteil vorliege. Die Bestimmung habe in erster Linie eine sozialpolitische Zielsetzung (Sicherung der sozialen Errungenschaften und des Arbeitsfriedens); andererseits verfolge sie auch eine auf die Gleichbehandlung der Anbietenden ausgerichtete Zielsetzung, indem sie gleich lange Spiesse verschaffen wolle. Unternehmen, welche sich nicht an die gesetzlichen und vertraglichen Arbeitsbedingungen hielten, verschafften sich einen unrechtmässigen Wettbewerbsvorteil und könnten günstiger offerieren als Betriebe, welche sich an die Vorschriften hielten. Solche Unternehmen müssten daher aus Fairnessgründen von der Submission ausgeschlossen werden. Deshalb seien insbesondere die Verhältnisse vor und allenfalls während der Submission massgebend. Beseitigten die Anbietenden während des Rechtsmittelverfahrens die Rechtswidrigkeit, indem sie mit der betroffenen Arbeiterschaft eine Einigung finden, bedeute dies nicht, dass der Mangel dadurch geheilt sei und dass das Ausschlussverfahren gleichsam gegenstandslos werde. Im konkreten Fall hat das Verwaltungsgericht des Kantons Bern einen Ausschluss vom Submissionsverfahren wegen Verstössen gegen den Landesmantelvertrag für das schweizerische Bauhauptgewerbe und den Gesamtarbeitsvertrag bejaht[618].

c) § 4 lit. b öBG/LU bestimmt, dass Aufträge nur an Anbieter vergeben werden, die gewährleisten, dass sie die massgebenden schweizerischen Arbeitsschutzbestimmungen und Arbeitsbedingungen für die Arbeitnehmerinnen und Arbeitnehmer sowie die einschlägigen Bedingungen der Gesamtarbeitsverträge einhalten. Nicht verlangt wird damit gemäss dem Luzerner Verwaltungsgericht der formelle Beitritt oder Anschluss an einen Gesamtarbeitsvertrag[619].

315

d) In einem Zuger Fall war der Vergabebehörde im Zeitpunkt des Ausschlusses des Angebots der Beschwerdeführerin bekannt, dass ein Verfahren wegen Verletzung des GAV/LMV gegen eine Unternehmung, welche Mitglied

316

---
[618] BVR 2000, S. 118 ff. Vgl. ferner die Kritik an der Berner Praxis unten Rz. 318.
[619] LGVE 2000 II, Nr. 12, S. 208 f.

des anbietenden Konsortiums war, bei der Paritätischen Berufskommission hängig war; es stand auch fest, dass die betreffende Firma Nachzahlungen von rund Fr. 49 000.– an ihre Mitarbeiter geleistet hatte. Ferner hätten hinreichende Anhaltspunkte bestanden, dass auch Mitarbeiter der Gartenbauabteilung (nicht nur der Tiefbauabteilung) jener Unternehmung auf Tiefbaustellen beschäftigt worden seien und diese insoweit der LMV-Regelung unterstanden hätten. Die Unternehmung habe die Unterstellung jedoch erst mit Schreiben vom 29.2.2000 (5 Tage nach dem Ausschluss) mitgeteilt. Die Paritätische Berufskommission habe im Übrigen «nachträglich festgestellt», dass sich die Gesamtheit der den Mitarbeitern der Unternehmung vorenthaltenen geldwerten Ansprüche schlussendlich auf Fr. 275 473.40 (brutto) belaufen hätte. Angesichts dieser schweren Verfehlungen sei es nicht zu beanstanden und auch mit dem Grundsatz der Verhältnismässigkeit vereinbar, das Angebot des Konsortiums, in welchem die in Frage stehende Unternehmung – wie gesagt – nur ein Mitglied war, vom Wettbewerb auszuschliessen, da keine genügende Gewähr für die Einhaltung der Arbeitsschutzbestimmungen und Arbeitsbedingungen bestanden habe[620].

317 e) Die Nichtbeachtung der Arbeitsbedingungen, Arbeitsschutzbestimmungen und des Prinzips der Gleichbehandlung von Mann und Frau in Bezug auf die Lohngleichheit kann nach den anwendbaren Submissionserlassen zum Ausschluss führen[621]. Die schweizerische Submissionsgesetzgebung ist indessen insofern nicht konsistent, als das BoeB[622] das Leistungsortsprinzip[623] als massgeblich bezeichnet, wonach auf die Regelung am Ort der Leistung abzustellen ist, während das Binnenmarktgesetz[624] das Herkunftsortsprinzip vorschreibt, es sei denn, der angestrebte Schutz könne so nicht erreicht werden, weil die Gefahr eines eigentlichen Sozialdumpings besteht; durch die revidierten Vergaberichtlinien wurde nun allerdings eine Annäherung an die Regelung gemäss Binnenmarktgesetz vollzogen, indem das Leistungsortsprinzip in dieser «Mustervorlage» gestrichen wurde.

318 Der praktische Vollzug der hier zur Debatte stehenden sozialpolitischen Zielsetzungen bietet einige schwierige Probleme: So kann etwa bei Anbietern mit verschiedenen Geschäftszweigen die Frage, welcher GAV in casu Anwendung finden soll, Probleme bereiten; dort wo kein GAV besteht, dürfte sodann die Festlegung der «branchenüblichen Vorschriften»[625] auf besondere Schwierigkeiten stossen. Zu erwähnen ist diesbezüglich, dass im Hinblick

---

[620] VG Zug: Urteil vom 27. Februar 2002 i.S. ARGE C, E. 4c.
[621] Vgl. z.B. Art. 11 lit. d i.V.m. Art. 8 BoeB; § 27 lit. d VRöB i.V.m. Art. 11 lit. e und f IVöB sowie die kantonale Ausführungsgesetzgebung.
[622] Art. 8 Abs. 1 lit. b BoeB.
[623] Vgl. dazu im Einzelnen GALLI/LEHMANN/RECHSTEINER, S. 74 ff. Rz. 223 ff.
[624] Art. 5 BGBM und WAGNER, in BR 1999, S. 51 f.
[625] § 23 Abs. 2 VRöB.

auf das Inkrafttreten der bilateralen Verträge das Entsendegesetz[626] erlassen worden ist[627]. Dieses verlangt die Einhaltung von Mindeststandards u.a. in Bezug auf die minimale Entlöhnung, die Arbeits- und Ruhezeit, die Mindestdauer der Ferien, die Arbeitssicherheit und den Gesundheitsschutz sowie der allgemein verbindlich erklärten Gesamt- und Normalarbeitsverträge. Die Anbieter müssen sich auf jeden Fall gegen zu weit gehende Auflagen der Vergabebehörden oder der in diesem Bereich eingesetzten spezialgesetzlichen Vollzugsbehörden, wie paritätische Kontrollorgane Arbeitgeber/-nehmer, Gleichstellungsbüros etc.[628], zur Wehr setzen können, zumal dann, wenn die betreffende Stelle sich nicht auf einen eindeutig zur Anwendung gelangenden GAV zu stützen vermag. Im Falle eines Ausschlusses hat die Beschwerdeinstanz Einwände des betroffenen Anbieters zu prüfen, wobei die Vergabestelle die Beweislast für die Existenz einer von ihr (bzw. dem spezialgesetzlichen Kontrollorgan, welches als Hilfsperson der Vergabebehörde amtet) behaupteten strittigen Regel trägt. Nur unter dieser Bedingung erscheint die im vorstehenden Urteil Ziff. 8a (Rz. 314) vom Berner Verwaltungsgericht gemachte Feststellung, wonach der Ausschluss wegen Nichteinhaltung der Arbeitsschutzbestimmungen auch ohne Gerichtsurteil verfügt werden könne, als akzeptabel. Beim Ausschluss infolge Verletzung von Arbeitsbedingungen ist auch das Verhältnismässigkeitsprinzip zu beachten, und zwar auch dann, wenn die verletzte Vorschrift nicht als blosse Kann-Vorschrift, sondern so formuliert ist, dass der Ausschluss an sich bei jeglicher Verletzung anzuordnen wäre[629]. Die von den Anbietern in der Praxis verlangten und zwingend einzureichenden schriftlichen Erklärungen auf vorgegebenen Formularen zu den hier zur Diskussion stehenden sozialpolitischen Rahmenbedingungen mögen aus administrativen Gründen für die Vergabebehörde praktisch sein; sie dürfen jedoch nicht zu einer Schmälerung des Rechtsschutzes der Anbieter führen. Auf jeden Fall unzulässig ist es, zu verlangen, dass ein Anbieter zwingend Haupt- oder Anschlusspartei eines GAV sein muss, um am Vergabeverfahren teilnehmen zu können[630].

Mit Bezug auf Anbieter, welche **früher** gegen Arbeitsschutzbestimmungen und Arbeitsbedingungen verstossen haben, ist festzuhalten, dass diese verhalten werden können, mit geeigneten Massnahmen und Nachweisen zu belegen, dass die Einhaltung der einschlägigen Bestimmungen nun gewährleistet

319

---

[626] Vgl. dazu oben Rz. 34.
[627] SR 823.20.
[628] Vgl. dazu Art. 6 Abs. 2–4 VoeB.
[629] STÖCKLI, in BR 2001, S. 161.
[630] WAGNER, in BR 1999, S. 52; ferner DERS., in BR 1999, S. 139. Das Verbot einer Anschlusspflicht der Anbieter an einen GAV wird jetzt auch durch zwei kantonale Urteile bestätigt (VG Freiburg: Urteil vom 30. Mai 2001 [2A 01 31]; VG Luzern: Urteil vom 3. August 2000 in LGVE 2000 Nr. 12, S. 209).

ist. Ein Verfahrensausschluss kann in schweren Fällen der Missachtung von Arbeitsschutzbestimmungen und Arbeitsbedingungen **auch für künftige Submissionen** vorgesehen werden[631].

320   **9.** Ein Ausschluss kann ausnahmsweise auch wegen Einreichens eines **Unterangebots** erfolgen[632]:

321   Das Angebot der ARGE 2 enthielt u.a. 245 Positionen mit einem Einheitspreis von Fr. 0.10 und verschiedene noch geringere Einheitspreisangaben. Die (Walliser) Vergabestelle forderte die Anbieterin zur «Analyse» der Einheitspreise von 10 Rp. und tiefer auf. Die Anbieterin reichte in der Folge detaillierte Angaben über ihre Preisgestaltung ein, insbesondere betreffend die stillen Reserven. Auch die Offerte der ARGE 1 enthielt zahlreiche Tiefpreise, deren «Analyse» die Vergabestelle verlangte; die Anbieterin verweigerte jedoch die verlangten Erläuterungen mit dem Hinweis, sie habe das Recht, die Preise frei zu bestimmen. Daraufhin wurde das Angebot der ARGE 1 ausgeschlossen und der Zuschlag der ARGE 2 erteilt. Das Bundesgericht hat die dagegen erhobene staatsrechtliche Beschwerde abgewiesen[633]. Das Gericht führt aus, die Beschwerdeführer hätten die Erläuterung der strittigen Preise verweigert, was ohne Willkür als Grund zum Ausschluss vom Vergabeverfahren habe eingestuft werden dürfen. Der Standpunkt des Verwaltungsgerichts, vorliegend hätten wichtige Angaben zur Eignung «des Angebots» gefehlt, weshalb die Vergabebehörde den renitenten Anbieter habe ausschliessen dürfen, auch wenn das anwendbare Beschaffungsrecht dies nicht ausdrücklich vorsehe, erscheine vertretbar[634].

322   **10.** Ausschluss wegen Bildung eines **Submittentenkartells bzw. wegen Preisabsprachen**[635]:

323   Die Kantone kennen mit § 27 lit. e VRöB bzw. der einschlägigen kantonalen Submissionsgesetzgebung analoge Vorschriften wie der Bund in Art. 11 lit. e BoeB.

324   a) Zum Ausschluss[636] wegen Bildung eines Submittentenkartells bzw. wegen Preisabsprachen ist Folgendes festzustellen: Einen Ausschluss kann die Auf-

---

[631] GALLI/LEHMANN/RECHSTEINER, S. 152 Rz. 496 ff.; vgl. auch unten Rz. 341.
[632] Vgl. dazu im Einzelnen das 17. Kapitel hiernach, unten Rz. 711 ff.
[633] BGE 2P.161/2003.
[634] BGE 2P.161/2003 E. 3.3.
[635] Art. 5 Abs. 3 und 4 KG.
[636] Neben der Rechtsfolge des Ausschlusses des fehlbaren Anbieters aus dem Verfahren infolge der Teilnahme an einer Absprache im vorliegenden Sinne bzw. des Widerrufs eines bereits erfolgten Zuschlags steht der Vergabebehörde – bei entsprechend gegebenen Voraussetzungen – die Möglichkeit offen, das Verfahren abzubrechen und zu wiederholen (vgl. unten Rz. 501 ff., 507 ff.) oder den Auftrag freihändig zu vergeben (§ 9 Abs. 1 lit. b VRöB und Art. 13 Abs. 1 lit. b VoeB) (vgl. oben Rz. 157 ff., 207 ff.).

traggeberin nach Art. 11 lit. e BoeB verfügen, wenn Anbieter **Abreden**[637] getroffen haben, z. B. durch Eingabe von **Schutzofferten**[638] oder etwa die Verwendung von **Kalkulationshilfen**[639], die einen wirksamen Wettbewerb beseitigen oder erheblich beeinträchtigen[640]. Art. 5 Abs. 1 KG, welcher sich der ratio legis nach weitgehend mit Art. 11 lit. e BoeB deckt[641], bezeichnet die entsprechenden Abreden als unzulässig. Nachdem das BoeB und das KG unterschiedliche Rechtsgüter schützen, können in demselben Submissionsverfahren beide Vorschriften mit ihren unterschiedlichen Rechtsfolgen für die betroffenen Anbieter zur Anwendung gelangen. Während die Vergabebehörde gestützt auf Art. 11 lit. e BoeB den *Ausschluss* der Anbieter bzw. der Angebote vom Submissionsverfahren verfügen kann, kann die Wettbewerbskommission Verstösse von Anbietern mit Strafen sanktionieren[642]. Den Abbruch des Verfahrens infolge einer Anbieterabsprache kann die Vergabebehörde nur dann verfügen, wenn sich alle Anbieter an der Absprache beteiligt haben[643]. Ist der Zuschlag an einen Anbieter erfolgt, der sich an einer unzulässigen Absprache beteiligt hat, mit dem aber noch kein Vertrag abgeschlossen wurde, so kann dieser Zuschlag gestützt auf Art. 11 lit. e BoeB infolge dieses Anbieterverhaltens widerrufen werden; selbstverständlich kann sich nicht nur die Vergabebehörde, sondern können sich auch die Mitbewerber, die sich nicht an der Absprache beteiligt haben, auf Art. 11 lit. e BoeB berufen und etwa die Aufhebung des Zuschlags an einen Anbieter verlangen, der sich an einer widerrechtlichen Absprache beteiligt hat[644]. Stellt die Vergabebehörde erst nach dem Vertragsabschluss mit dem Zuschlagsempfänger fest, dass eine Submissionsabsprache erfolgt ist, dürfte der entsprechende Vertrag regelmässig an einem **Willensmangel** leiden, der es der Auftraggeberin erlaubt, die einseitige Unverbindlichkeit des Rechtsgeschäfts zu verlangen[645].

---

[637] Zum Begriff der Absprache vgl. CHRIST, S. 19.
[638] Anbieter vereinbaren untereinander, wer von ihnen den Zuschlag erhalten soll. Zu diesem Zwecke reichen die Anbieter zugunsten des zu schützenden «Konkurrenten» Offerten mit bewusst höheren Preisen ein, damit das Angebot des Begünstigten als das preisgünstigste erscheint.
[639] Vgl. dazu die WEKO in RPW 1998, S. 335 ff. Die koordinierte Verwendung von Kalkulationshilfen kann tatsächlich in ein eigentliches Preiskartell münden.
[640] Nicht zuzustimmen ist der Auffassung von STÖCKLI (in BR 2000, S. 53), der den Tatbestand von Art. 11 lit. e BoeB immer schon dann als erfüllt ansieht, «wenn sich mindestens zwei Anbieter über ihre selbständigen Angebote absprechen, um das Ergebnis des Vergabeverfahrens zu steuern». Die Anwendung der Norm setzt vielmehr immer eine erhebliche Beeinträchtigung des Wettbewerbs durch die strittige Abrede voraus, und dieses Tatbestandselement kann auch nicht einfach quasi implizit aus dem Zweck des Vorgehens der Anbieter abgeleitet werden.
[641] RPW 2002, S. 139 Ziff. 22.
[642] Art. 49a ff., 54 ff. KG.
[643] Art. 30 Abs. 2 lit. b VoeB; GALLI/LEHMANN/RECHSTEINER, S. 139 Rz. 455.
[644] Vgl. zu einem entsprechenden durch die BRK entschiedenen Fall unten Rz. 326.
[645] CHRIST, S. 175 ff.

325 Es ist nicht Aufgabe der Vergabebehörden, sondern ausschliesslich der Wettbewerbskommission, den wirksamen Wettbewerb durchzusetzen; nicht entscheidend für die Wettbewerbskommission ist demgegenüber, ob die Interessen der Vergabebehörde, insbesondere das Ziel der möglichst optimalen Einsetzung der öffentlichen Mittel, durch die zu prüfende Anbieterabrede als verletzt erscheinen[646]. Die Vergabebehörde bzw. der Konkurrent, der gestützt auf Art. 11 lit. e BoeB den Ausschluss bzw. Widerruf eines Zuschlags mit der Begründung verlangt, der Zuschlagsempfänger habe sich an einer widerrechtlichen Absprache beteiligt, hat aber die *Beweislast* dafür zu tragen, dass mindestens zwei Anbieter mit je einem selbständigen Angebot eine Absprache mit dem Zweck der Beeinflussung des Vergabeverfahrens im Sinne einer Beeinträchtigung der Interessen der Vergabebehörde getroffen haben und dass dadurch der Wettbewerb tatsächlich erheblich beeinträchtigt wurde[647].

326 b) In einem Beschaffungsgeschäft für die Parkettbeläge einer Sportanlage verblieben letztlich drei Anbieter, welche die den technischen Spezifikationen entsprechende Leistung erbringen konnten. Die Anbieter 2 und 3 waren Lieferanten des nachgesuchten Parkettmaterials. Der Anbieter 1 hatte wenig Erfahrung in der Verlegung des nachgesuchten Parketts, weshalb er der Vergabebehörde vorschlug, mit dem Anbieter 2 eine Arbeitsgemeinschaft zu bilden. Nach Diskussion mit der Vergabebehörde wurde der Anbieter 2 jedoch als Unterakkordant des Anbieters 1 vorgesehen, wobei dadurch lediglich der Anbieter 1 als Submittent verblieb und die Gesamtverantwortung übernahm. Nachdem der Anbieter 1 (zusammen mit dem ehemaligen Anbieter 2, der nunmehr zum Subunternehmer des Anbieters 1 geworden war) preislich leicht tiefer lag als der Anbieter 3, der jetzt zum einzigen verbleibenden Konkurrenten des Anbieters 1 mutiert war, wurde der Zuschlag dem Anbieter 1 erteilt, wogegen der Anbieter 3 Beschwerde bei der BRK führte. Die Anbieter 1 und 2 hatten sich bereits im Stadium der Offertstellung in dem Sinne abgesprochen, dass der Anbieter 2 dem Anbieter 1 das notwendige Parkettmaterial liefern würde. Diese «Absprache» konnte schon deshalb nicht zum Ausschluss eines der beiden Anbieter führen, weil sie den Wettbewerb nicht beeinträchtigte. Denn es verblieb das Angebot des Anbieters 3 und auch generell war vorliegend nicht zu beanstanden, dass der Anbieter 1 das Parkettmaterial über den Anbieter 2 beziehen wollte, wäre

---

[646] Die WEKO in RPW 2002, S. 140, unter Berufung auf GALLI/LEHMANN/RECHSTEINER, S. 101 Rz. 321.
[647] STÖCKLI relativiert seine Auffassung, wonach die Vergabebehörde das Verfahren bereits dann abbrechen könne, wenn sie auf «Anzeichen stösst, dass sämtliche Anbieter in einer Submissionsabsprache standen» (BR 2000, S. 60 Anmerkung Ziff. 4b), insoweit, als er verlangt, dass die Submissionsabsprache «festgestellt (und nicht bloss vermutet)» werden muss (a.a.O., Ziff. 4a).

er sonst doch als Anbieter überhaupt ausgeschieden. Die zweite Phase der Absprache der Anbieter 1 und 2 erfolgte (nach Ablauf der Eingabefrist) im Rahmen der Offertevaluation in Kenntnis und mit Zustimmung der Vergabebehörde dadurch, dass der Anbieter 2 nicht mehr als selbständiger Anbieter auftrat, sondern als Unterakkordant im Rahmen des Angebots des Anbieters 1 mitwirkte. Die BRK sah in diesem Vorgang eine erhebliche Beeinträchtigung des Wettbewerbs im Rahmen des vorliegenden Beschaffungsgeschäfts, da die Vergabebehörde infolge der Absprache den Zuschlag namentlich einem weniger günstigen Angebot zugeschlagen hatte, als dies ohne die Absprache der Fall gewesen wäre[648].

c) Der kartellrechtliche Begriff der Preisabsprache ist nach der Praxis des Verwaltungsgerichts des Kantons Aargau grundsätzlich auch für das Vergaberecht anwendbar. Der sachlich ausreichend begründete Verdacht der Vergabestelle, es habe eine Submissionsabsprache stattgefunden, genüge für den Ausschluss der betreffenden Anbieter bzw. bei mutmasslicher Beteiligung aller Anbieter für den Abbruch des Verfahrens; nicht erforderlich sei der strikte Nachweis der Absprache[649].

327

d) Im Kanton Schwyz wurde die Tatsache, dass die der Preisabsprache verdächtigten Anbieter in ihrem Angebot um 50 % höhere Preise eingaben als die Richtofferte, als ausreichend für die Annahme eines unzulässigen Vorgehens gewertet[650].

328

11. Zum Ausschluss aus **ökologischen Gründen** vgl. unten Rz. 597 ff.

329

12. Ausschluss wegen nachträglichem **Wegfall der Eignung:**

330

Wie das Zürcher Verwaltungsgericht feststellt, kann (die erst nach der Offerteinreichung eingetretene oder festgestellte) mangelnde finanzielle Leistungsfähigkeit eines Anbieters (auch nach der Zuschlagserteilung bis zum Vertragsabschluss mit dem betreffenden Anbieter) zum Ausschluss seines Angebots führen (§ 22 aSubmV/ZH)[651].

331

Mangelnde Eignung liegt auch vor, wenn die finanzielle Leistungsfähigkeit eines Anbietenden nicht bzw. nicht mehr gegeben ist (§ 28 Abs. 1 lit. a SubmD/AG). Die Beschwerdegegnerin erklärte sich bereit, freiwillig – ohne rechtliche Verpflichtung – eine Erfüllungs- bzw. Ausführungsgarantie beizubringen, womit ihr nach Auffassung der Vergabestelle die finanzielle

332

---

[648] CRM 2/99 E. 3. Im Übrigen lag hier auch eine unzulässige Angebotsänderung (durch Änderung des Anbieters) vor, was ebenfalls zum Ausschluss bzw. zur Nichtberücksichtigung führen musste.
[649] AGVE 1999, S. 310 ff.
[650] Vgl. bei BIRCHER/SCHERLER, S. 66; diese Praxis ist sehr problematisch, vgl. dazu hier analog anwendbare Überlegungen in Rz. 509.
[651] VG Zürich: VB.2001.00215 E. 7 und 8.

Leistungsfähigkeit nicht (mehr) abgesprochen werden konnte. Die Beurteilung der finanziellen Leistungsfähigkeit liegt im Ermessen der Vergabebehörde[652].

333 **13. Ausschluss, weil der Anbieter bzw. dessen Zusammensetzung ändert:**

334 Die Vergabebehörde hat etwa in einem selektiven Verfahren nur die Wahl, eine Bietergemeinschaft, welche einen Teilnahmeantrag gestellt hat, zur Angebotseinreichung einzuladen, oder ganz auf ein Angebot zu verzichten. Umgekehrt haben die zur gemeinsamen Offertstellung eingeladenen Antragsteller das gemeinsame Angebot in dieser Zusammensetzung einzureichen, ansonsten das Angebot einladungswidrig und deshalb vom Verfahren auszuschliessen ist[653].

335 Um die Frage der Änderung in der Zusammensetzung eines Bewerberteams ging es letztlich auch in einem Fall, den das Verwaltungsgericht des Kantons Zug zu beurteilen hatte. Die Baudirektion des Kantons Zug hatte einen zweistufigen Gesamtleistungs-Studienauftrag im selektiven Verfahren ausgeschrieben. Die Teilnahmebedingungen enthielten folgende Vorschrift: «Mehrfachbewerbungen von einzelnen Teammitgliedern in verschiedenen Bewerberteams sind nicht gestattet und haben den Ausschluss des ganzen Bewerberteams zur Folge. Ausgenommen davon sind rechtlich selbständige Zweigniederlassungen bzw. Teilfirmen, die im Handelsregister (Stichtag 4. Mai 2001) eingetragen sind.» Zur zweiten Wettbewerbsstufe zugelassen wurden vier Bewerberteams. An zweien dieser Teams waren die Zschokke Generalunternehmung AG bzw. die Göhner Merkur Totalunternehmung AG als jeweils federführende Firma beteiligt. Noch während der ersten Wettbewerbsstufe erwarb die Zschokke Holding AG die Göhner Merkur Totalunternehmung AG und war nunmehr Eigentümerin sowohl der Zschokke GU AG als der Göhner Merkur TU AG. Die Zschokke Holding AG sicherte in der Folge der Vergabestelle die rechtliche und operative Unabhängigkeit der Göhner Merkur TU AG bis zum Abschluss des Gesamtstudienauftrags zu. Das Verwaltungsgericht des Kantons Zug wies die Beschwerde eines Mitbewerbers, der den Ausschluss des sich unter der Federführung der Göhner Merkur TU AG befindenden Bewerberteams verlangt hatte, ab mit der Begründung, die Teilnahmebedingungen unter dem Titel «Mehrfach-

---

[652] VG Aargau: AGVE 2004, S. 222.
[653] GAUCH/STÖCKLI, S. 44 f. Rz. 18.3; SCHERLER, in BR 2001, S. 60 f. Vgl. als weiteres Anwendungsbeispiel auch BGE 2P.47/2003, wo das Bundesgericht die Beschwerde gegen einen Walliser Ausschluss eines Ingenieurkonsortiums abgewiesen hat, bei welchem zwei Konsorten nachträglich nur als Subunternehmer auftreten wollten.

bewerbungen» seien eingehalten, da es sich um zwei selbständige Teilfirmen handle[654].

14. Ausschluss wegen Vorbefassung:

Hat ein Anbietender an der Vorbereitung des Submissionsverfahrens mitgewirkt und kann er infolge seiner **Vorbefassung** nicht am Verfahren teilnehmen, so ist er von der Vergabebehörde auszuschliessen[655].

Wie ESSEIVA[656] zu Recht festhält, bestehen in den einzelnen kantonalen Gesetzgebungen bezüglich der Behandlung der Vorbefassung Unterschiedlichkeiten. Grundsätzlich kann aber ein vorbefasster Anbieter nur in den beiden Fällen **«enger Markt»** und **«geringfügige Vorbefassung»** ausnahmsweise doch am Submissionsverfahren teilnehmen.

3. Bekanntgabe von Ausschlüssen

Das Verwaltungsgericht des Kantons Graubünden ist der Auffassung, aus dem Transparenzgrundsatz ergäbe sich, dass die Anbieter ein Recht darauf hätten zu erfahren, wer mit welcher Begründung vom Wettbewerb ausgeschlossen wurde. Dem stehe auch der Vertraulichkeitsgrundsatz nicht entgegen, der sich nur auf die von den Anbietern selber gemachten Angaben beziehe. Den Einwand der vom Ausschluss betroffenen Anbieterin, mit diesem Vorgehen werde in Kauf genommen, dass sie diese Blossstellung in Zukunft erheblich benachteiligen werde, da ihre Konkurrenten diese Informationen in Verhandlungen mit Kunden verwenden würden, bezeichnete das Gericht als nicht nachvollziehbar; die mit der Publikation des Ausschlusses und dessen Begründung verbundene künftige Benachteiligung des betreffenden Anbieters liege in der Natur der Sache. Ein Verstoss gegen den Vertraulichkeitsgrundsatz könne darin jedoch nicht erblickt werden, da dadurch nicht von der Beschwerdeführerin gemachte Angaben weitergegeben würden[657]. Das Bündner Verwaltungsgericht ist schliesslich der Auffassung, dass an die Begründung des Ausschlusses nicht höhere oder strengere Anforderungen zu stellen seien als an diejenige des Zuschlags, da ein Ausschluss in der Regel in krassen Fällen erfolge, während die Gewichtung innerhalb der Zuschlagskriterien wesentlich heikler sei[658].

---

[654] VG Zug: GVP-ZG 2001, S. 100 ff.
[655] Vgl. zu den diesbezüglich geltenden Regeln im Einzelnen unten Rz. 679 ff.; 682 ff.
[656] BR 2/2005, S. 76 Bemerkungen zu S6 und S19.
[657] PVG 2000 13/65 E. 2b.
[658] PVG 2000 13/65 E. 2c.

4. Exkurs: Sanktionen gegen Anbieter

340 § 38 VRöB hat mit dem im Randtitel der Bestimmung erwähnten Hinweis, dass es sich hier um eine Materie für ein formelles Gesetz handelt, massive Sanktionen gegen Anbieter eingeführt. Die Bestimmung lautet wie folgt:

341 «[1] Schwerwiegende Widerhandlungen gegen die Vergabebestimmungen werden durch Verwarnung, Entzug des erteilten Auftrags, Auferlegung einer Busse von bis zu 10 % der bereinigten Angebotssumme oder Ausschluss von künftigen Vergaben für die Dauer bis zu fünf Jahren geahndet.

342 [2] Dieser Entscheid kann innert 10 Tagen beim Verwaltungsgericht angefochten werden.

343 [3] Diese Sanktionsmöglichkeiten gelten unbeschadet weiterer rechtlicher Schritte gegen die fehlbare Anbieterin oder den fehlbaren Anbieter.»

II. Widerruf des Zuschlags

344 Nach § 36 SubmV/ZH kann der Zuschlag unter den Voraussetzungen von § 28 (mit dem Randtitel «Ausschlussgründe») widerrufen werden. Ausschlussgründe betreffen die Eignung des Anbieters und sein Verhalten im Verfahren. Diese Gründe sind nach den zutreffenden Ausführungen des Zürcher Verwaltungsgerichts[659] nur beschränkt als Widerrufsgründe tauglich. So können *Umstände, die der Vergabebehörde zur Zeit des Zuschlagsentscheids bekannt waren, nicht nachträglich zur Rechtfertigung eines Widerrufs dienen*. Ein Widerruf ist nur am Platz, wenn nachträglich wesentliche Mängel zu Tage treten, die für sich allein oder zusammen mit den früher festgestellten Tatsachen zu einem anderen Zuschlagsentscheid führen müssten. Anderseits erachtet das Zürcher Verwaltungsgericht den Widerruf auch in gewissen anderen Fällen, die nicht als Ausschlussgründe gelten können (z. B. wenn sich nachträglich herausstellt, dass das angebotene Produkt den gestellten Anforderungen in wesentlichen Punkten nicht entspricht), als zulässig[660]. Das Verwaltungsgericht führt weiter aus, dass für den Widerruf des Zuschlags aus Gründen der Rechtssicherheit strengere Voraussetzungen gelten müssten als für den Abbruch des Verfahrens (§ 37 SubmV/ZH). So könne der Zuschlag nicht wegen Fehlens eines wirksamen Wettbewerbs (§ 37 Abs. 1 lit. c SubmV/ZH) widerrufen werden, denn es sei der Vergabebehörde bereits vor der Zuschlagserteilung bekannt, dass nur ein

---
[659] VG Zürich: VB2005.00068 E. 3.4.
[660] VG Zürich: VB2005.00068 E. 3.4 mit Verweis auf BEZ 2000 Nr. 8, E. 2 und 4.

einziges gültiges Angebot eingegangen war, wogegen ein Verfahrensabbruch vor der Zuschlagserteilung zulässig gewesen wäre.

Wie soeben erwähnt, akzeptiert das Zürcher Verwaltungsgericht den Widerruf des Zuschlags u.a. dann, wenn sich nachträglich herausstellt, dass das angebotene Produkt den gestellten Anforderungen in wesentlichen Punkten nicht entspricht[661]. In casu war der Beschwerdegegner berechtigt gewesen, Supportleistungen von HP zu beschaffen, da er schon in den Ausschreibungsunterlagen entschieden habe, einen zentralen Support zu beschaffen, der auf die bestehende IT-Infrastruktur und den bestehenden Wartungsvertrag mit HP Rücksicht nehmen sollte. Auf die in § 16 Abs. 2 geforderte Zulassung gleichwertiger Produkte im Rahmen der technischen Spezifikation – in Analogie zu § 10 Abs. 1 lit. f SubmV/ZH, der für das freihändige Verfahren massgeblich sei – könne dann verzichtet werden, wenn sich nur mit den gleichen Produkten und/oder Dienstleistungen die Austauschbarkeit mit schon vorhandenem Material oder Dienstleistungen gewährleisten lasse. Die Vergabebehörde habe bei der Zuschlagserteilung im Rahmen eines *entschuldbaren* Irrtums angenommen, die Zuschlagsempfängerin hätte den HP Support angeboten. Diese erklärte aber nach der Zuschlagserteilung, Supportleistungen von EMC angeboten zu haben. Unter diesen Umständen sei die Vergabebehörde berechtigt gewesen, den erteilten Zuschlag zu widerrufen[662]. 345

Mit BEYELER[663] ist festzuhalten, dass der Widerruf des Zuschlags dem Zuschlagsempfänger stets in Verfügungsform zu eröffnen ist. Denn es ist zwar richtig, dass der Zuschlagsempfänger mangels Kontrahierungspflicht[664] keinen Anspruch auf den Vertragsabschluss ableiten kann, doch wird die Vergabebehörde durch einen ungerechtfertigten Zuschlagswiderruf genauso schadenersatzpflichtig wie durch einen entsprechenden Verfahrensabbruch[665]. Der Anbieter erhält mit der Widerrufsverfügung die Möglichkeit, für seine nutzlos gewordenen Aufwendungen Schadenersatz von der Vergabebehörde zu verlangen. Andererseits beseitigt der Widerruf des Zuschlags dessen Rechtskraft, wodurch der Weg für die Durchführung eines neuen Submis- 346

---

[661] VG Zürich: VB.2006.00175 E. 3.2.1 mit Verweisen auf BEZ 2005 Nr. 33 E. 3.4 (Entscheid vom 20. April 2005) und auf BEZ 2000 Nr. 8 E. 2 und 4 (Entscheid vom 15. Dezember 1999).
[662] VG Zürich: VB.2006.00175 E. 3.2.2 und 3.2.3.
[663] S. 289 f. Das Zürcher Verwaltungsgericht hat demgegenüber die Frage, ob der Verzicht auf die Beschaffung in jedem Fall in Form eines Widerrufs des Zuschlags erfolgen müsse, zumindest bei definitivem Verzicht auf die Beschaffung offengelassen, hält aber eine klare Bekanntgabe des Verzichts im Interesse eines «korrekten Umgangs mit den Anbietern» für stets notwendig (VG Zürich: VB.2005.00068 E. 3.3).
[664] Vgl. dazu Rz. 517.
[665] Vgl. unten Rz. 490 f.

sionsverfahrens über denselben Beschaffungsgegenstand wieder geöffnet wird[666]; fehlt ein ausreichender Grund für den Widerruf des Zuschlags (oder ist der Zuschlag gar nicht formell widerrufen worden), so ist die Einleitung eines zweiten Submissionsverfahrens für eine demselben Zweck dienende Beschaffung unzulässig[667].

---

[666] VG Zürich: VB.2005.00068 E. 3.3.
[667] VG Zürich: VB.2005.00068 E. 3.5 a.E.

6. Kapitel:
Eignung und Eignungskriterien

I. Im Submissionsrecht des Bundes

1. Bei der **Eignung** stellt sich die Frage nach der Befähigung jedes einzelnen Bewerbers zur Ausführung des Auftrags. Eignung liegt dann vor, wenn sichergestellt ist, dass das konkrete Unternehmen, der konkrete Anbietende, den Auftrag in finanzieller, wirtschaftlicher und technischer Hinsicht erfüllen kann[668]. Eignungskriterien beziehen sich auf die Person des Anbieters, auf dessen Organisation, das Personal und allgemein auf dessen **Leistungsfähigkeit**[669]. Im Hinblick auf diese Gesichtspunkte sind **Eignungskriterien** aufzustellen[670]. Hinsichtlich der Auswahl der Eignungskriterien hat die BRK festgehalten, dass die in den Art. 9 BoeB und Art. 9 VoeB enthaltene, bezüglich der Art der einzuverlangenden Eignungsnachweise[671] offene Legiferierungsmethode der Auftraggeberin einen Ermessensspielraum belasse. Die konkret zu verlangenden Nachweise seien auf diejenigen auszurichten, die wesentlich seien, um sicherzustellen, dass die (selektionierten) Anbieter den betreffenden Auftrag erfüllen könnten. Aus dieser Auslegung des Gesetzes ergebe sich, dass **auftragsspezifische Eignungskriterien** zu wählen seien. Es könne bezüglich eines bestimmten Eignungsnachweises also nicht generell gesagt werden, ob dieser (in jedem Fall) zulässig sei oder nicht; es komme dafür auf den konkret in Frage stehenden Auftrag an[672]. Im beurteilten Fall konnte es die BRK offenlassen, ob die von der Vergabebehörde im Rahmen eines im selektiven Verfahren durchgeführten Projektwettbewerbs verlangte Ideenskizze ein zulässiges Eignungskriterium bildete[673]. Das Abstellen auf den geographischen Standort oder die Herkunft der Teilnehmer ist nicht zulässig, ausser wenn zwingende Gründe dafür vorliegen[674].

347

---

[668] BRK 12/98 E. 2. Vgl. auch Art. VIII lit. b ÜoeB und Art. 9 BoeB; MOSER, AJP 2000, S. 691.
[669] BRK 11/06 E. 3; BRK 10 und 11/04 E. 2c. Siehe auch BGE 129 I 324.
[670] BRK 7/97 E. 5b/bb.
[671] Vgl. im Einzelnen zu den Nachweisen die Liste in Anhang 3 VoeB. Die Liste ist nicht abschliessend, wie aus Art. 9 Abs. 1 VoeB hervorgeht (GALLI/LEHMANN/RECHSTEINER, S. 107 Rz. 337 Fn. 3).
[672] BRK 7/97 E. 5b/cc.
[673] Vgl. unten Rz. 651.
[674] BRK 3/98 E. 6c.

348 **2.** In einem späteren Urteil hat die BRK an dieser Rechtsprechung festgehalten und ausgeführt, obschon sich die Eignungskriterien auf die Person des Anbieters bezögen, müssten sie dessen ungeachtet **in einem direkten und konkreten Bezug stehen zur Leistung,** die zu erbringen sei, und zwar in dem Sinn, dass sie sich auf die zur erfolgreichen Erbringung dieser Leistung notwendigen Qualifikationen beziehen müssten[675].

349 **3.** Der Vergabebehörde kommt sowohl bei der Wahl und Formulierung der Eignungskriterien und der einzureichenden Eignungsnachweise als auch bei der Bewertung der Eignungskriterien ein **grosses Ermessen** zu[676]. Vor diesem Hintergrund ist es nach der BRK nicht zu beanstanden, wenn die AlpTransit Gotthard AG bei der Vergebung eines Auftrags betreffend «Vorbereitungsarbeiten für den Trasseebau im Abschnitt Gotthard Nord» als Eignungskriterien u.a. «Erfahrung im Tief- und Werkleitungsbau» sowie «Erfahrung mit grossflächigen Kulturerdarbeiten» festgelegt und als Nachweis «Je 2 Referenzen für Tief- und Werkleitungsbauarbeiten sowie für grossflächige Kulturerdarbeiten» gefordert hat, ohne diese in der Ausschreibung oder in den Ausschreibungsunterlagen näher zu definieren. Die BRK hielt in Bezug auf die verlangte «Erfahrung mit grossflächigen Kulturerdarbeiten» fest, entgegen der Ansicht der Beschwerdeführerin könnten das publizierte Eignungskriterium bzw. der verlangte Nachweis nicht so verstanden werden, dass die **Referenzen** zwingend eine dem ausgeschriebenen Projekt entsprechende Grössenordnung aufzuweisen hätten. Die Vergabebehörde habe sich durchaus mit Referenzen begnügen dürfen, welche einen kleineren Umfang aufwiesen. Ebenfalls sei mit der Vergabebehörde einig zu gehen, dass es wohl angesichts des Ziels des Vergaberechts, der Stärkung des Wettbewerbs (Art. 1 Abs. 1 Bst. b BoeB), fragwürdig wäre, zu verlangen, dass die Bewerber bereits Arbeiten in einer gleichen oder doch ähnlichen Dimension durchgeführt hätten, wie sie für das ausgeschriebene Grossprojekt zu erbringen seien. Massgeblich sei vorliegend, dass aus den Referenzen habe geschlossen werden können, dass die Bewerberin fähig sei, Arbeiten im ausgeschriebenen Mengenbereich auszuführen. Bloss kleinräumige Abhumusierungsarbeiten würden zwar – schon nach dem Wortlaut des Eignungskriteriums – hierzu nicht genügen. Es liege aber im Ermessen der Vergabebehörde, darüber zu befinden, wie gross der Bereich der in den Referenzprojekten aufgeführten Kulturerdarbeiten sein müsse, damit eine Referenz dem von ihr verlangten Nachweis genüge, mithin wie sie den Begriff «grossräumig» habe auslegen wollen. In dieses Ermessen habe die BRK nicht einzugreifen, und es sei namentlich nicht an der BRK, zu definieren,

---

[675] BRK 11/06 E. 3.
[676] BRK 11/06 E. 5b.

welche Kriterien eine Referenz genau zu erfüllen habe[677]. Ebenfalls nicht zu beanstanden war aus Sicht der BRK, dass sich die Vergabestelle auch bei der Anforderung «Referenzen für Tief- und Werkleitungsbauarbeiten» betreffend die nötigen Referenzen einen relativ grossen Spielraum offen liess. Zudem merkte sie an, dass es den **Rahmen einer Eignungsprüfung** – welche sich auf die Person des Anbieters und dessen Leistungsfähigkeit und nicht dessen konkrete Offerte beziehe – wohl sprengen würde, wenn Referenzen über Erfahrung für jeglichen (allenfalls untergeordneten) Teilbereich der ausgeschriebenen Arbeiten verlangt und verifiziert würden. Jedenfalls bleibe die Beurteilung, ob die Referenzen den Nachweis erbrächten, dass der effektiv ausgeschriebene Auftrag ausgeführt werden könne, in erster Linie der Vergabestelle überlassen[678].

4. Fehlende Eignung bzw. das Nichterfüllen der Eignungskriterien führt zum **Ausschluss** vom Verfahren[679].

350

5. Eine besondere Rolle spielen die Eignungskriterien im **selektiven Verfahren**[680]. Hier wird die Eignung der Anbieter aufgrund eines Teilnahmeantrags in einem gesonderten Verfahren geprüft (sogenannte **Präqualifikation**). Nur wer die Eignungskriterien (in genügendem Mass) erfüllt, darf im selektiven Verfahren ein Angebot einreichen. Zweck der – gegenüber dem offenen Verfahren zusätzlich vorgeschalteten – Eignungsprüfung ist die frühzeitige Ermittlung derjenigen Anbieter, die in der Lage sind, den konkret ausgeschriebenen Auftrag angemessen auszuführen bzw. die (rechtzeitige) Ausscheidung derjenigen, welche diese Voraussetzungen nicht erfüllen. Ungeeigneten Anbietern wird damit der mit der Offerteinreichung verbundene Aufwand erspart, und die Beschaffungsstelle bleibt von mangelhaften oder sogar unbrauchbaren Angeboten verschont[681]. Unzulässig und falsch wäre die Schlussfolgerung, in den übrigen Verfahren hätten die Eignungskriterien keine Bedeutung. Auch in einem **offenen Vergabeverfahren** darf der Zuschlag nur einem Anbieter erteilt werden, der über die zur (einwandfreien) Erfüllung des zu vergebenden Auftrags erforderliche Leistungsfähigkeit verfügt[682]. Eine Eignungsprüfung anhand von Eignungskriterien muss also auch beim offenen Verfahren stattfinden. Nicht erforderlich ist beim offenen Verfahren allerdings, dass die Eignungsprüfung in einem gesonderten Verfahren erfolgt. In jedem Vergabeverfahren muss aber sichergestellt sein, dass

351

---

[677] BRK 11/06 E. 5c/bb.
[678] BRK 11/06 Ed.
[679] BRK 10 und 11/04 E. 2c. Zum Ausschluss vgl. Rz. 259 ff.
[680] Vgl. oben Rz. 150 und 152.
[681] GALLI/LEHMANN/RECHSTEINER, S. 48 f. Rz. 153.
[682] BRK 7/04 E. 2b/bb.

neben der Prüfung der Zuschlagskriterien auch eine solche der Eignungskriterien erfolgt[683].

352 **6.** Grundsätzlich ist es auch in einem offenen Verfahren zulässig, denjenigen Anbietern, welche die Eignungskriterien nicht erfüllen, den Ausschluss vom weiteren Verfahren umgehend mittels einer anfechtbaren Verfügung und nicht erst mit dem Zuschlagsentscheid zu eröffnen[684]. Ein solches Vorgehen lässt sich mit **verfahrensökonomischen Gründen** rechtfertigen. Ein rechtskräftig mangels Eignung vom Verfahren ausgeschlossener Anbieter ist nicht mehr legitimiert, später den Zuschlag anzufechten. Unzulässig ist hingegen nach der BRK das Vorgehen einer Vergabebehörde, zunächst nur die Eignung einer bestimmten Anbieterin zu prüfen, diese vom Verfahren auszuschliessen und erst nach Rechtskraft des Ausschlusses auch noch die Eignung der Konkurrentin zu beurteilen. Dadurch habe die ausgeschlossene Anbieterin keine rechtlichen Möglichkeiten mehr, sich zu wehren, wenn die Vergabestelle bei der erst später erfolgenden Eignungsprüfung der Mitkonkurrentin die Anforderungen derart lockere bzw. herabsetze, dass sie auch von der ausgeschlossenen erfüllt worden wären. Die Eignungsprüfung als Ganzes werde durch das **gestaffelte Vorgehen** völlig intransparent und der betroffenen Anbieterin werde die Möglichkeit entzogen, sich auf dem Rechtsweg gegen die Ungleichbehandlung zu wehren[685].

353 **7.** Im Hinblick auf das Gleichbehandlungsgebot grundsätzlich nicht zu beanstanden ist für das offene Verfahren das Vorgehen einer Vergabestelle, **Referenzanfragen** nur für die für den Zuschlag vorgesehene Anbieterin zu machen. Dafür sprechen verfahrensökonomische Gründe, kann doch so der mit der Erhebung von Referenzen verbundene, zum Teil erhebliche Aufwand reduziert werden. Die BRK hat es vor diesem Hintergrund als zulässig angesehen, dass die Vergabebehörde den beim Zuschlag unterlegenen Beschwerdeführerinnen erstmals im Verlaufe des Beschwerdeverfahrens (konkret erst in der Duplik) aufgrund einer **nachträglichen vertieften Beurteilung der Eignungsnachweise** die Eignung absprach. Entscheidend sei allerdings, dass diese nachträgliche Eignungsprüfung in Bezug auf die darin involvierten Anbietenden nach gleichen Gesichtspunkten und nach gleichen Massstäben erfolge[686].

354 **8.** Art. 15 Abs. 4 BoeB bietet der Vergabebehörde die Möglichkeit, **die Zahl der zur Angebotsabgabe Einzuladenden zu beschränken,** wenn

---
[683] BRK 12/98 E. 2a/dd; MOSER, AJP 2000, S. 691. Vgl. auch unten Rz. 391 ff.
[684] Vgl. unten Rz. 372.
[685] BRK 15/04 E. 2b.
[686] BRK 32/03 E. c und d/aa.

sonst die Auftragsvergabe nicht effizient abgewickelt werden kann[687]. Die Beschränkung der Zahl der zur Angebotsabgabe Einzuladenden kann sich z.B. aus finanziellen Gründen aufdrängen, um die Kosten des Vergabeverfahrens in einem vernünftigen Verhältnis zum wirtschaftlichen Wert des Beschaffungsgegenstandes zu halten. Dabei muss ein wirksamer Wettbewerb jedoch stets gewährleistet sein. Die Auftraggeberin muss nach Art. 12 Abs. 1 VoeB mindestens drei Anbieter zur Angebotsabgabe einladen, sofern so viele für die Teilnahme qualifiziert sind, wobei die vorgenannte Bestimmung keine Auskunft darüber gibt, ob diese Zahl von drei Anbietern in allen Fällen eine genügende Zahl darstellt, um den wirksamen Wettbewerb zu gewährleisten. Im Interesse der Förderung des Wettbewerbs, die eine zentrale Zielsetzung des geltenden Submissionsrechts ist (Art. 1 Abs. 1 lit. b BoeB), müssten möglichst viele Anbieter zur Angebotseinreichung eingeladen werden (Art. X Ziff. 1 ÜoeB). Eine nicht gerechtfertigte Einschränkung der Zahl der zur Angebotseinreichung Eingeladenen ist daher rechtswidrig. In formeller Hinsicht setzt die Beschränkung der zur Angebotseinreichung Einzuladenden überdies eine entsprechende **Bekanntmachung in der Ausschreibung** voraus[688]. Die Vergabebehörde trägt die Beweislast dafür, dass die zahlenmässige Begrenzung der einzuladenden geeigneten Anbieter für die effiziente Durchführung des Beschaffungsgeschäfts notwendig ist. Wurde der Wille der Vergabebehörde, die Zahl der zur Angebotseinreichung einzuladenden Anbieter einzuschränken, in der Ausschreibung des Auftrags unter Nennung der Maximalzahl ordnungsgemäss publiziert, so wird dieselbe bei Nichtanfechtung der Ausschreibung rechtskräftig und kann somit bei der Zuschlagsanfechtung nicht mehr in Frage gestellt werden (gemäss Art. 29 lit. b BoeB ist die Ausschreibung selbständig anfechtbar[689]). Das Hilfsmittel der **Losziehung** zur Teilnehmerauswahl ist auszuschliessen vorbehaltlich der (seltenen) Ausnahme, dass es nicht möglich wäre, zwischen zwei oder mehreren Kandidaten aufgrund ihres Eignungsgrades zu differenzieren[690].

9. Die **finanzielle Leistungsfähigkeit** gehört zu den Eignungskriterien, die in der Ausschreibung oder den Ausschreibungsunterlagen getrennt von den Zuschlagskriterien zu veröffentlichen sind. Bekannt zu geben sind auch die geforderten Nachweise. Dies folgt aus dem für das Vergabeverfahren allgemein geltenden Transparenzgebot. Es genügt daher nicht, wenn im Katalog der Zuschlagskriterien in allgemeiner Weise auch die Leistungsfähigkeit des Anbieters erwähnt und in den Ausschreibungsunterlagen auf

355

---

[687] Vgl. dazu und zu den nachfolgenden Ausführungen CRM 11/99 E. 4c; vgl. auch oben Rz. 152 f.
[688] Vgl. zur genannten formellen Voraussetzung nebst dem in Fn. 687 genannten Entscheid auch die Urteile BRK 3/98 E. 4 und CRM 7/96 E. 3.
[689] Zur Anfechtung der Ausschreibung im Allgemeinen, vgl. unten Rz. 820.
[690] CRM 11/99 E. 4d/dd. Vgl. dazu oben Rz. 153 und 199 ff; MOSER, AJP 2000, S. 690.

die Möglichkeit, eine Erfüllungsgarantie zu verlangen, hingewiesen wird. Eine Vergabebehörde, welche die finanzielle Leistungsfähigkeit eines Anbieters nicht überprüft, verletzt nach Auffassung der BRK den Grundsatz der Gleichbehandlung der Anbieter und das Vergabeverfahren[691].

356 10. Die Eignung der Anbietenden ist durch die Vergabebehörde aufgrund der mit dem **Teilnahmeantrag** binnen Frist eingereichten Unterlagen zu prüfen. Werden die verlangten Eignungsnachweise[692] erst nach Ablauf der Antragsfrist – etwa im Laufe eines Beschwerdeverfahrens – erbracht, so dürfen sie als verspätet nicht (mehr) berücksichtigt werden. Denn nach Art. 19 Abs. 1 BoeB müssen die Anbieterinnen ihre Anträge auf Teilnahme und ihr Angebot **schriftlich, vollständig** und **fristgerecht** einreichen. Der Antrag auf Teilnahme muss dabei auch die geforderten Eignungsnachweise beinhalten[693]. Die BRK schützte daher den Entscheid der Schweizerischen Post als Vergabebehörde, eine Bewerberin, welche die in der Ausschreibung verlangten Eignungsnachweise nicht bzw. nicht vollständig beigebracht hatte, nicht als Anbieterin zur Angebotseingabe einzuladen[694].

357 11. Die Vergabebehörde (und auch die Beschwerdeinstanz) hat – wie soeben erwähnt – die Eignung und damit auch die finanzielle Leistungsfähigkeit des Anbieters grundsätzlich aufgrund der **Verhältnisse bei der Einreichung der Offerte** und aufgrund der zu diesem Zeitpunkt eingelegten Unterlagen zu prüfen. Dieser Grundsatz wird allerdings durch die Untersuchungsmaxime relativiert, wonach der rechtserhebliche Sachverhalt von Amtes wegen festzustellen ist. Die Vergabebehörde bzw. die Beschwerdeinstanz hat entsprechende Hinweise zu überprüfen, aufgrund deren die ursprünglich angenommene Leistungsfähigkeit eines Anbieters nicht mehr bestehen könnte. Letztere muss nicht nur bei Einreichung der Offerte gegeben sein, sondern weiter bestehen bis zum Zeitpunkt des Zuschlags bzw. darüber hinaus bis zur vorgesehenen Ausführung des Auftrags. Die Vergabebehörde hat jederzeit die Möglichkeit, zusätzliche Abklärungen zu treffen und gegenüber einem Anbieter, der den Eignungskriterien nicht mehr genügt, den Ausschluss vom Verfahren oder den Widerruf des Zuschlags[695] zu verfügen. Ist z. B. die Gültigkeit gewisser Bescheinigungen, die der Anbieter eingereicht hat, abgelaufen und bejaht die Vergabebehörde dessen ungeachtet und ohne diesbezüglich weitere Erkundigungen einzuholen, die Eignung, so stellt sie den Sachverhalt unrichtig bzw. unvollständig fest[696].

---

[691] CRM 2/99 E. 4.
[692] Zu den zulässigen Eignungsnachweisen vgl. auch Anhang 3 VoeB.
[693] GALLI/LEHMANN/RECHSTEINER, S. 107 Rz. 337.
[694] BRK 11/02 E. 2b.
[695] Zum Widerruf des Zuschlags vgl. Rz. 344 ff.
[696] CRM 15/03 E. 2a/cc und 3; BRK 32/03 E. 2a/cc und 2c; CRM 4/04 E. 5a; MOSER, Rechtsprechung, S. 77.

12. Bezüglich der vorgängigen Bekanntgabe der Eignungskriterien und der Pflicht der Vergabebehörde, ihren Entscheid über die Selektion der Anbieter[697] nachvollziehbar (in Form eines Evaluationsberichts) zu dokumentieren, gelten im Übrigen die Ausführungen zu den Zuschlagskriterien entsprechend[698]. Auch wenn ein Evaluationsbericht vorliegt (der sich etwa mit der Prüfung der Angebote im Lichte der Zuschlagskriterien befasst), aus dem indes nicht hervorgeht, dass (auch) eine Eignungsprüfung durchgeführt wurde und inwiefern mindestens der Zuschlagsempfänger und der Beschwerdeführer die publizierten Eignungskriterien erfüllten, liegt eine Verletzung des Transparenzgebotes vor[699].

358

13. Beim selektiven Verfahren hat die Eignungsprüfung wie ausgeführt[700] im Rahmen der Präqualifikation oder Präselektion zu erfolgen. Diese Prüfung ist abschliessend, und alle präselektionierten Anbieter sind im Rahmen des weiteren Verfahrens als geeignet zu betrachten. Eine erneute Prüfung der Eignung etwa im Rahmen des Zuschlagsentscheids ist unzulässig **(Verbot der Doppelprüfung),** und auch eine allfällige **Mehr- bzw. Mindereignung** darf bei der Zuschlagserteilung keine Berücksichtigung finden[701]. Es ist nach der Rechtsprechung der BRK unzulässig, einem präqualifizierten Anbieter den Zuschlag wegen minderer Eignung zu verweigern[702]. (Anbieterbezogene) Eignungskriterien und (angebotsbezogene) Zuschlagskriterien müssen klar auseinander gehalten werden[703].

359

14. Diese aus Transparenzgründen notwendige Trennung zwischen Eignungskriterien und Zuschlagskriterien steht gemäss der neueren Rechtsprechung der BRK einer Berücksichtigung von Sachverhalten, die sich auf die Organisation, das Personal und allgemein auf die fachliche und technische Leistungsfähigkeit beziehen, auch im Zusammenhang mit den

360

---

[697] Damit soll nicht gesagt werden, dass die Vergabebehörde stets einen separaten Entscheid über die Selektion der Anbieter zu treffen hat. Im offenen Verfahren erfolgt dieser Entscheid vielmehr nicht in Form eines selbständigen Entscheids, sondern implizit im Rahmen des Zuschlagsentscheids (vgl. für das kantonale Recht unten Rz. 392). Gleichwohl müssen sich die für die Vergabebehörde entscheidend gewesenen Überlegungen für die Selektion bzw. Nichtselektion eines jeden Anbieters aus dem Evaluationsbericht ergeben (BRK 11/99 E. 4); vgl. dazu unten Rz. 538.
[698] Vgl. unten Rz. 537 ff.
[699] BRK 12/98 E. 2d; vgl. auch Rz. 538.
[700] Vgl. oben Rz. 351, ferner Rz. 150 und 152.
[701] BRK 6/99 E. 4a und b; MOSER, AJP 2000, S. 691; RODONDI, S. 410 ff. GAUCH und STÖCKLI vertreten ebenfalls diesen Rechtsstandpunkt und begründen ihn mit der (im BoeB) rechtlich vorgegebenen formellen Trennung der Eigungs- und Zuschlagskriterien (GAUCH/STÖCKLI, S. 40 Rz. 16.5). Für diese Auffassung lässt sich auch der Transparenzgrundsatz ins Feld führen. Vgl. demgegenüber auch unten Rz. 382 ff.
[702] MOSER, Rechtsprechung, S. 77.
[703] BRK 10 und 11/04 E. 2c. Vgl. auch BGE 129 I 323 ff.; MOSER Rechtsprechung, S. 76; ferner Rz. 529 f.

Zuschlagskriterien allerdings nicht zwangsläufig entgegen[704]. So stellt es **keine unzulässige Doppelprüfung** dar, wenn beispielsweise die **Schlüsselpersonen** sowohl für die Präqualifikation als auch bei der Bewertung im Hinblick auf den Zuschlag von Bedeutung waren. Es liegt nach der BRK in der Natur der Sache, dass dem bei einem Anbieter beschäftigten Schlüsselpersonal nicht nur für die Frage der grundsätzlichen Eignung, sondern auch im Hinblick auf die im Fall der Auftragsvergabe zu erwartende Qualität der Arbeitsleistungen eine wesentliche Bedeutung zukommt. Daher erscheine es ohne Weiteres zulässig, das konkret für den Einsatz vorgesehene Personal und dessen Kompetenz auch im Rahmen der Zuschlagskriterien zu beurteilen[705]. Ebenfalls nicht zu beanstanden war aus Sicht der BRK, dass die Vergabebehörde im Rahmen der Präselektion den Nachweis eines unternehmungsbezogenen Qualitätsmanagements verlangte, während der Beurteilung des technischen Angebots ein vom Anbieter für den konkreten Auftrag ausgearbeitetes projektbezogenes Qualitätsmanagement zugrunde gelegt wurde[706].

361 15. Gemäss Art. 10 Abs. 1 BoeB kann die Auftraggeberin ein **Prüfungssystem** einrichten und die Anbieter auf ihre Eignung hin prüfen. Wer sich als geeignet erweist, wird in ein **Verzeichnis** aufgenommen (Art. 10 Abs. 2 BoeB)[707]. Der Entscheid über die Aufnahme des Anbieters in das Verzeichnis nach Art. 10 BoeB stellt gemäss Art. 29 lit. e BoeB eine anfechtbare Verfügung dar. Zu einem Beschwerdeverfahren vor der BRK bzw. heute vor dem Bundesverwaltungsgericht im Zusammenhang mit einem solchen Verzeichnis ist es allerdings bis jetzt nicht gekommen.

II. Im kantonalen Submissionsrecht

1. Begriff der Eignungskriterien; unzulässige und zulässige Eignungskriterien

362 1. Eignungskriterien umschreiben die Anforderungen, welche an die Anbieter gestellt werden, um zu gewährleisten, dass sie zur Ausführung des

---

[704] BRK 10 und 11/04 E. 2e. Die BRK stützte sich hierbei vor allem auf ein Grundsatzurteil des Verwaltungsgerichts des Kantons Zürich vom 18. Dezember 2002 [VB.2001.00095], Endentscheid, E. 2/c und d. Vgl. dazu auch unten Rz. 380. Zustimmend zur Tendenz in der Rechtsprechung, nicht auf einer starren Trennung von Eignungs- und Zuschlagskriterien zu beharren, ULRICH, Gestaltungsspielräume, S. 149.
[705] BRK 10 und 11/04 E. 3a.
[706] BRK 10 und 11/04 E. 3c; vgl. auch Rz. 530.
[707] Art. 10 und 11 VoeB. Vgl. GALLI/LEHMANN/RECHSTEINER, S. 50 f. Rz. 156 ff.

geplanten Auftrags in der Lage sind⁷⁰⁸. Gemäss § 22 SubmV/ZH dürfen (als Eignungskriterien) nur objektive Kriterien zur Anwendung gelangen, welche insbesondere die fachliche, finanzielle, wirtschaftliche, technische und organisatorische Leistungsfähigkeit der Anbietenden betreffen. Der Nachweis ist auf diejenigen Eignungskriterien zu beschränken, welche wesentlich sind, damit die Anbieterin oder der Anbieter den betreffenden Auftrag erfüllen kann. Eignungskriterien dürfen nicht in der Absicht festgelegt werden, ortsfremde Bewerberinnen und Bewerber von vornherein auszuschliessen oder zu benachteiligen, weshalb das **Kriterium der Ortsansässigkeit** als Eignungskriterium grundsätzlich unzulässig ist⁷⁰⁹. Unzulässig ist es auch, die Eignung unter dem **Kriterium «Lokale Leistungsfähigkeit»** davon abhängig zu machen, welchen Anteil an ihrer gesamten Geschäftstätigkeit die Anbietenden im Grossraum Zürich erbringen. Dies stellt nach zutreffender Auffassung des Zürcher Verwaltungsgerichts keinen sachlich gerechtfertigten Gesichtspunkt dar, sondern bedeutet eine Diskriminierung der überregional tätigen Anbietenden. Zulässig, da objektiv gerechtfertigt, ist es hingegen, wenn die Vergabestelle als Eignungskriterium verlangt, dass die Anbietenden vor Ort über eine leistungsfähige Organisation verfügen müssen. Dabei könne es allerdings nicht auf die Kantonsgrenzen ankommen⁷¹⁰.

2. Unzulässig sein können auch Eignungskriterien, die ohne überwiegende anders lautende Interessen an diesen **den wirksamen Wettbewerb unnötig behindern,** indem sie Vorgaben machen, die nur von einem oder zwei Anbietern erfüllt werden können⁷¹¹. Solche Eignungskriterien wirken sich diskriminierend aus. Bei einem Stadtzürcher Submissionsverfahren betreffend eines Dauervertrags mit der Stadt über das Abschleppen von falsch parkierten Fahrzeugen sowie von Pannen- und Unfallfahrzeugen verlangte die Vergabebehörde als «Zuschlagskriterium»⁷¹² u.a., die Anbieter mussten entweder allein über die nötigen Kapazitäten verfügen, um das ganze Stadtgebiet abdecken zu können, oder sie müssten als Zusammenschluss von mehreren Anbietern mit eigener Rechtspersönlichkeit eine Offerte einreichen, um diese Dienstleistung erbringen zu können. Von den sechs Submittenten wurden deren vier ausgeschlossen, weil sie nicht über die nötigen Kapazitäten verfügten. Das Zürcher Verwaltungsgericht hat die Beschwerde eines der vier ausgeschlossenen Anbieter abgewiesen mit der Begründung, das genannte «Zuschlagskriterium» sei nicht zu beanstanden

363

---

⁷⁰⁸ VG Zürich: VB 2000.00136 E. 6b/aa; vgl. auch VG Waadt: Urteil vom 4. Juni 2002, E. 3b/aa, sowie RODONDI, S. 394 ff.
⁷⁰⁹ VG Zürich: VB.1999.00359 E. 4 b/aa; vgl. dazu auch unten Rz. 580 ff., insb. Rz. 582 f.
⁷¹⁰ VG Zürich: VB.2006.00425 E. 7.
⁷¹¹ Vgl. auch Rz. 242 ff.
⁷¹² Dieses Kriterium dürfte in Wirklichkeit als Eignungskriterium zu qualifizieren gewesen sein. So nun auch das Zürcher Verwaltungsgericht in VB.2005.00155 E. 5.

gewesen und der Beschwerdeführer habe dieses nicht erfüllt. Zutreffender ist aber wohl die diesem Entscheid beigefügte abweichende Meinung einer Gerichtsminderheit, welche die Auffassung vertreten hat, dass die Vergabebehörde hier verpflichtet gewesen wäre, den Auftrag (nach geographisch abgegrenzten Stadtgebieten) aufzuteilen, wodurch in dieser offenbar kleinbetrieblich organisierten Branche nicht nur zwei Anbieter die Möglichkeit gehabt hätten, ein Angebot einzureichen. In der Tat waren denn auch die beiden Anbieterinnen, welche über die geforderten Kapazitäten verfügten, die bisherigen Vertragspartner der Stadt Zürich, die offenbar nur aufgrund dieser Aufträge die geforderte Grösse erreicht hatten. Auch der Weg über einen Zusammenschluss von mehreren kleineren Anbietern war diesen hier faktisch versperrt, indem für einen solchen Zusammenschluss nur drei Wochen zur Verfügung standen und erst noch ein Zusammenschluss mit eigener Rechtspersönlichkeit verlangt wurde. Auf der anderen Seite konnte sich die Vergabebehörde auch auf keine triftigen Gründe berufen, diesbezüglich über nur «einen Ansprechpartner» zu verfügen[713], und es wäre ohne (erheblichen) Nachteil für die Vergabebehörde möglich gewesen, den Auftrag *aufzuteilen* und diesen für genau abgegrenzte einzelne Stadtgebiete je separat zu vergeben, wobei jeder Auftragnehmer den gewünschten 24-Stunden-Service in seinem Auftragsrayon hätte bieten müssen. Dadurch hätten mehrere Interessenten die Möglichkeit erhalten, ein Angebot einzureichen. Der angefochtene Entscheid hätte daher im Sinne der Minderheitsmeinung zwecks Wiederholung des Submissionsverfahrens aufgehoben werden sollen[714]. Es darf nicht übersehen werden, dass das geltende Submissionsrecht tendenziell grössere Anbieter bevorzugt[715], weshalb diesbezüglich eine KMU-freundlichere Vergabepolitik ohnehin angezeigt wäre[716].

364   3. Nach der Rechtsprechung des Verwaltungsgerichts des Kantons Aargau dürfen leistungsfremde Merkmale der Anbieter, die deren Eignung für die Ausführung des konkreten Auftrags nicht beeinflussen, nicht berücksichtigt werden. Als zulässig erweisen sich insbesondere Kriterien betreffend die

---

[713] Pikanterweise hatte die Vergabebehörde den Auftrag dann auch noch selbst im Widerspruch zur eigenen Ausschreibung an die beiden Anbieter mit genügender Kapazität vergeben und damit gerade selbst bewiesen, dass eine Auftragsaufteilung gar kein Problem war.

[714] VG Zürich: VB.98.00362 (nicht publiziert), vgl. dort insbesondere die dissenting opinion. In VB.2005.00155 E. 5, bestätigte das Verwaltungsgericht die Zulässigkeit des (Eignungs-) Kriteriums, das gesamte Auftragsvolumen auf dem Gebiet der Stadt Zürich müsse mit einem einheitlichen Angebot abgedeckt werden, und erachtete die Rüge, das Erfordernis eines «einzigen Ansprechpartners» verhindere einen wirksamen Wettbewerb, als nicht begründet.

[715] Vgl. dazu GAUCH/STÖCKLI, S. 5 f. Rz. 3.1 ff.

[716] Vgl. andererseits zur Frage des Verbots der Aufteilung von Aufträgen zwecks Umgehung der Vorschriften über die Vergabearten Art. 7 Abs. 1 BoeB und oben Rz. 167, 182, unten Rz. 482 ff.

finanzielle, wirtschaftliche, fachliche und organisatorische Leistungsfähigkeit der Anbietenden[717]. Vom SubmD/AG ausdrücklich für zulässig erklärt wird aber eine gewisse Bevorzugung von jungen oder sonst neu im Markt auftretenden Anbietern[718]. Unzulässig ist es hingegen, die **Ausbildung von Lehrlingen** als Eignungskriterium heranzuziehen[719]. Das Eignungskriterium «Vertrautheit mit örtlichem Kontext» bei der öffentlichen Ausschreibung eines Studienauftrags für die Sanierung und Erweiterung eines Schulhauses ist sachwidrig; gleichzeitig diskriminiert es ortsfremde Anbieter und verstösst damit sowohl gegen das BGBM als auch gegen das SubmD/AG[720].

4. Das Freiburger Verwaltungsgericht erachtet es als unzulässig, als Eignungskriterium die Anforderung zu statuieren, dass die Bewerber über ein **Gesellschaftskapital von 1 Million Franken** verfügen müssen. Eine solche Anforderung verstosse gegen das Diskriminierungsverbot. Im vorliegenden Fall (es ging um die Lieferung der Signalisationsanlagen für ein Autobahnteilstück) sei auch nicht ersichtlich, inwiefern ein Gesellschaftskapital in der Höhe von einer Million Franken einen Einfluss auf die Befähigung der Bewerber zur Erfüllung des zu vergebenden Auftrags haben sollte. Der einzige Grund für diese Anforderung sei es, zu verhindern, dass Bewerber, die kein solches Gesellschaftskapital hätten, an der Submission teilnehmen würden. Ein solches Vorgehen der Vergabestelle sei unhaltbar[721].

365

Das Verwaltungsgericht des Kantons Zürich hat es in ähnlichem Kontext offengelassen, ob der Nachweis der **Höhe des in den letzten vier Jahren erwirtschafteten Unternehmensgewinns** ein zulässiges Eignungskriterium darstellt. Die Beschwerdeführerinnen hatten eingewendet, die Frage nach dem Gewinn sei insofern ein untaugliches Kriterium, weil die Rechnungslegungsvorschriften durch die Bildung von Rückstellungen, Reservebildungen oder Reinvestitionen eine Verminderung des ausgewiesenen Gewinns zuliessen, sodass aus den Gewinnzahlen nicht auf den finanziellen Allgemeinzustand einer Unternehmung geschlossen werden könne. Nach dem Verwaltungsgericht lässt der am Umsatz gemessene Gewinn für sich allein zwar keine abschliessende Beurteilung der **wirtschaftlichen Leistungsfähigkeit** zu, stellt aber doch ein **Indiz** hiefür dar und ist somit kein von vornherein untaugliches Eignungskriterium. Allerdings stelle sich die Frage, ob unter dem Gesichtswinkel der Verhältnismässigkeit die Offenlegung dieser Angaben verlangt werden könne, wenn es wie im vorliegenden

366

---

[717] AGVE 1998, S. 372.
[718] VG Aargau: Urteil BE.98.00388 vom 15. März 1999, E. 4c/aa (nicht publiziert).
[719] AGVE 1999, S. 294 ff.; dazu auch unten Rz. 590 ff. betr. «Lehrlingsausbildung» als Zuschlagskriterium.
[720] AGVE 1998, S. 375 ff., insb. S. 381.
[721] VG Freiburg: VGE 2A 00 70 vom 13. März 2001, E. 2.

Fall – Vergabe von Reinigungsdienstleistungen für Verwaltungsbauten im Kanton Zürich – um die Vergabe zeitlich beschränkter und wenig komplexer Dienstleistungen gehe; in einem solchen Fall komme – anders als bei anforderungsreichen Bauaufträgen mit langen Garantiefristen – der auf längere Sicht gesicherten wirtschaftlichen Existenz der Anbietenden ein verhältnismässig geringes Gewicht zu[722].

367 **5.** Im Hinblick auf die Vergebung des Auftrags für das Erarbeiten von Naturgefahrenkarten im Kanton Schwyz hatte die zuständige Vergabebehörde in den Ausschreibungsunterlagen Eignungskriterien definiert und hierbei **hohe Anforderungen** an die **Erfahrungen** und die **Fachkompetenz der Anbieter** gestellt. Beurteilt werden sollten sowohl die Erfahrung und die Referenzen des Anbieters als auch jene des eingesetzten Schlüsselpersonals hinsichtlich der Erstellung von Naturgefahrenkarten und Kenntnissen des integralen Naturgefahrenmanagements. Das Verwaltungsgericht bezeichnete es grundsätzlich als sachgerecht, für die Schlüsselpersonen eine bestimmte Erfahrung und Mitwirkung bei der Erarbeitung von integralen Naturgefahrenkarten zu verlangen, da es sich dabei um eine komplexe Angelegenheit handle. Eine frühere Mitarbeit bei Gefahrenkarten biete zudem Gewähr dafür, dass die betreffenden Personen mit der Fachkenntnis und der Methodik des zeitgemässen und sich schnell entwickelnden Naturgefahrenmanagements vertraut seien. Unerfahrene Ersteller von Naturgefahrenkarten würden eher als erfahrene Ersteller Risiken über- oder unterschätzen. Was den Einwand anbelange, wonach der Auftrag zur Erstellung einer Naturgefahrenkarte nicht an Personen, sondern an ein Büro oder an eine Bietergemeinschaft erfolge und beim Abstellen auf einzelne Personen zu berücksichtigen wäre, dass diese zu einem anderen Auftraggeber wechseln und ihr Fachwissen mitnehmen könnten, sei darauf hinzuweisen, dass die Eignung des Anbieters bis zur vorgesehenen Ausführung des Auftrags gegeben sein müsse. Verhalte es sich so, dass ein Anbieter (z.B. durch Kündigung der Schlüsselpersonen) den Eignungskriterien nicht mehr zu genügen vermöge, habe die Vergabestelle grundsätzlich die Möglichkeit, einen Anbieter vom Verfahren auszuschliessen oder den Widerruf des Zuschlags zu verfügen. Ein Fragezeichen machte das Verwaltungsgericht hingegen zum Erfordernis, dass die Anbieter in den letzten acht Jahren in der Schweiz mindestens fünf integrale Naturgefahrenkarten gemäss Bundesstandard ausgearbeitet haben mussten, um am Wettbewerb teilzunehmen. Diese hohen Anforderungen auf der Anbieterseite könnten, selbst wenn im Rahmen einer gemäss Ausschreibungsunterlagen zulässigen Arbeitsgemeinschaft einer von zwei oder mehreren Partnern nicht alle Vorgaben zu erfüllen habe, letztlich diskriminierende Auswirkungen zur Folge haben, indem nur bestehende Firmen

---
[722] VG Zürich: VB.2006.00425 E. 6.

mit mindestens fünf genau definierten Referenzarbeiten in der Erstellung von integralen Naturgefahrenkarten als Anbieter in Frage kämen, während andere Firmen mit weniger als fünf solchen Referenzarbeiten bzw. mit anderen, aber unter Umständen vergleichbaren oder gleichwertigen Arbeiten als Anbieter ausgeschlossen werden könnten. Eine solche Vorgehensweise, welche auf eine Abschottung des Marktes zugunsten bestehender Firmen bzw. darauf hinausliefe, den Marktzugang von neuen Anbietern praktisch zu verunmöglichen, und zwar ungeachtet dessen, wie hoch die Fachkompetenz der Schlüsselpersonen von neuen Anbietern zu veranschlagen wäre, könnte kaum mit den allgemeinen Grundsätzen von Art. 11 lit. a und b IVöB (Nichtdiskriminierung/Gleichbehandlung sowie wirksamer Wettbewerb) in Einklang gebracht werden[723].

6. Die **einschlägige Erfahrung** der Anbietenden ist ein sachliches Kriterium zur Beurteilung der Qualität ihrer Leistungen. Sie kann namentlich dazu geeignet sein, die fachliche und organisatorische Leistungsfähigkeit zu belegen. Nach dem Zürcher Verwaltungsgericht liegt es zwar auf der Hand, dass Eignungskriterien wie «Erfahrung» oder «Vorweisen von **Referenzarbeiten**» etablierte Unternehmungen bevorzugen. Soweit diese Anforderungen jedoch durch die Bedürfnisse der vorgesehenen Beschaffung begründet sind, ist ihre Verwendung zulässig und sachgerecht, auch wenn dies für neu gegründete Unternehmungen zur Folge hat, dass sie die nötige Erfahrung und das Vertrauen der Kundschaft – genau wie im privaten Geschäftsverkehr – zunächst mit kleineren oder einfacheren Aufträgen erwerben müssen[724].

368

7. Gemäss dem Verwaltungsgericht des Kantons Tessin ist es zulässig, aus technischen und organisatorischen Gründen die Eignungskriterien so zu definieren, dass die Teilnahme stillschweigend auf Metallbaufirmen beschränkt ist, auch wenn der Auftrag nur zu 86–90 % aus Metallbauarbeiten besteht. Dies wäre sogar zulässig, wenn der Anteil der Metallbauarbeiten lediglich 60 % betragen würde[725].

369

8. Die Beschwerdeführerin war der Auffassung, die Festlegung einer **ISO-9001-Zertifizierung als Eignungskriterium** sei rechtswidrig und unhaltbar, da dieses Kriterium letztlich nichts über die Eignung eines Bewerbers für

370

---

[723] VG Schwyz: Urteil 1024/05 vom 21. Juli 2005, E. 4. Vgl. auch VG Graubünden: Urteil U 04 129 vom 27. Januar 2005. In diesem Entscheid ging es um die Instandsetzung eines Druckstollens, mithin ebenfalls um die Vergabe eines sehr komplexen Auftrags, der grosse Spezialkenntnisse erforderte. Das Bündner Verwaltungsgericht vermochte in den hoch angesetzten Anforderungen bezüglich Eignung, insbesondere bezüglich Erfahrung aus früheren Arbeiten, keine Vereitelung des Wettbewerbs zu erkennen.
[724] VG Zürich: VB.2003.00181 E. 2c.
[725] VG Tessin: Urteil vom 16. November 2005, in: BR 2006, S. 91.

die Realisierung eines schlüsselfertigen Trinkwasserkraftwerkes aussage. Das Verwaltungsgericht des Kantons Graubünden wies die Beschwerde indessen als unbegründet ab und erachtete den wegen der fehlenden Zertifizierung erfolgten Ausschluss vom Verfahren als rechtmässig. Die von der Beschwerdeführerin geäusserte Kritik sei nicht geeignet, die Festlegung der ISO-Zertifizierung als eines der Eignungskriterien als willkürlich erscheinen zu lassen. Es sei dem Gericht aus zahlreichen Submissionsverfahren bekannt, dass heute die ISO-Zertifizierung von sehr vielen Unternehmungen vorgewiesen werden könne und dass die Vergabebehörden diese Zertifizierung auch sehr oft als Eignungskriterium festlegten. Damit erhielten die Vergabebehörden einen standardisierten Qualitätsnachweis der Anbieter, was sie davon entbinden würde, selber aufwendige Beurteilungen durchführen zu müssen. Gerade wenn – wie im zu beurteilenden Fall – ein relativ komplexer Auftrag vom Anbieter als Totalunternehmer auszuführen sei, bilde die ISO-Zertifizierung ein für die Vergabebehörde einfach handhabbares Eignungskriterium, bei dessen Erfüllung durch die Anbieter eben ohne weitere Nachprüfung davon ausgegangen werden könne, dass die Unternehmung fähig sei, einen Totalunternehmerauftrag reibungslos auszuführen. Entgegen der Ansicht der Beschwerdeführerin werde durch die Festlegung dieses Eignungskriteriums auch der Wettbewerb nicht in unverhältnismässiger Weise eingeschränkt oder verfälscht, da eben davon ausgegangen werden könne, dass Firmen, welche sich um die Ausführung komplexer Aufträge bewerben würden, sich über eine entsprechende Zertifizierung ausweisen könnten. Das Eignungskriterium der ISO-Zertifizierung sei für den zur Diskussion stehenden Totalunternehmerauftrag nicht sachfremd und daher zulässig[726].

371 **9.** Gemäss dem Tessiner Verwaltungsgericht ist die Rüge eines Beschwerdeführers, wonach der Zuschlagsempfänger wegen Fehlens einer bestimmten Zertifizierung auszuschliessen sei, nicht zu hören, wenn diese Zertifizierung weder in der Ausschreibung noch in den Ausschreibungsunterlagen verlangt war. Falls der Beschwerdeführer der Meinung war, dass diese Zertifizierung für die Auftragserfüllung wesentlich sei, hätte er die entsprechende Rüge bereits mit Beschwerde gegen die Ausschreibung geltend machen müssen[727].

---

[726] VG Graubünden: Urteil U 06 86 vom 5. Oktober 2006, E. 3. Zur Zertifizierung vgl. im Übrigen auch VG Aargau in AGVE 2002, S. 295 ff. und 316 ff.
[727] VG Tessin: Urteil vom 7. Juli 2003, in: BR 2004, S. 171.

2. Rechtsnatur der Eignungskriterien; Ermessen der Vergabestelle

1. Eignungskriterien sind im Normalfall **Ausschlusskriterien,** die entweder erfüllt oder nicht erfüllt sind; das Vorliegen der geforderten Eignung führt grundsätzlich zur Zulassung, deren Fehlen zum Ausschluss vom Verfahren (§ 28 Abs. 1 lit. a SubmV/ZH)[728]. Erfüllt ein Bewerber die bei einem Eignungskriterium gestellten (Mindest-)Anforderungen nicht, so muss er als ungeeignet ausgeschlossen werden. Eine Kompensation durch eine Mehreignung bei einem anderen Eignungskriterium ist nicht möglich. Eine über das verlangte Mindestmass hinausgehende (Mehr-)Eignung kann demgegenüber bei der Auswahl der Teilnehmer in einem selektiven Verfahren mit zahlenmässig beschränkter Teilnehmerzahl von Bedeutung sein[729].

372

Der Verfahrensausschluss eines Anbieters, der einzelne Eignungskriterien nicht erfüllt bzw. den geforderten Eignungsnachweis nicht vollständig erbracht hat, ist gerechtfertigt. Im konkreten vom Zürcher Verwaltungsgericht beurteilten Fall hatte die Vergabebehörde unterschieden zwischen **Eignungskriterien administrativer, rechtlicher und technischer Natur.** In administrativer Hinsicht wurde verlangt, dass das Angebot vollständig und korrekt sei und den in einem Anhang der Submissionsunterlagen separat umschriebenen Offertanforderungen entspreche. Bei den Eignungskriterien technischer Natur wurden u.a. geeignete Referenzen verlangt. Der Beschwerdeführer erfüllte diese Anforderungen nur ungenügend[730]. Das Verwaltungsgericht des Kantons Tessin beurteilte die Auftragsvergabe an einen Anbieter, der die in den Ausschreibungsunterlagen definierten Eignungskriterien (verlangt war die Eintragung in der Liste der für die Herstellung der geforderten Elektroinstallationen zugelassenen Unternehmen) nicht erfüllte, als rechtswidrig[731].

373

2. Bei der Bewertung der Eignung der Anbieter aufgrund der ausgewählten Präqualifikationskriterien kommt der Vergabebehörde ein **weiter Ermessensspielraum** zu[732]. Ein verwendetes Bewertungs- und Benotungssystem muss aber sachlich haltbar sein und auf alle Anbieter in gleicher Weise und nach gleichen Massstäben angewendet werden. Die Beurteilung der Eignung gehört dabei zur Begründung der Präqualifikation im selektiven Verfahren.

374

---

[728] VG Zürich: VB.1999.00015 E. 6b; VG Zürich: VB.2003.00228 E.3.2.
[729] VG Zürich: VB.1999.00359 E. 3b/bb. Zur Problematik der «Mehreignung» allgemein vgl. unten Rz. 380 ff. und zur Frage der Teilnehmerauswahl im selektiven Verfahren, namentlich zur Kontroverse um die Zulässigkeit von Losentscheiden vgl. oben Rz. 153, 199 ff., 354.
[730] VG Zürich: VB.2003.00381 E. 3.
[731] VG Tessin: Urteil vom 15. April 2004, in: BR 2004, S. 169.
[732] VG Tessin: Urteil vom 30. Juli 2007, in: BR 2004, S. 170.

Dort muss in nachvollziehbarer Weise festgehalten werden, wie die einzelnen Anbieter aufgrund der Präqualifikationskriterien und ihrer Gewichtung bewertet wurden[733].

375 **3.** Gemäss dem Verwaltungsgericht des Kantons St. Gallen ist es im Rahmen der Präqualifikation zulässig, die Eignungskriterien zu bewerten und aufgrund der Bewertung die Auswahl der Teilnehmer zu treffen. Werden die Eignungskriterien bewertet, so ist das Ergebnis der Bewertung jedoch zu eröffnen. Die Bewertung muss anhand der ausgeschriebenen Kriterien vorgenommen werden und sachgerecht sowie nachvollziehbar sein[734].

376 **4.** Nach Auffassung des aargauischen Verwaltungsgerichts ist die Vergabestelle anders als bei den Zuschlagskriterien **nicht zu einer Gewichtung verpflichtet,** sie kann auch allen Eignungskriterien die gleiche Bedeutung zumessen. Bei der Beurteilung der Bewerber anhand der Eignungskriterien ist die Vergabestelle frei, ob sie eine eigentliche Bewertung mit einer entsprechenden Rangierung vornehmen will oder ob sie sich darauf beschränkt zu prüfen, ob die Bewerber die verlangten Eignungskriterien erfüllen[735].

377 **5.** Die Anbietenden hatten in einem vom Verwaltungsgericht des Kantons Aargau zu beurteilenden Fall, in welchem die Beschwerdeführerin die Kreditwürdigkeit der Zuschlagsempfängerin in Frage gestellt hatte, mittels Selbstdeklaration u.a. zu bestätigen, dass sie ihre Zahlungspflichten bezüglich Steuern und Sozialabgaben einhalten. Die Zuschlagsempfängerin war dieser Anforderung nachgekommen. Das Verwaltungsgericht hielt Folgendes fest: «Was die **finanzielle Leistungsfähigkeit** bzw. die Kreditwürdigkeit anbelangt, ist diese von der Vergabestelle zwar nicht näher geprüft worden, vorgesehen ist aber, mit dem Werkvertrag eine Erfüllungsgarantie in Form einer Solidarbürgschaft einer von der Bauherrschaft anerkannten Bank oder Versicherungsgesellschaft einzufordern. Eine Erfüllungsgarantie (nach Art. 111 OR) ist in den Ausschreibungsunterlagen zwar lediglich für Aufträge über Fr. 200 000.– ausdrücklich vorgesehen. Da sich die Beschwerdeführerin aber (…) zwischenzeitlich bereit erklärt hat, eine Erfüllungs- bzw. Ausführungsgarantie freiwillig beizubringen, kann ihr die Kreditwürdigkeit und damit die finanzielle Leistungsfähigkeit nicht abgesprochen werden. Festzuhalten ist, dass die Beurteilung der finanziellen Leistungsfähigkeit einer Offerentin klarerweise im Ermessen der Vergabestelle liegt. Ein Ausschluss mangels Eignung kommt daher nicht in Betracht»[736].

---

[733] VG Graubünden: Urteil U 04 114 vom 21. Januar 2005, E. 1; VG Graubünden: Urteil U 05 22 vom 19. April 2005, E. 3b.
[734] VG St. Gallen: Urteil B 2005/03, B 2005/205, B 2005/206 vom 22. Februar 2006.
[735] AGVE 2001, S. 332.
[736] VG Aargau, in: AGVE 2004, S. 221 f.

6. Der Ausschluss eines Anbieters muss nicht zwingend mit separatem Entscheid vorweg bekannt gegeben werden, sondern kann noch im Rahmen des Endentscheids erfolgen[737]. Notwendig ist jedoch, dass der Ausschluss aufgrund einer einwandfreien Beurteilung der Eignung erfolgt. Im vom Verwaltungsgericht des Kantons Zürich beurteilten Fall einer Submission von Lärmschutzwänden entlang der Autobahn hatte die Vergabebehörde in den Ausschreibungsunterlagen Erfahrung der Unternehmung und des Schlüsselpersonals mit vergleichbaren Objekten verlangt, ohne indessen ausreichend zu verdeutlichen, dass unter vergleichbaren Objekten nur Lärmschutzwände mit einer Aluminium-Plexiglas-Konstruktion zu verstehen seien. Auch hatte sich die Vergabebehörde widersprüchlich verhalten, indem sie dem Angebot der Beschwerdeführerinnen in der internen Beurteilung zwar die Eignung abgesprochen, es anschliessend aber doch anhand der Zuschlagskriterien beurteilt hatte. Als widersprüchlich erachtete es das Gericht auch, dass die behauptete fehlende Eignung lediglich zu einem Abzug von zwei Punkten bei der Qualität geführt hatte. Das Verwaltungsgericht erkannte unter diesen Umständen im Verhalten der Vergabebehörde eine Ermessensüberschreitung und bezeichnete den Ausschluss als unzulässig[738].

378

7. Es ist in einem offenen Verfahren zulässig und spricht auch nicht gegen die Qualifikation als Eignungskriterium, die Frage der **wirtschaftlichen Leistungsfähigkeit** der Anbieter erst am Schluss des Verfahrens zu prüfen. Vielmehr erscheint es vernünftig und sinnvoll, entsprechende Informationen nur von jenen Anbietern zu verlangen, welche sich am besten positioniert haben und für die Auftragserteilung ernstlich in Frage kommen. Handelt es sich bei der wirtschaftlichen Leistungsfähigkeit um ein Eignungskriterium, so kann die Beurteilung dieses Aspekts nur auf «erfüllt» oder «nicht erfüllt» lauten. Lautet sie auf «nicht erfüllt», kommt eine Zuschlagserteilung an den betreffenden Anbieter nicht mehr in Frage[739].

379

3. Eignungskriterien und Zuschlagskriterien; Frage der Mehreignung

1. Das Verwaltungsgericht des Kantons Zürich vertritt den Grundsatz, dass Eignungs- und Zuschlagskriterien angesichts ihrer unterschiedlichen Rechtsfolgen klar auseinanderzuhalten seien und es nicht ohne Weiteres zulässig sei, eine anhand der Eignungskriterien festgestellte «Mehr-Eignung» in die Bewertung des wirtschaftlich günstigsten Angebots einfliessen zu lassen.

380

---

[737] Vgl. oben Rz. 268.
[738] VG Zürich: VB.2003.00256 E. 2.2.
[739] VG Zürich: VB.2004.00562 E. 4.6.

Diese **Trennung zwischen Eignungs- und Zuschlagskriterien** setzt nach dem Verwaltungsgericht indessen nicht grundsätzlich voraus, dass bestimmte Sachverhalte, die sich auf die Organisation, das Personal und allgemein auf die Fähigkeiten eines Anbieters beziehen, nur bei den Eignungskriterien, nicht aber bei der Beurteilung von Zuschlagskriterien berücksichtigt werden dürften; vielmehr sei es gestattet, die Zuschlagskriterien im Voraus so festzulegen, dass sie auch Merkmale umfassten, die bereits bei der Eignung geprüft worden seien. Das Verwaltungsgericht begründet diesen Standpunkt damit, dass bei der Mehrzahl der Vergaben u.a. die Qualität der angebotenen Leistung als Zuschlagskriterium gelte. Während die Qualität bei Kaufaufträgen über bereits vorhandene Güter unmittelbar, z. B. an einem Muster, geprüft werden könne, sei diese Möglichkeit bei Bau- und Dienstleistungen naturgemäss nicht gegeben. Da die Leistungen zum Zeitpunkt, da der Vergabeentscheid getroffen werden müsse, noch nicht vorliegen würden und daher nicht unmittelbar beurteilt werden könnten, müsse die zu erwartende Qualität indirekt, anhand der Qualifikationen des anbietenden Unternehmens, bewertet werden. Werde zu diesem Zweck u.a. auf die Organisation, die Fähigkeit des Personals und die technischen Mittel des Anbietenden abgestellt, so erscheine dies als sachgerecht. Würde diese Möglichkeit ausgeschlossen, so müsste bei der Vergabe von Bau- und Dienstleistungsaufträgen auf eine qualitative Beurteilung des Preis-/Leistungsverhältnisses weitgehend verzichtet werden. Dies wäre ein schwerwiegender Nachteil, da bei Dienstleistungen und anspruchsvollen Bauaufträgen den qualitativen Gesichtspunkten im Verhältnis zum Preis regelmässig ein hohes Gewicht zukomme. Infolgedessen müsse es möglich und auch zulässig sein, die qualitativen Aspekte eines Angebots unter (teilweisem) Beizug von Sachverhaltselementen, die auch für die Eignung der Anbietenden von Bedeutung sein könnten, zu beurteilen. Die Zuschlagskriterien blieben dabei grundsätzlich auf die Bewertung der offerierten Leistungen, nicht der Anbieter, ausgerichtet; Eigenschaften der Anbieter würden nur herangezogen, soweit sie dazu dienten, die voraussichtliche zukünftige Leistung zu bewerten. Ob ein bestimmtes Merkmal als Element eines Eignungs- oder Zuschlagskriteriums (oder bei beiden) berücksichtigt werde, ergebe sich nicht aus einer abstrakt vorgegebenen Zuordnung zur einen oder anderen Kategorie, sondern aus den durch die Vergabeinstanz festgelegten Kriterien, die in der Ausschreibung bzw. in den Ausschreibungsunterlagen bekannt gemacht würden. Diese Festlegung habe sachbezogen im Hinblick auf die Zweckbestimmung der Kriterien zu erfolgen[740]. Die bei der Präqualifikation zu prüfenden Eignungskriterien dürften im Rahmen des Zuschlags als Zuschlagskriterien dienen, wenn sie

---

[740] VG Zürich: VB.2001.00095 E. 2c und d.

sachliches Kriterium zur Beurteilung der Qualität der offerierten Leistung seien[741].

2. In diesem Sinn erachtet es das Zürcher Verwaltungsgericht als zulässig, die Berufserfahrung der Inhaber von Schlüsselpositionen sowie die Dauer der Zeit, während der ein Anbieter schon ISO-zertifiziert ist, **sowohl als Eignungs- wie auch als Zuschlagskriterium** anzuwenden, sofern dies in den Ausschreibungsunterlagen entsprechend publiziert wird[742]. Eine ähnliche Auffassung vertritt das Verwaltungsgericht des Kantons Bern. Es weist dabei darauf hin, dass im konkreten Fall die im Rahmen der Präqualifikation einzureichenden Angaben und Unterlagen im Wesentlichen **unternehmerbezogen** waren, während im Rahmen der zweiten Stufe der direkte Bezug zwischen den den Anbietern zur Verfügung stehenden Schlüsselpersonen und dem Produkt vorzunehmen war. Dass den Anbietenden dabei Gelegenheit geboten wurde, ihre im Rahmen der Präqualifikation gemachten Angaben zu den Schlüsselpersonen zu aktualisieren, habe geradezu Voraussetzung der hier verlangten aktuellen und **projektbezogenen** Angaben gebildet und keine erneute Überprüfung der Eignung zur Folge gehabt[743].

381

3. Das aargauische Verwaltungsgericht lehnt eine strikte Trennung zwischen Eignungs- und Zuschlagskriterien als nicht realistisch bzw. nicht praktikabel grundsätzlich ab[744]. Zulässig ist es nach ihm auch, eine allfällige «Mehreignung» von Anbietern in die nachfolgende Bewertung der Zuschlagskriterien einfliessen zu lassen: «Dies erscheint insbesondere bei der Vergabe von Dienstleistungsaufträgen wie Planungen oder Vermessungen, wo die Fachkompetenz bzw. die Qualifikation des Anbieters eine grosse Rolle spielt und wo eine strenge Trennung zwischen anbieter- und angebotsbezogenen Kriterien nicht sinnvoll und wohl auch nicht realisierbar ist, sachlich richtig. Je komplexer der zu vergebende Auftrag ist, desto eher scheint es auch angemessen, die ‹Mehreignung› eines Anbieters zu berücksichtigen»[745]. Im Übrigen sieht auch das SubmD/AG selbst keine strikte Trennung vor, nennt es doch in § 18 Abs. 2 die «Erfahrung» ausdrücklich als Zuschlagskriterium, obwohl es sich dabei klarerweise um einen Gesichtspunkt handelt, der sich auf den Anbieter und nicht das Angebot bezieht, also letztlich um ein Eignungskriterium[746].

382

---

[741] VG Zürich: VB.2003.00236 E. 4.3; VG Zürich: VB.2003.00237 E. 3.3.
[742] VG Zürich: VB.2000.00136 E. 9a.
[743] VG Bern: Urteil VGE 21294 vom 19. März 2002, E. 6d.
[744] Vgl. zur Kontroverse auch ZUFFEREY/MAILLARD/MICHEL, S. 88 f. mit weiteren Hinweisen.
[745] AGVE 1999, S. 329 f., 2002, S. 314 f.
[746] Ebenso Art. 15 Abs. 2 SubG/GR, § 5 Abs. 2 öBG/LU, § 26 Abs. 2 lit. l SubG/SO. Auch das Verwaltungsgericht des Kantons Zürich hat entschieden, die Erfahrung eines Anbieters und dessen Referenzen bezüglich ähnlicher Aufträge bildeten ein zulässiges Zuschlagskriterium (VB.1999.00217 E. 4b/cc).

383 **4.** Auch nach dem Verwaltungsgericht des Kantons Waadt können sich die verschiedenen Kriterien in einem gewissen Mass **überlappen,** und es kann die Eignung beim Zuschlag eine Rolle spielen[747].

384 **5.** Ursprünglich für eine klare Trennung von Zuschlags- und Eignungskriterien ausgesprochen hat sich das Verwaltungsgericht des Kantons Graubünden[748]. Es relativierte diesen Standpunkt jedoch in der Folge und stellte fest, eine gewisse Konnexität zwischen den Eignungs- und den Zuschlagskriterien sei offensichtlich systemimmanent, was zur Konsequenz habe, dass deren verschiedenartige Aufgabe und unterschiedliche Berücksichtigung je nach Verfahrensstand keine Doppelprüfung darstelle. So erachtet es das Gericht als grundsätzlich zulässig, die **Erfahrung** eines Anbieters nicht nur bei der Präqualifikation, sondern auch beim Zuschlag in die Beurteilung mit einzubeziehen[749].

385 **6.** Das Walliser Kantonsgericht hat im Zusammenhang mit der im selektiven Verfahren erfolgten Vergebung der Erarbeitung des Generellen Entwässerungsplans (GEP) der Gemeinde Zermatt zur Frage der Berücksichtigung einer Mehreignung Folgendes festgehalten[750]:

> «Die Beschwerdeführerin geht zu Recht davon aus, dass es bei dem anlässlich der Eignungsprüfung festgehaltenen Resultat bleiben muss. In diesem Sinn ist die Eignung gegeben oder nicht und besteht kein Platz für ein ‹mehr an Eignung›. Es ginge deshalb nicht an, der Beschwerdeführerin die Eignung für die Ausführung des Auftrages nach erfolgter Selektion im Zuschlagsverfahren abzusprechen, weil andere Anbieter noch ‹mehr geeignet› sind. Dies wurde vorliegend jedoch nicht getan. Im Selektionsverfahren wurde eine Rangliste erstellt und die ersten fünf als geeignet angesehen, wobei bereits diese Rangliste zeigte, dass nicht alle gleich geeignet oder «qualifiziert» waren. Diese Resultate des Präqualifikationsverfahrens beim Zuschlagsverfahren als qualitatives Element zu berücksichtigen, kann nicht zum Vornherein als unzulässig erscheinen. Im Gegenteil, es muss der Vergabebehörde erlaubt sein, bei einem Zuschlag auch im selektiven Verfahren nebst dem Preis andere Kriterien wie u.a. Erfahrung und ‹Qualität› einer Unternehmung anzuwenden. Ansonsten hätte der Gesetzgeber diese Absicht ausdrücklich festgehalten, wie er es zum Beispiel bei standardisierten Gütern getan hat (Art. 19 Abs. 2 VöB).»

---

[747] VG Waadt: Urteil vom 22. Januar 1999, in: BR 1999, S. 57 mit Anmerkungen Esseiva.
[748] PVG 2000 Nr. 70.
[749] VG Graubünden: Urteil U 04 35 A vom 11. November 2005, E. 3. Ebenso VG Aargau, in: AGVE 2002, S. 315.
[750] KG Wallis: Urteil A1 00 206 vom 11. Januar 2001, E. 6.

4. Bekanntgabe der Eignungskriterien; Bindung der Vergabebehörde

1. Die Eignungskriterien sind gemäss dem Verwaltungsgericht des Kantons Thurgau grundsätzlich entweder in der Ausschreibung oder in den Ausschreibungsunterlagen bekannt zu geben[751].

386

2. Die vergebende Behörde legt die für eine Beschaffung massgeblichen Eignungskriterien im Hinblick auf die Besonderheiten des jeweiligen Auftrags fest. Um die notwendige Transparenz des Vergabeverfahrens (Art. 1 Abs. 3 lit. c IVöB) zu gewährleisten, muss die **Festlegung der Eignungskriterien** zu Beginn des Verfahrens erfolgen, und diese sind den Interessenten in den Ausschreibungsunterlagen **bekannt zu geben.** Die Veröffentlichung im offenen und selektiven Verfahren oder die Mitteilung im Einladungsverfahren enthalten gemäss § 13 Abs. 1 lit. h SubmV/ZH u.a. «Eignungskriterien und zu erbringende Nachweise, insbesondere verlangte finanzielle Garantien und Angaben». Dieselben Angaben gehören nach § 15 SubmV/ZH auch zum Inhalt der Ausschreibungsunterlagen. Die Angaben bezüglich Eignung können allerdings auch erst bzw. nur in den Ausschreibungsunterlagen vorgenommen werden (vgl. § 13 Abs. 2 SubmV/ZH). Aus Gründen der Praktikabilität muss es dabei genügen, wenn in der publizierten Ausschreibung die wesentlichen Punkte genannt sind und detailliertere Angaben aus den Ausschreibungsunterlagen hervorgehen[752].

387

3. Die Vergabebehörde ist an die ausgeschriebenen Eignungskriterien und – falls eine solche festgelegt wird – deren Rangfolge gebunden. Es ist daher unzulässig, nicht auf die ausgeschriebenen Eignungskriterien abzustellen oder die ausgeschriebenen in einer ausschreibungsfremden Reihenfolge zu gewichten. Unzulässig ist es auch, die ausgeschriebenen Eignungskriterien auf einzelne Anbieter überhaupt nicht anzuwenden, sondern diese (nach Abschluss des Präqualifikationsverfahrens) allein auf Empfehlung eines Dritten und ohne erkennbaren Bezug zu den ausgeschriebenen Eignungskriterien noch nachträglich zum Verfahren zuzulassen. Ein solches Vorgehen verstösst auch gegen das Gebot der Gleichbehandlung der Anbietenden[753].

388

4. Es ist unzulässig, nach erfolgter Offertöffnung **neue Eignungskriterien einzuführen.** Im konkreten Fall hat es das Verwaltungsgericht des Kantons Freiburg für ungesetzlich erklärt, dass die Vergabestelle dem Anbieter mit dem wirtschaftlich günstigsten Angebot für die ausgeschriebenen Winter-

389

---

[751] TVR 1998, Nr. 28, S. 147.
[752] VG Zürich: VB.1999.00359 E. 4b/aa.
[753] AGVE 1998, S. 371 ff. Vgl. auch VG Waadt: Urteil vom 9. Juli 2002 (lit. b der im Internet publizierten Zusammenfassung).

dienst- bzw. Schneeräumungsarbeiten den Zuschlag verweigerte mit der Begründung, der Standort dieses Anbieters sei weniger günstig gelegen als derjenige des zweitplatzierten Anbieters, der direkt an der Kantonsstrasse liege[754].

390 5. Auch nach dem Verwaltungsgericht des Kantons St. Gallen verstösst es gegen das Diskriminierungsverbot, wenn die Vergabestelle die in der Ausschreibung für einen Studienauftrag (Architekturleistung) festgelegten Eignungskriterien nachträglich gegenüber einzelnen Anbietern ändert[755].

5. Eignungsprüfung auch im offenen Verfahren und im Einladungsverfahren

391 1. Die Prüfung der Eignung der Anbieter ist nach Thurgauer Praxis fallweise[756] auch im offenen Verfahren vorzunehmen. Sind allerdings – wie in casu – keine entsprechenden Kriterien bekannt gegeben worden[757], können höchstens «sehr allgemeine objektive und überprüfbare Kriterien herangezogen werden, weshalb der Innovationsgeist, der ja vorab dem planenden Ingenieur zukommen muss, nicht berücksichtigt werden kann»[758].

392 2. Obwohl Eignungs- und Zuschlagskriterien auch im offenen Verfahren auseinanderzuhalten sind, braucht im offenen Vergabeverfahren kein selbständiger Entscheid über die Erfüllung der Eignungskriterien getroffen zu werden[759].

393 3. Nach Auffassung des Verwaltungsgerichts des Kantons Aargau ist aus Transparenzgründen auch in einem offenen Verfahren bereits in der Ausschreibung klar zwischen den vom Anbietenden zu erfüllenden Eignungskriterien und den leistungsbezogenen Zuschlagskriterien zu unterscheiden[760].

394 4. Gemäss dem Luzerner Verwaltungsgericht ist es auch beim **Einladungsverfahren** nicht unzulässig, die Eignung einer Anbieterin bei der Vergabe mitzuberücksichtigen. Zwar sei mit der Einladung die grundsätzliche Eignung vorausgesetzt worden. Auch innerhalb der grundsätzlich geeigneten Anbieterinnen könnten indessen Unterschiede bezüglich Mehr- oder Mindereignung bestehen, die, sofern sie sachlich begründbar sind, in die Wertung miteinbezogen werden dürften. Als unzulässig erachtete es das

---

[754] VG Freiburg: Urteil 2A 01 74 vom 23. November 2001, E. 2 und 3.
[755] GVP-SG 1998, Nr. 33, S. 92 f.
[756] Vgl. demgegenüber oben Rz. 351
[757] Vgl. auch oben Rz. 386 f.
[758] TVR 1998, Nr. 28, S. 149.
[759] VG Zürich: VB.1999.00015 E. 6. Vgl. auch oben Rz. 351.
[760] AGVE 2001, S. 331 ff.

Verwaltungsgericht indessen, die Tatsache, dass eine Anbieterin, die das Gebäude, in dem die zu vergebende Heizung eingebaut werden sollte, bereits aufgrund eigener Installationsarbeiten kennt, als Eignungsnachweis zu interpretieren. Hingegen sei es zulässig, gute eigene Erfahrungen mit der Anbieterin zu deren Gunsten zu gewichten[761].

5. Im Einladungsverfahren wird der Wettbewerb auf direkt einzuladende Anbieter beschränkt, die grundsätzlich fähig und in der Lage sind, den Auftrag rechtzeitig und in geeigneter Weise auszuführen. Wer in diesem präselektiven Verfahren eingeladen wird, ein Angebot einzureichen, muss sich darauf verlassen können, dass danach einzig noch sein Angebot und nicht nochmals seine Eignung geprüft wird. Daraus ergibt sich gemäss dem Bündner Verwaltungsgericht, dass im Einladungsverfahren der Vorentscheid, welche Anbieter für die Einreichung einer Offerte als geeignet anzusehen sind, allein vom Auftraggeber und ohne öffentliches Verfahren gefällt wird. Er stützt die Auswahl der grundsätzlich als fähig eingestuften Anbieter auf **rein auftragsspezifische Merkmale,** die aber nicht weiter bekannt gegeben werden müssen. In der Regel greift der Auftraggeber dabei auf ihm bekannte Erfahrungen in der betreffenden Branche zurück, die aber keiner zusätzlichen Erklärungen bedürfen, da er für die Vorauswahl letztlich selbst die Verantwortung und das Risiko trägt. Der Vorentscheid, ob ein Anbieter die Eignungskriterien erfüllt, ist **absolut.** Entweder ist ein Anbieter geeignet oder ungeeignet. Zwischenstufen gibt es nicht. Im Einladungsverfahren besteht daher kein Raum für eine unzulässige und verpönte «Doppelprüfung» der fallrelevanten Vergabekriterien[762].

6. Auch nach der Rechtsprechung des Bundesgerichts wird mit der Einladung die **grundsätzliche Eignung der Eingeladenen vorausgesetzt,** deshalb ist auf die entsprechenden Nachweise auch kein allzu grosses Gewicht zu legen. Die Gemeinde habe im zu beurteilenden Fall nur Unternehmungen eingeladen, die sie bereits gekannt und als tauglich erachtet habe. Der Beschwerdeführer nenne keine Bestimmung, welche es der Gemeinde verwehrt hätte, nachträglich bezüglich der beruflichen Qualifikation der Mitarbeiter der B. AG weitere Unterlagen einzuverlangen, nachdem in dieser Hinsicht Zweifel aufgetaucht seien[763].

7. Erfüllt ein Anbieter nicht alle Eignungskriterien, so ist er auszuschliessen. Daran ändert laut dem Tessiner Verwaltungsgericht nichts, dass der Anbieter im Rahmen eines Einladungsverfahrens zur Offertstellung eingeladen wur-

---
[761] LGVE 2001 II Nr. 14 E. 4c.
[762] VG Graubünden: Urteil U 03 10 vom 4. März 2003, E. 2a.; ferner auch PVG 2000 Nr. 70.
[763] Urteil des Bundesgerichts 2P. 184/2005 vom 8. Dezember 2005, E. 3.3.3.

de[764]. Dies muss jedenfalls gelten, wenn die Eignung zum Zeitpunkt der Einladung noch gegeben war, jedoch im Verlaufe des Submissionsverfahrens dahingefallen ist. Ob ein Verfahrensausschluss auch dann stets gerechtfertigt ist, wenn die Vergabebehörde bei der Auswahl der einzuladenden Unternehmen unsorgfältig vorgegangen ist und die Eignung unzureichend abgeklärt hat, ist hingegen eher fraglich, muss ein eingeladener Anbieter doch grundsätzlich nicht damit rechnen, dass seine Eignung in Frage gestellt wird.

6. Ständige Listen

398 **1.** Einige Kantone, vor allem in der Westschweiz, verwenden sogenannte **ständige Listen**[765], in denen die aufgrund eines Prüfverfahrens ermittelten geeigneten Anbieter verzeichnet sind[766]. Dies trifft zum Beispiel auf den Kanton Wallis zu. Gemäss Art. 11 kGöB/VS erstellt und führt der Kanton in Zusammenarbeit mit den Berufsverbänden ständige Listen qualifizierter Unternehmen und Leistungserbringer zwecks Zulassung zum Vergabeverfahren[767]. Zweck der Führung der Listen ist die Vereinfachung des administrativen Vergabeverfahrens durch die Einführung eines Systems zur Vorqualifikation der beruflichen Fähigkeiten der Anbieter und zur Kontrolle der Einhaltung der sozialen Anforderungen[768]. Der Eintrag in eine solche ständige Liste ist indessen nicht unabdingbares Erfordernis, um an einem Submissionsverfahren teilnehmen zu können, wie das Walliser Kantonsgericht festgehalten hat[769].

399 **2.** In einem anderen die Walliser Munizipalgemeinde Täsch betreffenden Fall hat das Bundesgericht bestätigt, dass ein Unternehmen nicht schon deswegen vom Verfahren ausgeschlossen werden müsse, weil es nicht auf der ständigen Liste eingetragen sei. Diese Liste bezwecke die Vereinfachung des administrativen Vergabeverfahrens. Der Eintrag in eine solche Liste sei aber nicht unabdingbar, um an einem Submissionsverfahren teilnehmen zu

---

[764] VG Tessin vom 26. März 2003, in: BR 2004, S. 169.
[765] Art. 13 lit. e IVöB; § 22 VRöB. Gemäss Art. 13 lit. e IVöB gewährleisten die Kantone die gegenseitige Anerkennung der Qualifikation der Anbieter, die in ständigen Listen der beteiligten Kantone eingetragen sind.
[766] Vgl. ZUFFEREY/MAILLARD/MICHEL, S. 89 f.
[767] Vgl. auch Art. 13 kVöB/VS.
[768] Art. 2 der Verordnung des Staatsrats des Kantons Wallis betreffend die Führung der ständigen Listen vom 11. Juni 2003.
[769] KG Wallis: Urteil A1 01 80 vom 29. Juni 2001, E. 2 und 3. Eine gegen diesen Entscheid erhobene staatsrechtliche Beschwerde wies das Bundesgericht ab (Urteil des Bundesgerichts 2P. 226/2001 vom 5. April 2002).

können; der Submittent könne auch auf andere Art nachweisen, dass er die Bedingungen erfülle[770].

3. Gestützt auf § 32 VöB/TG führt auch das Departement für Bau und Umwelt des Kantons Thurgau eine **ständige Liste** über qualifizierte Anbieterinnen und Anbieter des Bauhaupt- und des Baunebengewerbes sowie von Dienstleistungen, die dem Baugewerbe nahestehen (Architekten, Planer, Ingenieure). Die Aufnahme in die im Internet zugängliche Liste[771] erfolgt jeweils für ein Jahr und muss dann erneuert werden. Der Anbieter erhält ein Zertifikat über die Aufnahme in die ständige Liste.

400

4. Das Verwaltungsgericht des Kantons Waadt hat die Beschwerde eines Anbieters gegen die Weigerung der Vergabebehörde, ihn in die ständige Liste der Anbietenden (Unternehmen) aufzunehmen, da sie die von ihm eingereichten Referenzen als ungenügend erachtete, abgewiesen. Die sechs Referenzen aus den Jahren 1998, 1996, 1995 und 1993 würden eine Beurteilung der Frage, ob das Unternehmen im fraglichen Tätigkeitsgebiet regelmässig aktiv sei, in der Tat nicht erlauben. Die Vergabebehörde habe daher den ihr zukommenden Ermessensspielraum nicht missbraucht[772].

401

5. Der Umstand, dass ein Anbieter auf einer ständigen Liste figuriert, verleiht ihm kein Recht, ein Angebot einzureichen oder den Auftrag zu erhalten. Die Vergabestelle ist befugt, zusätzliche Anforderungen an die Anbietenden zu stellen, um sie zur Offertstellung zuzulassen[773].

402

7. Eignung von Bietergemeinschaften und Subunternehmern

1. Jedes einzelne Mitglied einer **Bietergemeinschaft** muss die Anforderungen der Ausschreibung und insbesondere die Eignungskriterien erfüllen[774].

403

2. Nach dem Verwaltungsgericht des Kantons Zürich gilt die Pflicht, dass jedes Mitglied einer Anbietergemeinschaft je einzeln seine Eignung darzulegen hat, jedenfalls soweit als die Eignung mit Blick auf die Funktion des einzelnen Mitglieds innerhalb der Arbeitsgemeinschaft erforderlich ist. Eine Benachteiligung sei darin nicht zu erblicken. In Bezug auf die Referenzen ist es zulässig, die Referenzen der einzelnen Partner der Anbietergemeinschaft je gesondert zu bewerten und anschliessend den Durchschnitt zu bilden.

404

---

[770] Urteil des Bundesgerichts 2P. 184/2005 vom 8. Dezember 2005, E. 3.3.2.
[771] Vgl. www.tg.ch/dbu.
[772] VG Waadt: Urteil vom 31. Januar 2002, E. 5.
[773] VG Waadt: Urteil vom 5. Juli 2000, E. 2.b.
[774] VG Tessin: Urteil vom 10. März 2003, in: BR 2004, S. 169.

Den Einwand der Beschwerdeführerinnen, dass eine Arbeitsgemeinschaft bei diesem Vorgehen ein Mehrfaches an vergleichbaren Referenzobjekten vorweisen müsse, um ebenso viele Punkte zu erhalten wie ein Einzelanbieter, erachtete das Verwaltungsgericht als unbegründet. Eine aus drei Anbietern bestehende Gemeinschaft habe auch entsprechend mehr Möglichkeiten, Referenzobjekte aufzuführen, und wo zwei Beteiligte am selben Objekt mitgewirkt hätten, sei dieses zutreffend für beide als Referenz anerkannt worden[775].

405 **3.** Eine Vergabebehörde hatte in der Ausschreibung und in den Ausschreibungsunterlagen bestimmt, dass Bietergemeinschaften nicht zulässig seien. «Anbieterteams müssen sich als Haupt- und Subplaner organisieren.» Sodann wurde bei den Eignungskriterien ausdrücklich festgehalten, dass bei Planungsteams die Referenzen des Teams gesamthaft bewertet würden. Damit war gemäss Verwaltungsgericht des Kantons Zürich klargestellt, dass die Fachkenntnisse und Erfahrungen der Subplaner ebenfalls berücksichtigt würden. Es liege im Ermessen der Vergabestelle, ob und in welchem Umfang sie **Referenzen von Subplanern** berücksichtigen wolle. Dass sie es im konkreten Fall offenbar uneingeschränkt getan habe, sei jedenfalls vertretbar, zumal die Bezeichnung von Subplanern in den Ausschreibungsunterlagen für verbindlich erklärt worden sei und diese zum Vertragsinhalt würden. Der Wechsel eines Subplaners sei danach nur aus wichtigen Gründen und mit schriftlicher Genehmigung der Vergabestelle zulässig[776].

---

[775] VG Zürich: VB.2001.00095 E. 4b; vgl. auch BR 2004, S. 63 f.
[776] VG Zürich: VB.2004.00562 E. 4.2.

7. Kapitel:
Öffnung der Angebote

1. Das internationale Recht verlangt im Rahmen des offenen und des selektiven Verfahrens bei der Offertöffnung vor allem Massnahmen zur Respektierung der Inländerbehandlung und der Nichtdiskriminierung der Anbieter (Art. XIII Ziffer 3 ÜoeB)[777]. Unter diesen Voraussetzungen sind aber nach dem ÜoeB sowohl Verfahren mit als auch solche ohne öffentliche Offertöffnung zulässig.

2. Die Offertöffnung erfolgt im Bund und in den Kantonen durch mindestens zwei Vertreter der Vergabebehörde (Art. 24 VoeB; § 26 Abs. 2 VRöB). Anlässlich der Offertöffnung ist – jedenfalls im offenen und im selektiven Verfahren – ein **Protokoll** zu erstellen[778].

3. Das Bundesbeschaffungsrecht (Art. 24 VoeB) schliesst die **Teilnahme von Anbietern an der Offertöffnung** nicht explizit aus, womit im Interesse der Transparenz, welche bekanntlich eine Zielsetzung des Beschaffungsrechts ist[779], auch eine öffentliche Offertöffnung möglich wäre[780], doch hat der Bundesrat in einer Interpellationsantwort Cavadini festgehalten: «Das Vergaberecht des Bundes verlangt für keinen Fall, dass die Anbieterinnen und Anbieter zur Offertöffnung einzuladen sind.» GAUCH/STÖCKLI[781] halten denn auch fest, dass die im Bund getroffene Regelung es den Vergabebehörden freistelle, die Anbieter zur Offertöffnung einzuladen oder darauf zu verzichten: «Je nachdem ist die Offertöffnung öffentlich oder nicht.» Nach Einschätzung von HERBERT TICHY, Geschäftsführer KBOB, dürfen aber beim Bund aufgrund von Art. 8 Abs. 1 lit. d BoeB die Anbieter nicht zur Offertöffnung zugelassen werden. Aus demselben Grund darf den Anbietern auch **keine Einsicht in das Offertöffnungsprotokoll** gewährt werden; vielmehr können den Anbietern in Anwendung von Art. 8 Abs. 1 lit. d 2. Satz BoeB

---

[777] GALLI/LEHMANN/RECHSTEINER, S. 119 Rz. 379 f., S. 124 Rz. 396 ff., S. 136 Rz. 443 ff.
[778] Art. 24 Abs. 2 VoeB bestimmt allerdings nur für Bauaufträge, dass ein Protokoll erstellt werden muss; für die Liefer- und Dienstleistungsaufträge sind diesbezüglich keine Vorschriften in der Verordnung enthalten, wobei es fraglich ist, ob die Unterlassung der Protokollierung mit dem Transparenzprinzip vereinbar ist; für die Kantone hält § 26 Abs. 3 VRöB generell die Protokollierungspflicht für alle Offertöffnungen – ausser diejenigen im freihändigen Verfahren (§ 26 Abs. 1 VRöB) – fest.
[779] Art. 1 Abs. 1 lit. a BoeB.
[780] Vgl. dazu GALLI/LEHMANN/RECHSTEINER, S. 124 Rz. 399.
[781] S. 41 f. Rz. 17.1.

nur die «nach der Zuschlagserteilung zu publizierenden Mitteilungen und die im Rahmen von Art. 23 Abs. 2 und 3 zu erteilenden Auskünfte» zur Verfügung gestellt werden[782]. Art. 24 VoeB nennt das Einladungsverfahren und das freihändige Verfahren nicht. Während beim freihändigen Vergabeverfahren kein Offertöffnungsprotokoll zu erstellen ist, fragt es sich, ob beim Einladungsverfahren ein solches abgefasst werden muss[783]; so oder anders wird im Bund a fortiori auch im Einladungsverfahren keine Einsicht in ein allenfalls erstelltes Offertöffnungsprotokoll gewährt[784].

409 **4.** a) Auch das interkantonale Beschaffungsrecht (§ 26 VRöB) *verzichtet* auf die früher in der Schweiz allgemein üblich gewesene öffentliche Offertöffnung. Das **Einsichtsrecht in das Offertöffnungsprotokoll** ist auf Verlangen allen Anbietenden «spätestens nach dem Zuschlag» zu gewähren (§ 26 Abs. 4 VRöB).

410 § 26 VRöB bestimmt, dass lediglich mit Ausnahme des freihändigen Verfahrens die Angebote bis zum Öffnungstermin verschlossen bleiben müssen und demnach wohl auch im Einladungsverfahren die formellen Regeln über die Offertöffnung einzuhalten sind. Zumindest sind auch im Einladungsverfahren Offerten nach richtiger Auffassung nicht vorzeitig zu öffnen (auch nicht durch externe Beauftragte)[785].

411 **5.** Im Rahmen der Anforderungen der Vergaberichtlinien hält sich die Regelung im Kanton **Zürich.** Gestützt auf § 27 Abs. 4 SubmV/ZH wird den Anbietern nach erfolgter Offertöffnung, die nicht öffentlich ist, auf Verlangen Einsicht in das Offertöffnungsprotokoll gewährt. Entgegen der früheren Rechtslage gemäss § 25 der alten SubmV vom 18. Juni 1997 sind die Vorschriften über die Öffnung der Angebote nach der geltenden Zürcher SubmV auch im Einladungsverfahren zu beachten[786].

412 Diese Regelung gewährleistet eine gewisse Transparenz, was grundsätzlich positiv zu werten ist, doch beinhaltet gerade Letztere auch Gefahren namentlich in Bezug auf die Gleichbehandlung der Anbieter. Diesen Gefahren ist im weiteren Verlauf des Verfahrens, insbesondere im Rahmen der Offertbereinigung Rechnung zu tragen. So können etwa die Konkurrenten desjenigen Anbieters, welcher gemäss Offertöffnungsprotokoll den tiefsten Preis angeboten hat, bestrebt sein, nach Mitteln und Wegen zu suchen,

---

[782] Vgl. dazu auch Rz. 755 ff.
[783] Das Zürcher Verwaltungsgericht hat dies (für das kantonale Submissionsrecht) verneint, doch hat das Gericht immerhin auch in diesem Vergabeverfahren die schriftliche Belegbarkeit des Angebotes verlangt, vgl. unten Rz. 410.
[784] Zur Rechtslage betreffend Akteneinsicht im Beschwerdeverfahren (inkl. Offertöffnungsprotokoll) vgl. unten Rz. 670 ff.
[785] HERBERT LANG, ZBl 2000, S. 233 mit diversen Hinweisen.
[786] VG Zürich: VB.2004.00499 E. 3.

um nachträglich (gleichgültig ob legal oder illegal) noch ein (verdecktes) **Abgebot** einzubringen, zumal dann, wenn der Angebotspreis im konkreten Beschaffungsgeschäft das wichtigste Zuschlagskriterium ist. Andererseits sind Vergabebehörden in der Praxis bisweilen bereit, solche Abgebote im Offertbereinigungsprozess noch entgegenzunehmen oder tragen durch entsprechende Erläuterungsbegehren an die Anbieter im Rahmen der Offertbereinigung noch selbst dazu bei, dass die Anbieter in diesem Sinne handeln[787]. Diesem **Missbrauch der Transparenz** im Rahmen der Offertöffnung kann nur dadurch begegnet werden, dass auch das Offertbereinigungsverfahren sowie die Entscheidfindung für den Zuschlag selbst möglichst transparent durchgeführt werden. Dieses Vorgehen erlaubt es den Mitanbietern, allfällige Missbräuche zu erkennen und dagegen rechtlich vorzugehen.

6. a) Transparenz bei der Offertöffnung gewährleistet auch etwa das Bündner Vergaberecht, welches vorsieht, dass die Anbieter zur Offertöffnung einzuladen sind (Art. 26 Abs. 2 aRABöB/GR [vgl. diesbezüglich neu Art. 23 SubV/GR]); diese Rechtsordnung geht damit weiter als § 26 VRöB[788]. Das Verwaltungsgericht des Kantons Graubünden hatte über die Konsequenzen zu entscheiden, welche sich aus der **Unterlassung der öffentlichen Offertöffnung** ergeben. Die Beschwerdeführer beantragten die Wiederholung des Vergabeverfahrens. Diese Massnahme käme indessen nach Auffassung des Gerichts nur in Frage, wenn tatsächlich ein ernsthafter Verdacht bestünde, dass die Vergabebehörde an den Offerten herummanipuliert hat. Denn die Wiederholung des «offenen oder selektiven Verfahrens käme (…) im Ergebnis einer Abgebotsrunde gleich. So würde es den Wettbewerbsteilnehmern insbesondere ermöglicht, in Kenntnis der Angebote der ersten Runde nochmals zu offerieren. Solches will das Submissionsrecht indessen gerade verhindern»[789].

413

Anders entschieden hat das Verwaltungsgericht des Kantons Basel-Landschaft[790]. Danach ist die Nichteinladung von Mitbewerbern zur Öffnung der Angebote eine Verletzung von Verfahrensvorschriften (§ 24 Abs. 3 BeG/BL), die zur Aufhebung des Vergabeentscheids führt. Die Vergabebehörde hat es in casu entgegen § 24 Abs. 3 BeG/BL versäumt, den Anbietern Ort und Termin für die Öffnung der Angebote bekannt zu geben und diese hierzu einzuladen. Das Gericht führt dazu aus, dass die vorgeschriebene Öffentlichkeit der Offertöffnung zum Ziel hat, die Transparenz eines Vergabeverfahrens zu fördern. Die Anwesenheit der Anbieter verringere das Risiko, dass Angebote

414

---

[787] Vgl. zur Problematik der Abgebotsrunden ferner: Rz. 428 ff., 444 ff., 449, 460 ff., 476.
[788] Trotz der Regelung mit Verzicht auf öffentliche Offertöffnung sehen gewisse Kantone die Teilnahme der Anbieter an der Offertöffnung vor; vgl. dazu z. B. Art. 28 Abs. 3 SubG/GL.
[789] PVG 2000 13/64 E. 3.
[790] VG Basel-Landschaft: VGE vom 5.9.2001 E. 9.

noch abgeändert würden. Das Vergabeverfahren unterliege streng formalisierten Regeln, die die Transparenz und Gleichbehandlung der Anbieter sicherstellten, die Missbrauchsgefahr eindämmten und die Justitiabilität eines Vergabeentscheids förderten. Daher komme Verfahrensvorschriften eine erhöhte Bedeutung zu, was sich in der strengen Kassationspraxis der Rechtsmittelbehörden bei Verfahrensfehlern niederschlage. Umgekehrt treffe auch die Anbieter die Pflicht zur Einhaltung von Submissionsbedingungen. Ein Verstoss gegen diese Bedingungen habe regelmässig den Ausschluss aus dem Vergabeverfahren zur Folge. Aufgrund der Formstrenge, die dem Vergabeverfahren zum Schutz der Anbieter innewohne, müsse ein Verstoss gegen Verfahrensvorschriften die Kassation des Vergabeentscheids zur Folge haben. Zahlreiche Kantone und auch der Bund würden allerdings die Öffentlichkeit bei der Offertöffnung nicht vorschreiben. Diese Rechtszersplitterung sei aber hinzunehmen und könne nicht dazu führen, Verfahrensvorschriften anderer Submissionsgesetze abzuschwächen. In Berücksichtigung dieser Erwägungen sei die unterlassene **Einladung der Bewerber zur Offertöffnung nicht als blosse Ordnungsvorschrift** zu taxieren, sondern als Verletzung einer Formvorschrift, die zur Aufhebung des Vergabeentscheids führe.

415 b) Das Verwaltungsgericht des Kantons Aargau hatte einen Fall zu beurteilen, in dem die für den Zuschlag berücksichtigte Anbieterin im Offertöffnungsprotokoll nicht namentlich aufgeführt war. Die Vergabebehörde begründete das Fehlen damit, dass sie das Öffnungsprotokoll anhand der Liste der Unternehmen, denen sie die Ausschreibungsunterlagen zugestellt hatte, bereits vor der Öffnung vorbereitet hatte. Die spätere Zuschlagsempfängerin hatte diese Unterlagen jedoch nicht selbst bei der Vergabestelle bezogen, sondern sie während der Eingabefrist von einer andern Firma, die ihrerseits auf ein Angebot verzichtete, erhalten. Im Öffnungsprotokoll wurde die Eingabesumme der Zuschlagsempfängerin dann bei der ursprünglichen Bezügerin der Unterlagen eingetragen. Das Verwaltungsgericht vermochte darin keine Anhaltspunkte für unzulässige Manipulationen im Rahmen der Offertöffnung zu erkennen und hielt fest, aus dem blossen Umstand, dass im Protokoll der Name der Bezügerin der Unterlagen nicht formell durch den Namen der Unternehmerin, die dann tatsächlich offeriert hatte, ersetzt worden sei, könne der Vergabestelle kein Nachteil in dem Sinne erwachsen, dass deswegen der Zuschlag aufzuheben sei. Immerhin sei der Fehler bei der Kostenverlegung im Beschwerdeverfahren angemessen zu berücksichtigen[791].

---

[791] VG Aargau: Urteil BE.99.00050 vom 30. April 1999, E. 1 und 2 (nicht publiziert).

8. Kapitel:

Prüfung und Bereinigung der Angebote; Verhandlungen mit den Anbietenden

I. Im Allgemeinen

1. Grundanforderungen, Vergleichbarmachung

Die eingehenden Angebote sind zunächst auf die Erfüllung von **Grundanforderungen** hin zu prüfen. Das **Angebot** muss namentlich ohne wesentliche Änderungen den Abschluss des **Vertrags** ermöglichen. An dieser Voraussetzung gebricht es einem Angebot, wenn der Preis der offerierten Leistung nicht bestimmt oder bestimmbar ist. Letzteres ist bei einem Angebot der Fall, in welchem für einzelne Positionen nur «Richtpreise» angegeben wurden und/oder wo die kalkulierten Mengen bzw. die Einheitspreise nicht angegeben werden[792]. Ein solches Angebot ist vom Verfahren auszuschliessen[793].

416

Die eingereichten Offerten müssen von der Vergabebehörde sodann (soweit nötig) in technischer und rechnerischer Hinsicht **bereinigt** werden, damit sie **objektiv vergleichbar** und für die weitere Prüfung zwecks Zuschlagserteilung bereit sind (vgl. Art. 25 VoeB für den Bundesbereich und § 28 VRöB für den kantonalen Bereich, wo in Abs. 3 explizit das Erstellen einer «objektiven Vergleichstabelle» vorgesehen ist). Die Durchführung einer genügenden Offertbereinigung ist eine Rechtspflicht der Vergabestelle[794].

417

Bei der Herstellung der Vergleichbarkeit hat die Vergabebehörde im Bundessubmissionsrecht insbesondere sicherzustellen, dass nicht nur die Grundofferten, sondern auch die zulässigerweise eingereichten **Varianten** unter sich und zu Ersteren vergleichbar sind[795]; diese Praxis dürfte unverändert auch für die kantonalen Vergebungen Geltung haben[796].

418

---

[792] VG Zürich: VB.2004.00195 E. 3.2 und 3.3.
[793] Oben Rz. 259 ff.; vgl. ferner die entsprechenden Anforderungen an das Leistungsverzeichnis der Vergabebehörde oben Rz. 225.
[794] Vgl. dazu den Fall Rz. 440.
[795] CRM 13/00 E. 3 a.
[796] Vgl. VG Waadt: Urteil vom 9. Juli 2002 (lit. c der im Internet publizierten Zusammenfassung).

2. Pflicht der Anbietenden zur sofortigen Geltendmachung von Mängeln der Unterlagen und des Verfahrens ausserhalb von Rechtsmittelverfahren

419 Vgl. zur **Fragepflicht** der Anbietenden bei unklaren Ausschreibungsunterlagen oben Rz. 229.

420 Soweit es der Grundsatz von Treu und Glauben erfordert, besteht auch eine allgemeine Pflicht des Anbietenden, festgestellte **Mängel der Unterlagen oder des Verfahrens bei der Vergabestelle sofort unaufgefordert zu rügen** und damit – bei Gefahr der Verwirkung – nicht bis zur Einreichung eines Rechtsmittels zuzuwarten[797].

421 **Verpflichtung zur Anbringung eines Vorbehalts**[798]: Verfährt z. B. die Vergabestelle bei der von der Beschwerdeinstanz angeordneten (teilweisen) Wiederholung des Vergabeverfahrens nicht im Sinne des gerichtlichen Rückweisungsentscheids, so darf der Anbieter seine neue Offerte nicht gestützt auf die Unterlagen der Vergabebehörde vorbehaltlos einreichen, wenn er mit deren Vorgehen nicht einverstanden ist. Tut er es trotzdem, so setzt er sich der Gefahr aus, die entsprechenden Einwände in einem späteren Rechtsmittelverfahren infolge Verwirkung nicht mehr geltend machen zu können. Auch die BRK ist der Auffassung, dass ein Anbieter, der einen Mangel erkennt oder nach den Umständen erkennen sollte, bei der Auftraggeberin Anzeige zu machen habe, was sich aus Treu und Glauben ergäbe. Wer die Anzeige versäumt, verwirkt sein Beschwerderecht.[799]

422 Das Walliser Kantonsgericht hat in einem Beschwerdeverfahren gegen einen bereits einmal auf Beschwerde hin aufgehobenen Zuschlag, der wiederum an den ursprünglichen Zuschlagsempfänger ging, Folgendes festgehalten: Es trifft zu, dass die Vorinstanz (=Vergabebehörde) in der Gestaltung des neuen Verfahrens nicht mehr frei war. Anderseits hat die Vergabebehörde mit Schreiben vom 11. August 2005 beiden Anbieterinnen (die in der 2. Vergaberunde noch am Verfahren beteiligt waren) das weitere Verfahren mitgeteilt. Dabei wurden u.a. auch die Zuschlagskriterien und die Unterkriterien und deren Gewichtung, die bei der Vorführung zu beachten waren, ausdrücklich und detailliert angegeben. Die Beschwerdeführerin macht nicht geltend, es seien nicht diese Kriterien angewandt worden oder die Vergabebehörde habe sich nicht an diese Vorgaben gehalten. Ist dem aber so, kann sie, nachdem sie gegen diese Angaben nicht unverzüglich opponiert hat, nicht nach der Durchführung und in Kenntnis des Resultats diese kritisieren. Damit wird

---

[797] WOLF, ZBL 2003, S. 10 mit zahlreichen Verweisen in Fn. 55.
[798] Vgl. demgegenüber zu den verbotenen Vorbehalten oben Rz. 287.
[799] BRK 017/04.

eine **sofortige Rügepflicht** statuiert. Dies ergäbe sich aus der Pflicht der Parteien zum Verhalten nach Treu und Glauben und auch dem prozessualen Beschleunigungsgebot, das insbesondere für die Beschaffungsverfahren wichtig sei. Die Beteiligten hätten die Pflicht, die Behörde frühzeitig auf allfällige Mängel hinzuweisen, damit durch Verfahrensfehler und anschliessende Beschwerdeverfahren nicht Verzögerungen die Realisierung von Werken im öffentlichen Interesse hinausschieben würden[800].

In einem Bündner Fall hat die Vergabebehörde den Anbietenden in einem Brief von 11. Juli 2002, zwei Tage nach Ablauf des Offerteinreichungstermins, mitgeteilt, dass **zwei Positionen aus dem Leistungsverzeichnis** «bereits bauseits ausgeführt worden seien bzw. noch ausgeführt würden». Dies werde bei der Prüfung und Bereinigung der Angebote berücksichtigt. Im Offertöffnungsprotokoll seien die erwähnten Positionen aber noch enthalten. Ein nicht berücksichtigter Anbieter beschwere sich gegen den erfolgten Zuschlag vergeblich. Das Bundesgericht warf der beschwerdeführenden Anbieterin Folgendes vor: «Wenn diese mit einer blossen Streichung der betroffenen Offertteile nicht einverstanden war, sondern den Wegfall der beiden Positionen zum Anlass nehmen wollte, ihre gesamte Kalkulation neu zu gestalten, hätte sie auf das Schreiben (der Vergabebehörde) vom 11. Juli 2002 **umgehend reagieren müssen.** Sie sah sich aber erst nach dem auf Grundlage der korrigierten Offerten ergangenen – für sie nunmehr ungünstigen – Vergebungsentscheid vom 24. Juli 2002 veranlasst, das angekündigte Vorgehen anzufechten»[801].

423

U.E. ist bei der Annahme einer Pflicht zur sofortigen Rüge eines Mangels der Unterlagen oder des Verfahrens mit Verwirkungsfolgen für den betreffenden Anbietenden Zurückhaltung zu üben. In erster Linie verantwortlich für einen solchen Mangel ist der Verursacher, nämlich in aller Regel die Vergabestelle. Wie Wolf[802] sodann zu Recht festhält, ist zu berücksichtigen, dass die Anbietenden während des Submissionsverfahrens auf das Wohlwollen der Vergabestellen angewiesen sind und daher von ihnen festgestellte Mängel nur mit Zurückhaltung rügen werden.

424

---

[800] Kantonsgericht Wallis: A1 05 199 E. 5.2.
[801] BGE 2P.282/2002 E. 4.2.
[802] Die Beschwerde gegen Vergabeentscheide, S. 10.

II. Offertbereinigung und Abgebotsrunden im Bundessubmissionsrecht

425　1. Nach Art. 25 VoeB bereinigt die Vergabestelle die Angebote in technischer und rechnerischer Hinsicht so, dass sie objektiv vergleichbar sind, und prüft sie aufgrund der Zuschlagskriterien. Die **Offertbereinigung** ist grundsätzlich ein rein verwaltungsinterner **Vorgang.** Wird bei der Angebotsbereinigung mit Anbietern **Kontakt** aufgenommen, so ist die Einhaltung des Gleichbehandlungsgebots unmittelbar gefährdet; eine solche Kontaktaufnahme darf somit nur unter gewissen verfahrensmässigen Absicherungen erfolgen und insoweit sie ausserdem sachlich unumgänglich ist[803], denn die **Offertbereinigungsphase ist erhöht missbrauchs- bzw. manipulationsgefährdet**[804].

426　2. Zum grundsätzlichen **Verbot der Änderung/Ergänzung von Angeboten im Rahmen der Offertbereinigung:**

427　a) Der Gleichbehandlungsgrundsatz verbietet es, dass die Vergabebehörde oder ein Submittent im Rahmen der **Offertbereinigung e**in Angebot ergänzt oder ändert[805]. Vorbehalten bleibt die Korrektur von *unbeabsichtigten* Fehlern, wie Rechen- oder Schreibfehler, soweit darin nicht eine Benachteiligung der Mitbewerber liegt (Art. XIII Ziff. 1 lit. b ÜoeB)[806].

428　b) Der Grundsatz, wonach Angebote nach Ablauf des Eingabetermins gemäss Art. 25 VoeB nur noch in technischer und rechnerischer Hinsicht bereinigt, sonst aber grundsätzlich nicht mehr abgeändert werden dürfen, erleidet im Bundesvergaberecht eine wesentliche Ausnahme: Zulässig sind im Bundessubmissionsrecht **Angebotsänderungen** (inkl. **Abgebotsrunden**[807]) im Rahmen von **Verhandlungen** nach Art. 20 BoeB und 26 VoeB[808]. Nach der

---

[803] Vgl. diesbezüglich zur Praxis im Bund unten Rz. 428 ff. In den Kantonen wird teilweise auf eine strikte Protokollierungspflicht bei Kontaktnahmen der Vergabebehörde mit den Anbietern verzichtet, wodurch die Respektierung des Gleichbehandlungsprinzips gefährdet sein kann (vgl. dazu § 29 VRöB und unten Rz. 444 ff.).
[804] Statt vieler STÖCKLI, in BR 1999, Anmerkung Ziff. 3, S. 57.
[805] Die nachträgliche Anpassung eines Angebots – Korrektur des angebotenen Preises – ausserhalb von Verhandlungen ist unzulässig (BRK 002/05 E. 4c).
[806] CRM 13/00 E. 3a. Vgl. zur Notwendigkeit der Zurückhaltung der Vergabebehörden bei der Korrektur von Fehlern in Angeboten die nachfolgenden Ausführungen zu den Rechnungsfehlern (vgl. unten Rz. 456 ff.), die sinngemäss auch für das Submissionsrecht des Bundes Geltung haben. Vgl. auch BRK 016/03 E. 4b.
[807] D.h. Verhandlungen über Preise, Preisnachlässe und Änderungen des Leistungsverzeichnisses.
[808] In den Kantonen sind jedoch Abgebotsrunden gemäss Art. 11 lit. c IVöB unzulässig (vgl. unten Rz. 441 ff.). Vgl. BRK 8/96 E. 3b; BRK 17/97 E. 2a und BRK 016/03 E. 4b. Zum Ganzen ferner GALLI/LEHMANN/RECHSTEINER, S. 119 f. Rz. 382, S. 125 Rz. 402 ff.; MOSER, Marchés publics, S. 14.

Praxis der BRK liegt eine «Verhandlung» vor, wenn die Vergabebehörde mit einem Anbieter im Laufe des Submissionsverfahrens in Kontakt tritt, und sind diesfalls folglich stets die in Art. 26 VoeB enthaltenen verfahrensmässigen Sicherungen zu respektieren[809]. Unter Einhaltung der Voraussetzungen und Formalien für die Verhandlungsführung (Art. 20 BoeB und Art. 26 VoeB) sind **Verhandlungen zwecks Offertbereinigung** zulässig[810], sofern die (rein verwaltungsinterne [Art. 25 VoeB]) Offertbereinigung zu keiner genügenden Vergleichbarkeit der Offerten geführt hat[811]. Das durch rein verwaltungsinterne Massnahmen ohne Kontaktierung der Anbieter bereinigte Angebot bildet die Grundlage für die (eventuellen) Verhandlungen mit den Anbietern gemäss Art. 26 VoeB[812]. Nach Art. XIV Abs. 4 lit. b ÜoeB sind sämtliche Änderungen der Kriterien und technischen Anforderungen allen verbleibenden Verhandlungsteilnehmern schriftlich mitzuteilen[813].

Bei der Frage, ob ein bestimmter Anbieter **geeignet** ist, dürfen (für diesen positive) Tatsachen, die sich *nach Ablauf des Eingabetermins* für die Angebote ereignet haben, grundsätzlich nicht berücksichtigt werden, denn dies hätte eine Diskriminierung der Mitanbieter zur Folge. In casu ging es um die mangelnde finanzielle Leistungsfähigkeit eines Anbieters, welcher auf Veranlassung der Vergabestelle nachträglich eine Abzahlungsvereinbarung mit den AHV-Behörden über ausstehende Beiträge beibrachte. Nach Ablauf des Eingabetermins kann somit die nicht vorliegende oder nicht genügend nachgewiesene Eignung eines Anbieters vorbehältlich des Verbots des überspitzten Formalismus sowie der zulässigen Massnahmen im Rahmen der Offertbereinigung nicht mehr geheilt werden[814].

429

3. a) Die Offertbereinigungsphase beinhaltet angesichts der im Bundesvergaberecht enthaltenen Möglichkeit der Verhandlungsführung erhöhte Risiken bezüglich Ungleichbehandlung der Anbieter. Der Bundesgesetzgeber wollte die mit der Einräumung der Verhandlungsmöglichkeit über

430

---

[809] BRK 17/97 E. 2.
[810] Ist es für eine genügende Offertbereinigung notwendig, besteht sogar eine Pflicht der Vergabebehörde, die Vergleichbarkeit der Offerten ggf. auf dem Verhandlungswege mit den Anbietenden herbeizuführen (vgl. dazu unten Ziffer 6, Rz. 440 ff.).
[811] Anders als im kantonalen Submissionsrecht existieren im Bundesrecht grundsätzlich die Möglichkeiten der Erläuterung und Berichtigung der Angebote nicht (BRK 017/05 E. 2a/bb; BRK 16/03 E. 4b), welche auf kantonaler Ebene allenfalls herangezogen werden können (vgl. dazu unten Rz. 444 ff.). In zwei Entscheiden hat die BRK immerhin unter Hinweis auf Art. XII Ziffer 1 lit. b ÜoeB die im Rahmen der Offertbereinigung (und nicht von formellen Verhandlungen) vorgenommene Berichtigung unbeabsichtigter Formfehler durch den Anbieter vorbehalten, sofern es dadurch nicht zu einer Diskriminierung von Mitkonkurrenten kommt (CRM 13/00 E. 3a).
[812] BRK 016/03 E. 4c in fine.
[813] Vgl. zur nachträglichen Änderung der Anforderungen der Vergabestelle an den Beschaffungsgegenstand unten Rz. 507 ff. sowie oben Kapitel 4, Rz. 233 ff.
[814] CRM 015/03.

Angebotsinhalte nach Ablauf der Eingabefrist entstehenden Fairnessrisiken dadurch auffangen, dass er in Art. 20 BoeB und Art. 26 VoeB die Möglichkeit zur Verhandlungsführung beschränkte und reglementierte; diese Regelung bezweckt, trotz des bei Verhandlungen erfolgenden faktischen Verzichts auf die grundsätzliche Unabänderlichkeit der Angebote nach Ablauf der Eingabefrist, die Prinzipien der Transparenz und der Gleichbehandlung der Anbieter auch im Submissionsverfahren des Bundes zu respektieren[815].

431 b) Verhandlungen, die nicht nur der blossen Offertbereinigung dienen, dürfen zunächst nur dann geführt werden, wenn die Voraussetzungen von Art. 20 BoeB erfüllt sind, also namentlich eine entsprechende **Ankündigung in der Ausschreibung** erfolgte. Dabei kann die Vergabestelle ihre gesetzlichen Befugnisse zur Verhandlungsführung auch einschränken und etwa in der Ausschreibung erklären, man werde keine Abgebotsrunden durchführen[816]. Das Gesetz verpflichtet den Bundesrat, die Modalitäten der Durchführung von Verhandlungen «nach den Grundsätzen der Vertraulichkeit, der Schriftlichkeit und der Gleichbehandlung» zu regeln[817].

432 c) Der Grundsatz der **Vertraulichkeit**[818] kommt dadurch zum Ausdruck, dass **Zugeständnisse** eines Anbieters im Laufe der Verhandlungen den ebenfalls in der Verhandlung stehenden Konkurrenten nicht bekannt gegeben werden dürfen[819]. Generell dürfen den an den Verhandlungen beteiligten Anbietenden bis zum Zuschlag «keine Informationen über Konkurrenzangebote» abgegeben werden[820].

433 d) Der Grundsatz der **Schriftlichkeit** findet nach der Regelung von Art. 26 VoeB sowohl für die Vorbereitung wie auch im Rahmen der Durchführung der Verhandlungen **(Protokollierungspflicht)** Anwendung.

434 aa) So gibt die Vergabestelle den in die Verhandlungen einbezogenen Anbietenden im Hinblick auf dieselben nach Art. 26 Abs. 2 VoeB Folgendes bekannt: a. ihr jeweils bereinigtes Angebot; b. die Angebotsbestandteile, über die verhandelt werden soll; c. Fristen und Modalitäten zur Eingabe des endgültigen schriftlichen Angebotes. Bei mündlichen Verhandlungen sieht die VoeB in Art. 26 Abs. 3 sodann Mindestinhalte des zu führenden Protokolls vor, und nach Art. 26 Abs. 4 VoeB ist das Protokoll von allen anwesenden Personen zu unterzeichnen. Die Einhaltung der Formvorschriften bei Verhandlungen gewährleistet eine gewisse Transparenz, welche gerade mit Blick

---

[815] BRK 016/03 E. 4b.
[816] Vgl. dazu Rz. 437.
[817] Art. 20 Abs. 2 BoeB.
[818] Vgl. zum Grundsatz der Vertraulichkeit im Allgemeinen unten Rz. 755 ff.
[819] BRK 8/96 E. 4e/bb. Vgl. zum Vertraulichkeitsgebot bei Verhandlungen unten Rz. 760.
[820] Art. 26 Abs. 5 VoeB.

auf das **Gleichbehandlungsgebot** und generell bezüglich der Fairness des Verfahrens von grosser Bedeutung ist. Das Risiko, dass ein bestimmter der Vergabebehörde aus irgendwelchen Gründen besonders genehmer Anbieter bei den Verhandlungen bewusst bevorzugt wird, kann auch mit den formalen Sicherungen, welche Art. 26 VoeB für die Verhandlungsführung vorsieht, nicht vollständig ausgeschlossen werden. Nach der Praxis der BRK sind daher die Vorschriften über die Verhandlungen strikte einzuhalten. Dies gilt umso mehr für komplexe Beschaffungsgeschäfte[821].

bb) Im Vergaberecht des Bundes ist die **Protokollierungspflicht** das zentrale Element der Formvorschriften, die bei Verhandlungen einzuhalten sind[822]. Die Protokolle müssen so detailliert ausgestaltet sein, dass das Resultat und der Gang der Verhandlungen sowie die Entwicklung der Angebote **nachvollziehbar** sind[823]. Als Mindestinhalt muss das Protokoll die Namen der anwesenden Personen, die verhandelten Angebotsbestandteile und die Ergebnisse der Verhandlungen enthalten[824]. Anhand des Protokolls muss insbesondere nachgeprüft werden können, ob im Rahmen der Verhandlungen das **Gleichbehandlungsgebot** eingehalten worden ist. Der Grundsatz der Transparenz erfordert, dass alle Aspekte der mündlichen Verhandlung in das Protokoll aufgenommen werden. Die Grundsätze der Gleichbehandlung und Vertraulichkeit führen dazu, dass alle Aussagen, Fragen, Hinweise oder weitere Äusserungen der Auftraggeberin im Protokoll enthalten sein müssen[825].

435

cc) Der Gang der Verhandlungen und die Entwicklung der Angebote müssen sich aus dem Protokoll selbst und nicht etwa nur aus Drittakten ergeben. Es genügt daher nicht, im Protokoll nur auf die bei den Akten liegenden Präsentationsunterlagen der betreffenden Anbieter zu verweisen. Vielmehr hat diesfalls das Protokoll zumindest Ausführungen über den Zeitpunkt und die Form der Einlegung der Unterlagen sowie auch über die Art des (allenfalls gestützt darauf) erfolgten Vortrags des betreffenden Anbieters zu enthalten. Allfällige im Rahmen der Verhandlung vom Anbieter vorgetragene bzw. von diesem in den Verhandlungsprozess eingebrachte Besonderheiten oder Noven, welche Modifikationen der Beurteilung des Anbieters oder seines Angebots im Verhältnis zur ursprünglichen Offerte bewirken könnten, sind sodann explizit im Protokoll festzuhalten, jedenfalls dann, wenn sie eine offenkundig erhebliche Bedeutung haben und das Angebot u.U. für sich allein schon in einem anderen, neuen Licht erscheinen lassen. In dem von der

436

---

[821] BRK 16/03 E. 4b.
[822] BRK 16/03 E. 4c.
[823] BRK 7/02 E. 5a; BRK 1/00 E. 3 a; BRK 8/96 E. 4e/bb.
[824] Art. 26 Abs. 3 VoeB.
[825] BRK 006/04 E. 2 lit. b/aa.

BRK beurteilten Fall war dies für das Abgebot von 32,23 % offensichtlich der Fall, welches die Zuschlagsempfängerin im Rahmen der Verhandlungen vorlegte. Diese Preisreduktion hatte eine entscheidende Bedeutung für die Rangierung dieser Anbieterin, was für die Vergabebehörde sofort erkennbar war[826]. Endet die mündliche Verhandlung damit, dass der betreffende Anbieter seine Offerte gestützt auf die Besprechungen nochmals überprüft und daraufhin innert Frist ein bereinigtes Angebot einreicht, so muss das Protokoll dieses bereinigte Angebot mitumfassen; denn dieses und nicht der Umstand, dass am Ende der mündlichen Verhandlungen vereinbart wurde, der betreffende Anbieter könne eine Nachtragsofferte einreichen, ist als «Ergebnis der Verhandlung» gemäss Art. 26 Abs. 3 lit. c VoeB zu qualifizieren. Im konkreten Fall hatte die Vergabebehörde bereits im Rahmen der Ausschreibung bzw. der Ausschreibungsunterlagen auf Abgebotsrunden verzichtet, so dass sich aus dem Protokoll auch eine Begründung zu ergeben gehabt hätte, weshalb sie der Auffassung sei, dass eine Nachtragsofferte mit einem wesentlich tieferen Preis noch soll entgegengenommen werden dürfen[827]. **Nachträgliche Erklärungen** der Vergabestelle zum Gang und Inhalt der Verhandlungen im Rahmen eines Beschwerdeverfahrens, die im Protokoll keine Grundlage haben, **sind verspätet und können nicht mehr berücksichtigt werden.**

437 **4.** Eine Vergabebehörde des Bundes stellte sich auf den Standpunkt, sie dürfe mit den Anbietern Verhandlungen führen, obschon in der Ausschreibung erklärt worden ist, «Verhandlungen werden keine geführt». Sie begründete diesen Standpunkt mit einem Hinweis auf Art. 20 Abs. 1 lit. b BoeB, wonach Verhandlungen u.a. dann geführt werden können, wenn sich kein Angebot als das wirtschaftlich günstigste nach Art. 21 Abs. 1 BoeB erweist. Dem konnte schon aus der Sicht des allgemeinen Sprachverständnisses des explizit publizierten Verzichts auf Verhandlungen[828] nicht beigepflichtet werden, wobei man sich in casu freilich fragen konnte, ob die Vergabebehörde angesichts des zur Debatte gestandenen ausserordentlich komplexen Beschaffungsgeschäfts überhaupt gültig auf die Verhandlungsführung verzichten konnte[829].

438 Eine verbindliche Selbstbeschränkung der Vergabebehörde im Verhältnis zu dem vom Bundesvergaberecht vorgesehen Spielraum war auch aus folgender Klausel in der Ausschreibung zu erblicken: «Verhandlungen bleiben vorbehalten. Es werden keine reinen Preisverhandlungen (sog. Abgebotsrunden) durchgeführt. Allfällige Verhandlungen dienen lediglich der Bereinigung der

---

[826] BRK 016/03 E. 4c.
[827] BRK 016/03 E. 4c.
[828] GAUCH (BR 1999, S. 53 [Anmerkung Ziff. 1]), weist darauf hin, dass hier letztlich eine Auslegungsfrage zur Debatte steht.
[829] BRK 12/98 E. 3.

Offerten; diese können begründete Preisanpassungen nach sich ziehen». Auf den in der Klausel enthaltenen Verzicht auf die Durchführung von Abgebotsrunden kann die Vergabebehörde im laufenden Vergabeverfahren nicht wieder zurückkommen. Diese Klausel verpflichtete die Vergabestelle ferner, die Begründetheit von Preisanpassungen im Rahmen von Verhandlungen im Protokoll nach Art. 26 VoeB auszuweisen[830].

5. Die Vergabebehörde hat **grundsätzlich alle Anbieter,** welche die Teilnahmebedingungen und deren Angebote die Zuschlagskriterien erfüllen, **für die von ihr geführten Verhandlungen zu berücksichtigen**[831]. Eine zahlenmässige Beschränkung der (die Eignungskriterien erfüllenden) Anbieter[832], nur um etwa den Aufwand der Vergabebehörde zu minimieren, ist nicht zulässig[833]. Eine Nichtberücksichtigung von Teilnehmern für die Verhandlungen darf indes gemäss Art. XIV Ziff. 4 lit. a ÜoeB im Einklang mit den Kriterien der Bekanntmachung (Ausschreibung) oder den Vergabeunterlagen (Ausschreibungsunterlagen) erfolgen[834].

439

6. Die Vergabebehörde handelt rechtswidrig, wenn sie (in **materieller Hinsicht**) eine **genügende Offertbereinigung** unterlässt. Die Offertbereinigung ist ein Teil der Offertevaluation, aufgrund welcher der Zuschlagsentscheid ergeht[835]. Ein **Globalpreis** besteht in einem festen Geldbetrag, bei dem für die geschuldete Vergütung nicht auf die Menge abgestellt wird. Für die Abrechnung muss im Gegensatz zur **Einheitspreisofferte** kein Ausmass ermittelt werden. Im Zusammenhang mit der Anfechtung des Zuschlags für die Tunnelbauarbeiten des zum Gotthard-Basistunnel gehörenden Tunnels Erstfeld ergab sich, dass die Vergabebehörde die **Vergleichbarkeit** der Angebote bezüglich der ihnen zugrunde liegenden Vergütungsgrundsätze vor der Zuschlagserteilung ungenügend abgeklärt hatte. Als Vergütungsgrundsatz

440

---

[830] BRK 016/03 E. 4b und c; vgl. ferner BRK 006/04 E. 2 lit. a/bb.
[831] Zutreffend erscheint in diesem Zusammenhang die etwas ausführlichere Umschreibung dieser Regel durch GAUCH (in BR 1999, S. 53 [Ziff. 4 seiner Anmerkung]): «Sinngemäss und mit Rücksicht auf das Gleichbehandlungsgebot ausgelegt, dürfte Art. 26 VoeB bedeuten, dass die gewünschten Verhandlungen mit allen Offerenten zu führen sind, deren Angebote nach Massgabe der Zuschlagskriterien erwarten lassen, dass sie nach durchgeführter Verhandlung für den Zuschlag in Frage kommen. Keinen Anspruch auf Einbezug in die Verhandlungen haben demzufolge solche Anbieter, für die bei kriterienkonformer Angebotsbewertung vernünftigerweise angenommen werden muss, dass sie trotz Nachverhandlung keine Aussicht auf den Zuschlag haben.»
[832] Vgl. zum analogen Problem der Beschränkung der Teilnehmerzahl für die Angebotsabgabe oben Rz. 354 sowie zum Einbezug einzelner Angebote in die Verhandlungen unter Ausschluss von anderen nach Zürcherischer Praxis unten Rz. 464 ff.
[833] BRK 12/98 E. 3 b/aa. Zustimmend bezüglich der Frage der zahlenmässigen Beschränkung auch GAUCH (in BR 1999, S. 53 [Ziff. 3 der Anmerkung]). Vgl. auch RECHSTEINER, in BR 2000, S. 126.
[834] GALLI/LEHMANN/RECHSTEINER, S. 130 ff. Rz. 424 ff.
[835] Vgl. dazu oben Rz. 416 ff.

lag der Amtsvariante die Abrechnung nach Einheitspreisen zugrunde, während ein Anbieter als Variante eine Globalpreisofferte[836] unterbreitete. Der angefochtene Zuschlag erging an den Anbieter der Globalpreisofferte. Rein betragsmässig lagen die beiden Angebote lediglich um 0,6 % (entsprechend vorliegend einem Betrag von Fr. 2,6 Mio.) auseinander. Die auf unterschiedlichen Vergütungsgrundsätzen basierenden Offerten sind dann miteinander vergleichbar, wenn Leistung und Gegenleistung der beiden Angebote genau definiert sind. Vorliegend zeigte es sich, dass die von der Vergabebehörde vorgenommenen Abklärungen für die Herstellung der genügenden preislichen Vergleichbarkeit der Einheitspreisofferte der Beschwerdeführerin einerseits und der Globalpreisofferte der Zuschlagsempfängerin andererseits im Zeitpunkt der Zuschlagserteilung ungenügend waren. So ergab es sich, dass die Offerte der Zuschlagsempfängerin verschiedene Unklarheiten und offene Fragen enthielt, die von der Vergabebehörde im Rahmen der Bereinigung nicht oder nicht ausreichend beseitigt worden sind. Diese Punkte werden im Urteil der BRK im Einzelnen dargestellt. Nachfolgend wird nur auf einen dieser Punkte eingegangen. Tunnelbauprojekte zählen zu den komplexen Bauvorhaben, die ein hohes Mass an technischem Fachwissen sowohl bei der Planung als auch der Ausführung erfordern. Die Ausführung hängt stark von den geologischen Gegebenheiten ab, die trotz allen vorgängigen Abklärungen öfters nicht mit Bestimmtheit ermittelt werden können. Bei jedem bergmännischen Vortrieb besteht eine hohe Unsicherheit bezüglich der tatsächlichen Gegebenheit im Gebirge vor Ort. Mittels geologischer Vorabklärungen kann das Risiko eingegrenzt, nie aber abschliessend beurteilt werden. Wie Beispiele aus jüngerer Zeit zeigen, kann es durchaus vorkommen, dass die angetroffenen Verhältnisse wesentlich besser sind als erwartet und somit die kalkulierte Bauzeit um Monate verringert werden kann (z. B. Umfahrung Klosters, Tunnel Gotschna, Eröffnung zwei Jahre früher als geplant). Oft trifft man vor Ort aber schlechtere Verhältnisse an, sodass das Bauprogramm und der Baufortschritt massiv angepasst werden müssen (z. B. SBB-Adler-Tunnel von Muttenz nach Liestal, Umfahrung Sissach). Um auf diese Risiken, aber auch Chancen angemessen reagieren zu können, werden bei Vergaben von Tunnelbauprojekten die Verträge in der Regel – wie auch im vorliegenden Fall vorgesehen – auf ein detailliertes Leistungsverzeichnis mit Einheitspreisen abgestützt. Mit dieser Grundlage kann man auch angemessen auf Bestellungsänderungen reagieren, die im Untertagebau sehr häufig vorkommen. Wie dargelegt, ist bei einem Einheitspreisangebot mit den Einheitspreisen auch die Grundlage für Projektänderungen während der Ausführungsphase gegeben. Bei einer Globalpreisofferte hingegen muss im Einzelfall definiert werden, wie Mehrleistungen bei Projektänderungen

---

[836] Vgl. dazu Rz. 471.

abgegolten werden. Die Zuschlagsempfängerin hat in ihrer Globalpreisofferte festgehalten, dass «Bestellungsänderungen des Bauherrn im Sinne der SIA 118, die in der Ausführungsphase realisiert werden, nicht abgegolten (sind). In einem solchen Fall wird das Einheitspreis-Leistungsverzeichnis als Basis für Nachträge verwendet.» Aus den Antworten der Zuschlagsempfängerin im Fragenkatalog der Vergabebehörde ergab sich, dass die von dieser für Projektänderungen offerierten Einheitspreise um ca. 19 % über den Einheitspreisen gemäss der offerierten Amtslösung und ca. 24 % über der Preisbasis der Globalofferte lagen. Gemäss SIA-Norm 118, Art. 87 und 89 sind die Nachtragspreise indessen auf Basis der ursprünglichen Kostengrundlage zu kalkulieren. Für die Kalkulation der Nachtragpreise hätte die Zuschlagsempfängerin somit ebenfalls die Kalkulationsgrundsätze aus der Globalpreisofferte verwenden müssen. Beim Einheitspreisangebot der Beschwerdeführerin kommen bei Projektänderungen ohne Weiteres die dort offerierten Einheitspreise zur Anwendung. Die Möglichkeit zu höheren Einheitspreisen bei Nachträgen ist daher bei der Beschwerdeführerin ausgeschlossen. Dies führt dazu, dass mit der Globalofferte gegenüber dem Angebot der Beschwerdeführerin bei jeder Projektänderung ca. 24 % mehr bezahlt werden müsste. Bei Projektänderungen von Fr. 10 Mio. wäre der minime Preisvorteil des Globalangebots von 0,6 % somit schon hinfällig. Bereits diese «Minianalyse» zeigt, dass die Globalofferte der Zuschlagsempfängerin die Vergabebehörde sehr rasch teurer zu stehen käme als die Einheitspreisofferte der Beschwerdeführerin. Bei einer **Sensitivitätsanalyse** hätte dieses erhebliche Mehrkostenrisiko im Fall von Bestellungsänderungen jedenfalls mitberücksichtigt werden müssen[837].

III. Offertbereinigung im kantonalen Submissionsrecht

1. Verbot von Abgebotsrunden («Verhandlungsverbot»)

1. Verhandlungen zwischen der Auftraggeberin und den Anbietenden über Preise, Preisnachlässe und Änderungen des Leistungsinhaltes sind unzulässig[838].

Das **Verhandlungsverbot** gilt nicht für das **freihändige Verfahren**[839]. Nachdem im freihändigen Vergabeverfahren per definitionem kein Wettbewerb

---

[837] BRK 016/05 E. 4c/cc/aaa; E. 4c/ff/ddd.
[838] Vgl. § 30 VRöB mit dem Randtitel «Verbot von Abgebotsrunden» sowie Art. 11 lit. c IVöB; verkürzend oft nur «Verhandlungsverbot» genannt. Vgl. zur anders lautenden Rechtslage im Bundessubmissionsrecht oben Rz. 425 ff.
[839] So jetzt explizit in § 30 Abs. 2 VRöB.

besteht, kann dieses Prinzip, das den Verzicht auf Verhandlungen rechtfertigt, bei der Freihandvergabe gerade nicht als Rechtfertigung für ein Verbot herangezogen werden[840]. Umgekehrt ist das Verhandlungsverbot zu beachten, wenn zwar das freihändige Vergabeverfahren im konkreten Beschaffungsgeschäft zulässig wäre, die Vergabebehörde jedoch gleichwohl mehrere Offerten einholt, da diesfalls **materiell ein Einladungsverfahren** vorliegt und die Vergabebehörde durch diese (freiwillige) Wahl des höherstufigen Vergabeverfahrens die Vorschriften des Letzteren einzuhalten hat[841]. Sobald mehrere Anbieter in das Beschaffungsverfahren einbezogen werden, was beim Einladungsverfahren der Fall ist, sprechen das Transparenzprinzip und das Gleichbehandlungsgebot für den Verzicht auf Verhandlungen.

443   2. Den Kantonen ist es nicht verwehrt, das Verbot von Abgebotsrunden nur auf den Konkordatsbereich zu beschränken[842], wobei jedoch zu beachten ist, dass der Anwendungsbereich der IVöB durch die Revision vom 15. März 2001 erheblich ausgeweitet wurde, indem auch die «Schwellenwerte und Verfahren im von Staatsverträgen nicht erfassten Bereich» (Anhang 2) interkantonal harmonisiert worden sind[843].

2. Grundsatz der Unveränderbarkeit der Angebote nach deren Einreichung bei der Vergabebehörde und dessen Ausnahmen

444   Aus dem Verhandlungsverbot[844] ergibt sich das Prinzip der grundsätzlichen **Unveränderbarkeit der Angebote** nach deren Einreichung bei der Vergabebehörde. Dieses Prinzip wird von den Kantonen uneinheitlich gehandhabt. Zulässig bleibt im Konkordatsbereich auf jeden Fall die Möglichkeit der **Berichtigung**[845] sowie der **Einholung von Erläuterungen** zur Eignung bzw. zu den Offerten, wobei die Vergaberichtlinien im Interesse der verfahrensrechtlichen Sicherung des Gleichbehandlungsgebots der Anbieter diesbezüglich **lediglich ein nicht weiter spezifiziertes Schriftlichkeitsgebot** enthalten[846]. Einzelne Kantone gehen hier zu Recht weiter, wie etwa

---

[840] Vgl. auch ESSEIVA, in BR 2001, S. 163.
[841] Vgl. dazu oben Rz. 179.
[842] Die früher etwa im Kanton Thurgau vorhanden gewesene Möglichkeit für solche Angebotsrunden (§ 36 Abs. 2 aVöB/TG) wurde abgeschafft (§ 39 VöB/TG).
[843] Art. 5bis Abs. 3 und Art. 6 Abs. 2 IVöB.
[844] Rz. 441 ff.
[845] § 28 Abs. 2 VRöB: «Offensichtliche Rechnungs- und Schreibfehler werden bereinigt.»
[846] § 29 VRöB; vgl. demgegenüber zur differenzierteren Protokollierungspflicht im Bundesbeschaffungsrecht, die nach der Praxis der BRK bei Offertbereinigungen, bei denen mit Anbietern (mündlich oder schriftlich) in Kontakt getreten werden muss, stets zur Anwendung gelangt, oben Rz. 430.

der Kanton Zürich, der eine Protokollierung verlangt[847]. Die Dokumentationspflichten der Vergabebehörde beziehen sich auch auf die weiteren Stadien der Offertbearbeitung, wie z. B. die Einholung von Referenzen[848]. Auch aufgrund von Erläuterungsbegehren der Vergabestelle dürfen die betreffenden Anbietenden ihr **Angebot nicht abändern,** sondern nur Klarstellungen und Präzisierungen von vorhandenen Offertinhalten im Hinblick auf die Offertbereinigung liefern[849].

Selbstverständlich darf die Offerte eines Anbieters nach Ablauf des Eingabetermins aufgrund des Gleichbehandlungsgebots **auch nicht mit Zustimmung der Vergabebehörde** abgeändert werden[850].

3. Praxis zur Offertbereinigung

A. Im Allgemeinen

Im Zusammenhang mit der Offertbereinigung geht es um die Problematik der Einholung von Erläuterungen, der Berichtigung von Irrtümern der Anbietenden in ihren Offerten, dem Vermeiden des Einbringens von (verdeckten) Abgeboten durch die Anbietenden und der Gewährleistung von deren Gleichbehandlung im Offertbereinigungsprozess. Im Einzelnen sei zur diesbezüglichen kantonalen Praxis auf die nachfolgenden Entscheide verwiesen:

1. a) Nach Ablauf der Einreichungsfrist sind **Ergänzungen von Angeboten** nach **Zürcher** Praxis nur im engen Rahmen von **Berichtigungen**[851] und **Erläuterungen**[852] zulässig. Ein geordnetes Vergabeverfahren ist nach Auffassung des Zürcher Verwaltungsgerichts auf das rechtzeitige Vorliegen aller Angebote in vergleichbarer Form angewiesen. So sei etwa das Nachreichen von Referenzen erst im verwaltungsgerichtlichen Beschwerdeverfahren unzulässig, obschon die Berufung auf neue Beweismittel und, soweit das Gericht nicht als zweite gerichtliche Instanz entscheidet, auch auf neue Tatsachen sonst grundsätzlich zulässig sei[853]. Bestehen **nach Eingang der**

---

[847] Vgl. dazu nachfolgend das Beispiel in Rz. 447.
[848] VG Zürich: VB.2005.00227, E. 4.2.1; vgl. dazu auch unten Rz. 634.
[849] Inwiefern einzelne Gerichte von diesem Grundsatz faktisch dennoch abweichen, zeigt etwa der Fall unten Rz. 464 ff. Vgl. immerhin den Fall Rz. 444, wo das Zürcher VG ebenfalls den Grundsatz festhält, dass im Rahmen von Erläuterungen Angebote nicht abgeändert werden dürfen.
[850] HUBERT STÖCKLI, in BR 2005, S. 174 Anmerkung in der rechten Spalte, Ziffer 1b.
[851] § 29 Abs. 2 SubmV/ZH: offensichtliche Fehler.
[852] § 30 SubmV/ZH.
[853] § 52 VRG/ZH; VG Zürich: VB.1999.00348 E. 5c/bb.

Angebote Unklarheiten über deren Inhalt, kann die Vergabeinstanz von den Anbietenden zusätzliche **Erläuterungen** verlangen; diese dürfen jedoch **nicht dazu dienen, den Inhalt des zu vergebenden Angebots nachträglich zu ändern**[854]. Zu Recht hat das Zürcher Verwaltungsgericht in einem neueren Entscheid die Möglichkeit zur Präzisierung von Unklarheiten des Angebots mittels Erläuterung im Interesse des Prinzips der grundsätzlichen Unabänderlichkeit der Offerten nach deren Einreichung zusätzlich beschränkt. Unklarheiten in der Offertstellung könnten sonst dazu missbraucht werden, bestimmte Leistungsinhalte absichtlich offenzulassen, um das Angebot nachträglich, in Kenntnis der Konkurrenzofferten, anzupassen[855]. Aus diesen Gründen kommt die **nachträgliche Präzisierung** eines Angebots nur in Frage, wenn es sich um untergeordnete Nebenpunkte handelt oder ein Missbrauch aufgrund der Umstände nicht denkbar ist[856]. Der Gegenstand der Gespräche ist «**genau zu protokollieren**»[857].

448 b) Im Rahmen eines Beschaffungsgeschäfts von Belagssanierungen und Abschlussregulierungen für einen Friedhof durften die Anbietenden sowohl Akkordpreisangebote (Einheitspreisangebote)[858] als auch Pauschal- oder Globalangebote[859] einreichen, nicht zulässig waren dagegen Teilpauschalen. Die Vergabestelle behielt sich das Recht vor, die Arbeiten – nach den Möglichkeiten ihres Budgets – in einer, zwei oder drei Etappen in der Zeit von 2004 bis 2006 ausführen zu lassen. Gemäss den Ausschreibungsunterlagen konnte im Zusammenhang mit längerem bzw. kürzerem Vorhalten der Baustelleninstallation eine Anpassung der Installationspauschale erfolgen. Im Rahmen des Unternehmergesprächs mit der Vergabestelle sicherte die Zuschlagsempfängerin für den Fall der Bauausführung in einer Etappe eine Reduktion ihrer Installationsglobale von Fr. 30 000 zu. Die Vergabebehörde korrigierte hierauf das Globalangebot der Zuschlagsempfängerin von Fr. 850 000 auf Fr. 820 000. Dieses Vorgehen war als unzulässiges und daher nicht beachtliches **Abgebot** zu qualifizieren. Zunächst konnte nämlich die Bestimmung der Ausschreibungsunterlagen, wonach die Installationspau-

---

[854] VG Zürich: VB.2000.00136 E. 6b/bb.
[855] Vgl. dazu auch unten zur vergleichbaren Problematik bei der Berichtigung von Rechnungs- und Schreibfehlern Rz. 456.
[856] VG Zürich: VB.2004.00006 E. 2.6, S. 8.
[857] VG Zürich: VB.2000.00136 E. 6b/bb.
[858] Nach Art. 39 Abs. 1 der SIA-Norm 118 (1977/1991) wird der Preis in einem **Einheitspreisangebot** je Mengeneinheit festgesetzt, sodass sich die für die Leistung geschuldete Vergütung nach der festgestellten Menge ergibt.
[859] Der **Globalpreis** besteht nach Art. 40 Abs. 1 der SIA-Norm 118 (1977/1991) in einem festen Geldbetrag; für die geschuldete Vergütung wird daher im Unterschied zum Einheitspreisvertrag nicht auf die Menge abgestellt. Der Pauschalpreis unterscheidet sich vom Globalpreis einzig dadurch, dass die Bestimmungen über die Teuerungsabrechnung (Art. 64 ff.) nicht anzuwenden sind (Art. 41 Abs. 1 der SIA-Norm 118 [1977/1991]).

schale bei längerem bzw. kürzerem Vorhalten der Baustelleninstallation angepasst werden konnte, nur im Rahmen eines Einheitspreisangebotes rechtlich relevant sein. Da die Zuschlagsempfängerin jedoch eine Globale angeboten hatte und sich diese zwingend auf das ganze Angebot bezog (Verbot von Teilpauschalen), konnte weder die Bestellerin einen Preisnachlass verlangen, wenn die Arbeiten in nur einer Etappe ausgeführt werden, noch der Unternehmer einen Mehrpreis geltend machen, wenn er die Leistung in drei Etappen ausführen muss[860].

Zutreffend führt das Zürcher Verwaltungsgericht in einem anderen Fall an: Allein die Tatsache, dass die Korrektur einer telefonischen Nachfrage bei der Anbieterin bedurfte, zeigt, dass der Fehler nicht offensichtlich war. Auch eine erhebliche Preisdifferenz der betreffenden Position im Vergleich zu den Angeboten der Mitbewerber belegt noch keinen offensichtlichen Fehler, solange für diese verschiedene Erklärungen in Betracht fallen[861].

449

2. a) Gemäss dem Verwaltungsgericht des **Kantons Aargau** ist bei technischen Bereinigungen[862] zu beachten, dass Angebote nicht nur hinsichtlich des Preises, sondern auch in Bezug auf die offerierte Leistung nach Ablauf der Eingabefrist nicht mehr geändert werden dürfen. Daraus folge, dass Offertbereinigungen technischer Natur, die über die Berichtigung von Rechnungsfehlern oder anderer offensichtlicher Irrtümer und Fehler hinausgingen, aufgrund der mit ihnen verbunden Gefahr der Wettbewerbsverfälschung bzw. Begünstigung einzelner Bewerber eher zurückhaltend zu handhaben seien und jedenfalls nicht zu einer Änderung des Leistungsinhalts führen dürften. Die zulässige technische Bereinigung der Offerten könne unter Umständen zusätzliche Abklärungen bei einzelnen Anbietern erforderlich erscheinen lassen. Die Vergabestelle sei daher befugt, im Rahmen einer Offertbereinigung bei den Anbietern Rückfragen zu machen, ohne sich allein deswegen bereits dem Vorwurf der Annahme eines unzulässigen Angebots oder einer sonstigen Wettbewerbsverfälschung auszusetzen. Anderseits hätten solche Rückfragen aus eben diesem Grund mit der nötigen Zurückhaltung und Sorgfalt (§ 17 Abs. 2 SubmD/AG) zu geschehen; zudem seien dabei alle Anbietenden nach gleichem Massstab zu behandeln. Im konkreten Fall war zu prüfen, inwieweit Angebote, welche zwingend einzuhaltenden Randbedingungen widersprechen, im Rahmen der Offertbereinigung noch korrigiert werden können. Das Gericht führt aus, die Zuschlagsempfängerinnen hätten in ihrem ursprünglichen Bauprogramm vorgesehen, die Planien teilweise

450

---

[860] VG Zürich: VB.2004.00286; vgl. in diesem Zusammenhang auch das Urteil VG Zürich: VB.2004.00095 E. 2, wo ebenfalls die Korrektur der Offerte abgelehnt wurde, weil kein Schreib- oder Rechnungsfehler nach § 29 Abs. 2 SubmV/ZH vorlag.
[861] VG Zürich: VB.2005.00543 E. 2.3.
[862] Die Bereinigung der Angebote ist in § 17 SubmD/AG geregelt.

während mehr als einer Woche offen zu lassen, bevor mit den Belagsarbeiten hätte begonnen werden sollen, was auch zu offenen Planien von mehr als 1000 m Länge geführt hätte. Dem habe die offerierte Bauzeit von 22,5 Wochen entsprochen. Würden dagegen die Planien nach den Vorgaben der Vergabestelle erstellt (freiliegende Planie auf einer Länge von max. 1000 m), so sei nach Meinung des Fachrichters höchst fraglich, ob dies nicht eine unrealistisch kurze Bauzeit gewesen wäre. Die Korrektur der in der Offerte der Zuschlagsempfängerin vorgesehenen Bauweise mit freiliegender Planie auf einer Länge von mehr als 1000 m in eine solche mit 1000 m Länge sei daher eine ganz erhebliche Änderung des Leistungsinhalts des Angebots der Zuschlagsempfängerinnen gewesen, die im Rahmen der Offertbereinigung nicht mehr erfolgen dürfe. Da das Zuschlagskriterium «Termine» in casu im Übrigen mit 30 % gewichtet worden sei, habe die Fehlerhaftigkeit des Angebots der Zuschlagsempfängerinnen auch nicht bloss einen untergeordneten Sachverhalt betroffen, sondern einen für das Vergabeverfahren entscheidenden Aspekt. Erweise sich die technische Bereinigung eines den zwingenden Anforderungen der Vergabe widersprechenden Angebots als unzulässig, sei dasselbe vom Verfahren auszuschliessen[863].

451 b) Das Verwaltungsgericht des Kantons Aargau hat ferner das **nachträgliche Einräumen der Möglichkeit zur Rabattgewährung** bei versehentlichem Fehlen der Rabattposition in den Ausschreibungsunterlagen als eine unzulässige Abgebotsrunde und nicht mehr als Offertbereinigung qualifiziert[864]. Das Gericht hat sodann erkannt, dass im Rahmen der Offertbereinigung neben offensichtlichen Rechnungsfehlern auch andere eindeutig als solche erkennbare Versehen und Irrtümer möglich seien. Nicht korrigiert werden dürfen aber **Kalkulationsfehler.** Die Preiskalkulation gehöre zum unternehmerischen Risiko und ein Anbieter, der die Preise (zu seinen Gunsten) vorsichtig kalkuliere, müsse immer damit rechnen, dass er von einem risikofreudigeren, knapper kalkulierenden Anbieter unterboten werde[865]. Ebenso zu Recht hat das **St. Galler** Verwaltungsgericht entschieden, dass das nachträgliche Gewähren von Rabatt und Skonto auf dem Offertpreis durch eine einzelne Anbieterin ein unzulässiges Abgebot darstelle[866].

452 3. Eine Bereinigung der Angebote ist nach **basellandschaftlicher** Praxis grundsätzlich nur denkbar als vertiefte Prüfung, in deren Rahmen technische und rechnerische Überlegungen gestattet seien, um die objektive Vergleich-

---

[863] VG Aargau: AGVE 2004, S. 236 ff.; vgl. ferner AGVE 2003, S. 246 ff., wo die Grenzen der Offertbereinigung bezüglich des Angebotspreises aufgezeigt werden.
[864] VG Aargau: AGVE 1998, S. 420 ff.
[865] VG Aargau: AGVE 2003 (Nr. 59), S. 246 ff., insbesondere S. 250. Vgl. zu den Rechnungsfehlern auch unten Rz. 456 ff.
[866] VG St. Gallen: GVP-SG 1999, Nr. 33, S. 97 f.

barkeit der eingegangenen Offerten herzustellen. Sie dürfe nicht zu einer Änderung der Angebote führen. Verhandlungen in der Bereinigungsphase seien ausgeschlossen[867].

4. Ein unklares Angebot kann nach Auffassung des **Luzerner** Verwaltungsgerichts nach dessen Einreichung erläutert und bereinigt werden. Auf Änderungen des Angebots ausgerichtete Bemühungen in Bezug auf Preise, Preisnachlässe oder Änderungen des Leistungsinhaltes verstiessen aber gegen das Verbot von Abgebotsrunden. Eine nach Ablauf der Einsprachefrist erfolgte Änderung eines ursprünglich offerierten Zirkapreises in ein fixes Kostendach sei nicht zulässig; sie gehe über eine blosse Erläuterung hinaus[868].

453

5. Jedenfalls dann, wenn in der Ausschreibung/den Ausschreibungsunterlagen genaue zeitliche Modalitäten über die Erfüllung des Beschaffungsgeschäfts durch den Zuschlagsempfänger vorgegeben sind, ist die nach Ablauf der Eingabefrist von der Vergabebehörde an die Anbieter (etwa im Rahmen eines diesen unterbreiteten Fragenkataloges) gerichtete **Frage,** welche Auswirkungen ein verschobener Arbeitsbeginn, z. B. um drei, vier oder fünf Monate, bezüglich ihres Angebotspreises hätte, **unzulässig.** Denn die zeitlichen Modalitäten der Erfüllung eines Beschaffungsgeschäfts durch einen Anbieter gehören zum Leistungsinhalt seiner Offerte. Eine Änderung dieses Leistungsinhalts im Rahmen der Offertbereinigung ist nicht zulässig und müsste als Abgebot im Sinne § 30 VRöB qualifiziert werden. Weder ist es einem Anbieter gestattet, nach Ablauf der Eingabefrist solche Änderungen seines Angebots vorzunehmen, noch ist es der Vergabebehörde erlaubt, solchermassen geänderte Angebote im genannten Verfahrensstadium entgegenzunehmen. Erst recht liegt eine **verbotene Abgebotsrunde** nach den genannten Bestimmungen der Vergaberichtlinie vor, wenn ein Anbieter die erwähnte Frage der Vergabebehörde dazu nutzt, einen Preisnachlass zu gewähren; ein solcher Preisnachlass kann für einen Konkurrenten naheliegen, weil er aufgrund der Angaben im Offertöffnungsprotokoll weiss, um wie viel ein Konkurrenzangebot preislich tiefer als sein eigenes liegt.

454

6. Die Regeln über den Ausschluss von Angeboten gelangen (häufig) im Rahmen der Offertbereinigung zur Anwendung. Es besteht daher ein enger Zusammenhang zwischen diesen beiden Gruppen von Regeln. Zu verweisen ist diesbezüglich zur Illustration auf die Fälle gemäss den Rz. 281 ff.

455

---

[867] VG Basel-Landschaft: BLVGE 1998/1999, S. 317 f.
[868] VG Luzern: LGVE 1999 II, Nr. 15, S. 214 ff.

B. Im Speziellen zu den Berichtigungen von offensichtlichen Fehlern in den Offerten

456 Zu den «**Rechnungsfehlern**» als Anwendungsfall von § 28 Abs. 2 VRöB bzw. der entsprechenden kantonalen Ausführungsgesetzgebung gilt Folgendes: «Offensichtliche Rechnungs- und Schreibfehler», die im Offertbereinigungsverfahren festgestellt werden, sind grundsätzlich von Amtes wegen zu korrigieren[869].

457 Aus der Gerichtspraxis sei dazu auf das folgende Beispiel[870] verwiesen:

458 **1.** a) Im Rahmen des Baus der Rhoneautobahn (Tunnel Gamsen) machte eine Anbieterin nach der Offertabgabe geltend, sie habe in der Offerte in einer bestimmten Position irrtümlich einen Einheitspreis von Fr. 6030.– anstatt Fr. 603.– angegeben. Der Angebotspreis reduziere sich daher für die entsprechende Position um Fr. 4 070 250.– auf Fr. 452 250.–. Im Gegensatz zum Walliser Kantonsgericht liess das Bundesgericht die Korrektur des Angebotspreises im Rahmen der **Offertbereinigung** zu[871]. Nachdem das diesbezügliche Angebot etwa 50- bis 100-mal höher gelegen habe als bei anderen Mitbewerbern, habe es sich für die Vergabebehörde aufgedrängt, von dieser Anbieterin eine Erläuterung einzuholen und den Angebotspreis nach den Angaben der Anbieterin entsprechend zu reduzieren. Hier stehe der tatsächliche Wille der Anbieterin eindeutig fest[872], weshalb die Berichtigung aufgrund der eingeholten Erläuterung möglich sein müsse. Für die Ermittlung des preisgünstigsten Angebots sei daher vom korrigierten Wert auszugehen. Die Korrektur des geltend gemachten Irrtums des Anbieters im Rahmen der Offertbereinigung wurde also vom Bundesgericht geschützt[873].

459 b) Nachdem das Bundesgericht die Eindeutigkeit des Willens der Beschwerdeführer ausschliesslich aus der wertmässigen Differenz ihres diesbezüglichen Offertpreises zu der entsprechenden Position in Konkurrenzofferten beurteilt, kann der Schlussfolgerung nicht beigepflichtet werden. Wird bedacht, dass die Angebote der Beschwerdeführerin bzw. der Zuschlagsempfängerin sich zwischen rund 72 und 75 Mio. Franken bewegten, so zeigt sich, dass die hier strittige (angeblich auf einen Irrtum zurückzuführende) Diffe-

---

[869] Vgl. dazu auch oben zu den Ausschlüssen in Rz. 289.
[870] Vgl. in diesem Zusammenhang generell auch die Fälle betreffend Offertbereinigung, Rz. 447 bis 454.
[871] Das Bundesgericht verweist für die von ihm vorgenommene Substituierung auf BGE 112 Ia 135 E. 3c.
[872] Vgl. zur ganzen Problematik der Korrektur «offensichtlicher» Irrtümer insbesondere Rz. 412 ff. und die Verweise in Fn. 787.
[873] Urteil des Bundesgerichts 2P.151/1999 vom 30. Mai 2000, E. 3.

renz von rund 4 Mio. Franken im Bereiche eines (möglicherweise denkbaren) Rabattes liegt. Jedenfalls ist eine unlautere Absicht der Beschwerdeführerin allein durch den Vergleich mit derselben Position in Konkurrenzofferten noch nicht widerlegt.

2. Missbrauchsmöglichkeiten wie die vorbeschriebenen sind so weit wie möglich auszuschliessen. Rechnungsfehler müssen daher «**offensichtlich**» sein, damit sie noch korrigiert werden können, was im vorstehenden Fall *nicht* angenommen werden konnte. In erster Linie hat der Anbieter dafür zu sorgen, dass sein Angebot frei von Rechnungsfehlern ist[874]. Die Gefahr der Benachteiligung eines korrekten Konkurrenten durch Machenschaften der vorgenannten Art lassen es daher als angezeigt erscheinen, **Rechnungsfehler** nur in Ausnahmefällen[875], **wenn eine unlautere Absicht des Anbieters ausgeschlossen werden kann, als solche zu akzeptieren.**

460

3. Zu Recht hält das **Zuger** Verwaltungsgericht fest, dass **Kalkulationsfehler**[876] nicht nachträglich korrigiert werden dürfen. Insbesondere ist der Kalkulationsfehler von den «offensichtlichen Fehlern, wie Rechnungs- oder Schreibfehler» gemäss § 28 Abs. 2 VRöB abzugrenzen. Zu prüfen ist im Einzelfall, ob sich die «unrichtige Offertsumme bei unvoreingenommener Prüfung nur durch einen Schreib- oder Rechnungsfehler erklären lässt und andere Gründe – insbesondere unlautere Absicht des Anbieters – ausser Betracht fallen». Die Zuger Richter sind der Auffassung, beim Anbieter, in dessen Offerte sich ein eventuell zu bereinigender Fehler befinde, seien Erläuterungen einzuholen, worauf die Vergabestelle zu entscheiden habe, ob und welcher tatsächliche Wille des Anbieters (wohl bezüglich seines Angebotspreises) eindeutig feststehe oder nicht, wobei dieser gegebenenfalls zu berücksichtigen sei (wenn dieser tatsächliche Wille von dem in der Offerte angegebenen Wert abweicht)[877].

461

4. Ein weiterer Fall einer unzulässigen Offertberichtigung hatte das Kantonsgericht **Basel-Landschaft** zu beurteilen. Im Offertbereinigungsverfahren hat die Vergabestelle das Angebot der Beschwerdegegnerin um Fr. 192 000.–

462

---

[874] Bei einer Häufung von Rechnungsfehlern fehlt dem betreffenden Anbieter wohl sogar die Eignung, weshalb sein Angebot auszuschliessen ist (vgl. dazu auch RECHSTEINER, in BR 2000, S. 123 Ziff. 2d).

[875] RECHSTEINER, in BR 2000, S. 123 Ziff. 2a, scheint sogar die Auffassung zu vertreten, dass Rechenfehler während des Submissionsverfahrens überhaupt nicht korrigiert werden können; bei «Gewissheit» der Existenz von Rechenfehlern will er diesen Umstand im Rahmen der Offertbeurteilung beim Kriterium Preis berücksichtigen (Ziff. 2c).

[876] Vgl. dazu auch die neue Fassung von Art. 24 Abs. 3 SubV/GR, welche wie folgt lautet: «Offensichtliche Rechnungsfehler, das heisst fehlerhafte arithmetische Operationen mit im Angebot richtig aufgeführten Grössen, sind zu korrigieren. Unzulässig ist hingegen die Korrektur von Kalkulationsfehlern und Fehlern in der Preiserklärung.»

[877] VG Zug: Urteil vom 29. Oktober 2004, wiedergegeben in BR 2005, S. 174 (S42).

reduziert und so den «bereinigten» Preis als Grundlage der Bewertung der Offerten herangezogen. «Ob eine zulässige Anpassung des Angebots zwecks Vergleichbarkeit oder eine unzulässige Änderung des Angebots vorliegt, muss schliesslich aufgrund der gesamten Umstände und unter Beachtung der Ziele des Submissionsrechts entschieden werden. Vorliegendenfalls wurde eine Offerte eingereicht, die ein Produkt beinhaltete, das mehr Leistungen erbringen kann als das von der Vergabebehörde verlangte. Es kann nicht die Rede davon sein, der Umfang des Geschäfts sei falsch verstanden worden. Die Offertunterlagen waren diesbezüglich klar. Überdies wird auch von der Beigeladenen (= Zuschlagsempfängerin) nicht geltend gemacht, sie sei davon ausgegangen, es sei ein System, wie das von ihr angebotene, verlangt worden. Die Beigeladene war sich somit bewusst, dass sie ein Produkt offerierte, das gemäss Offertunterlagen nicht verlangt war. Nach Offertöffnung wurde aufgrund einer Rückfrage von der Beigeladenen ein Preis genannt, um den sich die Offerte verringern würde, wenn ein entsprechend den Vergabeunterlagen verlangtes Anzeigesystem angeboten würde. Dieser Preis ist aus der Offerte nicht ersichtlich. In den Akten findet sich über dieses Gespräch keine Aktennotiz gemäss § 25 Abs. 3 BeV/BL. Die Sachverständige hat daraufhin geprüft, ob es sich dabei um einen marktüblichen Preis handelt, und hat den von der Beigeladenen genannten Preis von der Offertsumme gemäss Öffnungsprotokoll abgezogen. Eine derartige Vorgehensweise verletzt den Transparenzgrundsatz. Die auf diese Weise entstandene Reduktion des Offertpreises sprengt den Rahmen der zulässigen Aufarbeitung auf eine einheitliche Vergleichsbasis im Sinne von § 25 Abs. 2 BeV/BL. Bei der von der Vergabebehörde vorgenommenen Preisreduktion handelt es sich somit um eine unzulässige Änderung des Angebotspreises»[878].

463 **5.** Ist der Beschaffungsvertrag mit dem Zuschlagsempfänger auf der Grundlage von dessen Offerte zustande gekommen[879] und enthielt Letztere Rechenfehler, so kann eine Korrektur derselben nur noch im Rahmen des zivilrechtlichen Instrumentariums erfolgen[880].

---

[878] VG Basel-Landschaft: Urteil vom 26.4.2006 (Geschäft 810 05 367/101 E. 7.2.3 und 7.3).
[879] Vgl. dazu oben Rz. 421.
[880] Zu verweisen ist diesbezüglich auf Art. 24 Abs. 3 OR, wobei Kalkulationsfehler nicht korrigiert werden können (BGE 102 II 81 f. und RECHSTEINER, in BR 2000, S. 123 Ziff. 2b).

C. Problematik des Einholens von Erläuterungen bezüglich einzelner Angebote unter Ausschluss von anderen[881]

a) Ein Anwendungsfall des Zürcher Verwaltungsgerichts[882]: Die Vergabestelle habe die beiden Mitanbieterinnen je mit Briefen vom 22. September 1998 auf verschiedene Punkte hingewiesen, in welchen deren Offerten nicht den Vorgaben entsprochen hätten, und habe sie aufgefordert, diese Mängel zu beheben. Dabei habe es sich jedoch durchwegs um Fragen gehandelt, die aufgrund der Vorgaben der Ausschreibung einer Klärung bedurft hätten oder die im Verhältnis zur Bedeutung des gesamten Auftrags von untergeordneter Bedeutung gewesen seien wie die Anpassungen des Zahlungsplans, die Ersatzteilliste und die Garantiefrist für das Stollenfahrzeug. Weitere Fragen hätten den Ausschluss des Teuerungsausgleichs im Werkpreis betroffen, der aus den Ausschreibungsunterlagen nicht deutlich hervorgegangen sei; ferner fehlende Teile der Kalkulationsgrundlagen, Unstimmigkeiten der Preiskalkulation für das Stollenfahrzeug und dessen Führungsschiene, den Zeitpunkt des Baubeginns, die Bezeichnung einzelner Fachleute auf Seiten des Werknehmers, Fragen zur internen Kompetenzregelung und zur Schulung des Betriebspersonals sowie die Kosten der Sanierung der bestehenden Becken. Der zuletzt genannte Punkt habe einen Vorbehalt in der Offerte der Mitbeteiligten (= Zuschlagsempfängerin) betroffen, wonach diese den Aufwand für die Sanierung der bestehenden Becken ohne weitere Untersuchungen nur mit einer Genauigkeit von +/– 30 % habe angeben können und daher lediglich einen **Budgetposten** vorgesehen habe. Auf eine entsprechende Aufforderung der Vergabebehörde hin habe sie dann einen festen Preis von Fr. 1 500 000.– angegeben, was zu einer Reduktion der Gesamtpreissumme geführt habe. Derartige Korrekturen und Präzisierungen würden sich im Rahmen einer umfangreichen und komplexen Vergabe wie der vorliegenden nie völlig vermeiden lassen. Wenn die Beschwerdegegnerin den beiden Mitbewerberinnen Gelegenheit gegeben habe, ihre Angebote diesbezüglich zu korrigieren, sei dies daher nicht zu beanstanden. Die angesprochenen Mängel seien durchwegs untergeordneter Art und mit der in wesentlichen Punkten unvollständigen Offerte der Beschwerdeführerin nicht vergleichbar. **Dass die Beschwerdeführerin im Gegensatz zu den Mitbewerberinnen nicht dazu aufgefordert worden sei, die Mängel ihres Angebotes zu beheben, stelle daher keine rechtsungleiche Behandlung dar.** Die Beschwerdegegnerin habe im Übrigen, soweit sich dies aus den vorliegenden Angaben und Unterlagen ersehen lasse, mit den beiden Mitanbieterinnen

464

---
[881] Vgl. zur diesbezüglichen Praxis der BRK oben Rz. 438 und zum analogen Problem der Beschränkung der Zulassung zur Offerteingabe im selektiven Verfahren oben Rz. 152; vgl. ferner Rz. 363.
[882] VG Zürich: VB.1999.0015 E. 10a.

keine Verhandlungen über die massgeblichen Leistungsinhalte geführt. Erst nachdem der interne Antrag für den Zuschlag an die Mitbeteiligte vorgelegen sei, sei der definitive Vertrag mit dieser bereinigt worden.

465 b) Das Mass der Mangelhaftigkeit der verschiedenen Angebote als Abgrenzungskriterium dafür zu benützen, nur mit einzelnen Anbietern Offertbereinigungsverhandlungen zu führen, erscheint u.E. kaum als taugliches Kriterium, weil dabei namentlich die **Gleichbehandlung der Anbieter gefährdet wird**[883]. Erst recht **nicht mehr akzeptabel** wird es dann, wenn ein Anbieter in Verletzung der Ausschreibungsunterlagen für bestimmte Angebotsteile nur einen «Budgetbetrag mit +/− 30% Genauigkeit» eingibt und diesem dann im Rahmen der Bereinigungsverhandlungen erst noch erlaubt wird, die Gesamtpreissumme zu reduzieren. Damit wird dem Missbrauch Tür und Tor geöffnet[884]. Ein solcher Zuschlag hätte schon in Anwendung von Art. 11 lit. c IVöB (Verbot der Abgebotsrunden) aufgehoben werden müssen. Die Anbieter haben sich bei der Abfassung ihrer Angebote mit entsprechenden **Fragen** an die Vergabebehörde zu richten, falls die ihnen vorliegenden (Ausschreibungs-)Unterlagen allenfalls kein genaues Angebot für einzelne Leistungspositionen erlauben. Tun sie das nicht und reichen sie stattdessen **für eine einzelne Position nur einen «Budgetposten» statt eines genauen Angebotspreises** ein, so ist eine solche Offerte als nicht ausschreibungskonformes Angebot zu qualifizieren, womit sie infolge Unvollständigkeit vom Wettbewerb auszuschliessen ist. Anders verfahren heisst, den Anbietern eine Missbrauchsmöglichkeit zu eröffnen und damit insbesondere die Verletzung des Gebots der Gleichbehandlung[885] der Anbieter in Kauf zu nehmen.

466 c) «**Rabattverhandlungen**» nur mit einem von mehreren Anbietern verletzen nach zutreffender Berner Auffassung die Pflicht zur Gleichbehandlung aller Anbieter[886]. Zu erwähnen ist diesbezüglich aber, dass Rabattverhandlungen per se gegen das Verbot von Abgebotsrunden[887] verstossen und daher im Anwendungsbereich von § 11 lit. c IVöB unzulässig sind.

---

[883] Vgl. zur diesbezüglichen Praxis der BRK oben Rz. 438. Vgl dazu auch RECHSTEINER, in BR 2000, S. 126, Ziff. 5, der zu Recht darauf hinweist, dass die Nichtberücksichtigung in den Verhandlungen faktisch den Ausschluss vom Verfahren zur Folge hat, weshalb er die Anfechtbarkeit dieses Entscheids postuliert.

[884] Vgl. zu den analogen Überlegungen bezüglich Korrektur von Rechnungsfehlern oben Rz. 456 ff., insbesondere Rz. 412 und die Verweise in Fn. 787.

[885] Vgl. diesbezüglich auch HERBERT LANG, ZBl 2000, S. 238, der zu Recht die Gleichbehandlung der Anbieter bei den «Abklärungen», unter denen er hier offenbar die Offertbereinigung versteht, fordert, jedenfalls «soweit diese eine reelle Chance auf den Zuschlag haben».

[886] BVR 1998, S. 173 ff.

[887] Abgebotsrunden sind aber im Bund unter bestimmten Voraussetzungen zulässig, vgl. Rz. 428 ff.

D. Zulässigkeit von Unternehmergesprächen

1. Zur Bedeutung von Unternehmergesprächen hat das Verwaltungsgericht des Kantons Bern Folgendes festgehalten[888]: Im «Unternehmergespräch» sei es darum gegangen, den Vertretern der vier innerhalb der Preisdifferenz von 3 % offerierenden Firmen bezüglich Leistungsfähigkeit und Qualität noch etwas «auf den Zahn zu fühlen». Das habe der objektiven Feststellung gedient, welche Firma die massgeblichen Kriterien voraussichtlich am besten erfüllen würde. Auch wenn der Eindruck, den die Befrager an diesem Gespräch von den Anbietenden gewonnen hätten, naturgemäss subjektiv gewesen sei, so könne mit Bezug auf das «Unternehmergespräch» (doch) nicht von einem submissionswidrigen, unsachlichen Kriterium gesprochen werden, wie es die Beschwerdeführerin täte. Die Leistungsfähigkeit einer Anbieterin oder eines Anbieters komme nicht nur in messbaren Grössen zum Ausdruck, sondern könne sich auch im Fachwissen und in der Erfahrung führender Mitarbeiter und Mitarbeiterinnen zeigen. Dass dabei das persönliche Wissen und die Art der Präsentation im Unternehmergespräch entscheidend sein können, sei nicht sachwidrig. Das Gespräch könne zeigen, wie eingehend sich das Unternehmen mit den konkreten Problemen des Projekts auseinandergesetzt habe und welche Erfahrungen es aus anderen Projekten mitbringe. Indem der Kanton die Befragung im vorliegenden Fall durch ausserhalb der Verwaltung stehende Fachleute habe durchführen lassen, sei – zumindest in dieser Phase des Vergabeverfahrens – gewährleistet gewesen, dass nicht persönliche Präferenzen einzelner Mitarbeiterinnen oder Mitarbeiter in die Evaluation hätten einfliessen können. (...).

467

2. Wenn die mündliche Präsentation der Angebote vor der Vergabebehörde bzw. den von ihr für diese Aufgabe allenfalls beauftragten Dritten ordnungsgemäss (und samt der diesem Zuschlagskriterium zukommenden Gewichtung[889]) als Zuschlagskriterium **angekündigt** worden ist und insofern dabei ein nach den massgeblichen Vorschriften **formell und materiell ordnungsgemässes Protokoll**[890] geführt wird, ist grundsätzlich nichts gegen dieses vom Berner Verwaltungsgericht geschützte Selektionsprozedere einzuwenden[891].

468

---

[888] BVR 1998, S. 69.
[889] Vgl. dazu Rz. 611 ff.
[890] Vgl. zur Ordnungsmässigkeit des Protokolls auch die Ausführungen zum Bundessubmissionsrecht, oben Rz. 433 ff.
[891] Die grundsätzliche Zulässigkeit von persönlichen Präsentationen bejaht auch das Aargauische Verwaltungsgericht (AGVE 1998, S. 367 ff., insb. S. 370). Im gleichen Sinne implizit auch das Zürcher Verwaltungsgericht in VB.2004.00286 E. 3.

9. Kapitel:
Varianten

I. Im Submissionsrecht des Bundes

[892]Einem Anbieter ist es gestattet, neben der Grundofferte[893] zu dem von der Vergabebehörde in der Ausschreibung bzw. den Ausschreibungsunterlagen spezifizierten Beschaffungsgegenstand eine oder mehrere Varianten[894] einzureichen, insoweit diese Befugnis von der Vergabebehörde nicht ausdrücklich eingeschränkt oder aufgehoben worden ist. Statt die Einreichung von Varianten zu verbieten, kann die Vergabebehörde auch zwingend einzuhaltende (insbesondere technische) Minimalanforderungen an diese stellen (vgl. dazu Art. 22 Abs. 2 VoeB). Weder die Vergabebehörde noch die Anbieter sind jedoch berechtigt, den in der Ausschreibung und den Ausschreibungsunterlagen definierten Beschaffungsgegenstand[895] nachträglich zu ändern. Hat die Vergabebehörde für Varianten keine Einschränkungen gemacht, so werden diese jedenfalls durch die Definition des Beschaffungsgegenstands in den Ausschreibungsunterlagen beschränkt, indem eine **funktionale Gleichwertigkeit mit den technischen Anforderungen an die Grundofferte** verlangt wird[896]. Insgesamt hat also die Variante von der Vergabebehörde eventuell vorgegebene (technische oder andere) Minimalstandards zu erfüllen und dem Beschaffungsgegenstand zu entsprechen. Die Zulässigkeit von Varianten

469

---

[892] Zum ganzen nachfolgenden Abschnitt: CRM 13/00 E. 3.
[893] Nach Art. 22 Abs. 2 VoeD setzt die Einreichung einer Variante die Einreichung der Grundofferte (gemäss Amtsvorschlag) voraus (vgl. dazu auch CLERC, N 105 zu Art. 5 BGBM; GALLI/LEHMANN/RECHSTEINER, S.92 Rz. 288). In CRM 13/00 E. 3a wird zugunsten der Pflicht zur Einreichung einer Offerte gemäss Amtsvorschlag angeführt, die Pflicht zur Einreichung einer Grundofferte neben der Variante gewährleiste sicherzustellen, dass sich der Anbieter aufgrund dieser Pflicht mit der Gesamtheit der Probleme des konkreten Beschaffungsgeschäftes vertieft auseinandersetzt. Dem halten GAUCH/STÖCKLI, S. 46 f. Rz. 19.3, entgegen, die Regelung in Art. 22 VoeB schwäche den Wettbewerb, indem dadurch gewisse Anbieter faktisch ausgeschlossen würden. Auch könne weder das Gleichbehandlungsgebot noch die Aufgabe der Vergabebehörde, alle Grundangebote und Varianten vergleichbar zu machen, gegen die Möglichkeit, sich auf die Einreichung einer Variante zu beschränken, ins Feld geführt werden.
[894] Vgl. zu den Varianten HÜRLIMANN, in BR 1996, S. 3 ff., RECHSTEINER, in BR 2001, S. 60.
[895] Vgl. in diesem Zusammenhang die Ausführungen betreffend «Varianten mit Reduktion/Ausweitung des ausgeschriebenen Leistungsumfangs», unten Rz. 479 ff. mit weiteren Verweisungen.
[896] Vgl. VG Zug: Urteil vom 24. September 1998, in BR 1997, S. 52, Nr. 130, Bemerkung 2.

im vorstehenden Sinne wird im Rahmen der Offertbereinigung geprüft[897]. Der Gleichbehandlungsgrundsatz und das Transparenzprinzip erfordern, dass **Varianten** nach **den gleichen Zuschlagskriterien** (samt eventuellen Unterkriterien und den gleichen relativen Gewichtungen) beurteilt werden wie die Grundangebote[898].

470 Der Anbieter trägt die **Beweislast** dafür, dass die von ihm eingereichte Variante die vorgegebenen Minimalstandards erfüllt sowie allgemein dem Beschaffungsgegenstand entspricht. Wird dies bestritten, gebieten Treu und Glauben, dass die Vergabebehörde dem betreffenden Anbieter im Hinblick auf den Nachweis der Zulässigkeit seiner Variante den konkreten Beweisgegenstand vorgibt, wenn dies dem Submittenten nicht ohnehin klar sein muss[899].

471 Ein von den Vorschriften der Ausschreibung bzw. der Ausschreibungsunterlagen **abweichender Vergütungsmodus** mit einem **Pauschal- oder Globalangebot** anstatt der verlangten Abrechnungsart nach **Einheitspreisen** stellt eine Variante nach Art. 22 Abs. 2 VoeB dar. Solche Varianten sind grundsätzlich zulässig, wenn sie von Seiten des Auftraggebers nicht explizit ausgeschlossen werden. In der Literatur ist umstritten, ob das Anbieten eines abweichenden Vergütungsmodus als Variante qualifiziert werden kann oder ob es sich dabei schlicht um ein ausschreibungswidriges Angebot handelt. Die BRK erklärt dazu: Das Beschaffungsrecht des Bundes enthält keine besonderen Bestimmungen zu den Pauschal- oder Globalpreisangeboten, sondern regelt in Art. 22 Abs. 2 VoeB einzig die Zulässigkeit von Varianten. Der Begriff der Variante (gemäss Fremdwörter-Duden «leicht veränderte Art, Form von etwas; Abwandlung; Spielart») legt es keineswegs nahe, als solche nur von den leistungsbezogenen Vorgaben der Ausschreibungsunterlagen («inhaltlich») abweichende Angebote (im Sinne von **Herstellungs-, Projektierungs- oder Ausführungsvarianten**), nicht aber abweichende **Vergütungsmodi** zuzulassen. Entscheidend erscheine vorab die Abweichung von den Ausschreibungsunterlagen und nicht ein allfälliger innovativer Charakter des Unternehmervorschlags. Gemäss Art. 21 Abs. 1 Satz 1 BoeB erhalte das jeweils wirtschaftlich günstigste Angebot den Zuschlag. Dies könne unter gegebenen Umständen nicht nur eine technische Variante, sondern durchaus auch eine Preisvariante sein. Kein grundsätzlich gegen die Zulässigkeit von Preisvarianten als Variante im submissionsrechtlichen Sinn sprechender Gesichtspunkt sei das Argument, dass der Vergleich zwischen einer Einheitspreis- und einer Pauschal- oder Globalpreisofferte Probleme bieten könne. Die Vergleichbarkeitsproblematik stelle sich bei Projekt- und

---

[897] Vgl. zur Offertbereinigung oben Rz. 425 ff.
[898] BRK 13/00 E. 3a in fine.
[899] BGE 112 Ib 67 E. 3; CRM 14/98 E. 3.

Ausführungsvarianten ebenfalls. Mithin sei daran festzuhalten, dass auch von den Ausschreibungsunterlagen abweichende Preisangebote Varianten im Sinne von Art. 22 Abs. 2 VoeB darstellten[900].

II. Im kantonalen Submissionsrecht

1. Im Allgemeinen

1. Sowohl in der geltenden wie auch in der früheren Fassung der Zürcher Submissionsverordnung fehlt eine Regelung betreffend Varianten. Es ist jedoch unbestritten, dass solche auch im Zürcherischen Recht gleichwohl zulässig sind. Den Anbietern steht es grundsätzlich frei, neben einem Angebot, das den Ausschreibungsunterlagen entspricht (innert gleicher Frist), eine **Variante** einzureichen. Auch eine Variante **ohne** gleichzeitiges **Grundangebot** führt im Prinzip nur dazu, dass bei Ablehnung der Variante – die in weitem Rahmen im Ermessen der Vergabebehörde liegt – kein Angebot des betreffenden Anbieters verbleibt, das in die Auswertung einbezogen werden kann[901]. Die diesbezügliche Rechtslage hat das **Zürcher** Verwaltungsgericht in einem früheren Fall (im Ergebnis gleichwertig) dahingehend umschrieben, dass ein Angebot mit einer Variante ohne Grundangebot als unvollständig zu gelten habe, was «nach geltender Vergabepraxis zum Ausschluss der Anbieterin führt, *sofern die Variante abgelehnt wird*»[902]. Einschränkend bemerkt das Gericht allerdings noch, dass «in besonderen Fällen aus Gründen der Vergleichbarkeit» ein Grundangebot erforderlich sei[903].

472

Eine grundlose Einschränkung des Rechts zur Einreichung von Varianten widerspricht schon dem Gebot des wirtschaftlichen Einsatzes der öffentlichen Mittel[904], können von der Vergabebehörde doch aufgrund von Varianten bislang noch nicht erkannte Realisierungsmöglichkeiten bekannt werden, die wirtschaftlich günstiger (z. B. kostensparender) oder technisch ausgereifter sind als der (eigene) Amtsvorschlag[905].

473

2. Gemäss § 16 Abs. 3 SubmD/AG ist das Angebot einer Variante ungültig, wenn damit nicht eine Offerte für das Grundangebot eingereicht wird. Nach

474

---

[900] BRK 016/05 E. 4b/dd; vgl. auch BRK 10/97 E. 3.
[901] VG Zürich: VB.2004.00006, E. 2.3. Im Kanton Tessin sind Varianten demgegenüber grundsätzlich unzulässig und nur zulässig, wenn sie von der Vergabebehörde ausdrücklich zugelassen werden (Praxis dazu in BR 2006, S. 93, rechte Spalte).
[902] VG Zürich: VB.1999.00212.
[903] VG Zürich: VB.2004.00006, E. 2.3; ferner: VB.2000.00136 E. 5c.
[904] Art. 1 Abs. 2 lit. d IVöB bzw. für das Bundesrecht Art. 1 Abs. 1 lit. c BoeB.
[905] GAUCH/ STÖCKLI, S. 46 Rz. 19.2.

der Rechtsprechung des Verwaltungsgerichts kommt der Vergabestelle beim Entscheid, ob sie einer Variante den Zuschlag erteilen oder ob sie auf der Amtslösung beharren will, ein grosser Ermessensspielraum zu, und sie ist nicht verpflichtet, irgendwelche Risiken in Kauf zu nehmen. Weiter verlangt das Verwaltungsgericht, dass der Anbieter seine Unternehmervariante so detailliert ausarbeitet und ausgereift formuliert, dass allfällige Kostenvorteile bzw. entstehende Mehrkosten für die Vergabestelle klar ersichtlich sind. Es könne nicht deren Aufgabe sein, unvollständige Unternehmervarianten selbst so weit entwickeln zu müssen, bis die Kostenvorteile bzw. -nachteile in Zahlenform zum Ausdruck kommen würden[906].

475 Auch das Zürcher Verwaltungsgericht verlangt vom Anbieter, der eine Variante einreicht, dass dieser in seinem Angebot die Vorzüge derselben deutlich darstellt[907].

476 **3. a) Zum Begriff der Variante**[908]: Es liegt nach Berner Praxis weder eine (unzulässige) Unternehmervariante noch ein Abgebot[909] vor, wenn der Anbietende (erst) im Unternehmergespräch aufzeigt, wie mit einem grösseren Kran an einem anderen Standort schneller und günstiger gebaut werden könne. Die vom Anbietenden eingebrachte Idee, einen leistungsstärkeren Kran ausserhalb des Gebäudes einzusetzen, bewege sich im Rahmen der Ausschreibung, die sowohl bezüglich Standort als auch Ausladung des Krans offen formuliert gewesen sei. Die Vorgaben in der Ausschreibung hätten den Anbietern von vornherein die Möglichkeit offengelassen, einen andern Kranstandort und einen Kran mit grösserer Ausladung vorzuschlagen und zu rechnen. Von einer Änderung des Projekts (...), welche die Offertgrundlagen verändert hätte und deshalb allen Anbieterinnen und Anbietern hätte bekannt gegeben werden müssen, könne keine Rede sein. Es liege auch keine Ungleichbehandlung der Anbieterinnen und Anbieter vor. Da die **Kranidee somit keine Unternehmervariante im technischen Sinn** darstelle, habe sie auch nicht zwingend bis zum Eingabetermin schriftlich eingereicht werden müssen. Das Verwaltungsgericht des Kantons Bern hat in casu auch das Vorliegen eines Abgebots verneint, da die betreffende Anbieterin den Preis ihrer Offerte nicht verändert und auch nicht nachträglich eine Mehrleistung zum gleichen Preis offeriert habe. Sie habe lediglich eine andere Baustelleneinrichtung vorgeschlagen, welche sie selbst nicht teurer zu stehen gekommen sei, weil sie den grösseren (wie den kleineren Kran) auf Lager gehabt habe. Dass diese erst nachträglich im Unternehmergespräch vorgebrachte Idee der

---

[906] AGVE 2001, S. 337 ff. mit weiteren Hinweisen. Vgl. zur Aargauer Praxis auch oben Rz. 306.
[907] VG Zürich: VB.2003.00268 E. 3.2.2.
[908] Vgl. dazu auch oben Rz. 469, 471 und unten Rz. 477 und 478.
[909] Vgl. dazu auch oben Rz. 411.

Auftraggeberin dagegen Vorteile bringe, die mit Kosteneinsparungen bei anderen, nicht von der fraglichen Anbieterin offerierten Arbeiten verbunden seien, bedeute kein unzulässiges Abgebot[910].

b) Die Abgrenzung von Varianten zu anderen Vorschlägen von Anbietern ist vergaberechtlich etwa mit Bezug auf die im vorstehenden Entscheid erwähnte Frage von Bedeutung, ob diese **bis zum Eingabetermin vorliegen muss oder nicht.** Varianten können wie das Grundangebot nur bis zu diesem berücksichtigt werden, nachher eingebrachte Angebote sind auszuschliessen[911]. 477

4. Grundsätzlich sind zulässige Varianten in die Bewertung der Vergabekriterien miteinzubeziehen bzw. ist eine objektive Vergleichbarkeit anzustreben. Der Nachweis der Gleichwertigkeit einer Unternehmervariante ist vom Anbieter zu erbringen[912]. STÖCKLI[913] scheint eine **Pflicht der Vergabebehörde zum Einbezug von Varianten in die Angebotsbewertung** anzunehmen, insoweit das fragliche Angebot im Lichte des aus der Ausschreibung (inkl. Ausschreibungsunterlagen) abzuleitenden Beschaffungszwecks noch mit dem Amtsvorschlag vergleichbar sei oder aber dazu führen würde, dass etwas beschafft würde, das gar nicht ausgeschrieben worden sei. 478

2. Varianten mit Reduktion/Ausweitung des ausgeschriebenen Leistungsinhalts; Teilangebote

1. Ein Sonderfall sind Varianten, die nicht der Erbringung der ausgeschriebenen Leistung dienen, sondern eine Reduktion/Ausweitung des Leistungsinhalts in quantitativer oder qualitativer Hinsicht zum Gegenstand haben; hierher gehören vorliegend z.B. die von der Beschwerdeführerin vorgeschlagenen Änderungen, die auf eine Verminderung der Wandstärke bzw. die Herabsetzung der Garantiesumme abzielen. Es erscheint zwar nicht gerechtfertigt, Varianten dieser Art von vornherein auszuschliessen, da sie der Behörde Gelegenheit geben, eine allenfalls diskutable Vorgabe nochmals zu überprüfen. Gelangt die Behörde jedoch zum Schluss, dass die Anforderungen entsprechend der Variante zu reduzieren sind, **muss auch den anderen Anbietern Gelegenheit gegeben werden, ihre Offerte mit Blick auf die neue Umschreibung des Leistungsinhalts zu ergänzen.** Dieses Vorgehen, das der Regelung der Submissionsverordnung für wich- 479

---
[910] BVR 1998, S. 66 f.
[911] Vgl. dazu oben Rz. 261, 277 ff., 308 ff.
[912] LGVE 1999 II, Nr. 19, S. 221 f. Vgl. dazu auch Rz. 470.
[913] BR 2006, S. 86 (rechte Spalte).

tige Auskünfte vor der Eingabe der Angebote[914] entspricht, gewährleistet die Gleichbehandlung der Anbieter und die Transparenz des Verfahrens[915]. Dasselbe rechtliche Gehör ist den Mitanbietern auch zu bieten, falls die Vergabebehörde die Anforderungen an den Beschaffungsgegenstand aufgrund einer Variante in anderer Weise verändern will (z.B. Erhöhung der Anforderungen)[916].

480 Wer ein **Teilangebot bzw. ein Angebot einreicht, das vom ausgeschriebenen Leistungsinhalt abweicht,** geht nach der zutreffenden Praxis des Zürcher Verwaltungsgerichts im Übrigen das Risiko ein, dass darauf nicht eingetreten wird, wenn nicht überhaupt in jedem Falle die Einreichung eines Angebots gemäss Amtsvorschlag verlangt wird[917].

481 2. Wenn die Vergabestelle in der Ausschreibung nichts anderes (ausdrücklich) verlangt, sind im aargauischen Submissionsrecht selbständige **Teilangebote** unabhängig von einem Gesamtangebot zulässig[918]. Gerade umgekehrt ist die Praxis im Kanton St. Gallen: So wurde die Beschwerde eines Anbieters abgewiesen, der eine Teilvergabe des Auftrags an ihn verlangte. Eine Teilvergabe des Auftrags sei nur zulässig, wenn die Vergabeunterlagen die Einreichung von Teilangeboten gestatten würden. Andernfalls dürften und müssten die Anbieter davon ausgehen, dass nur der gesamte Beschaffungsgegenstand vergeben würde[919]

---

[914] § 17 Abs. 2 SubmV/ZH.
[915] VG Zürich: VB.2004.00006 E. 2.2.2; VG Zürich: VB.1999.00015 E. 8c.
[916] Zur diesbezüglich sich u.U. stellenden Frage eines **Verfahrensabbruches** vgl. Rz. 497 ff. bzw. 507 ff.
[917] Wie dies etwa im Bund verlangt wird (vgl. dazu oben Rz. 469 ff.). Vgl. im Übrigen oben Rz. 472.
[918] AGVE 2000, S. 295 ff.
[919] PVG 1999, Nr. 58, S. 202 ff., und ESSEIVA, in BR 2002, S. 78 f. mit Hinweisen auf die Regelung in der SIA-Norm 118.

10. Kapitel:
Aufteilung des Auftrags

Sowohl das **Bundesvergaberecht** (Art. 27 Abs. 1 VoeB[920] [vgl. auch Art. 22 Abs. 3 VoeB]) als auch das **interkantonale Vergaberecht** (§ 33 VRöB) verlangen von den Auftraggeberinnen, die allfällige **Absicht der Aufteilung eines Auftrags** in der Ausschreibung bzw. den Ausschreibungsunterlagen bekannt zu geben. Andernfalls ist die Auftragsaufteilung unzulässig, denn die Anbieter mussten bei Abfassung ihrer Angebote ohne vorgängige Bekanntgabe nicht mit einem solchen Vorgehen der Vergabebehörde rechnen.

482

I. Anwendungsfall im Bereiche des Bundesbeschaffungsrechts

Die Gruppe Rüstung hat im selektiven Verfahren die Beschaffung von 11 Reinigungswagen für Flugplätze und 19 Mehrzweckfahrzeuge mit Anbaugeräten für Flugplätze öffentlich ausgeschrieben. Obschon in der Ausschreibung kein Hinweis auf eine separate Vergebung der beiden zu beschaffenden Fahrzeugarten vorgesehen war und auch die Einreichung von Teilangeboten ausdrücklich ausgeschlossen war, erfolgte der Zuschlag an zwei verschiedene Anbieter[921].

483

Die BRK führte dazu u.a. aus, dass es grundsätzlich im Ermessen der Vergabebehörde liege, ob sie einen Auftrag als Ganzes ausschreiben oder Lose (Teilaufträge) bilden wolle. Unzulässig sei die Aufteilung eines Auftrags etwa dann, wenn diese einzig in der Absicht erfolgen würde, mit tieferen Beschaffungswerten die vorgeschriebene Verfahrensart zu umgehen. Unzulässig, weil diskriminierend, sei die Auftragserteilung ferner auch, wenn die Vergabestelle damit bestimmte Anbieter bevorzugen oder benachteiligen wolle. Schliesslich komme eine Aufteilung des Auftrags auch dann nicht in Frage, wenn darauf nicht vorgängig in der Ausschreibung aufmerksam gemacht worden sei. Die BRK hob hervor, der Umstand, dass ein Unternehmer aufgrund der Ausschreibung/Ausschreibungsunterlagen damit rechnen

484

---

[920] Die Bestimmung unterstellt im Übrigen den Fall, in welchem die Vergabebehörde den Auftrag als Ganzes an mehrere Anbieter vergibt, der gleichen Regel.
[921] BRK 4/02 E. 2.

könne, ein ausgeschriebener Auftrag würde als Ganzes und nicht nur zum Teil vergeben, könne für dessen Kalkulation des Angebots eine erhebliche Rolle spielen, denn die Grösse bzw. der Umfang des zu vergebenden Auftrags hätten für die Kalkulation des Anbieters einen wesentlichen Einfluss. Hinzu komme, dass andere potentielle Anbieter, welche die Ausschreibung dahin verstünden, dass ein Gesamtangebot verlangt würde, aufgrund dieser Ankündigung auf die Einreichung eines Angebots verzichten könnten, da sie nicht in der Lage seien, sowohl die Reinigungswagen als auch die Mehrzweckfahrzeuge zu liefern.

485 Weil indes im vorliegenden Fall nach den von der BRK im Einzelnen dargelegten Gründen die Anbietenden die Ausschreibung trotz der formell fehlenden Ankündigung der Auftragsaufteilung so hätten verstehen müssen und auch tatsächlich so verstanden hätten, dass es sich bei der Lieferung der Reinigungsfahrzeuge und der Mehrzweckfahrzeuge um zwei verschiedene Aufträge gehandelt und Gesamtangebote erwünscht, aber nicht zwingend verlangt gewesen seien, sei die Vergabebehörde befugt gewesen, die Lieferungen auch ohne (formelle) Ankündigung nach Art. 27 Abs. 1 VoeB getrennt zu vergeben. Die BRK kritisierte aber das Vorgehen der Vergabebehörde, wobei überdies die vorliegende Beschwerde ohnehin aus anderen Gründen gutzuheissen war. In der vorliegenden Situation hätte die Vergabebehörde entweder für jeden Beschaffungsgegenstand je eine separate Ausschreibung vornehmen sollen (insofern sie zwei verschiedene Zuschläge vorzunehmen gedachte); gegebenenfalls hätte sie bei dieser Variante auch mitteilen können, dass die beiden Geschäfte gesamthaft vergeben werden könnten. Andererseits hätte sie auch die Möglichkeit gehabt, die beiden Beschaffungsgeschäfte in einer einzigen Ausschreibung zu veröffentlichen, indes mit dem klaren und unmissverständlichen Hinweis in der Ausschreibung oder in den Ausschreibungsunterlagen, dass es sich dabei um zwei verschiedene Aufträge handle[922].

II. Anwendungsbeispiele aus der kantonalen Praxis

486 Aus der Gerichtspraxis sei bezüglich der nachträglichen Aufteilung eines Auftrags auf folgende Fälle verwiesen[923]:

487 a) Im Zusammenhang mit der Erstellung einer öffentlichen Baute lud die Gemeinde X verschiedene Unternehmer zur Offertstellung für die Arbeitsgattung «BKP 901 Tische und Stühle» ein. Gemäss dem Offertformular

---

[922] BRK 4/02 E. 2d.
[923] Vgl. zur vorliegenden Problematik ferner AGVE 1999, S. 302 ff.; LGVE 2001 Nr. 11 E. 2.

mussten die gesamte «Offertsumme Brutto» der dreistelligen BKP Nr. 901 sowie das «Total netto» ausgefüllt werden. Die A AG reichte eine Gesamtofferte ein. In der Zuschlagsverfügung teilte die Gemeinde X die Beschaffung auf und vergab die Lieferung der Stühle an die B AG und die Lieferung der Tische an die C AG. Das Verwaltungsgericht des Kantons Luzern hiess die dagegen erhobene Beschwerde der A AG gut. Zur Begründung führte es aus, die Vergabestelle dürfe von sich aus Gesamtangebote nur dann aufteilen oder als Ganzes an mehrere Anbieterinnen vergeben, wenn diese Absicht aus den Ausschreibungsunterlagen hervorgehe. Andernfalls sei sie an die Angebote in der Form gebunden, in der sie eingereicht worden seien. Eine Absicht, die Beschaffung in Teilleistungen zu vergeben, ging aus den Ausschreibungsunterlagen indessen nicht hervor. Auch die beiden berücksichtigten Anbieterinnen hatten in casu ebenfalls Gesamtangebote und keine Teilangebote eingereicht. Das Verwaltungsgericht erachtete daher die Voraussetzungen für die Aufteilung der Beschaffung in Teilleistungen als nicht gegeben[924].

b) Das Thurgauer Verwaltungsgericht hat die Frage offengelassen, wieweit ein Herauslösen von Teilen aus dem Gesamtauftrag und deren Teilvergabe zulässig ist. Vorliegen müssten nach Auffassung des Verwaltungsgerichts wohl wichtige Gründe. Da die beiden Teilvergaben von der Beschwerdeführerin nicht grundsätzlich in Frage gestellt wurden, hat das Verwaltungsgericht die Frage nicht entschieden. Für die verbleibenden Arbeiten wurde das Vorbringen von Gründen, die eine Verfahrenswiederholung oder Neudurchführung des Submissionsverfahrens rechtfertigen würden, verneint[925].

488

---

[924] LGVE 1999 II, Nr. 18, S. 218 ff.
[925] TVR 1999, Nr. 27 S. 150. Vgl. zu demselben Fall unten Rz. 504.

11. Kapitel:
Abbruch und Wiederholung des Submissionsverfahrens

I. Im Submissionsrecht des Bundes

1. Verfahrensabbruch mit endgültigem Verzicht auf das Beschaffungsgeschäft

Das Bundesamt für Energie (BFE) schrieb das Mandat zur Förderung folgerichtiger (integraler) Gebäudesanierungen im selektiven Verfahren öffentlich aus[926]. Nachdem u.a. auch die Beschwerdeführerin von der Vergabebehörde nach erfolgter Selektion zur Offerteinreichung eingeladen worden war, in der Folge tatsächlich ein Angebot einreichte und von der Vergabebehörde später auch noch aufgefordert wurde, Ergänzungsfragen zu beantworten, die ebenfalls fristgemäss beantwortet wurden, teilte das BFE mit Verfügung vom 21. März 2001 mit, das Vergabeverfahren werde abgebrochen und das Beschaffungsgeschäft gelange nicht zur Realisierung. Die BRK kam in casu zum Schluss, dass diese Abbruchverfügung bundesrechtswidrig war.

489

Art. 30 Abs. 1 VoeB regelt den Fall des Verfahrensabbruchs unter endgültigem Verzicht auf das Beschaffungsgeschäft. Das Submissionsrecht (des Bundes) vermag die Vergabebehörde nicht zu zwingen, eine konkrete Beschaffung vorzunehmen, wenn diese – auch nach erfolgter Ausschreibung des Beschaffungsgeschäfts – zum Schluss kommt, auf die Durchführung des Geschäfts zu verzichten (**keine Kontrahierungspflicht** aus dem Vergaberecht[927]). Auf der anderen Seite muss der Verzicht auf das Beschaffungsgeschäft im öffentlichen Interesse gemäss Art. XIII Ziffer 4 lit. B ÜoeB liegen und darf somit nicht grundlos erfolgen, was sich aus der verfassungs- bzw. staatsvertragskonformen Auslegung von Art. 30 VoeB[928] ergibt. Aus dem

490

---

[926] BRK 5/01.
[927] Vgl. dazu unten Rz. 517.
[928] Im Gegensatz zu Art. 13 lit. i IVöB und § 36 VRöB verlangt Art. 30 VoeB nicht ausdrücklich einen wichtigen Grund für den Abbruch des Vergabeverfahrens, doch ist aus der staatsvertragskonformen Auslegung der Norm zu schliessen, dass der Abbruch jedenfalls im öffentlichen Interesse stehen muss; ferner ist der Schutz des berechtigten Vertrauens des Submittenten in die Durchführung des Verfahrens zu schützen. Vgl. zum Ganzen GALLI/LEHMANN/RECHSTEINER, S. 138 ff., Rz. 453 ff.

Grundsatz von Treu und Glauben ergibt sich sodann, dass die im öffentlichen Interesse liegenden Gründe für den Abbruch des Vergabeverfahrens für die Auftraggeberin im Zeitpunkt der Ausschreibung des Auftrags bzw. der weiteren Forderungen an die Submittenten nicht voraussehbar sein gewesen sein durften. In casu waren diese Gründe im Zeitpunkt, als die Vergabestelle die Offerten einverlangte, voraussehbar und die Abbruchverfügung damit rechtswidrig[929].

491 Der von einem bundesrechtswidrigen Abbruch des Vergabeverfahrens betroffene Submittent kann nach der Praxis der BRK im Sinne von Art. 32 Abs. 2 i.V.m. Art. 34 und 35 BoeB **Schadenersatz** von der Vergabebehörde verlangen[930]. Die Geltendmachung von Schadenersatz setzt demnach ein bei der BRK bzw. beim Bundesverwaltungsgericht erfolgreich geführtes Beschwerdeverfahren gegen die Abbruchverfügung voraus, in welchem die Bundesrechtswidrigkeit derselben festgestellt wird. Ein Begehren um Gewährung der aufschiebenden Wirkung[931] wird gegen eine Abbruchverfügung, mit welcher die Vergabebehörde einen definitiven Verzicht auf das konkrete Beschaffungsgeschäft anstrebt, wohl praktisch nie erfolgreich sein, da das Beschaffungsrecht die Vergabebehörde – wie gesagt – nicht zwingen kann, eine solche gegen ihren Willen durchzuführen. Gestützt auf die Feststellung des Bundesverwaltungsgerichts über die Verletzung von Bundesrecht durch die Abbruchverfügung kann der Submittent alsdann bei der in Art. 64 Abs. 1 VoeB genannten Behörde ein Schadenersatzbegehren einreichen und die gestützt darauf ergehende neue Verfügung der Behörde gegebenenfalls mit Beschwerde beim Bundesverwaltungsgericht anfechten[932].

2. Verfahrensabbruch im Hinblick auf eine Wiederholung oder Neuauflage des Beschaffungsgeschäfts

492 1. Art. 30 Abs. 2 und 3 VoeB regelt verschiedene Fälle des Verfahrensabbruches zwecks Wiederholung bzw. Neuauflage des Verfahrens. Anders als beim Verfahrensabbruch im Hinblick auf den endgültigen Verzicht auf das Beschaffungsgeschäft[933] kann die Vergabebehörde von einem betroffenen

---

[929] BEYELER, in BR 2002, S. 71 f., scheint der Schlussfolgerung der BRK zuzustimmen, wenngleich er die Rechtswidrigkeit hier nicht in der Abbruchverfügung selbst sieht, sondern die Einleitung des Verfahrens ohne genügende Abklärungen. Dabei anerkennt er freilich, dass sich die von der Vergabebehörde begangene Treuwidrigkeit erst in der Abbruchverfügung manifestiert und somit auch erst diese vom betroffenen Anbieter angefochten werden kann.
[930] Vgl. unten Rz. 941 ff.
[931] Vgl. allgemein zur Frage der aufschiebenden Wirkung der Beschwerde unten Rz. 883 ff.
[932] Vgl. BRK 5/01 E. 3 sowie unten Rz. 941 ff.
[933] Vgl. dazu oben Rz. 489 ff.

Anbieter gezwungen werden, das laufende Verfahren weiterzuführen und es durch Zuschlagserteilung abzuschliessen, sofern sich die Abbruchverfügung als widerrechtlich erweist[934].

2. a) Die ETHZ sanierte verschiedene Gebäude[935]. Sie schrieb dafür ein Projekt öffentlich aus, welches u.a. das Leistungspaket «Ausbau» beinhaltete. Dieses Leistungspaket setzte sich aus verschiedenen Losen zusammen, nämlich aus dem Los 1 (Brandschutz, Fugen, Gipser, Maler), dem Los 2 (Boden- und Wandbeläge, Deckenverkleidungen), dem Los 3 (Allgemeine Schlosserarbeiten) und dem Los 4 (Türen/Zargen, Schreinerarbeiten). Das Beschaffungsgeschäft erfolgte im offenen Verfahren. Teilangebote waren zulässig, sofern sie mindestens ein Los umfassten. Die Beschwerdeführerin reichte als GU ein Angebot für die Lose 1–4 sowie ein Teilangebot für das Los 4 ein. Nach Eingang der Offerten brach die Vergabebehörde das Verfahren ab mit der Begründung, es sei in casu zu nicht vorhersehbaren Wettbewerbsverzerrungen gekommen. Die Beschwerdeführerin beantragte der BRK, die ETHZ anzuweisen, die Abbruchverfügung aufzuheben und das laufende Vergabeverfahren weiterzuführen. Nach Art. XIII Ziffer 4 lit. b ÜoeB kann eine Beschaffungsstelle im öffentlichen Interesse beschliessen, keinen Auftrag zu vergeben. Das ÜoeB enthält keinen Katalog von zulässigen Abbruchgründen. Art. 30 VoeB verlangt dazu keine wichtigen Gründe; ein öffentliches Interesse am Verfahrensabbruch hat aber vorzuliegen (Art. 5 Abs. 2 BV); somit darf der Verfahrensabbruch nicht grundlos erfolgen. Das für den Verfahrensabbruch geltend gemachte öffentliche Interesse muss überdies das Interesse der Submittenten an der Fortsetzung des Verfahrens überwiegen, was im Rahmen einer Rechtsgüterabwägung zu prüfen ist (E. 2a). Die BRK hatte zu prüfen, ob eine Wettbewerbsverzerrung im Sinne von Art. 30 Abs. 2 lit. b VoeB vorlag, welche der Vergabebehörde den Verfahrensabbruch gestattete. Ungewöhnlich war im vorliegenden Fall, dass nur ein Angebot für das gesamte Leistungspaket einging, obschon herkömmliche Aufträge des Baunebengewerbes und nicht aussergewöhnliche Spezialleistungen ausgeschrieben worden waren. Die BRK bezeichnete das Vorbringen der Vergabebehörde als nachvollziehbar, dass die Art der Ausschreibung, die nicht nach Arbeitsgattungen, sondern nach Werkgruppen erfolgte, verschiedene Unternehmen davon abgehalten habe, ein Angebot einzureichen, denn die Zusammensetzung des Leistungspaketes setzte einen Zusammenschluss des Anbieters zu einer branchenübergreifenden ARGE bzw. das Einreichen einer GU-Offerte voraus. Bei dieser Sachlage erscheine

493

---
[934] Ein einschlägiger Entscheid der BRK zu dieser Frage liegt indes nicht vor; vgl. aber für das kantonale Recht unten Rz. 504; vgl. ferner GALLI/LEHMANN/RECHSTEINER, S. 138 ff. Rz. 453 ff., insbesondere Rz. 455 ff.
[935] BRK 013/02.

die Erwartung, dass über eine Neuausschreibung nach Arbeitsgattungen ein wesentlich grösserer Anbieterkreis erreicht werden könne, jedenfalls nicht als unbegründet. Insofern könne von einer Wettbewerbsverzerrung gesprochen werden, die wesentlich auf das von der Vergabebehörde angewandte Ausschreibungsmodell zurückzuführen war. Indessen musste die Vergabebehörde nach Ansicht der BRK nicht zum Vornherein damit rechnen, dass deswegen nur eine ungenügende Anzahl Angebote (E. 2 lit. d) eingehen würde, wobei die Offertsumme des einen bei der vorliegenden Submission eingegangenen Angebots auch noch um massive 61 % über der Kostenschätzung der Vergabebehörde lag (E.2 lit. e/bb). Die BRK liess die Frage offen, ob die zu geringe Anzahl an Angeboten den Verfahrensabbruch bereits rechtfertigen könnte (E. 2 lit. e); angesichts der hinzukommenden massiven Kostenüberschreitung war dies jedoch der Fall. Die eingetretene Kostenüberschreitung sei für die Vergabebehörde auch nicht voraussehbar gewesen (E. 2 lit. e/bb). Ebenfalls lägen keine Anhaltspunkte dafür vor, dass die Kostenschätzung der Vergabebehörde unrichtig war, was die Beschwerdeführerin hätte rügen können. Bei dieser Sachlage sei das Interesse der Beschwerdeführerin, der einzigen Anbietenden des GU-Angebotes, an der Fortsetzung des Verfahrens als geringer einzustufen gewesen als jenes der Vergabebehörde am Abbruch des Verfahrens mit anschliessender Wiederholung des Submissionsverfahrens unter Zugrundelegung eines anderen Ausschreibungsmodelles, nämlich einer herkömmlichen Ausschreibung nach Arbeitsgattungen.

494 b) Nach Art. 30 Abs. 3 VoeB kann die Vergabebehörde ein neues Vergabeverfahren durchführen, wenn sie **das Projekt wesentlich ändert.** Sofern die Vergabebehörde während des Vergabeverfahrens bestimmte Spezifikationen oder Bedingungen betreffend den Beschaffungsgegenstand ändern will, erfordert das Gleichbehandlungsprinzip nach Art. 8 Abs. 1 lit. a BoeB jedenfalls, diese Änderung allen Personen mitzuteilen, welche die Ausschreibungsunterlagen verlangt haben[936]. Wenn ausserdem der Beschaffungsgegenstand in einem wichtigen Punkt geändert wird, folgt aus den Geboten der Transparenz und der Publizität in Bezug auf den Beschaffungsgegenstand[937], dass die Vergabebehörde das laufende Verfahren unterbrechen und es neu beginnen **muss,** damit neue potentielle Anbieter die Möglichkeit haben, ein Angebot einzureichen, um den Zuschlag für die neue Beschaffung zu erhalten. Der Grundsatz der Gleichbehandlung und Transparenz würde sonst bedeutungslos bei wichtigen Änderungen des Beschaffungsgegenstands, welche nach der Vergabe vorgenommen würden.

---

[936] Art. IX Ziffer 10 ÜoeB; vgl. auch Art. XIV Ziffer 4 ÜoeB.
[937] Art. IX Ziffer 6 lit. a und Ziffer 10 ÜoeB; Art. 12 Ziffer 2 lit. g ÜoeB; Art. 1 Abs. 1 lit. a BoeB; Art. 16 Abs. 1 VoeB; Ziffer 3 lit. b des Anhangs 4 zur VoeB.

Nach Lehre und Rechtsprechung können dagegen weniger wichtige Änderungen und Präzisierungen im Rahmen des Vertragsschlusses vorgenommen werden[938]. So können allfällige **Optionen**, die den anfänglich festgelegten Beschaffungsgegenstand erweitern, dem Zuschlagsempfänger nur erteilt werden, wenn sie in der Ausschreibung ausdrücklich vorbehalten worden sind[939]. Ebenso ist die Möglichkeit einer **freihändigen Vergabe von zusätzlichen oder ergänzenden Leistungen an den Zuschlagsempfänger** einer ersten Beschaffung beschränkt auf ausserordentliche Situationen (technische Gründe der Kompatibilität, Höchstgrenze des Wertes der Zusatzleistungen bei freihändiger Vergabe etc.)[940]. Insofern folgt aus dem System des BoeB und der VoeB wie aus den mit den Bestimmungen über das öffentliche Beschaffungswesen verfolgten Zielen der Gleichbehandlung und der Transparenz, dass eine wichtige Änderung des Beschaffungsgegenstands, so wie er veröffentlicht und vergeben wurde, eine neue Beschaffung darstellt. Mit Ausnahme von seit Beginn in der Ausschreibung publizierten möglichen Optionen bildet eine solche Änderung eine neue, freihändige Vergabe. Die Fälle einer freihändigen Vergabe sind im Gesetz abschliessend aufgezählt und sind überdies restriktiv auszulegen[941].

3. a) Die Eidg. Zollverwaltung (OZD) schrieb einen Lieferauftrag für zwei Lasergravieranlagen im offenen Verfahren aus. Im Pflichtenheft wurde zwar ein «Fokussiersystem zur Ermittlung der Z-Achse» verlangt; von einer «integrierten Kamera» zum Fokussiersystem war aber in den Ausschreibungsunterlagen nie die Rede. Allerdings hat die Zuschlagsempfängerin zu ihrem Laserbeschriftungssystem als «Option» unter anderem ein sog. Kamera-Positioniersystem angeboten, welches eine integrierte Kamera aufweist. Anlässlich der Gravurtests, welche zuerst bei der Zuschlagsempfängerin stattfanden, hat die Vergabestelle beschlossen, alle zu Gravurtests eingeladenen Anbieter mündlich anzufragen, ob sie diese zusätzliche Einstellhilfe anbieten würden. Dabei hat die Vergabestelle die Beschwerdeführerin erst am Tage der Vorführung der Gravurtests aufgefordert, zu der von ihr angebotenen Anlage zusätzliche Bestandteile (integrierte Kamera) vorzuführen und ihr Angebot entsprechend zu ändern. Die Beschwerdeführerin war nach ihren Angaben nicht auf diese Forderung vorbereitet und konnte die integrierte Kamera daher anlässlich des Besuches der OZD nicht vorführen; sie machte aber geltend, ihre Anlage könne ebenfalls mit einer integrierten Kamera geliefert werden. Es stellte sich im Beschwerdeverfahren u.a. die

495

---

[938] Vgl. dazu unten Rz. 702 ff.
[939] Art. IX Ziffer 6 lit. a und XIII Ziffer 5 ÜoeB; Ziffer 3 lit. b des Anhanges 4 zur VoeB; BRK 4/02 E. 5. Vgl. auch Fn. 1397.
[940] Art. XV Ziffer 1 lit. d, f und g ÜoeB; Art. 13 Abs. 1 lit. e, f und h VoeB.
[941] Art. XV ÜoeB; Art. 13 Abs. 2 BoeB; Art. 13 VoeB; BRK 18/00 E. 2a, BRK 5/99 Einsprecherin 1b/aa und oben Rz. 157 ff.

Frage, ob die Vergabestelle korrekt vorgegangen ist, indem sie von der Beschwerdeführerin nachträglich, nach der Offertöffnung und in Ergänzung der Ausschreibung, verlangt hat, dass diese ebenfalls eine integrierte Kamera offeriere bzw. vorführe, und in der Folge die Tatsache, dass die Demonstration beim Gravurtest nicht möglich war, im Stärken-Schwächen-Vergleich (Evaluationsbericht) negativ bewertet hat.

496 Die Ausschreibungsanforderungen können **vor** dem Termin für die Öffnung der Angebote noch **konkretisiert oder präzisiert** werden. Die Vergabestelle hat die Änderung **allen Personen** mitzuteilen, welche die Ausschreibungsunterlagen verlangt haben. Jede wichtige Angabe, die einem Anbieter in Bezug auf eine Beschaffung gemacht wird, ist gleichzeitig allen anderen betroffenen Anbietenden mitzuteilen, und zwar so rechtzeitig, dass diese die Angabe berücksichtigen und sich danach richten können[942].

497 Änderungen der Ausschreibungsanforderungen **nach** Ablauf des Offertöffnungstermins können im Bundesbeschaffungsrecht nur noch auf dem Wege von **Verhandlungen** der Vergabestelle mit den Anbietenden durchgeführt werden[943]. Vorliegend wurden keine Verhandlungen mit den Anbietenden (unter Beachtung der dafür geltenden Vorschriften[944]) geführt, weshalb die Änderung der Anforderungen an den Beschaffungsgegenstand nach Ablauf des Offertöffnungstermins unzulässig war[945]. Nachdem die Erweiterung des Leistungsbeschriebs auch offensichtlich nicht etwa eigenen neuen Erkenntnissen der Vergabebehörde, sondern dem Angebot der Zuschlagsempfängerin entstammte, erfuhr diese durch Übernahme dieses Vorschlags in den für alle Anbietenden geltenden Leistungsbeschrieb einen Vorteil, weshalb die BRK in der vorgenommenen Änderung auch eine Verletzung des Gleichbehandlungsprinzipes erblickte[946]. Liegt eine **wesentliche Projektänderung vor, so hat ein Abbruch des Verfahrens zu erfolgen**[947].

498 **4.** Nach der Praxis der BRK folgt aus dem Transparenzprinzip und dem Gebot der Publizität, dass bei nachträglicher Änderung des Beschaffungsgegenstands in einem wichtigen Punkt das laufende Vergabeverfahren unterbrochen bzw. neu begonnen werden muss, damit neue potentielle Anbieter

---

[942] Art. IX Ziffer 10 ÜoeB; Art. 16 Abs. 4 VoeB; BRK 14/04 E. 2b/bb; BRK 24/03 E. 2b. Vgl. zum analogen Problem der Änderung der Zuschlagskriterien selbst nach Ablauf der Eingabefrist gemäss der Praxis der BRK unten Rz. 528.
[943] Vgl. Art. XIV Abs. 4 lit. b ÜoeB: Die Bestimmung findet sich im Artikel mit dem Randtitel «Verhandlungen»; vgl. ferner oben Rz. 428 ff.
[944] Vgl. dazu Rz. 430 ff.
[945] BRK 14/04 E. 2c/aa.
[946] BRK 14/04 E. 2c/aa. Vgl. auch oben Rz. 233.
[947] Vgl. Rz. 494 sowie Rz. 499.

die Möglichkeit haben, ein Angebot einzureichen, um den Zuschlag für die neue Beschaffung zu erhalten[948].

5. Bei wesentlichen Projektänderungen ist die Vergabestelle nach der Praxis der BRK **verpflichtet**, das Verfahren abzubrechen und neu aufzulegen bzw. zu wiederholen[949]. Zu Recht verweist STÖCKLI[950] darauf, die Beantwortung der Frage, wann **eine «wesentliche» Projektänderung** nach Art. 30 Abs. 3 VoeB[951] vorliegt, von der Rechtfertigung der Rechtsfolge her (Abbruch des Verfahrens mit Neuauflage bzw. Wiederholung desselben) zu beurteilen und nicht schematisch etwa auf bestimmte Mehr- oder Minderbeträge oder technische Kriterien abzustellen. Als typische Fälle in diesem Zusammenhang nennt er insbesondere: Die Projektänderung schlägt sich im Auftragswert nieder, so dass aufgrund des Schwellenwerts ein höherstufiges Verfahren zu wählen ist. Die Projektänderung lässt eine Ausweitung des Kreises potentieller Anbieter erwarten[952].

499

3. Verfahrensabbruch wegen Einleitung eines falschen Vergabeverfahrens

Da es eine Hauptzielsetzung des geltenden Submissionsrechts ist, den Wettbewerb unter den Anbietern zu stärken (Art. 1 Abs. 1 lit. b BoeB), hat es die BRK als zulässig erachtet, dass ein im freihändigen Verfahren eingeleitetes Submissionsverfahren von der Vergabebehörde abgebrochen wurde, weil diese erst nach erfolgter Einleitung des freihändigen Verfahrens feststellte, dass das betreffende Beschaffungsgeschäft im offenen Verfahren hätte vergeben werden sollen. Die Frage, ob der vom Verfahrensabbruch betroffene Submittent sich zur Vermeidung vorstehender Konsequenz allenfalls auf eine behördliche Auskunft in dem Sinne verlassen durfte, das Beschaffungsgeschäft würde im freihändigen Verfahren durchgeführt, wurde offengelassen, da das öffentliche Interesse an der richtigen Rechtsanwendung dem Vertrauensschutz vorliegend jedenfalls vorging[953], womit es zwingend zu einem Verfahrensabbruch kommen musste. Der betroffene Submittent konnte unter diesen Umständen nicht mit seiner Beschwerde gegen die Abbruchverfügung durchdringen. Die mit dem Vorgehen der Vergabebehörde

500

---

[948] BRK 14/04 E. 2b/bb mit Verweisen auf BRK 4/02 E. 5, BRK 018/03 E. 2c/aa; vgl. auch Art. 16 Abs. 1 VoeB i.V.m. Ziffer 3 lit. b des Anhangs 4 zur VoeB; Art. 16 Abs. 3 VoeB.
[949] Vgl. dazu Rz. 494 sowie 497.
[950] Bundesgericht und Vergaberecht, S. 11, linke Spalte lit. b.
[951] Bzw. nach der Wortwahl der VRöB «eine wesentliche Änderung der nachgefragten Leistung» (§ 36 Abs. 1 lit. d VRöB).
[952] Vgl. dazu auch die Praxis der BRK, vorstehend in Rz. 498.
[953] Vgl. dazu BGE 117 Ia 290 E. 3e; 101 Ia 331 E. 6c.

verbundene allfällige Reduktion seiner Chance auf den Zuschlag[954] änderte daran in casu nichts. Allenfalls könnte dieser Submittent einen nicht im Beschwerdeverfahren gegen die Abbruchverfügung zu beurteilenden Verantwortlichkeitsanspruch gegen die Vergabebehörde geltend machen[955].

II. Im kantonalen Submissionsrecht

1. Im Allgemeinen

501 1. Nach Art. 13 lit. i IVöB haben die kantonalen Ausführungsbestimmungen[956] vorzusehen, dass Abbruch und Wiederholung des Vergabeverfahrens nur aus wichtigen Gründen erfolgen. **Beispiele wichtiger Gründe** sind in § 36 VRöB enthalten. Diese Bestimmung stellt in Absatz 3 im Unterschied zur alten Fassung klar, dass der Abbruch und die Wiederholung des Verfahrens nicht nur den Anbietern mit Verfügung mitzuteilen, sondern – im offenen und selektiven Verfahren – auch nach den Vorschriften über die Ausschreibung zu publizieren ist; ferner enthält der Beispielkatalog über die Gründe des Abbruchs bzw. der Wiederholung des Verfahrens auch die Bestimmung, dass eine solche angeordnet werden kann, «wenn die eingereichten Angebote keinen wirksamen Wettbewerb garantieren».

502 2. Nach aargauischer Praxis ist die Vergabestelle nicht zum Zuschlag verpflichtet (§ 22 Abs. 1 SubmD/AG), d.h. sie kann das Verfahren jederzeit abbrechen. Breche sie es allerdings grundlos ab, könne dadurch eine Entschädigungspflicht gegenüber den dadurch benachteiligten Anbietern entstehen[957]. Die Vergabebehörde sei berechtigt, ein Submissionsverfahren ohne Entschädigungsfolgen abzubrechen (und allenfalls zu wiederholen),

---

[954] Vgl. Zum Spannungsfeld Abbruch des Vergabeverfahrens einerseits und zur realen, fairen Chance auf den Zuschlag andererseits, die der Submittent durch die Teilnahme am Submissionsverfahren erwirbt GALLI/LEHMANN/RECHSTEINER, S. 138 ff. Rz. 453 ff.

[955] BRK 18/00 E. 3. BEYELER (in BR 2002, S. 72) ist der Auffassung, dass die BRK – anstatt den Beschwerdeführer auf ein separates Verantwortlichkeitsverfahren zu verweisen – ihre Prüfung auch auf die «das Vertrauen der Anbieterin erweckende Verfügung» hätte erstrecken müssen, um dem Beschwerdeführer bei gegebenen Voraussetzungen durch Feststellung der Rechtswidrigkeit den Schadenersatzweg zu öffnen. Die Rechtswidrigkeit sieht er nicht in der Abbruchverfügung als solcher, sondern vorliegend in der Anordnung des freihändigen Verfahrens durch die Vergabebehörde ohne gehörige Abklärung der Zulässigkeit dieses nur ausnahmsweise zulässigen Vergabeverfahrens, wobei er den Fall vorbehält, dass dem Anbieter die Fehlerhaftigkeit der Einleitung nicht bekannt war oder hätte bekannt sein müssen. Vgl. auch oben Rz. 161.

[956] Zum kantonalen Recht vgl. z.B. VG Waadt: Urteil vom 13. Juni 2002, E. 3; VG Zürich: VB 2000.00403 E. 2a.

[957] AGVE 1997, S. 360 f.

wenn Gründe vorlägen, die in § 22 Abs. 2 lit. a–c SubmD/AG beispielhaft aufgezählt seien (kein der Ausschreibung entsprechendes Angebot, aufgrund veränderter Bedingungen sind günstigere Angebote zu erwarten, wesentliche Änderung des Projekts) oder die nach dem Sinn dieser Bestimmung als wichtig gelten könnten. Kein wichtiger Grund für einen Abbruch bilde das Fehlverhalten eines oder mehrerer Submittenten; denn andernfalls würden die korrekt handelnden Anbieter grundlos ihrer Chance auf den Zuschlag beraubt[958].

Wenn nicht **allen** Anbietern ein Fehlverhalten vorzuwerfen ist, ist zwar kein Verfahrensabbruch, aber z. B. ein Ausschluss[959] des/der Fehlbaren aus dem Verfahren möglich. 503

3. Das Thurgauer Verwaltungsgericht hat die gegen eine Verfügung betreffend Abbruch des Vergabeverfahrens gerichtete Beschwerde gutgeheissen[960]. Die **Vergabebehörde wurde demnach angewiesen, das betreffende Submissionsverfahren weiterzuführen,** soweit die Arbeiten nicht bereits vergeben worden seien. Das Gericht hielt fest, die Vergabebehörde hätte keinerlei Gründe von Gewicht für eine Verfahrenswiederholung oder Neudurchführung des Submissionsverfahrens vorgebracht, weshalb ihr dies auch nicht zu gestatten und die Behörde vielmehr anzuweisen sei, das Verfahren durch Vergebung der in Frage stehenden Arbeiten zum Abschluss zu bringen. 504

4. Das Zuger Verwaltungsgericht sah einen wichtigen Grund zum Abbruch des Verfahrens darin, dass in einem Einladungsverfahren, in welchem fünf Anbieter zur Offertstellung eingeladen wurden, **nur eine Offerte einging,** die erst noch einen etwa doppelt so hohen Angebotspreis wie von der Baudirektion veranschlagt auswies. All diese Umstände seien für die Vergabebehörde nicht voraussehbar gewesen[961]. 505

5. U.E. kann – mit Ausnahme der wesentlichen Leistungsänderung[962] – kein **wichtiger Grund** angenommen werden, welcher den Verfahrensabbruch rechtfertigen würde, wenn dieser **durch die Vergabebehörde selbst verschuldet** bzw. herbeigeführt wurde. 506

---

[958] AGVE 1999, S. 313 ff. Vgl. auch GALLI/LEHMANN/RECHSTEINER, S. 139 Rz. 455.
[959] Vgl. dazu oben Rz. 263 ff., 322 ff.
[960] TVR 1999, Nr. 27 S. 148 ff. Vgl. zu demselben Entscheid auch oben Rz. 488.
[961] VG Zug: Urteil vom 19. November 1998, E. 2. Dieser Fall fällt – unabhängig von der Frage des Beitritts des Kantons Zug zur revidierten IVöB (Rz. 63, Fn. 170) – wohl nicht (direkt) unter § 36 Abs. 1 lit. c VRöB, ist dort doch von den (mehreren) Angeboten die Rede, womit wohl nur die kartellistische Abrede gemeint sein kann; unabhängig davon hat aber das Zuger Verwaltungsgericht im beurteilten Fall zu Recht einen wichtigen Grund für den Verfahrensabbruch erblickt.
[962] Rz. 507 ff.

2. Abbruch und Wiederholung des Verfahrens zufolge einer wesentlichen Leistungsänderung (Projektänderung)

507 1. § 18 öBG/LU unterscheidet zwischen Wiederholung und Neudurchführung des Verfahrens. Bei der Wiederholung wird das Verfahren nochmals unter den gleichen Bedingungen und dem gleichen Leistungsumfang durchgeführt. Die **Neudurchführung setzt voraus, dass die verlangte Leistung sich wesentlich von der Leistung im vorgängigen Verfahren unterscheiden muss.** Der Begriff der wesentlich geänderten Leistung ist ein unbestimmter Rechtsbegriff und der richterlichen Überprüfung zugänglich. Im Falle der mengenmässigen Änderung hängt die Wesentlichkeit von einer bestimmten Grenzmenge ab, um welche die Leistung reduziert wird und die im Einzelfall festzulegen ist. Reduziert sich die Leistungsmenge, steigt im Normalfall der Preis pro Einheit an. Das Verwaltungsgericht des Kantons Luzern hat bei einer Minderung der zu bearbeitenden Bodenbelagsfläche um 20 % das Kriterium der Wesentlichkeit als erfüllt und eine Neudurchführung der Submission als gerechtfertigt erachtet[963].

508 2. a) Gemäss Art. 17 Abs. 2 aSubG/GR (heute: Art. 24 Abs. 2 SubG/GR) kann der Auftraggeber das Verfahren aus wichtigen Gründen abbrechen. Das Verfahren kann ferner aus verschiedenen Gründen wiederholt werden, namentlich, wenn (c) eine wesentliche Änderung des Projektes bzw. des Auftrages erforderlich wurde[964]. Gemäss den Ausführungen des Verwaltungsgerichts des Kantons Graubünden handelt es sich «bei einer Projektänderung im Sinne des Submissionsrechts» um eine «Änderung des ausgeschriebenen Leistungsumfangs». Bei der Ausschreibung von Elektroarbeiten habe die Vergabebehörde aufgrund eines «sachlich berechneten Kostenrahmens» Beschaffungskosten von rund Fr. 408 000.– geschätzt. Die eingereichten Angebote hätten diese Vorgabe jedoch wesentlich überschritten, das preisgünstigste Angebot um ca. 30 %. Bei der Suche nach Einsparungsmöglichkeiten habe die Vergabebehörde festgestellt, dass sich diverse Änderungen der ausgeschriebenen Leistungen «ergeben» würden. Die massive Überschreitung des Kostenrahmens durch die eingegangenen Angebote würde eine «wesentliche Projektänderung bzw. wesentliche Änderungen des Leistungsverzeichnisses» aufdrängen und somit eine Neuausschreibung der Elektroarbeiten rechtfertigen[965]. Das Bündner Verwaltungsgericht hatte auch noch einen Parallelfall (Baumeisterarbeiten) bezüglich desselben Bauvorhabens des kantonalen Hochbauamtes an demselben Tag entschieden.

---

[963] LGVE 2000 II, Nr. 14, S. 216 ff.
[964] Zur Frage der Zulässigkeit von Projektänderungen während eines Vergabeverfahrens vgl. auch einlässlich VG Basel-Landschaft: Urteil 2001/372 vom 5. Juni 2002, E. 4–6.
[965] VG Graubünden: U 01 70 E. 5c.

Auch hier waren die preislichen Vorgaben der Vergabebehörde durch die eingegangenen Angebote massiv überschritten worden. So lag das preisgünstigste Angebot (Fr: 4 033 637.–) um rund Fr. 800 000.– bzw. um mehr als 25% über der Kostenschätzung der Vergabebehörde. Auch mit Bezug auf diesen Fall hielt das Verwaltungsgericht unter Abweisung der Beschwerde die Wiederholung des Submissionsverfahrens durch die Vergabebehörde für zulässig[966].

b) Es fragt sich, *weshalb* die eingereichten Angebote (in beiden Submissionsverfahren für dasselbe Bauvorhaben) den von der Vergabebehörde vorausgeplanten Kostenrahmen derart massiv überschritten haben[967]. Die beiden Urteile des Verwaltungsgerichts des Kantons Graubünden sprechen sich darüber nicht aus. *Wenn aber die Vergabebehörde eine fehlerhafte Schätzung der voraussichtlichen Kosten vorgenommen haben sollte, wären die preislich höheren Angebote bei einer objektiven Betrachtung sehr wohl voraussehbar gewesen und ein wichtiger Grund für den Verfahrensabbruch hätte nicht vorgelegen.* Kein wichtiger Grund für einen Verfahrensabbruch bildet wie erwähnt[968] auch das noch so gravierende Fehlverhalten eines oder mehrerer Submittenten, würden andernfalls doch die korrekt handelnden Anbieter grundlos ihrer Chance auf den Zuschlag beraubt. So wäre also vorliegend der Verfahrensabbruch auch dann nicht rechtens gewesen, wenn sich einzelne Anbieter einer Preisabsprache schuldig gemacht hätten. Für die Rechtfertigung des Verfahrensabbruchs in Frage käme allenfalls ein Fehlverhalten, etwa ein Submittentenkartell, mit Beteiligung aller *Anbieter* des betreffenden Submissionsverfahrens. Nachdem das Urteil jedoch keinerlei Ausführungen über die Gründe der massiven Differenz zwischen der Preisbasis der Angebote und der Preiserwartung der Vergabebehörde macht, fehlt es dessen Schlussfolgerungen diesbezüglich an der notwendigen Nachvollziehbarkeit, wenngleich sich die Dispositive der beiden Urteile – Nichteintreten / Abweisung – aus anderen in den Urteilen genannten Gründen rechtfertigen.

509

3. Das Waadtländer Verwaltungsgericht ist der Auffassung, dass die Vergabebehörde auch nach Ablauf des Eingabetermins das Leistungsverzeichnis mit Bezug auf **untergeordnete Punkte** erweitern kann. Auch bei Erweiterungen des Leistungsverzeichnisses bezüglich bloss untergeordneter Punkte ist zudem das Einverständnis aller Anbietenden erforderlich. Dabei ist ausserdem das Prinzip der rechtsgleichen Behandlung der Anbietenden,

510

---

[966] VG Graubünden: U 01 71. Vgl. auch VG Zürich: VB.2000.00403 E. 2–5.
[967] Vgl. die Ausführungen zum Submittentenkartell oben Rz. 263 ff., 322 ff. Gegenüber Richtofferten oder verbandlichen Tarif- oder Preisvorgaben ist ohnehin Vorsicht am Platz, können diese doch auch etwa «am Markt vorbei» aufgestellt worden sein: Rz. 720.
[968] GALLI/LEHMANN/RECHSTEINER, S. 139 Rz. 455.

etwa bezüglich Fristen, strickte zu beachten. Alle Anbietenden müssen sodann die Möglichkeit haben, ihr Angebot nochmals vollständig, nicht nur bezüglich des zusätzlichen Teils, neu zu berechnen und diese neue Offerte einzureichen[969].

511 **4.** Nach der Praxis des Bundesgerichts bildet das **Leistungsverzeichnis** Teil der Ausschreibungsunterlagen und ist (auch) für den Auftraggeber verbindlich. Eine nachträgliche Änderung des Leistungsverzeichnisses, etwa wie hier durch einseitigen Verzicht auf eine ausgeschriebene Position, ist deshalb grundsätzlich unzulässig[970]. Dieses **Abänderungsverbot**[971] ergibt sich nach Auffassung des Bundesgerichts aus dem Gleichbehandlungs- und dem Transparenzgebot; ferner fliesse es etwa aus § 26 VRöB und dem hier anwendbaren (Walliser) Submissionsrecht. Bei einem komplexen Gesamtbauwerk wie dem vorliegenden sei letztlich *der offerierte Gesamtpreis* entscheidend, während einzelne Positionen von den Anbietern rechnerisch sehr unterschiedlich beurteilt werden könnten und insofern nicht direkt miteinander vergleichbar seien. Durch den nachträglichen Verzicht auf Positionen einer gewissen Grössenordnung würde deshalb ein objektiver Gesamtpreisvergleich zwischen den in Frage kommenden Offerten verunmöglicht oder verfälscht. «Die Vergabebehörde hatte sich für eine Ausschreibung entschieden und blieb daran gebunden, auch wenn sie nachträglich zur Überzeugung gelangte, mit einer separaten Vergabe der Kontrollarbeiten an ein unabhängiges Geometerbüro sei der Sache besser gedient.» Trotz des Umstandes, dass das Leistungsverzeichnis vorliegend vergaberechtswidrig abgeändert wurde, bezeichnete das Bundesgericht den angefochtenen Entscheid insgesamt jedoch als nicht rechtswidrig, weil der begangene Fehler für die konkrete Vergabe nicht entscheidend gewesen sei, indem das Angebot der Zuschlagsempfängerin mit oder ohne die strittige Position das kostengünstigste war[972].

512 **5.** Das Verbot der Änderung des Leistungsverzeichnisses nach Ablauf des Offertöffnungstermins auf kantonaler Ebene ergibt sich aus dem Verhand-

---

[969] Verwaltungsgericht VD: Urteil vom 4. Juli 2003, in BR 2004 S. 70 mit Kommentaren von ESSEIVA. Die erwähnte Gerichtspraxis geht zurück auf STÖCKLI, Bundesgericht und Vergaberecht, S. 10 f.
[970] Vgl. demgegenüber das Verwaltungsgericht des Kantons Graubünden (Rz. 513), welches einen Teilabbruch des Verfahrens für zulässig hält. Damit wird zwar die Frage von einer etwas anderen Optik heraus angegangen. Gleichwohl geht es letztlich um dieselbe Problematik, indem sich sowohl bei einer Änderung des Leistungsverzeichnisses im Sinne der Weglassung eines Teils der ursprünglich vorgesehenen Positionen als auch bei einem Teilabbruch des Verfahrens unter Vergebung nur eines Teils der ausgeschriebenen Beschaffung letztlich eben dasselbe Resultat ergibt.
[971] Kritisch zum Abänderungsverbot des Leistungsverzeichnisses mit eigenen Lösungsvorschlägen STÖCKLI, in BR 2002, S. 9 ff.
[972] Urteil des Bundesgerichts 2P.151/1999 vom 30. Mai 2000, E. 4.

lungsverbot⁹⁷³, wobei die Möglichkeit des Abbruches des Verfahrens infolge Leistungsänderung vorbehalten bleibt⁹⁷⁴.

3. Zulässigkeit eines Teilabbruchs?

1. Das Verwaltungsgericht des Kantons Graubünden ist aufgrund eines Analogieschlusses der Auffassung, dass auch ein **Teilabbruch** des Vergabeverfahrens möglich sein müsse, wenn das anwendbare Submissionsrecht unter gewissen Voraussetzungen den Abbruch des Verfahrens zulasse⁹⁷⁵. Die Vergabebehörde hat die Anbieter vor dem Teilabbruch immerhin aufgefordert bekannt zu geben, welche Auswirkungen ein solcher auf die offerierten Preis haben würde, worauf beide Anbieterinnen erklärt hätten, auch bei einer Teilvergabe seien die offerierten Preise gültig⁹⁷⁶.

513

2. Der Teilabbruch des Vergabeverfahrens läuft auf eine nachträgliche Änderung des Beschaffungsgegenstands hinaus⁹⁷⁷. Wie BEYELER⁹⁷⁸ zutreffend festhält, sind unwesentliche Leistungsreduktionen bei gleichbehandelnder und transparenter Vorgehensweise im laufenden Verfahren erlaubt, wesentliche dagegen nur nach förmlichem Abbruch und erneuter Verfahrenseinleitung bezüglich aller noch zu beschaffenden Leistungskomponenten. STÖCKLI⁹⁷⁹ fordert, dass die Vergabestelle die Leistungsänderung vor Ablauf der Angebotseinreichungsfrist in jener Form bekannt gibt, welche sie schon für die Ausschreibung einzuhalten hatte, und überdies die Frist für die Einreichung der Angebote nach Massgabe der Komplexität der Änderung erstreckt. Nach Ablauf der Angebotsfrist sei die unwesentliche Leistungsänderung nur dann zulässig, wenn sämtliche für die Vergabe in Frage kommenden Anbieter ihr zustimmten, was voraussetze, dass sie darüber gleichbehandelnd informiert würden und genügend Zeit erhielten, ihre Angebote abzuändern.

514

---

⁹⁷³ Rz. 441 ff.; Art. 11 lit. c IVöB und Art. 30 VRöB; vgl. demgegenüber zur Rechtslage im Bundessubmissionsrecht oben Rz. 497.
⁹⁷⁴ Vgl. dazu z.B. § 37 Abs. 1 lit. d SubmV/ZH.
⁹⁷⁵ PVG 2000 13/68.
⁹⁷⁶ Vgl. dazu auch die Sachverhaltsdarstellung im Originalurteil in der Internetfassung VG Graubünden U 00 87; vgl. demgegenüber die im Ergebnis abweichende Auffassung des Bundesgerichts, oben Rz. 511 und Fn. 970.
⁹⁷⁷ Vgl. dazu oben Rz. 497 ff. und 507 ff.
⁹⁷⁸ AJP 2005, S. 786 zum Abbruch von Vergabeverfahren.
⁹⁷⁹ In BR 2002, S. 10.

12. Kapitel:
Der Zuschlag

I. Im Allgemeinen

1. Das **wirtschaftlich günstigste Angebot** erhält den Zuschlag (Art. 21 Abs. 1 BoeB; Art. 13 lit. f IVöB). Es wird ermittelt, indem verschiedene **Kriterien** berücksichtigt werden, insbesondere Termin, Qualität, Preis, Wirtschaftlichkeit, Betriebskosten, Kundendienst, Zweckmässigkeit der Leistung, Ästhetik, Umweltverträglichkeit, technischer Wert (Art. 21 Abs. 1 BoeB; § 32 Abs. 1 VRöB). Die Vergabebehörde hat für jedes Beschaffungsgeschäft einen Katalog von Zuschlagskriterien festzulegen[980]. Die Zuschlagskriterien sind in den Ausschreibungsunterlagen in der Reihenfolge ihrer Bedeutung aufzuführen (Art. 21 Abs. 2 BoeB)[981]. (Nur) der Zuschlag für **standardisierte** oder weitgehend standardisierte Güter kann auch ausschliesslich nach dem Kriterium des günstigsten Preises erfolgen (Art. 21 Abs. 3 BoeB; § 32 Abs. 2 VRöB).

515

---

[980] Die einmal festgelegten und bekannt gegebenen Zuschlagskriterien (und allfälligen Unterkriterien sowie die Gewichtungen aller Kriterien) bleiben für das konkrete Submissionsverfahren vorbehaltlich einer zulässigen Änderung derselben (vgl. dazu unten Rz. 528) verbindlich. Gemäss Parlamentsbericht, S. 30, beläuft sich bei den im SHAB im Zeitraum von Januar 2000 bis Mai 2001 untersuchten Ausschreibungen die Anzahl der Zuschlagskriterien bis zwölf, wogegen das Mittel 3,7 Kriterien betrage und das Optimum gemäss den befragten Experten bei drei bis fünf Zuschlagskriterien pro Beschaffungsgeschäft liege.

[981] Bezüglich der Praxis in den Kantonen vgl. unten Rz. 543 ff.; zur Illustration ferner ein Fall aus dem Bundessubmissionsrecht: Wird das letzte Zuschlagskriterium den anderen vier dergestalt gegenübergestellt, dass ihm dasselbe Gewicht zukommt wie der Gesamtheit der übrigen Zuschlagskriterien, liegt ein Verstoss gegen den Grundsatz von Art. 21 Abs. 2 BoeB vor, gemäss dem die Zuschlagskriterien in der Reihenfolge ihrer Bedeutung bekannt zu geben sind (BRK 9/00 E. 3). Die Vergabebehörde handelte im vorstehenden Fall rechtswidrig und konnte ihr Vorgehen auch nicht dadurch rechtfertigen, man habe das Preis-/Leistungsverhältnis ermitteln wollen, indem man in zwei Schritten vorgegangen sei: Zunächst habe man die ersten vier Kriterien (Vollständigkeit der Angebotsunterlagen, Präsentation, aufgabenbezogene Organisation des Anbieters, Lösungsansätze zu den Projektrisiken) «ohne konkrete prozentuale Gewichtung» bewertet und nach dieser Beurteilung dann das fünfte Kriterium (Preis-/Leistungsverhältnis) herangezogen. Abgesehen davon, dass dieses Vorgehen und die gewählten Kriterien auch aus anderen Gründen problematisch/unzulässig waren, musste in casu davon ausgegangen werden, dass dem fünften Kriterium dasselbe Gewicht zukommen sollte wie den vier vorangegangenen, was unzulässig war.

516 Im Zusammenhang mit der Vergebung der Gussasphaltarbeiten bezüglich Instandsetzung mehrerer Brücken der N3 im Abschnitt Rheinfelden – Frick hat die Vergabestelle den **günstigsten Preis** als **alleiniges Zuschlagskriterium** festgelegt. Das Aargauer Verwaltungsgericht führte aus, dass die Zulässigkeit der Vergabe aufgrund des niedrigsten Preises nicht von der Art der nachgefragten Leistung, sondern von der Möglichkeit ihrer **Standardisierung** abhänge. Nach Sinn und Zweck muss die Standardisierung der Leistung so weit gehen, dass die Vergabestelle auch ohne Verwendung der in § 18 Abs. 2 SubmD/AG genannten weiteren Zuschlagskriterien mit einer ihren Bedürfnissen genügenden Leistung rechnen kann. In casu lag ein detailliertes Leistungsverzeichnis mit Beschreibung der Arbeiten und Mengenangaben vor. Es gab auch keine Anhaltspunkte dafür, dass der in Frage stehende Auftrag überdurchschnittliche oder aussergewöhnliche Anforderungen an die Unternehmer stellt oder dass nur speziell qualifizierte und erfahrene Unternehmen dafür in Frage kommen würden. Schliesslich erfolgte die konkrete Vergebung im Einladungsverfahren, womit es die Vergabestelle in der Hand hatte, nur Unternehmen zur Offertabgabe einzuladen, die sie als geeignet und zur qualitativ ausreichenden Arbeitsausführung befähigt erachtete. Aus diesen Gründen hat das Gericht im vorliegenden Fall die Vergebung des Auftrags ausschliesslich nach dem günstigsten Preis als zulässig erachtet[982].

517 **2.** Aus dem Zuschlag kann der Anbieter keinen Anspruch auf den Vertragsabschluss ableiten; eine derartige **Kontrahierungspflicht** ergibt sich nicht aus dem Vergaberecht[983]. Gestützt auf den Zuschlag ist die Behörde ermächtigt, mit dem Zuschlagsempfänger einen Vertrag über die im Vergabeentscheid bezeichnete Beschaffung zu schliessen. Die Vergabestelle hat jedoch stets die Möglichkeit, auf die Beschaffung zu verzichten[984].

518 **3.** Zwischen zwei **gleichwertigen** Angeboten kann die Vergabestelle nach ihrem pflichtgemässen Ermessen wählen[985].

519 **4.** Zur Frage der **Abgrenzung von Eignungs- und Zuschlagskriterien** sowie zur Zulässigkeit der Doppelprüfung der Eignung bzw. der höheren Eignung vgl. das 6. Kapitel[986].

---

[982] AGVE 2005 (Nr. 50) S. 245 ff. Vgl. zum gegenteiligen Fall, in welchem das Zuschlagskriterium Preis gar fehlt, unten Rz. 527.
[983] BGE 129 I 410 E. 3.4; Verwaltungsgericht Zürich: VB.2005.00068 E. 3.2 mit Verweisen; vgl. unten Rz. 701.
[984] Vgl. dazu oben Rz. 344 ff. zum Widerruf des Zuschlags.
[985] VG Zürich: VB.2004.00112 E. 5.1 mit Verweisen auf VB.2002.00195 E. 4b und VB.2002.00240 E. 2c.
[986] Vgl. oben Rz. 347 ff., 380 ff., sowie GAUCH/STÖCKLI, S. 40 Rz. 16.5, ferner RECHSTEINER, in BR 2000, S. 51 f.

5. Der Zuschlag darf nur einem Anbieter erteilt werden, der auch ein Angebot eingereicht hat: A war neben D Mitinhaber des Ingenieur- und Vermessungsbüros B AG, für welches A ein Angebot einreichte. A selber reichte (für sich) kein Angebot ein; gleichwohl wurde ihm (persönlich und nicht der B AG) der Auftrag zugeschlagen. Der angefochtene Zuschlag war daher aufzuheben und das diesbezügliche Vorgehen des Walliser Kantonsgerichts wurde vom Bundesgericht (im staatsrechtlichen Beschwerdeverfahren) auch nicht als überspitzter Formalismus qualifiziert[987].

6. Der Zuschlag darf nur an ein Angebot erfolgen, das bei Öffnung der Angebote den wesentlichen Anforderungen der Bekanntmachung oder der Vergabeunterlagen entspricht[988].

II. Im Submissionsrecht des Bundes

1. Protektionistische Zuschlagskriterien, mit welchen ortsansässige Anbieter bzw. Produkte bevorzugt werden, sind nicht zulässig[989]. Auch **vergabefremde** Zuschlagskriterien, die z. B. die Bedeutung eines Anbieters als Steuerzahler im Einflussbereich der Vergabebehörde berücksichtigen, sind grundsätzlich unzulässig. Inwiefern gewisse vergabefremde Zuschlagskriterien (z. B. die Umweltverträglichkeit bezüglich der Transportwege; der Lehrlingsausbildung[990]) zulässig sind, hatte die BRK nie zu entscheiden. Der nicht abschliessende Kriterienkatalog von Art. 21 Abs. 1 BoeB enthält immerhin das Kriterium «Umweltverträglichkeit», nicht aber etwa dasjenige der «Lehrlingsausbildung». Aus der bundesrätlichen Botschaft zum BoeB ergibt sich klar, dass beim Kriterium der «Umweltverträglichkeit» lediglich *die aus dem Beschaffungsgegenstand selbst fliessenden entsprechenden Vorteile,* wie «beispielsweise geringe Schadstoffbelastung, Entsorgung, Schonung von Ressourcen, Reparierbarkeit»[991], verstanden werden sollten. **Indirekte Vorteile,** auch etwa bezüglich Transportwege, sind also nach der Auffassung des historischen Gesetzgebers im Rahmen des Kriteriums «Umweltverträglichkeit» nicht zu berücksichtigen[992]. Allerdings ist es nicht zwingend, dass die historische Auslegungsmethode bei der hier interessieren-

---

[987] Urteil des Bundesgerichts 2P.66/2001 vom 2. Juli 2001.
[988] Art. XIII Ziff. 4a und CRM 13/00 E. 3a; ferner BRK 4/02 E. 6c.
[989] BRK 11/97 E. 2.
[990] Diese (vergabefremden) Kriterien können nach der Rechtsprechung verschiedener kantonaler Gerichte in einem gewissen Rahmen Anwendung finden, vgl. dazu unten Rz. 589 ff. und die diesbezüglich befürwortende Haltung von HAUSER, AJP 2001, S. 408 ff.
[991] GATT-Botschaft 2 (zu Art. 21 BoeB), in BBl 1994 IV S. 1149 ff.
[992] GALLI/LEHMANN/RECHSTEINER, S. 144, Rz. 467.

den Frage den Ausschlag geben muss. Nach der bundesgerichtlichen Praxis ist bei der Gesetzesauslegung der Methodenpluralismus der verschiedenen Auslegungsmethoden anzuwenden[993].

523 **2.** Die von der Vergabebehörde definierten Zuschlagskriterien sind den Anbietern **zum Voraus** in der Ausschreibung oder den Ausschreibungsunterlagen zusammen mit dem Gewicht, welches jedem Zuschlagskriterium zukommen soll, **bekannt zu geben.** Hat die Vergabebehörde im Einzelfall das Bedürfnis oder die Pflicht[994], zu einem oder mehreren Zuschlagskriterien **Unterkriterien** zu formulieren, so hat sie auch diese gleichzeitig bekannt zu geben. Das Gesamtsystem von Zuschlags- und Unterkriterien samt der festgelegten **Gewichtung**[995] für jedes Kriterium wird in der Praxis **Beurteilungsmatrix**[996] genannt, die selbstredend im vorstehenden Sinne zum Voraus bekannt zu geben ist[997]. Einzig im freihändigen Vergabeverfahren kann auf die vorgängigen Bekanntgaben im vorstehenden Sinne verzichtet werden[998]. Ergibt sich eine bestimmte Anforderung der Vergabebehörde an den Beschaffungsgegenstand nicht deutlich aus den festgelegten Zuschlagskriterien, **ist** diese **verpflichtet,** diesbezüglich durch **Formulierung entsprechender Subkriterien** für die notwendige Klarheit zu sorgen[999]. Noch nicht entschieden ist im Bundessubmissionsrecht die Frage, ob die

---

[993] BGE 125 II 208 f., 333; 124 II 268; 124 III 262; 123 III 26; Moser, Prozessieren, S. 68, Rz. 2.70; vgl. auch die allgemeinen Überlegungen zur Berücksichtigung der vergabefremden Zuschlagskriterien unten Rz. 589.

[994] Zur Frage, wann im Einzelfall eine solche Pflicht besteht, vgl. die vorliegende Randziffer in fine. Vgl. ferner die Rz. 531 und 532, wonach ausschliesslich nach den publizierten Zuschlagskriterien zu entscheiden ist, wobei diese Kriterien sämtliche bei der Entscheidfindung berücksichtigen Gesichtspunkte zum Ausdruck bringen müssen. Vgl. ferner Rz. 533 ff.

[995] Die kantonalen Gerichte gehen diesbezüglich z.T. weniger weit als die BRK, vgl. dazu unten Rz. 611 ff.

[996] Letztlich hat die Vergabebehörde auch für jedes Vergabegeschäft eine Beurteilungsmatrix zu erstellen, denn sie ist ja verpflichtet, bei jedem Vergabegeschäft zum Voraus alle massgeblichen Kriterien, welche sich aus den Zuschlags-, den allfälligen Unterkriterien sowie den Gewichtungen für alle Kriterien zusammensetzen, bekannt zu geben. Die Gesamtheit dieser Kriterien stellt aber eben gerade die Beurteilungsmatrix dar.

[997] Diese Regeln ergeben sich aus dem Transparenz- und dem Gleichbehandlungsprinzip. Auch der Parlamentsbericht, S. 30, spricht sich dafür aus, dass die Vergabebehörden im Sinne der Praxis der BRK auch die Gewichtung der einzelnen Zuschlagskriterien (und allfälligen Subkriterien) zum Voraus bekannt zu geben haben. Vgl. im Übrigen die zusammenfassend dargestellte Praxis der BRK, in BRK 3/02 und 4/02, je E. 3 und 4.

[998] Zustimmend zur Praxis der BRK betreffend vorgängige Bekanntmachung aller für den Zuschlagsentscheid massgeblicher Kriterien/Gewichtungen Stöckli, in BR 1999, S. 141 (S25), wobei er die betreffende Transparenzpflicht zu Recht mutatis mutandis auch auf die Eignungskriterien angewandt haben will (vgl. diesbezüglich oben Rz. 386 ff.). Zu Recht erwähnt Stöckli auch, dass es unzulässig ist, wenn die publizierte Liste der Zuschlagskriterien mit den Worten «insbesondere die folgenden» o.ä. eingeleitet wird, da die Liste in einer vollständigen (und abschliessenden) Fassung zu publizieren ist.

[999] Vgl. dazu auch unten Rz. 528, 533; vgl. auch Rz. 613, ferner BRK 014/04 E. 3.

Vergabestelle auch verpflichtet ist, die sog. **Preiskurve** zum Voraus bekannt zu geben[1000].

Auch bei **Gesamtleistungswettbewerben** müssen die angewandten Zuschlags- oder Wettbewerbskriterien den Regeln für die ordentlichen Submissionen entsprechen[1001]. Die Wettbewerbskriterien sind auch im Sinne von Art. 21 Abs. 2 BoeB zu publizieren[1002].

524

Die Pflicht zur vorgängigen Bekanntgabe aller für den Zuschlagsentscheid massgebenden Kriterien (und deren Gewichtung[1003]) ist **formeller Natur**; der angefochtene Entscheid ist bei Verletzung dieser Regel grundsätzlich auch dann aufzuheben, wenn eine Kausalbeziehung zwischen dem Verfahrensfehler und der Zuschlagserteilung fehlt bzw. nicht dargetan ist[1004].

525

Präzisierungsbedürftiges Zuschlagskriterium: Ein derart offen und allgemein gehaltenes Zuschlags- oder Wettbewerbskriterium wie **«Bestes Preis-/Leistungsverhältnis»**[1005] ist als solches weder in einem gewöhnlichen Submissionsverfahren noch in einem Gesamtleistungswettbewerb ohne weitere Präzisierungen zulässig. Das «Preis-/Leistungsverhältnis» ist nämlich im öffentlichen Beschaffungswesen deckungsgleich mit dem Begriff der «Wirtschaftlichkeit» bzw. dem «wirtschaftlich günstigsten Angebot», welches ja gerade anhand *aller* Zuschlagskriterien ermittelt werden soll[1006]. Die Vergabebehörde hätte dieses Kriterium demnach zwingend konkretisieren und den Wettbewerbsteilnehmern rechtzeitig mitteilen müssen. Die Konkretisierung führt nur dann zur Zulässigkeit des Kriteriums, wenn durch sie Klarheit hergestellt wird. In casu zeigte es sich, dass die Vergabebehörde intern aus dem angebotenen Preis und der erzielten Bewertung bei den übrigen Kriterien einen Quotienten bildete. Gemäss der Praxis der BRK sind solche Konkretisierungen der Zuschlagskriterien den Anbietenden zum Voraus bekannt zu geben. Dabei hat die BRK in casu die Frage offengelassen, ob die genaue Formel zur Berechnung der erzielten Punkte ebenfalls im Voraus hätte publiziert werden mussen, denn zumindest hätte den Teilnehmern offengelegt

526

[1000] Vgl. für die ergangene Praxis der BRK zum Zuschlagskriterium Preis unten Rz. 527; zur kantonalen Praxis im Bereiche der Preiskurve, vgl. unten Rz. 551 ff. Vgl. auch das Bundesgericht, welches diese Frage offengelassen hat, Rz. 573.

[1001] Art. 21 Abs. 1 BoeB; vgl. dazu Rz. 523.

[1002] BRK 25/05 E. 3b/bb; vgl. für den Gesamtleistungswettbewerb bezüglich des Zuschlagskriteriums Preis unten Rz. 527; für den Evaluationsbericht Rz. 539.

[1003] Es genügt auch nicht etwa, statt der genauen Gewichtung bloss darauf hinzuweisen, die Zuschlagskriterien würden in Form einer Nutzwertanalyse beurteilt. Auch ein solches Vorgehen vermag die vorgängige Bekanntgabe der einzelnen Kriterien samt Gewichtungen nicht zu ersetzen (BRK 3/02 E. 4c und 4/02 E. 4c).

[1004] BRK 3/01 E. 6; BRK 5/00 E. 4c. Vgl. auch Stöckli, in BR 2002, S. 4.

[1005] Vgl. bei Rz. 546 für die Beurteilung dieses Kriteriums durch ein kantonales Gericht.

[1006] BRK 9/00 E. 3; BRK 14/04 E. 3a/aa; Hubert Stöckli, BR 1999, S. 141.

werden müssen, dass der Preis mittels eines Quotienten in ein Verhältnis zum Total der bei den anderen Zuschlagskriterien erzielten Benotung gesetzt werden sollte[1007]. Ebenfalls hätte die Vergabebehörde die Konsequenzen des bei der Evaluation angewendeten Quotienten auf die relative Gewichtung der einzelnen Zuschlagskriterien und namentlich des Preises offenlegen müssen. Weiter hätte auch offengelegt werden müssen, welches Gewicht dem Preis zukommt. Aus den Akten und den Eingaben der Vergabebehörde nicht ersichtlich ist sodann, wann die Formel für die Bewertung des Kriteriums «Preis-/Leistungsverhältnis» festgelegt worden ist. (…) Im Hinblick darauf, dass die Festlegung des Quotienten erst die tatsächliche Gewichtung der verschiedenen Kriterien definierte, wäre es aber – abgesehen davon, dass nach dem Gesagten die Präzisierung des zu offenen Kriteriums «Preis-/ Leistungsverhältnis» den Teilnehmern vorab mitzuteilen gewesen wäre – äusserst problematisch, wenn die (interne) Definition des Quotienten erst nachträglich, eventuell sogar erst nach Eingang der Offerten, vorgenommen worden wäre[1008]. Angesichts der formellen Natur der vergaberechtlichen Regeln über die Zuschlagskriterien war der Zuschlag in casu jedenfalls aufzuheben ohne Prüfung der Frage, ob eine Kausalbeziehung zwischen Verfahrensfehler und erfolgter Zuschlagserteilung besteht[1009].

527 **3.** Fraglich ist, ob im Zuschlagskriterienkatalog das Kriterium «**Preis**»[1010] fehlen darf[1011]. Die BRK hat dies in einem einzigen sehr komplexen Dienstleistungsauftrag bejaht: In casu sei es nicht zu beanstanden, dass das wirtschaftlich günstigste Angebot unter Zugrundelegung eines festen Kostendaches ermittelt worden sei, indem im Submissionsverfahren lediglich nach der überzeugendsten (Sach-)Leistung gefragt worden sei[1012]. Dabei handle es sich quasi um das Gegenstück zur standardisierten Leistung nach Art. 21 Abs. 3 BoeB, wo ausschliesslich auf den Preis abgestellt werden kann[1013]. Ein Zuschlagskriterienkatalog ohne den «Preis» dürfte indes nur für absolute Ausnahmefälle und für andere komplexe Dienstleistungen gelten, bei denen – wie etwa bei Ingenieur- und Architekturwettbewerben – aus wirtschaftlicher Sicht die geschätzten Erstellungskosten der projektierten Anlage von viel grösserer Bedeutung sind als die Kosten des Ingenieurs bzw. Architekten für dessen eigene Leistungen. In der Praxis ist denn auch bei Architektur- und

---

[1007] BRK 25/05 E. 4b/aa/aaa.
[1008] BRK 25/05 E. 4b/aa/bbb.
[1009] BRK 25/05 E. 4b/aa/ccc; vgl. unten Rz. 921.
[1010] Vgl. zur kantonalen Praxis zum Zuschlagskriterium «Preis» unten Rz. 547 ff.
[1011] Vgl. dazu für den kantonalen Bereich unten Rz. 547.
[1012] BRK 3/01 E. 2c. Vgl. zur standardisierten Leistung oben Rz. 516.
[1013] ESSEIVA, in BR 2001, S. 153, ist der Auffassung, dass das Zuschlagskriterium «Preis» nie fehlen und dessen Gewichtung auch nie vernachlässigbar sein darf, wobei er als «limite inférieure» einen Wert von «rund 20 %» bezeichnet; besondere Überlegungen macht er sich im Zusammenhang mit dem Projektwettbewerb sowie dem Folgeauftrag.

Ingenieurwettbewerben der Preis der ausgeschriebenen Leistung (d.h. der Tätigkeit des Architekten oder Ingenieurs) zumeist überhaupt kein Wettbewerbskriterium[1014]. Bei *Gesamtleistungswettbewerben* stellt der Preis für die Ausführung des Projektes demgegenüber – anders als bei den Wettbewerben und gleich wie bei normalen Submissionen – ein in der Regel zwingendes Zuschlagskriterium dar, welches weder weggelassen werden noch nur eine unbedeutende Gewichtung aufweisen darf[1015]. Angesichts der besonderen Verhältnisse des Einzelfalles – komplexer und bezüglich Sicherheit heikler Auftrag, im Voraus nicht bestimmbarer Gesamtpreis – hat die BRK die Gewichtung des Kriteriums Preis mit bloss 10% in einer anderen Angelegenheit als noch im Ermessen der Vergabebehörde liegend qualifiziert: Es ging in casu um einen Dienstleistungsauftrag mit dem Projekttitel «Experten für Wagenprüfungen und Gefahrgutkontrolle»[1016]. Im Übrigen hat die BRK im Einklang mit dem Bundesgericht[1017] die Gewichtung des Preiskriteriums mit einem Wert von 20% selbst für komplexe Beschaffungen als grundsätzlich an der untersten Grenze des Zulässigen liegend qualifiziert. Die Gewichtung von «Preis» und «Betriebskosten» mit total nur 6,6% war daher unzulässig. Sodann ist auch eine Preisbewertungsmethode unzulässig, bei der nicht das preisgünstigste, sondern ein anderes Angebot beim Zuschlagskriterium Preis die beste Bewertung erhält. Es war daher klar willkürlich, dass die Vergabebehörde einem preislich doppelt so hohen Angebot als demjenigen der Beschwerdeführerin beim Kriterium Preis rund einen Drittel mehr Punkte zuteilte, auch wenn sie sich dafür auf die sog. «Gausssche Verteilung» berief[1018]. Eine zu niedrige Gewichtung des Preises bzw. der Investitionskosten verletzt den Grundsatz der Zuschlagserteilung an das wirtschaftlich günstigste Angebot und steht auch im Widerspruch zur Zielsetzung, die öffentlichen Mittel möglichst wirtschaftlich einzusetzen[1019].

4. Wird ein Submissionsverfahren nach gerichtlicher Aufhebung eines Zuschlagsentscheids durch die Vergabebehörde (teilweise) wiederholt, kann sich etwa das Bedürfnis der **Einführung eines zusätzlichen Zuschlagskriteriums** für das Wiederholungsverfahren ergeben. In diesem Sinne schrieb eine Vergabebehörde den beiden am Wiederholungsverfahren beteiligten Submittenten, es sei nicht auszuschliessen, dass die ergänzten Offerten in Bezug auf die bekannt gegebenen Zuschlagskriterien gleichwertig sein werden, weshalb der Zuschlag auf dasjenige Angebot falle, das den günstigeren Preis ausweisen werde. Dieses Vorgehen war zulässig, da das zusätzliche Zu-

---

[1014] WOLF, in BR, Sonderheft Vergaberecht 2004, S. 17. Ferner unten Rz. 547.
[1015] BRK 25/05 E. 3b/bb/bbb; E. 4b/bb.
[1016] BRK 02/05 E. 4d.
[1017] BGE 129 I 313 ff. sowie unten Rz. 573.
[1018] BRK 32/03 E. 4b, 4d.
[1019] BRK 25/05 E. 3a/bb.

schlagskriterium den Submittenten rechtzeitig bekannt gegeben wurde und ein geeignetes Mittel zur Vermeidung der in casu befürchteten Pattsituation darstellte[1020]. Kann die Vergabebehörde **sachliche Gründe** für eine **Änderung der Zuschlagskriterien** während des Vergabeverfahrens vorbringen, so verstösst eine solche grundsätzlich weder gegen das Transparenzgebot noch gegen den Gleichbehandlungsgrundsatz, wenn die Offerenten ihre Angebote nach Kenntnisnahme der geänderten Zuschlagskriterien einreichen können[1021].

529   **5.** Die BRK hat für das **offene** Verfahren die Frage, ob es zulässig sei, in den Katalog der **Zuschlagskriterien** auch **Kriterien einfliessen zu lassen, die ihrer Natur nach Eignungskriterien sind,** zunächst offengelassen[1022]. Mit Urteil vom 30. Juni 2004 wurde jedoch festgehalten, dass es zulässig sei «à certaines conditions, de prendre en considération des critères relevant matériellement de l'aptitude en tant que critère d'adjudication dans le cadre de marchés de service portant sur une prestation intellectuelle ne pouvant être d'emblée spécifiée avec précision et passés en procédure ouverte uniquement»[1023]. Im vorliegenden Fall konnte die BRK feststellen, dass sich die Vergabestelle in der konkreten Dienstleistungsbeschaffung bei der Zuschlagserteilung (auch) auf jene Kriterien stützen durfte, die materiell als Eignungskriterien zu qualifizieren sind. Die ausgewählten Kriterien samt ihrer Gewichtung und die von den Anbietenden vorzulegenden Beweismittel für die einzelnen Gesichtspunkte waren sodann korrekt zum Voraus publiziert worden. Schliesslich war die Gesamtheit der ausgewählten

---

[1020] BRK 20/00 E. 2b.
[1021] BRK 9/00. Die im Submissionsrecht einzuhaltenden Formalien dürfen einer im öffentlichen Interesse optimalen Durchführung von Beschaffungsgeschäften nicht im Wege stehen. Deshalb muss die Bindung der Vergabebehörden an die einmal festgelegten Rahmenbedingungen eines Beschaffungsgeschäfts Grenzen haben und es muss dementsprechend unter bestimmten Umständen zulässig sein, gemäss einer im Laufe des Vergabeverfahrens gewonnenen besseren Einsicht zu handeln und (etwa) eine sich bei den Zuschlagskriterien aufdrängende Änderung vorzunehmen. Kann die Vergabebehörde für eine solche Änderung gute Gründe vorbringen und gibt sie die Änderung so rechtzeitig bekannt, dass sie von den Anbietern in ihrem Angebot berücksichtigt werden kann, so ist dagegen submissionsrechtlich nichts einzuwenden. Vgl. auch BRK 3/02 E. 4e und BRK 4/02 E. 4e mit dem Hinweis auf Art. XIV Ziff. 4 lit. b ÜoeB, dessen ratio der Praxis der BRK zugrunde liegt. In diesem Sinne hat auch das Verwaltungsgericht des Kantons Bern festgehalten, dass selbst bei strengen Anforderungen an die Bekanntgabe der Zuschlagskriterien und deren Gewichtung einer Anpassung nichts entgegenstehe, wenn sich bekannt gegebene Unterkriterien oder ihre Gewichtung im Verlaufe des Vergabeverfahrens als nicht sachgerecht erwiesen; Voraussetzung sei allerdings, dass die Anbietenden in rechtsgleicher Weise auf die Änderungen aufmerksam gemacht würden und ihnen Gelegenheit eingeräumt werde, ihr Angebot den neuen Bewertungskriterien anzupassen (VG Bern: Urteil VGE 21294 vom 19. März 2002, E. 7c/bb). Vgl. zur Problematik bei Projektänderungen oben Rz. 494 ff.
[1022] BRK 15/03 E. 2 b/cc.
[1023] CRM 04/04 E. 4 lit. d/ee. Vgl. zur Begründung dieser Praxis die nachfolgend für die analoge Problematik beim selektiven Verfahren angestellten Überlegungen in Rz. 530.

Zuschlagskriterien geeignet zur Ermittlung des wirtschaftlich günstigsten Angebotes[1024].

Im Bereiche des **selektiven** Verfahrens hat die BRK festgehalten, dass die Eignungsprüfung im Rahmen der Präqualifikation abschliessend erfolgen müsse und eine erneute Prüfung von Eignungskriterien im Rahmen der Zuschlagserteilung unzulässig ist. Bei der Zuschlagserteilung darf nach der Praxis der BRK auch **keine Mehreignung** berücksichtigt werden[1025]. Das Gericht hat aber in Weiterentwicklung der Praxis zum selektiven Verfahren erkannt, dass **bei *Bau- und Dienstleistungsbeschaffungen*** die Leistungen zum Zeitpunkt des Vergabeentscheids noch nicht vorliegen und daher nicht unmittelbar beurteilt werden können, weshalb *die zu erwartende Qualität indirekt, anhand der Qualifikation des anbietenden Unternehmens beurteilt werden muss*. Im Lichte dieser Überlegung hat zwar die BRK im Interesse der Transparenz des Verfahrens trotzdem am **Verbot der Doppelprüfung der Eignung** festgehalten, jedoch zugelassen, dass *Sachverhalte, die sich auf die Organisation, das Personal und allgemein auf die fachliche und technische Leistungsfähigkeit der Anbietenden beziehen*, im Rahmen der Zuschlagskriterien berücksichtigt werden dürfen. Grundsätzlich dürfen aber bei den Zuschlagskriterien nicht dieselben Gesichtspunkte geprüft werden, die bereits im Rahmen der Eignungsprüfung berücksichtigt worden sind[1026]. So ist es z. B. möglich, im Rahmen der Eignungsprüfung den Gesichtspunkt der wirtschaftlichen Leistungsfähigkeit anhand der Zusicherung einer Erfüllungsgarantie sowie der Angabe von Massnahmen zur Minimierung einer allfälligen Insolvenz während der Auftragserfüllung zu prüfen. In casu waren im Rahmen der Eignungsprüfung darüber hinaus die Qualifikation des Anbieters bezüglich der ausgeschriebenen Arbeitsgattungen, die Fachkompetenz des Schlüsselpersonals, die Qualifikation der Anbieterorganisation sowie ein unternehmensbezogenes Qualitätsmanagement nachzuweisen. Im Wesentlichen ging es hierbei um die Erfahrung des Bewerbers aus vergleichbaren früheren Aufträgen sowie um das grundsätzliche Vorhandensein der erforderlichen Ressourcen. Beurteilt wurde also, ob der Anbieter grundsätzlich eine hinreichende Befähigung zur Auftragserfüllung aufwies, d.h. sowohl die geforderte Kompetenz als auch die wirtschaftliche und technische Leistungsfähigkeit besass. Im Rahmen der Eignungsprüfung nicht gefordert war hingegen ein konkretes, auftragbezogenes Bauprogramm. Ebenso

530

[1024] CRM 04/04 E. 4 lit. e/cc.; vgl. auch MOSER, BR Sonderheft Vergaberecht 2004, S. 77.
[1025] BRK 15/03 E. 2 b/cc. Die Frage der Berücksichtigung der Mehreignung bei der Zuschlagserteilung ist umstritten, vgl. dazu Rz. 359.
[1026] Hier unterscheidet sich die Praxis der BRK etwa von derjenigen des Zürcher Verwaltungsgerichts, das zulässt, «die Zuschlagskriterien im Voraus so festzulegen, dass sie auch Merkmale umfassen, die bereits bei der Eignungsprüfung geprüft wurden» (VG Zürich: VB.2001.00095 E. 2c und d).

wenig waren in der Präqualifikation konkrete projektbezogene Angaben zum vorgesehenen Einsatz der Mitarbeiter bzw. des Schlüsselpersonals und der Maschinen zu machen. Diese Aspekte wurden erstmals beim Zuschlag im Rahmen des Kriteriums «Personelle und technische Leistungsfähigkeit» bewertet; insofern konnte von einer unzulässigen Doppelprüfung nicht die Rede sein. *Auch steht bei diesen Gesichtspunkten das eingereichte Angebot als solches und nicht die Person des Anbieters im Vordergrund.* Den Umstand, dass die Schlüsselpersonen sowohl für die Präqualifikation als auch bei der Bewertung im Hinblick auf den Zuschlag von Bedeutung waren, hat die BRK nicht beanstandet, denn es liege in der Natur der Sache, dass dem bei einem Anbieter beschäftigten Schlüsselpersonal nicht nur für die Frage der grundsätzlichen Eignung, sondern auch im Hinblick auf die im Fall der Auftragsvergabe zu erwartende Qualität der Arbeitsleistungen eine wesentliche Bedeutung zukomme. Die beim Zuschlagskriterium «Personelle und technische Leistungsfähigkeit» geprüften Gesichtspunkte überschneiden sich somit nicht bzw. in Bezug auf das Schlüsselpersonal nur geringfügig mit den Aspekten, die für die Präqualifikation eine Rolle spielten[1027]. Nachdem auch weitere Zuschlagskriterien von ihrer Formulierung her eher auf Eignungskriterien schliessen liessen, prüfte die BRK auch diese unter dem Gesichtspunkt der unzulässigen Doppelprüfung der Eignung. Es zeigte sich dabei aus den ausführlichen und detaillierten Ausschreibungsunterlagen, dass die Zuschlagskriterien «Stellungnahme des Anbieters zum Bauprojekt», «Logistikkonzept», «Umsetzung der Umweltauflagen» und «Konzept zur Einhaltung der Sicherheitsbestimmungen» klar der konkreten Ausführung des Auftrags zuzuordnen waren und es sich dabei auch um Gesichtspunkte handelte, die bei der Eignungsprüfung nicht ebenfalls schon geprüft worden waren. In Bezug auf das Kriterium «Qualitätsmanagement» stellte die BRK fest, dass im Rahmen der Präselektion der Nachweis eines *unternehmungs*bezogenen Qualitätsmanagements zu erbringen war. Der Beurteilung des technischen Angebots hingegen (Zuschlagskriterien) wurde ein vom Anbieter – aufbauend auf den unternehmungsbezogenen QM-Systemen – für den konkreten Auftrag ausgearbeitetes *projekt*bezogenes Qualitätsmanagement zugrunde gelegt, was sich exakt aus den Ausschreibungsunterlagen ergab. Auch hier waren somit unterschiedliche, wenn auch verwandte Gesichtspunkte bei der Eignungs- bzw. der Zuschlagsprüfung beurteilt worden. Das Heranziehen eines projekt- oder baustellenbezogenen Qualitätsmanagements als Kriterium zur Beurteilung der Qualität des Angebots ist denn auch in der Praxis durchaus üblich und sachgerecht[1028].

[1027] BRK 10/04 E. 3a.
[1028] BRK 10/04 E. 3b–d.

6. Die **erfolgte Festsetzung** der massgeblichen Zuschlags- und Unterkriterien (samt Gewichtung) für die Beurteilung des wirtschaftlich günstigsten Angebotes ist bei der Zuschlagserteilung für die Vergabestelle und die Anbieter **verbindlich** und schränkt in diesem Sinne das der Vergabestelle zustehende **Ermessen** bei der Bestimmung des auszuwählenden Angebotes ein[1029]. So ist es z. B. unzulässig, bei der Fällung des Zuschlagsentscheids einen Gesichtspunkt in die Beurteilung der Angebote einfliessen zu lassen, der sich nicht aus den vorgängig publizierten Kriterien (Zuschlags- und eventuelle Unterkriterien) ergibt. Die Vergabebehörde hat die Angebote *ausschliesslich* nach den von ihr bekannt gegebenen Kriterien zu beurteilen. Unzulässig ist es somit, einzelne Kriterien beim Zuschlagsentscheid ausser Acht zu lassen, die Bedeutungsreihenfolge der Kriterien umzustellen, andere Gewichtungen vorzunehmen oder zusätzliche, nicht publizierte Kriterien heranzuziehen[1030].

531

In einem Fall ergab sich aus dem Evaluationsbericht der Vergabestelle, dass diese im Rahmen der Beurteilung der Offerten im Lichte des Zuschlagskriteriums «Berücksichtigung / Integration Umfeld» der «Neutralität am Markt» eine wesentliche Rolle zudachte, was für die Anbieter nicht erkennbar war und nur in Form eines Zuschlags- bzw. Subkriteriums als (zusätzliches) Beurteilungskriterium hätte eingeführt werden können, was aber die vorgängige Bekanntgabe desselben an die Anbieter vorausgesetzt hätte. Da dies mit Bezug auf den Gesichtspunkt «Neutralität am Markt» nicht geschehen war, war die Evaluation vergaberechtswidrig[1031]. *Eine Vergabebehörde handelt rechtswidrig, wenn sie den Zuschlagsentscheid nicht (ausschliesslich) aufgrund der bekannt gegebenen Zuschlags- bzw. Subkriterien und des ebenso vorgängig bekannt gegebenen (relativen) Gewichts eines jeden Kriteriums fällt*[1032].

532

7. Die Anbieter dürfen darauf vertrauen, dass die Vergabestelle die ausgewählten Beurteilungskriterien nach dem **gewöhnlichen Sprachgebrauch** versteht. Gegebenenfalls *muss* **die Vergabebehörde** in den Ausschreibungsunterlagen ein bestimmtes Kriterium (Zuschlags- oder Subkriterium) **näher umschreiben,** damit die Anbieter erkennen können, welchen Anforderungen ihre Angebote entsprechen müssen[1033]. Wenn in einer Dienstleistungsbeschaffung das Zuschlagskriterium «Verankerung am Markt» (ohne weitere Erläuterung) aufgeführt wird, sind darunter wohl die Anzahl der ausgefüh-

533

[1029] BRK 3/01 E. 2a; CRM 13/00 E. 2b; BRK 6/00 E. 2a.
[1030] BRK 3/01 E. 6; vgl. auch Verwaltungsgericht Zürich: VB.2003.00238 E. 4.4.3.
[1031] BRK 3/01 E. 6.
[1032] BRK 6/00 E. 2b. Vgl. dazu auch die Ausführungen sub Rz. 523.
[1033] Vgl. zur Pflicht der Definierung von Unterkriterien oben Rz. 523. Vgl. im vorliegenden Zusammenhang auch RECHSTEINER, in BR 2002, S. 65.

rten Projekte und der Kundenstamm, kaum aber bloss Beziehungen zu Branchenverbänden zu verstehen[1034]. Soll Letzteres genügen, so ist es zum Ausdruck zu bringen.

534 Die Anwendung des (im Zivilrecht entwickelten) **Vertrauensprinzips** auf die Zuschlagskriterien (sowie die Eignungskriterien), wie dies RECHSTEINER[1035] postuliert, ist zu unterstützen. Sein Beispiel mit dem unklaren Eignungskriterium «Referenzen gleichartiger Bauvorhaben» verdeutlicht im Interesse der Fairness und der Transparenz und mithin der Gleichbehandlung der Anbieter die Notwendigkeit der Schaffung von Unterkriterien zur Präzisierung der geplanten Anwendung des Kriteriums. Ist diese nicht erfolgt, so ist mit RECHSTEINER festzuhalten, dass es nicht angehen kann, wenn die Vergabebehörde ihren Entscheid hauptsächlich auf die Zahl der von den jeweiligen Anbietern angegebenen Referenzen abstützt mit der Folge, dass derjenige Anbieter, der am meisten Referenzen beibringt, am besten qualifiziert wird. Ein Anbieter, der sich auf die Eingabe einiger weniger, aber aussagekräftiger Referenzen beschränkt, obschon er an sich über eine mehrseitige Referenzliste verfügte, muss in seinem Vertrauen darauf geschützt werden, dass nicht die Anzahl der Referenzen, sondern das Vorhandensein einiger aussagekräftiger Referenzen über die Eignung entscheidet.

535 Es ist grundsätzlich zulässig, absolute **«Muss-Kriterien»**, auch etwa als sog. **«Killer-Kriterien»** bezeichnete Zuschlagskriterien, zu definieren[1036]. Bei Nichterfüllung eines solchen Zuschlagskriteriums durch einen Anbietenden wird das betreffende Angebot ungeachtet der Qualität des Angebots nicht weiter berücksichtigt. Grundsätzlich handelt es sich bei den Zuschlagskriterien jedoch um relative Gesichtspunkte, die im Hinblick auf den Zuschlag nach Massgabe der bekannt gegebenen Gewichtung im Rahmen einer gesamthaften Abwägung berücksichtigt werden. In letzterem Fall kann ein Anbieter auch dann noch für den Zuschlag in Frage kommen, wenn sein Angebot gewisse im Zuschlagskriterienkatalog erwähnte Anforderungen nicht erfüllt[1037].

536 Auch bei der Veranstaltung eines **Planungs- oder Gesamtleistungswettbewerbs** nach Art. 40 ff. VoeB müssen die Zuschlags- oder Wettbewerbskriterien nach der Praxis der BRK vollständig, klar und präzise formuliert und

---

[1034] BRK 3/01 E. 5a/ee.
[1035] BR 2001, S. 60.
[1036] Zwar wird in Art. 11 BoeB die Nichterfüllung von Zuschlagskriterien (im Gegensatz zu den Eignungskriterien, vgl. Art. 11 lit. a BoeB) nicht als Ausschlussgrund erwähnt, doch ist die Aufzählung nicht abschliessend.
[1037] BRK 24/03 E. 2c/cc.

den Bewerbern mitgeteilt werden[1038]. Bezüglich des Ermessensspielraums bei der Wahl der Zuschlagskriterien ist jedoch zu differenzieren, je nachdem ob ein Planungs- oder ein Gesamtleistungswettbewerb zur Debatte steht.

8. Die Vergabebehörde hat ihren Zuschlagsentscheid in einem **Evaluationsbericht**[1039] so zu dokumentieren, dass er für einen Dritten **nachvollziehbar**[1040] ist[1041] und dass insbesondere überprüft werden kann, ob die massgeblichen Beurteilungskriterien im Lichte der konkreten Offerten zum in Frage stehenden Zuschlag führen[1042]. Die BRK hat in einem Fall die Frage offengelassen, ob der von der Vergabebehörde erstellte Evaluationsbericht schon aus rein formalen Gründen zu beanstanden wäre, weil er die einzelnen Zuschlagskriterien nicht in der Reihenfolge ihrer Bedeutung zu gewichten schien, sondern nur einfach jedes Kriterium als solches bewertete, ohne eine Gewichtung vorzunehmen[1043].

537

Der Evaluationsbericht muss sich auch über die vorgenommene **Eignungsprüfung** äussern[1044]. In casu bestand Grund zur Annahme, es sei keine Eignungsprüfung durchgeführt worden, da diese *nicht dokumentiert worden ist*. Ein solches Vorgehen der Vergabebehörde verstösst gegen das Transparenzprinzip. Dies führte neben der Verletzung von Regeln über die Verhand-

538

[1038] BRK 25/05 E. 3b/bb/aaa; vgl. zum Planungs- und Gesamtleistungswettbewerb auch unten Rz. 539.
[1039] Vgl. zur Dokumentationspflicht der Vergabebehörden im Kanton Zürich unten Rz. 634 ff.
[1040] Die Nachvollziehbarkeit des Vergabeentscheids ist eine grundlegende Anforderung an jeden Vergabeentscheid, der auch in den Kantonen zu gewährleisten ist. Vgl. z. B. zum Kanton Zürich Rz. 635 ff.
[1041] FLAMME führt zum diesbezüglichen Entscheid der BRK (CRM 15/97) in der belgischen Fachpublikation «L'entreprise et le droit» (Nr. 3/2000) aus: «Le lecteur retiendra d'une part les critiques – fondées – adressées par le juge helvétique à au moins deux côtés défavorables attribuées fort à la légèrté par le pouvoir adjudicateur à la plaignante et, d'autre part, le ferme avertissement du juge à tous les pouvoirs adjudicatoirs de veiller à l'avenir à se ménager une trace écrite de leurs décisions officieuses internes ...» (Nachweis in BR 2000, S. 136). Vgl. auch STÖCKLI, BR 2002, S. 70, rechte Spalte: Der Autor fragt sich, ob die mangelhafte Dokumentation eines submissionsrechtlichen Entscheids in Beschwerdeverfahren noch geheilt werden könne, indem die Vergabestelle dort erstmals für Dritte nachvollziehbar auseinander setze, welche Gründe sie zu ihrem Entscheid bewogen hätten, und gelangt u.E. zu Recht zum Schluss, dass gegenüber einem solchen Vorgehen «Zurückhaltung» geboten sei: «Denn wo Entscheide überhaupt nicht dokumentiert werden, lässt sich ex post nicht mehr in rechtsstaatlich befriedigender Weise ermitteln, wie sie zustande gekommen sind und wie sie sich auf den weiteren Verlauf des Verfahrens ausgewirkt haben.»
[1042] BRK 3/01 E. 2 lit. b; BRK 6/00 E. 2a; RECHSTEINER, in BR 2002, S. 65, wo darauf hingewiesen wird, dass auch unbestrittene Fachkunde ein Vergabegremium nicht von seiner Pflicht entlastet, einen submissionsrechtlichen Entscheid zu begründen, und allfällige Differenzen mit Bezug auf die Beurteilungen einzelner Mitglieder des Gremiums wiederum nachvollziehbar zu bereinigen sind. Nützlich sind ferner die von RECHSTEINER im vorstehend genannten Text angegebenen Vorschläge über die möglichen Vorgehensweisen der Vergabebehörde im Evaluationsprozess.
[1043] BRK 1/00 E. 3 b; ferner BRK 014/04 E. 3.
[1044] Vgl. oben Rz. 358.

lungsführung durch die Vergabebehörde zur Gutheissung der Beschwerde[1045]. Die Teilnehmerauswahl im selektiven Verfahren muss transparent erfolgen, damit das Gericht den Auswahlentscheid im Lichte der Eignungskriterien überprüfen kann. Bei einer Beschränkung der Anzahl der zum Angebot zugelassenen Bewerber im selektiven Verfahren muss die Auswahl in einer objektiven, den Grundsätzen der Gleichbehandlung und Transparenz verpflichteten Weise erfolgen. In praktischer Hinsicht kommt insbesondere eine Bewertung mit Punkten anhand der Eignungskriterien mit anschliessender Rangierung in Frage[1046].

539 Ein Evaluationsbericht ist auch im Falle eines **Gesamtleistungswettbewerbs** erforderlich. Wie bei den gewöhnlichen Beschaffungen ist bei der Evaluation vorausgesetzt, dass die Gleichbehandlungs- und Transparenzgebote respektiert werden, und es muss sichergestellt sein, dass im Falle einer Beschwerde überprüft werden kann, ob die Jury eine individuelle Würdigung der Teilnehmer gestützt auf die einzelnen publizierten Kriterien vorgenommen hat und inwiefern die einzelnen Teilnehmer diese Kriterien erfüllten. Bezüglich Dokumentation der Evaluation werden die Möglichkeiten der klassischen Beurteilungsmethode (Punkteverteilung) oder eines detaillierten Protokolls der Beratungen der Jury, welches die Gründe für den Entscheid enthält, genannt[1047]. Wie bei allen Evaluationsberichten ist auch bei Wettbewerben die **Nachvollziehbarkeit** des Juryberichts und seiner Schlussfolgerungen auf die konkreten Beiträge im Lichte der massgeblichen Kriterien für die Rechtmässigkeit entscheidend[1048].

540 Das **Fehlen eines korrekten**[1049] **Evaluationsberichts** ist als formeller Mangel des Submissionsverfahrens und als Verletzung des Transparenzprinzips zu werten[1050].

541 Ob und inwieweit dem Anbieter **Einsicht in den Evaluationsbericht** gewährt wird, ist nach den allgemeinen Regeln über die Akteneinsicht zu beurteilen[1051].

542 **9.** Der Zuschlag ist den unberücksichtigt gebliebenen Anbietern gegenüber zu **begründen**[1052].

[1045] BRK 12/98 E. 2 d.
[1046] BRK 29/03 E. 3d/e.
[1047] BRK 25/05 E. 3b/cc. Vgl. auch unten Rz. 649.
[1048] BRK 25/05 E. 4c/bb.
[1049] BRK 1/00 E. 3 b.
[1050] BRK 12/98 E. 2 d.
[1051] GALLI, in BR 1999, S. 138. Vgl. auch unten Rz. 903.
[1052] Vgl. zur Begründung des Zuschlags unten Rz. 810 ff.

III. Im kantonalen Submissionsrecht

1. Auswahl und Rechtmässigkeit der Zuschlagskriterien

A. Im Allgemeinen

1. Die gewählten Zuschlagskriterien können nach der Praxis verschiedener Gerichte auch bereits teilweise als **Eignungskriterien** gedient haben[1053]. Die betreffenden (Eignungs-)Kriterien müssen im Hinblick auf die Verwendung als Zuschlagskriterium immerhin «ein sachliches Kriterium zur Beurteilung der Qualität» sein[1054]. Die Doppelprüfung der Eignung wird teils abgelehnt, teils zugelassen[1055].

543

2. Die für die Bestimmung des wirtschaftlich günstigsten Angebotes massgeblichen Zuschlagskriterien müssen nach Bündner Praxis **geeignet, fallbezogen und sachlich begründet** sein. Insbesondere dürfen sich die ausgewählten Kriterien **nicht diskriminierend**[1056] auswirken[1057]. Mit Bezug auf die Auswahl der Zuschlagskriterien sind die Gemeinden nach Thurgauer Praxis grundsätzlich in ihrem Ermessen frei. Bei der Auswahl der Kriterien sei darauf zu achten, dass das Gleichbehandlungsprinzip und das Diskriminierungsverbot eingehalten würden. Auch dürfe die Auswahl der Kriterien **nicht zu einem versteckten Protektionismus** führen[1058]. Zuschlagskriterien müssen nach Zürcher Praxis **inhaltlich bestimmt**[1059] sein. Ein Kriterium wie «Allgemeiner Eindruck der Offerte» sei derart unbestimmt, dass es sich als Leitlinie für den Zuschlag nicht eigne und keinen Beitrag zur Transparenz des Vergabeverfahrens leiste[1060]. Das Bewertungs- oder Benotungssystem muss nach Aargauer Praxis sachlich haltbar sein und auf alle Anbieter in gleicher Weise und nach gleichen Massstäben angewendet werden[1061].

544

[1053] Vgl. oben Rz. 381 ff., vgl. ferner Rz. 529 und 530.
[1054] VG Zürich: VB.2003.00237 E. 4.3.
[1055] Für den Bund Rz. 530, 359; vgl. ferner zur Problematik der Berücksichtigung der Mehreignung Rz. 380 ff.
[1056] Das Diskriminierungsverbot ist Bestandteil des Gleichbehandlungsgebots. Vgl. als Anwendungsbeispiel den unten in Rz. 610 wiedergegebenen Bundesgerichtsentscheid, wo die konkret gewählten Beurteilungskriterien bzw. ihre Gewichtung für vergaberechtswidrig bezeichnet wurden.
[1057] PVG 2000 13/72 E. 1. Vgl. auch oben Rz. 240.
[1058] TVR 1999, Nr. 24, S. 143.
[1059] Vgl. dazu auch etwa die Praxis der BRK, Rz. 526, wonach das Zuschlagskriterium «bestes Preis-/Leistungsverhältnis» als zu unbestimmt zu qualifizieren und ohne nähere Bestimmung als unzulässig anzusehen ist.
[1060] VG Zürich: VB.99.00026.
[1061] AGVE 1998, S. 397.

545   3. Die Frage der **Ausgestaltungsfreiheit der Vergabebehörde betreffend Zuschlagskriterien** hängt eng mit ihrer Ausgestaltungsfreiheit hinsichtlich der Ausschreibung und der Ausschreibungsunterlagen im Allgemeinen, insbesondere bezüglich Pflichtenheft, Leistungsverzeichnis und den besonderen bzw. allgemeinen Vertragsbedingungen zusammen[1062].

546   Ein Kriterium «**Preis-/Leistungsverhältnis**» ist als Zuschlagskriterium untauglich. Das Preis-/Leistungsverhältnis ist stets das Ergebnis einer Gewichtung verschiedener Zuschlagskriterien. Zur Bestimmung des wirtschaftlich günstigsten Angebots ist eine Gewichtung des Preises und eine Gewichtung der übrigen Zuschlagskriterien vorzunehmen und eine gesamthafte Bewertung zu treffen[1063].

B. Zuschlagskriterium Preis

a)   Im Allgemeinen

547   1. Das Zuschlagskriterium «**Preis**»[1064] kann nur bei der Beschaffung von standardisierten oder weitgehend standardisierten Gütern[1065] das allein massgebliche Kriterium bilden[1066]; bei anderen Beschaffungsgeschäften bildet es in den gesetzlichen Kriterienkatalogen nur eines von mehreren Kriterien, dem auch nicht ein grundsätzlich höheres Gewicht zukommt als diesen anderen Kriterien[1067]. Es ist Aufgabe der Vergabebehörde, die Gewichtung für sämtliche zur Anwendung gelangenden Zuschlags- (und allfälligen Sub-) Kriterien im Rahmen des ihr zustehenden Ermessensspielraumes[1068] festzulegen. Der *Verzicht auf das Zuschlagskriterium Preis* kann sich andererseits bei komplexen Beschaffungen ausnahmsweise rechtfertigen, wenn diesem für die Vergabestelle letztlich nur untergeordnete Bedeutung zukommt, wie

---

[1062] Vgl. dazu oben Rz. 239 ff.
[1063] VG St. Gallen: Urteil vom 19. Oktober 2006. Vgl. ferner zur Praxis der BRK oben Rz. 526.
[1064] Vgl. auch die Entscheide der BRK zu diesem Thema oben Rz. 527 ff.
[1065] Vgl. z. B. § 32 Abs. 2 VRöB, § 33 Abs. 2 SubmV/ZH oder für den Bund Art. 21 Abs. 3 BoeB. Vgl. zu einem Aargauer Fall, in welchem sich die Frage stellte, ob in casu eine standardisierte Leistung nachgefragt worden ist, oben Rz. 516.
[1066] Vgl. dazu VG Zürich: VB.2004.00477 E. 6 (2. Absatz), wo das Gericht in einem Beschaffungsgeschäft für nicht standardisierte Güter zu Recht die Zulässigkeit der folgenden drei Zuschlagskriterien als fraglich bezeichnet: «Vollständigkeit des Angebots; Preis; Vollständigkeit der Nachweise betreffend Eignungskriterien». Nur der Preis ist hier ein «eigentliches Zuschlagskriterium». Das Gericht hätte wohl die Zulässigkeit dieser Zuschlagskriterien verneint, musste aber die Frage nicht beantworten, da die Beschwerde bereits aus anderen Gründen gutzuheissen war.
[1067] Vgl. dazu auch unten Rz. 633 ff.; ferner Rz. 559 und 553.
[1068] Vgl. zu den unzulässigen Zuschlagskriterien unten Rz. 579 und 580 ff.; zur sachwidrigen Gewichtung von Zuschlagskriterien unten Rz. 586 ff. und zu den vergabefremden Zuschlagskriterien Rz. 589 ff.

dies etwa bei Architekturaufträgen der Fall sein kann: Von viel grösserer Bedeutung als das Architektenhonorar sind nämlich für die Vergabestelle die Erstellungskosten der projektierten Anlage, weshalb bei Architektur- und Ingenieurwettbewerben der Preis der ausgeschriebenen Leistung zumeist überhaupt kein Wettbewerbskriterium darstellt[1069]. Im Rahmen der Submission für das Abschleppen von falsch parkierten Fahrzeugen sowie Pannen- und Unfallfahrzeugen auf dem Gebiet der Stadt Zürich hat das Zürcher Verwaltungsgericht jedoch einen Zuschlagskriterienkatalog, der kein Kriterium «Preis» enthielt, zu Recht nicht zugelassen[1070].

2. Will die Vergabebehörde die Möglichkeit haben, im Rahmen des Preisvergleichs der Angebote für einen bestimmten Anbieter einen von diesem angebotenen **Skonto**[1071] berücksichtigen zu dürfen, so soll sie in den Ausschreibungsunterlagen den Anbietern zum Voraus bekannt geben, unter welchen Voraussetzungen sie vom eingeräumten Skonto Gebrauch machen würde, d.h. welche minimalen Zahlungsfristen vom Anbieter für die Inanspruchnahme des Skontos einzuräumen sind[1072/1073]. Genügend ist ferner, wenn die Ausschreibungsunterlagen allgemein die massgeblichen Zahlungsfristen bestimmen und die Gewährung von Skonti nicht ausschliessen; auch diesfalls können die sich an den vorstehenden Voraussetzungen orientieren-

548

[1069] WOLF, Der Angebotspreis, S.17 (rechte Spalte). Vgl. auch oben zur Praxis der BRK, Rz. 527, sowie zur abweichenden Auffassung von ESSEIVA (Fn. 1013 siehe bei Rz. 527).

[1070] Verwaltungsgericht Zürich: VB.2005.00155 E. 7.2.

[1071] Dieser besteht in einem vertraglich eingeräumten prozentualen Abzugsrecht vom Vergütungsbetrag, den der Auftragnehmer dem Auftraggeber für eine sofortige oder kurzfristige Bezahlung gewährt.

[1072] RECHSTEINER, in BR 2001, S. 59 ff. Die Vergabebehörde hatte in einem Beschwerdeverfahren, in dem es um die Frage ging, ob bei der Bewertung des Kriteriums Preis der vom Zuschlagsempfänger angebotene Skonto zu Recht mitberücksichtigt wurde, nachzuweisen, dass sie in der Lage ist, die konkret angebotene Skontofrist einzuhalten. Vgl. auch das Urteil des Kantonsgerichts VS in BR 2001, S. 69, gemäss welchem der Skonto (im Gegensatz zu den allfälligen Rabatten) nicht in die Preisvergleichstabelle aufzunehmen sei, da dieser Teil der Offerte eine Zahlungsbedingung darstelle und im Zeitpunkt der Erstellung der Vergleichstabelle noch nicht feststehe, ob der Skonto dereinst zum Tragen kommen wird. Vgl. ferner ESSEIVA (in BR 2001 S. 69, Nr. 22), welcher die Berücksichtigung des Skontos in der Preisvergleichstabelle befürwortet unter der Bedingung, dass der konkrete Anbieter den Skonto für die von der Vergabebehörde in den Ausschreibungsunterlagen dafür in Aussicht genommene Zahlungsfrist (also nicht für eine kürzere Zahlungsfrist) anbietet und Gewähr besteht, dass die Vergabebehörde diese Frist einhalten kann. Das Zürcher Verwaltungsgericht hält es dagegen für die Berücksichtigung des Skontos beim Preisvergleich für ungenügend, wenn ein Anbieter seine Voraussetzungen für die Inanspruchnahme des Skontos selbst definiert und erwartet werden kann, dass der Auftraggeber die Skontofrist werde einhalten können. Denn der Berücksichtigung von solchen Skonti beim Preisvergleich der Angebote steht einerseits das Gebot der Vergleichbarkeit der Offerten entgegen, ausserdem besteht auch die Gefahr, dass das Gemeinwesen nachträglich die Einhaltung der betreffenden Zahlungsfrist für möglich oder unmöglich bezeichnet, um damit Angebote einzelner Anbieter zu bevorzugen bzw. zu benachteiligen (VB.2004.00477 E. 4.2 in fine).

[1073] Vgl. auch zu den Tiefpreisangeboten (Unterangeboten) unten Rz. 711 ff.

den Skonti beim Preisvergleich berücksichtigt werden. Ein Ausschluss der Möglichkeit von Skontogewährungen in den Ausschreibungsunterlagen bzw. eine Beschränkung von deren Höhe ist jedoch ebenfalls zulässig. Wird ein Skonto beim Vorliegen vorstehend genannter Voraussetzungen angeboten, so ist im Hinblick auf dessen Berücksichtigung in der Preisvergleichstabelle nicht mehr zu prüfen, ob die Vergabebehörde den Zahlungstermin einhalten kann, denn die Anbieter müssen sich auf bekannt gegebene Zahlungsfristen verlassen können. Das Zürcher Verwaltungsgericht hält zutreffend fest, dass ein Skonto bei der Bewertung der Angebote dagegen nicht berücksichtigt werden darf, wenn er von Zahlungsmodalitäten abhängt, die nicht den Ausschreibungsunterlagen entsprechen. Denn diesfalls lägen Angebote vor, die nicht oder nur schwerlich miteinander verglichen werden könnten[1074].

549 **3. Von den Anbietern** *in ihren Angeboten*[1075] eingeräumte **Rabatte,** die bei Auftragserteilung bedingungslos gewährt werden, können hingegen in der Vergleichstabelle ohne weiteres berücksichtigt werden.

550 **4. Bietet ein vom Gemeinwesen betriebenes Unternehmen** oder ein solches, das erhebliche staatliche Finanzmittel erhält, so ist es namentlich aufgrund des Gleichbehandlungsprinzips geboten, die Kalkulation des Angebots zu überprüfen, um **Quersubventionierungen** beim Preisvergleich zu berücksichtigen. In der Tat wäre kein fairer Wettbewerb gegeben, wenn das öffentliche Unternehmen, welches als Anbieterin auftritt, bereits etwa gewisse Fixkosten gedeckt erhalten würde, weil ihm dies ohne Mehrleistung bei gleicher Leistung das Anbieten eines tieferen Preises ermöglicht[1076].

b) Benotung des Preises (Festlegung der Preiskurve)

551 1. Bei der Bewertung des Zuschlagskriteriums «Preis» gewährleistet die blosse Bekanntgabe der Gewichtung dieses Kriteriums noch nicht, dass die Angebotspreise der Offerten im Evaluationsverfahren im Verhältnis zu den anderen Zuschlagskriterien entsprechend bewertet werden. Denn je nachdem, wie hoch die **Bewertungsabzüge für höhere Angebotspreise im Verhältnis zum billigsten** erfolgen, spielt das Zuschlagskriterium «Preis» im Evaluationsprozess letztlich eine grössere oder eine kleinere Rolle, mithin wird die **effektive Gewichtung des Preises** durch die Art, wie diese Abzüge vorgenommen werden, u.U. wiederum verändert[1077]. Mit anderen Worten besteht beim Zuschlagskriterium «Preis» nur dann Trans-

---

[1074] Verwaltungsgericht Zürich: VB.2004.00477 E. 4.2 mit Hinweis auf RB 2003 Nr. 59.
[1075] Vgl. zum Verbot der nachträglichen Rabatteinräumung oben Rz. 443 ff., insbesondere Rz. 448 ff.
[1076] VG Zürich: Urteil vom 24. November 1999, in BEZ 2000 Nr. 9, S. 26 ff.
[1077] Vgl. dazu auch DENZLER, in BR, Sonderheft Vergaberecht 2004, S. 20 ff.

parenz, wenn die Vergabebehörde diesbezüglich nicht nur die Gewichtung des Kriteriums «Preis», sondern *zusätzlich* auch noch zum Voraus angibt, wie sie die Preisdifferenzen der Angebote zu bewerten gedenkt (**Benotung des Zuschlagskriteriums Preis**; in der Praxis auch oft «**Festlegung der Preiskurve**» genannt).

2. Die Praxis hat die vorstehend in Rz. 415 geschilderte Problematik erkannt. In den einzelnen Kantonen haben sich freilich verschiedene Lösungsansätze dazu herausgebildet. Nachfolgend wird zunächst auf die Rechtsprechung **einiger kantonaler Verwaltungsgerichte** (Ziffer 3, Rz. 553 ff.) eingegangen, alsdann auf jene des **Bundesgerichts** (Ziffer 4, Rz. 569 ff.).

3. a) Im Kanton **Zürich** hat das Verwaltungsgericht zur Problematik der Benotung von Preisdifferenzen im April 2004 ein Grundsatzurteil gefällt[1078]. Das Ziel der Festlegung der Preiskurve muss es sein, die Bewertung der Angebotspreise so zu bewerkstelligen, dass das im Voraus bekannt gegebene *Gewicht des Kriteriums bei der Evaluation auch tatsächlich zum Tragen kommt*. Die Zürcher Richter sind der Auffassung, die dargestellte Problematik lasse sich damit vermeiden, dass im Hinblick auf die Benotung des Preises eines jeden Angebotes auf eine von der Vergabebehörde *zum Voraus* zu definierende und von den tatsächlich angebotenen Preisen somit unabhängige «**realistische Preisspanne zwischen dem tiefsten und dem höchsten Angebot**» abzustellen sei. Dabei sei allerdings nur die prozentuale Bandbreite der für die konkrete Vergabe in Frage kommenden Preise, keinesfalls die Höhe der erwarteten Preise (im Voraus) zu nennen[1079]. Es ergibt sich daraus folgende Formel:

$$\frac{\textit{Tiefstes Angebot} + \textit{Preisspanne} - \textit{Beurteiltes Angebot}}{\textit{Tiefstes Angebot} + \textit{Preisspanne} - \textit{Tiefstes Angebot}} \cdot \textit{Gewichtung}$$

Die Vergabestelle könne (in den Ausschreibungsunterlagen) z. B. vorsehen, dass beim Kriterium Preis das niedrigste Angebot die Maximalnote und eines, das um einen bestimmten Prozentsatz darüber liege, die Note null erhalte. Zweckmässig sei dabei allenfalls auch der Hinweis, dass Preise, die noch höher lägen, nach der gleichen Skala mit einer Negativnote bewertet würden[1080]. Werde die Bandbreite erst nach dem Vorliegen der Angebote

---

[1078] VG Zürich: VB.2003.00469. Die neue Praxis wurde sodann im Entscheid VB.2005.00227 bestätigt.

[1079] Freilich relativiert die eigene Rechtsprechung des Zürcher Verwaltungsgerichts diesen sinnvollen Vorschlag, indem bisher nach zürcherischer Praxis die vorgängige Bekanntgabe der Gewichtung der Zuschlagskriterien nicht vorgeschrieben ist (vgl. dazu Rz. 625), was das Gericht selbst so festhält (VG Zürich: VB.2003.00469 E. 2.6).

[1080] Die dargestellte Benotungsmethode setzt – wie das Gericht selbst festhält – voraus, dass die Gewichtung der Zuschlagskriterien zum Voraus bekannt gegeben wird, was im Kanton Zürich nicht obligatorisch ist (vgl. dazu unten Rz. 625).

festgelegt, könnten auch die tatsächlich offerierten, ernsthaften Preise als Anhaltspunkte berücksichtigt werden. Bei der Ermittlung der Bandbreite stehe der Vergabebehörde – wie überhaupt bei der Bewertung der Angebote anhand der Kriterien – ein erhebliches Ermessen zu. Welche Bandbreite bei den Angebotspreisen realistischerweise erwartet werden kann, ist von der in Frage stehenden Beschaffung abhängig. So ist bei einfachen Bauarbeiten in der Regel mit einer geringeren Preisspanne zu rechnen als bei technisch anspruchsvollen Konstruktionen bzw. Dienstleistungen.

554 Im Urteil vom 5. Mai 2006[1081] hält das Gericht an seiner dargestellten Praxis fest und weist darauf hin, dass die Bewertung der Angebotspreise der zum Voraus bekannt gegebenen Gewichtung entsprechen müsse, damit diese tatsächlich zum Tragen komme; dies bedeute insbesondere, dass «auch beim Preiskriterium nur die tatsächlich in Frage kommende Bandbreite möglicher Werte zu berücksichtigen ist». Das Gericht erklärt sodann, dass im vorliegenden Fall die Gewichtung des Preises mit 80% nicht im Voraus bekannt gegeben, sondern in den Ausschreibungsunterlagen lediglich die Rangfolge der Kriterien aufgeführt worden sei, in welcher der Preis an erster Stelle stand. Die Anbieter hätten daher nicht mit einer bestimmten prozentualen Gewichtung des Preises rechnen können und hätten insofern keinen Anspruch auf Vertrauensschutz. Die Bewertung der Angebotspreise müsse bei dieser Sachlage lediglich gewährleisten, dass der Preis ein Gewicht erhalte, das der bekannt gegebenen Reihenfolge der Zuschlagskriterien entspreche. Ferner müssten die Gewichtung sowie die angewandte Bandbreite insgesamt in einem Bereich liegen, mit welchem die Vergabebehörde das ihr zustehende Ermessen für eine Beschaffung der beurteilten Art nicht überschreite. In casu gelangte das Gericht zu einer Abweisung der Rüge gegen die vorgenommene Preisbewertung, obschon diese offensichtlich gutgeheissen worden wäre, falls die betreffende Vergabestelle bei genau gleicher Fallkonstellation die Gewichtung des Preises (80%) zum Voraus bekannt gegeben hätte.

555 Der letztzitierte Entscheid des Zürcher Verwaltungsgerichts zeigt die Problematik: Hat die Vergabestelle die Gewichtung des Preises nicht zum Voraus bekannt gegeben, wozu sie nach der Zürcher Gesetzgebung[1082] (und auch schon entsprechender früherer Praxis des Verwaltungsgerichts) berechtigt ist, gewährleistet das Gericht den Rechtsschutz im Zusammenhang mit der Benotung des Zuschlagskriteriums Preis faktisch nicht (oder höchstens in

---

[1081] VG Zürich: VB.2005.00582 E. 5.2.
[1082] § 13 lit. m SubmV/ZH. Vgl. zu den Transparenzpflichten der Vergabestellen im Übrigen unten für Zürich Rz. 625 etwa im Vergleich zur Praxis des Verwaltungsgerichts Basel-Landschaft (Rz. 614), das den Vergabestellen vorschreibt, alle Zuschlagskriterien samt Gewichtung und Subkriterien bereits in der Ausschreibung bekannt zu geben.

Extremfällen, in denen die Gewichtung des Preises nicht einmal der bekannt gegebenen Reihenfolge der Zuschlagskriterien entspricht). Die Zürcher Praxis bestraft somit Vergabestellen, die sich freiwillig um Transparenz bemühen, mit einem strengeren Rechtsschutz und belohnt jene mit einem faktisch nicht bestehenden Rechtsschutz bezüglich der Preisbenotung, die sich auf das Minimum an Transparenz beschränken.

Immerhin hat das Gericht in einem Entscheid aus dem Jahre 2006 festgehalten, dass der nach Zürcher Recht zulässige Verzicht auf die vorgängige Bekanntgabe der Gewichtung der einzelnen Kriterien und damit auch der Wahl der Preisspanne die Transparenz und die Nachvollziehbarkeit des Vergabeentscheids beeinträchtigen könne. Dieser Gefahr sei durch höhere Anforderungen an die Begründung Rechnung zu tragen. Bezogen auf die Preisspanne bedeute dies, dass je ungewöhnlicher (besonders weit oder besonders eng) die gewählte Preisspanne sei, desto mehr sei eine triftige Begründung für diese Festlegung erforderlich. Begründe die Vergabebehörde die Wahl einer ungewöhnlichen Preisspanne nicht plausibel, überschreite sie ihr Ermessen. In diesem Fall wende das Gericht eine Spanne an, wie sie üblicherweise im Rahmen des Ermessens gewählt werden könne[1083]. 556

b) Mit der zürcherischen Praxis im Bereich der Benotung der Preise, nicht aber bezüglich Transparenz[1084] bei der Bekanntgabe von Zuschlagskriterien, Subkriterien und Gewichtung vergleichbar ist jene des **Aargauer Verwaltungsgerichts:** Letzteres setzt für die Zulässigkeit des von der Vergabestelle angewandten Preisbewertungssystems voraus, dass dabei der effektiven Preisspanne der eingereichten Angebote Rechnung getragen wird; Schutzangebote, die ohne Willen auf Zuschlag, aber zur Förderung der Position von Mitkonkurrenten abgegeben werden, werden nicht berücksichtigt, doch muss dafür zumindest ein diesbezüglicher Verdacht vorliegen. Ein solcher Verdacht wäre allenfalls dann in Erwägung zu ziehen und näher zu prüfen, wenn sich beispielsweise zehn Angebote innerhalb einer Bandbreite von 10–30% bewegen und das elfte Angebot als einziges um 70–80% teurer ist. Im vorliegenden Fall ging es um die Vergabe von Baumeisterarbeiten im Bereich Tiefbau. Für Vergaben dieser Art von Beschaffungsgeschäften sind Preisunterschiede von ca. 10–30%, nicht aber von 100% üblich. Vorliegend bewegten sich die (vergleichbaren) Angebote denn auch innerhalb einer Preisspanne von 40%. Bei einer Konstellation wie der vorliegenden, bei der sich die einzelnen eingereichten Angebotspreise über die gesamte Bandbreite hinweg relativ gleichmässig verteilen und das Höchstangebot auch nicht als Ausreisser im Sinne eines Schutzangebotes zu Manipulati- 557

[1083] VG Zürich: VB.2005.00602 E. 4.3.
[1084] Vgl. dazu unten Rz. 623.

onszwecken oder als offensichtliches Ergebnis eines unrichtigen Verständnisses der Aufgabenstellung durch den betreffenden Anbieter qualifiziert werden kann, handelt es sich nach Auffassung der Aargauer Richter um einen vom Verwaltungsgericht zu respektierenden Ermessensentscheid der Vergabebehörde, wenn diese das effektiv eingereichte teuerste Angebot mit 0 Punkten bewertet. Die Auffassung, die noch realistische Betrachtungsweise der Offerten bei Baumeisterarbeiten betrage ca. 30–40 % und Angebote, die darüber liegen würden, seien von vornherein nicht mehr seriös (und dürften daher beim Preis keine Punkte mehr erhalten und die Preisbewertung auch nicht beeinflussen), erscheine im Grundsatz zwar sachlich richtig. Letztlich hingen die tatsächlich eingereichten Angebotspreise aber auch vom jeweiligen zu vergebenden Auftrag ab; insofern lasse sich ein rein schematisches und allgemein verbindliches Festlegen einer Praxis, wonach bei Baumeisterarbeiten die Grenze für 0 Punkte stets bei einer Preisdifferenz von 30 bis maximal 40 % liege, nicht rechtfertigen. Massgeblich seien vielmehr die konkreten Umstände des jeweiligen Einzelfalles. Anhand derer sei zu prüfen, ob es im betreffenden Fall durch die verwendete Preisbewertungsmethode zu einer erheblichen Verschiebung der bekannt gegebenen Gewichtung der Zuschlagskriterien komme. Nachdem letzteres in casu nicht der Fall sei, sei das hier gewählte Preisbewertungssystem der Vergabestelle, welches das tiefste Angebot mit 100 und das höchste Angebot mit 0 Punkten bewertet habe, zulässig[1085]. **Unzulässig** sei eine Preisbewertungsmethode demgegenüber dann, wenn die Preiskurve so flach gewählt werde, dass beim Preis die Vergabe von weniger als der Hälfte der Punkte nur theoretisch in Betracht kommen könne, denn so werde die Gewichtung des Preises im Verhältnis zu den übrigen Kriterien gegenüber der publizierten Gewichtung verschoben. So erhielt nach einem anderen Preisbewertungssystem der teuerste Anbieter (immer noch) 42 von 70 möglichen Punkten. Damit betrage die tatsächliche Gewichtung des Preises nicht 70 %, wie in den Vergabeunterlagen angekündigt, sondern bloss 28 %. Dieses Preisbewertungssystem führe somit letztlich dazu, dass den Preisdifferenzen in den Angeboten bei der Bewertung im Verhältnis zu der in den Ausschreibungsunterlagen angegebenen Gewichtung viel zu wenig Rechnung getragen würde. Letztendlich müsse eben das gewählte Preisbewertungssystem die Gewichtung des Kriteriums Preis derart berücksichtigen, dass das im Voraus bekannt gegebene Gewicht bei der Offertevaluation auch tatsächlich zu Tragen komme[1086].

558 Grundsätzlich **unzulässig ist nach Aargauer Praxis sodann die nachträgliche Anpassung des Preisbewertungssystems** aufgrund der eingegangenen

---

[1085] VG Aarau: AGVE 2005, S. 225 ff.
[1086] VG Aarau: AGVE 2004, S. 229 ff.

Offerten[1087]. Eine solche nachträgliche Anpassung des Bewertungssystems liesse sich nach Auffassung der Aargauer Richter einzig dann rechtfertigen, wenn es aufgrund der Beibehaltung des ursprünglichen Bewertungssystems zu einer Verzerrung bzw. Verfälschung der bekannt gegebenen Zuschlagskriterien kommen würde[1088].

c) Das Kantonsgericht **Basel-Landschaft** bekennt sich ebenfalls zum Grundsatz, wonach die im Voraus anzugebende Gewichtung des Zuschlagskriteriums Preis[1089] in der Bewertung tatsächlich zum Tragen kommen und die tatsächlich in Frage kommende Bandbreite möglicher Offerten berücksichtigen muss[1090]. Das Gericht betont auch, dass die Anwendung eines sachlich nicht haltbaren Benotungssystems durch die Vergabebehörde[1091] einen Ermessensmissbrauch darstelle, der einer gerichtlichen Kontrolle zugänglich sei[1092]. Gleichwohl sei dieser «Benotungsschlüssel» nicht zum Voraus zu publizieren, um der Vergabestelle diesbezüglich noch ein gewisses Ermessen zu belassen[1093]. Das Gericht hat sodann verschiedene Grundsätze festgelegt, die für ein Preisbewertungssystem gelten würden, wovon die beiden folgenden: «Eine geeignete Methode besteht darin, dass sich die Benotung linear zwischen null Punkten für die teuerste Offerte bis zum Punktemaximum für die günstigste Offerte erstreckt. Allerdings beinhaltet diese Methode den Nachteil, dass, wenn nur zwei Offerten eingereicht werden, die teurere Offerte automatisch das Punkteminimum erhält ungeachtet des preislichen Abstandes von der günstigeren Offerte. Eine andere Lösung besteht darin, dass das Punkteminimum in Relation zur billigsten Offerte gesetzt wird (z. B. endet die Preiskurve bei der billigsten Offerte zuzüglich 20 %, dazwischen wird linear interpoliert).» «Die Gewichtung des Preiskriteriums darf eine gewisse Mindestgrenze nicht unterschreiten, wenn der Begriff des wirtschaftlich günstigsten Angebots nicht seines Gehalts entleert werden soll. Das Bundesgericht hat diese Untergrenze in BGE 129 I 313 ff. (vgl. dazu unten Rz. 573) bei 20 % festgelegt. Diese Grenze gilt selbst bei einem komplexen Dienstleistungsauftrag»[1094].

559

[1087] Aus derselben ratio decidendi ergibt sich auch, dass bei nachträglicher Festlegung der Preiskurve letztere genau so festgelegt werden muss, dass damit das bekannt gegebene Gewicht des Preises tatsächlich zum Tragen kommt, vgl. unten Rz. 566.
[1088] VG Aarau: AGVE 2003, S. 254 ff.
[1089] Vgl. dazu im Einzelnen unten Rz. 614.
[1090] VG Basel-Landschaft: Geschäft 2006-012 E. 7.
[1091] Sachlich nicht haltbar dürfte das Benotungssystem dann sein, wenn durch dasselbe die bekannt gegebene Gewichtung des Zuschlagskriteriums Preis verändert wird: Das Gericht führt im Entscheid 2006-012 E. 7 lit. e ausdrücklich aus, dass «das wirkliche Gewicht des Preiskriteriums, vorliegend 30 %, nicht abgeschwächt werden darf».
[1092] VG Basel-Landschaft: Geschäft 2006-012 E. 5 lit. e.
[1093] VG Basel-Landschaft: Geschäft 2006-012 E. 6.
[1094] VG Basel-Landschaft: Geschäft 2006-012 E. 7 lit. b.

560 Im konkreten Fall hat das Gericht das von der Vergabebehörde festgelegte Benotungssystem des Preises nicht mehr akzeptiert. Es hat erwogen, dass sich vorliegend die Preisofferten im Rahmen von ca. 45% über der billigsten Offerte bewegten, weshalb die von der Vergabestelle gewählte Preiskurve, die erst bei 100% über der billigsten Offerte 0 Punkte ergäbe, nicht mehr zulässig sei. Denn das effektive und den Anbietenden zum Voraus bekannt zu gebende Gewicht des Zuschlagskriteriums Preis werde damit in Wirklichkeit massiv reduziert, nämlich von den publizierten 30% auf rund 14%[1095].

561 d) Auch in der Praxis anderer Kantone wird betont, dass die Rechtmässigkeit der Benotung des Preises voraussetze, dass dieses Zuschlagskriterium seiner (den Anbietenden bekannt gegebenen) Gewichtung entsprechend in der Evaluation berücksichtigt wird. So betont etwa das Verwaltungsgericht **Graubünden,** die Bewertungsmethode dürfe nicht zu Ergebnissen führen, welche die Gewichtung der Zuschlagskriterien verwische oder gar in ihr Gegenteil verkehre. Insbesondere dürfe die Abstufung in der Benotung für teurere Objekte nicht so gewählt werden, dass sich die Preisunterschiede nicht oder nur wenig auswirken würden. Mit einer solchen Abstufung könne nämlich das Preiskriterium praktisch selbst dann umgangen werden, wenn ihm bei der Gesamtgewichtung der Kriterien ein hohes Gewicht zugemessen worden sei[1096]. Auch das Kantonsgericht **Wallis** beanstandete, dass in casu der Preis im Verhältnis zu den übrigen Zuschlagskriterien nicht seiner Gewichtung entsprechend in der Evaluation berücksichtigt worden sei. In der Tat war es nicht rechtmässig, dass sich Unterschiede beim Preis trotz der Gewichtung von 60% bei der Benotung nur geringfügig auswirkten, wogegen bei der mit nur 15% gewichteten Qualität geringfügige Unterschiede erhebliche Auswirkungen auf die Benotung zeitigten. Damit wird die unterschiedliche Gewichtung wieder rückgängig gemacht. Ein solches Vorgehen der Vergabestelle ist nach zutreffender Auffassung des Walliser Kantonsgerichts widersprüchlich, stellt eine Verletzung des Transparenz- und Gleichbehandlungsgebotes dar und ist im Ergebnis willkürlich[1097]. Der Kanton **Basel-Stadt** hat ein «Bewertungsmodell Basel-Stadt» entwickelt, welches namentlich die Nachteile der in der Praxis in diesem Zusammenhang ebenfalls gehandhabten linearen Abstufung beseitigen soll[1098]. Die

---

[1095] VG Basel-Landschaft: Geschäft 2006-012 E. 7 lit. d und e.
[1096] VG Graubünden: PVG 2002, S. 134, Nr. 37.
[1097] VG Wallis: ZWR/RVJ 2003, S. 71 ff.
[1098] Baudepartement des Kantons Basel-Stadt, Submissionsbüro. Öffentliches Beschaffungswesen, Gedanken zur Bewertung des Angebotspreises im Rahmen von öffentlichen Ausschreibungen, bei welchen der Zuschlag nicht ausschliesslich nach dem Kriterium des niedrigsten Preises erfolgt. Entwicklung eines Bewertungsmodells Basel als Diskussionsgrundlage, Basel, Januar 2002. Vgl. zum Preisbewertungsmodell Basel-Stadt WERNER SITZLER, Das Preisbewertungsmodell Basel-Stadt, in Baurecht, Sonderheft Vergabetagung 2004, S. 24 ff.

«Conférence Romande des Travaux Publics» hat in ihrem **«Guide Romand (…)»**[1099] ebenfalls ein Bewertungssystem entwickelt[1100].

e) Mit Bezug auf die Preisbewertung bzw. Preisbenotung ist im Lichte der kantonalen Praxis insbesondere Folgendes festzuhalten:

aa) Die Zielsetzung eines jeden Preisbewertungssystems muss es sein, dafür zu sorgen, dass die zum Voraus bekannt gegebene Gewichtung des Zuschlagskriteriums Preis bei der konkreten Benotung effektiv zum Tragen kommt. Dies ist der Fall, wenn die Bewertung innerhalb der effektiven oder zumindest einer realistischen Preisspanne erfolgt. Wie bei den anderen Zuschlagskriterien ist Transparenz eine zentrale Voraussetzung dafür, dass der Anbieter erkennen kann, ob eine faire Bewertung seines (Preis-) Angebots stattgefunden hat. Die vorgängige Bekanntgabe der Gewichtung des Zuschlagskriteriums Preis ist eine notwendige, aber keine hinreichende Voraussetzung für die Gewährleistung der Transparenz; die vorgängige Bekanntgabe der Gewichtung des Preises ist sogar Voraussetzung für die genügende Justiziabilität dieses Zuschlagskriteriums[1101].

bb) **Geltende Regeln in der Zusammenfassung:** Die Preiskurve wird in der kantonalen Praxis vor allem bezüglich des **Zeitpunktes,** zu welchem sie festgelegt wird, unterschiedlich gehandhabt. Entscheidend ist, ob das Preisbenotungssystem (auch Preiskurve genannt) im Voraus – also vor dem Eingang der Offerten – oder nach dem Vorliegen der Offerten festgelegt wird. Legt die Vergabebehörde die massgebliche Preisspanne zum Voraus fest, muss die Vergabebehörde die mutmassliche Bandbreite der künftigen Offerten schätzen. Liegen ihr die Offerten vor, so kennt sie diese Bandbreite oder Preisspanne demgegenüber ganz genau. Diese unterschiedliche Faktenlage muss für die Festlegung der für die Benotung massgeblichen Preiskurve praktische Auswirkungen haben.

aaa) Wenn die Vergabebehörde die massgebliche **Preiskurve im Voraus** festlegt, muss ihr für die vorzunehmende Schätzung ein angemessener Ermessensspielraum zugebilligt werden. Dies kann im Ergebnis bereits zu einer wesentlichen Veränderung der bekannt gegebenen Gewichtung führen.

bbb) Wird die **Preiskurve hingegen nachträglich** im Lichte der konkreten Angebote festgelegt, muss sich die Vergabestelle grundsätzlich an die

562

563

564

565

566

[1099] Vgl. dazu auch oben Rz. 99.
[1100] Vgl. zum Guide Romand z. B. den in Rz. 573 besprochenen Fall.
[1101] Vgl. dazu die oben Rz. 554 dargestellte Zürcher Praxis, bei der letztlich der Rechtsschutz bezüglich Preisbewertung auf besonders massive Fehlleistungen der Vergabebehörden beschränkt wird bzw. faktisch ganz entfällt, wenn die Gewichtung des Preises nicht vorgängig bekannt gegeben wurde, wozu die Zürcher Beschaffungsstellen weiterhin befugt sind.

effektive Bandbreite der Preise der eingereichten Angebote halten[1102]. Damit wird also im Normalfall[1103] erreicht, dass die festgelegte Gewichtung des Preises effektiv zum Tragen kommt, was – wie erwähnt[1104] – das Ziel der Preisbenotungssysteme ist.

567 ccc) Der Anbieter darf nach Treu und Glauben davon ausgehen, dass die Vergabebehörde die Preiskurve nachträglich festgelegt hat, wenn das Benotungssystem nicht im Voraus bekannt gegeben wurde. Macht eine Vergabebehörde trotz fehlender vorgängiger Bekanntgabe der massgeblichen Preiskurve geltend, sie habe diese dennoch vorgängig festgelegt und sie habe deshalb Anspruch auf einen Ermessensspielraum bei Festlegung der massgeblichen Preiskurve im Verhältnis zur effektiven Preisspanne, so ist sie dafür **beweispflichtig.**

568 ddd) Auch bei nachträglicher Festlegung der massgeblichen Preiskurve muss der Vergabebehörde bisweilen ein Ermessensspielraum zugebilligt werden. Das betrifft jene Fälle, in welchen die unveränderte Anwendung der Punkteverteilung im Rahmen der Preisspanne zu einem **unbilligen Ergebnis** führen würde. Letzteres ist etwa dann der Fall, wenn nur zwei Angebote eingereicht wurden, die preislich nahe beieinander liegen. Es kann diesfalls nicht richtig sein, dem einen Angebot die volle Punktezahl einzuräumen und dem nur leicht teureren Angebot überhaupt keine Punkte. Die Vergabestelle hat in solchen Spezialfällen viel mehr das Recht und die Pflicht, ein Benotungssystem festzulegen, das den besonderen Verhältnissen des konkreten Falles Rechnung trägt.

569 **4.** Im Hinblick auf den Beurteilungsrahmen, der den Vergabebehörden nach der Praxis des **Bundesgerichts** bei der Benotung des Zuschlagskriteriums Preis zur Verfügung steht, sei auf die in den Rz. 570–577 erwähnten Fälle verwiesen. Zu erinnern ist im Zusammenhang mit der bundesgerichtlichen Rechtsprechung daran, dass es sich dabei lediglich um **Minimalanforderungen** handelt, da das Gericht – zufolge der Natur der staatsrechtlichen Beschwerde, die inzwischen durch neue Rechtsmittel ersetzt wurde – nur eingriff, wenn die Verfassung verletzt war:

570 a) [1105]Die Beauftragte einer Vergabebehörde hat im Hinblick auf die Evaluation der Angebote für jedes Zuschlagskriterium eine **Note** festgelegt. Die Berechnung der Note für das Kriterium «Preis» nahm sie in der Art vor, dass

---

[1102] Vgl. zum analogen Problem der nachträglichen Änderung der Preiskurve oben Rz. 558.
[1103] Vgl. zu den Ausnahmen Rz. 568.
[1104] Rz. 563.
[1105] Den nachfolgenden Ausführungen liegt das Urteil des Bundesgerichts 2P.153/2001 vom 18. Oktober 2001 zugrunde; vgl. zu dem von der Gemeinde (Vergabebehörde) in derselben Sache geführten staatsrechtlichen Beschwerdeverfahren das Urteil 2P.154/2001 vom gleichen Tage.

sie das arithmetische Mittel der eingereichten Preisofferten ohne Berücksichtigung des teuersten und des billigsten Angebots berechnete und diesen Wert mit der Note 3 bewertete. Ein ausgehend von diesem Mittelwert um mindestens 15 % billigeres Angebot erzielte die Note 4 (= Maximalnote). Die gewählte **Evaluationsmethode** wurde vom Bundesgericht im konkreten Fall zu Recht als **vergaberechtswidrig** bezeichnet. Während die beiden bestplatzierten Offerten bei den übrigen Kriterien praktisch ebenbürtig waren, lagen ihre Preisangebote um 9 % (Fr. 196 725.–/ Fr. 215 000.–) auseinander, was indes bei diesem Bewertungsschema nicht zum Ausdruck kam, indem gleichwohl beide Anbieter für das Zuschlagskriterium Preis die Maximalnote 4 erhielten. Der Preis, der infolge gleicher Bewertung der Anbieterinnen in den übrigen Zuschlagskriterien hier den Ausschlag hätte geben müssen, konnte aufgrund des gewählten Evaluationsverfahrens seine selektive Funktion gar nicht mehr spielen, was nicht angehen konnte. Entgegen der Meinung der Vergabebehörde war hier zwingend dem billigeren Angebot der Zuschlag zu erteilen; eine wesentliche Preisdifferenz hat nach heute herrschender Lehre und Praxis auch **stets in einem Benotungsunterschied** der konkreten Angebote zum Ausdruck zu kommen[1106].

b) Das Bundesgericht hatte – der grundsätzlich kassatorischen Natur der staatsrechtlichen Beschwerde entsprechend – im Hinblick auf den Entscheid, ob ein Vergabegeschäft infolge einer nicht mehr akzeptablen Handhabung des Zuschlagskriteriums Preis an die Vergabebehörde zurückzuweisen sei, einen pragmatischen Ansatz gewählt: Bei der Beurteilung der Frage, ob das Zuschlagskriterium Preis im Rahmen der strittigen Evaluation gemäss der ihm zugeschriebenen Gewichtung berücksichtigt wurde (Zulässigkeit der gewählten **Preiskurve**), stellte das Gericht die konkrete Punktezuteilung in ein Verhältnis zu den Punktezuteilungen bei den übrigen Kriterien[1107]. In einer Beschaffung von Architekturdienstleistungen war das Kriterium Preis von der Vergabebehörde mit 20 % und jenes betreffend Lehrlingsausbildung mit 10 % gewichtet worden. Obschon das Gericht beide Gewichtungen angesichts des konkreten Falles (komplexe Dienstleistungsbeschaffung) an sich noch zugelassen hätte (das Preiskriterium liege aber an sich schon an der unteren Grenze der Zulässigkeit[1108]), bewirkte die Wahl der Preiskurve durch die Vergabestelle, dass der Preis bei der Evaluation letztlich nur noch ungenügend zum Tragen kam und die Behandlung des Zuschlagskriteriums Preis in casu somit vergaberechtswidrig war. Konkret bewirkte nämlich die von der Vergabebehörde angewandte Benotung für den Preis, dass das

571

[1106] Vgl. dazu auch Rz. 576.
[1107] BGE 129 I 323 ff., E. 8 und 9; vgl. zur Beurteilungsmethode des Bundesgerichts insbesondere auch a.a.O., E. 9.3.
[1108] BGE 129 I 327.

im Verhältnis zur Offerte der Zuschlagsempfängerin preislich um 18,5% günstigere Angebot der Beschwerdeführerin dafür nur gerade 0,59 Punkte bzw. nach Anwendung der Preiskurve der Beschwerdegegnerin gar nur 0,12 Punkte mehr zugeteilt erhielt als die Zuschlagsempfängerin, während diese für ihre Lehrlinge 3 zusätzliche Punkte gutgeschrieben erhielten.

572 Umgekehrt hat das Bundesgericht die im Rahmen einer Ingenieursubmission vom Bündner Verwaltungsgericht vorgenommene Höhergewichtung des Zuschlagskriteriums Preis von 40 auf 50% rückgängig gemacht. In einem Fall, in welchem die Fachkompetenz des Anbieters absolut vorrangig ist und auch die Gesamtprojektkosten beträchtlich beeinflussen kann, während der Preisunterschied der Angebote geringfügig ausfällt, ist es nicht unzulässig, andere Qualitätsmerkmale wie die Erfahrung für den Zuschlagsentscheid stärker in den Vordergrund zu rücken[1109]. Indem das Verwaltungsgericht die Ortskenntnisse[1110] als für den Zuschlagsentscheid grundsätzlich untauglich erklärt, die als besonders wichtiges Kriterium zu erachtende Erfahrung gänzlich ungeprüft gelassen und stattdessen eine gerade hier nicht zwingende Mehrgewichtung des Preises vorgenommen habe, sei es in Willkür verfallen[1111].

573 c) In einem Entscheid vom 21. Januar 2004[1112] hat es das Bundesgericht offengelassen, ob die Vergabebehörden in Weiterentwicklung des Transparenzgebots dazu zu verpflichten seien, bei der Behandlung des Zuschlagskriteriums Preis die zur Anwendung gelangende *Preiskurve* zum Voraus bekannt zu geben, denn in casu konnte der Verlauf derselben anhand eines in den Ausschreibungsunterlagen zur Verfügung gestellten Bewertungsmusters abgeschätzt werden. Dieses zeigte insbesondere, dass die von der Vergabebehörde gewählte Preiskurve relativ flach verlaufen würde. In casu ging es um komplexe Tiefbau- und Strassenbauarbeiten bezüglich Nationalstrassensanierung im Kanton Zug, wo neben dem Zuschlagskriterium Preis auch andere Kriterien wie Qualität, Termine und Umweltaspekte relevant waren. Das Bundesgericht hat in diesem Zusammenhang eine Gewichtung des Preises im Umfang von **20%** als unterste Grenze bezeichnet, ansonsten der Grundsatz, dass das wirtschaftlich günstigste Angebot den Zuschlag erhalte, seines Gehalts entleert werde[1113]. Vorliegend hat die Baudirektion den Preis auf 60% gewichtet, was für aufwendige Tiefbauarbeiten mit einem Auftragsvolumen von 35 bis 40 Mio. Franken nach Ansicht des Bundesgerichts im Rahmen

---

[1109] BGE 2P.46 und 47/2005 E. 5.2.
[1110] Vgl. zum gleichen Fall im Zusammenhang mit der angesprochenen Ortskenntnis die Ausführungen in Rz. 583.
[1111] BGE 2P.46 und 47/2005 E. 5.4.
[1112] BGE 2P.111/2003 E. 2.3.
[1113] BGE 129 I 313 E. 9.2, S. 327.

des Zulässigen liege. Damit habe die Baudirektion dem Kostenfaktor bei der Bewertung der einzelnen Angebote ausreichend Rechnung getragen, auch wenn die Preisunterschiede aufgrund des angewandten Systems zur Punkteverteilung abgeschwächt würden. Die konkrete Ausgestaltung der Preiskurve falle in das (weite) Ermessen der Vergabebehörde, welche dieses hier nicht verfassungswidrig ausgeübt habe. Das Bundesgericht verweist mit PICTET/BOLLINGER[1114] darauf, dass eine Vielzahl von Möglichkeiten zur punktemässigen Erfassung des Preises bestünde. Die Formel gemäss **Guide Romand,** die zu einer noch etwas flacheren Preiskurve als die vorliegend gewählte Methode führe, sei vom Bundesgericht zwar kritisch beleuchtet, aber – für sich allein genommen – ausdrücklich als zulässig erklärt worden; erst in Kumulation mit einer äusserst schwachen Gewichtung des Preises von lediglich 20 % seien die Ergebnisse als inakzeptabel erachtet worden[1115]. So könne man sich auch im vorliegenden Fall fragen, ob die verwendete Punkteskala, bei welcher ein Angebot, das eineinhalb Mal so teuer ist wie das billigste, immer noch die Hälfte der zu verteilenden Punkte erhalte, zweckmässig sei. Angesichts der Bedeutung, welche die Vergabebehörde dem Preis als Zuschlagskriterium mit einer Gewichtung von 60 % an sich geben wollte, wäre nach den Ausführungen des Gerichts eine etwas steilere Preiskurve vorzuziehen gewesen. Dies trotz der Gefahr, dass allenfalls massiv teurere Offerten, ungeachtet der zwischen ihnen bestehenden Preisunterschiede, allesamt keine Punkte mehr erhalten hätten; der Beschwerdeführerin sei insoweit zuzustimmen, als es nicht grundsätzlich unzulässig erscheine, wenn bei der Bewertung von Angeboten, die viel teurer als das billigste sind, hinsichtlich des Preises nicht mehr differenziert werden könne. Nachdem aber im Rechtsmittelstadium die Angemessenheit der Bewertung nicht mehr zu überprüfen sei, ändere das Gesagte nichts an der Tatsache, dass sich die verwendete Skala letztlich innerhalb des der Baudirektion zustehenden grossen Ermessensspielraumes halte und weder verfassungswidrig sei noch den Grundsatz des Zuschlags an das wirtschaftlich günstigste Angebot verletze.

Der Hinweis des Bundesgerichts darauf, dass die gewählte (flache) Preiskurve zu einer Reduktion der den Anbietenden zum Voraus bekannt gegebenen Gewichtung des Zuschlagskriteriums Preis von 60 % führe, bedeutet, dass dieses Kriterium in casu nicht seiner publizierten Gewichtung entsprechend bei der Evaluation berücksichtigt worden ist. Darin liegt ein **Ermessensmissbrauch,** wie das Verwaltungsgericht Basel-Landschaft zu Recht festhält[1116]. Das Bundesgericht scheint aber die Auffassung zu vertreten, dass – ange-

574

[1114] Aide multicritères à la décision: Aspects mathématiques du droit suisse des marchés publics in BR 2000, S. 63 ff.
[1115] BGE 129 I 313 E. 9.2, S. 327 f.
[1116] Vgl. dazu oben Rz. 559.

sichts seiner beschränkten Kognition – eine faktisch tiefere Gewichtung des Preises (als die bekannt gegebene) noch im (weiten Ermessen) der Vergabebehörde liege. Hier verkennt das Bundesgericht die Bedeutung des Transparenzprinzips (vgl. dazu auch den nachfolgenden Fall).

575 d) Eine Bewertungsmethode, die eine starke Abschwächung der Gewichtung des Preiskriteriums für den Zuschlag bewirkt, ist nach BGE 130 I 241 ff. unzulässig, wenn diesem Kriterium bereits an sich ein geringer Ausgangswert beigemessen wird (E. 6). Im vorliegenden Beschaffungsgeschäft von Ingenieurleistungen ermittelte die Vergabebehörde für die Leistungen einen mittleren Preis und benotete die Offertpreise ausgehend von diesem. Angesichts der Auswirkungen des konkreten Bewertungssystems auf die Benotung der tatsächlichen Preisunterschiede der Angebote hat das Bundesgericht festgehalten, dass im Lichte der ohnehin tiefen Gewichtung des Zuschlagskriteriums Preis dieses infolge der Art der Anwendung der übrigen Kriterien für den Zuschlag weiter an Bedeutung verliere, was insgesamt als willkürlich zu bezeichnen sei (a.a.O., E. 6). Willkürlich war sodann die Art der Berücksichtigung der Erstellungskosten des Werkes. Denn diesbezüglich ging die Vergabebehörde bei der Bewertung von einem von ihr ermittelten Mittelpreis aus. Ohne auf Einzelheiten der konkreten Benotungsmethode einzugehen, kann festgehalten werden, dass bei derselben sowohl Preisabweichungen gegen unten als auch solche gegen oben zu Punktereduktionen für den betreffenden Anbieter führten, wobei diese Abzüge bei über dem Mittelpreis liegenden Angeboten erst noch geringer ausfielen als bei billigeren (a.a.O., E. 7.1). Nach den Feststellungen des Bundesgerichts ging es der Vergabebehörde offenbar darum, **Unterangebote** schon bei der Offertevaluation zu bestrafen (a.a.O., E. 7.2). Ein solches Vorgehen sei nicht zulässig und setze zumindest voraus, dass dem betreffenden Anbietenden die Möglichkeit geboten werde, den von ihm angebotenen günstigen Preis zu rechtfertigen, zumal dann, wenn sein Angebot in technischer Hinsicht als gut bewertet werde (a.a.O., E. 7.3)[1117]. In casu komme noch dazu, dass das erwähnte Bewertungssystem nicht einmal gehörig zum Voraus bekannt gegeben worden sei (a.a.O., E. 7.4), weshalb offenkundig Willkür anzunehmen war (a.a.O., E. 7.5). Nachdem der Vertrag in casu mangels Gewährung der aufschiebenden Wirkung bereits abgeschlossen worden war, konnte allerdings nur noch die Bundesrechtswidrigkeit festgestellt werden (a.a.O., E. 8), weshalb das Urteil für den Beschwerdeführer angesichts der bestehenden Schadenersatzregelung[1118] wohl ein schwacher Trost war…

[1117] Vgl. auch unten Rz. 734.
[1118] Vgl. dazu unten Rz. 941 ff.

In submissionsrechtlicher Hinsicht steht nun fest, dass künftig nicht mehr über die Bewertung des Kriteriums Preis **Unterangebote** bekämpft werden dürfen; vielmehr ist das preislich tiefste Angebot bezüglich des Zuschlagskriteriums Preis stets auch am besten zu bewerten. Gegen Unterangebote kann die Vergabestelle nur mit anderen Massnahmen vorgehen[1119].

576

Eine Vergabestelle kalkulierte die zum Voraus bekannt gegebene Preisspanne in Prozenten nicht vom billigsten, sondern von einem bestimmten Tarifwert («ASTAG-Tarif» + 50%) aus. Die eingegangenen Angebote lagen preislich zwischen 0,65 und 0,94 Mio. Franken, wogegen für die nachgefragte Leistung nach dem ASTAG-Tarif knapp 1,5 Mio. Franken zu bezahlen waren. Zu Recht hat das Bundesgericht dieses Benotungssystem als willkürlich qualifiziert[1120].

577

C. Benotung der neben dem Preis bestehenden weiteren Zuschlagskriterien

Der Grundsatz, dass die Bewertungsmethode so zu wählen ist, dass die bekannt gegebene Gewichtung zum Tragen kommt, gilt nicht nur für das Preiskriterium, sondern auch für die Bewertung der übrigen Zuschlagskriterien[1121]. Das Zürcher Verwaltungsgericht hat nach dieser (zutreffenden) Regel einen Zuschlag aufgehoben, bei welchem die Vergabestelle für das Zuschlagskriterium «Nachweis von drei Firmen-Referenzobjekten» dem am besten beurteilten Angebot die Maximalnote erteilte und die Note 0 jenem Angebot mit der Hälfte der Maximalpunktezahl zuteilte[1122]. Es führte dazu noch aus: «Die vom Beschwerdegegner gewählte Bewertungsmethode, welche aufgrund genau umschriebener Kriterien Punkte zuteilt, ist korrekt. Wenn er indessen letztlich den Maximalwert dem besten Angebot (Maximalpunktezahl) zuordnet und den Minimalwert dem Angebot mit der Hälfte dieser Maximalpunktezahl, so stellt er nicht auf die Bandbreite der erzielbaren Punkte ab, sondern wählt eine Skalierung, welche allein den oberen hälftigen Punktebereich benotet. Alle Angebote, welche nur die Hälfte (oder weniger) der Maximalpunktezahl erreichen, werden mit 0 benotet. Dadurch wird das Gewicht der so bewerteten Zuschlagskriterien gegenüber der bekannt gegebenen Gewichtung deutlich erhöht, was nach dem Gesagten gegen das Erfordernis der Transparenz verstösst und unzulässig ist»[1123].

578

[1119] Vgl. dazu Rz. 570 sowie Rz. 711 ff.
[1120] BGE 2.P.70+71.2006 E. 6.
[1121] VG Zürich: VB.2006.00205 E. 5.2.2.
[1122] VG Zürich: VB.2006.00205 E. 5.2.1.
[1123] VG Zürich: VB.2006.00205 E. 5.2.2.

D. Grundsätzlich unzulässige Zuschlagskriterien

579 **1.** Gerade wegen der Pflicht zur Respektierung des Gleichbehandlungsgebots der Anbieter sind Zuschlagskriterien mit **strukturpolitischer Zielsetzung,** welche einzelne Konkurrenten oder Unternehmensgruppen bevorteilen, unzulässig[1124].

580 **2.** Unzulässig ist die Bevorzugung der **ortsansässigen Anbieter** und grundsätzlich[1125] auch die Berücksichtigung von **vergabefremden Kriterien**[1126]. In diesem Sinne sind nach Bündner Praxis Zuschlagskriterien klar unzulässig, welche eine (nicht gerechtfertigte[1127]) Bevorzugung von ortsansässigen Anbietern bewirken, was schon von Bundesrechts wegen gilt (Art. 3 und 5 BGBM)[1128]. Auch volkswirtschaftliche oder fiskalische Gründe (z. B. Lehrlingsausbildung[1129], Steuerdomizil, örtliche Arbeitsplätze, angemessene Verteilung der Aufträge) «sind **sachfremde** Kriterien, die nicht vom Submissionsrecht berücksichtigt werden dürfen»[1130]. Das Submissionsverfahren ist vom Prinzip der **Chancengleichheit** beherrscht; dem Grundsatz der Gleichheit der Bewerber kommt eine zentrale Bedeutung zu, weshalb **submissionsfremde Kriterien** im Verfahren keinerlei Beachtung finden dürfen. Ein fairer Wettbewerb ist möglich, wenn für alle Bewerber diesbezüglich die gleichen Voraussetzungen gelten. Wenn die Vergabestelle verpflichtet oder auch nur berechtigt wäre, bei einzelnen Anbietern submissionsfremde Gesichtspunkte mit zu berücksichtigen, wäre die Chancengleichheit von vornherein nicht mehr gewährleistet. Es käme dadurch zu Wettbewerbsverzerrungen[1131]. «Wenn der Gemeinderat ausführt, es handle sich um ortsansässige Firmen, welche Gewähr für seriöse Arbeiten böten, muss er sich

---

[1124] HAUSER, AJP 2001, S. 1407 bzw. 1408 und die dort (insbesondere Fn. 27 und 37) aufgeführten Zitate. In diesem Sinne bevorzugen Kriterien einzelne Anbieter, wenn ohne triftigen Grund die Kompatibilität mit dessen System verlangt wird (VG Zürich: VB.99.00026 E. 5c; AGVE 1998, 402 ff.).
[1125] Vgl. zu den ausnahmsweise zu berücksichtigenden vergabefremden Zuschlagskriterien (Lehrlingsausbildung und Ökologie) unten Rz. 589 ff.
[1126] Vgl. dazu zur Praxis der BRK oben Rz. 522 ff. Vgl. auch unten Rz. 582 ff. bzw. 589 ff.; ferner GAUCH/STÖCKLI, S. 22 f. Rz. 11.1.
[1127] Zu Verhältnissen, welche ausnahmsweise die geographische Nähe zum Beschaffungsobjekt als Zuschlagskriterium rechtfertigen: «Der Kundendienst und die Erreichbarkeit des Unternehmens stellen in solchen Fällen ein sachliches Vergabekriterium dar, in denen das erstellte Werk z. B. häufiger und regelmässiger Wartung oder einer dringenden, innert kürzester Zeit durchzuführenden Reparatur bedarf, um bestimmungsgemäss genutzt werden zu können. Dies ist z. B. bei Spitälern etwa bei elektronischen Einrichtungen, technischen Operationsgeräten oder dem Sauerstofflieferanten der Fall» (PVG 2000 13/72 E. 2a).
[1128] Statt vieler PVG 2000 13/72 E. 1. Vgl. auch oben Rz. 522.
[1129] Vgl. dazu aber unten Rz. 590 ff.
[1130] PVG 2000 13/72 E. 2a.
[1131] AGVE 1997, S. 353.

nicht wundern, wenn die Beschwerdeführerin von ‹Heimatschutz› spricht. Anders sieht es auch das (Thurgauer) Verwaltungsgericht nicht»[1132].

Bei der Auswahl der Zuschlagskriterien ist es der Vergabebehörde nach Zürcher Praxis grundsätzlich verboten, **sachfremde Kriterien** heranzuziehen, die für den konkreten Auftrag ohne Bedeutung sind; dazu zählen insbesondere regional-, steuer- oder strukturpolitische Überlegungen[1133]. Als unzulässig hat das Aargauer Verwaltungsgericht neben der Ortsansässigkeit auch die Berücksichtigung des Bürgerrechts oder die Steuerpflicht im Sprengel der Vergabebehörde eines Anbieters qualifiziert[1134].

581

Da nach Art. 5 Abs. 1 BGBM kantonale und kommunale Vorschriften Personen mit Niederlassung oder Sitz in der Schweiz bei der Zulassung zum öffentlichen Markt nicht benachteiligen dürfen, sind Vergebungsregeln, die auf den Wohnsitz oder die Geschäftsniederlassung abstellen, nicht weiter beachtlich[1135]. Die Distanz vom Geschäftssitz des Unternehmers zum Einsatzort ist nach freiburgischer Praxis als Zuschlagskriterium unzulässig[1136]. Der Ausschluss eines Angebots im Rahmen eines Projektwettbewerbs, an dem zwei Architekten entgegen den publizierten Regeln über die Teilnahmeberechtigung ohne entsprechenden Wohn- oder Geschäftssitz in der Gemeinde mitwirkten, ist unzulässig[1137]. Wie das Luzerner Verwaltungsgericht sodann zu Recht festhält, widerspricht diese geographische Begrenzung des Kreises der Anbieter dem Verbot der Bevorzugung einheimischer Anbieter. Das Kriterium des Wohnortes der Angestellten der offerierenden Unternehmungen ist nach Berner Praxis kein anerkanntes Auswahlkriterium. Es verstosse gegen Sinn und Zweck der Binnenmarktgesetzgebung, die den freien Marktzugang und die Gleichbehandlung ortsansässiger mit ortsfremden Anbieterinnen und Anbietern bezwecke (Art. 3 BGBM). Dazu komme, dass das vom Beschwerdegegner gewählte Auswahlkriterium objektiv nichts über die anbietende Unternehmung aussage[1138]. Das Kriterium «**Ortskenntnisse**» kann nach dem Zürcher Verwaltungsgericht zulässig sein, wenn es angesichts der Eigenart eines zu vergebenden Auftrags sachgerecht erscheint und nicht bloss vorgeschoben wird, um einen einheimischen Anbieter zu

582

[1132] TVR 1998, Nr. 28, S. 150.
[1133] VG Zürich: VB.2000.00391 E. 3b. Auch der Bundesrat hat in einer Antwort vom 30. September 2002 auf eine Interpellation von Nationalrat Pelli klar festgehalten, dass das öffentliche Beschaffungswesen kein Mittel zur Erreichung von regionalpolitischen Zielen und die Berücksichtigung regionalpolitischer Kriterien bei der Vergabe von öffentlichen Aufträgen entsprechend ausgeschlossen sei (Amtl. Bull. NR, 2002 IV, B, S. 444 f.).
[1134] AGVE 1997, S. 361; VG Aargau: Urteil BE.98.00401 vom 15. März 1999, E. 2c/bb; Urteil BE.98.00170 vom 3. September 1998, E. 3c (beide nicht publiziert).
[1135] EGV-SZ 1996, Nr. 56, S. 150 ff.
[1136] VG Freiburg: Urteil 2A 99 21 vom 23. März 2000, E. 7.
[1137] LGVE 2000 II, Nr. 17, S. 223 ff.
[1138] BVR 1998, S. 177 ff.

bevorzugen[1139]. Die sorgfältige Einpassung eines Verkehrskreisels und einer neu gestalteten Strasse in die Umgebung ist aber nach Zürcher Praxis ohne weiteres auch einem Anbieter möglich, der nicht über langjährige Ortskenntnisse als Gemeindeingenieur verfügt[1140].

583 Erfahrungen der Vergabestelle mit einem Anbieter bzw. dessen Objektkenntnisse sind nach St. Galler Praxis grundsätzlich zulässige Zuschlagskriterien[1141]. Die Ortskenntnis eines Unternehmers darf als Zuschlagskriterium berücksichtigt werden[1142]. Die Gewichtung vorgenannter Kriterien muss nach dieser Praxis gegenüber einem Mehrpreis nachvollziehbar begründet und verhältnismässig sein. Im konkreten Fall hat das Verwaltungsgericht verneint, dass der pauschale Hinweis der Vorinstanz auf die Objektkenntnisse eine Preisdifferenz von 10% aufheben könne[1143]. Indem die Vergabebehörde die **Ortsansässigkeit** (als ein grundsätzlich unzulässiges Eignungskriterium) im Rahmen der Zulassung zur Offertstellung berücksichtigte, verstiess sie gegen das fundamentale Gebot der Gleichbehandlung der Anbieter, wie das Zürcher Verwaltungsgericht zutreffend festgehalten hat[1144]. Das **Bundesgericht** hält die Berücksichtigung der **Ortskenntnisse** dann für zulässig, wenn dies sachgerecht ist. Nicht verlangt wird, dass sich diese als geradezu unabdingbar erweisen. Als nicht sachgerecht erachtete das Bundesgericht das Kriterium der Ortskenntnisse bei der Vergabe eines Kehrichtabfuhr-Auftrages[1145], weil es dort nur darum ging, dass ein Chauffeur sich an eine vorgegebene, relativ einfache und gleichbleibende Route halten musste. Bei einem Ingenieurauftrag für eine Gesamtmelioration sei die Ortskenntnis dagegen nicht ein bloss zum Schutz ansässiger Bewerber vorgeschobenes Kriterium. Vielmehr habe es hier seinen guten Sinn. Namentlich könne es sich als beträchtlicher – und bei der Vergabe zulässigerweise zu berücksichtigender – Vorteil erweisen, dass ein Bewerber die technischen Schwierigkeiten (z.B. zerklüftete und komplizierte Geländeverhältnisse im Landwirtschafts- und Berggebiet, Anpassungen der geplanten Bauten an unterschiedliche bestehende Werke) aus persönlicher Anschauung und vorherigen Arbeiten kenne. Das Bundesgericht verweist in seinen weiteren Erwägungen zur Berücksichtigung der Ortskenntnisse auch darauf hin, dass

---

[1139] VG Zürich: VB.2000.00391 E. 3d/aa. Ähnlich auch das Aargauer Verwaltungsgericht (AGVE 1998, S. 375 E. 6c).
[1140] VG Zürich: VB.2004.00305 E. 5.2.
[1141] Vgl. demgegenüber die berechtigten Einwände im Zusammenhang mit dem Kriterium «bisherige Erfahrung» bei HAUSER, AJP 2001, S. 1415.
[1142] Vgl. dazu die sinnvollen Einschränkungen gemäss Zürcher Praxis (vgl. oben Rz. 582 a.E.). Immerhin will das St. Galler Verwaltungsgericht hier über die anzuwendenden Gewichtungen quasi eine gewisse Korrektur herbeiführen, was indessen kaum sachgerecht ist.
[1143] GVP-SG 1999, Nr. 37, S. 109 ff.
[1144] VG Zürich: VB.1999.00359 E. 4 c/aa.
[1145] Vgl. zu jenem Fall unten Rz. 610.

diese im Verhältnis zu den übrigen im Einzelfall zur Anwendung gelangenden Kriterien verhältnismässig zu gewichten sind[1146].

Das **Zürcher** Verwaltungsgericht hat entschieden, dass **im Rahmen eines Einladungsverfahrens eine gewisse Bevorzugung ortsansässiger Anbieter insofern zulässig** ist, als es der Vergabebehörde erlaubt sei, für einen bestimmten Auftrag nur einheimische Unternehmer zur Einreichung einer Offerte einzuladen. Würden aber auch Anbieter aus anderen Regionen und Kantonen eingeladen, sei die Vergabebehörde ihnen gegenüber an das Gebot der Gleichbehandlung bzw. das Verbot der Diskriminierung gebunden[1147]. 584

Das Verwaltungsgericht des Kantons **Thurgau** hat im Rahmen einer **akzessorischen Normenkontrolle** eine «Heimatschutzklausel» (Regelung, die Einheimische bevorzugte) in einer kommunalen Submissionsverordnung wegen Unvereinbarkeit mit dem Nichtdiskriminierungsgebot und dem Gebot der Gleichbehandlung der Anbieter aufgehoben[1148]. Generell verstossen **Prozentklauseln** zugunsten einheimischer Anbieter gegen das BGBM und sind daher unzulässig[1149]. 585

E. Gewichtung der Zuschlagskriterien

1. Einen Ermessensfehler und damit eine Rechtsverletzung begeht die Vergabebehörde, wenn sie eine **sachwidrige Über- oder Unterbewertung** einzelner Kriterien vornimmt[1150]. 586

2. Gemäss Praxis des Bundesgerichts sowie der BRK ist das Zuschlagskriterium Preis grundsätzlich mit mindestens 20 % zu gewichten[1151]. 587

3. Im Lichte des Gleichbehandlungsgrundsatzes sowie des Grundsatzes der Nichtdiskriminierung ist die Freiburger Praxis zu beanstanden, welche es bei einer Preisdifferenz von weniger als 2 % (in casu Fr. 605.30 bei Angebotspreisen von rund Fr. 40 000.–) zulässt, dass bei der Bewertung des Angebotspreises die gleiche Note erteilt wird. Das Verwaltungsgericht führt dazu aus, dass es der Vergabebehörde bei gleichwertigen Angeboten nicht verboten sein könne, dem Umstand Rechnung zu tragen, dass ein Anbieter 588

[1146] BGE 2P.46 und 47/2005 E. 5.1.
[1147] VG Zürich: VB.2004.00305 E. 5.1; VB.2000.00391 E. 3c.
[1148] TVR 1998, Nr. 27, S. 142 ff.
[1149] WEKO-Sekretariat, BGBM-Informationsblatt vom 15. April 1999 und WAGNER, in BR 1999, S. 52.
[1150] HAUSER, AJP 2001, S. 1411 und S. 1420. Allgemein zur Bewertung des Kriteriums «Preis» bei der Bewertung der Angebote ESSEIVA, in BR 2002, S. 76.
[1151] Rz. 527 und 573.

seinen Sitz im Kanton hat und Personal, Material und Lieferungen aus der Region verwendet[1152].

F. Vergabefremde Zuschlagskriterien

a) Im Allgemeinen

589 Die Berücksichtigung von **Allgemeininteressen** in Beschaffungsgeschäften in Form von vergabefremden Zuschlagskriterien[1153] ist problematisch und setzt u.E. jedenfalls **eine Grundlage im anzuwendenden Submissionsrecht voraus**; Art. 3 BGBM definiert lediglich die Schranken für diese Regelungen. Eine solche gesetzliche Grundlage kann in den (in der Regel nur beispielhaften) Kriterienkatalogen erblickt werden, welche das geltende Submissionsrecht enthält[1154]. Die Zulässigkeit eines vergabefremden Zuschlagskriteriums setzt sodann voraus, dass das betreffende Kriterium – wie

---

[1152] VG Freiburg: Urteil vom 11. Juli 2000, E. 4 und 5.
[1153] HAUSER (AJP 2001, S. 1408) tritt bei der Festlegung von Zuschlagskriterien für eine weitgehende Berücksichtigung von Allgemeininteressen, d.h. von öffentlichen Interessen ein, «die nicht zwingend den Nutzen einer Leistung für das auftraggebende Gemeinwesen selbst zum Gegenstand haben», solange diese die Wettbewerbsneutralität nicht beeinträchtigen. Und selbst wo eine Beeinträchtigung der Wettbewerbsneutralität vorliegt, ist die Berücksichtigung von Allgemeininteressen nach Auffassung von HAUSER (insoweit diese im Verhältnis zu der dadurch bewirkten Marktzugangsbeschränkung überwiegend sind) nicht ausgeschlossen, «denn zahlreiche öffentliche Interessen wie z. B. raumplanerische, umwelt- und energiepolitische Interessen sowie der Arbeitnehmerschutz können eine Einschränkung der Wirtschaftsfreiheit rechtfertigen». Zur Stützung seiner Auffassung verweist HAUSER auch auf Art. 3 Abs. 2 BGBM, welche Bestimmung vorsieht, dass unter anderem der Schutz der natürlichen Umwelt sowie sozial- und energiepolitische Ziele öffentliche Interessen sind, die unter gewissen Voraussetzungen die Beschränkung des freien Marktzugangs für ortsfremde Anbieter rechtfertigen.
[1154] Diesbezüglich ist etwa darauf zu verweisen, dass das Bundessubmissionsrecht in Art. 21 Abs. 1 BoeB mit der Aufzählung des Kriteriums «Umweltverträglichkeit» zumindest einen Ansatzpunkt für die Berücksichtigung von Umweltschutzanliegen enthält, wenn auch der historische Gesetzgeber dieses Kriterium in einem sehr engen Sinne verstanden haben wollte (vgl. dazu oben Rz. 522); demgegenüber enthält das Bundessubmissionsrecht im Gegensatz zu verschiedenen kantonalen Regelungen keinerlei Hinweis darauf, dass auch etwa die Lehrlingsausbildung in den Zuschlagskriterien berücksichtigt werden könnte; insoweit würde diesbezüglichen Zuschlagskriterien zumindest im Bundessubmissionsrecht die gesetzliche Grundlage fehlen. HAUSER hält das Kriterium der Lehrlingsausbildung demgegenüber als einen im Allgemeininteresse stehenden Gesichtspunkt offenbar selbst bei Beschaffungen im Anwendungsbereich des BoeB für zulässig, obschon die Lehrlingsausbildung im Kriterienkatalog von Art. 21 Abs. 1 BoeB nicht figuriert, weist aber immerhin und zu Recht darauf hin, dass die Berücksichtigung dieses Kriteriums im internationalen Verhältnis gegenüber Anbietern aus Ländern, die kein Lehrlingswesen wie die Schweiz kennen, heikel ist, indem das Gebot der rechtsgleichen Behandlung dadurch in Frage gestellt würde. Zu Recht kritisch zur Möglichkeit der Berücksichtigung der Lehrlingsausbildung bei der Zuschlagserteilung äussert sich STÖCKLI (in BR 2000, S. 59 «Anmerkung zu S17–S18») auch mit Bezug auf die Vergaben im Anwendungsbereich des Konkordats.

alle Zuschlagskriterien – unter dem Gesichtswinkel der Gleichbehandlung und der Nichtdiskriminierung der Anbieter zu überprüfen ist und zwecks Vermeidung des Missbrauchs (Bevorzugung von Ortsansässigen) die sachliche Begründetheit des Kriteriums im Hinblick auf das konkrete Beschaffungsgeschäft gegeben sein muss[1155]. Schliesslich ist auch und gerade im Zusammenhang mit der Berücksichtigung von vergabefremden Zuschlagskriterien das Transparenzprinzip zu respektieren, indem etwa bei ökologisch motivierten Zuschlagskriterien definiert wird, welcher diesbezügliche Gesichtspunkt im konkreten Beschaffungsgeschäft wie bewertet wird[1156].

b) *Berücksichtigung der Lehrlingsausbildung*

1. § 33 Abs. 1 SubmV/ZH sieht die **Lehrlingsausbildung** als Zuschlagskriterium vor, wobei die Zulässigkeit des Kriteriums nach den Ausführungen des Zürcher Verwaltungsgerichts umstritten ist. Jedenfalls dürfe es aber beim Kriterium «**Anzahl der Lehrlinge**» nicht auf die absolute Zahl der Lehrlinge, sondern nur auf das Verhältnis in Bezug auf die Gesamtzahl der Beschäftigten ankommen, da andernfalls grosse gegenüber kleineren Firmen bevorzugt würden[1157].

590

Nach der Rechtsprechung des Zürcher Verwaltungsgerichts darf der Gesichtspunkt der Lehrlingsausbildung trotz seiner nicht am Nutzen des Angebots orientierten Zielsetzung als Zuschlagskriterium verwendet werden, wenngleich nur mit einer *untergeordneten* Gewichtung von **höchstens 10 %.** Das Gericht berücksichtigt damit den Umstand, dass die Lehrlingsausbildung im Katalog der möglichen Zuschlagskriterien in § 33 Abs. 1 SubmV/ZH ausdrücklich genannt wird. Anderseits ist es den Vergabebehörden nicht gestattet, *weitere* Kriterien mit sozialpolitischer Zielsetzung in konkreten Beschaffungsgeschäften zu berücksichtigen, die sich nicht auf den wirtschaftlichen Nutzen des Angebots beziehen und keine Merkmale der angebotenen Leistung darstellen. Eine «soziale Beschäftigungspolitik» eines Anbieters darf daher nicht – auch nicht anstelle der Ausbildung von Lehrlingen – berücksichtigt werden[1158]. Die Lehrlingsausbildung darf auch nicht als Unterkriterium für die Bewertung des leistungsorientierten Kriteriums «Qualität des Angebots» verwendet werden. Es hätte überdies ausdrücklich als Zuschlagskriterium bekannt gegeben werden müssen[1159].

591

[1155] Vgl. dazu auch GAUCH/STÖCKLI, S. 22 ff. Rz. 11.1 ff. und GALLI/LEHMANN/RECHSTEINER, S. 144 Rz. 467.
[1156] ESSEIVA, in BR 2000, S. 56.
[1157] VG Zürich: VB.2001.00215 E. 6. Diese Praxis wurde in VB.2005.00526 E. 6 bestätigt.
[1158] VG Zürich: VB.2003.00268 E. 4.3.
[1159] VG Zürich: VB.2006.00220 E. 6.

592 **2.** Im Kanton Aargau gilt die Lehrlingsausbildung trotz ihres an sich vergabefremden Charakters bei entsprechender (angemessener) Gewichtung als zulässiges Zuschlagskriterium[1160]. Indessen dürfe an sich vergabefremden Zuschlagskriterien wie der Lehrlingsausbildung kein «übermässiges» Gewicht zukommen. So sah es das Gericht in einem Fall als fragwürdig und nur noch knapp im Ermessen der Vergabestelle liegend an, dass den beiden submissionsfremden Kriterien «Umwelt» und «Lehrlingsausbildung» gemeinsam ein Gewicht von rund 43% zukam, zumal die «Lehrlingsausbildung» in der Reihenfolge noch vor dem Preis rangierte[1161].

593 **3.** Demgegenüber ist das Zuschlagskriterium «Lehrlingsausbildung» nach Thurgauer Praxis an sich unzulässig. Ob es dann herangezogen werden könne, wenn sich bezüglich der übrigen Kriterien gleichwertige Angebote gegenüberstünden, könne offengelassen werden[1162].

594 **4.** Das Zuschlagskriterium der Lehrlingsausbildung ist nach Auffassung des Freiburger Verwaltungsgerichts zulässig, wenn es in den Ausschreibungsunterlagen enthalten war und wenn ihm für die Zuschlagserteilung eine untergeordnete Bedeutung zukommt. Es könne bei ansonsten gleichwertigen Angeboten den Ausschlag geben[1163].

595 **5.** Das Kantonsgericht Wallis hat festgehalten, unter dem Gesichtspunkt der Wirtschaftlichkeit des Angebots erscheine es als nicht ganz unproblematisch, die Lehrlingsausbildung beim Zuschlagskriterium «Qualifikation Anbieter» zu berücksichtigen[1164]. Die Lehrlingsausbildung **kann kein Eignungskriterium sein**[1165].

596 **6.** Das Bundesgericht hat die Frage, ob die Lehrlingsausbildung als Zuschlagskriterium zur Anwendung kommen könne, offen gelassen. Es ist jedenfalls nicht willkürlich, dass das Walliser Kantonsgericht erkannt hat, dem Kriterium Lehrlingsausbildung sei im Verhältnis zum Zuschlagskriterium Preis von Seiten der Vergabestelle ein allzu grosses Gewicht zugemessen worden. Insbesondere war auch die Annahme des Kantonsgerichts nicht willkürlich, wonach die Vergabestelle im Hinblick auf die Evaluation des Zuschlagskriteriums Lehrlingsausbildung nicht die Anzahl Lehrlinge einer als Arbeitsgemeinschaft auftretenden Anbieterin zusammenzählen

---

[1160] AGVE 2001, S. 342 ff., insbesondere S. 345.
[1161] VG Aargau: Urteil BE.99.00179 vom 15. September 1999, E. 3 (nicht publiziert). Vgl. auch ELISABETH LANG, ZBl 2002, S. 470.
[1162] TVR 2000, Nr. 30, S. 143 f.
[1163] VG Freiburg: Urteil vom 21. September 2001.
[1164] KG Wallis: Urteil A1 00 52 vom 8. November 2000, E. 5.3.
[1165] Oben Rz. 364; vgl. auch BGE 129 I 325.

durfte, denn mit diesem Vorgehen wären die als einzelne Firma auftretenden Anbieter rechtsungleich behandelt worden[1166].

c)   Umweltschutzkriterien

1. Das Zürcher Verwaltungsgericht hatte zu prüfen, inwiefern **Umweltschutzkriterien** die Bevorzugung eines Anbieters rechtfertigen können, und führte dazu aus:

«Ökologische Anforderungen können zunächst *Eigenschaften eines Produkts bzw. einer Dienstleistung* betreffen, welche für deren Einsatz am Ort der Verwendung von Bedeutung sind. Dazu gehören etwa Anforderungen betreffend den Wärmedämmwert oder den Schadstoffgehalt von Baumaterialien. Die Berücksichtigung von Umweltaspekten dieser Art ist nach den genannten Bestimmungen zulässig, sofern die Voraussetzungen von Art. 3 BGBM respektiert werden und insbesondere keine verdeckte Privilegierung ortsansässiger Gewerbetreibender damit verbunden ist»[1167].

In der Tat ist bei der Festlegung der massgeblichen Zuschlagskriterien die Zulässigkeit der Berücksichtigung von Umweltschutzaspekten, welche sich *unmittelbar* auf die nachgefragte Leistung auswirken oder diese betreffen, unbestritten[1168].

2. a) Umstritten ist dagegen die Zulässigkeit der Berücksichtigung von Zuschlagskriterien, welche die **Produktionsbedingungen des nachgesuchten Beschaffungsgegenstandes** bewerten:

Das Zürcher Verwaltungsgericht erklärt, es sei gestützt auf das ÜoeB im internationalen Verhältnis zweifelhaft, ob einem Anbieter die Produktionsbedingungen an seinem Heimatstandort entgegengehalten werden könnten. Im Zusammenhang mit Art. XXIII Ziff. 2 ÜoeB, wonach Massnahmen zum Schutz der Gesundheit von Menschen, Tieren und Pflanzen getroffen werden könnten, sofern diese zu keiner willkürlichen oder ungerechtfertigten Diskriminierung oder zu einer versteckten Beschränkung des internationalen Handels führten, müsse nach der Rechtspraxis der GATT/WTO-Instanzen zu analogen Bestimmungen anderer Vertragswerke angenommen werden, dass Art. XXIII Ziff. 2 ÜoeB primär auf umweltrelevante Auswirkungen eines Produkts oder einer Dienstleistung im importierenden Staat ausgerichtet sei. Einschränkungen mit Bezug auf Produktionsmethoden im Herkunftsstaat seien regelmässig für unzulässig erklärt worden. «Können aber Offerten

---

[1166] BGE 129 I 326 E. 8.4.
[1167] VG Zürich: VB.1998.00369 E. 3b.
[1168] Art. 3 Abs. 1 lit. b BGBM. HAUSER, AJP 2001, S. 1416; vgl. auch SUBILIA-ROUGE, S. 214 ff. mit weiteren Hinweisen sowie ausführlich HAUSER, URP 2002, S. 341 ff.

ausländischer Anbieter wegen ihrer Produktionsmethoden im Herkunftsland nicht von der Vergabe ausgeschlossen werden, rechtfertigt es sich auch nicht, Angebote schweizerischer Hersteller, die immerhin den hierzulande geltenden Umweltschutzvorschriften unterstehen, nach einem strengeren Massstab zu beurteilen.» Eine Überprüfung des Herstellungszyklus eines Produkts sei im Submissionsverfahren in der Regel auch rein praktisch nicht möglich. Anders sei es in der Regel nur dann, wenn für eine bestimmte Kategorie von Produkten oder Dienstleistungen einheitliche und anerkannte Zertifikate bestünden[1169]. Bei der **Beschaffung von Holzschnitzeln zu Heizzwecken** sei es **demnach unzulässig,** die Herkunft des Holzes aus einem «besonders naturnahen und artenreichen Waldbiotop» zugunsten des betreffenden Lieferanten zu berücksichtigen, weil es dabei um Gesichtspunkte des **Herstellungsprozesses** dieses Holzes gehe, was im Submissionsverfahren als sachfremdes Kriterium zu qualifizieren sei[1170].

601 b) Insofern Zuschlagskriterien, welche die ökologischen Aspekte der **Produktionsbedingungen am Heimatstandort des Anbieters** betreffen, geeignet sind, der Umsetzung des ins Auge gefassten Umweltschutzinteresses wirkungsvoll zu dienen und insofern sie diskriminierungsfrei bzw. wettbewerbsneutral ausgestaltet sind, ist gegen ihre Berücksichtigung gerade im Lichte des Binnenmarktgesetzes u.E. nichts einzuwenden. § 23 lit. f aVRöB bestimmte ausdrücklich, dass ein Anbieter oder eine Anbieterin von der Teilnahme ausgeschlossen werden kann, wenn er oder sie sich bei der Produktion nicht an Vorschriften über den Umweltschutz hält, die mit denjenigen am Ort der Ausführung vergleichbar sind[1171]. A fortiori sind auch entsprechende Zuschlagskriterien zulässig. Klar ist, dass für die Vergabebehörden tatsächlich oft praktische Schwierigkeiten bestehen können, den Herstellungszyklus von Beschaffungsgegenständen überhaupt zu überprüfen. Wenn in solchen Fällen von der Berücksichtigung der diesbezüglichen Umweltaspekte abzusehen ist, heisst dies nicht, dass auch in anderen Fällen so zu verfahren ist. Auch in international-rechtlicher Hinsicht ist sodann darauf zu verweisen, dass der Schutz der natürlichen Umwelt im GATT-Recht anerkannt ist[1172]. Die Praxis der WTO-Organe, welche mit Umweltschutz begründete handelsbeschränkende Massnahmen im Anwendungsbereich des GATT als unzulässig

---

[1169] VG Zürich: VB.1998.00369 E. 3c.
[1170] VG Zürich: VB.1998.00369 E. 4.
[1171] In § 27 VRöB ist die Bestimmung allerdings im Beispielkatalog gestrichen worden.
[1172] Art. XXIII Ziff. 2 ÜoeB umfasst nach herrschender Lehre u.a. den Umweltschutzaspekt, und auch aus den Präambeln sowohl des ÜoeB als auch des Abkommens vom 15. April 1994 zur Errichtung der Welthandelsorganisation (SR 632.20) und aus Art. 31 des Wiener Übereinkommens über das Recht der Verträge vom 23. Mai 1969 (SR 0.111) ergibt sich, dass der Umweltschutz zu den international anerkannten Zielen im Welthandel gehört (HAUSER, AJP 2001, S. 1416 mit verschiedenen Verweisen auf weitere Belegstellen).

bezeichnet, enthält ferner unter den vorgenannten Voraussetzungen (sowie unter zusätzlicher Beachtung des Verbots der ungerechtfertigten Beschränkung des internationalen Handels[1173]) keine Schlussfolgerungen, welche die Berücksichtigung von umweltrechtlich motivierten Zuschlagskriterien im Zusammenhang mit dem Herstellungsprozess des Beschaffungsgegenstands als grundsätzlich unzulässig erscheinen lassen würden[1174].

3. Umstritten ist sodann, inwiefern die **Transportwege** bei der Ausgestaltung der Zuschlagskriterien Berücksichtigung finden dürfen.

Die Praxis zu dieser Frage ist uneinheitlich; dazu folgende Beispiele:

Ein Abstellen auf die **Transportwege,** welche ein Produkt von seinem Anbieter bis zum Verwendungsort zurücklegt, ist nach Auffassung des Zürcher Verwaltungsgerichts unter dem Aspekt der Gleichbehandlung auswärtiger Anbieter höchst problematisch, da dieses Kriterium eine direkte Benachteiligung der weiter entfernt gelegenen Anbieter mit sich bringe[1175]. Das Gericht erachtet im vorgenannten Entscheid sodann «die Distanz zum Anwender» im Lichte des GATT-Rechts, des Binnenmarktgesetzes, aber auch der meistens gegebenen praktischen Unmöglichkeit, im Rahmen eines Submissionsverfahrens nur schon die transportbedingten Umweltschutzaspekte umfassend zu beurteilen, als **grundsätzlich unzulässiges** Zuschlagskriterium. Vorbehalten bleiben diesbezüglich Fälle, in welchen der «erforderliche Transportaufwand im Vergleich zur angebotenen Leistung als völlig unverhältnismässig erscheint» oder «wenn von den fraglichen Transporten erhebliche Auswirkungen auf die lokale Umweltbelastung (z. B. Luft- und Lärmbelastung) zu erwarten sind»[1176]. In einem Entscheid aus dem Jahre 2006 hat das Zürcher Verwaltungsgericht in Fortschreibung seiner Praxis festgehalten, dass die Verwendung des Anfahrtsweges als Zuschlagskriterium eine Beschränkung des Marktzuganges sei, die gemäss Art. 3 i.V.m. Art. 5 BGBM nur zulässig sei, wenn sie zur Wahrung überwiegender öffentlicher Interessen unerlässlich und überdies verhältnismässig sei (Art. 3 Abs. 1 lit. b und c BGBM). Ein kurzer Anfahrtsweg könne z.B. dann als sachlich gerechtfertigtes Kriterium gelten, wenn für den fraglichen Auftrag ein **Pikettdienst** mit kurzen Reaktionszeiten notwendig sei. Selbst in diesem Falle müsse jedoch die Verhältnismässigkeit mit Bezug auf die Dauer der Reaktionszeit und die Gewichtung des Kriteriums gewahrt bleiben. Bei einem Beschaffungsgeschäft «Friedhofunterhalt und Bestattungsarbeiten»

[1173] Art. XXIII Ziff. 2 ÜoeB.
[1174] Siehe die Nachweise bei HAUSER, AJP 2001, S. 1417.
[1175] VG Zürich: VB.1998.00369 E. 5a mit Hinweis auf AGVE 1997, S. 364 f. und 366 f. sowie EGV-SZ 1995 Nr. 59; vgl. aber zur zutreffenden diesbezüglichen Bundesgerichtspraxis unten Rz. 610.
[1176] VG Zürich: VB.1998.00369 E. 5a und b.

sei jedoch nicht ersichtlich, inwiefern der um 8 km längere Anfahrtsweg der Beschwerdeführerin die rechtzeitige Ausführung der Arbeiten ernsthaft beeinträchtigen könne[1177].

605 Nach der Rechtsprechung des Verwaltungsgerichts des Kantons Aargau kann demgegenüber die umweltschonende Auftragsausführung unter Umständen ein **zulässiges** Vergabekriterium sein. Dies ist u.a. dort der Fall, wo **mit Lastwagen grössere Materialmengen** (Aushub, Baumaterial etc.) transportiert werden müssen. Im Zusammenhang mit der Vergabe von Spenglerarbeiten wurde das Vorhandensein ökologischer Vorteile bei Anfahrtswegen, die sich um lediglich fünf Kilometer unterschieden, jedoch verneint, denn das Zuschlagskriterium der umweltschonenden Auftragsausführung darf nicht zur ungerechtfertigten Bevorzugung der ortsansässigen Unternehmer führen, sondern es müssen **klar erkennbare ökologische Vorteile** vorhanden sein[1178].

606 § 16 Abs. 2 lit. d aSubV/SZ kennt das Sekundärkriterium der umweltschonenden Ausführung der Arbeit oder der Lieferung, welches bei «annähernd gleich günstigen Angeboten» zum Zug kommen kann. Das Kriterium der umweltschonenden Arbeitsausführung ist nach der Praxis des Schwyzer Verwaltungsgerichts unter Berücksichtigung des BGBM bzw. der darin im öffentlichen Interesse vorgesehenen Beschränkungen des freien Zugangs zum Markt anzuwenden. Eine Beschränkung des Marktzuganges erscheint nach dieser Praxis **statthaft,** wenn z.B. **im grossen Masse Material mit Lastwagen über weite Strecken transportiert** werden müsste. Allerdings hätten solche Beschränkungen zum Schutz der Gesundheit (z.B. Lärmschutz/Nachtruhe) und/oder der Umwelt (z.B. Reinhaltung der Luft) und/oder aus energiepolitischen Gründen zu erfolgen (z.B. Reduzierung des Kraftstoffverbrauches). Sie dürften jedoch keinesfalls ein verdecktes Handelshemmnis zugunsten einheimischer Wirtschaftsinteressen beinhalten (Art. 3 Abs. 4 BGBM). Die Argumente und Sachverhalte für eine Marktbeschränkung seien mithin mit dem Grundsatz des freien Marktzuganges abzuwägen. Für den konkret zu beurteilenden Fall stellte das Verwaltungsgericht des Kantons Schwyz Folgendes fest:

607 Muss man davon ausgehen, dass bei der Anlieferung des Belagsmischgutes rund 740 bzw. 674 LKW-Fahrten anfallen, so ist es vertretbar und auch mit dem Binnenmarktgesetz vereinbar, wenn der Regierungsrat diesen Umstand im Rahmen des Sekundärkriteriums «umweltschonende Arbeitsausführung» zugunsten der Beschwerdegegnerin würdigt und damit über 20 000 Lastwagenkilometer, wovon wahrscheinlich einige (bis höchstens 3200 km)

[1177] VG Zürich: VB.2006.00220 E. 7.
[1178] AGVE 1997, S. 364 f.; 1997, S. 366 f.

während des Nachtfahrverbotes vermeidet (…). Es sei im vorliegenden Zusammenhang besonders zu beachten, dass der konkrete Umweltaspekt nur im engen Rahmen des annähernd gleich günstigen Angebotes zum Tragen komme und auch unter den innerkantonalen Unternehmern spielen müsse (…). Hingegen würden die täglichen Anfahrtsdistanzen der Arbeiter sowie die Transportwege für die Heranschaffung der Gerätschaften nicht ins Gewicht fallen[1179].

Das Argument, es sei aus ökologischen Gründen nicht sinnvoll, auswärtige Firmen mit weiten **Anfahrtswegen** zu berücksichtigen, kann nach Thurgauer Praxis nicht gehört werden (und das bei einem Weg im konkreten Anwendungsfall von ca. 12 km). Dadurch würde nach den Ausführungen des Gerichts die durch die IVöB verlangte gegenseitige Öffnung der Kantone (und der Gemeinden etc.) bei der Vergabe ihrer öffentlichen Aufträge unterlaufen und die Förderung des wirksamen Wettbewerbs in ihr Gegenteil verkehrt. So verstandene Ökologie laufe auf «Heimatschutz» hinaus[1180].

Unzulässig ist die Berücksichtigung des Transportweges von Beschaffungsgegenständen, wenn die **Transportwege der Bestandteile** dieser Gegenstände nicht zurückverfolgt werden können (z. B. bei Computern) und der Transportweg vom Anlieferungsort oder vom Produktionsort zur Lieferdestination für die Umweltbelastung nicht aussagekräftig ist[1181].

Das **Bundesgericht** hält die Berücksichtigung der **Zufahrtswege** in den massgeblichen Zuschlagskriterien für **geboten**, wenn der Anfahrtsweg nicht nur eine nebensächliche bzw. einmalige Rolle spielt, sondern sich über eine längere Zeitspanne auswirkt. Eine ungerechtfertigte Benachteiligung der weiter entfernt liegenden Anbieter sei gegeben, wenn bei der Vergabe eines Kehrichtabfuhrauftrags nur der Transportweg und nicht auch das Emissionsverhalten der tatsächlich zum Einsatz gelangenden Fahrzeuge berücksichtigt werde, wie das Gericht zu Recht festhält. Der Kehrichtabfuhrauftrag sollte in diesem Aargauer Fall auf eine Dauer von drei Jahren vergeben werden. Die Zuschlagskriterien waren (in nachfolgender Reihenfolge): Preis, Umweltverträglichkeit (Ökologie), Qualität und Referenzen. Das Angebot der Zuschlagsempfängerin lag preislich rund einen Viertel *über* demjenigen der Beschwerdeführerin, wofür letztere aufgrund der in der Beurteilungsmatrix enthaltenen Gewichtungen jedoch nur 9 zusätzliche Punkte erhielt. Demgegenüber wurden der Zuschlagsempfängerin aufgrund des Umstandes, dass diese als **ortsansässige** Unternehmung im Gegensatz zur Beschwerdeführerin keinen Zufahrtsweg zum Ausführungsort zurücklegen musste (die

---

[1179] EGV-SZ 1998, Nr. 16, S. 56 f.
[1180] TVR 1998, Nr. 28, S. 150.
[1181] HAUSER, AJP 2001, S. 1418.

auswärtige Beschwerdeführerin musste dafür rund 23 km zurücklegen), unter dem Titel «Anfahrtsweg» 14 Punkte mehr gutgeschrieben. Die Kehrichtabfälle waren auf einer Strecke von 66 km mit ca. 1350 Beladeorten einzusammeln. Den Zufahrtsweg mit einer solchen Besserbenotung zu berücksichtigen, ging nach bundesgerichtlicher Auffassung nicht an: Die Vergabebehörde hatte in casu namentlich die ökologische Bedeutung des Zufahrtsweges überbewertet. In der Tat relativiert sich die Zufahrtsstrecke im Verhältnis zur Arbeitsstrecke dadurch erheblich, dass der Lastwagen bei letzterer immer wieder anhalten und anfahren muss, wobei der Motor während der Zeit, in welcher das Fahrzeug stillsteht, weiterläuft oder sogar für das Heben von Containern eingesetzt wird. Der Schadstoffausstoss ist bei einer solchen Fahrweise erheblich höher als bei normaler Fahrt. Ferner hatte die Vergabebehörde die Angebote auch insofern nicht sachgerecht geprüft, als sie nicht «wirklich» prüfte, inwiefern die Transportfahrzeuge der einen oder anderen Anbieterin bezüglich Umweltverträglichkeit Vorteile bieten. Da je nach Alter und Typ des Transportfahrzeugs grosse Unterschiede in der Schadstoffbelastung auftreten können und die Beschwerdeführerin schon vor Verwaltungsgericht geltend gemacht hat, sie würde schadstoffärmere Fahrzeuge einsetzen, war sogar nicht auszuschliessen, dass das Angebot der Beschwerdeführerin auch unter dem Gesichtswinkel der Ökologie trotz des Zufahrtswegs nicht schlechter war als dasjenige der Zuschlagsempfängerin[1182].

2. Bekanntgabe der Zuschlagskriterien, der Unterkriterien und der im konkreten Beschaffungsgeschäft zur Anwendung gelangenden Gewichtung aller Kriterien

A. Im Allgemeinen

611   1. Bei den Gesichtspunkten, welche die Vergabebehörden den Anbietern in der Ausschreibung oder den Ausschreibungsunterlagen – also vor Erstellung der Angebote – bekannt zu geben haben, ist die kantonale **Praxis uneinheitlich.**

612   Einzelne Verwaltungsgerichte setzen auf eine gute Gewährleistung des submissionsrechtlich fundamentalen **Grundsatzes der Transparenz** des Verfahrens. Andere Gerichte machen bei der Transparenz Abstriche.

[1182] Urteil des Bundesgerichts 2P.342/1999 vom 31. Mai 2000. Vgl. im Zusammenhang mit der Berücksichtigung der Ortskenntnisse bzw. der Ortsansässigkeit auch die in Rz. 583 dargestellte Praxis, insbesondere jene des Bundesgerichts.

Die **Gewährleistung der Transparenz** ist eine Voraussetzung dafür, dass die (glaubwürdige) **Justiziabilität** des Zuschlagsentscheides und dabei der Grundsatz der **Gleichbehandlung** der Anbieter **überhaupt erst umgesetzt werden kann.** Generell ist u.E. festzuhalten, dass die Notwendigkeit der vorgängigen Bekanntgabe aller für die Zuschlagserteilung massgeblichen Gesichtspunkte, also der einzelnen Zuschlagskriterien, der allfälligen Subkriterien und der Gewichtung aller Kriterien im Lichte des Transparenzprinzips, zwingend ist und unabhängig vom gewählten Vergabeverfahren besteht[1183]; nur bei freihändiger Vergabe kann darauf verzichtet werden[1184]. Den Vergabebehörden verbleibt dabei immer noch ein erheblicher Ermessensspielraum bei der Wahl der Kriterien und ihrer Gewichtung sowie der Subsumtion der Sachverhalte unter die festgelegten Kriterien. Die Anbieter haben auch einen Anspruch darauf, dass die Vergabebehörde wichtige Einzelgesichtspunkte, die sie im Rahmen eines Zuschlagskriteriums zu berücksichtigen gedenkt, explizit in Form von Subkriterien definiert und bekannt gibt. Die Regeln des Spiels müssen fairerweise zum Voraus bekannt gegeben werden, damit Missbrauch und Manipulation bei der Zuschlagserteilung so weit wie möglich ausgeschaltet werden können. Eine nachträgliche Änderung der Kriterien oder einer Gewichtung kann nur ausnahmsweise und unter Wahrung der Transparenz in Frage kommen[1185].

613

B. Rechtsprechung in ausgewählten Kantonen

1. In diesem Sinne verlangt das als Verwaltungsgericht amtende Kantonsgericht **Basel-Landschaft,** dass im Interesse der Rechtssicherheit und der Transparenz alle Zuschlagskriterien für die konkrete Vergabe unter Einschluss ihrer Gewichtung und allfälliger Subkriterien bereits in der Ausschreibung präzise definiert werden. Soll eine Beurteilungsmatrix verwendet werden, sei auch diese vorab bekannt zu geben. Erachte der Auftraggeber einen bestimmten Aspekt als besonders wichtig, so habe er dies mit der entsprechenden Bestimmtheit im Kriterienkatalog zum Ausdruck zu bringen. Es genüge z.B. nicht, die «Qualitätssicherung» als Zuschlagskriterium anzugeben, wenn innerhalb dieses Bereichs die Baustellenorganisation überdurchschnittlich gewichtet werden soll. Die Aufführung von Subkriterien bereits in der Ausschreibung sei überdies zu verlangen, weil nur so die Möglichkeit einer nachträglichen Verzerrung des Gehaltes oder der

614

[1183] Vgl. bezüglich Festlegung der Preiskurve oben Rz. 551 ff.
[1184] Die in § 12 lit. m VRöB vorgesehene Regelung, wonach die «Zuschlagskriterien sowie deren Rangordnung oder Gewichtung» bekannt zu geben seien, «wenn keine Ausschreibungsunterlagen abgegeben werden», geht auf die (unten Rz. 625) kritisierte Bundesgerichtspraxis zurück und ist ihrerseits zu beanstanden (STÖCKLI, in BR 2002, S. 75).
[1185] Vgl. oben Rz. 523, insbesondere auch die Verweisungen in Fn. 999.

Rangfolge der einzelnen Kriterien vermieden werden könne. Diese Gefahr ergebe sich in erster Linie aus der oftmals nur schwierig vorzunehmenden Abgrenzung von nur pauschal umschriebenen Kriterien[1186].

615 Das Kantonsgericht verlangt des Weiteren eine numerische Festlegung der Gewichtung. **Es erachtet es als ungenügend, eine Liste von Kriterien mit abnehmender Bedeutung zu definieren.** Eine solche Prioritätenrangfolge würde nur dazu führen, dass das Gewicht der Zuschlagskriterien je nach Position in der Aufzählung in der Reihenfolge ihrer Nennung abnähme. Solange nicht fixe Relationen festgelegt seien, handle es sich nicht um eine verlässliche Bewertungsbasis. Der Umstand, dass im Falle von verschiedenen unter allen Aspekten nahezu gleichwertigen Angeboten schon geringfügige – unter Einhaltung der prinzipiellen Reihenfolge vorgenommene – Variationen der Kriteriengewichtung zu einer Umkehrung der Rangfolge der Offerten führen könnten, zeige die **Unumgänglichkeit einer exakten Gewichtungsvorgabe** bereits in der Ausschreibung auf[1187].

616 Das Kantonsgericht Basel-Landschaft anerkennt ferner zu Recht einen **Rechtsanspruch** des wirtschaftlich günstigsten Anbieters **auf den Zuschlag**[1188]. Wohl verfügen die Vergabebehörden über einen Ermessensspielraum bei der Festlegung der massgeblichen Zuschlagskriterien, der allfälligen Unterkriterien sowie der Gewichtung aller Kriterien, doch ist der Zuschlag alsdann zwingend demjenigen Anbieter zu erteilen, der nach diesen Gesichtspunkten das wirtschaftlich günstigste Angebot eingereicht hat.

617 **2.** Auch das Obergericht des Kantons Uri hält fest, dass in der öffentlichen Ausschreibung – also **im Voraus – nicht nur die Vergabekriterien, sondern auch deren Rangfolge und Gewichtung (unter Einschluss allfälliger Subkriterien) bekannt zu geben sind**[1189]. Das Gericht präzisierte dabei in einem anderen Entscheid zu Recht, dass es bezüglich der vorstehend genannten Pflicht unerheblich sei, ob der betreffende Auftrag öffentlich ausgeschrieben werde (im offenen oder selektiven Verfahren) oder ob ein Einladungsverfahren mit beschränkter Wettbewerbslage zur Debatte stehe[1190].

618 **3.** Das Berner Verwaltungsgericht hält fest, es sei davon auszugehen, dass dem mit dem Transparenzprinzip u.a. angestrebten Schutz der Bewerbenden vor Missbrauch und Manipulation der Bewertung durch die Vergabebehörde nur dann entsprochen werden könne, wenn den Anbietenden im Rahmen der

---

[1186] VG Basel-Landschaft: BLVGE 1998/1999, S. 324 f., vgl. auch das Geschäft 2006-012 E. 4.
[1187] VG Basel-Landschaft: BLVGE 1998/1999, S. 327.
[1188] VG Basel-Landschaft: BLVGE 1998/1999, S. 313 f.
[1189] OG Uri: Urteil OG V 99 24 vom 5. Mai 1999.
[1190] OG Uri: Urteil OG V 99 15 vom 5. August 1999.

Ausschreibung nebst den Zuschlagskriterien und deren Gewichtung auch die für die Vergabe als massgeblich erachteten **Unterkriterien mitsamt ihrer Gewichtung** offengelegt würden, soweit solche vorhanden seien[1191].

4. a) Das Verwaltungsgericht des Kantons Waadt fordert einerseits, dass die Vergabebehörde den Bewerbern – entsprechend dem Grundsatz der Transparenz – zum Voraus eine **Beurteilungsmatrix** bekannt zu geben hat, sofern sie auf die betreffende Vergabe Anwendung finden soll; andererseits wird die Bekanntgabe der Notenskala, die verwendet wird, um die Kriterien zu beurteilen, nicht verlangt[1192]. An anderer Stelle führt das Verwaltungsgericht aus, es habe klar den Grundsatz aufgestellt, dass die Vergabestelle nicht zum Voraus zu erklären brauche, welches die erforderlichen Anforderungen seien, um für jedes einzelne der Qualifikations- und Eignungskriterien die maximale Benotung zu erhalten, obschon dies die Transparenz der streitigen Beschaffung verbessert hätte[1193].

619

b) Im Kanton Luzern verlangen bereits die submissionsrechtlichen Grundlagen explizit, dass die **Zuschlagskriterien und alle sonstigen Gesichtspunkte,** die bei der Beurteilung der Angebote berücksichtigt werden, in den Ausschreibungsunterlagen, also **zum Voraus bekannt** gegeben werden[1194]. In diesem Sinne ist eine **Beurteilungsmatrix,** welche Verwendung finden soll, nach der Praxis des Luzerner Verwaltungsgerichts zum Voraus bekannt zu geben[1195].

620

5. Auch das Verwaltungsgericht des Kantons Freiburg misst dem Transparenzprinzip bei der Bekanntgabe der für den Zuschlag massgeblichen Kriterien ein hohes Gewicht zu[1196]. Unzulässig war in casu, dass sich die Vergabebehörde bei der Offertevaluation nicht an die publizierte Reihenfolge der Zuschlags- und Subkriterien hielt und auch die Gewichtung aller Kriterien nicht zum Voraus publizierte[1197].

621

6. In der Einladung hat der Auftraggeber nach der Praxis des **St. Galler** Verwaltungsgerichts die Reihenfolge der Zuschlagskriterien oder zumindest ihre relative Bedeutung mitzuteilen. Das Gericht scheint aber auch die vorgängige Bekanntgabe der Gewichtung der Kriterien als mögliches und notwendiges vorgängig bekannt zu machendes Element nicht zum vornherein

622

[1191] VG Bern: Urteil vom 7. Februar 2004 E. 2.5 sowie BVR 2002. S. 453 E. 7c.
[1192] VG Waadt: Urteil vom 4. Juni 2002, E. 3 b/bb.
[1193] VG Waadt: Urteil vom 7. Juni 2002, E. 6 und 8; Urteil vom 26. Januar 2000 (zusammenfassend wiedergegeben in BR 2001, S. 67, Nr. 14, zustimmend Esseiva, a.a.O., Anm. 1 und 2).
[1194] § 8 lit. d öBV/LU.
[1195] LGVE 2000 II Nr. 13 E. 5 d.
[1196] VG Freiburg: Urteil 2A 99 61 vom 16. Juli 1999.
[1197] VG Freiburg: Urteil 2A 99 61 vom 16. Juli 1999, E. 3c.

auszuschliessen. Im vorliegenden Fall konnte jedoch diese Frage aus prozessualen Gründen nicht beurteilt werden, scheint doch der Kanton St. Gallen im Verwaltungsprozess ein strenges Rügeprinzip anzuwenden[1198].

623 7. Nach **aargauischem** Submissionsrecht sind zwar die ausgewählten Zuschlagskriterien in der Reihenfolge ihrer Bedeutung und mit ihrer Gewichtung in der Ausschreibung aufzuführen (Neuregelung anlässlich der Teilrevision vom 18. Januar 2000; zuvor genügte die Reihenfolge). Die Gewichtung der Zuschlagskriterien kann prozentual erfolgen oder auch nach Punkten. Grundsätzlich ebenfalls zulässig ist eine verbale Umschreibung, z. B. mit den Begriffen «hoch – mittel – gering»[1199]. Doch sind die aargauischen Vergabestellen nach wie vor nicht verpflichtet, allenfalls verwendete Subkriterien vorgängig bekannt zu geben (womit natürlich auch die Gewichtung dieser Kriterien nicht bekannt zu geben ist). Die nachträgliche Unterteilung der Zuschlagskriterien in Subkriterien oder die Verwendung einer Bewertungsmatrix stellten nach der Auffassung des Verwaltungsgerichts lediglich ein Hilfsmittel für eine differenzierte Bewertung dar. Immerhin verlangt das Verwaltungsgericht, dass die einzelnen Subkriterien sich einem in der Ausschreibung ausdrücklich aufgeführten Zuschlagskriterium zuordnen lassen bzw. davon mitumfasst werden; es dürfen damit nicht neue Zuschlagskriterien geschaffen oder herangezogen werden[1200].

624 Mit seinem Entscheid vom 29. September 2005 hat das Aargauer Verwaltungsgericht die verlangte Transparenz verbessert: Es hat entschieden, dass die Verwendung eines «inhaltlich derart unbestimmten und nichts sagenden Zuschlagskriterums» (wie **Vorstellungsgespräch**) «eine nähere Umschreibung z. B. durch Sub- oder Teilkriterien» erfordere, «die den Bewerbern rechtzeitig, d.h. grundsätzlich in der Ausschreibung oder den Ausschreibungsunterlagen, spätestens aber mit der Einladung zur Präsentation», bekannt gegeben werden müssen. Nur so könnten die Anbieter auch erkennen, was die Vergabebehörde unter dem betreffenden Zuschlagskriterium genau verstehe und welche Aspekte sie dabei zu bewerten gedenke, und sei eine transparente, sachlich begründete, objektiv nachvollziehbare Bewertung der Angebote möglich. Mit Blick auf das Transparenz- und Gleichbehandlungsgebot gelte ferner, dass das Ergebnis von Präsentationen schriftlich festgehalten werden müsse. Das Protokoll müsse zumindest so detailliert sein, dass für einen Anbieter nachvollziehbar sei, weshalb sein Angebot die fragliche und nicht eine höhere Punktzahl erhalten habe; nur

---
[1198] GVP 1999, Nr. 37, S. 109 E. b.
[1199] AGVE 2000, S. 313 ff.
[1200] AGVE 2001, S. 346 mit Hinweis.

so könnten Missbräuche ausgeschlossen werden und könne sich der nicht berücksichtigte Anbieter gegen die Bewertung zur Wehr setzen[1201].

8. Das **Zürcher** Verwaltungsgericht hat am 18. Dezember 2002 in einem Grundsatzentscheid trotz anders lautender Auffassung in der Lehre[1202] erklärt, dass die Zürcher Vergabestellen nur die Zuschlagskriterien in der Reihenfolge ihrer Bedeutung zum Voraus bekannt geben müssten, nicht aber die Gewichtung der Zuschlagskriterien, die Unterkriterien sowie die Gewichtung der letzteren[1203]. Gemäss der Bestimmung von § 13 Abs. 1 lit. m der revidierten Zürcher SubmV, die nach dem Ergehen des vorgenannten Grundsatzentscheids in Kraft getreten ist, müssen die Zürcher Vergabestellen in der Ausschreibung bzw. den Ausschreibungsunterlagen lediglich Folgendes bekannt geben: «Zuschlagskriterien sowie deren Rangfolge oder Gewichtung»[1204]. Nach Zürcher Praxis ist es nicht zulässig, eine anhand der Eignungskriterien festgestellte Mehreignung ohne Weiteres in die Bewertung des wirtschaftlich günstigsten Angebots einfliessen zu lassen; gestattet ist jedoch, die Zuschlagskriterien im Voraus so festzulegen, dass sie auch Merkmale umfassen, die bereits bei der Eignung geprüft wurden[1205]. Präzisierend hat das Zürcher Verwaltungsgericht sodann in einem Entscheid vom 12. Januar 2005[1206] festgehalten, dass nach seiner Rechtsprechung wohl die Eignungskriterien im genannten Sinne bei den Zuschlagskriterien berücksichtigt werden können, doch müsse dies bei der Festlegung der Kriterien geschehen; im Nachhinein liessen sich die Zuschlagskriterien nicht ergänzen.

625

C. Das Bundesgericht

1. Das **Bundesgericht** hat in seinem grundlegenden Entscheid vom 20. November 1998[1207] erkannt, dass die Vergabebehörden verpflichtet sind, alle im konkreten Beschaffungsgeschäft zur Anwendung gelangenden Zuschlagskriterien den Anbietern zum Voraus in der Reihenfolge ihrer Bedeutung

626

[1201] AGVE 2005 (Nr. 51) S. 248 ff.
[1202] Das Zürcher Verwaltungsgericht verweist in seinem Grundsatzentscheid VB.2001.00095 E. 3b selbst auf diese «mehrheitliche» Lehre.
[1203] VG Zürich: VB.2001.00095
[1204] Vgl. zur Praxis des Zürcher Verwaltungsgerichts nach dem Inkrafttreten der revidierten Zürcher SubmV per 1. Januar 2004 den Entscheid VB. 2004.00095 E. 4.2, wo das Gericht erneut festhält, dass das Recht des Kantons Zürich nur die Bekanntgabe der Zuschlagskriterien in der Reihenfolge ihrer Bedeutung verlange. Zu welch wenig befriedigenden Resultaten diese Praxis führt, vgl. oben Rz. 555.
[1205] VG Zürich: VB.2001.00095 E. 2d.
[1206] VG Zürich: VB.2004.00477 E. 6.
[1207] BGE 125 II 86 ff.

bekannt zu geben. «Afin de prévenir tout risque d'abus», habe die Vergabebehörde «à tout le moins» die relative Bedeutung eines jeden Zuschlagskriteriums zum Voraus bekannt zu geben[1208]. Den Vergabebehörden ist es ferner **verboten, im Laufe des Submissionsverfahrens und nach Abgabe der Angebote die Zuschlagskriterien oder ihre relative Gewichtung zu ändern**[1209]. Im Umstand, dass die Vergabebehörde des vorliegenden Falles weder die Zuschlagskriterien in der Reihenfolge ihrer Bedeutung noch die entsprechenden Gewichtungen («pondérations respectives»), welche sie den einzelnen Zuschlagskriterien zuordnen wollte, zum Voraus den Anbietern bekannt gab, verletzte sie das submissionsrechtliche Transparenzprinzip gemäss Art. 1 Abs. 2 lit. c und (gemäss Bundesgericht) Art. 13 lit. f IVöB[1210]. Dies führte zur Gutheissung der Beschwerde.

627   **2.** Mit Entscheid vom 24. August 2001 hat das Bundesgericht eine Weiterentwicklung seiner Praxis vorgenommen. Das Gericht hat – ausgehend von seiner Praxis in BGE 125 II 86 – anerkannt, dass sich aus dem Transparenzgebot «zumindest» folgende zwei Regeln ergeben würden: «Wenn die Behörde für eine bestimmte auszuschreibende Arbeit schon konkrete Unterkriterien aufgestellt und ein **Schema mit festen prozentualen Gewichtungen** festgelegt hat, was für standardisierte Dienstleistungen wie Vermessungsarbeiten leicht möglich scheint, und wenn sie für die Bewertung der Offerten grundsätzlich auch darauf abzustellen gedenkt, muss sie dies den Bewerbern zum Voraus bekannt geben. Es ist ihr sodann verwehrt, derart bekannt zu gebende Kriterien nach erfolgter Ausschreibung, insbesondere nach Eingang der Angebote, noch wesentlich abzuändern, so beispielsweise die festgelegten Prozentsätze nachträglich zu verschieben»[1211]. Das Bundesgericht hat sich auch zu den **Konsequenzen der Verletzung des Transparenzprinzips** geäussert. Es hat betont, dass es sich beim Gebot, das Ausschreibungs- bzw. Zuschlagsverfahren transparent zu gestalten, um **eine Regel formeller Natur** handle. «Deren Missachtung muss Konsequenzen haben und unter Umständen auch zur Aufhebung des Zuschlags führen.» Für den vorliegenden Fall brauchte das Bundesgericht nicht zu entscheiden, ob von einer Zuschlagsaufhebung bei Verletzung des Transparenzprinzips abgesehen werden könne, wenn die Vergabebehörde darlegen könne, «dass die Verletzung des Transparenzgebots den Zuschlagsentscheid nicht zu beeinflussen vermochte». «Regelmässig» ist der Zuschlagsentscheid – wie in dem vom Bundesgericht beurteilten Fall – dann aufzuheben, «wenn den Bewerbern entscheidende Zuschlagskriterien vorenthalten bzw. diese

---

[1208] BGE 125 II 101, 2. Absatz.
[1209] BGE 125 II 102, 2. Absatz. Zur diesbezüglich differenzierenden Praxis der BRK oben Rz. 528.
[1210] BGE 125 II 102.
[1211] Urteil des Bundesgerichts 2P.299/2000, insbesondere E. 2c und E. 4.

nachträglich (während des hängigen Verfahrens) massgeblich verändert worden sind»[1212].

Dass das Gericht die Pflicht zu Publikation der Subkriterien davon abhängig macht, ob die Vergabebehörde (zufällig) im Voraus «ein Schema mit festen prozentualen Gewichtungen» erstellt hat, kann nicht befriedigen. Das Bedürfnis der Anbietenden nach Transparenz ist im einen wie im anderen Fall jedenfalls nicht geringer. Der mangelnde Gerechtigkeitsgehalt dieser Praxis wird auch gerade im nachfolgenden Fall des Bundesgerichts deutlich.

3. Eine problematische Weiterentwicklung der Praxis hat das Bundesgericht in einem Entscheid vom 21. Januar 2004 vorgenommen. Das Gericht erwog: «Die Ausschreibungsunterlagen nannten unter Ziffer 250 folgende vier Zuschlagskriterien, je unter Angabe der maximal erreichbaren Punktezahl: Qualität (20 Punkte), Termine (15 Punkte), Wiederverwendung des Belagfräsguts (15 Punkte) und Preis (60 Punkte). Mit diesem (groben) Raster für die Beurteilung der Offerten habe die Baudirektion des Kantons Zug den Anforderungen, welche Lehre und Praxis an die Transparenz der Ausschreibung stellten, Genüge getan: Sie habe sowohl die entscheidenden Zuschlagskriterien wie auch deren relative Gewichtung publiziert. Das Verwaltungsgericht weise richtigerweise darauf hin, dass das Transparenzgebot keine vorgängige Bekanntgabe von Unterkriterien oder von Kategorien verlange, welche bloss der Konkretisierung der publizierten Zuschlagskriterien dienten. Deshalb sei nicht zu beanstanden, wenn die Baudirektion vorliegend bei der Bewertung der Offerten die in den Ausschreibungsunterlagen genannten Zuschlagskriterien weiter verfeinert habe, ohne die Unterkriterien ihrerseits zu veröffentlichen[1213]. Aus dieser Praxis folgert das Bundesgericht, dass ein Beschwerdeführer mit Bezug auf ein bestimmtes Subkriterium dartun müsse, dass dieses nicht bloss ein Hauptkriterium verfeinere, sondern einen eigenständigen Charakter habe und daher zum Voraus hätte bekannt gegeben werden müssen, andernfalls auf die entsprechenden Rügen nicht eingetreten würde[1214]. *Ausnahmsweise* könne das Transparenzgebot gemäss Bundesgericht allerdings gebieten, (gewichtige) Unterkriterien bekannt zu geben, nämlich dann, wenn die Behörde solche für die zu vergebende Arbeit bereits im Zeitpunkt der Ausschreibung konkret formuliert und ein Schema mit festen prozentualen Gewichtungen festgelegt habe, das sie für die Bewertung der Offerten anzuwenden gedenke (vgl. Rz. 627 und die Kritik dazu in Rz. 628 und 631). Das Verwaltungsgericht habe festgestellt, hier lägen keine Anhaltspunkte dafür vor, dass ein derartiges Schema schon vor

---

[1212] Urteil des Bundesgerichts 2P.299/2000, E. 4.
[1213] BGE 2P.111/2003 E. 2.1.1.
[1214] BGE 2P.111/2003 E. 2.1.1 (in fine).

der Ausschreibung erarbeitet worden wäre. Nachdem der Beschwerdeführer in casu zwar gegen die vorstehende Feststellung des Verwaltungsgerichts die Willkürrüge erhoben habe, aber nicht belegen könne, dass das verwendete Bewertungsschema bereits im Voraus bestimmt worden sei und auch sonst dafür keine Anhaltspunkte vorlägen, habe das Verwaltungsgericht ohne Willkür vom Gegenteil ausgehen können[1215].

630 **4.** In BGE 130 I 241 ff. hat das Bundesgericht bezüglich der Tragweite des Grundsatzes der Transparenz die Praxis von BGE 125 II 86 bestätigt (vgl. oben Rz. 627). Bezüglich Subkriterien «ou de catégories qui tendent uniquement à concrétiser le critère publié» bestehe keine Pflicht zur vorgängigen Bekanntgabe an die Anbietenden, es sei denn, sie gingen über die blosse Konkretisierung des Hauptkriteriums hinaus oder falls ihnen die Vergabebehörde eine Bedeutung beimesse, die derjenigen eines publizierten Zuschlagskriteriums entspreche (a.a.O., E. 5.1). Unter dem Vorbehalt des Ermessensmissbrauchs müsse auch eine (einfache) Beurteilungsmatrix oder Notenskala («une simple grille d'évaluation ou d'autres aides destinées à noter les différents critères et sous-critères utilisés [telles une échelle de notes, une matrice de calcul ...]») nicht zum Voraus bekannt gegeben werden. In casu war es willkürlich und ein Verstoss gegen das Transparenzprinzip, dass die Auftraggeberin bei Vergabe eines Ingenieurauftrags im Zusammenhang mit verschiedenen publizierten Zuschlagskriterien ein Beurteilungselement «présence sur le chantier» mitberücksichtigte, dies aber nicht zum Voraus bekannt gegeben hatte (a.a.o., E. 5.2).

631 Die **Umsetzung des Transparenzprinzips durch das Bundesgericht bleibt weiterhin ungenügend**[1216], wie auch STÖCKLI und ESSEIVA zu Recht festhalten[1217]. Insbesondere trifft zu, dass für jedes Zuschlagskriterium theoretisch eine grosse Anzahl von Subkriterien denkbar ist. Die Vergabebehörde hat zu erklären, welche Subkriterien sie im konkreten Beschaffungsgeschäft favorisiert, damit die Anbietenden ihre Offerte entsprechend ausrichten können. Ein legitimer Grund dafür, die Subkriterien nicht zum Voraus bekannt geben zu müssen, ist nicht ersichtlich und auch das Bundesgericht vermag einen solchen nicht zu nennen.

[1215] BGE 2P.111/2003 E. 2.1.2.
[1216] Transparenz ist eines der wichtigsten Elemente, um (u.a.) die Korruption im Vergabewesen einzudämmen (vgl. dazu Rz. 742 f.), weshalb diesem Prinzip eine hohe Priorität beizumessen ist.
[1217] BR 2005, S. 172 (rechte Spalte), Anmerkung zu S37 mit den Verweisen in Ziffer 2.

3. Ergänzende Anforderungen an die Rechtmässigkeit der Offertevaluation bzw. der gestützt darauf erfolgenden Zuschlagserteilung

1. Das gesamte Kapitel 12 handelt letztlich von der Frage der Rechtmässigkeit der Offertevaluation. Im nachfolgenden Abschnitt werden jedoch einige weitere andernorts noch nicht zur Sprache gekommene Anforderungen erläutert. 632

2. Die Rechtmässigkeit der Offertevaluation setzt voraus, dass der konkrete Zuschlagsentscheid im Lichte der massgeblichen Beurteilungskriterien samt massgeblicher Gewichtung sowie der konkret zu beurteilenden Angebote **nachvollziehbar** ist[1218]. Die Nachvollziehbarkeit der submissionsrechtlichen Entscheide für den aussenstehenden Dritten, etwa für den Richter, der die Rechtmässigkeit eines konkreten Zuschlags im Beschwerdeverfahren zu überprüfen hat, setzt voraus, dass die Vergabebehörde die Überlegungen, welche sie zu ihrem Entscheid geführt haben, in einem **Evaluationsbericht**[1219] **dokumentiert** und dass diese Erwägungen im Lichte der massgeblichen Zuschlagskriterien, der allfälligen Unterkriterien und der für jedes Kriterium massgeblichen Gewichtung einerseits sowie der konkreten Angebote andererseits logisch zum getroffenen Entscheid führen und dass die im Evaluationsbericht gewählten Begründungen ihrerseits als vertretbar erscheinen[1220]. Die Beschwerde gegen einen Zuschlagsentscheid abzuweisen, der auf einer nicht nachvollziehbaren Offertevaluation beruht, ist materielle Rechtsverweigerung (Willkür). 633

[1218] Vgl. demgegenüber etwa VG Zürich: VB 2001.00103 E. 5b und 6 a–c, wo trotz fehlender Nachvollziehbarkeit der angefochtenen Offertevaluation die Beschwerde zu Unrecht nicht gutgeheissen wurde.

[1219] Vgl. zum Evaluationsbericht auch oben Rz. 537 ff. und die dortigen Verweisungen. Einzelne Kantone verlangen von den Vergabestellen keinen Evaluationsbericht. So gilt etwa im Kanton Zürich Folgendes: Begründet die Vergabestelle weder im Zuschlagsentscheid noch in der zusätzlichen Information über «die wesentlichen Gründe der Nichtberücksichtigung», deren Bekanntgabe der nicht berücksichtigte Anbieter nach § 38 Abs. 3 lit. d SubmV/ZH verlangen kann, den angefochtenen Entscheid in nicht nachvollziehbarer Weise, so ist es ihr immer noch gestattet, im Rahmen der Beschwerdeantwort die erfolgte Gehörsverweigerung «zu heilen». Erst wenn sie auch das nicht tut, genügt sie ihrer Begründungspflicht nicht; eine weitere Begründung im Rahmen eines 2. Schriftenwechsels darf sie nicht mehr vorbringen (VG Zürich: VB.2003.00268 E. 3). Diese Praxis ist wenig bürgerfreundlich, zumal das Gericht in der Regel keine kostendeckenden Parteientschädigungen zuspricht, und zwar auch dann nicht, wenn ein Anbieter infolge der ungenügenden Begründung der Vergabestelle eine Beschwerde einreicht, die er bei rechtzeitiger Kenntnis einer ausreichenden Begründung nicht eingereicht hätte. Vgl. aber zur Dokumentationspflicht der Vergabestellen nach der Praxis des Zürcher Verwaltungsgerichts Rz. 634.

[1220] Zum formellen Inhalt der Begründung des Zuschlags (rechtliches Gehör) vgl. unten Rz. 810 ff.

634 **3.** Das Zürcher Verwaltungsgericht verlangt zwar keinen formellen Evaluationsbericht[1221], wohl aber hat es eine **Dokumentationspflicht** der Vergabebehörde für deren Sachverhaltsabklärungen im Evaluationsvorgang stipuliert, da sonst eine wirksame Überprüfung derselben weder durch die Parteien noch durch die Rechtsmittelinstanz möglich sei. So sind mündlich eingeholte Auskünfte (z. B. Referenzanfragen) sowie Besichtigungen schriftlich festzuhalten, andernfalls sie (im Beschwerdeverfahren) nicht berücksichtigt werden[1222].

635 Das Zürcher Verwaltungsgericht verweist in seiner neueren Rechtsprechung zu Recht auf die Gewährleistung der **Nachvollziehbarkeit** der Offertevaluation. Bei der Überprüfung der Evaluation des Zuschlagskriteriums «Qualität» war aus den Unterlagen der Vergabestelle klar, dass sie neben der ISO-Zertifizierung[1223] noch weitere Gesichtspunkte berücksichtigte. Unklar war jedoch, um welche Gesichtspunkte es sich dabei handelte. Jedenfalls konnte es nicht angehen, dass der Zuschlagsempfängerin mit einem QM-Zertifikat von vornherein ein Vorsprung eingeräumt wurde, da nicht ausgeschlossen werden konnte, dass die Beschwerdeführerin das Fehlen des Zertifikats durch sonstige Vorzüge, insbesondere durch bessere Referenzen, hätte ausgleichen können. Die Evaluationsunterlagen enthielten diesbezüglich keine sachdienlichen Angaben. Es war daher für das Gericht nicht möglich, die Frage der Rechtmässigkeit der Offertevaluation zu beurteilen[1224].

[1221] Vgl. dazu Fn. 1219.
[1222] VG Zürich: VB.2005.00227, E. 4.2.1 und oben Rz. 443.
[1223] Die von der «International Organization for Standardization (ISO)» geschaffene ISO 9001 und 9002 enthalten Regeln für das Qualitätsmanagement (QM) in Unternehmungen. In der Schweiz werden vom Eidg. Amt für Messwesen (EAM) Zertifizierungsstellen akkreditiert, die ihrerseits die interessierten Unternehmungen überprüfen und ihnen Zertifikate gemäss den ISO-Normen erteilen. Die Umsetzung der Normen wird durch die Schweizerische Normenvereinigung gefördert und überwacht. Die ISO-Normen 9001 und 9002 besitzen keine hoheitliche Wirkung. Die Zertifizierungsstellen sind privatrechtliche Organisationen und das Zertifizierungsverfahren beruht auf der freiwilligen Mitwirkung der interessierten Unternehmungen. Die Bedeutung der Normen und der Wert der erworbenen Zertifikate beruhen im Wesentlichen auf dem Ansehen, das diese Regelungen bei den Beteiligten geniessen; öffentlich-rechtliche Wirkung erhalten die Normen nur indirekt, wo in staatlichen Vorschriften auf sie Bezug genommen wird (Analoges gilt auch für die Norm ISO 14001). Zertifikate für ein Qualitätsmanagement nach den Normen ISO 9001 oder 9002 werden bei der Vergabe öffentlicher Aufträge in vielen Fällen als Nachweis der Eignung herangezogen. So werden z. B. anspruchsvolle Bauarbeiten an Nationalstrassen nur an zertifizierte Unternehmen vergeben (vgl. die «QM-Anforderungen im Nationalstrassenbau ab 1997» des Bundesamtes für Strassen vom 3.4.1997). Soweit diese Voraussetzung durch den Gegenstand der Vergabe begründet ist, wird sie von der Gerichtspraxis als grundsätzlich zulässig betrachtet (vgl. dazu sowie zu den vorstehenden Ausführungen das VG Zürich in VB.2004.00095 E. 3.1.1).
[1224] VG Zürich: VB.2004.00095 E. 3.1.2.

Die Änderung der Gewichtung der Zuschlagskriterien in der Matrix gegenüber den Ausschreibungsunterlagen verletzt das Transparenzprinzip. Eine Aufhebung des Zuschlagsentscheids setzt aber nach der Praxis des Zürcher Verwaltungsgerichts überdies voraus, dass die veränderte Gewichtung zu Änderungen an der ursprünglich vorgenommenen Rangierung führt[1225].

636

Kann für ein Angebot der notwendige Stundenaufwand nur geschätzt werden, so vermag die Angabe des Stundenansatzes noch nicht viel auszusagen. Diesfalls stellte sich die Frage, ob die Vergabestelle den **Offertvergleich auf einer «normalisierten» Basis des Stundenaufwands** vornehmen und damit von den Stundenschätzungen im konkreten Angebot u.U. abweichen durfte. Voraussetzung für die Rechtmässigkeit eines solchen Vorgehens sei zunächst, dass die Vornahme der «Normalisierung» samt den diesbezüglich zur Anwendung kommenden Regeln zum Voraus (in den Ausschreibungsunterlagen) ordnungsgemäss bekannt gegeben werde. Die Rechtmässigkeit setze weiter voraus, dass die Berechnungsmethode für die Ermittlung des «normalisierten» Stundenaufwandes als solche haltbar sei[1226].

637

4. Evaluationsmittel

1. Es stellt sich die Frage, welchen Aufwand die Vergabestelle bei der Evaluation der Angebote zu leisten hat. Das Zürcher Verwaltungsgericht hat festgestellt, dass die Vergabebehörde bei der Wahl der zur Evaluation eingesetzten Mittel grundsätzlich frei sei. Das gewählte Verfahren müsse einerseits eine sachliche Bewertung gewährleisten; andererseits dürfe darauf geachtet werden, dass der Aufwand für die Beurteilung in einem vernünftigen Verhältnis zur Bedeutung der Beschaffung bleibe. In Anwendung dieser Regeln hat es das Gericht abgelehnt, die Vergabestelle im Rahmen eines Submissionsverfahrens für Unterflur-Container mit einem Beschaffungswert von rund Fr. 200 000.– zu verpflichten, im Hinblick auf die Anwendung des Zuschlagskriteriums «Bedienerfreundlichkeit aus Sicht der Logistik» einen Echtzeitvergleich der angebotenen Systeme durchzuführen. Die entsprechende Beurteilung der angebotenen Anlagen anhand der eingereichten Unterlagen erachtete das Verwaltungsgericht angesichts des konkreten Beschaffungswerts als genügend. Das Gericht hat es auch abgelehnt, im Rahmen des Beschwerdeverfahrens anhand eines Vergleichstests die beanstandete Beurteilung der Vergabestelle zu überprüfen[1227].

638

[1225] VG Zürich: VB.2003.00319 E. 3.3.
[1226] Zu einem Anwendungsfall VG Zürich: VB.2003.00319 E. 4.5.
[1227] VG Zürich: VB.2003.00204 E. 2.3.3.

639 **Kritik:** Auch wenn es richtig ist, den von der Vergabestelle im Rahmen der Offertevaluation geforderten Aufwand insbesondere nach Massgabe des konkreten Beschaffungswerts in Anwendung des Verhältnismässigkeitsprinzips zu beschränken, gilt dasselbe nicht auch in gleicher Weise für das gerichtliche Beschwerdeverfahren. Das Verwaltungsgericht hat im vorstehenden Entscheid ausdrücklich eingeräumt, dass es nicht in der Lage sei, den von den Parteien bezüglich der Bedienerfreundlichkeit der Systeme dargelegten Sachverhalt zu überprüfen. Bei dieser Sachlage konnte es nicht angehen, den Einwand des Beschwerdeführers, die von der Vergabestelle für den Punkteabzug bei seinem Angebot getroffene Annahme, wonach der Leerungsvorgang bei den Containern des Beschwerdeführers länger daure als bei jenen der Zuschlagsempfängerin, mit dem Hinweis zu verwerfen, diese Frage sei vergabestellenintern von Fachleuten beurteilt worden und es bestehe kein Grund zur Annahme, dass sich diese getäuscht haben könnten. Eine solche Praxis läuft auf eine materielle Verweigerung des Rechtsschutzes hinaus und ist daher nicht zu billigen. Insoweit der Entscheid für die Bewertung dieses Zuschlagskriteriums für den Vergabeentscheid massgeblich gewesen sein sollte, hätte das Gericht ein Beweisverfahren durchführen müssen.

640 **2.** Die Vergabestelle betrachtete die im Bauprogramm der Zuschlagsempfängerin enthaltene Bauzeit als plausibel. Weder sie noch das auf Beschwerde hin angerufene Kantonsgericht waren bei dieser Sachlage nach Auffassung des Bundesgerichts auf Rüge der Beschwerdeführerin hin verpflichtet, zur Frage der Plausibilität des Bauprogramms der Zuschlagsempfängerin in Wahrung des rechtlichen Gehörs der ersteren eine Expertise einzuholen. Vielmehr sei von der entsprechenden eigenen Fachkunde der Vergabebehörde auszugehen, zumal auch die diesbezüglichen Angaben der Zuschlagsempfängerin in ihrem Angebot genügend detailliert gewesen seien, um eine entsprechende Beurteilung zuzulassen[1228].

641 **Kritik:** Auch die diesbezügliche Verweigerung einer Expertise ist im Rahmen des Beschwerdeverfahrens zumindest dann nicht zu billigen, wenn eine andere Beurteilung der Bauzeit in casu den Vergebungsentscheid als solchen hätte als unrichtig erscheinen lassen können. Denn andernfalls unterbleibt letztlich die materielle Prüfung einer korrekt eingebrachten und entscheidrelevanten Rüge.

[1228] BGE 2P.231/2003 E. 4. Vgl. dazu aber Rz. 639.

13. Kapitel:

Planungs- und Gesamtleistungswettbewerbe; Studienaufträge

I. Im Allgemeinen

1. Das ÜoeB erklärt in Art. XV Ziff. 1 lit. j die freihändige Vergabe für zulässig «bei Zuschlägen, die dem Gewinner eines Wettbewerbs[1229] erteilt werden, vorausgesetzt, dass die Organisation des Wettbewerbs den Grundsätzen dieses Übereinkommens entspricht, insbesondere hinsichtlich der Veröffentlichung, gemäss Artikel IX, einer Einladung an angemessen qualifizierte Anbieter zur Teilnahme an einem solchen Wettbewerb. Zur Beurteilung ist eine unabhängige Jury einzusetzen. Den Gewinnern werden Verträge in Aussicht gestellt.» Das ÜoeB unterscheidet somit zwischen dem Wettbewerbsverfahren, das mit der Bestimmung eines Gewinners endet, und der darauf folgenden Vergabe des Auftrags im freihändigen Verfahren an einen Gewinner des Wettbewerbs. Die Unterscheidung hat – wie RECHSTEINER darlegt – durchaus ihren Sinn: Der Zuschlag in einem öffentlichen Vergabeverfahren darf nur an einen Anbieter erfolgen, von dem feststeht, dass er in der Lage ist, den Auftrag zu erfüllen[1230]. Bei einem Wettbewerb hingegen muss diese Anforderung nicht unbedingt erfüllt sein; ein Wettbewerbsteilnehmer (z. B. ein Architekturstudent) kann auch dann gewinnen, wenn er – mangels Erfahrung oder entsprechender personeller Kapazität – selbst gar nicht in der Lage ist, den sich aus dem siegreichen und damit überzeugendsten Projekt ergebenden Auftrag auszuführen[1231]. Einen Rechtsanspruch des Wettbewerbsgewinners auf Erteilung eines Folgeauftrags sieht Art. XV Ziff. 1 lit. j ÜoeB nicht vor[1232].

642

2. Aus Art. XV Ziff. 1 lit. j ÜoeB folgt, dass ein Dienstleistungsauftrag, der in den Geltungsbereich des ÜoeB fällt, **freihändig an einen Wettbewerbsgewinner vergeben** werden darf, wenn der Wettbewerb gemäss den Prinzipien des ÜoeB durchgeführt worden ist. Ein Auftrag hingegen, der nach einem GATT-konform durchgeführten Planungswettbewerb **nicht einem Gewinner** erteilt wird, ist nach den (übrigen) Regeln des ÜoeB entweder

643

[1229] Zum (gesetzlich nicht definierten) Begriff des Wettbewerbs vgl. RECHSTEINER, Baurechtstagung 2003, S. 155 f.
[1230] Art. XIII Ziff. 4 lit. b ÜoeB. Vgl. auch oben Rz. 347 ff.
[1231] RECHSTEINER, in BR 2000, S. 55. Vgl. auch unten Fn. 1255.
[1232] MESSERLI, S. 28 f., 31.

im offenen oder im selektiven Verfahren zu vergeben[1233]. Im offenen oder selektiven Verfahren öffentlich ausgeschrieben werden muss ein Planungs-(Dienstleistungs-)Auftrag aber auch, wenn zwar ein Wettbewerb durchgeführt worden ist, dieser aber nicht den Vorgaben des ÜoeB entspricht[1234].

644 3. In diesem Sinne ist die Feststellung u.a. der BRK, der Wettbewerb stelle neben dem offenen, dem selektiven und dem freihändigen Verfahren eine selbständige, **vierte Verfahrensart** dar[1235], zu relativieren[1236]. Auch ein Wettbewerb ist in einem der vom BoeB und der VoeB bzw. von der IVoeB und den kantonalen Ausführungserlassen zur Verfügung gestellten Verfahren (offenes oder selektives Verfahren, gegebenenfalls auch Einladungsverfahren[1237]) durchzuführen[1238].

645 4. Auch Planerleistungen können in einem gewöhnlichen Submissionsverfahren als Dienstleistungen ausgeschrieben werden (z. B. als Honorarsubmission oder Totalunternehmersubmission). Dies ist vor allem bei ausgesprochenen Standardaufgaben sinnvoll, bei denen die Vergabebehörde bereits klare Vorstellungen von den zu beschaffenden Leistungen hat[1239]. Sie werden häufig als Wettbewerb ausgeschrieben zur Evaluation verschiedener Lösungsansätze, insbesondere in konzeptioneller, gestalterischer, ökologischer, wirtschaftlicher und technischer Hinsicht. Der Wettbewerb ist damit für den Auftraggeber namentlich bei grösseren und bedeutenderen Bauvorhaben ein Instrument, um ein qualitativ hoch stehendes Projekt zu erhalten und den geeigneten Partner zu dessen Realisierung zu finden[1240]. In der Praxis überwiegen die Architekturwettbewerbe. Ingenieurwettbewerbe werden vor allem dort eingesetzt, wo neben den technischen und funktionellen Anforderungen hohe Massstäbe an die Ästhetik gesetzt werden, wie zum Beispiel im Brückenbau[1241].

[1233] GALLI/LEHMANN/RECHSTEINER, S. 187 Rz. 637; ESSEIVA, Baurechtstagung 2003, S. 223, 225; PFAMMATTER, S. 455, Anm. 74. Nach MESSERLI, S. 31 f., ist auch die freihändige Vergabe an den Verfasser des zweitrangierten Projekts jedenfalls dann zulässig, wenn sich die Auftraggeberin im Wettbewerbsprogramm ein entsprechendes Recht vorbehalten hat.

[1234] Zu den urheberrechtlichen Fragen, die sich in solchen Fällen stellen können, vgl. unten Rz. 766 ff.

[1235] CRM 8/97 E. 3a, CRM 11/99 E. 4a, je mit Hinweis; CRM 17/04 E. 4a; CLERC, Innovation, S. 99. Vgl. auch oben Rz. 149.

[1236] RECHSTEINER, in BR 2000, S. 55; JOST/SCHNEIDER HEUSI, S. 345, 351.

[1237] VG Zürich: VB.2001.00035 (Planungswettbewerb im Einladungsverfahren).

[1238] MESSERLI, S. 53; JOST/SCHNEIDER HEUSI, S. 349.

[1239] JOST/SCHNEIDER HEUSI, S. 364.

[1240] Vgl. Präambel SIA-Ordnung 142. Auch gemäss Art. 24 Abs. 1 der Walliser Verordnung über das öffentliche Beschaffungswesen vom 11. Juni 2003 dienen die Wettbewerbe bzw. die parallelen Studienaufträge «dem Auftraggeber zur Evaluation verschiedener Lösungen, insbesondere in konzeptioneller, gestalterischer, ökologischer, wirtschaftlicher oder technischer Hinsicht sowie der Geeignetheit der Leistungserbringer».

[1241] JOST/SCHNEIDER HEUSI, S. 364 und Fn. 22, mit Hinweisen auf Beispiele.

5. Auf dem Gebiet des Wettbewerbswesens von grosser praktischer Bedeutung ist die **SIA-Ordnung 142 für Architektur- und Ingenieurwettbewerbe,** die von der Delegiertenversammlung des SIA am 12. Juni 1998 genehmigt worden ist und die SIA-Ordnungen 152 und 153 ersetzt[1242]. Die SIA-Ordnung 142 ist formell rein privatrechtlicher Natur, obwohl sie inhaltlich als «Kombinationsordnung einer privatrechtlichen Wettbewerbsordnung und einer Wettbewerbsordnung im Rahmen des neuen öffentlichen Beschaffungswesens verstanden werden» will[1243]. In der Präambel wird festgehalten, dass die Ordnung Bezug nehme auf die einschlägigen Gesetze und Verordnungen von Bund, Kantonen und Gemeinden zum öffentlichen Beschaffungswesen. «Bei Wettbewerben, die von einer öffentlichen Auftraggeberin durchgeführt werden, haben die entsprechenden gesetzlichen Vorschriften Vorrang vor dieser Ordnung»[1244]. Zu beachten ist, dass sich die Regelungen des Bundesbeschaffungsrechts in Art. 40 bis 57 VoeB sehr stark auf die Ausgestaltung der SIA-Ordnung 142 ausgewirkt haben[1245]. Damit die SIA-Ordnung 142 im konkreten Vergabeverfahren zur Anwendung gelangt, bedarf es eines entsprechenden Hinweises in der Ausschreibung oder im Wettbewerbsprogramm[1246].

II. Im Submissionsrecht des Bundes

1. Im Bundesvergaberecht wird der Planungs- und Gesamtleistungswettbewerb durch die Art. 40 bis 57 VoeB[1247] sowie Anhang 6 zur VoeB[1248] detailliert geregelt[1249]; sie enthalten keinen Verweis auf die SIA-Norm 142[1250].

[1242] Art. 30 SIA-Ordnung 142. Zur SIA-Ordnung vgl. auch Urteil des Bundesgerichts 2.P.250/2001 vom 9. Juli 2002, E. 2.3.
[1243] ULRICH, AJP, S. 254.
[1244] Abs. 5 der Präambel.
[1245] Vgl. dazu ULRICH, AJP, S. 247.
[1246] Vgl. JOST/SCHNEIDER HEUSI, S. 344 f., mit Hinweis auf weitere Regelwerke von Fachverbänden, die auf Wettbewerbe Anwendung finden können.
[1247] Vgl. dazu auch SCHMID/METZ, S. 803 f. Rz. 19.14 ff.; sehr kritisch zu diesen Bestimmungen GAUCH, recht, S. 172.
[1248] Anhang 6 sieht vor, dass Wettbewerbe im offenen oder im selektiven Verfahren durchgeführt werden.
[1249] Die entsprechende Kompetenzgrundlage ist in Art. 13 Abs. 3 BoeB enthalten, wonach der Bundesrat den Planungs- und Gesamtleistungswettbewerb regelt. Gemäss der GATT-Botschaft 2 soll der Planungswettbewerb der Erarbeitung von Lösungsvorschlägen im Bereich der Planung (z. B. Ingenieur- und Architekturwettbewerbe) dienen; der Gesamtleistungswettbewerb soll die Möglichkeit bieten, gleichzeitig nach Planungs- und Bauausführungsleistungen zu fragen.
[1250] CRM 11/99 E. 4d/bb.

Die Regelung ist nicht abschliessend[1251]. Art. 41 VoeB sieht vor, dass die Auftraggeberin, die das Wettbewerbsverfahren im Einzelfall regelt, dabei ganz oder teilweise auf einschlägige Bestimmungen von Fachverbänden verweisen kann, soweit solche Bestimmungen nicht denjenigen der Verordnung widersprechen. Zu berücksichtigen ist diesbezüglich aber, dass das öffentliche Vergaberecht vom **Legalitätsprinzip** beherrscht ist und die Parteien somit nicht unter Berufung auf die Privatautonomie besondere Regeln auf ihr Verfahren für anwendbar erklären können. Aus diesem Grund kann eine Beschaffungsstelle nicht anstelle, in Erweiterung, Beschränkung oder Umgehung vorgenannter Regeln die SIA-Norm 142 im Einzelfall für anwendbar erklären oder den Anbietern zusätzliche, über die in der VoeB enthaltenen Pflichten hinausgehende, Verpflichtungen auferlegen. Ein Planungs- oder Gesamtleistungswettbewerb, dessen Objekt in den Anwendungsbereich des BoeB fällt, unterliegt also zunächst dem ÜoeB und den Bestimmungen des BoeB und der VoeB. Jedoch erachtet es die BRK für statthaft, Grundsätze aus der SIA-Norm 142 im Rahmen des bestehenden Ermessensspielraums der Vergabebehörden bei der Organisation von Planungs- und Gesamtleistungswettbewerben insofern in das Verfahren einzubeziehen, als diese den Verordnungsbestimmungen nicht widersprechen, sich lediglich auf dort nicht geregelte Detailfragen beziehen und dadurch (als «droit public supplétif») das Verfahren ergänzend konkretisieren[1252].

648 **2.** In der Literatur werden Zweifel geäussert, ob sich das Wettbewerbsverfahren als reines Verwaltungsverfahren qualifizieren lasse (und die SIA-Ordnung durch die Anwendbarkeitserklärung der Vergabebehörde zu ergänzendem Verwaltungsrecht werde), oder ob nicht vielmehr anzunehmen sei, dass das Wettbewerbsverfahren eine **Mischung zwischen öffentlichem und privatem Recht** darstelle[1253]. Unstreitig ist, dass bei Wettbewerben, die von einer öffentlichen Auftraggeberin durchgeführt werden, das öffentlich-rechtliche bzw. submissionsrechtliche Beschwerdeverfahren zur Anwendung gelangt, während das spezielle Beschwerdeverfahren für Wettbewerbe gemäss Art. 28 SIA-Norm 142 (Beschwerde an die SIA-Kommission für Architektur- und Ingenieurwettbewerbe, Weiterzug an die ordentlichen Gerichte) ausgeschlossen ist. Hingegen werden (privatrechtliche) Rechtsmittel gemäss OR, UWG oder URG je nach Konstellation als zulässig angesehen[1254].

[1251] Vgl. RECHSTEINER, Baurechtstagung 2003, S. 151; JOST/SCHNEIDER HEUSI, S. 344.
[1252] CRM 11/99 E. 4d/bb; JOST/SCHNEIDER HEUSI, S. 345.
[1253] RECHSTEINER, in BR 2000, S. 55; vgl. aber auch VG Freiburg: Urteil 2A 01, 1, 2 und 4 vom 19. April 2001, E. 5a; BR 2001, S. 157.
[1254] ULRICH, AJP, S. 255; DERS., Öffentliche Aufträge, S. 158 ff. Vgl. auch ZUFFEREY/ MAILLARD/ MICHEL, S. 156.

3. Im Anwendungsbereich des ÜoeB und des BoeB muss gemäss der Rechtsprechung der BRK auch bei Planungs- und Gesamtleistungswettbewerben die Eignung der Anbieter in einer **individuellen** Art und Weise für jeden Bewerber einzeln und namentlich in Respektierung der sich aus dem Gleichheits- und dem Transparenzprinzip ergebenden Regeln im Lichte der im konkreten Fall anwendbaren Eignungskriterien geprüft werden[1255]. Dies gilt auch dann, wenn eine **Jury** eingesetzt worden ist. Insbesondere muss auch der Entscheid einer Jury **im Nachhinein von Dritten, etwa der Beschwerdeinstanz, nachvollziehbar sein**[1256], womit die für den Entscheid der Jury massgebenden Überlegungen ebenfalls in den **Evaluationsbericht**[1257] einzufliessen haben[1258]. Aus diesen Gründen lehnt die BRK den reinen **Losentscheid** als Grundlage für die Selektion der Anbieter im Gegensatz zur Rechtsprechung des Aargauer Verwaltungsgerichts[1259] als Verletzung des Nichtdiskriminierungs-, des Gleichheits- und des Transparenzgrundsatzes ab[1260].

649

4. Die rechtliche Zulässigkeit der sogenannten **Skizzenselektion**[1261] ist nicht unumstritten[1262]. Ein solches Vorgehen wird aufgrund der Nachfragemacht

650

[1255] Es ist aber im Hinblick auf den Wettbewerbszweck (Evaluation von Projektvorschlägen) zulässig, an die Eignung der Teilnehmer eines Planungswettbewerbs, namentlich an deren finanzielle und organisatorische Leistungsfähigkeit, keine allzu hohen Anforderungen zu stellen. Dies folgt bereits aus dem Wortlaut von Art. XV Ziff. 1 lit. j ÜoeB, wonach die Wettbewerbsteilnehmer lediglich «angemessen qualifiziert» sein müssen, um den (Folge-)Auftrag auszuführen. Die Vergabebehörde kann aber in der Ausschreibung die Möglichkeit der Teambildung einräumen, sodass die im Hinblick auf die Ausführung des Folgeauftrags ungenügende Eignung durch den Beizug versierter Fachleute kompensiert werden kann (MESSERLI, S. 28 f. mit Hinweisen; ferner auch JOST/SCHNEIDER HEUSI, S. 365 f.)

[1256] Die Preisgerichtssitzungen sind deshalb ausreichend zu protokollieren (JOST/SCHNEIDER HEUSI, S. 370).

[1257] Vgl. Rz. 537 ff.

[1258] CRM 11/99 E. 4d/aa. Vgl. RECHSTEINER, in BR 2000, S. 55 f. Zum Evaluationsbericht im Allgemeinen vgl. oben Rz. 537 ff.

[1259] VG Aargau: Urteil BE.1998.00388 vom 15. März 1999, E. 5b (nicht publiziert); MOSER, AJP 2000, S. 690; vgl. oben Rz. 177. GAUCH/STÖCKLI (S. 39 Ziff. 16.2) wollen den Losentscheid bei gleicher Eignung zulassen, was die BRK grundsätzlich ebenfalls akzeptiert. Sie erachtet das Hilfsmittel der Losziehung bei «der aussergewöhnlichen Annahme, dass es nicht möglich wäre, zwischen zwei oder mehr Kandidatinnen oder Kandidaten auf Grund ihres Eignungsgrades auszuwählen» (CRM 11/99 Regesten), für zulässig. Es stellt sich die Frage, wann von gleicher Eignung zweier oder mehrerer Anbieter gesprochen werden kann bzw. wie differenziert die Eignungsprüfung sein muss (vgl. RECHSTEINER, in BR 2000, S. 55 f.). Vgl. auch oben Rz. 153, insb. Fn. 353.

[1260] CRM 11/99 E. 4d/dd. Vgl. oben Rz. 153.

[1261] Eine Skizzenselektion ist gemäss der Umschreibung von ULRICH (Öffentliche Aufträge, S. 151 Fn. 89) eine Präqualifikation, bei der das Preisgericht die anonym eingereichten Ideenskizzen (z.B. Handskizzen einer Frontansicht, eines Gebäudeumrisses, eines bestimmten Details etc.) begutachtet und rangiert. Die Auftraggeberin entscheidet dann über die definitive Zulassung.

[1262] GAUCH/STÖCKLI, S. 58 Rz. 24.2; ESSEIVA, in BR 2001, S. 159. Die Skizzenselektion auf der Stufe der Präqualifikation als zulässig erachtet ULRICH, der sich dabei auf Anhang 3 Ziff. 9 VoeB stützt, wonach bei Planungswettbewerben objektspezifische Nachweise, insbesondere

des Gemeinwesens namentlich auch kartellrechtlich als problematisch erachtet[1263]. Nach MESSERLI ist den Auftraggeberinnen in jedem Fall zu empfehlen, in der Ausschreibung genau festzulegen, ob die Ideenselektion im Dienst der Eignungsprüfung steht oder eine erste Ausscheidungsrunde in einem mehrstufigen Wettbewerb einleitet[1264].

651 Offenlassen konnte die BRK die Grundsatzfrage, ob die Vergabebehörde im Rahmen eines in einem selektiven Verfahren durchgeführten Projektwettbewerbs – konkret ging es um den Projektwettbewerb für den Schweizerpavillon an der EXPO 2000 in Hannover – bereits auf der Stufe der Präqualifikation eine **Ideenskizze** verlangen durfte, um die Eignung der Teilnehmer zu prüfen[1265]. Die BRK wies aber darauf hin, bei Planungswettbewerben sei bei der Auswahl der Eignungskriterien darauf zu achten, dass – im Falle der Anwendung eines selektiven Vergabeverfahrens – die Präqualifikation der Teilnehmer nicht in unzulässiger Weise mit dem Wettbewerb als solchem vermischt werde: Planungswettbewerbe könnten als Ideenwettbewerbe zur Erarbeitung von Lösungsvorschlägen zu allgemein umschriebenen und abgegrenzten Aufgaben durchgeführt werden[1266]. Es könne nicht angehen, das Erbringen solcher Lösungsvorschläge, welche den Inhalt eines Ideenwettbewerbs darstellten und für welche die VoeB eigene Regeln enthalte, einfach ins Präqualifikationsverfahren zu verweisen[1267]. Im konkreten Fall mass die Vergabebehörde der verlangten Ideenskizze für die Selektion ausschlaggebende Bedeutung zu, ohne dass dies in den Ausschreibungsunterlagen so gesagt wurde. Auch wurde nicht präzisiert, in welcher Form die Ideenskizzen (für die Präsentation der Schweiz an der Weltausstellung in Hannover) einzureichen waren. Gegenstand des zu beurteilenden Submissionsverfahrens war nicht ein Architekturauftrag, sondern eine interdisziplinäre Aufgabe. Die sich um den Auftrag bewerbenden Planungsteams setzten sich aus

---

hinsichtlich Ausbildung, Leistungsfähigkeit und Praxis, zu erbringen sind (ULRICH, Öffentliche Aufträge, S. 150 f.); PFAMMATTER, S. 448; ferner MESSERLI, S. 54, Fn. 106, 70, und insb. S. 79 ff., der sich differenziert zur Zulässigkeit äussert. Auch das Verwaltungsgericht des Kantons Aargau vertritt die Meinung, dass es zulässig sein sollte, im Rahmen eines Präqualifikationsverfahrens für Architekturleistungen eine Ideenskizze «als objektspezifischen, d.h. auf den konkreten Auftrag bezogenen Eignungsnachweis zu verlangen». Als «unüblich» bezeichnete es hingegen das Vorgehen einer Vergabestelle, bereits auf der Stufe der Präqualifikation unter dem Titel «Kurzstudie» mehrere Skizzen mit einer Kostenschätzung zu verlangen (AGVE 2000, S. 274 mit Hinweisen; vgl. auch unten Rz. 668). Einen Ideenwettbewerb mit vorgängiger «Ideenbörse» hatte das Verwaltungsgericht des Kantons Zürich in VB.1999.00386 zu beurteilen. Die Interessenten hatten im Rahmen der Präqualifikation entweder Referenzen oder eine Ideenskizze einzureichen.

[1263] GALLI, Rechtsprechung, S. 117.
[1264] MESSERLI, S. 81.
[1265] BRK 7/97 E. 5; CRM 8/97 E. 3b.
[1266] Art. 42 Abs. 1 lit. a VoeB.
[1267] BRK 7/97 E. 5c.

Angehörigen verschiedener Berufsgruppen (Verkehrsplaner, Soziologen, Juristen, Marketingfachleuten, Filmemacher etc.) zusammen. Die BRK hielt zunächst fest, dass zumindest bei einer interdisziplinären Aufgabe unter einer Ideenskizze grundsätzlich, d.h. ohne dass eine Präzisierung erfolge, sowohl eine Zeichnung als auch eine Umschreibung in Worten oder in einer anderen gestalterischen Form, die der zugrunde liegenden Idee Ausdruck verleihe (z. B. Video oder plastische Gestaltung), zu verstehen sei. Die BRK kam in der Folge zum Schluss, aufgrund des Grundsatzes der Transparenz nach Art. 1 Abs. 1 lit. a BoeB und der Klarheitsregel gemäss Art. XII Ziff. 2 lit. f. ÜoeB hätte die Vergabebehörde in der Ausschreibung und in den Ausschreibungsunterlagen – unter der Annahme der Zulässigkeit der Verwendung von Ideenskizzen bereits bei der Präqualifikation – jedenfalls klar darauf hinweisen müssen, dass im Rahmen dieser Verfahrensstufe ausschliesslich auf die Ideenskizzen (in gezeichneter Form) abgestellt würde. Die Durchführung eines vereinfachten Ideenwettbewerbs in der ersten Selektionsphase müsse unmissverständlich angekündigt werden, und die Bewerber müssten richtig informiert werden bezüglich der Angaben oder Unterlagen, die von ihnen verlangt würden[1268].

5. Art. 53 VoeB statuiert eine grundsätzliche **Bindung der Auftraggeberin an die Empfehlungen des Preisgerichts.** Eine Befreiung davon ist nur in Ausnahmefällen, beim Vorhandensein von **triftigen Gründen,** möglich und setzt zudem die Zahlung einer Abgeltung in Höhe eines Drittels der Gesamtpreissumme[1269] sowie die Durchführung eines neuen Verfahrens (für die Folgeaufträge) voraus[1270]. Ob die Vergabestelle im Wettbewerbsprogramm die Bindung an die Empfehlung im Wettbewerbsprogramm ausschliessen kann, ist umstritten[1271].

652

6. Nach der BRK liegt traditionellerweise ein **Studienauftrag** vor, wenn die Vergabestelle mehrere Anbieter in Konkurrenz zueinander treten lässt und jeden von ihnen mit einer Planungsstudie über denselben Gegenstand betraut, um auf diese Weise verschiedene Ideen und Vorschläge zu erhalten[1272]. Regelmässig ist vorgesehen, demjenigen Anbieter, dessen Studie als die beste beurteilt wurde, einen Folgeauftrag direkt zu vergeben. Im konkreten Fall hatte die SBB AG einen Planerauftrag für den Umbau des Genfer Hauptbahnhofs Cornavin im selektiven Verfahren ausgeschrieben.

653

[1268] BRK 7/97 E. 6; CRM 8/97 E. 3c, d und e; vgl. auch GALLI, Rechtsprechung, S. 117 f.
[1269] Art. 55 Abs. 2 VoeB.
[1270] Vgl. dazu ausführlich MESSERLI, S. 158 ff.; JOST/SCHNEIDER HEUSI, S. 370 f.; ZUFFEREY/MAILLARD/MICHEL, S. 155. Vgl. auch unten Rz. 674 f.
[1271] MESSERLI, S. 160 mit Hinweisen.
[1272] Vgl. auch Anhang 1 Ziff. 11 zur VoeB, wo der Studienauftrag als «Vergabe identischer Aufträge an mehrere Anbieter und Anbieterinnen zwecks Erarbeitung von Lösungsvorschlägen» umschrieben wird. Vgl. generell zum Studienauftrag auch MESSERLI, S. 45 ff.

Vorgesehen war, dass die (maximal fünf) präqualifizierten Anbieter ein architektonisches Gesamtkonzept, ein Vorprojekt für den Teil A des Bahnhofs sowie eine Entwicklungsskizze für die Teile C–G der Anlage vorzulegen hatten gegen eine Entschädigung von je Fr. 30 000.–. Die Vergabe von Folgeaufträgen war nicht vorgesehen; vorbehalten blieben Verhandlungen. Die SBB AG hatte sechs Anbieterinnen eingeladen, die – wie angekündigt – mit je Fr. 30 000.– entschädigt wurden. Auf dem ersten Rang platzierten sich zwei Anbieterinnen, deren Offerten vom zuständigen Expertenteam allerdings als noch zu wenig ausgereift für einen Zuschlag erachtet wurden, weshalb das Expertenteam der Vergabestelle empfahl, die Angebote noch weiter konkretisieren zu lassen. Die SBB AG kam dieser Empfehlung nach, überarbeitete das Pflichtenheft, listete teamspezifische Fragen auf und stellte den beiden Planungsteams eine zusätzliche Vergütung in Aussicht. Die in der Folge überarbeiteten Angebote wurden vom Expertenteam erneut gleich bewertet, weshalb schliesslich mittels eines Stichentscheids über den Zuschlag entschieden wurde. Die vom unterlegenen Planerteam angerufene BRK kam zum Schluss, dass die Vergabebehörde in unzulässiger Weise Elemente des freihändigen Verfahrens in das ausgeschriebene selektive Verfahren gemischt habe. Die Bundesvergabebehörden seien an die im BoeB und der VoeB vorgesehenen Verfahrensarten (offenes, selektives und freihändiges Verfahren, Wettbewerb) und die diesbezüglich statuierten spezifischen Regeln gebunden **(Numerus clausus der Verfahrensarten).** Beim Studienauftrag handle es sich nicht um eine vom Bundesvergaberecht vorgesehene eigenständige – fünfte – Verfahrensart. Indem die Vergabebehörde in der zweiten Phase des selektiven Verfahrens verschiedene Offerenten ausgeschlossen und es den verbliebenen Anbietern ermöglicht habe, ihre Angebote weiter zu konkretisieren, habe sie zwei unterschiedliche Verfahrensarten miteinander vermischt und auf diese Weise ohne gesetzliche Grundlage einen neuen Verfahrenstyp geschaffen[1273].

654   7. Ein **Gesamtleistungswettbewerb** wird gemäss Art. 42 Abs. 2 VoeB durchgeführt zur Erarbeitung von Lösungsvorschlägen zu klar umschriebenen Aufgaben sowie zur Vergabe der Realisierung dieser Lösung. Der Gesamtleistungswettbewerb umfasst somit neben den Planungsleistungen – anders als ein Planungswettbewerb – auch Bauleistungen. Die Anbietenden haben bei einem Gesamtleistungswettbewerb einerseits ein Projekt und andererseits die zu dessen Realisierung erforderlichen werkvertraglichen

---

[1273] CRM 17/04 E. 4. Vgl. dazu die kritische Anmerkung von STÖCKLI, in BR 2005, S. 168 f. Vgl. ferner ULRICH, Gestaltungsspielräume, S. 186 Anm. 119. Bezüglich der von ULRICH vorgebrachten Kritik ist einzuwenden, dass die BRK im kritisierten Entscheid nicht das Institut des Studienauftrags als solches für unzulässig qualifiziert hat, sondern die Art und Weise, wie die als selektives Verfahren ausgeschriebene Vergabe des Studienauftrags von der SBB AG durchgeführt worden ist. Kritisch zu diesem Entscheid auch MESSERLI, S. 50 f.

Ausführungsleistungen (mit einem entsprechenden Preis) zu offerieren. Nach der neueren Rechtsprechung der BRK ist in solchen Fällen von einem **gemischten Auftrag** auszugehen, der Dienstleistungen im Sinne von Anhang 1 zur VoeB, Bauleistungen gemäss Anhang 2 zur VoeB sowie Lieferaufträge umfasst[1274]. In der Lehre und in der kantonalen Rechtsprechung wird der Gesamtleistungswettbewerb im Baubereich zum Teil allerdings auch als (reiner) Bauauftrag qualifiziert[1275].

8. Gemäss Art. 43 Abs. 1 VoeB sind Planungs- und Gesamtleistungswettbewerbe im offenen oder selektiven Verfahren auszuschreiben, sofern ihr Wert den massgebenden Schwellenwert nach Art. 6 Abs. 1 BoeB oder, bei Gesamtleistungswettbewerben im Baubereich, den Wert von 2 Millionen Franken erreicht. Werden diese Schwellenwerte nicht erreicht, kann der Wettbewerb im Einladungsverfahren durchgeführt werden (Art. 43 Abs. 1 VoeB). Aus dem Umstand, dass Gesamtleistungswettbewerbe im Baubereich ab einem Wert von 2 Millionen Franken im offenen oder selektiven Verfahren auszuschreiben sind, kann nicht geschlossen werden, dass ab diesem Wert auch die Beschwerdemöglichkeit gemäss Art. 27 ff. BoeB gegeben ist. Für letztere massgebend sind vielmehr die Schwellenwerte gemäss Art. 6 Abs. 1 BoeB. Im konkreten Fall kam die BRK zum Schluss, dass der – wegen der klar überwiegenden Bauleistungskomponente – gesamthaft als Bauauftrag zu behandelnde Gesamtleistungswettbewerb einen maximalen geschätzten Auftrags- bzw. Wettbewerbswert von unter 8 Millionen Franken (ohne MWSt) aufwies. Hinzuzurechnen waren die Pauschalentschädigungen von je Fr. 55 000.– für die sechs Wettbewerbsteilnehmer. Damit wurde der massgebliche Schwellenwert für Bauaufträge von Fr. 9 575 000.– nicht erreicht, weshalb die BRK auf die Beschwerde nicht eintreten durfte[1276].

III. Im Submissionsrecht der Kantone

1. Art. 12 Abs. 3 IVöB bestimmt, dass bei der Veranstaltung eines Planungs- oder Gesamtleistungswettbewerbs das Verfahren im Einzelfall im Rahmen der Grundsätze der IVöB zu regeln ist und dabei ganz oder teilweise auf einschlägige Bestimmungen von Fachverbänden verwiesen werden kann, soweit solche Bestimmungen nicht gegen die Grundsätze der IVöB

[1274] BRK 4/05 E. 2; BRK 25/05 E. 2a/aa. Vgl. auch MESSERLI, S. 84; ULRICH, Öffentliche Aufträge, S. 145.
[1275] GALLI/LEHMANN/RECHSTEINER, Rz. 135; DUBEY, Concours, S. 134 f.; CLERC, Diss., S. 405; VG Genf: Urteil A 1477 2004 vom 19. Oktober 2004, E. 2b.
[1276] BRK 4/05 E. 2. Vgl. die Anmerkung von ESSEIVA zu diesem Entscheid in BR 2005, S. 170; ferner MESSERLI, S. 84 f.

verstossen. Gemäss § 9 Abs. 1 lit. j VRöB kann ein Auftrag unabhängig vom Auftragswert direkt und ohne Ausschreibung vergeben werden, wenn die Auftraggeberin oder der Auftraggeber im Voraus die Absicht bekannt gegeben hat, den Vertrag mit der Gewinnerin oder dem Gewinner eines Planungs- oder Gesamtleistungswettbewerbs abzuschliessen. Einzelne Kantone, wie z.B. die Kantone Luzern[1277] und Solothurn[1278], weisen in ihren Ausführungserlassen zur IVöB detaillierte eigene Regelungen über den Planungs- und Gesamtleistungswettbewerb auf. Die neue **Walliser Verordnung über das öffentliche Beschaffungswesen** regelt im 6. Abschnitt «Wettbewerb und parallele Studienaufträge»[1279]. Andere Kantone regeln die Wettbewerbe nur sehr rudimentär[1280]. Beispielsweise hat § 9 SubmD/AG, der in seiner früheren Fassung auf die einschlägigen Vorschriften der VoeB verwies, praktisch wörtlich die Bestimmung von Art. 12 Abs. 3 IVöB übernommen, verweist also auf die einzelfallweise Regelung des Verfahrens in Berücksichtigung der Bestimmungen der Fachverbände. Zum Teil fehlen Vorschriften überhaupt, z.B. im Kanton Schaffhausen.

657 Im Kanton Zürich sind die Planungswettbewerbe einzig in § 10 Abs. 1 lit. i SubmV/ZH erwähnt, wonach eine Vergabe freihändig erfolgen kann, «sofern die Vergabestelle im Voraus die Absicht bekannt gegeben hat, den Vertrag aufgrund der Beurteilung durch ein unabhängiges Preisgericht mit der Gewinnerin oder dem Gewinner eines Planungs- oder Gesamtleistungswettbewerbes, der den Grundsätzen des Beitrittsgesetzes und dieser Verordnung entspricht, abzuschliessen». Sinngemäss wird somit Art. XV Ziff. 1 lit. j ÜoeB wiedergegeben[1281].

658 **2.** Wird in einer Ausschreibung (oder in den Ausschreibungsunterlagen) angegeben, die SIA-Ordnung 142 gelte subsidiär, kommt sie gemäss dem Verwaltungsgericht des Kantons Luzern als **ergänzendes öffentliches Vergaberecht** zur Anwendung. Der Verweis auf die subsidiäre Geltung der SIA-Ordnung 142 gilt allerdings nur insoweit, als ihre Bestimmungen dem geltenden Vergaberecht nicht widersprechen. «Daraus erhellt, dass die SIA-Ordnung 142 gleichzeitig Verfahren im Rahmen des öffentlichen Beschaffungswesens und private Verfahren regelt. Diese Dualität des Ver-

---

[1277] §§ 22 ff. der Verordnung zum Gesetz über die öffentlichen Beschaffungen vom 7. Dezember 1998.
[1278] § 40 Abs. 2 SubG/SO, §§ 30 ff. SubV/SO.
[1279] Die Art. 24 ff. der Verordnung über das öffentliche Beschaffungswesen vom 11. Juni 2003 regeln den Wettbewerb und die parallelen Studienaufträge.
[1280] Vgl. MESSERLI, S. 37 f.; RECHSTEINER, Baurechtstagung 2003, S. 153; ESSEIVA, Baurechtstagung 2003, S. 210 f.
[1281] MESSERLI, S. 37.

fahrens ist bei der Interpretation der SIA-Ordnung 142 stets im Auge zu behalten»[1282].

3. Planungs- und Gesamtleistungswettbewerbe unterscheiden sich von «gewöhnlichen» Submissionen durch die anonyme Durchführung und die Beurteilung durch eine unabhängige Jury. Nach der – nicht unbestrittenen[1283] – Rechtsprechung des Verwaltungsgerichts des Kantons Zürich ist die **Anonymität** – trotz Fehlens einer entsprechenden Regelung im kantonalen Submissionsrecht – ein unerlässliches Merkmal des Planungs- und Gesamtleistungswettbewerbs[1284]. Von Bedeutung ist zudem, dass einerseits bereits während des Wettbewerbsverfahrens (jedenfalls bei Wettbewerben ohne Folgeauftragoption[1285]) die charakteristischen Leistungen, d.h. die Ausarbeitung von Lösungsvorschlägen, erbracht werden, und anderseits sämtliche Wettbewerbsteilnehmer eine Leistung erbringen. Demgegenüber wird üblicherweise in einem Vergabeverfahren lediglich ein einziger Anbieter ausgewählt, der nach Abschluss des Vergabeverfahrens die ausgeschriebene Leistung erbringt. Trotz dieser grundlegenden Unterschiede spricht nach Auffassung des Verwaltungsgerichts des Kantons Zürich nichts dagegen, bereits das Wettbewerbsverfahren (für einen Ideenwettbewerb) als förmliches Vergabeverfahren gemäss den Submissionsvorschriften auszugestalten[1286].

659

Nach Ansicht des **Verwaltungsgerichts des Kantons Freiburg** stellt die Vergabe eines Auftrags an den Wettbewerbsgewinner eine Ausnahme vom ordentlichen Vergabeverfahren dar, welche durch die intellektuelle Natur der in Frage stehenden Leistungen gerechtfertigt ist. Wo primär Ideen und Konzepte zu beurteilen seien und nicht Leistungen, die sich unter einem

660

[1282] VG Luzern: Urteil V 03 308 vom 7. Januar 2004.
[1283] Vgl. JOST/SCHNEIDER HEUSI, S. 352 f. Diese Autoren befürworten – zumindest für das zürcherische Submissionsrecht – die Zulässigkeit auch eines nicht- oder bloss teil-anonymen Wettbewerbsverfahrens. Aus praktischen Gründen bestehe bei komplexen Vorhaben häufig das Bedürfnis nach Diskussionen zwischen den Wettbewerbsteilnehmern und dem Auftraggeber bzw. dem Preisgericht. Derartige Besprechungen liessen sich nur durch eine (zumindest teilweise) Aufhebung der Anonymität bewerkstelligen. Zudem lasse sich in einem vollkommen anonymen Wettbewerbsverfahren die Eignung der Wettbewerbsteilnehmer im Hinblick auf einen allfälligen Folgeauftrag kaum überprüfen. Ähnlich auch SCHNEIDER HEUSI, Wettbewerbe und öffentliches Beschaffungswesen, in: Kriterium Nr. 9/Mai 2003, S. 1; ESSEIVA, Baurechtstagung 2003, S. 225; RECHSTEINER, Baurechtstagung 2003, S. 172. Art. 25 Abs. 2 der Verordnung über das öffentliche Beschaffungswesen des Kantons Wallis vom 11. Juni 2003 verlangt, dass das Wettbewerbsverfahren die Anonymität der Teilnehmer in Bezug auf den Auftraggeber sicherstellen muss. «Wenn die Anzahl der Teilnehmer beschränkt wird und wenn zusätzlich der Kontakt zwischen den Teilnehmern und dem Auftraggeber als angebracht oder gar notwendig sich erweist, wird der Wettbewerb in Form eines parallelen Studienauftrags durchgeführt.»
[1284] VG Zürich: VB.2002.00044 E. 2c/dd (Bestätigung der Rechtsprechung).
[1285] VG Zürich: VB.1999.00386 E. 5c/dd. Vgl. dazu unten Rz. 668 ff.
[1286] VG Zürich: VB.1999.00386 E. 5c/aa; VG Zürich: VB.2000.00122 E. 5a.

rein ökonomischen Gesichtspunkt vergleichen liessen, sei es unabdingbar, über ein anderes Instrument als das normale Vergabeverfahren zu verfügen. Diesem Zweck entspreche der Wettbewerb[1287].

661 **4.** Auch auf kantonaler Ebene wird in der Regel zwischen **Ideenwettbewerben** und **Projektwettbewerben** unterschieden[1288].

662 Beim **Ideenwettbewerb** werden Lösungsvorschläge für Aufgaben gesucht, die nur allgemein umschrieben und abgegrenzt sind. In diesen Fällen besteht die Gegenleistung seitens der Vergabebehörde für die Vorschläge in erster Linie aus Preisen, wohingegen der Gewinner **keinen Anspruch auf einen weiteren planerischen Auftrag** hat[1289]. Es ist auch nicht zulässig, nach Abschluss des Ideenwettbewerbs einen Folgeauftrag freihändig zu vergeben[1290].

663 Unter dem **Begriff des Projektwettbewerbs** wird ein Verfahren verstanden, das zur Erarbeitung von Lösungsvorschlägen zu klar umrissenen Aufgaben sowie zur Ermittlung von geeigneten Fachleuten zur Projektrealisierung durchgeführt wird, wobei der Projektgewinner in der Regel Anspruch auf einen weiteren planerischen Auftrag hat; letzteres muss in der Ausschreibung oder in den Ausschreibungsunterlagen allerdings deutlich zum Ausdruck kommen[1291].

664 **5.** Ein Beispiel für einen aufgrund der Vorschriften des selektiven Verfahrens durchgeführten (zweistufigen) **Ideenwettbewerb** findet sich in einem Urteil des Verwaltungsgerichts des Kantons Zürich vom 2. November 2000[1292]. Öffentlich ausgeschrieben worden war ein Ideenwettbewerb in zwei Stufen zur Neugestaltung eines Bahnhofareals mit Umgebung. Ziel des Wettbewerbs war das Finden von Ideen für ein überzeugendes Gestaltungs- und Verkehrskonzept. Sowohl die als «Ideenbörse» bzw. «Skizzenwettbewerb» bezeichnete erste Stufe als auch die zweite Stufe, auf der die ausgewählten Wettbewerbsteilnehmer ihre Ideen (Projektskizzen) zu einem Gesamtkonzept weiterzuentwickeln hatten, sollten anonym durchgeführt werden. Die Anonymität wurde durch das Dazwischenschalten eines Notariats als neutrale Korrespondenzadresse und Vermittlungsinstanz sichergestellt. Die Eingaben wurden vom Notar nummeriert und anschliessend dem Beurteilungsgremium in neutraler Form zur Beurteilung übergeben. Die Beurteilung der Eignung erfolgte im Rahmen der ersten Stufe anhand der in der Aus-

---

[1287] VG Freiburg: Urteil 2A 01 1, 2 und 4 vom 19. April 2001, E. 5a.
[1288] JOST/SCHNEIDER HEUSI, S. 346 f.
[1289] ZUFFEREY/MAILLARD/MICHEL, S. 157.
[1290] VG Zürich: VB.1999.00386 E. 5c/bb.
[1291] VG Zürich: VB.2000.00122 E. 5b/aa.
[1292] VG Zürich: VB.1999.00386.

schreibung bekannt gegebenen Kriterien «innovativer Gehalt, Integration in ein Gesamtkonzept, Entwicklungspotenzial, Aufwand-Nutzen-Verhältnis, Professionalität» ausschliesslich aufgrund der eingereichten Projektskizzen. Das Verwaltungsgericht hielt diesbezüglich fest, eine Eignungsprüfung, die sich auf die Weiterbearbeitung einer Projektidee beschränke und sich nicht auch auf die Eignung zur Ausführung eines konkreten Planungsauftrags erstrecke, könne ohne weiteres allein gestützt auf Projektskizzen vorgenommen werden[1293].

6. Die Vergabestelle ist bei einem Projektwettbewerb frei, den Umfang des zu vergebenden Auftrags auf die blosse Projekterstellung zu beschränken oder ihn auch auf die Realisierung des Vorhabens zu erstrecken. Nennen die Wettbewerbsunterlagen als Auftrag aber nur die Projektierung, so verstösst es gegen den Grundsatz der Transparenz, wenn dem Gewinner des Wettbewerbs auch der Auftrag über die mit der Projektrealisierung zusammenhängenden Arbeiten vergeben wird[1294]. 665

7. (Entgeltliche) **Studienaufträge** sind Dienstleistungsaufträge im Sinne von Art. 6 Abs. 1 lit. c IVöB und umfassen die «Vergabe identischer Aufträge an mehrere Anbietende zwecks Erarbeitung von Lösungsvorschlägen»[1295]. Bei einem Studienauftrag werden mehrere Architekten dazu verpflichtet, zum selben Termin je einen Lösungsvorschlag für die gleiche architektonische Aufgabe vorzulegen. Die Architekten beteiligen sich daran zumeist in der Hoffnung, einen Folgeauftrag für das ganze Projekt zu erhalten[1296]. Der Studienauftrag bietet nach ULRICH dem Auftraggeber die Möglichkeit, für die durch Werkvertrag mit den einzelnen Planern abgeschlossenen Planungsaufträge nicht den vollen, sondern einen reduzierten Preis bezahlen zu müssen. Diese Reduktion rechtfertigt sich insbesondere dann, wenn jeder durch einen Studienauftrag verpflichtete Architekt oder Ingenieur eine gewisse Chance hat, dass ihm ein Folgeauftrag erteilt wird[1297]. 666

8. Der Studienauftrag unter mehreren Auftragnehmern ist nicht mit einem Architektur- oder Planungswettbewerb identisch, sondern es handelt sich 667

[1293] VG Zürich: VB.1999.00386 E. 5c/dd.
[1294] VG Freiburg: Urteil 2A 01 1, 2 und 4 vom 19. April 2001, E. 5b und c; vgl. auch Urteil des Bundesgerichts 2P.250/2001 vom 9. Juli 2002, mit dem eine gegen das Freiburger Urteil erhobene staatsrechtliche Beschwerde abgewiesen wurde.
[1295] So ausdrücklich Ziff. 13 Anhang 2 SubmD/AG und Ziff. 13 Anhang 1 SubV/SO. Diese Bestimmungen sind identisch mit Ziff. 13 Anhang 1 VoeB. Explizit erwähnt sind die (parallelen) Studienaufträge auch in §§ 24 ff. der Verordnung über das öffentliche Beschaffungswesen des Kantons Wallis vom 11. Juni 2003. Vgl. auch MESSERLI, S. 45 ff.; JOST/SCHNEIDER HEUSI, S. 347; RECHSTEINER, Baurechtstagung 2003, S. 170.
[1296] ULRICH, Öffentliche Aufträge, S. 142; AGVE 2000, S. 269; VG Zürich: VB.1999.00385 E. 2b/bb.
[1297] ULRICH, Öffentliche Aufträge, S. 165 f.; ULRICH, AJP, S. 244 f.; AGVE 2000, S. 269 f.

um **eine eigenständige Form der Konkurrenz**[1298]. Die Vergabe erfolgt in der Regel nicht in einem anonymen Verfahren, und die Beurteilung erfolgt nicht durch ein Preisgericht[1299]. Er kann sich bei entsprechender Ausgestaltung (z. B. Einführung einer Expertenjury, Anonymität des Verfahrens, «In-Aussicht-Stellen» eines Folgeauftrags für den besten Entwurf) einem solchen aber weitgehend annähern[1300]. Die Grenzen sind bisweilen fliessend[1301]. In einem Urteil vom 9. Juli 2003 hatte das Verwaltungsgericht des Kantons Zürich einen Studienauftrag zu beurteilen, der Elemente des Wettbewerbs (Beurteilungsgremium, Preissumme) aufwies, jedoch keine anonyme Beurteilung vorsah. Das Verwaltungsgericht verneinte das Vorliegen eines Wettbewerbs, erachtete aber die Merkmale eines im selektiven Verfahren durchgeführten Studienauftrags als erfüllt[1302]. In einem früheren Entscheid hatte es einen Studienauftrag – trotz der Bezeichnung – als Planungswettbewerb qualifiziert[1303]. Studienaufträge und Wettbewerbe lassen sich auch kombinieren. So kann der Auftraggeber einen Ideenwettbewerb veranstalten und vorsehen, dass die Verfasser der erstprämierten Beiträge zu einem Studienauftrag eingeladen werden. Die Präqualifikation zum (selektiven) Studienauftrag erfolgt damit im Rahmen eines (anonymen) Wettbewerbs[1304].

668 **9.** Gegenstand verschiedener kantonaler Entscheide war die **rechtliche Einordnung des Studienauftrags (mit Folgeauftrag-Option) in das Beschaffungsrecht.** Das Verwaltungsgericht des Kantons Aargau hat dazu ausgeführt, beim Studienauftrag erfolge eine Selektionierung, indem sich die teilnahmewilligen Architekten oder Ingenieure zunächst um die zu vergebenden Aufträge bewerben würden. Die Vergabestelle habe dann den Präqualifikationsentscheid zu fällen und gestützt darauf mit den selektionierten Bewerbern separate Werkverträge abzuschliessen, d.h. diese seien berechtigt und verpflichtet, gegen Entgelt (Werklohn) eine Projektstudie einzureichen. Ein definitiver Zuschlag für den zu vergebenden Projektierungsauftrag werde in diesem Zeitpunkt aber noch nicht erteilt, sondern die Abgabe der (entschädigungsberechtigten) Projektstudien lasse sich eher gleichsetzen mit dem Einreichen der Unternehmerofferte im normalen selektiven oder auch offenen Verfahren mit dem Unterschied, dass dort die Ausarbeitung der Angebote in der Regel ohne Vergütung erfolge. Die Projektstudien

---

[1298] Vgl. SIA-Ordnung 142 Anhang Studienauftrag; ferner ZUFFEREY/MAILLARD/MICHEL, S. 158 f.
[1299] SIA-Ordnung 142 Anhang Studienauftrag; ESSEIVA, in BR 2001, S. 157.
[1300] AGVE 2000, S. 272.
[1301] MESSERLI, S. 45, 47 f.
[1302] VG Zürich: VB.2002.00044.
[1303] VG Zürich: VB.2001.00035.
[1304] MESSERLI, S. 51.

seien alsdann anhand der von der Vergabestelle ausgewählten Kriterien zu beurteilen, und das siegreiche Projekt erhalte schliesslich den Zuschlag in dem Sinne, dass der betreffende Anbieter direkt mit der eigentlichen Projektierung und allenfalls auch mit der Ausführung beauftragt werde. Erst die Empfehlung zur Weiterbearbeitung eines Projekts bildet nach der Auffassung des Verwaltungsgerichts «den ordnungsgemässen Abschluss des bezüglich des Studienauftrags durchgeführten selektiven Submissionsverfahrens; es handelt sich damit um den Zuschlag»[1305]. Im konkreten Fall war gemäss der öffentlichen Ausschreibung ein Verfahren mit zwei Stufen vorgesehen. Als teilnahmeberechtigt erklärt wurden Architekturbüros, die im Einzugsgebiet der Gemeinde W. ihren Geschäftssitz hatten, im öffentlichen Bau vertraut waren (was anhand von Referenzobjekten zu belegen war) und die eine kurze Projekt- und Bauphase planen und durchführen konnten. In einem ersten Schritt sollten anhand dieser Kriterien acht Architekturbüros bestimmt und zur Erarbeitung einer Kurzstudie in Skizzenform eingeladen werden. In einem zweiten Schritt sollten dann anhand dieser Kurzstudien maximal drei Architekturbüros für die Ausarbeitung eines Studienauftrags (Vorprojekt) ausgewählt werden, wobei die Studien mit je Fr. 5000.– entschädigt werden sollten. Die Vergabestelle gestattete es (allen) neun Interessenten, eine Kurzstudie einzureichen, erteilte aber schliesslich lediglich einen Studienauftrag. Das Verwaltungsgericht hiess die dagegen erhobene Beschwerde deshalb gut, weil die Vergabestelle nicht bekannt gegeben hatte, aufgrund welcher Kriterien die Kurzstudien beurteilt werden sollten[1306].

Zum gleichen Schluss wie das aargauische kommt auch das **Verwaltungsgericht des Kantons Zürich:** Die Auswahl der Teilnehmer beim Studienauftrag mit **Folgeoption** entspricht dem Präqualifikationsentscheid, bei den Projektentwürfen handelt es sich um Angebotsofferten, und mit dem Entscheid über den Folgeauftrag (Weiterbearbeitung des Projekts) wird der Zuschlag erteilt[1307]. Weiter stellt das Verwaltungsgericht im konkreten Fall fest, dass nicht nur die Studienaufträge, sondern ebenso die Weiterbearbeitung des siegreichen Projekts sowie die weiteren Architekturleistungen bei der Projektrealisierung Gegenstand des selektiven Submissionsverfahrens seien. Ausgeschrieben sei nicht bloss ein Studienauftrag, sondern auch die Projektweiterbearbeitung sowie die Realisierung. Hinsichtlich des Schwellenwerts sei deshalb der Gesamtwert massgebend, der nicht bloss die für die einzelnen Studienaufträge zu entrichtenden Entschädigungen, sondern

669

[1305] AGVE 2000, S. 270 f.; VG Aargau: Urteil BE.98.00388 vom 15. März 1999, E. 2b (nicht publiziert).
[1306] AGVE 2000, S. 272 ff. Vgl. demgegenüber die BRK in CRM 17/04 und kritisch dazu MESSERLI, S. 49 ff. (oben Rz. 653 und Fn. 1273).
[1307] VG Zürich: VB.1999.00385 E. 2b/cc.

ebenso den Wert der weiteren Projektierung und der Architekturleistungen während der Ausführung erfasse[1308].

670 Das **Verwaltungsgericht des Kantons Freiburg** hatte einen Fall zu beurteilen, in dem zunächst eine Präqualifikation auf der Grundlage eines von den Anbietern einzureichenden Dossiers stattfinden sollte und anschliessend die qualifizierten Architekten je eine entgeltliche Studie mit Lösungsmöglichkeiten zu präsentieren hatten, wobei sich die Vergabebehörde vorbehielt, den (eigentlichen) Architekturauftrag gestützt auf diese Studien zu vergeben. Das Verwaltungsgericht wies darauf hin, dass dieses Vorgehen grosse Ähnlichkeit mit einem Wettbewerb habe. Die Vergabestelle erhalte auf diese Weise das Vorprojekt und werde dem Verfasser mit grösster Wahrscheinlichkeit auch die Projektierung und Ausführung übertragen, ohne diese neu auszuschreiben[1309].

671 10. Die dargestellte Rechtsprechung der kantonalen Verwaltungsgerichte stiess teilweise auf **Kritik,** indem geltend gemacht wurde, bei der Vergabe des (optionalen) Folgeauftrags handle es sich um eine freihändige Vergabe, die gemäss ÜoeB nur zulässig sei, wenn ein den Vorgaben dieses Abkommens entsprechender Wettbewerb durchgeführt worden sei[1310]. Ansonsten müsse das Verfahren zur Vergabe eines Studienauftrags mit der Erteilung des Studienauftrags an einen oder mehrere Bewerber seinen Abschluss finden und nicht erst mit der Empfehlung zur Weiterbearbeitung eines Projekts[1311]. Diese Kritik vermag jedenfalls dann nicht zu überzeugen, wenn die Vergabestelle für die Vergebung des Studienauftrags mit Folgeoption (Projektierung oder Projektierung und Ausführung) von Anfang an ein dem Gesamtwert der zu vergebenden Leistungen entsprechendes Vergabeverfahren wählt, d.h. wenn sie den Auftrag (als Gesamtes) bei Erreichen der entsprechenden Schwellenwerte im offenen oder selektiven Verfahren öffentlich ausschreibt. In diesem Zusammenhang erscheint die Vergabe des Studienauftrags nur als ein Zwischenschritt, der zusätzlich zur Auswahl des qualifiziertesten Bewerbers beiträgt, in einem Verfahren, das mit der Zuschlagserteilung für den eigentlichen Projektierungsauftrag oder den Gesamtauftrag abgeschlossen wird. Der Vergabestelle wäre es auch unbenommen, die Architektur- oder Ingenieurleistungen (wie andere Dienstleistungen auch) ohne die Zwischenphase des Studienauftrags, «lediglich» aufgrund von geeigneten

---

[1308] VG Zürich: VB.1999.00385 E. 2b/dd.
[1309] VG Freiburg: Urteil 2A 00 67 vom 6. September 2000; BR 2000, S. 156.
[1310] Was beim Studienauftrag häufig nicht der Fall sein wird, da dieser in der Regel nicht anonym durchgeführt wird (vgl. oben Rz. 667).
[1311] RECHSTEINER, Studienaufträge, Planungs- und Gesamtleistungswettbewerbe, Vortragsunterlagen zur Vergabetagung 02 des Instituts für Schweizerisches und Internationales Baurecht der Universität Freiburg Schweiz und der Stiftung juristische Weiterbildung Zürich vom 29. August 2002 in Zürich, S. 8.

Eignungs- und Zuschlagskriterien offen oder selektiv zu vergeben. Das Dazwischenschalten einer zusätzlichen Phase in der Form der Erteilung von Studienaufträgen führt nicht dazu, dass die Vergabe des Folgeauftrags deswegen als «freihändig erfolgend» zu qualifizieren wäre. Beschränkt sich die Ausschreibung allerdings auf die Vergebung der Studienaufträge, findet das Verfahren mit der Erteilung der Aufträge seinen Abschluss, und die Folgeaufträge betreffend Projektweiterbearbeitung und -realisierung müssen ordnungsgemäss ausgeschrieben und vergeben werden.

11. Die **Unabhängigkeit des Preisgerichts** ist eine unabdingbare Voraussetzung eines Planungs- oder Gesamtleistungswettbewerbs[1312]. Im Zusammenhang mit dem für den Neubau der Universität Luzern durchgeführten Planungswettbewerb – in der zweiten Stufe handelte es sich um einen nicht anonymen Studienauftrag – kam das Verwaltungsgericht des Kantons Luzern zum Schluss, dass die beruflichen und privaten Verbindungen zwischen einem Preisrichter und dem Wettbewerbsgewinner/Zuschlagsempfänger derart intensiv seien, dass diese nicht mehr mit einem Verhältnis zu einem beliebigen anderen Berufskollegen verglichen werden könnten. Insbesondere die frühere Zusammenarbeit zwischen den beiden lasse den Preisrichter als befangen erscheinen, weshalb er in den Ausstand hätte treten bzw. das von den Beschwerdeführern gestellte Ausstandsgesuch hätte gutgeheissen werden müssen. Das Verwaltungsgericht entschied, dass der Vergabeentscheid aufzuheben sei und eine neue Jury (ohne den befangenen Preisrichter) die vier verbliebenen Projekte (einschliesslich desjenigen des Zuschlagsempfängers) nochmals beurteilen müsse[1313].

672

12. Mit den **Aufgaben des Preisgerichts** im Rahmen eines Projektwettbewerbs hat sich das Verwaltungsgericht des Kantons Luzern in einem früheren Urteil befasst. Ein Preisgericht hat verschiedene Aufgaben zu erfüllen: Es ist für die Vorbereitung und Durchführung des Wettbewerbs zuständig, hat die eingereichten Arbeiten zu beurteilen sowie über die Rangierung und Verleihung der Preise zu entscheiden. Zuhanden der Auftraggeberin spricht es eine für diese unverbindliche Empfehlung für weitere Aufträge oder über das weitere Vorgehen aus[1314]. Das Verwaltungsgericht hielt fest, dass die Wettbewerbsveranstalterin und Auftraggeberin, d.h. die Vergabebehörde (im konkreten Fall eine Einwohnergemeinde), die submissionsrechtlichen Rechtsschutzbestimmungen nicht mit Verweis auf die SIA-Ordnung faktisch ausser Kraft setzen könne. Auch sei die formell verfügende Instanz

673

[1312] Vgl. dazu ausführlich JOST/SCHNEIDER HEUSI, S. 357 ff.; MESSERLI, S. 130 ff., insbes. 136 ff.
[1313] VG Luzern: Entscheid V 03 308 vom 7. Januar 2004, E. 10 und 11; vgl. ZBl 105/2004, S. 396. Ferner unten Rz. 688.
[1314] Zu den Aufgaben des Preisgerichts vgl. auch MESSERLI, S. 142 ff.; JOST/SCHNEIDER HEUSI, S. 361.

im Wettbewerbsverfahren immer die Auftraggeberin, d.h. Entscheide des Preisgerichts über Rangierung, Preiserteilung oder allfällige Ankäufe seien immer durch die Auftraggeberin mitzuteilen, damit den am Wettbewerb teilnehmenden Architekten der Rechtsmittelweg gegen solche Entscheide eröffnet werde. Das Preisgericht handle im Auftrag der Einwohnergemeinde als Auftraggeberin, weshalb seine Handlungen und Entscheide dieser zuzurechnen seien. Offen liess das Verwaltungsgericht, ob das Preisgericht den Ausschluss eines Wettbewerbsteilnehmers aus dem Verfahren beschliessen könne. Formell müsste eine Ausschlussverfügung durch den Gemeinderat als Vertreter der Auftraggeberin eröffnet werden[1315].

674 **13.** In diesem Zusammenhang stellt sich auch für das kantonale Vergaberecht die Frage nach der **Bindung der Vergabebehörde an die Empfehlung der Jury.** Das Verwaltungsgericht des Kantons Zürich hat festgehalten, das zürcherische (Vergabe-)Recht enthalte dazu keine ausdrückliche Regelung. Dass eine Bindung bestehe, ergebe sich jedoch aus dem **Grundsatz des Vertrauensschutzes,** der in Art. 9 BV als Grundrecht gewährleistet werde. Anbieter, die sich in guten Treuen auf die Ankündigung der Vergabebehörde verlassen und gestützt darauf einen unter Umständen erheblichen Aufwand für die Ausarbeitung der Offerten getätigt hätten, dürften in diesem Vertrauen nicht enttäuscht werden. Denkbar sei auch ein sinngemässes Heranziehen der entsprechenden bundesrechtlichen Vorschriften[1316]. Wie weit die Bindung im Einzelnen gehe, könne offenbleiben. Jedenfalls aber müssten wesentliche Gründe vorliegen, um ein Abweichen von der Empfehlung der Jury zu rechtfertigen[1317]. Im konkreten Fall sah das Verwaltungsgericht in den Argumenten der Vergabebehörde (Fragezeichen im Hinblick auf die baurechtliche Durchführbarkeit und die Einhaltung des Kostenrahmens) keine ausreichenden Gründe, um von der Empfehlung des Beurteilungsgremiums abzuweichen. In Bezug auf die geäusserten baurechtlichen Bedenken wies es unter anderem darauf hin, dass es sich bei den zu beurteilenden Wettbewerbsarbeiten nicht um fertige Projekte handle, sondern lediglich um Studien. Untergeordnete baurechtliche Mängel könnten im Rahmen der weiteren Projektierung noch behoben werden[1318].

675 In einem neueren Entscheid vom 28. Januar 2004, der die freihändige Vergabe eines Totalunternehmervertrags für eine Doppelturnhalle aufgrund eines (zweistufigen) **Gesamtleistungswettbewerbs** betraf, hat das Zürcher

---

[1315] LGVE 2000 II Nr. 17, E. 1.
[1316] Vgl. oben Rz. 652.
[1317] VG Zürich: VB.2001.00035 E. 3a/dd. Das Verwaltungsgericht erachtet es als nicht ausgeschlossen, dass auch ein für die Behörde nicht verbindlicher Wettbewerb durchgeführt werden darf, sofern diese Absicht bei der Ausschreibung deutlich bekannt gegeben wird.
[1318] VG Zürich: VB.2001.00035 E. 3b.

Verwaltungsgericht **diese Rechtsprechung relativiert.** Voraussetzung für eine freihändige Vergabe sei in jedem Fall, dass die Jury einen Gewinner ermittelt habe. Dies setze zumindest eine eindeutige Festsetzung der Rangfolge voraus, wobei eine gleichrangige Bewertung zweier Projekte nach der SIA-Ordnung 142 problematisch sei. Eine Empfehlung der Jury zuhanden der Auftraggeberin sei vergaberechtlich nur insoweit relevant, als sie dazu diene, den Gewinner des Wettbewerbs zu ermitteln. Andere Empfehlungen wie etwa betreffend die Weiterbearbeitung eines oder mehrerer Projekte seien vergaberechtlich ohne Belang[1319]. Unter Bezugnahme auf die in der Lehre an der bisherigen, eine gewisse Bindungswirkung bejahenden Rechtsprechung geäusserte Kritik, führte das Verwaltungsgericht aus, dass das Konzept der freihändigen Vergabe gestützt auf einen Planungs- oder Gesamtleistungswettbewerb «in der Tat eher gegen das Bestehen einer Verpflichtung der Behörde spreche, nach durchgeführtem Wettbewerb überhaupt einen Zuschlag zu erteilen». Es bestehe durchwegs eine Handlungsmöglichkeit, nicht aber eine Handlungspflicht. Anders als im ordentlichen Vergabeverfahren verlange auch die Vielfalt möglicher Lösungen im Rahmen von Planungs- und Gesamtleistungswettbewerben eine gewisse Freiheit der Vergabebehörde im Entscheid über die Realisierung. Eine Vergabebehörde könne nicht gegen ihren Willen dazu gezwungen werden, ein Projekt zu realisieren, dem sie – aus welchen Gründen auch immer – ablehnend gegenüberstehe. Die Bindung (an den Juryentscheid) sei also in erster Linie eine negative, indem es ihr versagt sei, die freihändige Vergabe an einen anderen Anbieter als an den Gewinner des Wettbewerbs vorzunehmen[1320]. Im konkreten Fall ging das Gericht davon aus, dass die Jury keinen Gewinner ermittelt hatte, an den der Totalunternehmerauftrag hätte freihändig vergeben werden können. Weder habe der (Jury-)Entscheid eine Rangfolge enthalten noch sei die Vergabe an einen bestimmten Bewerber empfohlen worden. Es hob deshalb den von der Vergabebehörde erteilten Zuschlag auf und hielt fest, es stehe dieser frei, nunmehr entweder ein ordentliches Vergabeverfahren zu eröffnen oder einen neuen Gesamtleistungswettbewerb auszuschreiben[1321].

14. Bei der **Beurteilung einer Skizzenbewerbung** muss nicht unbedingt eine Bewertungsmatrix verwendet werden, und es ist auch nicht erforderlich, dass die Beurteilung in Worten erfolgt. Es ist nach der **Rechtsprechung des zürcherischen Verwaltungsgerichts** zulässig, wenn die Skizzenbewerbungen im Rahmen einer Vorprüfung in verschiedene Kategorien vorsortiert werden, solange der Entscheid des Preisgerichts dadurch nicht präjudiziert

676

[1319] VG Zürich: VB.2003.00234 E. 2.2.
[1320] VG Zürich: VB.2003.00234 E. 2.3; vgl. auch VG Zürich: VB.2004.00078 E. 1.1.; vgl. dazu eher kritisch JOST/SCHNEIDER HEUSI, S. 370 ff.; ferner MESSERLI, S. 156 Fn. 331.
[1321] VG Zürich: VB.2003.00234 E. 3.1–3.3.

wird. Im konkreten Fall waren dem Preisgericht alle eingegangenen Skizzenbewerbungen trotz der Kategorisierung gleichermassen zugänglich. Das Verwaltungsgericht hielt fest, gerade bei Planungswettbewerben mit über 150 Bewerbungen entspreche «es auch nicht der Praxis und wäre es mit einem unverhältnismässigen Aufwand verbunden, jedes Projekt bereits im Rahmen der Präqualifikation mit einem schriftlichen Bericht zu bewerten»[1322].

677 15. Zur **Begründungspflicht** bei in Planungswettbewerben getroffenen Entscheiden hat das Verwaltungsgericht des Kantons Zürich festgehalten, es sei zu berücksichtigen, dass bei Vergabeverfahren in der Form von Wettbewerben mit anonymen Beiträgen und einer unabhängigen Jury aufgrund der durch diese Besonderheiten bereits weitgehend gewährleisteten Objektivität und Transparenz die Anforderungen an die Begründungspflicht[1323] weniger streng seien[1324]. Als ausreichend erachtete es das Verwaltungsgericht, dass das Beurteilungsgremium festhielt, die Gründe für eine Nichtberücksichtigung seien sehr unterschiedlich gewesen, und zudem (nach Fallgruppen geordnet) darlegte, weshalb die abgewiesenen Projekte für die zweite Stufe nicht ausgewählt worden waren[1325]. «Zu berücksichtigen ist in diesem Zusammenhang auch, dass die abgewiesenen Anbieter im Rahmen von § 33 Abs. 2 SubmV/ZH Anspruch auf Bekanntgabe der wesentlichen Gründe ihrer Nichtberücksichtigung haben und somit zumindest im Nachhinein und auf Verlangen eine schriftliche Beurteilung ihrer Bewerbung zu erfolgen hat»[1326].

678 Im Zusammenhang mit einem Projektwettbewerb im selektiven Verfahren für Architekturleistungen, in dem 83 gültige Bewerbungen eingingen, stellte das Zürcher Verwaltungsgericht in einem neueren Urteil vom 22. November 2006 fest, dass zum Präqualifikationsentscheid nicht für jeden Bewerber eine ausführliche Begründung erwartet werden könne. Die Prüfung der Bewerbungen müsse auf rationelle Weise erfolgen; hinzu komme, dass die Beurteilung von architektonischen und gestalterischen Qualitäten nur beschränkt objektivierbar und mit sprachlichen Mitteln nachvollziehbar sei. Werde für die Beurteilung der Angebote bzw. der Bewerbungen im selektiven Verfahren eine Jury eingesetzt, so gehöre es zwar zu deren Aufgaben, ihren Entscheid in einem Bericht zu erläutern. Auch dieser könne jedoch bei einer grossen Zahl nicht berücksichtigter Bewerbungen nicht alle Aspekte detailliert darstellen[1327].

[1322] VG Zürich: VB.2000.00122 E. 5e.
[1323] Zur Begründung von Vergabeverfügungen allgemein vgl. unten Rz. 810 ff.
[1324] VB.1999.00386 E. 6b.; VB.2000.00122 E. 3b. Vgl. demgegenüber die strengere Rechtsprechung der BRK oben Rz. 649.
[1325] VB.1999.00386 E. 6b.
[1326] VB.2000.00122 E. 5e.
[1327] VG Zürich: VB 2005.00264 E. 5.1 und 5.6.

14. Kapitel:
Vorbefassung[1328]

I. Im Submissionsrecht des Bundes

1. Vergabebehörden können in einzelnen Beschaffungsgeschäften mangels genügenden internen Know-hows das Bedürfnis haben, externe Fachleute zur Vorbereitung und/oder Durchführung des Submissionsverfahrens beizuziehen. Dieser Beizug kann etwa in Form einer technischen Beratung[1329] durch die aussenstehenden Fachleute erfolgen; oft wird aber auch die ganze Erstellung der Dokumentation betreffend Ausschreibung und Ausschreibungsunterlagen den Dritten zur Ausarbeitung zuhanden der zuständigen Verwaltung überlassen. Die Regeln über die Vorbefassung beschäftigen sich mit der Frage, ob jemand, der bereits im Rahmen der Vorbereitung und/oder der Durchführung des Submissionsverfahrens Leistungen erbracht oder Know-how eingebracht hat, als Anbieter bzw. Zuschlagsempfänger in diesem Submissionsverfahren in Betracht kommen darf. Bei der Beantwortung dieser Frage spielt das **Gleichbehandlungsgebot** eine zentrale Rolle, was gerade die diesbezüglich als Grundnorm zu bezeichnende Bestimmung von Art. VI Ziff. 4 ÜoeB[1330] deutlich macht. Sachlich zutreffend ordnet das GATT/WTO-Übereinkommen diesen Fragenkomplex in der genannten Bestimmung dem Problemkreis des Missbrauchs technischer Spezifikationen[1331] zu.

679

2. Hat im Hinblick auf ein Submissionsverfahren ein Beizug von aussenstehenden Dritten (etwa in Form eines **technischen Dialogs**) stattgefunden, die in diesem Verfahren (auch) als Anbietende auftreten wollen, so ist sicherzustellen, dass sich die Vorbefassung für diese Dritten im Verhältnis zu

680

[1328] Die Frage der Vorbefassung ist mit jener der Ausstandspflicht verwandt (vgl. dazu unten Rz. 692 ff.). Der Begriff wird üblicherweise im Zusammenhang mit der Vorbefassung von Richtern bzw. der Unabhängigkeit von Gerichten verwendet (NYFFENEGGER/KOBEL, S. 53; LUTZ, S. 45). Zur Abgrenzung der Ausstandspflicht von Richtern gegenüber jener von Bewerbern in einem Submissionsverfahren siehe indessen unten Rz. 690.

[1329] Vgl. dazu CLERC, Innovation, S. 91 ff.

[1330] Die Norm lautet wie folgt: Die Beschaffungsstellen dürfen nicht auf eine den Wettbewerb ausschaltende Art und Weise von einer Firma, die ein geschäftliches Interesse an der Beschaffung haben könnte, Ratschläge einholen oder annehmen, welche bei der Ausarbeitung der Spezifikationen für eine bestimmte Beschaffung verwendet werden können.

[1331] Vgl. oben Rz. 241 ff.

den Mitkonkurrenten nicht zum Vorteil auswirken kann[1332]. Insbesondere ist die Tatsache einer solchen Vorbefassung den Mitkonkurrenten rechtzeitig vor der Offerteinreichung bekannt zu geben[1333].

681 Die Ausarbeitung eines **Leistungsbeschriebs** durch einen Unternehmer hat grundsätzlich zur Folge, dass dieser als Anbieter in der betreffenden Submission infolge Vorbefassung keine Offerte einreichen darf.

II. Im kantonalen Submissionsrecht[1334]

682 1. Fachleute und Unternehmen, die bei einer öffentlichen Vergabe als Submittenten teilzunehmen gedenken, haben nach der Zürcherischen Rechtsprechung[1335] aufgrund dieses Umstands gestützt auf § 5 VRG/ZH bei der Vorbereitung der Submission in den Ausstand zu treten. Umgekehrt ergibt sich nach dem Gebot der **Fairness** und dem Gleichbehandlungsprinzip[1336] ein Verbot für vorbefasste Anbieter, sich als Submittent am Vergabeverfahren zu beteiligen. Grundsätzlich sind vorbefasste Anbieter somit vom Vergabeverfahren auszuschliessen[1337]. Als eine **Ausnahme** vom vorstehenden Grundsatz anerkennt das Zürcher Verwaltungsgericht den Fall der Neuausschreibung eines Dauerauftrags (z. B. Buslinienbetrieb oder Friedhofgärtnerarbeiten), wo der bisherige Auftragsinhaber trotz seines Wissensvorsprungs wieder mitbieten darf.

683 Die Rüge der Vorbefassung ist **umgehend vorzubringen**, d.h. grundsätzlich zu dem Zeitpunkt, zu welchem der Betroffene Kenntnis der für eine Vorbefassung sprechenden Tatsachen erhält. Es geht nicht an, im Wissen um die Vorbefassung eines Mitbewerbers das Ergebnis des Vergabeverfahrens abzuwarten, um anschliessend – je nach Ergebnis des Verfahrens – den Einwand der Vorbefassung zu erheben. Ein Untätigbleiben oder ein Einlas-

---

[1332] NYFFENEGGER/KOBEL, S. 55 ff.
[1333] CRM 14/98 E. 3b/aa; CRM 4/04 E. 3a und b.
[1334] In § 8 VRöB wird unter dem Titel Vorbefassung ausdrücklich festgehalten, dass Personen und Unternehmen, die an der Vorbereitung der Unterlagen oder des Vergabeverfahrens derart mitgewirkt haben, dass sie die Vergabe zu ihren Gunsten beeinflussen können, sich nicht am Verfahren beteiligen dürfen.
[1335] VG Zürich: VB.2000.00068.
[1336] Vgl. beim positiven Recht zur Frage der Vorbefassung Art. VI Ziff. 4 ÜoeB im Zusammenhang mit der besonderen Problematik der technischen Spezifikationen; § 18 Abs. 4 SubmV/ZH, Art. 11 lit. a IVöB.
[1337] Zum Grundsatz des Ausschlusses des vorbefassten Anbieters vom Submissionsverfahren und den Ausnahmen siehe namentlich auch GAUCH/STÖCKLI, S. 14 f. Ziff. 8.2 f. sowie die beiden Zürcher Urteile VG Zürich: VB.2001.00261 E. 2 und VG Zürich: VB.2001.00332 E. 3 und 4.

sen in ein Verfahren im Wissen um das Vorliegen von Ausstandsgründen gilt entsprechend als Verzicht auf deren Geltendmachung und führt zum Verwirken dieses Anspruchs[1338].

2. Nach Art. 16 lit. m aSubG/GR[1339] war ein Angebot von der Berücksichtigung namentlich dann auszuschliessen, wenn der Anbieter vorgängig in gleicher Sache mit der Ausarbeitung der Vergabeunterlagen betraut oder als Sachverständiger beigezogen worden war. Das Verwaltungsgericht des Kantons Graubünden hatte gestützt auf diese Bestimmung das Angebot eines Anbieters für die Planung ausgeschlossen, welcher vorgängig als Ingenieur ein Vorprojekt mit Kostenschätzung für die in Frage stehende Sanierung von Infrastrukturanlagen der Gemeinde verfasst und das betreffende Ingenieurbüro das Vorprojekt auch dem Vorstand zu präsentieren hatte. Dies führte zur Aufhebung des Zuschlags an das vorbefasste Ingenieurbüro und zu einer Direktvergabe durch das Verwaltungsgericht an die Beschwerdeführerin. Das Vorprojekt samt Kostenschätzung stand allen Anbietern zur Einsichtnahme zur Verfügung. Die Gemeinde hielt die Vorbefassung der von ihr berücksichtigten Anbieterin überdies für unbedeutend, da das betreffende Ingenieurbüro weder Einfluss auf die Ausarbeitung der Ausschreibungsunterlagen noch auf die Vergabe gehabt habe. Dem hielt das Verwaltungsgericht entgegen, dass zwar nicht jede Art von Vorbefasstheit genüge, um den Ausschlussgrund nach Art. 16 lit. m aSubG/GR zu setzen. Fallentscheidend sei, dass die von der Zuschlagsempfängerin geleisteten Vorabklärungen und die so erlangten Zusatzinformationen als derart wichtig eingestuft werden müssten, dass ein **Wettbewerbsvorteil** möglich erscheint. Die Zuschlagsempfängerin hatte nach den Feststellungen des Gerichts viel mehr Zeit und offensichtlich die bedeutend besseren Ortskenntnisse, um eine gemäss den Ausschreibungsunterlagen bzw. der dort im Voraus festgelegten Bewertungsmatrix möglichst vorteilhafte und damit erfolgversprechende Offerte einzureichen. Bezeichnenderweise hätten vorliegend denn auch nicht der Offertpreis, sondern die andern Zuschlagskriterien den Ausschlag dafür gegeben, dass nicht die preisgünstigste Beschwerdeführerin den Zuschlag erhalten habe. Der Schluss, dass die berücksichtigte Anbieterin aufgrund ihres Vorprojekts selber detailliert über den vorhandenen Zustand der teils untauglichen, teils überalterten Infrastrukturanlagen in der Gemeinde bestens Bescheid gewusst habe und darum in viel kürzerer Zeit und genau auf die Bedürfnisse der Gemeinde zugeschnitten offerieren konnte, liege nahe und spreche für die Vorbefasstheit dieser Anbieterin. Auch der Umstand, dass die

684

[1338] VG Zürich VB.2003.00237 E. 3; vgl. auch VG Bern: Urteil vom 10. Mai 2005, veröffentlicht in BVR 2005, S. 563 ff. E. 4 und 5 mit Hinweisen; vgl. auch die kritischen Anmerkungen von BEYELER in BR 2007, S. 76 f. Das Luzerner Verwaltungsgericht nimmt in dieser Frage eine weniger strenge Haltung ein (vgl. VG Luzern: V 03 308, E. 5 ff.; LUTZ, S. 49).

[1339] Vgl. heute Art. 22 lit. m SubG/GR.

Vorprojektstudie unbestritten sämtlichen Konkurrenten zusammen mit der Einladung zur Offertstellung und den projektbezogenen Ausschreibungsunterlagen zugänglich gemacht worden sei, ändere nichts daran, dass ein auftragsspezifisch mit derselben Sache vorbefasster Fachmann naturgemäss über ein wesentlich breiteres Projektwissen verfüge, als es in einem Bericht über ein Grobkonzept mit zugehöriger Prioritäten- und Kostenfolge zum Ausdruck gebracht werden könne[1340].

685 **3.** Das Verwaltungsgericht des Kantons Aargau hat mehrere Urteile gefällt, die sich mit der Frage der Vorbefassung befasst haben[1341]. In zwei Entscheiden ging es um die Vergabe von Elektroinstallationen. Das Verwaltungsgericht entschied, es sei mit dem Grundatz der Gleichbehandlung der Anbietenden sowie den Geboten eines fairen Wettbewerbs und eines transparenten Verfahrens nicht zu vereinbaren, wenn ein Unternehmer zunächst bei der Ausarbeitung des Projekts oder der Ausschreibungsunterlagen mitwirke und dann selbst ebenfalls ein Angebot einreiche. Er verfüge durch sein Mitwirken über einen **Wissensvorsprung** und die Gefahr, dass es sogar zu bewussten Manipulationen zur eigenen Begünstigung komme, sei jedenfalls nicht auszuschliessen. Dabei genüge es, wenn aufgrund der gegebenen Konstellation auch nur der Anschein bestehe, es seien nicht für alle Konkurrenten die gleichen Voraussetzungen gegeben; ob sich der betreffende Mitanbieter tatsächlich einen Vorteil verschafft habe, sei letztlich nicht entscheidend[1342]. In einem späteren Fall hat das Verwaltungsgericht diese Rechtsprechung präzisiert. Zunächst hat es festgestellt, dass nicht jeder Wissensvorsprung, über den ein Anbieter verfüge, z. B. aufgrund von früheren Arbeiten am fraglichen Objekt, zu dessen Nichtzulassung zur Submission führen könne; vielmehr müsse er diesen Vorsprung im konkreten Verfahren selbst erworben haben[1343]. Auch nicht von vornherein ausgeschlossen ist nach der präzisierten Rechtsprechung, dass ein Unternehmer in der Planungs- oder Projektierungsphase mittels Auskünften und Ratschlägen sein Fachwissen zur Verfügung stellt und dann ebenfalls an der Submission teilnimmt. Ein solches Mitwirken kann der Projektoptimierung dienen und unter diesem Aspekt durchaus wünschbar sein. Es kann allerdings nicht schrankenlos zulässig sein. Sichergestellt sein muss, dass ein Unternehmer die Ausschreibung nicht zu seinen Gunsten beeinflussen kann, indem sie auf seine besonderen Fähigkeiten und Vorteile ausgerichtet wird. Auch müssen dem Umfang und der Intensität der Mitwirkung Grenzen gesetzt werden. Das Erteilen von Auskünften und Ratschlägen, das Mitwirken bei

---

[1340] VG Graubünden: U 01 88; ferner PVG 1999 Nr. 59.
[1341] Vgl. ELISABETH LANG, ZBl 2002, S. 466 ff.
[1342] AGVE 1997, S. 348 ff.
[1343] AGVE 1998, S. 356 f.; vgl. auch Kantonsgericht Wallis: A1 04 7 + A1 04 8 E. 5.4.

der Erarbeitung von Konstruktionsdetails, das Verfassen von Studien und Vorprojekten kann nach Auffassung des Verwaltungsgerichts allenfalls zulässig sein, setzt aber voraus, dass ein solches Mitwirken offen gelegt und ein allfälliger Wissensrückstand der übrigen Bewerber durch geeignete Ausgleichsmechanismen kompensiert wird[1344].

In Anlehnung an die differenzierende Aargauer Praxis hat das Zuger Verwaltungsgericht das wirtschaftlich günstigste Angebot eines Zuschlagsempfängers auf Beschwerde hin wegen Vorbefassung vom Zuschlagsverfahren ausgeschlossen. Unter Berücksichtigung des Verhältnismässigkeitsprinzips kam das Gericht dabei unter den konkreten Umständen, d.h. angesichts eines weder technisch noch umfangmässig aussergewöhnlichen Projekts, zum Schluss, dass mit der Zulassung des Projektverfassers zur Offertstellung – unter Einschluss der Stellung einer Richtofferte – von der Intensität und Art der Vorbefassung her der zentrale vergaberechtliche Grundsatz der **Gleichbehandlung** der **Anbieter** gemäss Art. 1 Abs. 2 lit. b i.V.m. Art. 11 Abs. 1 lit. b aIVöB[1345] auf unzulässige Weise verletzt worden ist[1346].

686

4. Das St. Galler Verwaltungsgericht hat in diesem Zusammenhang erkannt, eine Anbieterin, die an der Vorbereitung der Ausschreibung oder der Ausschreibungsunterlagen so mitgewirkt habe, dass sie den Zuschlag zu ihren Gunsten beeinflussen könne, dürfe sich nicht am Vergabeverfahren beteiligen. Der Zuschlag an eine solchermassen vorbefasste Anbieterin sei aufzuheben[1347]. Auch das Verwaltungsgericht des Kantons Luzern hat sich der herrschenden Praxis angeschlossen, wonach ein Unternehmer, der bereits bei der Ausarbeitung des Projekts oder der Ausschreibungsunterlagen in nicht untergeordneter Weise mitwirkt, im Regelfall nicht gleichzeitig als Anbieter auftreten darf bzw. ausgeschlossen werden muss. Allerdings sei das Gleichbehandlungsgebot nicht das einzige Anliegen, dem das Vergaberecht verpflichtet ist. Auch der **wirtschaftliche Einsatz** der **öffentlichen Mittel** gehöre zu den zu beachtenden Grundsätzen. Hinzu komme, dass insbesondere bei Spezialfragen der planende Architekt mitunter schon im Interesse der Projektoptimierung auf die Mithilfe von Spezialisten angewiesen sei. Könne aber diese spezielle Leistung nur von wenigen Anbietern erbracht werden, würde ein genereller Ausschluss des mitwirkenden Spezialisten einen wirksamen Wettbewerb von vornherein in Frage stellen. Vom Grundsatz, dass an der Planung mitwirkende Unternehmen selber nicht als Anbieter auftreten dürfen, gebe es daher nach anerkannter Praxis Ausnahmen.

687

[1344] AGVE 1998, S. 357 f.
[1345] Vgl. heute Art. 1 Abs. 3 lit. b und Art. 11 lit. a IVöB.
[1346] VG Zug: Urteil vom 28. August 2001, E. 2 und 3.
[1347] VG St. Gallen: GVP 2005, Nr. 36; vgl. auch VG Bern: Urteil vom 30. April 2003, veröffentlicht in BVR 2003, S. 465 ff. E. 2 mit Hinweisen.

Dabei sei allerdings sicherzustellen, dass die Ausschreibung nicht auf die besonderen Fähigkeiten des entsprechenden Unternehmens zugeschnitten ist, dass die Mitbewerber in optimaler Weise über die Art der Mitwirkung informiert werden und dass ein allfällig durch die Mitwirkung erworbenes projektbezogenes Wissen auch den übrigen Bietern in vollem Umfang zugänglich gemacht wird. Je intensiver die Mitwirkung des Mitbewerbers sei, desto höhere Anforderungen seien an die erwähnten Voraussetzungen zu stellen[1348].

688 **5.** Viel zu diskutieren gab das Urteil des Luzerner Verwaltungsgerichts zum Architekturwettbewerb für den **Neubau der Universität Luzern**. Das Gericht schützte die Beschwerde des zweitplatzierten Architektenteams, das geltend machte, einer der Preisrichter habe enge freundschaftliche und berufliche Verbindungen zum Gewinner des Wettbewerbs. Es bejahte die Befangenheit vor allem deshalb, weil die beiden Architekten vor wenigen Jahren mit gemeinsamen Projekten an prestigeträchtigen Wettbewerben teilgenommen hätten. Da anzunehmen sei, dass sich diese über Jahre erstreckende Zusammenarbeit nur bei in wesentlichen Teilen übereinstimmenden Vorstellungen in konzeptioneller und gestalterischer Hinsicht habe realisieren lassen, sei überdies auch die Entwicklung einer **persönlichen Freundschaft** nachvollziehbar. Allein die frühere intensive Zusammenarbeit wecke bereits den Anschein der Befangenheit, zumal in der zweiten Stufe des Wettbewerbsverfahrens die Anonymität aufgehoben gewesen sei, dem Preisgericht also die Projektverfasser bekannt gewesen seien. Mit Bezug auf das weitere Vorgehen entschied das Verwaltungsgericht, dass nicht das ganze Verfahren zu wiederholen sei, sondern nur eine Neubeurteilung der in der Endrunde verbliebenen letzten vier Projekte erfolgen müsse. Diese Beurteilung könne durch die bisherige Jury – ohne das ausstandspflichtige Mitglied – erfolgen und das bisherige Siegerprojekt müsse vom Verfahren nicht ausgeschlossen werden[1349].

689 **6.** Das Verwaltungsgericht des Kantons Glarus hatte seinerseits einen Fall zu beurteilen, in dem die Submissionsunterlagen von Mitarbeitern der Eidgenössischen Vermessungsdirektion, Verifikationsdienst Glarus, erstellt wurden. Dabei seien sie darauf angewiesen gewesen, dass ihnen der Nachführungsgeometer der Gemeinde N. die notwendigen Daten zur Verfügung gestellt habe. Z., der dieses Amt bekleide, habe insofern Vorbe-

---

[1348] LGVE 2001 II, Nr. 10, S. 180 f.
[1349] VG Luzern: V 03 308, E. 10 ff.; Lutz, S. 49 f. In der Folge hat der Regierungsrat des Kantons Luzern aufgrund einer neuen Beurteilung der Universitätsplanung das Wettbewerbsverfahren für den Neubau der Universität am Kasernenplatz abgebrochen. Eine dagegen erhobene Beschwerde wies das Luzerner Verwaltungsgericht mit Entscheid vom 25. Januar 2006 ab (V 05 149).

reitungsarbeiten für die Erstellung der Ausschreibungsunterlagen geleistet, als er die dafür nötigen Daten zusammengestellt habe. Auf die Erstellung der Ausschreibungsunterlagen habe er jedoch **keinen unmittelbaren Einfluss** gehabt und habe sich mithin mit seinen Vorbereitungsarbeiten keinen Wettbewerbsvorteil verschaffen können. Im kantonalen Submissionsgesetz bestehe im Übrigen keine Regelung, wonach es neben Beamten und Angestellten des vergebenden Gemeinwesens auch weiteren Personen, die sich mit dem Ausschreibungsgegenstand bereits befasst und sich darüber gewisse Kenntnisse angeeignet haben, untersagt sei, als Bewerber aufzutreten. Folglich sei es Z. nicht verwehrt gewesen, eine Offerte einzureichen, bloss weil er der von der Gemeinde N. beauftragte Nachführungsgeometer sei. Es wäre ungerechtfertigt, ihn allein mit der Begründung vom Submissionsverfahren auszuschliessen, dass er aufgrund seiner Tätigkeit als Nachführungsgeometer den Ausschreibungsgegenstand besser kenne als die übrigen Anbieter[1350].

III. Das Bundesgericht

Das Bundesgericht hat festgehalten, dass sich die Rechtsprechung zur Ausstandspflicht von Richtern[1351], welch letztere schon durch den objektiv begründeten Anschein einer Befangenheit gegeben sein könne, nicht auf die Zulassung von Bewerbern zur Submission übertragen lasse. Sie habe ihren Grund in der besonderen Funktion des Richters. Ein Unternehmer müsse sich demgegenüber seinen Ausschluss von einer Submission nicht gefallen lassen, solange das **Vorliegen** eines **unzulässigen Wettbewerbsvorteils** aus Vorbefassung nicht erwiesen sei. Eine Vorbefassung liege vor, wenn ein Anbieter bei der Vorbereitung eines Submissionsverfahrens mitgewirkt habe, sei es durch das Verfassen von Projektunterlagen, durch das Erstellen von Ausschreibungsunterlagen oder durch das Informieren der Beschaffungsstelle über bestimmte technische Spezifikationen des zu beschaffenden Gutes. Die Beweislast obliege im Streitfall, soweit keine gegenteilige Regelung bestehe, nach allgemeinen Grundsätzen nicht dem vorbefassten Anbieter (der immerhin im Rahmen der prozessualen Mitwirkungspflicht zur Abklärung beizutragen habe), sondern dem Konkurrenten, der sich vom Ausschluss des vorbefassten Anbieters bessere Aussichten für den Zuschlag verspreche. Auch das Gebot des haushälterischen Umgangs mit öffentlichen Mitteln hätte das Kantonsgericht veranlassen müssen, die Frage nach dem

690

[1350] VG Glarus: VG.97.00163 und VG.97.00164, E. 3c, S. 23 f.
[1351] Vgl. dazu namentlich BGE 133 I 3 ff. E. 5 und 6, 91 ff. E. 3; 131 I 115 ff. E. 3 mit zahlreichen Hinweisen.

Vorliegen eines unzulässigen Wettbewerbsvorteils – sei es durch gezielte Befragung der kantonalen Fachstelle, sei es durch den Beizug eines Experten – näher abzuklären[1352].

691 In einem Submissionsverfahren im Zusammenhang mit Transportleistungen von Siedlungsabfällen zur Kehrichtanlage Niederurnen/GL samt Rückführung der Kehrichtschlacke zur Einlagerung hatte die Vergabebehörde, ein Bündner Gemeindeverband, eine private Aktiengesellschaft mit der Ausarbeitung eines Konzepts zur rationellen, kostengünstigen und umweltverträglichen Durchführung dieser Transporte beauftragt. In diesem Zusammenhang holte die Auftragnehmerin u.a. bei der Rhätischen Bahn eine Richtofferte[1353] ein. Aufgrund des Schlussberichts der Auftragnehmerin erfolgte alsdann die Ausschreibung des Beschaffungsgeschäfts. Die Rhätische Bahn hat sich in der Folge am Submissionsverfahren als Anbieterin beteiligt und daraufhin auch den Zuschlag (für das in casu strittige Teillos) erhalten. Das Bundesgericht **verneinte eine willkürliche Gesetzesauslegung** von Art. 16 lit. m aSubG/GR[1354] durch das Verwaltungsgericht. Die Bahn habe von der Erstellung einer Richtofferte und durch Teilnahme an Sitzungen mit Vertretern der privaten Beauftragten nicht profitiert, sondern (nur) allenfalls deren Konkurrenten. Dies sei entscheidend. Im Schlussbericht, den die Anbieter hätten einsehen können, seien sowohl die Abwicklung des Transports, wie sie die eingegangenen Richtofferten vorgesehen hätten, als auch die von den Offerenten verlangten Preise wiedergegeben worden. Die Aufgabenstellung im Verhältnis zu den Annahmen der Richtofferten sei ferner durch Einführung von Varianten massiv verändert worden. Irrelevant sei auch der Umstand, dass die Rhätische Bahn ihre Preise in der Offerte stark gesenkt habe[1355].

[1352] Urteil des Bundesgerichts 2P.164/2004 vom 25. Januar 2005, E. 5.7.3, veröffentlicht in ZBl 2005, S. 481 f. und in RDAF 62/2006 (1. Teil – Verwaltungsrecht), S. 822 f., je mit Bemerkungen der Redaktion, ULRICH, Gestaltungsspielräume, S. 149 sowie BEYELER, Jusletter 14. Mai 2007 Rz. 55 ff.; vgl. auch Urteil des Bundesgerichts 2P.146/2006 vom 8. November 2006, E. 2 und 3, BRK 4/06 E. 2 sowie VG Bern: VGE 22272 E. 2.4 ff.
[1353] Zu den Richtofferten vgl. auch GAUCH/STÖCKLI, S. 16 f. Ziff. 8.4.
[1354] Die Bestimmung lautete: Ein Angebot wird von der Berücksichtigung namentlich dann ausgeschlossen, wenn der Anbieter: (m) vorgängig in gleicher Sache mit der Ausarbeitung der Vergabeunterlagen betraut oder als Sachverständiger beigezogen wurde.
[1355] Urteil des Bundesgerichts 2P.122/2000 vom 6. November 2000, E. 3.

15. Kapitel:
Ausstandspflicht

I. Im Submissionsrecht des Bundes

1. Die Anbieter haben im Vergabeverfahren Anspruch auf Beurteilung ihrer Offerten und Durchführung des gesamten Submissionsverfahrens inkl. Zuschlagserteilung durch eine **unabhängige und unvoreingenommene Vergabebehörde**. Für die Vergabegeschäfte des Bundes ergibt sich die Ausstandspflicht aus Art. 10 VwVG i.V.m. Art. 26 BoeB[1356]; im kantonalen Bereich ist beispielsweise für den Kanton Zürich auf § 5a VRG/ZH (Randtitel «Ausstand») zu verweisen, welche Bestimmung nach der Rechtsprechung des Zürcher Verwaltungsgerichts auch im Bereiche des öffentlichen Beschaffungswesens zu beachten ist[1357]. Ausstandspflichtig ist nicht nur, wer selber verfügt oder (mit-)entscheidet, sondern das Mitwirkungsverbot bezieht sich auf alle Personen, die auf das Zustandekommen des Verwaltungsaktes Einfluss nehmen können; dazu gehören namentlich auch Sachbearbeiter oder Protokollführer mit beratender Funktion[1358]. Dabei genügt es zur Annahme einer rechtlich unzulässigen Befangenheit, wenn die gegebenen Umstände den Anschein der Befangenheit entstehen lassen; ob auch tatsächlich eine Befangenheit vorliegt, ist demnach nicht nachzuweisen[1359].

692

2. So liegt eine Verletzung der Ausstandspflicht vor, wenn ein Sachbearbeiter der Verwaltung einerseits den Evaluationsbericht erstellt und damit **massgeblich an der Beurteilung der Offerten beteiligt** ist und andererseits

693

[1356] Der in Art. 50 Abs. 4 VoeB enthaltene Verweis auf auf das aOG bzw. das BGG widerspricht Art. 26 Abs. 1 BoeB, der das Verfahren grundsätzlich den Vorschriften der Bundesverwaltungsrechtspflege, mithin dem VwVG, unterstellt (vgl. MESSERLI, S. 136 Fn. 294). Der Ausstand von Gerichtspersonen des Bundesverwaltungsgerichts richtet sich demgegenüber wie jener des Bundesgerichts nach Art. 34 ff. BGG (vgl. Art. 38 VGG).

[1357] BRK 8/96 E. 3a; BRK 6/99 E. 2a; BRK 5/00 E. 3a; VG Zürich: VB.2000.00068. Mit Art. 12 SubG/GR (vgl. auch Art. 6 aSubG/GR) besitzt etwa der Kanton Graubünden eine ausdrückliche Bestimmung betreffend den Ausstand im Submissionsgesetz.

[1358] BRK 6/99 E. 2a und E. 6b; BRK 5/00 E. 3a; VG Bern: Entscheid vom 8. September 2000, veröffentlicht in BVR 2001, S. 286; VG Aargau: Entscheid vom 16. Juli 1998, veröffentlicht in ZBl 1999, S. 396 E. 4a; vgl. auch VPB 64.2, S. 38 f.; HÄNNI/SCRUZZI, S. 135; MERKLI/AESCHLIMANN/HERZOG, Art. 9 Rz. 7.

[1359] BRK 6/99 E. 2a; vgl. für das kantonale Submissionsrecht in analogem Sinne VG Graubünden: U 01 74 E. 3b. Vgl. auch MOSER, Prozessieren, S. 107, Rz. 3.41.

als Behördendelegierter in der Verwaltung eines Anbieters mitwirkt[1360]. In einem anderen Fall waren die Ausstandsvorschriften dadurch, dass ein verantwortlicher Beamter der Vergabebehörde früher einmal Mitglied des Stiftungsrates einer Submittentin war, nicht verletzt worden: Dieser hatte nämlich seine Unabhängigkeit von der Submittentin einmal dadurch belegt, dass er bei der ersten Zuschlagserteilung gegen die fragliche Anbieterin entschieden hatte und den Zuschlag einer Konkurrentin erteilte; hinzu kam, dass die Vergabebehörde vorliegend die Durchführung und Antragstellung für die Zuschlagserteilung vollumfänglich an eine Treuhandgesellschaft delegiert hatte und den Entscheid betreffend Zuschlag im Sinne des von dieser Gesellschaft gestellten Antrags fällte[1361].

694 **3.** Im Rahmen der Vorbereitung der dritten Vergabe des Bauloses 151 (Erstfeld) informierte die ATG die Offertsteller darüber, dass die neue Vergabe von Personen vorbereitet werde, die an den beiden ersten Entscheiden nicht beteiligt waren, um jeden Anschein von Befangenheit zu vermeiden. Ebenso wurden Experten in Aussicht gestellt, welche die bisherigen Entscheide analysieren und die neue Vergabe vorbereiten sollten. Im Anschluss an das Gespräch wurden die **Offertsteller** über diese Experten **informiert**. Sie erhoben gegen sie keine Einwände. So wurde garantiert, dass in einer allfälligen neuen Beschwerde keine Befangenheit hätte geltend gemacht werden können[1362].

II. Im kantonalen Submissionsrecht

695 **1.** Der Umstand, dass ein Vorstandsmitglied eines mitbietenden Vereins bei der Auswertung der Offerten mitgewirkt hat, verletzt die Ausstandsregeln schwerwiegend und stellt für das Berner Verwaltungsgericht einen Grund dar, Art. 40 Abs. 1 VRPG/BE anzuwenden und den Zuschlag **von Amtes** wegen zu kassieren. Denn ein solcher Mitarbeiter hat angesichts seiner Doppelfunktion als Behördenmitglied einerseits und Vorstandsmitglied eines im Submissionsverfahren mitbietenden Vereins andererseits die Möglichkeit, im Zuschlagsverfahren sowohl direkt als auch indirekt auf die Bewertung seines eigenen Vereins oder dessen Konkurrenten Einfluss zu nehmen. Ein unter Missachtung von Ausstandsvorschriften zustande gekommener Entscheid

---

[1360] BRK 6/99 E. 2a.
[1361] BRK 5/00 E. 3b.
[1362] Vgl. Bericht der NEAT-Aufsichtsdelegation der eidgenössischen Räte vom 19. März 2007, S. 17 und 19, wo das Vorgehen, die beiden Offerenten ausdrücklich bestätigen zu lassen, dass sie gegen die eingesetzten Experten keine Einwände vorzubringen haben, begrüsst wurde.

ist unabhängig von seiner inhaltlichen Richtigkeit aufzuheben, zumal dem Verwaltungsgericht nicht der Ermessensspielraum der Vergabebehörde zusteht[1363]. Hingegen verneinte das Verwaltungsgericht des Kantons Bern die Ausstandspflicht eines Gemeinderates, der als Angestellter in einer Firma arbeitet, die selbst nicht Anbieterin war, aber allenfalls im Zwischenhandel die Rohre für die Wasserversorgung liefern konnte[1364].

Beauftragt eine Vergabebehörde den Geschäftsführer einer Ingenieurunternehmung mit der Durchführung eines Einladungsverfahrens, so darf dieser infolge **möglicher Befangenheit** neben der Unternehmung selbst auch Ingenieure, welche Aktionäre an der Ingenieurunternehmung sind, nicht zur Offerteinreichung einladen[1365].

696

Problematisch erscheint die Auffassung des Verwaltungsgerichts des Kantons Graubünden, wonach mangels eines unmittelbaren Interesses am Ausgang des Vergabeverfahrens der Präsident der Vergabebehörde nicht in den Ausstand zu treten habe, wenn der Schwager Angestellter der berücksichtigten Firma ist[1366].

697

2. Die Ausstandsgründe sind beim Bekanntwerden **sofort geltend zu machen**. Ein Untätigbleiben oder eine Einlassung in ein Verfahren im Wissen um das Vorliegen von Ausstandsgründen gilt als Verzicht und führt grundsätzlich zur Verwirkung des Anspruchs[1367]. Jedoch darf sich der Submittent vorbehaltlich anders lautender Indizien darauf verlassen, dass sich die Vergabebehörde an die Ausstandsregeln hält, weshalb er nicht danach zu forschen hat, ob diese allenfalls verletzt worden sind.

698

III. Das Bundesgericht

Das Bundesgericht hat unmissverständlich festgehalten, dass derjenige, der selber als Offerent auftritt oder auftreten will, bei der Durchführung des

699

[1363] VG Bern: Urteil vom 8. September 2000, veröffentlicht in BVR 2001, S. 287 f. E. 3c.
[1364] VG Bern: Urteil vom 7. Mai 2002, veröffentlicht in BVR 2003, S. 355 ff. E. 2; die gegen diesen Entscheid erhobene staatsrechtliche Beschwerde hat das Bundesgericht mit Urteil 2P.139/2002 vom 18. März 2003 abgewiesen (vgl. BVR 2003, S. 359 f.).
[1365] VG Graubünden: U 01 74 E. 3c.
[1366] PVG 2000 13/66 E. 2a, c; vgl. auch Urteil des Bundesgerichts 2P.184/2005 vom 8. Dezember 2005, E. 3.1.
[1367] VG Zürich: VB.2000.00068 E. 3c/aa; vgl. auch VG Zürich VB.2003.00381 E. 2.2. In der Tat verwirkt derjenige seinen Ablehnungsanspruch, der ihn nicht unverzüglich nach der Entdeckung geltend macht (BGE 132 II 496 E. 4.3; 130 III 75 E. 4.3; 129 III 465 E. 4.2.2.1; 126 I 205 E. 1b; 126 III 254 E. 3c; 124 I 123 E. 2; MOSER, Prozessieren, S. 110, Rz. 3.47). Namentlich darf der Ablehnungsgrund nicht erst bei voraussichtlichem Unterliegen vorgebracht werden (BGE 126 III 254 E. 3c).

Vergebungsverfahrens **nicht mitwirken** darf, weil er dadurch ungerechtfertigte Vorteile und Kenntnisse für die Gestaltung seiner Offerte erlangen kann und/oder die Möglichkeit hat, in unzulässiger Weise auf den Vergebungsentscheid einzuwirken. Der unter Missachtung von Ausstandsvorschriften zustande gekommene Vergabeentscheid ist grundsätzlich unabhängig von seiner inhaltlichen Richtigkeit aufzuheben. Indem das Berner Verwaltungsgericht davon absah, verletzte es Art. 29 Abs. 1 BV[1368].

700 Macht ein Beschwerdeführer erst nach Ablauf der Beschwerdefrist unter Berufung auf Art. 30 Abs. 1 BV geltend, ein Beisitzer des kantonalen Verwaltungsgerichts hätte in seinem Fall nicht mitwirken dürfen, so erfolgt diese **Rüge verspätet** und kann nicht zugelassen werden[1369].

[1368] Urteil des Bundesgerichts 2P.152/2002 vom 12. Dezember 2002, E. 2 und 3, veröffentlicht in BVR 2003, S. 350 ff.

[1369] Urteil des Bundesgerichts 2P.6/2006 vom 31. Mai 2006, E. 2. Nach der bundesgerichtlichen Rechtsprechung wird gestützt auf den auch für die Privaten geltenden Grundsatz von Treu und Glauben und das Verbot des Rechtsmissbrauchs (Art. 5 Abs. 3 BV) verlangt, dass ein echter oder vermeintlicher Organmangel so früh wie möglich, d.h. nach dessen Kenntnis bei erster Gelegenheit, geltend gemacht wird. Es verstösst gegen Treu und Glauben, Einwände dieser Art erst im Rechtsmittelverfahren vorzubringen, wenn der Mangel schon vorher hätte festgestellt und gerügt werden können. Wer den Mangel nicht unverzüglich vorbringt, wenn er davon Kenntnis erhält, sondern sich stillschweigend auf ein Verfahren einlässt, verwirkt den Anspruch auf spätere Anrufung der vermeintlich verletzten Ausstandsbestimmungen (BGE 132 II 496 E. 4.3 mit Hinweisen, vgl. auch ZBJV 143/2007, S. 704).

16. Kapitel:
Vergaberecht und Beschaffungsvertrag

I. Im Allgemeinen

1. a) Das Vergaberecht des Bundes unterscheidet im Sinne der **Zweistufentheorie** zwischen dem Zuschlag des Auftrags und dem Abschluss des Vertrags. Der Zuschlag ist eine Verfügung des **öffentlichen** Rechts[1370], die dem Vertragsabschluss vorausgeht und mit der sich die Vergabebehörde entscheidet, mit **wem** und **worüber**[1371] **ein Vertrag abgeschlossen werden soll**[1372]. **Für den Zuschlagsempfänger ist es ein Entscheid, der ein Recht begründet und die Verpflichtung, einen Vertrag abzuschliessen,** mit sich bringt[1373]. Für die Vergabestelle schafft demgegenüber der Zuschlag **keine Kontrahierungspflicht**[1374]. Für die nicht berücksichtigten Anbieter werden mit dem gleichen Entscheid ihre Anträge auf Begründung eines Rechts und einer Pflicht abgewiesen[1375]. Diese Verfügung kann mit Beschwerde angefochten werden, mit der sämtliche Rechtsfehler geltend gemacht werden können[1376]. Der Vertrag, der im Rahmen eines Submissionsgeschäfts als-

701

[1370] Vgl. CLERC, N 99 zu Art. 9 BGBM.
[1371] Vgl. dazu Rz. 702.
[1372] BGE 125 II 94 E. 3b.
[1373] Allerdings ist es der Vergabebehörde bis zum Vertragsabschluss gestattet, den Vergabeentscheid bei (nachträglicher) Feststellung eines Fehlers in Wiedererwägung zu ziehen und alsdann einen neuen Vergabeentscheid z. B. zu Gunsten eines anderen Mitbewerbers auszufällen (vgl. unten Rz. 909 ff. sowie GALLI/LEHMANN/RECHSTEINER, S. 166 Rz. 550 f.). Die Möglichkeit eines Abbruchs des Verfahrens (vgl. dazu im Einzelnen Rz. 489 ff.) entfällt, da dieser nach erfolgtem Zuschlag nicht mehr in Frage kommt, hingegen besteht auch noch die Möglichkeit des Widerrufs des Zuschlags (Rz. 344 ff.).
[1374] Vgl. dazu oben Rz. 517. Das Bundesgericht hat entschieden, dass entgegen der Auffassung des Verwaltungsgerichts des Kantons Graubünden weder die Ausschreibung noch die Zuschlagsverfügung in einem Submissionsverfahren eine Kontrahierungspflicht des Submittenten begründen. Der Zuschlag beseitige zwar ein Verbot des Vertragsabschlusses während des Vergabeverfahrens, binde den Auftraggeber aber nur insoweit, als dieser den Vertrag mit dem Zuschlagsempfänger abzuschliessen habe, sofern er überhaupt einen solchen eingehe. Verzichte der Auftraggeber trotz des Zuschlags überhaupt auf den Abschluss eines Vertrages, könne er jedenfalls nicht zu einem solchen gezwungen werden. Dem Bündner Verwaltungsgericht stand es demnach sachlich nicht zu, die beschwerdeführende Gemeinde im Rahmen einer submissionsrechtlichen Vollstreckungsverfügung zu zwingen, das Pistenfahrzeug anzuschaffen bzw. einen entsprechenden Kaufvertrag abzuschliessen (BGE 129 I 416 E. 3.4 mit Hinweisen; STÖCKLI in BR 2004, S. 73 f.).
[1375] Vgl. Art. 5 lit. a und c VwVG; ZUFFEREY/MAILLARD/MICHEL, S. 124.
[1376] Vgl. z.B. für den Bund Art. 27 Abs. 1 und Art. 31 BoeB. Vgl. ferner GAUCH/STÖCKLI, S. 70 ff. Ziff. 27.1 f.

dann abgeschlossen wird, ist **privatrechtlicher** Natur; dies im Unterschied etwa zu einer Sondernutzungskonzession[1377]. Entsprechend richten sich insbesondere Abschluss, Form, Abänderung und Beendigung nach dem anwendbaren Privatrecht[1378]. Für Streitigkeiten aus dem Vertragsverhältnis sind die ordentlichen Zivilgerichte zuständig.

702 b) Zur Problematik **Zuschlag und Beschaffungsvertrag** hält das Zürcher Verwaltungsgericht wegweisend Folgendes fest: Ziel des Vergabeverfahrens ist der Abschluss eines privatrechtlichen Vertrags mit dem ausgewählten Anbieter. Mit der Rechtskraft des Zuschlags, welcher das öffentlich-rechtliche Verfahren der Vergabe abschliesst, müssen daher **alle wesentlichen Elemente des künftigen Vertrags** feststehen[1379]. Dazu gehören neben der Wahl des Vertragspartners insbesondere die zu erbringenden Leistungen und Gegenleistungen sowie allfällige wesentliche Nebenbestimmungen[1380]. Im Rahmen des Vertragsschlusses, welcher gestützt auf den Zuschlag erfolgt, dürfen grundsätzlich keine wesentlichen Änderungen des vorgesehenen Vertragsinhalts mehr vorgenommen werden[1381], da sonst die geforderte Transparenz des Vergabeverfahrens missachtet und damit die Gleichbehandlung der Anbietenden, welche dieses Verfahren zu gewährleisten hat, wieder in Frage gestellt würde[1382]. Um ein eindeutiges Ergebnis des Vergabeverfahrens zu erreichen, müssen Gegenstand und Umfang des Auftrags sowie dessen weitere Modalitäten in der Publikation und den an die Interessenten abgegebenen Ausschreibungsunterlagen klar und deutlich umschrieben sein. Nötigenfalls können anschliessend im Rahmen von Auskünften der Vergabeinstanz (§ 17 SubmV/ZH) einzelne Elemente des vorgesehenen Auftrags präzisiert werden, wobei wesentliche Zusatzinformationen stets allen Interessenten gleichermassen mitzuteilen sind. Bestehen nach Einreichung der Angebote

---

[1377] BGE 125 I 214 E. 6b; STÖCKLI, in BR 2002, S. 4; MOOR, S. 426; CLERC, AJP, S. 808. Das Freiburger Verwaltungsgericht hält in diesem Zusammenhang ergänzend fest, ob ein – privatrechtlich – abgeschlossener Beschaffungsvertrag nichtig sei oder nicht, sei eine Frage des materiellen Rechts, welche Oberamtmann bzw. Verwaltungsgericht vorfrageweise beurteilten (Entscheid des Freiburger Verwaltungsgerichts vom 3. Februar 1999, wiedergegeben in BR 1999, S. 60, Nr. 18). Das Aargauer Verwaltungsgericht führt aus, es könne nicht seine Sache sein, sich im Rahmen eines Submissionsbeschwerdeverfahrens in umfassender Weise mit der Gültigkeit des zivilrechtlichen Vertrags auseinanderzusetzen. Dies sei gegebenenfalls Aufgabe des Zivilrichters. Das Verwaltungsgericht habe sich daher nur, aber immerhin, vorfrageweise von der Tatsache des Vertragsschlusses und davon zu überzeugen, dass keine Anhaltspunkte für die Unwirksamkeit oder Nichtigkeit des Vertrags (vgl. Art. 20 OR), die von Amtes wegen und auch gegen den Willen der Vertragsparteien zu berücksichtigen wären, gegeben seien (AGVE 2001, S. 321 f.).

[1378] Vgl. GAUCH, recht 1997, S. 173.

[1379] RB 1998 Nr. 69 = BEZ 1999 Nr. 12 = URP 1999, S. 165 = ZBl 2000, S. 255.

[1380] CLERC, AJP, S. 807.

[1381] Es besteht insofern ein Verhandlungsverbot.

[1382] CLERC, AJP, S. 808. Vgl. in diesem Zusammenhang für Zürich ferner den Entscheid VG Zürich: VB.2000.00183 E. 3. Vgl. auch MOOR, S. 427.

Unklarheiten über deren Inhalt, kann die Vergabeinstanz von den Anbietenden zusätzliche Erläuterungen verlangen (§ 30 SubmV/ZH). Diese dürfen jedoch nicht dazu dienen, den Inhalt des zu vergebenden Auftrags oder des eingereichten Angebots nachträglich zu ändern (§ 31 SubmV/ZH)[1383]. Auf der Grundlage dieser gegenseitigen Informationen **muss im Zeitpunkt des Vergabeentscheids den Anbietenden wie der Vergabeinstanz bekannt sein, welchen Inhalt der künftige Vertrag im Fall eines Zuschlags für sie haben wird**[1384].

2. Von praktischer Relevanz ist für den (nicht berücksichtigten) Anbieter die Frage, welcher **Rechtsschutz** ihm zusteht, wenn die Vergabebehörde **mit dem von ihr ausgewählten Anbieter einen Vertrag mit einem im Verhältnis zur Submission veränderten Inhalt abschliesst**. Ein Anbieter machte im Beschwerdeverfahren geltend, gemäss Ziff. 2 des (angefochtenen) Vergabeentscheids würde der abzuschliessende Kehrichtvertrag (welcher im Entwurf den Ausschreibungsunterlagen beigelegen hatte) noch überarbeitet. Dies sei unzulässig und bereits geringfügige Änderungen der Spezifikation könnten grosse Auswirkungen auf den Preis haben. Das Zürcher Verwaltungsgericht erklärte, nach den glaubwürdigen Darstellungen (der Vergabebehörde) sollten mit der Überarbeitung des Vertragsentwurfs lediglich einige Spezifikationen näher definiert werden, ohne dass dadurch der Leistungsinhalt verändert würde. Es hat ferner an den Grundsatz erinnert, dass im submissionsrechtlichen Beschwerdeverfahren nur der Zuschlag und nicht auch der gestützt darauf abgeschlossene Vertrag angefochten werden kann, wobei das Gericht die Frage offengelassen hat, ob und wie sich dieser Grundsatz auswirkt, wenn der im Anschluss an eine Vergabe abgeschlossene Vertrag unzulässigerweise den Leistungsinhalt abändert[1385].

703

3. Zum Verbot der Abänderung des sich aus den Ausschreibungsunterlagen ergebenden Leistungsinhalts des Beschaffungsgeschäfts im Rahmen des mit dem Zuschlagsempfänger abzuschliessenden Vertrags ist Folgendes festzuhalten:

704

– Die Ausschreibungsunterlagen müssen ein Pflichtenheft enthalten, das so präzise und detailliert abgefasst ist, dass überhaupt beurteilt werden kann, ob der nach der Zuschlagserteilung abgeschlossene Vertrag mit dem Leistungsinhalt der Submission übereinstimmt. Mit der Rechtskraft des Zuschlags, welcher das öffentlich-rechtliche Verfahren der Vergabe

---

[1383] VG Zürich: VB.1999.00015 E. 5b. Vgl. auch CRM 10/97 E. 3b; MICHEL, N. 1940 f., 1963 ff. Zur Offertbereinigung und zu den Verhandlungen mit den Anbietern vgl. auch oben Rz. 416 ff.
[1384] Zur Modifikation von Vertragsunterlagen nach dem Zuschlag vgl. RECHSTEINER, in BR 2000, S. 122 f.
[1385] VG Zürich: VB.2000.00183 E. 3a.

abschliesst, müssen alle wesentlichen Elemente des künftigen Vertrags feststehen[1386].

– Das Verbot der Abänderung des Leistungsinhalts gründet auf submissionsrechtlichen Bestimmungen[1387]. Es stellen sich in diesem Zusammenhang die folgenden Fragen: Wie kann sich der unberücksichtigt gebliebene Anbieter gegen einen Vertragsinhalt zur Wehr setzen, der von den Ausschreibungsunterlagen inhaltlich abweicht[1388]? Wie erhält er von einem solchen (abweichenden) Vertragsinhalt überhaupt Kenntnis? Kann sich auch ein potentieller Anbieter, der aufgrund des Inhalts der Ausschreibung nicht am Submissionsverfahren teilgenommen hat, gegen einen von den Ausschreibungsunterlagen abweichenden Vertrag zur Wehr setzen? Diese ungelösten Problembereiche sind durch Wissenschaft und Praxis zu klären[1389].

II. Dauerverträge und Submissionsrecht

705 **1.** Die schweizerische Bundeskanzlei hatte 1994 – also vor dem auf den 1. Januar 1996 erfolgten Inkrafttreten des BoeB – freihändig einen Dienstleistungsauftrag vergeben, wonach dem Bund ermöglicht wurde, über die Auftragnehmerin im Maximum 500 Seiten pro Jahr via OTS (Original Text Service) verbreiten zu lassen[1390]. Der mit der seinerzeit erfolgreichen Anbieterin im Dezember 1994 abgeschlossene Vertrag wurde anfänglich für eine Minimaldauer von einem Jahr abgeschlossen mit stillschweigender Erneuerung, sofern er nicht unter Einhaltung einer Kündigungsfrist von sechs Monaten auf Ende Jahr gekündigt würde. Nachdem der Vertrag in der Folge über das Inkrafttreten des BoeB hinaus weitergeführt wurde und ein Konkurrent verlangte, dieses Beschaffungsgeschäft sei auf den nächstmöglichen Zeitpunkt neu zur öffentlichen Ausschreibung zu bringen, stellte sich die Frage, ob die Vergabebehörde zur Nichterneuerung der Verträge mit dem bisherigen Vertragspartner bzw. zur öffentlichen Ausschreibung des strittigen Beschaffungsgeschäfts submissionsrechtlich verpflichtet sei. Die BRK stellte zunächst fest, dass die seinerzeitige freihändige Vergebung und der daraufhin folgende Vertragsschluss unter altem Recht zulässig waren. Sie führte sodann aus, dass das Unterlassen der Kündigung des Vertrags,

---
[1386] VG Zürich: VB.98.00369 E. 2c in ZBl 2000, 255 ff.
[1387] Vgl. oben Rz. 449; vgl. auch Rz. 421.
[1388] Vgl. auch oben Rz. 225.
[1389] Seit der ersten Auflage dieses Buches ist in diesem Bereich nichts Neues zu verzeichnen.
[1390] Vgl. oben Rz. 162 und unten Rz. 795.

also die stillschweigende Weiterführung desselben, nicht als jeweiliger Neuabschluss eines Vertrags, sondern als Weiterführung des ursprünglichen Vertrags zu qualifizieren sei. Demzufolge lag bezüglich der jeweiligen (stillschweigenden) Vertragsweiterführungen auch keine freihändige Vergabe vor. Die BRK vertrat in Auslegung der Übergangsbestimmungen gemäss Art. 37 BoeB sodann die Auffassung, diese würden Verträge mit unbestimmter Dauer nicht mitumfassen und der Bundesgesetzgeber sei sich der speziellen Problematik von Verträgen mit (über-)langer Dauer beim Erlass der Vorschrift nicht bewusst gewesen. Ausserdem beschränke sich der Rechtsschutz im öffentlichen Beschaffungswesen nur auf Fehler und Unregelmässigkeiten, die während des Vergabeverfahrens begangen worden seien, und vermöge die spätere Erfüllung des Vertrags jedenfalls dann nicht zu beeinflussen, wenn der Vertragsinhalt mit der getroffenen Zuschlagsverfügung übereinstimme. Art. 37 BoeB sehe die Nichtrückwirkung für Beschaffungen vor, die im Zeitpunkt des Inkrafttretens des neuen Gesetzes bereits angelaufen, aber noch nicht abgeschlossen gewesen seien. Diese Regel habe sinngemäss auch vorliegend zu gelten. Ein Eingriff des BoeB in den auf unbestimmte Dauer und unter altem Recht gültig abgeschlossenen Vertrag laufe daher auf eine unzulässige (echte) Rückwirkung hinaus, weshalb das BoeB die Vergabebehörde nicht zu verpflichten vermöge, auf Ersuchen eines Konkurrenten in eine bestehende, vor dem Inkrafttreten des Gesetzes gültig für eine unbestimmte Dauer eingegangene vertragliche Bindung einzugreifen. Die Kündigung des bestehenden Vertrags und die Neuvergabe gemäss den neuen Vorschriften falle in die alleinige Zuständigkeit der Vergabebehörde[1391].

Immerhin ist mit Bezug auf die Schlussfolgerungen der BRK im vorstehend zusammengefassten Entscheid zu präzisieren, dass damit nichts über die Rechtslage von Beschaffungsgeschäften und darauf basierenden Dauervertragsverhältnissen zwischen einer Vergabebehörde und einem Anbieter ausgesagt wird, die im zeitlichen Geltungsbereich des BoeB vergeben bzw. abgeschlossen worden sind[1392].

2. a) Das Zürcher Verwaltungsgericht hat in einem Fall der Vergebung von Stadtingenieurarbeiten zu Recht festgehalten, dass es nicht im Belieben der Vergabebehörde liegen könne, das Vertragsverhältnis mit einzelnen Anbieterinnen auf unbestimmte Zeit fortzusetzen und damit jede weitere Vergabe auszuschliessen. Im zu beurteilenden Fall (Zuschlag im März 2000) wurde die erstmalige Kündigungsmöglichkeit des Vertrags auf den 31. Dezember

---

[1391] BRK 7/00 E. 3c; vgl. die kritische Anmerkung von Esseiva, in BR 2000, S. 128 f.; zur Laufzeit langfristiger Verträge vgl. auch die Anmerkungen von Stöckli, in BR 2002, S. 69 f.; vgl. dazu auch unten Rz. 795.
[1392] Einen solchen Fall hatte die BRK nie zu entscheiden. Vgl. dazu das nachfolgende Beispiel aus dem kantonalen Bereich in Rz. 707.

2007 (unter zweijähriger Kündigungsfrist) noch als sachgerecht gewertet. Die Vergabebehörde ist danach gehalten, für die ab 2008 anfallenden Stadtingenieurarbeiten ein erneutes Vergabeverfahren durchzuführen[1393].

708 b) In einem Dienstleistungsauftrag (Geltendmachung von Regressforderungen bei ausserkantonalen Hospitalisationen) hat das Zürcher Verwaltungsgericht die Vergabestelle in Anwendung von § 2 Abs. 3 SubmV/ZH angewiesen, im Vertrag mit dem künftigen Auftragnehmer «auch eine angemessene Höchstdauer festzulegen», allerdings ohne konkretere Angaben über dieselbe vorzutragen[1394].

709 **3.** Das Aargauer Verwaltungsgericht verlangt die Angabe der Vertragsdauer bereits in der Ausschreibung. Es liegt nach dieser Praxis nicht im Belieben der Vergabestelle, das Vertragsverhältnis mit einem einzelnen Anbieter auf unbestimmte Zeit fortzusetzen und damit jede weitere Vergabe auszuschliessen[1395].

III. KBOB-Planervertrag

710 Die Koordination der Bau- und Liegenschaftsorgane des Bundes (KBOB) hat ein nützliches Hilfsmittel mit einem «Leitfaden zu Vergabeverfahren und Verträgen für Planerleistungen» herausgegeben[1396]. Es beinhaltet im genannten Leitfaden «die Bestimmungen zum Vergabeverfahren für Planerleistungen» und enthält ferner die «Angebotsunterlagen für Planerleistungen», welche sicherstellen sollen, dass die Angebotsunterlagen in der von der Vergabestelle gewünschten Reihenfolge eingereicht werden. Zu letzterem Dokument gehören ferner ein «Mustervertrag für Planerleistungen (Vertragsurkunde) samt den zugehörigen «Allgemeinen Vertragsbedingungen KBOB für Planerleistungen». Die Unterlagen können online ausgefüllt werden. Zu Recht empfehlen die Unterlagen der KBOB den Vergabestellen, bereits dem Submissionsverfahren einen Entwurf des Beschaffungsvertrags beizufügen. Die Unterlagen können bei entsprechender Anpassung sowohl für Beschaffungen von Planerleistungen in Anwendung der Rechtsgrundlagen des Bundes als auch jener der Kantone verwendet werden. Die Unterlagen betonen die Notwendigkeit der genauen Planung der Beschaffungsgeschäfte, insbesondere die frühzeitige Abklärung von möglicherweise notwendig werdenden Erweiterungen des Beschaffungsumfangs. Über den Einbau

---

[1393] VG Zürich: VB.2000.00136 E. 3c.
[1394] VG Zürich: VB.2005.00504 E. 7.
[1395] VG Aargau: Entscheid 99/3/028 vom 29.6.99.
[1396] Abrufbar unter http://www.bbl.admin.ch/kbob/00493/00502/index.html?lang=de.

von Optionen in die Ausschreibung bzw. die Ausschreibungsunterlagen kann dabei unter Umständen vermieden werden, dass dafür später separate Submissionsverfahren durchgeführt werden müssen[1397].

[1397] Im Kanton Zürich sind Folgeoptionen nach § 4 Abs. 2 SubmV/ZH etwa bereits in der Ausschreibung zu nennen (§ 13 Abs. 1 lit. c SubmV/ZH). Vgl. auch oben Rz. 494, Fn. 939.

17. Kapitel:
Ungewöhnlich niedrige Angebote («Unterangebote»)

I. Allgemeines

Ein sogenanntes **Unterangebot** liegt nach traditioneller Umschreibung dann vor, wenn ein Anbieter seine Leistung zu einem Preis anbietet, der **unter den Gestehungskosten** liegt (sog. Verlustpreis)[1398]. Häufig gelangten mathematische Formeln – zumeist vom arithmetischen Mittel der Offertpreise ausgehend – zur Eruierung von Unterangeboten zur Anwendung[1399]. Diese **mathematischen Methoden,** soweit sie heute überhaupt noch verwendet werden, nehmen allerdings weder Rücksicht auf die Angebotsstruktur noch berücksichtigen sie die spezielle Kosten- oder Unternehmensstruktur eines bestimmten Anbieters, der möglicherweise günstiger einkauft als die anderen oder der aus bestimmten Gründen in der Lage ist, die Arbeiten rationeller als andere auszuführen. Die rechnerischen Methoden können deshalb nicht den Nachweis für ein Unterangebot erbringen, sondern lassen höchstens die Vermutung für ein solches entstehen. Weitergehende Abklärungen müssen folgen[1400]. Die Vergabebehörden dürfen also auch in Fällen grosser Preisdifferenzen nicht ohne Weiteres ein «Dumping»-Angebot annehmen und dieses von der Vergabe ausschliessen, sondern sie haben in zumutbarem Masse abzuklären, ob das besonders billige Angebot zum offerierten Preis realisierbar ist. Gegebenenfalls haben sie auch zu prüfen, ob sich hinter den anderen Angeboten nicht unrechtmässige Preisabsprachen verbergen[1401].

711

[1398] AGVE 1997, S. 369; VG Waadt: Urteil vom 12. Oktober 2001 (RDAF 2002 [1. Teil – Verwaltungsrecht], S. 165, E. 1c/bb); Kantonsgericht Basel-Landschaft: Entscheid 2005-036 vom 26. Januar 2005, E. 7; GALLI/LEHMANN/RECHSTEINER, S. 144 f. Rz. 468 Fn. 7; WOLF, in BR, Sonderheft Vergaberecht 2004, S. 12 f.

[1399] Vgl. beispielsweise die Richtlinien des Regierungsrats des Kantons Schwyz zur Ausschaltung von Unterangeboten bei öffentlichen Arbeiten und Lieferungen vom 6. Februar 1976. Ähnliche Regelungen kannten auch die Kantone Zürich (vgl. RB 1999 Nr. 55 E. 2) und Aargau.

[1400] AGVE 1997, S. 369; VG Waadt: Urteil vom 12. Oktober 2001 (RDAF 2002 [1. Teil – Verwaltungsrecht], S. 164, E. 1c/bb).

[1401] VG Freiburg, in: RFJ 1997, S. 113 ff.

II. Im Bund

712 Auf **Bundesebene** enthalten weder das BoeB noch die VoeB besondere Bestimmungen zum Unterangebot. Auch schreibt das Bundesrecht nicht vor, dass die Leistungen zu «angemessenen» Preisen vergeben werden müssen[1402]. Nach Art. XIII Abs. 4 lit. a ÜoeB kann die Beschaffungsstelle, die ein Angebot erhält, das ungewöhnlich niedriger ist als andere eingereichte Angebote, allerdings beim Anbieter Erkundigungen einziehen und sicherstellen, dass er die Teilnahmebedingungen einhalten und die Auftragsmodalitäten erfüllen kann[1403]. Die zusätzlichen Abklärungen können sich auf die Qualität des Angebots und die Leistungsfähigkeit des Anbieters beziehen, allenfalls auch auf Fragen wie die Einhaltung von Arbeitsschutzbestimmungen und Arbeitsbedingungen. Dabei geht es aber immer um die Einhaltung von Vergabekriterien und nicht um den tiefen Preis als solchen[1404].

713 Die BRK hat sich in ihrer Rechtsprechung nur einmal (am Rande) mit der Frage eines Unterangebots befassen müssen. Im konkreten Fall waren aufgrund der Aktenlage keinerlei Anhaltspunkte vorhanden, dass die betreffende Anbieterin die Submissionsbedingungen nicht einhielt oder nicht in der Lage war, die Auftragsmodalitäten zu erfüllen[1405].

III. In den Kantonen

714 1. Für die **Kantone** ist festzustellen, dass es heute weitestgehend als zulässig erachtet wird, wenn ein Anbieter mit einkalkuliertem Risiko ein bezüglich des Preises (zu) niedriges Angebot einreicht, solange die Eignungs- und Zuschlagsbedingungen erfüllt werden. Die IVöB sieht den Ausschluss von Unterangeboten nicht vor[1406]. Dies gilt mehrheitlich auch für die einschlägigen kantonalen Bestimmungen[1407]. Im Gegensatz zu früher[1408] sind **Un-

---

[1402] GAUCH/STÖCKLI, S. 34 Rz. 14.2; STÖCKLI, Anmerkung zu S44, in: BR 2005, S. 175 mit Hinweis auf das abweichende deutsche Vergaberecht.
[1403] Vgl. dazu unten Ziff. 714 ff.
[1404] WOLF, in BR, Sonderheft Vergaberecht 2004, S. 13.
[1405] BRK 11/01 E. 5 c/bb.
[1406] Kantonsgericht Basel-Landschaft: Entscheid 2005-036 vom 26. Januar 2005, E. 7c; VG Tessin, in: RDAT I-1998, Nr. 49.
[1407] Art. 23 der Verordnung über das öffentliche Beschaffungswesen des Kantons Wallis vom 11. Juni 2003 sieht allerdings vor, dass ein Anbieter vom Verfahren auszuschliessen ist, wenn er «ein Angebot eingereicht hat, welches die Selbstkosten nicht deckt».
[1408] Angebote wurden vom Verfahren ausgeschlossen, wenn sie die Selbstkosten des Anbieters nicht deckten (BR 1996, S. 54 Nr. 92; BR 1997, S. 124 Nr. 310) oder sogar, wenn sie keinen angemessenen Gewinn ermöglichten (BR 1996, S. 113 Nr. 230).

terangebote heute also kaum mehr verpönt[1409], sondern werden **in den Grenzen des lauteren Wettbewerbs toleriert.** In diesem Sinne führt das Verwaltungsgericht des Kantons Graubünden in ständiger Rechtsprechung aus, im liberalisierten Beschaffungsmarkt sei es grundsätzlich Sache der Unternehmer, wie und mit welchem Risiko sie ihre Preise kalkulierten[1410]. Ein ungewöhnlich niedriges Angebot bildet als solches, d.h. ohne Rechtsverletzungen, auch für das Verwaltungsgericht des Kantons Luzern keinen Ausschlussgrund, denn die geltenden Vorschriften des öffentlichen Beschaffungswesens enthalten kein grundsätzliches Verbot von Unterangeboten bzw. ungewöhnlich niedrigen Angeboten. Massgebend und entscheidend ist einzig, dass die **Teilnahme- und Auftragsbedingungen des entsprechenden Vergabeverfahrens eingehalten** werden. Preisunterbietungen als solche, d.h. ohne weitergehende Rechtsverletzung, sind beschaffungsrechtlich in der Regel nicht relevant[1411]. Ein Tiefpreisangebot als solches, d.h. ein Angebot, dessen Preis unter Kalkulation eines Verlustes zustande gekommen ist, führt nach der Rechtsprechung des Verwaltungsgerichts des Kantons Zürich jedenfalls nicht von vornherein zum Ausschluss vom Verfahren[1412]. Nach dem Verwaltungsgericht des Kantons Thurgau sind Unterangebote nicht generell verboten, sondern zulässig, soweit sie erklärbar sind[1413]. Auch im Kanton Zug sind die Auftraggeber nicht von Gesetzes wegen verpflichtet, Unterangebote von der Vergabe auszuschliessen, nur weil die unternehmerischen Selbstkosten nicht gedeckt sind. Vielmehr ist ein solcher Ausschluss nach dem Zuger Verwaltungsgericht unzulässig, wenn er allein mit dem ungewöhnlich tiefen Angebotspreis begründet wird oder einzig dem Interesse an der Erhaltung eines leistungsfähigen Wirtschaftssektors dient. Die **Gründe für ein derartiges Unterangebot** können vielfältig und durchaus

---

[1409] Anderseits sind auf kantonaler Ebene aber auch gegenläufige politische Bestrebungen im Gange. So verlangte eine aus dem Grossen Rat des Kantons Aargau stammende Motion vom 5. März 2002, dass das kantonale SubmD dahingehend zu ändern sei, «dass neu die Vergabebehörde bei Offerten im Rahmen der Vergabeverfahren gemäss §§ 7 und 8 des SubmD das tiefste und das höchste Angebot streichen kann, wenn die Preisdifferenz derselben grösser als 20% ist». Die Motion wurde vom Ratsplenum am 24. September 2002 abgelehnt. Vgl. auch den Hinweis auf die Regelung im Kanton Wallis in Fn. 1407 oben.

[1410] PVG 1998 Nr. 60, S. 202 ff.; vgl. auch eine ganze Reihe von Entscheiden aus dem Jahr 2006 VG Graubünden U 06 140 E. 2; VG Graubünden U 06 91 E. 4b; VG Graubünden U 06 60/61/63/64; VG Graubünden U 06 59 E. 3; VG Graubünden U 06 22 E. 4; VG Graubünden U 06 9 E. 2d.

[1411] LGVE 2000 II, Nr. 15, S. 219 ff.

[1412] VG Zürich: VB.2005.00240 E. 3.51; VG Zürich: VB.2005.00200 E. 2.3; VG Zürich: VB.2005.00135 E. 5 mit Hinweis; VG Zürich: VB.98.00372 = BEZ 1999 Nr. 13. = RB 1999 Nr. 55.

[1413] TVR 1999, Nr. 26, S. 147.

lauter sein. Es sollen beispielsweise Überkapazitäten überbrückt, Fixkosten gedeckt oder Arbeitsplätze erhalten werden[1414].

715   Denkbar ist auch, dass ein Anbieter mit Hilfe eines sehr günstigen, die Selbstkosten möglicherweise nicht deckenden Angebots versucht, **in einem neuen Geschäftsbereich Fuss zu fassen.** Diese Art der Preisbildung ist – wie das Zürcher Verwaltungsgericht ausgeführt hat – im Geschäftsverkehr unter Privaten weder ungewöhnlich noch gilt sie grundsätzlich als unzulässig; ein Verbot dieses Vorgehens würde den Anbietern das Eindringen in neue Märkte erschweren und bestehende Marktstrukturen zementieren, was nicht der Zielsetzung des Vergaberechts entspricht[1415].

716   **2. Wann von einem ungewöhnlich tiefen Angebot gesprochen werden muss,** ist in den einschlägigen kantonalen Submissionsvorschriften in der Regel nicht konkretisiert[1416]. Das Verwaltungsgericht des Kantons Basel-Landschaft weist zu Recht darauf hin, dass ein im Vergleich mit anderen Angeboten deutlich geringerer Preis nicht zwangsläufig bedeute, dass überhaupt ein Unterangebot bzw. ein ungewöhnlich niedriges Angebot vorliege. Vielmehr sei es durchaus denkbar, dass die anderen Angebote zu teuer oder teurere Materialien und Arbeitsmethoden einkalkuliert hätten. Schliesslich könne auch eine unzulässige Preisabsprache unter den übrigen Anbietern vorliegen[1417]. Bei der Beurteilung der Frage, ob ein Angebot ungewöhnlich niedrig erscheint (im Hinblick auf das Einholen zusätzlicher Erkundigungen), steht der Vergabebehörde ein erhebliches Ermessen zu[1418].

717   **3.** Werden ungewöhnlich niedrige Angebote eingereicht, kann der Auftraggeber bei den Anbietern Erkundigungen einziehen, um sich zu vergewissern, dass diese die Teilnahmebedingungen einhalten und die Auftragsbedingungen erfüllen können[1419]. Erscheint ein Angebot im Verhältnis zu den Konkurrenzofferten als ungewöhnlich niedrig, so ist die Vergabebehörde gemäss dem Obergericht des Kantons Uri unabhängig vom Vorliegen eines (eigentlichen) Unterangebots berechtigt zu prüfen, ob der betreffende Anbieter die Teilnahmebedingungen eingehalten hat[1420].

[1414] GVP-ZG 2001, S. 99; vgl. auch Kantonsgericht Basel-Landschaft: Entscheid 2005-036 vom 26. Januar 2005, E. 7d.
[1415] VG Zürich: VB.2005.00240 E. 3.5.1 mit Hinweisen.
[1416] Art. 23 der Verordnung über das öffentliche Beschaffungswesen des Kantons Wallis vom 11. Juni 2003 spricht allerdings von einem Angebot, «welches die Selbstkosten nicht deckt».
[1417] Kantonsgericht Basel-Landschaft: Entscheid 2005-036 vom 26. Januar 2005, E. 7g.
[1418] VG Zürich: VB.2005.00240 E. 3.5.2.
[1419] § 31 VRöB. Die kantonalen Submissionsregelungen enthalten zum Teil damit übereinstimmende Vorschriften (z. B. § 32 SubmV/ZH). Vgl. auch VG Zürich: VB.2005.00135 E. 5, und VB.2005.00200 E. 2.3.
[1420] Obergericht Uri: OG V 01 23 E. 7.

4. Auch gemäss Art. 15 SubV/GR kann ein Auftraggeber, der ein Angebot erhält, das ungewöhnlich niedriger ist als andere eingereichte Angebote, beim Anbieter Erkundigungen einziehen, um sich zu vergewissern, dass dieser die Teilnahmebedingungen einhalten und die Auftragsbedingungen erfüllen kann. Bei dieser Bestimmung geht es, wie das Verwaltungsgericht des Kantons Graubünden festgestellt hat, nicht um den Ausschluss von Offerten, die **in einzelnen Positionen** ungewöhnlich tiefe Preise enthalten. Nach seinem Wortlaut bezieht sich Art. 15 SubV/GR vielmehr auf das jeweilige Angebot als Ganzes. Nur wer gesamthaft gesehen ein ungewöhnlich niedriges Angebot einreicht, das ihn an der Einhaltung der Teilnahmebedingungen hindert, soll vom Wettbewerb ausgeschlossen werden können. Es ist grundsätzlich Sache des Unternehmers, wie er die einzelnen Positionen kalkuliert und welches Risiko er dabei eingeht. Massgebend ist einzig, dass ein Gesamtresultat erzielt wird, das die Einhaltung der Teilnahmebedingungen im Sinne von Art. 15 SubV/GR erlaubt. Es ist daher unbeachtlich, ob die von der Vorinstanz beanstandeten Positionen für sich betrachtet ein Unterangebot darstellen. Von Bedeutung ist allein das Gesamtangebot[1421].

718

5. Laut dem Verwaltungsgericht des Kantons Zürich ist es der Vergabebehörde im Rahmen der Prüfung der Frage, ob ein ungewöhnlich niedriges Angebot vorliege, nicht verwehrt, auch auf **besonders niedrige Beträge einzelner Aufwandkategorien** zu achten. Das Verwaltungsgericht machte diese Feststellung in einem Fall, in dem der tiefe Angebotspreis seinen Grund hauptsächlich im von den Anbieterinnen vorgesehenen (geringen) Personaleinsatz hatte. Im Zusammenhang mit der Vergabe von Ingenieurarbeiten beim Ausbau der Nordumfahrung Zürich hatte die Vergabebehörde in den Ausschreibungsunterlagen unter dem Titel «Eignungskriterien» einen «Nachweis Personaleinsatz» verlangt und festgelegt, falls der dem Angebot zugrunde gelegte Stunden-Aufwand von der Schätzung des Bauherrn um mehr als 20 % abweiche, müssten die Abweichungen erläutert und begründet werden. Ein Angebot mit krassen, nicht begründbaren Abweichungen werde als ungeeignet beurteilt. In der Folge lagen alle Angebote weit unterhalb der Schätzung der Vergabebehörde, weshalb diese den Mittelwert der **Aufwand-Schätzungen** aller Anbietenden als Vergleichswert heranzog. Die Aufwandschätzung der Beschwerdeführerinnen lag 28.5 % unter diesem Vergleichswert. Da die entsprechenden Nachfragen und Abklärungen nicht zufrieden stellend ausfielen, schloss die Vergabebehörde das Angebot aus[1422]. Die Beschwerdeführerinnen machten im Beschwerdeverfahren die Zusicherung, für den Fall einer zu knapp bemessenen Aufwandberechnung

719

[1421] VG Graubünden: U 04 71 E. 2b; VG Graubünden: U 04 54 E. 1; VG Graubünden: U 05 64, E. 2.
[1422] Vgl. dazu oben Rz. 259 ff., insb. 320 f.

die Mehrarbeit auf eigene Kosten zu übernehmen. Das Verwaltungsgericht erachtete die vorgängige Festlegung einer Limite von 20% unterhalb des durchschnittlichen Personaleinsatzes als zweckmässig und jedenfalls nicht als willkürlich. Vorliegend gehe es der Vergabestelle mit dem Eignungskriterium «Nachweis Personaleinsatz» nicht um die fachliche Qualifikation der Anbieter, sondern darum, ob mit dem vorgesehenen Personaleinsatz die notwendige Qualität der Auftragserledigung gewährleistet werden könne. Weiter stellte es fest, die vorliegende Situation sei nicht mit dem Fall zu vergleichen, da ein Anbieter bewusst einen Preis offeriere, der seine Selbstkosten nicht decke, um z. B. die Beschäftigung seiner Arbeitnehmer in einer kritischen Phase zu gewährleisten oder in einem neuen Geschäftsbereich Fuss zu fassen. Hätten die Beschwerdeführerinnen in ihrem Angebot eine grössere Zahl von Stunden kalkuliert, aus bestimmten geschäftlichen Überlegungen heraus aber einen für sie nicht kostendeckenden Preis offeriert, so würde sich in erster Linie die Frage stellen, ob sie über eine ausreichende wirtschaftliche Leistungsfähigkeit verfügten, um den Auftrag trotzdem vertragskonform auszuführen. Zwar könnte trotz der Zusicherung die Befürchtung verbleiben, dass sie versuchen würden, Verluste durch Einsparungen bei der Auftragserfüllung zu vermindern. Die Befürchtung wäre aber deutlich geringer als im vorliegenden Fall, wo die Beschwerdeführerinnen sich auf den Standpunkt stellten, dass sie imstande seien, den Auftrag mit dem reduzierten Personalaufwand zu erledigen. Diese Sachlage berge angesichts der erheblichen Schwierigkeit, die notwendige Qualität der Planungs- und Bauleitungsarbeiten zu definieren, bedeutend höhere Risiken als eine Offerte unter bewusster Inkaufnahme eines Verlustes[1423].

720 **6. Nachfragepflicht der Vergabebehörde:** Fehlen im konkreten Fall Anhaltspunkte dafür, dass die Anbieterin eines kostengünstigen Angebots Teilnahme- und/oder Auftragsbedingungen verletzt, so ist der Auftraggeber nach der Rechtsprechung der meisten kantonalen Gerichte **nicht zu entsprechenden Nachfragen verpflichtet**[1424]. In einem konkreten Streitfall, den das Verwaltungsgericht des Kantons St. Gallen zu beurteilen hatte, wich das fragliche Angebot unbestrittenermassen erheblich vom SIA-Verbandstarif ab. Selbst eine massive Unterbietung von Verbandstarifen stellt nach dem Gericht aber keinen zwingenden Grund für weitere Abklärungen dar[1425]. Auch nach dem Verwaltungsgericht des Kantons Graubünden begründet die massive Unterschreitung von Tarif- und Preisvorgaben für sich alleine

---

[1423] VG Zürich: VB.2005.00240 E. 3.5.
[1424] LGVE 2000 II, Nr. 15, S. 219 ff.; VG Bern: Urteil VGE 21294 vom 19. März 2002, E. 4c; GVP-ZG 2001, S. 100.
[1425] GVP-SG 1999, Nr. 35, S. 103 f.; vgl. auch GVP-SG 2002, S. 103 ff.

keinen Grund zur vertieften Überprüfung der Preisstruktur eines Angebots, da solche Vorgaben mitunter am Markt vorbei postuliert worden seien[1426].

Auch nach dem **Bundesgericht** ist die Vergabebehörde nicht gehalten, abzuklären, ob ein Auftrag zum gebotenen (niedrigen) Preis realisiert werden kann, wenn keine Anhaltspunkte dafür bestehen, dass der Anbieter Teilnahme- oder Auftragsbedingungen verletzt. Im vorliegenden das Bestattungswesen des Kantons Basel-Stadt[1427] betreffenden Fall – konkret ging es um die Einsargungen und Leichentransporte zum Friedhof sowie um Einsargungen im Institut für Pathologie – zeigten die vom Baudepartement (schon im kantonalen Verfahren) eingereichten Angaben über die Tarife entsprechender Dienstleistungen in anderen schweizerischen Gemeinden, dass die offerierten Preise zwar sehr niedrig, aber dennoch kostendeckend sein könnten. Dabei sei zu berücksichtigen, dass eine Unternehmung günstiger kalkulieren könne, wenn sie mit allen unentgeltlichen Bestattungen beauftragt werde; vervielfache sich – wie hier – das Auftragsvolumen, könnten die Kapazitäten besser genutzt und die Kosten pro Einsargung bzw. pro Transport deutlich gesenkt werden[1428]. Mit Blick auf die von der Vergabebehörde ermittelten Vergleichstarife in anderen Schweizer Städten sei auch nicht ersichtlich, inwiefern die berücksichtigten Anbieter nicht in der Lage sein sollten, ihren Auftrag – im Sinne von Art. XIII Ziff. 4 lit. b ÜoeB – voll zu erfüllen[1429].

721

Das Kantonsgericht des Kantons Basel-Landschaft hat es offengelassen, ob die Pflicht, Erkundigungen einzuziehen, auch dann gilt, wenn lediglich ein ungewöhnlich niedriges Angebot vorliegt, aber keine konkreten Anhaltspunkte dafür vorliegen, dass die Anbieterin eines kostengünstigen Angebots Teilnahme- oder Auftragsbedingungen verletzt hat[1430].

722

7. Demgegenüber kennt der Kanton Tessin eine strengere Regelung. So sieht Art. 36 Abs. 2 RLCPubb/TI vor, dass die Vergabestelle eine **genaue Analyse sämtlicher Einheits- und Pauschalpreise vorzunehmen hat, wenn die billigste Offerte um mindestens 15% tiefer liegt als die zweitbilligste.** Das Verwaltungsgericht des Kantons Tessin hat eine Zuschlagsverfügung

723

[1426] PVG 1998 Nr. 60, S. 202 ff.
[1427] Gemäss § 8 Beschaffungsgesetz/BS wird in der Regel vom Verfahren ausgeschlossen, wer ein Angebot einreicht, das ungenügende Sachkenntnis oder Merkmale unlauteren Wettbewerbs erkennen lässt (lit. i). Ebenfalls ausgeschlossen wird, wer Absprachen trifft, die einen wirksamen Wettbewerb verhindern oder beeinträchtigen (lit. f).
[1428] Urteil des Bundesgerichts 2P.254/2004 vom 15. März 2005, E. 2.2, in ZBl 107/2006, S. 275.
[1429] Urteil des Bundesgerichts 2P.254/2004 vom 15. März 2005, E. 2.5, in ZBl 107/2006, S. 277.
[1430] Kantonsgericht Basel-Landschaft: Entscheid 2005-036 vom 26. Januar 2005, E. 8c.

aufgehoben, weil die Vergabebehörde es unterliess, die vorgeschriebene Preisanalyse vorzunehmen[1431].

724 **8.** Die kantonale Rechtsprechung hat sich wiederholt auch mit der Frage befasst, ob nicht mehr kostendeckende Angebote **unlauteren Wettbewerb** im Sinne des **UWG** darstellen[1432]. So weist das Verwaltungsgericht des Kantons Luzern darauf hin, dass Preisunterbietungen auch aus wettbewerbsrechtlichen Gründen widerrechtlich sein können, wenn ein Anbieter beispielsweise andere Anbieter unter Missbrauch seiner Marktmacht oder mit unlauteren Mitteln unterbietet[1433]. Gemäss Art. 2 UWG ist unlauter und widerrechtlich «jedes täuschende oder in anderer Weise gegen den Grundsatz von Treu und Glauben verstossendes Verhalten oder Geschäftsgebaren, welches das Verhältnis zwischen Mitbewerbern oder zwischen Anbietern und Abnehmern beeinflusst». **Unlauter** ist ein Angebot, wenn der Unternehmer die Differenz zu kostendeckenden Preisen mit illegalen Mitteln deckt, etwa durch Verletzung von Gesamtarbeitsverträgen oder durch Verwendung von Einsparungen, die aus Steuer- oder Abgabehinterziehungen, Missachtung von Sicherheitsvorschriften und Ähnlichem resultieren[1434]. Nicht als unlauter in Betracht fallen dagegen jene Angebote, bei denen der Anbieter zunächst seine Leistung kalkuliert, danach den Preis senkt und die Differenz aus seinen finanziellen Reserven deckt. Die Gründe für ein derartiges Unterangebot können vielfältig und durchaus lauter sein. Es sollen beispielsweise Überkapazitäten überbrückt, Fixkosten gedeckt oder Arbeitsplätze erhalten werden[1435].

725 Einzelfallbezogene (Unter-)Angebote bei Submissionen vermögen den Tatbestand des sog. **«Lockvogelangebots»** (Art. 3 lit. f. UWG) nicht zu erfüllen[1436]. Denkbar ist hingegen, dass ein Unterangebot gegen Art. 7 KG verstösst, der den Missbrauch einer marktbeherrschenden Stellung untersagt. Nach Art. 7 Abs. 1 lit. d KG kann sich ein solcher Missbrauch gerade in einer «gegen bestimmte Wettbewerber gerichteten Unterbietung von Preisen und sonstigen Geschäftsbedingungen» durch das marktbeherrschende Unternehmen manifestieren. Gemäss HUBERT STÖCKLI ist der Ausschluss eines Unterangebots aus diesem kartellrechtlichen Grund allerdings praktisch ausgeschlossen, da die entsprechenden Nachweise in einem hängigen

---

[1431] VG Tessin: Entscheid vom 30. Juni 2004, in: BR 2004, S. 171.
[1432] Zu dieser Frage schon ausführlich GALLI/LEHMANN/RECHSTEINER, S. 210 ff. Rz. 725 ff.
[1433] LGVE 2000 II, Nr. 15, S. 221; ebenso GVP-ZG 2001, S. 99; Obergericht Uri: OG V 01 23 E. 7d.
[1434] PVG 1998 Nr. 60, S. 202 ff.; LGVE 2000 II, Nr. 15, S. 221 mit Hinweis; Obergericht Uri: OG V 01 23 E. 7d.;
[1435] LGVE 2000 II, Nr. 15, S. 221; PVG 1998 Nr. 60, S. 202 ff.; GALLI/LEHMANN/RECHSTEINER, S. 146 f. Rz. 476 Fn. 17.
[1436] Obergericht Uri: OG V 01 23 E. 8, mit Hinweis.

Submissionsverfahren kaum zu erbringen sind, weshalb nur die Anzeige an die Wettbewerbskommission bleibt[1437].

9. Die festgestellte Unzulässigkeit eines Unterangebots bildet einen **Ausschlussgrund**[1438]. Vom Vergabeverfahren auszuschliessen sind aufgrund des Gesagten Angebote, bei denen feststeht, dass der Anbieter die Teilnahmebedingungen nicht einhalten[1439] oder die Auftragsmodalitäten nicht erfüllen kann, sowie auch Angebote, die nachweislich gegen die Lauterkeitsvorschriften des UWG verstossen[1440]. Nach Art. 33 Abs. 1 lit. l RMP/VD kann eine Offerte namentlich ausgeschlossen werden, «lorsqu'elle comporte des prix trop bas pour qu'il soit normalement possible d'exécuter le travail selon les règles de l'art»[1441].

726

10. Nach dem Verwaltungsgericht des Kantons Aargau ist die Vergabestelle allerdings grundsätzlich berechtigt, aber nicht verpflichtet, ein mögliches Unterangebot vom Verfahren auszuschliessen. Das Verwaltungsgericht stellt es damit ins Ermessen der Vergabestelle, ob sie – um ruinöse Preiskämpfe unter den Anbietern zu verhindern – auch Unterangebote ausschliessen will, welche die Einhaltung der Submissionsbedingungen und die gewünschte Leistungsqualität an sich gewährleisten[1442].

727

Demgegenüber geht das **Zürcher Verwaltungsgericht** davon aus, dass der tiefe Preis eines Angebots – konkret ging es um die Vergabe des Abfallwesens der Stadt Adliswil für die Jahre 2006–2012[1443] – als solcher keinen

728

[1437] Anmerkung 2 zu S47, in: BR 2003, S. 320 f.
[1438] Vgl. oben Rz. 259 ff., 320 f.
[1439] Vgl. oben Rz. 717 ff.
[1440] Vgl. oben Rz. 724.
[1441] Vgl. dazu als Anwendungsfall VG Waadt: Entscheid vom 12. Oktober 2001 (RDAF 2002 [1. Teil – Verwaltungsrecht], S. 162 ff.).
[1442] AGVE 1997, S. 367 ff. Begründet wird dieser Standpunkt mit dem der kommunalen Vergabestelle zukommenden grossen Ermessensspielraum. Die Gemeinde hätte im konkreten Fall auf ein Submissionsverfahren verzichten und den Auftrag von geringem Wert auch freihändig vergeben können. Das Verwaltungsgericht beschränkt sich in solchen Fällen auf die Überprüfung der Frage, ob die Vergabestelle die Offerte zu Unrecht, d.h. ohne sachliche Prüfung und ohne haltbare Gründe, als Unterangebot taxiert hat. So hiess es in einem andern Fall die Beschwerde eines Anbieters, dessen Angebot rund 15 % niedriger war als diejenigen seiner beiden Mitkonkurrenten, gut. Der Beschwerdeführer hatte geltend gemacht, den Preis bewusst sehr tief angesetzt zu haben, um ein zusätzliches Referenzobjekt zu bekommen; auf diese Weise müsse er auch einen geringeren Werbeaufwand betreiben, was wiederum dazu führe, dass er kostengünstiger offerieren könne. Im Gegensatz zur Vergabestelle ging das Verwaltungsgericht nicht von einem Unterangebot aus (nicht publiziertes Urteil BE.98.00083 vom 27. März 1998, E. 2).
[1443] Die Vergabebehörde hatte bereits in den Ausschreibungsunterlagen darauf hingewiesen, dass bei einem ungewöhnlich niedrig (d. h. unter den Selbstkosten liegend) erscheinenden Angebot der Unternehmer aufgefordert werde, detaillierte Angaben zur Preisbildung zu liefern und Nachweise zur vertragskonformen Erfüllung sowie zur Einhaltung der Arbeits- und Teilnahmebedingungen zu erbringen. «Kann er durch Einreichen von Unterlagen (Dar-

Ausschlussgrund darstellt, selbst wenn er tatsächlich nicht kostendeckend sein sollte[1444]. Auch Mängel in der Preiskalkulation könnten einen Ausschluss nur indirekt rechtfertigen, nämlich zum einen dann, wenn sie auf ungenügende Fachkenntnisse schliessen liessen, und zum anderen, wenn sie beim Anbieter zu Verlusten führten und dessen wirtschaftliche Leistungsfähigkeit nicht ausreiche, um diese Einbussen zu verkraften. Nicht zulässig sei es dagegen, allein aus allfälligen Kalkulationsmängeln im streitigen Angebot zu schliessen, die Anbieterin vermöge die vertragskonforme Erbringung des Auftrags nicht zu gewährleisten. Andere Anhaltspunkte dafür, dass Zweifel an der Leistungsfähigkeit der Anbieterin gerechtfertigt seien, gebe es keine. Insbesondere sei diese seit Jahrzehnten auf dem Gebiet der Entsorgung und des Transportwesens tätig und besorge bereits die Kehrichtabfuhr in fünf Gemeinden. Sie habe entsprechende Referenzen eingereicht, die ihr eine zuverlässige Erledigung der Aufträge bestätigten. Zudem sei das «Sicherheitsbedürfnis» des Gemeinwesens hinsichtlich der Qualität der Ausführung der Kehrichtabfuhr wesentlich geringer als etwa bei einem anspruchsvollen Bauauftrag, sodass ein vorschneller Ausschluss eines Bewerbers hier umso weniger gerechtfertigt werden könne. Das Risiko beschränke sich für die Stadt Adliswil darauf, während einer gewissen Zeit eine unbefriedigende Leistungserbringung hinnehmen zu müssen. Das Verwaltungsgericht bezeichnete einen Ausschluss unter den gegebenen Umständen deshalb auch als unverhältnismässig[1445].

729 **11.** Auch das **Bundesgericht** erachtet einen allein mit dem niedrigen Preis motivierten Ausschluss als unzulässig. Anlässlich der Überprüfung des vorstehend erwähnten Entscheids des Zürcher Verwaltungsgerichts führte es aus, die Regelung von Art. XIII Ziff. 4 lit. a ÜoeB ziele nicht etwa darauf ab, den Zuschlag für ein gegebenenfalls nicht kostendeckendes Angebot zu verhindern; Sinn und Zweck sei vielmehr sicherzustellen, dass nur jene Anbieter in die engere Auswahl kommen, welche die nachgefragte Leistung auch tatsächlich erbringen können. Ein ungewöhnlich tiefer Offertpreis sei diesbezüglich relevant, weil er ein Indiz für ein unseriöses Angebot darstellen könne. Durch die zusätzlichen Auskünfte, welche die Vergabebehörde vom betreffenden Anbieter einhole, solle ein solches frühzeitig erkannt werden.

---

legung der Kalkulationsgrundlagen) klar und ohne Zweifel nachweisen, dass sein Angebot auf richtigen und plausiblen Annahmen beruht und auch die vertragskonforme Ausführung sowie die Erfüllung der Arbeits- und Teilnahmebedingungen gewährleistet ist, wird sein Angebot zugelassen. Kann dieser Nachweis nicht oder nicht überzeugend geleistet werden, wird der Anbieter für das betreffende Los bzw. die betreffenden Lose ausgeschlossen».

[1444] Vgl. auch VG Zürich: VB.2005.00135 E. 5, wonach ein Anbieter, bei dem festgestellt wurde, dass er die Teilnahmebedingungen nicht einhalten kann oder bei dem ein Verstoss gegen das Wettbewerbsrecht vorliegt, mangels Eignung und nicht wegen des tiefen Angebots an sich vom Verfahren ausgeschlossen wird.

[1445] VG Zürich: VB.2005.00200 E. 2.

Die Regelung von Art. XIII Ziff. 4 lit. a ÜoeB dürfe indessen nicht dazu führen, dass ein seriöser Anbieter allein deswegen vom Vergabeverfahren ausgeschlossen wird, weil er – aus welchen Gründen auch immer – im konkreten Fall ein besonders günstiges (gegebenenfalls nicht kostendeckendes) Angebot unterbreitet habe. Ein Ausschluss vom Verfahren sei vielmehr nur gerechtfertigt, wenn zusätzlich Anlass bestehe, an der Fähigkeit des Anbieters zur Erfüllung des ausgeschriebenen Auftrags zu zweifeln[1446].

12. Das Kantonsgericht des Kantons Wallis hatte einen Beschwerdefall zu beurteilen, in dem eine Vergabestelle bei der Bewertung des Offertpreises demjenigen Angebot, das dem errechneten Mittelwert der drei eingereichten Offertpreise am nächsten kam, die bessere Note gab als dem Anbieter mit dem niedrigsten Angebotspreis. Dieser Mittelwert erhielt die Maximalnote 6. Die Anbieterin C, die mit Fr. 782 931.– das tiefste Angebot eingereicht hatte, bekam lediglich die Note 5.63, während der Angebotspreis der Anbieterin S. von Fr. 994 387.– mit der Note 5.81 bewertet wurde. Das Kantonsgericht hielt fest, wenn die Vergabestelle davon ausgegangen sei, der offerierte Preis sei unrealistisch bzw. es handle sich um ein Unterangebot, so hätte sie dies überprüfen müssen. Hingegen sei es unzulässig, die betreffende Anbieterin bei der Preisbewertung zu benachteiligen und ihr nicht die Bestnote zu geben[1447].

730

Einen ähnlich gelagerten Fall hatte auch das Verwaltungsgericht des Kantons Freiburg zu beurteilen. Es erachtete es als willkürlich, Angebote, die mehr als 30 % unter einem von der Vergabestelle festgesetzten theoretischen Referenzpreis liegen, beim Zuschlagskriterium Preis mit 0 Punkten zu bewerten. Das Verwaltungsgericht äussert sich in diesem Entscheid überaus deutlich zum Vorgehen der Vergabestelle bei der Bewertung der Angebotspreise:

731

> «Tout d'abord, il faut constater que le procédé adopté par la commune pour attribuer les points relatifs aux offres financières est particulièrement choquant, incohérent et arbitraire. Le fait de renoncer à attribuer le moindre point au concurrent dont l'offre ‹trop› favorable dépasse le pourcentage plancher de – 30 % par rapport au prix de référence est insoutenable. Contrairement à ce qu'affirme le bureau recourant, c'est bien ce qu'a fait la commune en excluant le bureau bernois Z. Ce concurrent, très bien noté sous l'angle de la qualité de son offre et de son expérience (163 points et non pas 73 comme allégué faussement par le recourant), n'a reçu aucun point pour son offre financière parce que cette dernière était 37,29 % inférieure au prix de référence. S'il avait

---

[1446] Urteil des Bundesgerichts 2P.70/2006 und 2P.71/2006 vom 23. Februar 2007, E. 4.3. Vgl. auch Kantonsgericht Basel-Landschaft: Entscheid 2005-036 vom 26. Januar 2005, E. 7h, wonach der ungewöhnlich niedrige Preis eines Angebots allein kein Grund für dessen Ausschluss ist. Eine andere Regelung hingegen enthalten die Vergaberichtlinien der EU. Danach kann die Behörde ein Angebot ausschliessen, wenn der Anbieter den tiefen Preis nicht ausreichend begründen kann (vgl. die Hinweise bei WOLF, Angebotspreis, S. 13 und Anm. 9).
[1447] KG Wallis: A1 00 116 E. 5.

au moins obtenu le maximum prévu de 90 points pour une offre inférieure de 30 % au prix de référence, ce bureau aurait terminé en tête des offres avec 253 points. Le système de notation appliqué par la commune a ainsi conduit, avec certitude, à l'exclusion de l'offre économiquement la plus avantageuse, offre qui n'était pas celle de X. SA.»

732 Ursprünglich war sogar vorgesehen, 0 Punkte schon für ein Angebot, das mehr als 20 % unter dem Referenzpreis lag, zu vergeben[1448].

733 Das Bundesgericht erachtete eine Preisbewertungsmethode, nach der alle Angebote punktemässig «bestraft» wurden, die mit ihrem Preis um mehr als 20 % unter der von der Vergabestelle vorgenommenen Kostenschätzung lagen, ebenfalls als rechtswidrig[1449].

734 Aus diesen Urteilen folgt klar, dass sich die Vergabestellen ihrer Verpflichtung, bei ungewöhnlich niedrigen Angebotspreisen nötigenfalls weitere Abklärungen vorzunehmen, nicht einfach durch eine entsprechende Ausgestaltung der Preisbewertung entziehen können.

735 **13.** Das Risiko, dass es zur Einreichung von Unterangeboten kommen kann, ist insbesondere auch **bei einer Wiederholung des Submissionsverfahrens** gegeben, jedenfalls wenn die Anbietenden Kenntnis von den Angebotspreisen der jeweiligen Konkurrenten erhalten haben. Das Bundesgericht erachtete deswegen aber die vom Walliser Kantonsgericht gegenüber einer Gemeinde angeordnete Wiederaufnahme des Verfahrens von Anfang an nicht als willkürlich, zumal auch die von der Gemeinde befürwortete Neubewertung der ursprünglich eingereichten Offerten aufgrund einer geänderten Gewichtung der Zuschlagskriterien bzw. eines korrigierten Bewertungssystems im Hinblick auf den Transparenzgrundsatz nicht vollends befriedigend sei[1450].

736 **14.** Das Verwaltungsgericht des Kantons Waadt verzichtete aus **prozessökonomischen Gründen** auf die Aufhebung einer angefochtenen Zuschlagsverfügung, obwohl die Vergabebehörde es unzulässigerweise unterlassen hatte, die Frage allfälliger Unterangebote abzuklären, und sich erst im Rahmen des Beschwerdeverfahrens ergab, dass die aussergewöhnlich tiefen Preise nachvollziehbar begründet waren[1451].

[1448] VG Freiburg: Urteil vom 22. Mai 2001, E. 3.
[1449] BGE 130 I 253 ff. E. 7. Vgl. auch Rz. 575.
[1450] BGE 129 I 328 E. 10; vgl. dazu auch die Anmerkung von STÖCKLI in BR 2005, S. 175.
[1451] VG Waadt: Urteil vom 23. August 2005; BR 2005, S. 175.

18. Kapitel:
Missbräuche bei der Vergabe öffentlicher Aufträge

I. «Missbrauchsanfälligkeit» des öffentlichen Beschaffungswesens?

1. Das Fazit einer von BIRCHER/SCHERLER im Jahr 2000 veröffentlichten Studie lautet dahingehend, dass bei rund 5% der Vergaben von öffentlichen Aufträgen im Bauwesen **Missbräuche** auf der Auftraggeber- und/oder Auftragnehmerseite auftreten. Im Vordergrund stehen Absprachen zwischen Unternehmen zur Umgehung des Wettbewerbs, Absprachen zwischen Unternehmen und Vergabestellen zur Begünstigung einzelner Anbieter sowie Missbräuche bei der Erstellung und Verrechnung von Leistungen.

Strafrechtlich relevante Vorgänge (Bestechung, Betrug etc.) im Zusammenhang mit Vergabeverfahren sind in der Schweiz bis heute allerdings eher wenige bekannt geworden[1452]. Dazu gehört die sogenannte **«Zürcher Klärschlammaffäre»**: Die Stadt Zürich lieferte der «ABZ Recycling AG» ab 1989 bis Anfang 1993 Klärschlamm zur Entsorgung, wofür sie rund 15 Millionen Franken bezahlte. Am 2. November 1992 wurde seitens der Stadt Strafanzeige wegen Verdachts auf Bestechung erstattet. Im Rahmen der Strafuntersuchung stellte sich heraus, dass – nebst anderen Firmen – die «ABZ Recycling AG» über ihren Firmeninhaber und dessen Compagnon einen Beamten bei der damaligen Stadtentwässerung mit einem zwischen Fr. 200 000.– bis Fr. 300 000.– liegenden Gesamtbetrag bestochen hatte. Die in der Affäre angeklagten Personen sind – mit einer Ausnahme, in der die absolute Verfolgungsverjährung eingetreten war – in der Zwischenzeit vom Obergericht des Kantons Zürich wegen Bestechung rechtskräftig verurteilt worden[1453].

Im Frühjahr 2003 wurde an der **ETH Lausanne** eine Korruptionsaffäre im Zusammenhang mit der Vergebung von Aufträgen aufgedeckt. Ein technischer Angestellter der ETHL war in den Jahren 1985 bis 2002 in

---

[1452] BIRCHER/SCHERLER, S. 84 sowie die (einleitende) Zusammenfassung am Anfang der Studie.
[1453] Vgl. auch Interpellation GR Nr. 2003/119 von Kurt Mäder betreffend Klärschlammprozess, Rechtsberatung, vom 26. März 2003 und Antwort des Stadtrats vom 3. September 2003 (www.grzh.ch 2003/119).

zahlreichen Fällen (im Sinne eines eigentlichen Bestechungssystems) dafür besorgt, dass Aufträge der Hochschule an ihm (zum Teil langjährig) bekannte regionale Unternehmer vergeben wurden. Als Gegenleistung für die vermittelten Auftragsvergaben erhielt er von den betreffenden Unternehmern Kommissionen oder sonstige vermögenswerte Zuwendungen im Gesamtwert von rund Fr. 270 000.–. Das Bundesstrafgericht verurteilte den Bundesangestellten mit Entscheid vom 20. Februar 2006[1454] u. a. wegen wiederholter passiver Bestechung, Vorteilsannahme und ungetreuer Amtsführung zu einer Zuchthausstrafe von zwei Jahren und einer Busse von Fr. 10 000.–. Die in den Fall verwickelten mitangeklagten Unternehmer wurden zum Teil zu mehrmonatigen Gefängnisstrafen oder Bussen wegen (teilweise wiederholter) aktiver Bestechung verurteilt; teilweise erfolgten auch Freisprüche.

740 Die Bundesanwaltschaft ermittelte im Jahr 2000 in mehreren Fällen wegen Beamtendelikten im (weiteren) Zusammenhang mit Bauvergaben[1455]. So eröffnete sie am 12. September 2000 ein gerichtspolizeiliches Ermittlungsverfahren gegen einen Mitarbeiter des Bundesamtes für Armeematerial und Bauten wegen Verdachts der ungetreuen Amtsführung, des Betrugs und der Bestechung im Zusammenhang mit der Vergabe von kleinen Bauaufträgen[1456]. Ein weiteres im Jahr 2000 eröffnetes Verfahren betraf den Bau der sogenannten Bundesbasis (für Helikopter und Flugzeuge) auf dem Flughafen Belpmoos. Das gerichtspolizeiliche Ermittlungsverfahren wurde in diesem Fall eingestellt, nachdem die Ermittlungen zwar verschiedene Unregelmässigkeiten ergaben, die sich indessen nicht als strafrechtlich relevant erwiesen[1457]. Eine

---

[1454] Entscheid des Bundesstrafgerichts SK.2005.10 vom 20. Februar 2006. Das Bundesgericht wies die Nichtigkeitsbeschwerde des verurteilten technischen Angestellten ab (Entscheid 6S.180/2006 vom 14. Juli 2006); hingegen hiess es die Nichtigkeitsbeschwerde eines der Mitangeklagten gut (Entscheid 6S.177/2006 vom 14. Juli 2006).

[1455] Staatsschutz-Bericht 2000 (Juni 2001, hrsg. vom Eidgenössischen Justiz- und Polizeidepartement, Bern 2001, S. 116 f. (http://www.admin.ch/bap).

[1456] Vgl. Urteil des Bundesgerichts 8G69/2000 vom 11. April 2001. Konkret zu beurteilen hatte das Bundesgericht die Zulässigkeit einer gegenüber dem Bauberater G. angeordneten Telefonüberwachung. G. wurde verdächtigt, im Zusammenhang mit der Vergabe von Renovationsarbeiten an Unternehmungen (in Zusammenarbeit mit einem Bundesbeamten) von Bauunternehmern und Handwerkern Schmiergelder gefordert und entgegengenommen zu haben.

[1457] Medienmitteilung der Bundesanwaltschaft vom 13. Dezember 2001 (http://www.ba.admin.ch). Es wurden die folgenden Unregelmässigkeiten festgestellt: Anordnungen von Änderungswünschen wurden entgegen den Vertragsbestimmungen mündlich statt schriftlich und ohne vorgängige Offertstellung angeordnet. Zusätzliche Aufträge wurden in einem die gängige Praxis im Baugewerbe überschreitenden Mass erst nach Ausführung der Arbeiten und Rechnungsstellung pro forma in Auftrag gegeben. Auch wurde entgegen dem Entscheid der Projektkommission mindestens in einem Fall ein Vorhaben realisiert, während im Gegenzug ein vorgesehenes Projekt nicht oder nicht vollständig ausgeführt wurde. Die Bundesanwaltschaft vertritt zu Recht die Auffassung, dass ein solches Vorgehen zur Projektoptimierung

Reihe weiterer öffentlich bekannt gewordener Fälle findet sich bei BIRCHER/
SCHERLER[1458].

2. In der von BIRCHER/SCHERLER bei Vertretern der Bauwirtschaft durchgeführten Umfrage werden **korrupte Handlungen** seitens von Auftraggebern oder -nehmern bei Vergaben von öffentlichen Bauaufträgen als **eher selten** beurteilt[1459]. In der Botschaft des Bundesrats zur Revision des Korruptionsstrafrechts[1460] wurde angesichts der in den letzten Jahren in den Nachbarländern festgestellten Häufungen von Korruptionsfällen aber festgehalten, mit Blick auf die ihrer Natur nach besonders exponierten Branchen und Verwaltungszweige, so z.B. die Vergabe öffentlicher Bauaufträge, lasse sich kaum annehmen, dass die Risiken in der Schweiz prinzipiell geringer seien. Gerade im öffentlichen Beschaffungswesen wiesen die Verfahren gewisse **Transparenzdefizite**[1461] auf, die zur Bestechung missbraucht werden könnten. Hinzu komme, dass die Anreize zur Bestechung möglicherweise mit der Internationalisierung des Ausschreibungswesens und der Verschärfung der Kartellvorschriften zunächst einmal ansteigen würden, weil dadurch die bisher verbreiteten Absprachen unter Anbietern erschwert und ihrerseits kriminalisiert würden, möglicherweise aber auch, weil vermehrt Anbieter auf Schweizer Märkten auftreten würden, die sich in ihrem angestammten Tätigkeitsgebiet an korruptive Praktiken gewöhnt hätten[1462]. Jüngste Korruptionsfälle legen den Verdacht nahe, dass auch Unternehmungen aus Industrieländern nach wie vor Amtsträgerbestechung begehen[1463]. Einer

741

---

trotz Kostenneutralität nicht korrekt und nicht unproblematisch ist, da es durch die Akten nicht mehr nachvollzogen werden kann.

[1458] BIRCHER/SCHERLER, S. 64; ferner HÄNNI/SCRUZZI, S. 134, insb. Fn. 19.
[1459] BIRCHER/SCHERLER, S. 84.
[1460] Botschaft über die Änderung des Schweizerischen Strafgesetzbuches und des Militärstrafgesetzes (Revision des Korruptionsstrafrechts) sowie über den Beitritt der Schweiz zum Übereinkommen über die Bekämpfung der Bestechung ausländischer Amtsträger im internationalen Geschäftsverkehr vom 19. April 1999 (BBl 1999, S. 3497 ff.).
[1461] Vgl. etwa zum Transparenzpostulat bezüglich Zuschlagsverfügung oben Rz. 537 ff. Vgl. auch unten Rz. 742.
[1462] BBl 1999, S. 5500.
[1463] Zu erwähnen ist etwa der unlängst aufgedeckte Betrugsskandal um den Bau der Autobahn 72 zwischen Stollberg und Chemnitz, in dem die Staatsanwaltschaft Chemnitz gegen verschiedene Firmen wegen Insolvenzverschleppung, Ausstellung von Scheinrechnungen und schwarzen Kassen ermittelt. Der mutmassliche volkswirtschaftliche Schaden beläuft sich auf rund 27 Millionen EURO (vgl. ngo-online vom 6. Februar 2007). Auch die EU-Kommission bleibt von Korruption nicht verschont. So wurden ein EU-Beamter, ein Immobilienunternehmer und der Mitarbeiter eines EU-Parlamentariers im März 2007 festgenommen. Ihnen wird Bestechlichkeit und Betrug im Zusammenhang mit der sicherheitstechnischen Ausrüstung von Aussenvertretungen der EU vorgeworfen. Während mehr als 10 Jahren sollen Bestechungsgelder in Millionenhöhe geflossen sein. Den Stein ins Rollen gebracht hatte bereits 2004 ein finnischer Unternehmer, der sich beklagte, dass er fast 350 000 EURO Schmiergeld bezahlen musste, um einen Bauauftrag für die EU-Vertretung in Indien zu erhalten (vgl. NZZ Online vom 4. April 2007).

aktuellen Studie aus Norwegen ist sogar zu entnehmen, dass zwei Dritteln der befragten Unternehmer Aufträge entgangen sein sollen, weil ein Mitkonkurrent Bestechungsgelder angeboten hatte[1464]. Das Bundesgericht hatte in den letzten Jahren mehrfach Rechtshilfegesuche von Nachbarländern zu beurteilen, bei denen Korruptionssachverhalte eine Rolle spielten[1465].

742   3. Die Vermutung, dass auch in der Schweiz in Bezug auf nicht nur submissionsrechtswidrige, sondern auch strafrechtlich relevante Vorgänge im Zusammenhang mit öffentlichen Beschaffungen eine erhebliche Dunkelziffer besteht[1466], lässt sich angesichts der immer wieder bekannt werdenden Fälle von Korruption[1467] nicht als gänzlich unbegründet von der Hand weisen[1468]. Die häufig geäusserten Vorwürfe, dass namentlich die Vergaben

---

[1464] T. SOREIDE, Beaten by Bribery: Why not Blow the Whistle, CMI Working Paper, Chr. Michelsen Institute, Bergen 2006, S. 2.

[1465] Im Urteil 1A.175/176/2004 vom 25. November 2004 bewilligte das Bundesgericht ein deutsches Rechtshilfegesuch zur Untersuchung einer grossen Bestechungsaffäre im Rahmen von Submissionen für regionale Kehrichtverbrennungsanlagen bzw. Heizkraftwerke (Bestechung von Entscheidträgern für die Vergabe von Grossaufträgen). Laut Ersuchen waren Schmiergeldzahlungen – in bar – von über einer Million EURO erfolgt (vgl. insb. E. 2.7, 2.8, 3.4). Ein das öffentliche Beschaffungswesen betreffender Korruptionssachverhalt lag auch einem Rechtshilfegesuch in Strafsachen aus Frankreich zugrunde (BGE 128 II 211 ff.): Der 1986 gegründeten und kapitalmässig hauptsächlich der Stadt und dem Departement Paris gehörenden «Société d'Economie Mixte Parisienne et de Prestation» (SEMAP) sei die Aufgabe zugekommen, für die Stadt Paris Drucksachen herstellen zu lassen und zu vertreiben. Zu diesem Zweck habe sie von der Stadt Paris Vorschüsse erhalten und teilweise sei sie durch ein von den Stadtbehörden festgelegtes Vergütungssystem entschädigt worden. Die Druckaufträge seien unter Umgehung der für das öffentliche Beschaffungswesen gültigen Vorschriften an Firmen erteilt worden, deren Leiter mit dem SEMAP-Generaldirektor verbunden gewesen seien. Diese Firmen hätten ihrerseits Unteraufträge erteilt. Teilweise habe es sich dabei um Scheinfirmen gehandelt, die nur eingeschaltet worden seien, um durch die Fakturierung nicht erbrachter Leistungen den Preis der Drucksachen künstlich zu erhöhen. Teilweise habe die Stadt Paris für Drucksachen 30–40% mehr bezahlen müssen, als wenn die gesetzlichen Vorschriften für das öffentliche Vergabewesen eingehalten worden wären.

[1466] Aus der (geringen) Anzahl der Verurteilungen kann nicht unbedingt auf den wirklichen Umfang von Korruption geschlossen werden. Da es sich bei der Korruption um Delikte mit einer Doppeltäterschaft handelt und sowohl der Bestechende wie auch der Bestochene ein Interesse an der Verschleierung der Tat haben, muss von einer im Vergleich mit anderen Deliktsfeldern hohen Dunkelziffer ausgegangen werden. Verlässliche Studien dazu bestehen allerdings nicht (Bericht Innere Sicherheit der Schweiz des Bundesamtes für Polizei/EJPD 2005 vom Mai 2006, S. 66).

[1467] Vgl. BIRCHER/SCHERLER, S. 64 ff.; PIETH, S. 30 ff.; Botschaft zur Revision des Korruptionsstrafrechts, BBl 1999, S. 5499 Anm. 1; HÄNNI/SCRUZZI, S. 134 Fn. 19.

[1468] Gemäss dem Korruptionsindex (Corruption Perceptions Index) der Nichtregierungsorganisation Transparency International (TI) für das Jahr 2005 ist die Schweiz aber in der Spitzengruppe der am wenigsten korrupten Länder klassiert. Die Ländersektion Transparency International Schweiz (TI-Schweiz) entwickelt seit einiger Zeit Abwehrinstrumente gegen die Korruption und empfiehlt präventive Massnahmen. Ein solches Instrument ist die sogenannte «Integritätsklausel», deren Anwendung Transparency Switzerland beispielsweise den an Submissionsverfahren beteiligten Parteien empfiehlt: Dabei verpflichten sich alle an einer öffentlichen Ausschreibung beteiligten Parteien, von korrupten Anwendungen jegli-

von Bauaufträgen von «Filz» und «Vetternwirtschaft» beherrscht seien, sind wohl übertrieben, beruhen aber doch auf einem realen Hintergrund[1469]. Das öffentliche Beschaffungswesen ist ein Rechtsgebiet, in dem den Verwaltungsbehörden ein grosser Ermessensspielraum eingeräumt wird, was eine gewisse Anfälligkeit für auch strafrechtlich relevante Entscheidbeeinflussungen mit sich bringt[1470]. Dies vermögen auch die Vergaberechtsordnungen des Bundes und der Kantone nicht gänzlich zu verhindern[1471]. Bei der Verhinderung der Korruption im Beschaffungsrecht steht das **Gebot, das gesamte Vergabeverfahren möglichst transparent zu gestalten** (vgl. Art. 1 Abs. 1 lit. a BoeB), im Vordergrund. Ein durchwegs auf Transparenz ausgelegtes Verfahren mit lückenlos nachvollziehbaren (dokumentierten) Abläufen und begründeten Entscheiden lässt in der Regel keinen oder jedenfalls weniger Raum für korrupte Handlungen. Hinzukommen müssen Kontrollen unterschiedlicher Art (Rechtsmittelverfahren, Finanzkontrolle etc.) sowie entsprechende Sanktionsmöglichkeiten bei Verfehlungen[1472]. Grundlage für submissionsrechtliche Sanktionen bildet Art. 11 BoeB, der den Widerruf des Zuschlags bzw. den Ausschluss vom Verfahren oder die Streichung aus dem Verzeichnis der geeigneten Anbieter vorsieht[1473].

4. Der Bundesrat hat 2003 einen «**Bericht über Korruptionsprävention**»[1474] gutgeheissen und veröffentlicht, der eine Reihe von Massnahmen zur Verhütung von Korruption im Beschaffungswesen aufführt. Neben der Integritätsklausel der BKB[1475] werden u. a. auch die Einführung des Vier-Augen-

743

---

cher Art abzusehen. Im Gegensatz zur Bundesverwaltung, wo die Beschaffungskommission eine solche «Integritätsklausel» eingeführt hat, brachten die Kantone und Gemeinden bis anhin kein Interesse dafür auf (NZZ vom 4. April 2002). Die von der BKB am 5. September 2000 genehmigte Integritätsklausel (im Sinne eines Vertragsbestandteils) sieht bei Missachtung durch die Anbietenden eine Konventionalstrafe vor. In der Regel führt ein Verstoss zudem zur Aufhebung des Zuschlags sowie zu einer vorzeitigen Vertragsauflösung aus wichtigen Gründen durch die Auftraggeberin. Vgl. auch das Thesendokument «Mehr Transparenz bei öffentlicher Vergabe von Bauaufträgen» vom 9.12.03/4.2.04, Tagung und Meinungsaustausch der Bauwirtschaft mit Verwaltung und Forschung, Organisation: Transparency International Schweiz und Rechtsfakultät der Universität Basel.

[1469] Im «Global Corruption Report 2005» wird bestätigt, dass auch in den Industrieländern Korruption nirgendwo so stark verankert ist wie in der Bauwirtschaft.
[1470] BIRCHER/SCHERLER, S. 36 Anm. 76; HÄNNI/SCRUZZI, S. 133 f. Einen Ansatzpunkt für Missbräuche und korrupte Handlungen bieten insbesondere auch die im Bund (unter bestimmten Voraussetzungen) zulässigen Verhandlungen mit einzelnen Anbietern, die auch den Preis betreffen können (Art. 20 BoeB). Vgl. zu den Verhandlungen allgemein oben Rz. 425 ff.
[1471] GAUCH/STÖCKLI, S. 69 Ziff. 26.1.; GAUCH, in: recht 1997, S. 178; vgl. auch MICHEL, Règles, S. 224 ff.; PIETH, S. 31 ff.
[1472] Zum Strafrecht vgl. unten Rz. 747 ff.
[1473] Vgl. auch Rz. 340 ff.
[1474] BBl 2003, S. 5145–5153.
[1475] Vgl. dazu oben Fn. 1468.

Prinzips für Entscheide von bedeutender finanzieller Tragweite und die Einrichtung von internen Kontroll- und Revisionsstellen genannt.

744   5. Einen Schutz vor Unregelmässigkeiten (Korruption) sollen insbesondere auch die **Rechtsmittelverfahren** gewährleisten. Mit der Möglichkeit, Submissionsentscheide einer unabhängigen gerichtlichen Instanz zur Überprüfung zu unterbreiten, ist zweifellos eine gewisse präventive Wirkung in Bezug auf strafrechtlich relevante Handlungen der Vergabebehörde verbunden. Indessen wird es für die Rechtsmittelinstanz regelmässig äusserst schwierig sein, festzustellen, ob ein in keiner Weise nachvollziehbarer und rechtlich nicht haltbarer Vergabeentscheid auf blossem Unvermögen einer Vergabebehörde beruht oder ob er effektiv durch strafbares Handeln beeinflusst worden ist. Im letzteren Fall wird die Vergabebehörde mit Sicherheit dafür besorgt sein, dass diesbezüglich nichts aktenkundig wird. Insbesondere bei Preisverhandlungen wird letztlich nie mit Sicherheit auszuschliessen sein, dass bezüglich der gebotenen Preise an einzelne Anbieter in unzulässiger Weise (vertrauliche) Informationen über die Höhe der Konkurrenzangebote weitergegeben worden sind[1476]. In Beschwerden wird seitens der unterlegenen Anbietern gelegentlich der Verdacht geäussert, der angefochtene Vergabeentscheid sei widerrechtlich manipuliert worden. Bestehen nicht näher belegte blosse Vermutungen, aber keine gesicherten Nachweise für eine strafrechtlich relevante Handlungsweise seitens der Vergabebehörde, wird die Rechtsmittelinstanz regelmässig von einer Strafanzeige absehen. So ist es auch in der elfjährigen Tätigkeit der BRK nie zur Erstattung einer Strafanzeige gekommen.

745   6. Nachdem die BRK zweimal den Zuschlagsentscheid der **Alptransit Gotthard AG** betreffend Tunnelbauarbeiten (Los 151, Tunnel Erstfeld) als vergaberechtswidrig (ungenügende Evaluation der Offerten) aufgehoben und an die Vergabebehörde zurückgewiesen hatte[1477], wurde im Ständerat eine dringliche Interpellation eingereicht, in welcher vom Interpellanten – ein bekannter Bauunternehmer – heftige Kritik an der Alptransit Gotthard AG geäussert wurde. Dass nach klaren und eindeutigen Signalen der Rekurskommission die Alptransit Gotthard AG zum zweiten Mal gleich falsch entschieden habe, grenze an Unvermögen und sei grobfahrlässig. Der Verdacht sei naheliegend, dass dies nur mit persönlichen Aspekten von Betroffenen zu tun haben könne. «Nach genauem Studium der Fakten und Unterlagen muss man unweigerlich zum Schluss kommen, dass verschiedenen Herren bereits vor der Eingabe klar war, wer den Auftrag Erstfeld bekommen sollte. Sie wollten offenbar verschiedenen Unternehmern – die

---

[1476] Vgl. unten Rz. 760.
[1477] BRK 16/05 E. 4; BRK 8/06; vgl. zum «Fall Erstfeld» auch STÖCKLI, Alptransit c. Marti – ein Rückblick, in: Baurecht 2007, S. 40 ff.

bei den bestehenden NEAT-Baustellen ein grösseres finanzielles Problem haben – unter die Arme greifen.» Der Bundesrat bezog in seiner Antwort vom 29. September 2006 zu diesen Vermutungen keine Stellung, sondern hielt lediglich fest, die Verantwortung für die rechtmässige Vergabe liege bei den Gesellschaften, und stellte in Aussicht, im Rahmen der BoeB-Revision zu prüfen, ob zeitliche Verzögerungen durch das Ergreifen von Rechtsmitteln reduziert werden könnten, z. B. Beschränkung der Überprüfung von Entscheiden auf Willkür, keine aufschiebende Wirkung der Beschwerde[1478]. Eine am 2. Oktober 2006 zur Abklärung der erhobenen Vorwürfe eingesetzte Arbeitsgruppe der NEAT-Aufsichtsdelegation der eidgenössischen Räte kam zum Schluss, die von Ständerat Jenny formulierten Vorwürfe seien rechtlich nicht haltbar. Das Vergabeverfahren habe sich im Rahmen der rechtsstaatlichen Abläufe abgewickelt. Für den Verdacht, dass persönliche Aspekte von Betroffenen eine Rolle gespielt hätten, habe die NEAT-Aufsichtsdelegation keine Hinweise gefunden. Nachvollziehbar erscheine, dass das Vorgehen der Alptransit Gotthard AG in verschiedenen Verfahrensschritten als suboptimal und als unsensibel empfunden werden könne[1479]. Die durchgeführte Abgebotsrunde sei «zumindest erstaunlich»[1480].

7. Die sogenannte **Vetternwirtschaft** ist im öffentlichen Beschaffungswesen vor allem in kleinräumigen Strukturen – aufgrund der dortigen Nähe von Politik/Verwaltung einerseits und Wirtschaft andererseits – ein bekanntes Übel. Aufträge werden nicht dem bestqualifizierten Unternehmer, der das wirtschaftlich günstigste Angebot unterbreitet hat, zugeschlagen, sondern Geschäfts- oder Parteifreunden, die sich dann ihrerseits bei anderer Gelegenheit für das Entgegenkommen zu revanchieren haben. Nach einer Schätzung kommen durch Vetternwirtschaft vergebene Arbeiten in den Gemeinden mindestens 10% teurer zu stehen als (korrekt) öffentlich ausgeschriebene[1481]. Die Tatsache, dass freihändige Auftragsvergaben unterhalb der Schwellenwerte des Einladungsverfahrens (in der Regel) nicht (mehr) mit Beschwerde anfechtbar sind[1482], ein nicht unwesentlicher Teil kantonaler und vor allem

746

[1478] Dringliche Interpellation 06.3431 «Vergebungs- und Ausschreibungsskandal bei der Neat, Auswirkungen und Massnahmen» vom 19. September 2006, eingereicht von This Jenny. Vgl. auch Amtl. Bull. SR vom 5. Oktober 2006 (insb. Voten SR Bruno Frick und BR Moritz Leuenberger).
[1479] Bericht der NEAT-Aufsichtsdelegation der eidgenössischen Räte über die Abklärungen ihrer Arbeitsgruppe betreffend der Vorwürfe im Zusammenhang mit der Vergabe des Bauloses 151 (Erstfeld) der Alp Transit Gotthard AG vom 19. März 2007 (Bericht NAD), S. 2 f., 25 f.
[1480] Bericht NAD [Fn. 1479], S. 12.
[1481] TRANSPARENCY INTERNATIONAL SCHWEIZ, Korruption und Korruptionsbekämpfung in der Schweiz, Zusammenfassung, November 2003, S. 2.
[1482] Vgl. dazu BGE 131 I 137 ff.; ELISABETH LANG, Transparenz, S. 133 f., ferner oben Rz. 217 und unten Rz. 801 f.

kommunaler Vergaben damit praktisch vollständig vom Rechtsschutz ausgeklammert und einer effektiven Kontrolle entzogen ist[1483], trägt nicht dazu bei, solchen Missständen entgegenzuwirken.

II. Delikte im Vergabewesen

747   1. Im Zentrum der Korruption stehen die eigentlichen **Bestechungstatbestände**[1484]. Die einschlägigen Bestimmungen sind im Strafgesetzbuch unter dem 19. Titel «Bestechung» zusammengefasst[1485]. (Aktive) Bestechung im Sinne von Art. 322ter StGB («Bestechen») begeht, wer einem schweizerischen Amtsträger im Zusammenhang mit dessen amtlicher Tätigkeit für eine pflichtwidrige oder eine im Ermessen[1486] stehende Handlung oder Unterlassung zu dessen Gunsten oder zu Gunsten eines Dritten einen nicht gebührenden Vorteil anbietet, verspricht oder gewährt. Strafbar ist auch das Bestechen ausländischer Amtsträger, die für einen fremden Staat oder eine internationale Organisation tätig sind (Art. 322^{septies} StGB)[1487]. Die aktive und passive Bestechung von schweizerischen oder ausländischen Amtsträgern ist ein Verbrechen, das mit Zuchthaus bis zu fünf Jahren oder mit Gefängnis bestraft werden kann. Der gleichen Strafandrohung unterliegt, wer als Amtsträger (z.B. als Behördenmitglied oder Beamter) im Zusammenhang mit seiner amtlichen Tätigkeit für eine pflichtwidrige oder eine

---

[1483] Benachteiligten Unternehmen bleibt zumeist nur das unzulängliche Instrument der Aufsichtsbeschwerde.

[1484] Das geltende Korruptionsstrafrecht ist auf den 1. Mai 2000 in Kraft getreten (AS 2000 1128). Am 31. Mai 2000 hat der Bundesrat das OECD-Übereinkommen über die Bekämpfung der Bestechung ausländischer Amtsträger im internationalen Geschäftsverkehr ratifiziert. Mit Bundesbeschluss vom 7. Oktober 2005 hat die Schweiz das Strafrechtsübereinkommen und das Zusatzprotokoll des Europarates über Korruption genehmigt und auf den 1. Juli 2006 in Kraft gesetzt (AS 2006 2371). Neu wurde damit neben der aktiven auch die passive Privatbestechung sowie die passive Bestechung von ausländischen und internationalen Amtsträgern unter Strafe gestellt. Vgl. DANIEL JOSITSCH, Das Schweizerische Korruptionsstrafrecht (Art. 322ter bis Art. 322^{octies} StGB), Zürich 2004.

[1485] Nach früherem Recht waren die aktive Bestechung (Art. 288 aStGB) im 15. Titel «strafbare Handlungen gegen die öffentliche Gewalt» und die passive Bestechung (Art. 315 aStGB) sowie die Annahme von Geschenken (Art. 316 aStGB) im 18. Titel bei den strafbaren Handlungen «gegen die Amts- und Berufspflicht» eingeordnet.

[1486] Mit der Frage der pflichtwidrigen Amtshandlung bei Ausübung des Ermessens setzt sich das Obergericht des Kantons Zürich in ZR 1999 Nr. 42, S. 189 f. (Zürcher Wirteaffäre) auseinander.

[1487] Ein Beispiel für die Bestechung ausländischer Amtsträger durch schweizerische Unternehmen ist das Rechtshilfegesuch des russischen Generalstaatsanwaltes an die Schweiz in der Ermittlung gegen Kremlbeamte und Familienangehörige des Präsidenten Boris Jelzin, die von einer Schweizer Baufirma Bestechungsgelder erhalten haben sollen (Tages-Anzeiger vom 17. März 1999).

im Ermessen stehende Handlung oder Unterlassung für sich oder einen Dritten einen nicht gebührenden Vorteil fordert, sich versprechen lässt oder annimmt, wer sich also bestechen lässt (Art. 322^{quater} StGB). Strafbar macht sich des Weiteren, wer einem (schweizerischen) Amtsträger im Hinblick auf die Amtsführung einen nicht gebührenden Vorteil anbietet, verspricht oder gewährt (Art. 322^{quinquies} StGB) oder wer als (schweizerischer) Amtsträger einen solchen Vorteil fordert, sich versprechen lässt oder annimmt (Art. 322^{sexies} StGB). Diese Vorstufen der eigentlichen Bestechung, das sogenannte **Anfüttern**[1488], werden mit Gefängnis oder mit Busse bestraft. Art. 322^{octies} Ziff. 3 StGB stellt für die verschiedenen Korruptionstatbestände Private, die öffentliche Aufgaben erfüllen, den Amtsträgern gleich[1489].

Strafrechtliche Verurteilungen wegen Bestechung im Zusammenhang mit der Vergabe öffentlicher Aufträge sind nicht sehr häufig[1490]. Das Bezirksgericht Zürich verurteilte im Jahr 2000 einen Bauunternehmer und einen Beamten des Hochbaudepartements der Stadt Zürich wegen Bestechung zu mehrmonatigen bedingten Gefängnisstrafen[1491]. Der Beamte war angeklagt worden, während rund sechs Jahren vom Unternehmer, einem Dachdecker, Geschenke im Wert von rund Fr. 39 000.– erhalten und diesem als Gegenleistung u.a. öffentliche Aufträge in Verletzung von submissionsrechtlichen Bestimmungen zugeschanzt zu haben. Das Obergericht des Kantons Zürich bestätigte im März 2002 das bezirksgerichtliche Urteil im Wesentlichen[1492]. Das Bezirksgericht Zürich verurteilte zwei beamtete Hauswarte, die sich für die Vergabe von Malerarbeiten Provisionen hatten ausrichten lassen, zu

748

[1488] Vgl. Botschaft zur Revision des Korruptionsstrafrechts, BBl 1999, S. 5509 f.
[1489] Ein privater Ingenieur, der das Gemeinwesen bei der Vergabe öffentlicher Aufträge unterstützt und der sich von einem Unternehmer dafür bezahlen lässt, dass er den Vergabeentscheid zu dessen Gunsten beeinflusst, fällt ebenfalls unter die Korruptionsnorm (vgl. Botschaft zur Revision des Korruptionsstrafrechts, BBl 1999, S. 5526). Das Bundesgericht hat im Urteil 1A.173/176/2004 vom 25. November 2004 festgehalten, bei der regionalen Abfallentsorgung bzw. Energieversorgung handle es sich grundsätzlich um die Wahrnehmung einer öffentlichen Aufgabe. Selbst wenn diese vom Staat an private oder teilprivate Trägerschaft delegiert werde (sog. «belehnte Verwaltung»), seien die betreffenden privaten Entscheidungsträger nach dem Sinn und Zweck des neuen Korruptionsstrafrechts und dem klaren Wortlaut von Art. 322^{octies} Ziff. 3 StGB den «Amtsträgern» (im Sinne von Art. 322ter und Art. 322^{quater} StGB) «gleichgestellt». Auch die Vergabe und Überwachung gemischtwirtschaftlicher Grossprojekte durch Private könne unter die öffentlichen Aufgaben im Sinne von Art. 322^{octies} Ziff. 3 StGB fallen (E. 3.5 mit Hinweisen).
[1490] Aufgrund des seit dem 1. Mai 2000 verschärften Korruptionsstrafrechts wurden in der Schweiz bis Ende 2004 auf kantonaler Ebene 31 Urteile gefällt. Rund zwei Drittel der Verurteilten machten sich der aktiven Bestechung von Schweizer Amtsträgern schuldig. Ein Urteil erging wegen Bestechung eines fremden Amtsträgers (Bericht Innere Sicherheit der Schweiz des Bundesamtes für Polizei/EJPD 2005 vom Mai 2006, S. 66). Diese Entscheide betreffen allerdings nicht ausschliesslich die öffentliche Auftragsvergabe.
[1491] NZZ vom 12. Juni 2000.
[1492] Tages-Anzeiger vom 25. März 2002.

bedingten Gefängnisstrafen[1493]. Zu Anklageerhebungen und schliesslich zu Verurteilungen u.a. wegen aktiver und passiver Bestechung kam es – wie bereits erwähnt[1494] – auch im Rahmen der Zürcher Klärschlammaffäre sowie im Zusammenhang mit der Korruptionsaffäre an der ETH Lausanne.

749 **2.** Im Zusammenhang mit der Vergabe öffentlicher Aufträge relevant sein können auch die Tatbestände des Amtsmissbrauchs (Art. 312 StGB)[1495] und vor allem der ungetreuen Amtsführung (Art. 314 StGB)[1496]. Der ungetreuen Amtsführung macht sich schuldig, wer als Mitglied einer Behörde oder als Beamter die bei einem Rechtsgeschäft von ihm zu wahrenden öffentlichen Interessen schädigt, um sich oder einem andern einen unrechtmässigen Vorteil zu verschaffen. Die aufgrund eines Submissionsverfahrens abgeschlossenen Liefer-, Dienstleistungs- und Bauaufträge sind als Rechtsgeschäfte im Sinne von Art. 314 StGB zu verstehen. Die Mitwirkung am Zustandekommen des Zuschlags ist ebenfalls von Art. 314 StGB erfasst, weil das inkriminierte Verhalten in eine beliebige Phase des Verfahrens bzw. des Geschäftsabschlusses fallen kann[1497]. Nach der Rechtsprechung des Bundesgerichts liegt eine Schädigung der öffentlichen Interessen erst dann vor, wenn das den Behördemitgliedern und Beamten bei der Vergabe öffentlicher Aufträge zustehende Ermessen offensichtlich überschritten ist. Erforderlich ist, dass die öffentlichen Interessen vorsätzlich verletzt werden. Die Schädigung privater Interessen genügt nicht[1498]. In BGE 101 IV 407 ff. hatte das Bundesgericht die Strafbarkeit eines Mitglieds des Stadtrats von Zug, das die Vergebung von Aufträgen für den Bau einer Schulanlage nach seinen persönlichen Interessen u.a. für eine Firma, deren Teilhaber er war, erwirkt hatte, wegen ungetreuer Amtsführung verneint, da weder die Verursachung einer Schädigung des Gemeinwesens noch der Schädigungsvorsatz nachgewiesen waren. Als gegeben erachtete das Bundesgericht demgegenüber in BGE 109 IV 168 ff. die Strafbarkeit wegen ungetreuer Amtsführung im Falle eines Gemeinderatsmitglieds, das Inhaber der Hälfte des Aktienkapitals eines an einem Submissionsverfahren teilnehmenden Unternehmens war. Das Unternehmen hatte ein den Vertragsbedingungen nicht entsprechendes Angebot eingereicht und dafür den Zuschlag erhalten. Der betreffende Gemeinderat hatte es unterlassen, die übrigen Mitglieder

---

[1493] Tages-Anzeiger vom 10. November 1999, S. 19.
[1494] Vgl. oben Rz. 738 f.
[1495] In BGE 101 IV 410 f. hatte das Bundesgericht verneint, dass der Zuschlag von öffentlichen Arbeiten im Submissionsverfahren und die damit verbundene Ablehnung der Bewerbungen anderer Konkurrenten eine Verfügung und damit Anwendung der Amtsgewalt im Sinne von Art. 312 StGB darstelle. Diese Rechtsprechung dürfte mittlerweile überholt sein, ist doch der Verfügungscharakter des Zuschlags heute unbestritten.
[1496] Vgl. NIGGLI, S. 151.
[1497] BGE 109 IV 172; 101 IV 412; NIGGLI, S. 151.
[1498] BGE 101 IV 412; vgl. auch NIGGLI, S. 151.

des Gemeinderats auf die ihnen entgangenen Abweichungen, welche den günstigen Preis begründeten, aufmerksam zu machen.

3. Behördliches Fehlverhalten bei der Vergabe von öffentlichen Aufträgen kann gegebenenfalls auch die Straftatbestände der ungetreuen Geschäftsbesorgung (Art. 158 StGB)[1499], der Amtsanmassung (Art. 287 StGB), der Veröffentlichung geheimer Verhandlungen (Art. 293 StGB), der Urkundenfälschung im Amt (Art. 317 StGB) oder der Verletzung des Amtsgeheimnisses (Art. 320 StGB) erfüllen.

750

4. Der Einzelrichter des Bezirks Gersau verurteilte mit Urteil vom 27. April 2001 ein Mitglied einer öffentlichen Kollegialbehörde wegen **Amtsübertretung** im Sinne von § 28 des schwyzerischen Gesetzes über das kantonale Strafrecht zu einer Busse. Der Betroffene hatte in der Funktion als Behördenmitglied der Vergabe mehrerer Aufträge zugestimmt, obwohl er wusste, dass – nach kantonalem Recht – unzulässige Abgebotsrunden stattgefunden hatten[1500].

751

5. Während sich die vorgenannten Straftatbestände mit Ausnahme der aktiven Bestechung vor allem auf strafbares Verhalten der Vergabebehörden bzw. von Behördenmitgliedern beziehen, steht auf Seiten der Anbietenden der Betrugstatbestand (Art. 146 StGB) im Vordergrund[1501]. Im Gegensatz zu andern Ländern[1502] kennt die Schweiz keinen eigenen Straftatbestand des **Submissions- oder Ausschreibungsbetrugs,** sondern betrügerisches Verhalten von Anbietern im Rahmen einer öffentlichen Beschaffung beurteilt sich nach Art. 146 StGB. Zu Diskussionen Anlass gibt in diesem Zusammenhang die Frage, ob (verdeckte) Submissionsabsprachen unter den Anbietenden den Tatbestand des Betrugs erfüllen[1503]. Eine Rechtsprechung zu dieser Frage besteht bis anhin nicht[1504], obwohl Submissions- oder Preisabsprachen auch in der Schweiz vorkommen und gelegentlich auch bekannt werden[1505]. CHRIST kommt in seiner Dissertation zum Schluss, dass die Tatbestandselemente des Betrugs erfüllt sein können, wenn der Ausschreiber wegen einer nicht

752

[1499] BGE 101 IV 407 ff.; NIGGLI, S. 151.
[1500] Vgl. die Darstellung des Urteils bei PETER RECHSTEINER, Strafrecht und Beschaffungsrecht, in: BR 2003, S. 56.
[1501] In Betracht kommen können aber auch andere Straftatbestände, z.B. Urkundenfälschung (Art. 251 StGB).
[1502] Vgl. die Hinweise bei CHRIST, S. 114 Fn. 688.
[1503] Zu den submissionsrechtlichen Konsequenzen vgl. oben Rz. 322 ff.; ferner auch AGVE 1999, S. 311 ff.
[1504] CHRIST, S. 114. Demgegenüber ist in Deutschland der sog. «Rheinrinne-Fall» bekannt geworden. In diesem Urteil hatte der deutsche Bundesgerichtshof erkannt, dass die Steuerung des Zuschlags durch Abreden unter den Unternehmern unter den Tatbestand des Betrugs fällt (vgl. CHRIST, S. 1 f., 128 f.; SCHUBARTH, S. 56 ff.).
[1505] Vgl. die Beispiele bei BIRCHER/SCHERLER, S. 66; AGVE 1999, S. 311 ff.; vgl. auch oben Rz. 322 ff.

erkennbaren Ausbeutungsabsprache[1506] mit einem der Absprecher einen Vertrag abschliesst[1507].

III. Missbrauch von Nachfragemacht

753   1. Die Problematik der **Markt- oder Nachfragemacht** der öffentlichen Hand betrifft vor allem Bereiche wie Allgemeine Geschäftsbedingungen, Musterverträge und Rahmentarife. Es handelt sich hierbei um Instrumente privatrechtlicher Vertragsgestaltung, die sich für den Anbieter aber dann ähnlich wie Erlasse auswirken, wenn der öffentliche Auftraggeber wegen seiner Machtposition gegenüber den Anbietern die Normen einseitig durchsetzen kann[1508]. Dies wird in vielen Fällen zutreffen.

754   2. Die Frage, ob die Vergabebehörde die ihr zukommende Marktmacht missbraucht hat, stellte sich auch im Zusammenhang mit verschiedenen Vergaben des Baudepartements des Kantons Aargau, die das Aargauer Kunsthaus betrafen und bei denen es zu einer höchst fragwürdigen **Verknüpfung von öffentlichen Arbeitsvergaben und Sponsoringleistungen** kam[1509]. Das Baudepartement (bzw. teilweise auch ein mit der Durchführung der Vergabeverfahren befasstes externes Planungsbüro) hatte in mehreren Fällen den potenziellen Anbietern zusammen mit den Ausschreibungsunterlagen ein Beiblatt mit dem Titel «Sponsorenleistungen» zukommen lassen. Darin wurde u.a. festgehalten, dass mit den Arbeitsvergebungen weitere Sponsoren angebunden werden sollten, «d.h. dass der Auftragnehmer dieser Submission sich verpflichtet, einen Beitrag von mind. Fr. 25 000.– zu leisten». In einem konkreten Fall, in dem u.a. auch das geschilderte Vorgehen mittels Verwaltungsgerichtsbeschwerde gerügt wurde, hielt das Verwaltungsgericht im

---

[1506] Bei einer Ausbeutungsabsprache versuchen die Anbietenden auf Kosten des Ausschreibers Vorteile zu erlangen (CHRIST, S. 28). Diese bestehen in der Regel darin, dass der Zuschlag zu einem höheren Preis erfolgt, als dies bei freier Preisbildung der Fall wäre. Bei einer sogenannten Kampfabsprache, wonach durch Einreichung eines – allenfalls gemeinsam mit anderen Unternehmungen finanzierten – Unterangebotes ein bestimmter Konkurrent verdrängt werden soll, wird der Auftraggeber grundsätzlich nicht geschädigt (BEYELER, Öffentliche Beschaffung, S. 341 ff., insb. S. 344; vgl. auch Entscheid des Bundesgerichts 2P.254/2004 vom 15. März 2005, E. 2.3, in ZBl 107/2006, S. 276).

[1507] CHRIST, S. 115 ff.; vgl. auch SCHUBARTH, S. 58.

[1508] Vgl. dazu GALLI/LEHMANN/RECHSTEINER, S. 22 f. Rz. 66 ff., S. 37 f. Rz. 113 ff.

[1509] Der Grosse Rat des Kantons Aargau erklärte ein Postulat, das vom Regierungsrat Abklärungen zur Arbeitsvergabe und Sponsoring für den Kunsthaus-Neubau in Aarau verlangte, an seiner Sitzung am 22. Oktober 2002 für dringlich (vgl. Aargauer Zeitung vom 23. Oktober 2002), woraufhin das Baudepartement Fehler eingestand und anerkannte, «dass es unter keinem Titel angeht, Submissionsvergaben in irgendeiner Form mit Sponsoringakquisitionen zu verbinden» (Aargauer Zeitung vom 31. Oktober 2002).

Sinne eines obiter dictums fest, dass die Bereitschaft, einen Sponsorenbeitrag zu zahlen, als **vergabefremder Aspekt** für die Ermittlung des wirtschaftlich günstigsten Angebots unbeachtlich sein müsse. Insbesondere müsse auch ausgeschlossen werden, dass einzelne Anbieter bei der Kalkulation ihres Angebots einen allfälligen Sponsorenbeitrag bereits mitberücksichtigen. Eine solche Vermischung zwischen Preiskalkulation und Sponsorenbeitrag führe unter Umständen zu einer Verfälschung der Angebotspreise. Unter diesem Aspekt erweise sich die Abgabe des Beiblatts, mit dem die Anbieter zu Sponsorenleistungen als Förderer oder Gönner aufgefordert würden, zusammen mit den Ausschreibungsunterlagen zumindest als fragwürdig, auch wenn die Darstellung des Baudepartements, zugesicherte Sponsorenbeiträge würden beim Preisvergleich nicht berücksichtigt, offensichtlich zutreffe. Da die Beschwerde aus anderen Gründen ohnehin gutzuheissen war, konnte das Verwaltungsgericht die Frage, ob sich die Aufforderung zu Sponsorenbeiträgen im konkreten Fall in irgendeiner Weise auf den Zuschlag ausgewirkt hatte, offenlassen[1510]. Dass die Vergabebehörde mit einer solchen (unzulässigen) Verbindung zwischen Arbeitsvergaben und Sponsoringbeiträgen faktisch einen massiven Druck auf die Anbieter ausübt, sich zu einem Beitrag zu verpflichten, liegt auf der Hand.

[1510] VG Aargau: Urteil BE.2001.00261 vom 25. September 2001, E. 4 (nicht publiziert).

19. Kapitel:
Vertraulichkeit und Urheberrechte

I. Grundsatz der Vertraulichkeit

1. Im Submissionsrecht des Bundes

1. Art. 8 Abs. 1 lit. d Satz 1 BoeB bestimmt als **Verfahrensgrundsatz,** dass die Auftraggeberin «den vertraulichen Charakter sämtlicher vom Anbieter oder der Anbieterin gemachten Angaben» wahrt. Die Vertraulichkeit bezieht sich damit grundsätzlich auf **alle Angaben** der Anbietenden[1511], d.h. nicht lediglich auf solche, an denen die Anbietenden ein berechtigtes Geheimhaltungsinteresse haben. Die Vergabestelle muss mit andern Worten sämtliche Informationen, die ein Anbieter im Rahmen des Vergabeverfahrens ihr gegenüber gemacht hat, ungeachtet ihres konkreten Inhalts vertraulich behandeln.

2. Der in Art. 8 Abs. 1 lit. d Satz 1 BoeB statuierte Grundsatz der Vertraulichkeit wird **von Gesetzes wegen eingeschränkt** durch die nach der Zuschlagserteilung zu publizierenden Mitteilungen und die im Rahmen von Art. 23 Abs. 2 BoeB den Anbietern zu erteilenden Auskünfte[1512]. Die Veröffentlichung des Zuschlags muss u.a. Name und Adresse des berücksichtigten Anbieters sowie den Preis des berücksichtigten Angebots oder die tiefsten und höchsten Preise der in das Vergabeverfahren einbezogenen Angebote nennen[1513]. Gemäss Art. 23 Abs. 2 lit. e BoeB hat die Auftraggeberin auf Anfrage hin insbesondere auch Auskunft zu erteilen über die ausschlaggebenden Merkmale und Vorteile des berücksichtigten Angebots. Namentlich bei solchen Auskünften kann es zu Interessenkollisionen kommen, indem die Informationsbedürfnisse der nicht berücksichtigten Anbieter den Geheimhaltungsinteressen des Zuschlagsempfängers zuwiderlaufen. Dieser Konfliktsituation trägt Art. 23 Abs. 3 lit. b BoeB Rechnung, der bestimmt, dass die Auftraggeberin die Informationen gemäss Abs. 2 nicht liefern muss, wenn dadurch berechtigte wirtschaftliche Interessen der Anbieter beein-

---
[1511] GALLI/LEHMANN/RECHSTEINER, S. 85 f. Rz. 263.
[1512] Art. 8 Abs. 1 lit. d Satz 2 BoeB.
[1513] Art. 28 lit. e und f VoeB. Die übrigen zu machenden Angaben sind nicht anbieterbezogen. Vgl. auch Art. 23 Abs. 2 BoeB.

trächtigt oder der lautere Wettbewerb zwischen ihnen verletzt würde. Dabei fallen nicht nur die Verpflichtung zur Weitergabe dieser Informationen weg, sondern gleichzeitig auch deren Rechtfertigung und damit die entsprechende Einschränkung des Vertraulichkeitsgrundsatzes. Die Vergabebehörde muss die entsprechenden Informationen verweigern. Dies folgt aus dem Wortlaut von Art. 8 lit. d BoeB, der den Vertraulichkeitsgrundsatz nur nach Massgabe von Art. 23 Abs. 2 und 3 BoeB eingeschränkt sehen will[1514].

757 **3.** Die BRK hatte in einem Beschwerdeverfahren die Zuschlagsverfügung aufgehoben und die Vergabebehörde angewiesen, das Beschaffungsgeschäft (ohne Ausschreibung und Präqualifikationsverfahren) zu wiederholen. Der Zuschlag wurde daraufhin neu der Beschwerdeführerin erteilt, wogegen sich nun die ursprüngliche Zuschlagsempfängerin auf dem Beschwerdeweg zur Wehr setzte. Sie rügte es u.a. als stossend, dass ihre Konkurrentin durch die ihr von der Vergabebehörde zur Begründung des (ersten) Vergabeentscheids gelieferten Informationen (namentlich der Beurteilungsmatrix sowie eines Schreibens, in dem die Vorteile ihrer ursprünglichen Offerte näher ausgeführt wurden) genau gewusst habe, **inwiefern sie ihr Angebot nun verbessern müsse.** Die BRK erachtete die Rüge als nicht begründet und führte aus, bei den der ursprünglichen Beschwerdeführerin gelieferten Informationen handle es sich durchwegs um Tatsachen, welcher dieser aufgrund von Art. 23 Abs. 2 BoeB grundsätzlich hätten bekannt gegeben werden müssen. Durch die Offenlegung der Vorteile des berücksichtigten Angebots würden im Hinblick auf eine mögliche Wiederholung des Verfahrens im Falle der Zuschlagsaufhebung der nicht berücksichtigten Anbieterin stets gewisse wirtschaftliche Vorteile eingeräumt, da diese nunmehr wisse, wo nach Auffassung der Vergabestelle die Schwachstellen des eigenen Angebots seien respektive auf welche Art und Weise sie dieses bei Wiederholung des Submissionsverfahrens zu verbessern hätte. Insofern würden durch die Bekanntgabe der in Art. 23 Abs. 2 BoeB festgehaltenen Tatsachen immer in einem gewissen Sinne wirtschaftliche Interessen der berücksichtigten Anbieterin berührt. Der Gesetzgeber habe aber die Bekanntgabe der Informationen nach Art. 23 Abs. 2 BoeB angeordnet, um den Rechtsschutz im Vergaberecht – welcher von dieser Transparenz abhängig sei – nicht illusorisch zu machen; insofern bedeute die Information der Anbieter und Anbieterinnen nach Art. 23 Abs. 2 BoeB eine systemimmanente Einbusse des Inhabers des angefochtenen Zuschlags. Diese werde gemildert durch Art. 23 Abs. 3 BoeB, der zu den in Abs. 2 genannten Ausnahmen vom Grundsatz der Vertraulichkeit Gegenmassnahmen enthalte[1515].

[1514] BRK 20/00 E. 4a; GALLI/LEHMANN/RECHSTEINER, S. 86 Rz. 266; vgl. unten Rz. 811.
[1515] BRK 20/00 E. 4b.

4. Einer Anbieterin wurde ein **irrtümlich falsch adressiertes Schreiben** zugestellt, mit dem die Vergabestelle alle Anbietenden zeitgleich zu einer Nachverhandlung einlud. Es handelte sich um einen Standardbrief, der bei allen Anbietern denselben Inhalt hatte; nur Adresse und Anrede unterschieden sich. Fälschlicherweise wurden zwei Schreiben mit der Adresse einer andern Anbieterin erstellt. Das eine davon wurde jedoch an die richtige E-Mail-Adresse der Beschwerdeführerin versandt. Es war somit für die Beschwerdeführerin bestimmt, aber mit der falschen Anrede und Adresszeile versehen. Die BRK erachtete die Rüge, dadurch habe die Vergabebehörde den Grundsatz der Vertraulichkeit verletzt, als offensichtlich unbegründet[1516].

758

5. Das in anderen Bereichen des Verwaltungsrechts allgemein übliche **Akteneinsichtsrecht** muss bei Submissionsverfahren gegenüber dem Interesse der Anbieter an der vertraulichen Behandlung ihrer Geschäftsgeheimnisse sowie des in den Offertunterlagen zum Ausdruck kommenden unternehmerischen Know-hows zurücktreten. Im **nichtstreitigen Verfügungsverfahren** ist das Akteneinsichtsrecht gemäss Art. 26 ff. VwVG aufgrund von Art. 26 Abs. 2 BoeB ausdrücklich ausgeschlossen; die Informationsrechte bestehen hier ausschliesslich im von Art. 23 Abs. 2 und 3 BoeB umschriebenen Rahmen bzw. Umfang[1517]. Ein Anspruch auf Akteneinsicht besteht erst im Beschwerdeverfahren[1518]. Nach der Rechtsprechung der BRK besteht ohne Zustimmung der Betroffenen kein allgemeiner Anspruch auf Einsichtnahme in Konkurrenzofferten[1519]. Regelmässig steht auch der Einsichtnahme in Protokolle über Unternehmergespräche oder in Verhandlungsprotokolle deren vertraulicher Inhalt entgegen[1520].

759

6. Da das BoeB vorsieht, dass sämtliche Angaben eines Anbieters vertraulich zu behandeln sind, schliesst es die Weitergabe von Offerten oder Offertbestandteilen an die Konkurrenten klar aus[1521]. Dem Auftraggeber ist es somit strikte untersagt, Offerten oder Teile davon an diese weiterzuleiten und sie aufzufordern, ein Angebot auf der Basis der ihnen zur Kenntnis gebrachten Offerten zu machen[1522]. Dieses Verbot gilt namentlich auch im Rahmen von **Verhandlungen mit den Anbietern**[1523]. Art. 20 Abs. 2 BoeB verlangt, dass das Verfahren nach dem Grundsatz der Vertraulichkeit erfolgt. In Art. 26 Abs. 5 VoeB wird dementsprechend festgehalten, dass die Auftraggeberin

760

[1516] BRK 24/05 (Zwischenverfügung vom 28. Dezember 2005) E. 3a.
[1517] SCHERLER, in BR 2001, S. 61.
[1518] Vgl. dazu ausführlich unten Rz. 898 ff.
[1519] BRK 32/03 E. 1f.; 14/03 E. 4b. Vgl. auch unten Rz. 899.
[1520] BRK 16/2005 E. 2.
[1521] Vgl. oben Rz. 755.
[1522] RECHSTEINER, in BR 2001, S. 60.
[1523] Zu den Verhandlungen vgl. oben Rz. 425 ff.

345

den an Verhandlungen beteiligten Anbietern bis zum Zuschlag **keine Informationen über die Konkurrenzangebote** abgeben darf[1524]. Die uneingeschränkte Geltung des Vertraulichkeitsgrundsatzes hat zur Folge, dass selbst bei reinen Preisverhandlungen (Abgebotsrunden) die Verhandlungen in Unkenntnis der übrigen angebotenen Preise erfolgen müssen[1525].

2. Im kantonalen Submissionsrecht

761 1. Für das kantonale Recht verlangt Art. 11 lit. g IVöB, dass bei der Auftragsvergabe der **Grundsatz der Vertraulichkeit von Informationen** einzuhalten ist. § 17 VRöB bestimmt unter dem Titel «Vertraulichkeit und Urheberrechte» präzisierend, dass eingereichte Unterlagen, soweit Geschäfts- und Fabrikationsgeheimnisse betroffen sind, vertraulich behandelt werden müssen. Diese Unterlagen dürfen ohne das Einverständnis des Anbieters oder ohne gesetzliche Grundlage **weder genutzt noch an Dritte weitergeleitet oder diesen bekannt gemacht werden.**

762 2. Eine Vergabestelle im Kanton Bern hatte nach der Offertöffnung einer Mitanbieterin den Leistungsumfang der Offerte der Beschwerdeführerin bekannt gegeben und ihr ermöglicht, auf dieser Grundlage ein neues Angebot einzureichen. Das Vorgehen wurde damit begründet, dass es zur Herstellung der Vergleichbarkeit erforderlich gewesen sei[1526]. Das **Bundesgericht** sah darin entgegen der Beschwerdeführerin **keine Verletzung des Vertraulichkeitsgrundsatzes.** Es bestünden keine Hinweise dafür, dass deren Offerte und damit gleichzeitig – und dies sei entscheidend – der Offertbetrag sowie die Preiskalkulation in den Besitz der Konkurrentin gelangt sein könnten. Der Leistungsbeschrieb hingegen gehöre normalerweise zu den Ausschreibungsunterlagen und stehe damit allen Submittenten ohnehin zur Verfügung. Wenn dies vorliegend auch nicht der Fall gewesen sei und die Beschwerdeführerin, weil sie als Erstellerin der betreffenden Anlage die Mängel der Ausschreibung habe erkennen und den Leistungsumfang von sich aus berichtigen und ergänzen können, so bedeute das nicht, dass dieser bzw. die entsprechenden Unterlagen deshalb zu ihrem Geschäftsgeheimnis gehörten. Es sei bei den von ihr offerierten Leistungen auch **nicht um eine technisch wertvolle Unternehmervariante mit einem Lösungsvorschlag** für die in der Ausschreibung gestellte Aufgabe gegangen. Vielmehr sei es im Wesentlichen schlicht um die Frage gegangen, ob die Anlagen auf den

---

[1524] Vgl. BRK 8/96 E. 4e/aa.
[1525] Zum Widerspruch, der dadurch zum Transparenzgebot entsteht, vgl. GALLI/LEHMANN/RECHSTEINER, S. 87 Rz. 268.
[1526] Vgl. dazu allgemein oben Rz. 416 ff.

Stand «neuwertig» gebracht oder bloss revidiert («momentan updated») werden sollten. Nachdem sich der Ausschreiber für die umfassendere Sanierung gemäss Vorschlag bzw. Angebot der Beschwerdeführerin entschieden habe, sei die Bekanntgabe des entsprechenden Leistungsumfangs an die Mitkonkurrentin erforderlich gewesen, um die Angebote vergleichbar zu machen[1527].

3. Unzulässig ist es, die von einem Anbieter eingereichte Unternehmervariante von den übrigen Anbietern (nach)offerieren zu lassen. Schlägt ein Anbieter hingegen als Variante nicht eine andere technische Lösung vor, sondern lediglich eine gegenüber den Anforderungen der Ausschreibung reduzierte Leistung **(Minderleistung),** so muss die Vergabestelle, falls sie die Anforderungen im Sinn der Variante reduziert, nach der Rechtsprechung des Verwaltungsgerichts des Kantons Zürich, den anderen Anbietern Gelegenheit bieten, auch ihre Offerten an die neue Umschreibung des Leistungsinhalts anzupassen[1528].

763

4. Eine Vergabebehörde hatte in einem Beschaffungsgeschäft, das freihändig vergeben werden durfte, von einem Unternehmer ein Angebot eingeholt, für dessen Erstellung dieser einen **Leistungsbeschrieb** verfassen musste. Nachdem das Angebot der Vergabebehörde als nicht marktgerecht erschien, versandte diese den Leistungsbeschrieb eigenmächtig an zwei weitere Anbieter, um gestützt darauf zu weiteren Angeboten zu kommen. Das Zürcher Verwaltungsgericht trat nicht ein auf die **Entschädigungsforderung des Unternehmers wegen Weiterleitung seines Leistungsbeschriebs.** Das Gericht verwies den Unternehmer dafür auf den Zivilweg[1529].

764

5. Mit der Frage nach dem Verhältnis zwischen dem **Grundsatz der Vertraulichkeit** und dem für das rechtliche Gehör wesentlichen **Anspruch auf Akteneinsicht**[1530] haben sich mehrere kantonale Gerichte[1531] und auch das Bundesgericht befasst[1532]. Während für das erstinstanzliche Vergabeverfahren zumeist von einer uneingeschränkten und umfassenden Geltung des Gebots der Vertraulichkeit ausgegangen wird, ist die Rechtsprechung in Bezug auf dessen Geltung im Rechtsmittelverfahren nicht einheitlich. Mehrheitlich wird allerdings eine Interessenabwägung zwischen den gel-

765

[1527] Urteil des Bundesgerichts 2.P.177/1999 vom 23. Juni 2000, E. 2e.
[1528] VG Zürich: VB.2004.00006 E. 2.2.2 mit Hinweisen; vgl. auch oben Rz. 479.
[1529] VG Zürich: VB.2000.00206 E.3c. Vgl. auch BGE 119 II 40 ff.
[1530] Vgl. auch oben Rz. 759.
[1531] VG Zürich: VB.2001.00095 E. 1–3; EGV-SZ 1999 Nr. 16, S. 52 ff.; VG Aargau, in ZBl 1998, S. 527 ff.; ferner die Hinweise bei POLTIER, RDAF 2000 (1. Teil – Verwaltungsrecht), S. 323 f., und RONDONI, RDAF 1999 (1. Teil – Verwaltungsrecht), S. 289.
[1532] Urteil des Bundesgerichts 2P.274/1999 vom 2. März 2000, E. 2c, in Pra 2000, S. 797, und Urteil des Bundesgerichts 2P.226/2002 vom 20. Februar 2003, E. 2; ferner auch BGE 119 Ia 424.

tend gemachten Geheimhaltungsinteressen einerseits und den Interessen an der Einsichtnahme anderseits befürwortet[1533]. Das **Bundesgericht** hält fest, dass im Submissionsverfahren die Vertraulichkeit der Offerten sowohl durch die einschlägigen kantonalen Erlasse als auch durch das Konkordat und das ÜoeB garantiert würde; sie würden den Schutz als Geschäftsgeheimnisse geniessen. Der unterlegene Bewerber habe nur Anspruch auf Bekanntgabe jener Elemente, die von Gesetzes wegen zur Begründung des Zuschlags angeführt werden müssten. Diese Regelung könne nicht durch das blosse Einlegen eines Rechtsmittels umgangen werden, weshalb die unmittelbar durch die Verfassung gewährleisteten Minimalgarantien für das besonders geartete Verfahren der Submission auch im Rechtsmittelverfahren grundsätzlich keinen Anspruch auf Einsicht in die Offertunterlagen von Konkurrenten gewährten[1534]. Weiter führte das Bundesgericht aus, Art. 11 lit. g IVöB, wonach bei der Vergabe von Aufträgen die Vertraulichkeit von Informationen zu wahren ist, statuiere lediglich in allgemeiner Weise einen Anspruch der Offerenten darauf, dass ihre Eingaben vertraulich behandelt würden. Er lege nicht zugleich auch fest, inwiefern der Inhalt der Offerten den Konkurrenten bekannt zu geben sei. Jedenfalls müsse das in anderen Bereichen übliche allgemeine Akteneinsichtsrecht bei Submissionsverfahren gegenüber dem Interesse der Anbieter an der vertraulichen Behandlung ihrer Geschäftsgeheimnisse sowie des in den Offerten zum Ausdruck kommenden unternehmerischen Know-hows grundsätzlich zurücktreten[1535].

II. Urheberrechtliche Aspekte des Vergabeverfahrens

766 1. Verfügungen und sonstige Handlungen seitens öffentlicher Auftraggeberinnen müssen nicht nur die jeweils anwendbaren submissionsrechtlichen Grundlagen, sondern auch die übrige Rechtsordnung beachten, namentlich auch das Zivilrecht. Dazu gehören neben den obligationenrechtlichen Bestimmungen auch die Vorschriften über den **Schutz des geistigen Eigentums**[1536]. Die einzelnen Submissionsordnungen selbst knüpfen verschiedentlich an urheberrechtlichen Tatbeständen an. So wird z.B. die freihändige Vergabe von Leistungen, die aufgrund ihrer technischen oder künstlerischen Besonderheiten oder aus Gründen des Schutzes ausschliesslicher Rechte,

---

[1533] Vgl. dazu ausführlich unten Rz. 898 ff.; ELISABETH LANG, Transparenz, S. 135 f.
[1534] Urteil des Bundesgerichts 2P.226/2002 vom 20. Februar 2003, E. 2.1. Offengelassen hat das Bundesgericht, wieweit allenfalls aufgrund einer Interessenabwägung von Verfassungs wegen direkt oder indirekt Einsicht in Konkurrenzofferten gewährt werden muss.
[1535] Urteil des Bundesgerichts 2P.226/2002 vom 20. Februar 2003, E. 2.2.
[1536] GATT-Botschaft 2, BBl 1994, S. 1170. Zum geistigen Eigentum an Offertunterlagen vgl. auch STRAUB, S. 1333 f.

wie Patent- oder Urheberrechte, nur von einem Anbieter erbracht werden können, für zulässig erklärt[1537]. Die Schutzrechte des geistigen Eigentums dürfen aber nicht dazu führen, dass die anwendbaren Submissionsregeln umgangen werden. Sie können nur dann zum Tragen kommen, wenn die planerischen Vorarbeiten (z. B. Vorstudien, Vorprojekte), welche die urheberrechtlichen Ansprüche erst begründen, und die daran anknüpfenden Folgeleistungen ordnungsgemäss beschafft werden. Das heisst, der Auftraggeber, der beabsichtigt, auch die Folgearbeiten dem gleichen Architekten zu vergeben, muss dies von Anfang an offenlegen und ein entsprechendes Verfahren durchführen. Enthält der durchgeführte Wettbewerb hingegen keinen Anspruch auf einen weiteren planerischen Auftrag, kann ein solcher nachträglich nicht durch urheberrechtlich geschützte Vorarbeiten begründet werden[1538].

2. Die **VoeB** äussert sich im Zusammenhang mit der Regelung des Planungs- und Gesamtleistungswettbewerbs direkt zum Urheberrecht, indem Art. 54 VoeB bestimmt, dass das Urheberrecht an den Wettbewerbsarbeiten in allen Wettbewerbsverfahren bei den Teilnehmern verbleibe, die eingereichten Unterlagen der mit Preisen und Ankäufen ausgezeichneten Wettbewerbsarbeiten hingegen ins Eigentum der Auftraggeberin übergehen würden. Die Vergabebehörde hat somit kein Recht, ein Wettbewerbsprojekt durch einen andern Architekten als den Projektverfasser ausführen zu lassen[1539]. Das Urheberrecht am Bauplan umfasst das ausschliessliche Recht, diesen auszuführen[1540].

767

3. Unter den Begriff des urheberrechtlich geschützten Werks fallen konkrete Darstellungen, die nicht bloss Gemeingut enthalten, sondern insgesamt als Ergebnis geistigen Schaffens von individuellem Gepräge oder als Ausdruck einer neuen originellen Idee zu werten sind[1541]; Individualität und Originalität gelten denn auch als Wesensmerkmale des urheberrechtlich

768

[1537] Art. XV Ziff. 1 lit. b ÜoeB; Art. 13 Abs. 1 lit. c VoeB; § 8 Abs. 1 lit. c VRöB; § 8 Abs. 2 lit. e SubmD/AG; § 11 Abs. 1 lit. c SubmV/ZH.

[1538] ANDREAS BASS, Urheberrecht – Droit d'auteur, in: BR 2003, S. 144 f.; vgl. ferner URS HESS-ODONI, in: usic-news, S. 10 f. Vgl. auch oben Rz. 642 ff.

[1539] GAUCH/TERCIER, S. 84 Rz. 264. Das Bundesgericht hat die Begehren auf Schadenersatz, Genugtuung und Veröffentlichung des Urteils in einem Fall gutgeheissen, in dem die Preisgewinner in einem Architekturwettbewerb für die Vergrösserung der Kirche in Visp die Vergrösserung der Kirche – auf der Grundlage des preisgekrönten Projekts – weitergeplant hatten. Schliesslich wurde jedoch ein anderer Architekt mit der Ausführung der vorgesehenen Vergrösserung beauftragt. Dieser übernahm in grossen Teilen originelle Ideen der Erstbearbeiter. Bei der Einweihung der Kirche wurde der Beitrag der erstbeauftragten Architekten (Preisgewinner) in keiner Weise erwähnt.

[1540] Art. 2 Abs. 4 URG; Art. 10 Abs. 1 URG.

[1541] REHBINDER, S. 87 ff. Rz. 71 ff.

geschützten Werks[1542]. Das **URG** ist dabei in besonderem Mass, aber bei Weitem nicht ausschliesslich, für **Architekturaufträge** von Bedeutung. Werke der Baukunst (Architektur) geniessen bei ästhetischer Eigentümlichkeit urheberrechtlichen Schutz[1543]. Baukunst liegt nicht vor, wenn die Bauten ohne ästhetischen Wert sind oder sich in einem bekannten Stil oder einer modernen Baurichtung folgenden Formgebung erschöpfen und bloss handwerkliches Geschick zeigen[1544]. Fragen im Zusammenhang mit dem Schutz des geistigen Eigentums können sich generell bei Technischen Zeichnungen, Plänen, Skizzen, Studien etc. stellen, die Bestandteile von Angeboten sein können. Urheberrechtlich geschützte Werke können sodann auch Computerprogramme sein[1545].

769 **4.** Werden die Urheberrechte verletzt, so steht dem Rechtsinhaber ein Korrekturanspruch gemäss Art. 61 ff. URG zu[1546]. Dieser Rechtsanspruch kann (mangels gesetzlicher Regelung) weder durch das BoeB noch durch privatrechtliche Absprache verhindert werden. Durch privatrechtliche Absprache kann jedoch im Vorfeld einer Vergabe vereinbart werden, dass jeder Teilnehmer gegen eine gewisse Entschädigung auf sein Urheberrecht verzichtet. Dies ist vor allem bei der Durchführung von Planungs- und Gesamtleistungswettbewerben und bei kombinierten Wettbewerben wichtig, weshalb eine entsprechende privatrechtliche Regelungsverpflichtung in Art. 54, 55 Abs. 2 und 56 VoeB aufgenommen wurde[1547]. Als Teil des Urheberrechts gilt auch das (Erst-)Veröffentlichungsrecht, das übertragbar ist. Art. 57 Satz 2 VoeB bestimmt, dass die Auftraggeberin die Wettbewerbsbeiträge mit der Veröffentlichung des Entscheides öffentlich ausstellt, was nur zulässig ist, wenn dieses Veröffentlichungsrecht an die Auftraggeberin übertragen worden ist[1548]. Der Projektverfasser hat bei der Ausstellung des Projekts zudem Anrecht auf Namensnennung[1549].

770 **5.** Nach der Eidgenössischen Rekurskommission steht die Ankündigung der Vergabebehörde in den Vergabeunterlagen, dass sämtliche der ihr – im Rahmen der Vergabe eines Studienauftrags – eingereichten Dokumente Eigentum der Auftraggeberin werden und dass sämtliche damit zusammenhängenden (Immaterial-)Güterrechte mit der Eingabe der Unterlagen auf die Auftraggeberin übertragen würden, im Widerspruch zum vergaberechtlichen Grundsatz, wonach die Auftraggeberin die immateriellen Rechte

---

[1542] BGE 117 II 468; vgl. auch STRAUB, S. 1334.
[1543] Art. 2 Abs. 2 lit. e URG.
[1544] REHBINDER, S. 97 f. Rz. 84; vgl. auch BGE 117 II 466 ff.; 100 II 167.
[1545] Art. 2 Abs. 3 URG
[1546] Vgl. z. B. BGE 117 II 468.
[1547] ULRICH, Öffentliche Aufträge, S. 161.
[1548] GALLI/LEHMANN/RECHSTEINER, S. 205 Rz. 706.
[1549] GAUCH/TERCIER, S. 85 Rz. 264.

der Anbietenden zu respektieren habe. Der Übergang sämtlicher Rechte sei typisch für das Verhältnis zwischen der Auftraggeberin und ihrem ausgewählten Vertragspartner, nicht jedoch für ihr Verhältnis mit allen Anbietern im Vergabeverfahren[1550].

6. Das Verwaltungsgericht des Kantons Luzern hat in einem Fall, in dem ein Beschwerdeführer geltend machte, der Gewinner eines Planungswettbewerbes habe widerrechtlich am Wettbewerb teilgenommen und dessen Projekt müsse rückwirkend aus dem Wettbewerb ausgeschlossen werden, ausgeführt, allfällige im Vorfeld eines Submissionsverfahrens begangene Urheberrechtsverletzungen durch einen Wettbewerbsteilnehmer könnten nicht Gegenstand des Beschwerdeverfahrens sein. Während des Wettbewerbs hätte sich wegen des Grundsatzes der Anonymität der Teilnehmer die Frage eines Ausschlusses gar nicht stellen können. Auch könne es nicht Sache des Preisgerichts oder der Vergabebehörde sein, behauptete Verletzungen von privaten Rechten oder urheberrechtlichen Interessen zu prüfen und darüber zu entscheiden[1551].

[1550] CRM 17/04 E. 4e/cc; ferner Anmerkung STÖCKLI, in: BR 2005, S. 169.
[1551] LGVE 2004 II Nr. 9.

II. Teil

Beschwerdeverfahren und Schadenersatz

1. Kapitel:
Öffentlichkeit des Verfahrens

Submissionsstreitigkeiten weisen in aller Regel einen vermögensrechtlichen Charakter auf und fallen als zivilrechtliche Ansprüche grundsätzlich unter die Schutzgarantien von **Art. 6 Abs. 1 EMRK**[1552]. Die BRK gab den Parteien daher jeweils die Möglichkeit, eine mündliche und öffentliche Verhandlung im Sinne von Art. 6 Abs. 1 EMRK[1553] oder gegebenenfalls (vgl. z. B. Art. 8 Abs. 1 lit. d BoeB) eine lediglich parteiöffentliche Verhandlung zu beantragen[1554]. Mit Bezug auf das Verfahren vor dem Bundesverwaltungsgericht[1555] hält Art. 40 Abs. 1 VGG fest, dass im Anwendungsbereich von Art. 6 Abs. 1 EMRK eine Parteiverhandlung anzuordnen ist, wenn eine Partei es verlangt[1556] oder gewichtige öffentliche Interessen es rechtfertigen.

772

Gemäss Rechtsprechung sind die Garantien von Art. 6 Abs. 1 EMRK nicht nur mit Bezug auf Sachentscheide zu beachten, sondern auch dann, wenn

773

[1552] BRK 9/01 E. 4; mit Bezug auf die Erwägungen der BRK zur Tragweite von Art. 6 Abs. 1 EMRK vgl. im Übrigen die kritischen Bemerkungen von WALDMANN in BR 2002, S. 68 f. Das Urteil des Bundesgerichts 2P.284/1996 vom 12. November 1996, E. 3 (ZBl 1998, S. 372 ff.) und der Unzulässigkeitsbeschluss des Europäischen Gerichtshofes für Menschenrechte vom 11. Juli 2000 (zusammenfassend wiedergegeben in VPB 65.124) betrafen das alte luzernische Submissionsrecht (Verordnung zum Submissionsgesetz vom 9. Juli 1973), das den Submittenten keinen Anspruch auf den Zuschlag eines bestimmten Projekts und insofern keinen eigentlichen Rechtsschutz einräumte. Zu den Garantien gemäss Art. 6 Abs. 1 EMRK vgl. im Übrigen auch VG Basel-Landschaft: 99/76 E. 2.4, CLERC, N 21 ff. zu Art. 9 BGBM und Entscheid EGMR vom 10. Juli 1998, veröffentlicht in Sammlung 1998 IV, S. 1633 ff., sowie Erwägungen der Europäischen Kommission für Menschenrechte, veröffentlicht in Sammlung 1998 V, S. 2129 ff. Zum Anspruch auf Zugang zu einem Gericht im Rahmen eines Staatshaftungsprozesses, der sich auf einen submissionsrechtlichen Vorgang stützt, vgl. unten Rz. 945.

[1553] Art. 30 Abs. 3 BV verleiht demgegenüber kein Recht auf Durchführung einer mündlichen und öffentlichen Sitzung, sondern beschränkt sich darauf zu garantieren, dass in jenen Fällen, in denen das Verfahrensrecht des Bundes bzw. der Kantone eine Verhandlung vorschreibt oder eine solche mit Rücksicht auf beweisrechtliche Ansprüche erforderlich ist, die Gerichtsverhandlung grundsätzlich öffentlich durchzuführen ist (Urteil des Bundesgerichts 2P.69/2002 vom 23. August 2002, E. 2 mit Hinweisen).

[1554] GALLI, Rechtsprechung, S. 104; MOSER, AJP 2000, S. 682 f.; CARRON/FOURNIER, S. 109 f.

[1555] Das Verfahren vor dem Bundesverwaltungsgericht richtet sich grundsätzlich nach den Bestimmungen des Verwaltungsverfahrensgesetzes (Art. 1 Abs. 2 lit. c^{bis} und Art. 2 Abs. 4 VwVG, Art. 37 VGG).

[1556] Gemäss einem Beschluss der Präsidentenkonferenz des Bundesverwaltungsgerichts vom 6. Februar 2007 werden die Parteien dabei nicht mehr speziell angefragt, ob sie die Durchführung einer Verhandlung wünschen.

mit einem Nichteintretensentscheid im Ergebnis der zivilrechtliche Anspruch auch in der Sache endgültig abgewiesen würde[1557]. Vorsorgliche bzw. vorläufige Massnahmen, die in Abhängigkeit eines Verfahrens in der Hauptsache getroffen werden, liegen dagegen grundsätzlich ausserhalb des Geltungsbereichs von Art. 6 Abs. 1 EMRK[1558].

[1557] BGE 124 I 326 E. 4e; CRM 7/01 lit. G; vgl. auch BGE 128 III 252 E. 1b mit Hinweisen und WOLFGANG ROTH, Der Anspruch auf öffentliche Verhandlung nach Art. 6 Abs. 1 EMRK im verwaltungsgerichtlichen Rechtsmittelverfahren, in Europäische Grundrechte Zeitschrift (EuGRZ) 1998, S. 502 ff.

[1558] BGE 129 I 105 E. 2.1 mit Hinweisen; MOSER, Prozessieren, S. 129, Rz. 3.80. Der Europäische Gerichtshof für Menschenrechte hat im Jahre 2001 in einem Fall betreffend Zypern den Grundsatz insofern relativiert, als er entschieden hat, wenn durch die vorsorgliche Massnahme die Hauptsache vorweggenommen werde, sei Art. 6 EMRK gleichwohl anwendbar. Vgl. auch BAUMBERGER, S. 108 f. Rz. 370 f.

2. Kapitel:

Zuständigkeiten und Anwendungsbereich des Submissionsrechts

I. Mit Bezug auf das Bundesgericht[1559]

1. Das Bundesgericht prüft von Amtes wegen und mit freier Kognition, ob auf ein Rechtsmittel einzutreten ist[1560]. Während gemäss Art. 27 Abs. 1 aBoeB die BRK als eidgenössische Justizbehörde endgültig entschied, hält Art. 27 Abs. 1 BoeB nun lediglich fest, dass gegen Verfügungen der Auftraggeberin die Beschwerde an das Bundesverwaltungsgericht zulässig ist[1561]. Der Rechtsschutz richtet sich nach den allgemeinen Bestimmungen über die Bundesrechtspflege. Die Weiterzugsmöglichkeit von Beschwerdeentscheiden des Bundesverwaltungsgerichts ist entsprechend nicht mehr generell ausgeschlossen, sondern bestimmt sich nach dem Bundesgerichtsgesetz und namentlich aufgrund des in Art. 83 BGG nach Materien aufgelisteten Ausnahmekataloges[1562]. Im Bestreben, eine Gleichschaltung mit der neuen Regelung betreffend öffentliche Beschaffungen durch die Kantone zu erzielen, gilt nun gemäss Art. 83 lit. f BGG für alle Beschaffungen einheitlich Folgendes: Die **Beschwerde** in **öffentlich-rechtlichen Angelegenheiten** ist **unzulässig** gegen Entscheide auf dem Gebiet der öffentlichen Beschaffungen, erstens **wenn** der geschätzte Wert des zu vergebenden Auftrags den massgebenden Schwellenwert des BoeB oder des Abkommens zwischen der Schweizerischen Eidgenossenschaft und der Europäischen Gemeinschaft über bestimmte Aspekte des öffentlichen Beschaffungswesens nicht erreicht; zweitens **wenn** sich keine Rechtsfrage von grundsätzlicher Bedeutung stellt.

774

[1559] Gemäss Art. 30 Abs. 1 lit. c Ziff. 8 des Reglements für das Bundesgericht vom 20. November 2006 (SR 173.110.131) behandelt die Zweite öffentlich-rechtliche Abteilung die Beschwerden in öffentlich-rechtlichen Angelegenheiten und die subsidiären Verfassungsbeschwerden auf dem Gebiet des öffentlichen Beschaffungswesens.

[1560] BGE 133 I 187 E. 2; 132 I 142 E. 1.1; 132 III 292 E. 1; 131 I 156 E. 1; 131 II 60 E. 1, 573 E. 1.

[1561] Das Bundesverwaltungsgericht ist das allgemeine Verwaltungsgericht des Bundes und entscheidet als Vorinstanz des Bundesgerichts, soweit das Gesetz die Beschwerde an das Bundesgericht nicht ausschliesst (Art. 1 Abs. 1 und 2 VGG).

[1562] Die Möglichkeit, den Zugang zum Bundesgericht zu beschränken, hat ihre verfassungsrechtliche Grundlage in Art. 191 Abs. 3 BV.

Diese Formulierung wird kumulativ verstanden, d.h. der Weg der Beschwerde steht nur offen, wenn – **kumulativ** – weder Ziff. 1 noch Ziff. 2 erfüllt sind, oder positiv ausgedrückt können auf dem Gebiet der öffentlichen Beschaffungen Entscheide des Bundesverwaltungsgerichts (vgl. Art. 86 Abs. 1 lit. a BGG) und Entscheide letzter kantonaler Instanzen (vgl. Art. 86 Abs. 1 lit. d BGG) mit der Beschwerde in öffentlich-rechtlichen Angelegenheiten beim Bundesgericht angefochten werden, wenn der erwähnte Schwellenwert erreicht ist und sich zusätzlich eine Rechtsfrage von grundsätzlicher Bedeutung stellt[1563].

775 Eine **Rechtsfrage von grundsätzlicher Bedeutung**[1564] wird anzunehmen sein, wenn die Frage vom Bundesgericht noch nicht entschieden wurde und eine höchstrichterliche Klärung erforderlich ist, wenn Gründe zur Überprüfung der bisherigen Rechtsprechung vorliegen oder wenn die Vorinstanz von der Praxis des Bundesgerichts abgewichen ist[1565]. Nicht massgebend sind subjektive Gesichtspunkte. Es kommt also nicht darauf an, welche Bedeutung die Streitsache für die betroffenen Parteien hat, sondern einzig entscheidend ist, ob ein Bedürfnis nach höchstrichterlicher Klärung der Rechtsfrage besteht[1566]. Mangels weiterer Konkretisierung des *unbestimmten Rechtsbegriffs* der Rechtsfrage von grundsätzlicher Bedeutung auf Gesetzesebene kommt dem Bundesgericht bei der Eintretensfrage ein erheblicher Spielraum zu. Als besonders bedeutsam können zweifellos umstrittene Fragen qualifiziert werden, die einer einheitlichen Beantwortung im gesamten Bundesstaat bedürfen. Unklar ist, ob das Bundesgericht auch verpflichtet sein soll, Fälle besonders gravierender Rechtsverletzungen an die Hand zu nehmen. Zumin-

---

[1563] Zur Veröffentlichung (in BGE 133 [II. Teil]) bestimmtes Urteil des Bundesgerichts 2C_224/2007 vom 10. September 2007, E. 2.1 mit Hinweisen; Urteil des Bundesgerichts 2C_85/2007 vom 1. Oktober 2007, E. 2.1. In diesem Sinne hatte bereits der Bericht der Kommission für Rechtsfragen des Ständerates zur parlamentarischen Initiative Anzahl Richter am Bundesgericht vom 21. Februar 2006 ausgeführt, dass im Bereich der öffentlich-rechtlichen Beschwerden neu ab einem bestimmten Betrag und sofern sich eine Rechtsfrage von grundsätzlicher Bedeutung stellt, auch Fälle auf dem Gebiet des öffentlichen Beschaffungswesens, für welche bisher die entsprechende eidgenössische Rekurskommission abschliessend zuständig war, ans Bundesgericht gezogen werden können (BBl 2006 3482). Ist nun höchstrichterlich geklärt, dass die Zugangsbedingungen, die das neue BGG beim Rechtsschutz in Vergabesachen vorsieht, kumulativ zu erfüllen sind, bleibt mit HUBERT STÖCKLI (Baurecht 2005, S. 204) festzuhalten, dass dadurch die offene Türe zum Nadelöhr mutiert.

[1564] Vgl. dazu einlässlich TARKAN GÖKSU, Die Beschwerden ans Bundesgericht, Zürich/St. Gallen 2007, S. 83 ff.

[1565] Vgl. Botschaft des Bundesrates vom 28. Februar 2001 zur Totalrevision der Bundesrechtspflege, BBl 2001 4309 f.; ANDREAS GÜNGERICH/THOMAS COENDET, Das Bundesgerichtsgesetz – Erste Erfahrungen und offene Fragen, in AnwaltsRevue 2007, S. 321 f. mit Hinweisen.

[1566] ANDREAS GÜNGERICH, in: Hansjörg Seiler/Nicolas von Werdt/Andreas Güngerich (Hrsg.), Bundesgerichtsgesetz (BGG), Bern 2007, N 9 zu Art. 74 BGG.

dest bis sich eine entsprechende Praxis eingependelt hat, wird es nicht zuletzt auf die Fähigkeit der Beschwerdeführenden bzw. ihrer Vertreter ankommen, das Bundesgericht von der grundsätzlichen Bedeutung der sich stellenden Rechtsfrage zu überzeugen. Art. 42 Abs. 2 BGG verlangt von den Parteien denn auch auszuführen, inwiefern diese Voraussetzung erfüllt sei[1567].

Gemäss Art. 6 Abs. 1 BoeB ist das BoeB nur anwendbar, wenn der geschätzte Wert des zu vergebenden öffentlichen Auftrages den entsprechenden Schwellenwert erreicht. Ist dies nicht der Fall, handelt es sich nicht um eine in den Geltungsbereich des BoeB fallende Beschaffung und ist die Zuständigkeit des Bundesverwaltungsgerichts als Beschwerdeinstanz nach Art. 27 BoeB nicht gegeben[1568]. Insoweit also das **Bundesverwaltungsgericht** zur materiellen Behandlung einer Submissionsbeschwerde zuständig ist, ist folglich die negative Voraussetzung gemäss Ziff. 1 von Art. 83 lit. f BGG (mangelnder Schwellenwert) nie erfüllt und ist daher allein darauf abzustellen, ob sich eine Rechtsfrage von grundsätzlicher Bedeutung stellt (Ziff. 2 von Art. 83 lit. f BGG) oder anders ausgedrückt können Submissionsentscheide des Bundesverwaltungsgerichts[1569] nur aber immer dann mit Beschwerde in öffentlich-rechtlichen Angelegenheiten ans Bundesgericht angefochten werden, wenn sich eine Rechtsfrage von grundsätzlicher Bedeutung stellt[1570].

776

Wird die Beschwerde in öffentlich-rechtlichen Angelegenheiten zugelassen, so kann sich das Bundesgericht dann wohl nicht darauf beschränken, nur die Rechtsfragen von grundsätzlicher Bedeutung zu beurteilen, sondern

777

[1567] Zur Veröffentlichung (in BGE 133 [II. Teil]) bestimmtes Urteil des Bundesgerichts 2C 224/ 2007 vom 10. September 2007, E.2.2; THOMAS GÄCHTER/DANIELA THURNHERR, Neues Bundesgerichtsgesetz: Rechtsschutz gewahrt, in plädoyer 2006, S. 34; vgl. auch REGINA KIENER, Die Beschwerde in öffentlich-rechtlichen Angelegenheiten, in Neue Bundesrechtspflege, Berner Tage für die juristische Praxis 2006, Bern 2007, S. 245 f.

[1568] Verschiedene Vergabeverfahren sind unabhängig vom Streitwert nicht dem BoeB unterstellt, so namentlich Aufträge an Behinderteninstitutionen, Wohltätigkeitseinrichtungen und Strafanstalten sowie militärische Aufträge (vgl. Art. 3 Abs. 1 BoeB). Das BGG stellt jedoch nicht auf den Geltungsbereich des BoeB, sondern einzig auf den Auftragswert ab. Dies dürfte zur Folge haben, dass die Beschwerde in öffentlich-rechtlichen Angelegenheiten im Bereich oberhalb des massgebenden Schwellenwertes auch bei solchen Aufträgen zulässig ist (vgl. HANSJÖRG SEILER, in: Hansjörg Seiler/Nicolas von Werdt/Andreas Güngerich [Hrsg.], Bundesgerichtsgesetz (BGG), Bern 2007, N 52 zu Art. 83 BGG). Entsprechende Aufträge einer Vergabebehörde wären demnach nicht beim Bundesverwaltungsgericht, sondern direkt beim Bundesgericht anfechtbar, sofern sich eine Rechtsfrage von grundsätzlicher Bedeutung (vgl. dazu oben Rz. 775) stellt.

[1569] Zur Anfechtbarkeit von Beschwerdeentscheiden des Bundesverwaltungsgerichts über Schadenersatzbegehren vgl. unten Rz. 942 a.E.

[1570] Siehe oben Rz. 775.

muss sich auch mit **allen anderen Rügen**, welche die Beschwerdeschrift enthält, befassen[1571].

778 Ist die Beschwerde in öffentlich-rechtlichen Angelegenheiten nicht gegeben, sind die Submissionsentscheide des Bundesverwaltungsgerichts **endgültig**[1572], da die subsidiäre Verfassungsbeschwerde gemäss Art. 113 BGG nur gegen Entscheide letzter kantonaler Instanzen zulässig ist.

779 Zur Durchsetzung verfassungsmässiger Rechte steht mit Bezug auf jene Entscheide **letzter kantonaler** Instanzen[1573], bei denen die Beschwerde in öffentlich-rechtlichen Angelegenheiten nicht zulässig ist, die **subsidiäre Verfassungsbeschwerde** ans Bundesgericht offen (Art. 113 BGG)[1574]. Dies hat zur Folge, dass es auch unter der Herrschaft des Bundesgerichtsgesetzes praktisch keine Entscheide letzter kantonaler Instanzen gibt, die nicht mindestens mit Verfassungsbeschwerde beim Bundesgericht angefochten werden können[1575].

[1571] Vgl. WOLF, BR Sonderheft Vergaberecht 2006, S. 13; in diesem Sinne auch DENIS TAPPY, Le recours en matière civile, in: Urs Portmann (Hrsg.), La nouvelle loi sur le Tribunal fédéral, Lausanne 2007, S. 73; anderer Meinung ist PETER REETZ, Das neue Bundesgerichtsgesetz unter besonderer Berücksichtigung der Beschwerde in Zivilsachen, SJZ 2007, S. 31.

[1572] Steht die Beschwerde in der Sache selbst nach einer der in Art. 83 BGG enthaltenen Ausschlussnormen (z.B. Art. 83 lit. f BGG) nicht offen, ist sie auch unzulässig zur Geltendmachung von jeglichen Rügen verfahrensrechtlicher Art (z.B. mit Bezug auf vorsorgliche Massnahmen oder die Gewährung der unentgeltlichen Rechtspflege; vgl. Urteil des Bundesgerichts 2C_46/2007 vom 8. März 2007 mit Hinweisen).

[1573] Analog zur früheren Regelung von Art. 84 Abs. 1 aOG, wonach die mit staatsrechtlicher Beschwerde anfechtbaren Gegenstände von vornherein auf kantonale Hoheitsakte eingeschränkt waren, steht auch die subsidiäre Verfassungsbeschwerde des neuen Rechts nur mit Bezug auf kantonale Entscheide offen, nicht aber gegenüber Entscheiden des Bundesverwaltungsgerichts. Diesbezüglich kommt in Fällen, in denen die Beschwerde in öffentlich-rechtlichen Angelegenheiten unzulässig ist, nur die Beschwerde an den Europäischen Gerichtshof für Menschenrechte in Strassburg in Betracht.

[1574] Entsprechend der früheren staatsrechtlichen Beschwerde. Im Gegensatz zu dieser handelt es sich dabei freilich nicht um ein kassatorisches, sondern um ein reformatorisches Rechtsmittel (Art. 107 Abs. 2 in Verbindung mit Art. 117 BGG; Urteil des Bundesgerichts 4D_21/2007 vom 20. Juli 2007, E. 2.1 mit Hinweis). Die subsidiäre Verfassungsbeschwerde ist erst im Laufe der parlamentarischen Beratungen in den Entwurf zum Bundesgerichtsgesetz aufgenommen worden. Mit deren Einführung wollte man unter anderem erreichen, dass letztinstanzliche kantonale Entscheide über zivilrechtliche Ansprüche wegen Verletzung der EMRK zuerst beim Bundesgericht angefochten werden müssen, bevor sie an den Europäischen Gerichtshof für Menschenrechte weitergezogen werden können. Kritisch dazu ULRICH ZIMMERLI, Die subsidiäre Verfassungsbeschwerde, in Neue Bundesrechtspflege, Berner Tage für die juristische Praxis 2006, Bern 2007, S. 296 f. Fn. 72.

[1575] Vgl. CHRISTOPH AUER, Auswirkungen der Reorganisation der Bundesrechtspflege auf die Kantone, in ZBl 2006, S. 135; grundsätzlich zur subsidiären Verfassungsbeschwerde vgl. auch MICHEL HOTTELIER, Entre tradition et modernité: le recours constitutionnel subsidiaire, in François Bellanger/Thierry Tanquerel (Hrsg.), Les nouveaux recours fédéraux en droit public, Genf/Zürich/Basel, S. 71 ff.

In speziellen Situationen kann es gar geboten sein, in derselben kantonalen Submissionssache sowohl Beschwerde in öffentlich-rechtlichen Angelegenheiten als auch Verfassungsbeschwerde zu erheben, nämlich dann, wenn unterhalb des Schwellenwertes sowohl eine Rechtsfrage von grundsätzlicher Bedeutung wie auch eine Verletzung von verfassungsmässigen Rechten geltend gemacht wird. Um in solchen Fällen Doppelspurigkeiten und unnötige Abgrenzungsfragen zu vermeiden, sieht das Gesetz vor, dass zwingend **nur eine Rechtsschrift** einzureichen und vom Bundesgericht darüber im gleichen Verfahren zu entscheiden ist (Art. 119 BGG). 780

2. Wie erwähnt, ist mit Bezug auf kantonale und kommunale Zuschlagsverfügungen die staatsrechtliche Beschwerde auf den 1. Januar 2007 abgelöst worden durch die Beschwerde in öffentlich-rechtlichen Angelegenheiten (unter den Voraussetzungen gemäss Art. 83 lit. f BGG) bzw. die subsidiäre Verfassungsbeschwerde nach Art. 113 BGG. Die verfassungsrechtliche **Rechtsweggarantie** gemäss Art. 29a BV[1576] verpflichtet die Kantone, die richterliche Beurteilung aller Streitigkeiten vorzusehen und damit eine umfassende Verwaltungsgerichtsbarkeit zu schaffen[1577]. Darüber hinaus hält Art. 86 Abs. 2 BGG fest, dass die Kantone zur Beurteilung von Streitigkeiten, die mit Beschwerde in öffentlich-rechtlichen Angelegenheiten angefochten werden können, als unmittelbare Vorinstanz des Bundesgerichts obere Gerichte einsetzen[1578/1579]. 781

[1576] Die Bestimmung dieses neuen Grundrechts lautet wie folgt: «Jede Person hat bei Rechtsstreitigkeiten Anspruch auf Beurteilung durch eine richterliche Behörde. Bund und Kantone können durch Gesetz die richterliche Beurteilung in Ausnahmefällen ausschliessen». Sie ist zusammen mit dem Bundesgerichtsgesetz am 1. Januar 2007 in Kraft getreten; vgl. CHRISTOPH AUER, Auswirkungen der Reorganisation der Bundesrechtspflege auf die Kantone, in ZBl 2006, S. 133 ff., RUTH HERZOG, Auswirkungen auf die Staats- und Verwaltungsrechtspflege in den Kantonen, in Neue Bundesrechtspflege, Berner Tage für die juristische Praxis 2006, Bern 2007, S. 72 ff. sowie allgemein HÄFELIN/MÜLLER/UHLMANN, S. 368 f., Rz. 1718a ff. und S. 401, Rz. 1870.

[1577] Ergänzend verpflichtet Art. 191*b* BV die Kantone, für die Beurteilung öffentlich-rechtlicher Streitigkeiten richterliche Behörden zu bestellen.

[1578] Art. 130 Abs. 2 BGG sieht dabei eine Anpassungsfrist von zwei Jahren, d.h. bis Ende 2008, für die kantonalen Ausführungsbestimmungen vor. Vgl. auch Art. 110 ff. BGG sowie CHRISTOPH AUER, Auswirkungen der Reorganisation der Bundesrechtspflege auf die Kantone, in ZBl 2006, S. 121 ff. und THOMAS PFISTERER/RAINER J. SCHWEIZER, Auswirkungen der Justizreform des Bundes auf die Kantone, in AJP 2007, S. 795 ff.

[1579] Die Übergangsfristen zur Anpassung des kantonalen Verfahrens gelten gestützt auf Art. 114 BGG auch für die subsidiäre Verfassungsbeschwerde.

782 Mit der Beschwerde in öffentlich-rechtlichen Angelegenheiten kann die **Verletzung** von Bundesrecht[1580], Völkerrecht[1581], kantonalen verfassungsmässigen Rechten[1582] und interkantonalem Recht (vorab eine unrichtige Anwendung der IVöB) geltend gemacht werden (Art. 95 BGG). Kein Beschwerdegrund ist die Verletzung von kantonalem Recht unterhalb der Verfassungsstufe, mithin von kantonalem Gesetzes- oder kantonalem Verordnungsrecht[1583]. Auf eine völkerrechtliche Bestimmung kann sich der Beschwerdeführer nur berufen, wenn sie unmittelbar anwendbar («self-executing») ist, d.h. die Rechtsstellung des Einzelnen direkt regelt[1584]. Mit der subsidiären Verfassungsbeschwerde kann allein die Verletzung von verfassungsmässigen Rechten gerügt werden (Art. 116 BGG)[1585].

783 **3.** Die Beschwerde an das Bundesgericht ist zulässig gegen Entscheide, die das Verfahren abschliessen (Endentscheide; Art. 90 BGG). Auch gegen selb-

---

[1580] Art. 95 lit. a BGG ist umfassend zu verstehen und schliesst ausnahmslos alle justiziablen Normen des Bundesrechts ein. Darunter fallen vorab Bundesverfassungsrecht, Bundesgesetzesrecht und Bundesverordnungsrecht. Die herkömmliche Unterscheidung von verfassungsmässigen Rechten und anderen Verfassungsbestimmungen dürfte insoweit an Bedeutung einbüssen. Nicht mehr nur die Grundrechte, sondern sämtliche justiziablen Verfassungsbestimmungen können vor Bundesgericht als verletzt gerügt werden. Folglich lässt sich auch der Grundsatz der Verhältnismässigkeit im Verfahren der Beschwerde in öffentlich-rechtlichen Angelegenheiten selbständig anrufen. Die konstruiert anmutende Anknüpfung an Freiheitsrechte entfällt (vgl. MARKUS MÜLLER, in ZBJV 142/2006, S. 744 mit Hinweisen). Verletzungen von Bundesrecht überprüft das Bundesgericht frei und grundsätzlich von Amtes wegen (Art. 106 Abs. 1 BGG). Dabei ist es an die in der Beschwerde vorgetragene Begründung nicht gebunden. Die Überprüfungsfreiheit ist lediglich durch die Rechtsbegehren der Parteien eingeschränkt (vgl. Art. 107 Abs. 1 BGG).
[1581] Beispielsweise die Verletzung einer Bestimmung der EMRK.
[1582] Dieser Begriff umfasst auch die Garantien, welche die kantonalen Verfassungen den Gemeinden gewähren. Die Rüge der Verletzung kantonaler Gesetzesbestimmungen, die den Gemeinden eine gewisse Autonomie gewähren, kann indes nur erhoben werden, wenn gleichzeitig eine Verletzung der verfassungsmässig garantierten Gemeindeautonomie geltend gemacht wird (Botschaft des Bundesrates vom 28. Februar 2001 zur Totalrevision der Bundesrechtspflege, BBl 2001 4335).
[1583] Hingegen kann geltend gemacht werden, die Anwendung kantonaler Vorschriften verstosse gegen Bundes- oder Völkerrecht, namentlich sie sei willkürlich oder verletze andere verfassungsmässige Rechte (vgl. PETER KARLEN, Das neue Bundesgerichtsgesetz, Basel/Genf/München 2006, S. 38). Die wichtigste Rüge in Bezug auf das kantonale Recht wird damit weiterhin die Rüge der Verletzung des Willkürverbots (Art. 9 BV) bleiben (HEINZ AEMISEGGER, Die vier Rechtsmittel des neuen Bundesgerichtsgesetzes, in AnwaltsRevue 2006, S. 430).
[1584] Vgl. BGE 126 I 242 E. 2b; 124 III 91 E. 3a; 120 Ia 11 E. 5b; Urteil des Bundesgerichts 2P.274/1999 vom 2. März 2000; vgl. auch ausführlich YVO HANGARTNER, Unmittelbare Anwendbarkeit völker- und verfassungsrechtlicher Normen, in Zeitschrift für Schweizerisches Recht 126 (2007) I, S. 137 ff., insb. 147 ff.
[1585] Die Rüge der Verletzung interkantonalen Rechts, welche das Bundesgericht bis anhin frei prüfte, ist für die subsidiäre Verfassungsbeschwerde nicht vorgesehen (vgl. Urteil des Bundesgerichts 2C_85/2007 vom 1. Oktober 2007, E. 3.1). Das hat zur Folge, dass ausserhalb des Anwendungsbereichs der Beschwerde in öffentlich-rechtlichen Angelegenheiten das Bundesgericht die Verletzung der IVöB nur noch auf Willkür hin prüfen wird (BEYELER, Jusletter 14. Mai 2007 Rz. 3 mit Hinweisen).

ständig eröffnete Vor- und Zwischenentscheide über die Zuständigkeit und über Ausstandsbegehren steht die Beschwerde offen (Art. 92 BGG). Gegen andere selbständig eröffnete Vor- und Zwischenentscheide[1586] ist die Beschwerde dagegen nur zulässig, wenn sie einen nicht wieder gutzumachenden Nachteil bewirken können oder wenn die Gutheissung der Beschwerde sofort einen Endentscheid herbeiführen und damit einen bedeutenden Aufwand an Zeit oder Kosten für ein weitläufiges Beweisverfahren ersparen würde (Art. 93 Abs. 1 BGG). Als **Endentscheide** gelten nur diejenigen Hoheitsakte, die das kantonale Verfahren durch Prozess- oder Sachentscheid (formell) abschliessen[1587]. Zwischenentscheide sind dagegen solche Entscheide, die das Verfahren nicht abschliessen, sondern bloss einen Schritt auf dem Weg zum Endentscheid darstellen, gleichgültig, ob sie eine Verfahrensfrage oder – vorausnehmend – eine Frage des materiellen Rechts zum Gegenstand haben[1588].

Ob es sich bei einem Entscheid, in dem das Kantonsgericht eine Zuschlagsverfügung des Staatsrates aufhob und die Sache an diesen zurückwies, um einen Zwischen- oder um einen Endentscheid handelt, liess das Bundesgericht in einem konkreten Fall offen, da sich die Beschwerde auch bei einer materiellen Prüfung als unbegründet erwies[1589]. In einem andern Fall bezeichnete das Bundesgericht einen solchen **Rückweisungsentscheid** aufgrund der gegebenen Umstände als Endentscheid[1590]. In einem neueren Entscheid ging das Bundesgericht bei einem Rückweisungsentscheid wiederum von einem Zwischenentscheid aus. Im Falle der betroffenen Gemeinde, der einen von zwei Beschwerdeführerinnen, erkannte es indes auf einen nicht wiedergutzumachenden Nachteil. Denn es war ihr nicht zuzumuten, einer von ihr als falsch erachteten Weisung Folge zu leisten, um alsdann ihren eigenen Entscheid anzufechten, wenn sie – wie vorliegend – durch einen Rückweisungsentscheid gezwungen wird, entgegen ihrer Auffassung eine neue Anordnung zu erlassen. War auf die Autonomiebeschwerde der Gemeinde einzutreten, so war aus Gründen der Prozessökonomie auch die

784

[1586] Zur Zulässigkeit der Beschwerde ans Bundesgericht gegenüber Entscheiden betreffend aufschiebende Wirkung siehe unten Rz. 890.
[1587] Als Anwendungsfall vgl. Urteil des Bundesgerichts 2P.212 + 213/2005 vom 7. Juni 2006, E. 2.1.
[1588] BGE 128 I 7 E. 1b; 122 I 41 E. 1a/aa; 117 Ia 398 E. 1 mit Hinweisen.
[1589] Urteil des Bundesgerichts 2P.66/2001 vom 2. Juli 2001, E. 1b. Die Frage offen gelassen hat das Bundesgericht auch im Urteil 2P.185/2000 vom 4. Dezember 2000, E. 2. Es hat darin immerhin ausgeführt, ob ein letztinstanzlicher kantonaler Entscheid, der einen Zuschlag aufhebe, als End- oder Zwischenentscheid zu qualifizieren sei, hange wesentlich vom Beurteilungsspielraum ab, den der kantonale Rückweisungsentscheid der Vergabebehörde im Rahmen ihres neuen Entscheides belasse.
[1590] Urteil des Bundesgerichts 2P.146/2001 vom 6. Mai 2002, E. 1.2 und 1.3; ebenso Urteil des Bundesgerichts 2P.260/2005 vom 8. März 2006, E. 1.2.

Beschwerde der ursprünglichen Zuschlagsempfängerin zu behandeln, wiewohl dieser selbst kein nicht wiedergutzumachender Nachteil drohte[1591].

785 **4.** Mangels **Erschöpfung des kantonalen Instanzenzuges** trat das Bundesgericht auf eine staatsrechtliche Beschwerde gegen einen Entscheid der Tessiner Regierung, der von der kantonalen Gesetzgebung über das öffentliche Beschaffungswesen als letztinstanzlich bezeichnet wird, nicht ein. Es überwies die Beschwerde an den Kanton Tessin, damit er der Beschwerdeführerin eine verwaltungsunabhängige Behörde zur Verfügung stelle, wie dies von Art. 9 Abs. 2 BGBM verlangt wird[1592]. Wurde in einem kantonalen Verfahren der verwaltungsinterne Beschwerdeweg nicht ausgeschöpft, so führte dies ebenfalls zum Nichteintreten auf die staatsrechtliche Beschwerde und zur Rückweisung der Sache an den Regierungsrat des betreffenden Kantons[1593].

II. Mit Bezug auf das Bundesverwaltungsgericht[1594]

1. Im Allgemeinen

786 1. Das Bundesverwaltungsgericht – wie zuvor auch die BRK – prüft seine Zuständigkeit **von Amtes wegen** und mit freier Kognition. Die Begründung einer Zuständigkeit durch Einverständnis zwischen Behörde und Partei ist ausgeschlossen (Art. 7 VwVG)[1595]. Der Umstand, dass die Beschaffungs-

---

[1591] Urteil des Bundesgerichts 2P.70 + 2P.71/2006 vom 23. Februar 2007, E. 2.1-2.3; vgl. auch Urteil des Bundesgerichts 2P.25/2006 vom 9. März 2006, E. 2.2.-2.4, in dem auf eine staatsrechtliche Beschwerde gegen einen kantonalen Rückweisungsentscheid als offensichtlich unzulässig nicht eingetreten wurde (vgl. ferner Urteile des Bundesgerichts 2P.219/2005 vom 12. September 2005, E. 2.3 [mit Anmerkungen von ESSEIVA in BR 2007, S. 89 f., Nr. 27] und 2P.221/2005 vom 17. Oktober 2005, E.2.2). Zur Frage End- oder Zwischenentscheid und nicht wiedergutzumachender Nachteil vgl. schliesslich auch Urteil des Bundesgerichts 2P.6/2002 vom 29. Januar 2002, E. 2c.

[1592] BGE 125 I 411 E. 3a; vgl. auch Urteil des Bundesgerichts 2P.300/2000 vom 13. Februar 2001, E. 2 und 3a. Art. 36 SubmG/TI hält nunmehr fest, dass gegen Entscheide der Vergabestellen direkt beim kantonalen Verwaltungsgericht Beschwerde geführt werden kann (vgl. MALFANTI, RDAT I-2001, S. 453). Das Glarner Verwaltungsgericht hat seinerseits befunden, entgegen Art. 15 Abs. 3 IVöB sei bei fehlenden kantonalen Ausführungsbestimmungen nicht das Bundesgericht, sondern das Verwaltungsgericht für Beschwerden gegen Vergebungsentscheide des Regierungsrates zuständig (VG Glarus: VG.97.00163, VG.97.00164, S. 20 und VG.2002.00118 E. 2f).

[1593] Vgl. Urteil des Bundesgerichts 2P.122/2001 vom 10. Juli 2001, E. 1.

[1594] Gemäss Anhang zum Geschäftsreglement für das Bundesverwaltungsgericht vom 11. Dezember 2006 (SR 173.320.1) werden die Geschäfte auf dem Gebiet der öffentlichen Beschaffungen der zweiten Abteilung zugeteilt.

[1595] Zwischenentscheid des Bundesverwaltungsgerichts B-93/2007 vom 8. Juni 2007 E. 3.1 mit Hinweisen.

stelle einen Auftrag ausdrücklich entsprechend den Regeln des ÜoeB und des BoeB ausgeschrieben und sowohl die öffentliche Ausschreibung als auch den Zuschlag mit einer Rechtsmittelbelehrung versehen hat, in der auf die Beschwerdemöglichkeit an die BRK hingewiesen wurde, vermag eine fehlende Rechtsmittelvoraussetzung nicht zu ersetzen[1596].

2. Wie bereits erwähnt[1597], ist gegen Vergabeentscheide eidgenössischer Behörden die Beschwerde an das Bundesverwaltungsgericht (Art. 27 Abs. 1 BoeB) **nur oberhalb** des massgebenden **Schwellenwertes** nach Art. 6 BoeB zulässig, weil das ganze Gesetz unterhalb gar nicht anwendbar ist. Denkbar ist freilich, im unterschwelligen Bereich auf dem Weg über den neuen Art. 25*a* VwVG (Verfügung über Realakte) doch einen anfechtbaren Entscheid zu erwirken[1598]. Diese Bestimmung bezweckt, die Einhaltung des Legalitätsprinzips durch die Gewährung von Rechtsschutz auch gegenüber dem verfügungsfreien Staatshandeln sicherzustellen[1599] und erlaubt, einen *Realakt* indirekt zum Gegenstand eines ordentlichen Verwaltungsverfahrens zu machen[1600].

787

3. Eine Begriffsbestimmung für das «öffentliche Beschaffungswesen» fehlt sowohl im ÜoeB als auch in den nationalen beschaffungsrechtlichen Erlassen und den entsprechenden gesetzgeberischen Materialien dazu[1601]. Von der Zweckbestimmung her soll das Beschaffungsrecht das Verfahren zur Vergabe von öffentlichen Liefer-, Dienstleistungs- und Bauaufträgen regeln und transparent gestalten, den Wettbewerb unter den Anbietern und

788

[1596] BRK 9/01 E. 3 und BRK 12/04 E. 2; vgl. auch Zwischenentscheid des Bundesverwaltungsgerichts B-93/2007 vom 8. Juni 2007 E. 3.2.

[1597] Siehe oben Rz. 776.

[1598] HANSJÖRG SEILER, in: Hansjörg Seiler/Nicolas von Werdt/Andreas Güngerich (Hrsg.), Bundesgerichtsgesetz (BGG), Bern 2007, N 47 zu Art. 83 BGG in Verbindung mit N 24 ff. zu Art. 82 BGG.

[1599] Vgl. ENRICO RIVA, Neue bundesrechtliche Regelung des Rechtsschutzes gegen Realakte, in SJZ 2007, S. 342.

[1600] Vgl. dazu URSULA MARTI/MARKUS MÜLLER, Rechtsschutz gegen Realakte verbessert, in plädoyer 2007, S. 34 ff.

[1601] Vgl. Urteil des Bundesgerichts 2P.19/2001 vom 16. Mai 2001, E. 1a/bb; CARRON/FOURNIER, S. 3 f; CLERC, N 48 zu Art. 5 BGBM. Für den Kanton Tessin wird die öffentliche Beschaffung in Art. 4 SubmG/TI definiert als gegen Entgelt («a titolo oneroso») auszuführender Vertrag zwischen einer Auftraggeberin und einer Anbieterin betreffend die Durchführung eines Bauwerkes (Hoch- oder Tiefbauarbeiten), die Beschaffung beweglicher Güter oder die Erbringung einer Dienstleistung (vgl. MALFANTI, RDAT I-2001, S. 444). Ökonomisch betrachtet heisst Beschaffungen tätigen, Güter und Dienstleistungen, inkl. Bauleistungen, gegen Entgelt bereitstellen, die nicht aus dem gewöhnlichen Betriebsprozess hervorgehen, aber zur Aufrechterhaltung der Funktionsfähigkeit des Betriebes und mit Blick auf die Erfüllung seiner Aufgaben notwendig sind. Vom Begriff der Beschaffung zu unterscheiden sind demnach Ausgaben, die nicht zur Deckung des Eigenbedarfs dienen und damit mit Blick auf die Erreichung beschaffungsfremder Ziele getätigt werden (Bericht KBBK S. 8).

Anbieterinnen stärken und den wirtschaftlichen Einsatz der öffentlichen Mittel fördern (vgl. Art. 1 Abs. 1 BoeB und den Ingress zum ÜoeB). Das Beschaffungsrecht soll aber auch die Gleichbehandlung unter den Anbietern gewährleisten (Art. 1 Abs. 2, Art. 8 Abs. 1 lit. a BoeB und Art. III, Art. VII Ziff. 1, Art. X Ziff. 1 ÜoeB)[1602]. Einer öffentlichen Beschaffung kommt in aller Regel **synallagmatischer Charakter** zu. Da es an einem Leistungsaustausch fehlt, können einseitige Geldzuweisungen wie Subventionen oder Finanzhilfen nicht als öffentliche Beschaffungen qualifiziert werden[1603]. Weil Finanzhilfen somit nicht vom Geltungsbereich des BoeB erfasst werden, war die BRK für die Behandlung der bei ihr eingereichten Beschwerde nicht zuständig. Sie überwies die Sache in Anwendung von Art. 35 SuG i.V.m. Art. 47a VwVG dem Eidgenössischen Departement des Innern zur weiteren Bearbeitung[1604]. Bei einer **Konzession**[1605] für das Exklusiv-Recht zum Plakataushang auf öffentlichem Grund fehlt es ebenfalls an einem für eine öffentliche Beschaffung charakteristischen Element, nämlich einer seitens des Staates vorzunehmenden Bezahlung für die Leistung eines Privaten[1606]. Mit andern Worten ausgedrückt fliessen Leistung und Gegenleistung in die umgekehrte Richtung. Die öffentliche Hand erteilt dem Privaten eine Berechtigung, für welche sie ein finanzielles Entgelt verlangt; es handelt sich somit, im Gegensatz zum Beschaffungswesen, um den «Verkauf»[1607] einer staatlichen Leistung[1608].

[1602] BRK 6/99 E. 1b.

[1603] Vgl. CLERC, N 55 zu Art. 5 BGBM.

[1604] CRM 10/99 E. 1; MOSER, marchés publics, S. 8; GANZ, AJP 2001, S. 979 f.; vgl. auch oben Rz. 121.

[1605] Zur Vergabe von Konzessionen vgl. auch Urteil des Bundesgerichts 2P.212 + 213/2005 vom 7. Juni 2006, E. 5 und allgemein KUNZ, ferner GANZ, AJP 2001, S. 980 ff., CLERC, N 48 ff. zu Art. 5 BGBM sowie oben Rz. 108 ff. Erwähnenswert ist auch, dass gemäss (neuem) Art. 2 Abs. 7 BGBM die Übertragung der Nutzung kantonaler und kommunaler Monopole auf Private auf dem Weg der Ausschreibung zu erfolgen hat (vgl. dazu ESSEIVA, in BR 2006, S. 203 ff. sowie REY/WITTWER, AJP 2007, S. 585 ff.).

[1606] BGE 125 I 214 und AJP 2000, S. 490 f.; vgl. auch oben Rz. 109 sowie die kritischen Anmerkungen von ZUFFEREY in BR 1999, S. 142, von BELLANGER/BOVET in BR 1999, S. 164 ff. sowie von BELLANGER in RDAF 57/2001 (1. Teil – Verwaltungsrecht), S. 370 f.; vgl. auch VG Zürich: VB.2000.00194, wo das Zürcher Verwaltungsgericht (ebenfalls) erkannt hat, die Verleihung des Rechts zum Plakataushang auf öffentlichem Grund durch das Gemeinwesen stelle keine Vergabe eines öffentlichen Auftrags dar (E. 1), sondern eine Sondernutzungskonzession an den Begünstigten. Hat die auszuwählende private Organisation dagegen – unter Aufsicht des Gemeinwesens – eine staatliche Aufgabe zu erfüllen, so führt der Umstand, dass die Verwaltung nicht als «Konsumentin» von Bauleistungen, Lieferungen oder Dienstleistungen gegenüber privaten Anbietern auftritt, die für ihre Leistungserbringung vom Staat eine Entschädigung fordern können, nach Auffassung der BRK nicht dazu, das Geschäft vom Anwendungsbereich des Beschaffungsrechts auszunehmen (BRK 6/99 E. 1b).

[1607] Zum Begriff der öffentlichen Beschaffung siehe oben Rz. 107 ff.

[1608] VG Zürich: VB.2000.00194 (ZBl 2001, S. 97); vgl. auch oben Rz. 110 sowie BAUMGARTNER, ZBl 2001, S. 645. Als mit der Stellung des Gemeinwesens bei der Erteilung einer Konzession zum Plakataushang auf öffentlichem Grund vergleichbar bezeichnet hat das Zürcher

2. Anwendungsbereich in sachlicher Hinsicht

A. Unterstellte Auftraggeberinnen

1. Dem BoeB untersteht als Auftraggeberin vorab die allgemeine Bundesverwaltung (Art. 2 Abs. 1 lit. a BoeB). Die entsprechenden Dienststellen werden in einer Liste im Anhang 1 Annex 1 ÜoeB einzeln aufgeführt. Gemäss Fussnote 1 zu dieser Liste wird für die Beschaffungen, die u.a. von der Gruppe Rüstung (heute armasuisse) getätigt werden, auf die Liste über *ziviles* Material für Verteidigung und Zivilschutz im Anhang verwiesen. Es ergibt sich demnach, dass nicht alle Güter, die von der armasuisse beschafft werden, dem ÜoeB unterstehen, sondern nur jene, die (abschliessend) in der genannten Liste **(Positivliste)** aufgeführt sind[1609]. So trat die BRK auf Beschwerden, bei denen es um die Lieferung von T-Shirts und Trikothemden bzw. eines Gepäcksets für die Armee ging, nicht ein, da diese Güter als solche unter kein Kapitel der Positivliste subsumiert werden können. Sie überwies die Beschwerden gestützt auf Art. 8 Abs. 1 VwVG dem Eidgenössischen Departement für Verteidigung, Bevölkerungsschutz und Sport (VBS), welchem es überlassen bleibe, ob es sie als Verwaltungsbeschwerden im Sinne von Art. 47 Abs. 1 lit. c VwVG bzw. Art. 47a VwVG oder als Aufsichtsbeschwerden im Sinne von Art. 71 VwVG prüfen wolle[1610].

789

Am 15. Mai 2003 erliess auch das VBS in einem dieser Fälle einen Nichteintretensentscheid. Eine dagegen erhobene Beschwerde wies der Bundesrat ab. Er hielt ebenfalls fest, dass eine rechtskräftige Feststellung der BRK, wonach eine Beschaffung dem BoeB nicht unterliege, für die zuständigen Verwaltungsbehörden und den Bundesrat verbindlich sei und auf die sogenannten übrigen Beschaffungen des Bundes die Rechtsschutzbestimmungen, insbesondere auch Art. 29 BoeB, nicht anwendbar seien. Ausserhalb des

790

Verwaltungsgericht die Situation bei der Übertragung von Leistungen der spitalexternen Krankenpflege (Spitex) an eine private Organisation. Der entsprechende Entscheid der Gemeindestelle (ebenfalls) keine öffentliche Beschaffung dar und unterstehe weder den Vorschriften des Binnenmarktgesetzes noch jenen des interkantonalen und kantonalen Vergaberechts (VG Zürich: VB.2000.00126 E. 2b). Das St. Galler Verwaltungsgericht hat in einem Entscheid betreffend Altpapierentsorgung festgehalten, dass öffentliches Beschaffungsrecht sei insoweit nicht anwendbar, als die Gemeinden für bestimmte Kehrichtarten ein Entgelt erzielen und der Verkauf des Werkstoffs und nicht die Erbringung einer Dienstleistung im Vordergrund stehe (VG St. Gallen: Urteil vom 23. Januar 2007, wiedergegeben in BR 2007, S. 72 f., Nr. 2 mit Anmerkungen von BEYELER); siehe auch oben Rz. 115.

[1609] BRK 3/02 E. 1a, siehe oben Rz. 128. Die Beschaffung von Waffen, Munition und Kriegsmaterial durch die armasuisse ist von den Anwendungsbereichen des ÜoeB und des BoeB ohnehin ausgenommen (vgl. Art. XXIII Ziff. 1 ÜoeB und Art. 3 Abs. 1 lit. e BoeB).

[1610] BRK 4 ff./03.

Anwendungsbereiches des BoeB sei auch die Verwaltungsbeschwerde ausgeschlossen[1611].

791 **2.** Gemäss Art. 2 Abs. 1 lit. d BoeB sind die Post- und Automobildienste der Schweizerischen Post dem BoeB als Auftraggeberin unterstellt, soweit diese nicht **Tätigkeiten in Konkurrenz zu Dritten** ausüben, die dem ÜoeB nicht unterstehen[1612]. Bei einem Auftrag betreffend Lieferung eines Förder- und Verteilsystems für den Import von Paketen, das nicht nur der Post, sondern auch den Zollbehörden dient, kam die BRK zum Schluss, es liefe dem Sinn der Regeln über den Geltungsbereich des BoeB zuwider, wenn der Umstand, dass die Beförderung von Paketpost im internationalen Verkehr nach dem Wortlaut von Art. 3 Abs. 2 lit. b des Postgesetzes[1613] zu den nicht reservierten Diensten[1614] gehört, bei den gegebenen Verhältnissen für die Frage der Unterstellung der Auftraggeberin unter das BoeB ausschlaggebend wäre[1615].

792 **3.** Beschaffungen durch Auftraggeberinnen auf Bundesebene, die von der Aufzählung in Art. 2 BoeB nicht erfasst sind, sind dem Gesetz nicht unterstellt[1616]. So handelt es sich bei der **Skyguide** nicht um eine Vergabebehörde im Geltungsbereich von ÜoeB und BoeB, was zum Nichteintreten auf eine bei der BRK eingereichte Beschwerde führte[1617]. Seit dem Inkrafttreten der **bilateralen Verträge** zwischen der Schweiz und der Europäischen Union bzw. von Art. 2*a* Abs. 2 lit. b VoeB[1618] am 1. Juni 2002 unterstehen dagegen der **Bau und der Betrieb von Eisenbahnanlagen** durch die SBB, durch

---

[1611] Entscheid des Bundesrates vom 5. November 2003, veröffentlicht in VPB 68.11; vgl. auch MOSER, BR Sonderheft Vergaberecht 2004, S. 75 f.

[1612] Der gleiche Gedanke liegt Art. 2*b* VoeB zugrunde, wonach diejenigen Bereiche oder Teilbereiche, welche vom bilateralen Abkommen zwischen der Schweiz und der Europäischen Gemeinschaft über bestimmte Aspekte des öffentlichen Beschaffungswesens betroffen sind, vom UVEK von der Unterstellung befreit werden, wenn unter den Auftraggeberinnen Wettbewerb herrscht; vgl. dazu Verordnung des UVEK über die Nichtunterstellung unter das öffentliche Beschaffungsrecht vom 18. Juli 2002 (SR 172.056.111), SCHALLER in BR 2001, S. 151 und STÖCKLI in BR 2001, S. 164 f. sowie den ersten diesbezüglichen Entscheid des UVEK vom 1. Juni 2002, in dem im Sinne einer Feststellungsverfügung festgehalten wird, dass der (gesamte) Tätigkeitsbereich der Telekommunikation, soweit er in den Anwendungsbereich des bilateralen Abkommens zwischen der Schweiz und der Europäischen Gemeinschaft über bestimmte Aspekte des öffentlichen Beschaffungswesens fällt, dem öffentlichen Beschaffungsrecht nicht unterstellt wird.

[1613] Postgesetz vom 30. April 1997 (PG; SR 783.0).

[1614] Die nicht reservierten Dienste erbringt die Post in Konkurrenz zu den privaten Anbietern (Art. 4 Abs. 1 PG).

[1615] BRK 14/01 (Zwischenentscheid vom 16. November 2001) E. 1a. Zum Problemkreis Post und Vergaberecht vgl. auch BOVET, in BR 2000, S. 123.

[1616] MOSER, AJP 2000, S. 683.

[1617] CRM 7/01 E. 3b.

[1618] Vgl. die Änderung der VoeB vom 30. November 2001 (AS 2002 886 ff.; vgl. überdies die Änderung vom 15. Mai 2002, die auch das EFTA-Übereinkommen einschliesst [AS 2002 1759]). Der Bund setzt das bilaterale Abkommen zwischen der Schweiz und der Europäischen Gemeinschaft über bestimmte Aspekte des öffentlichen Beschaffungswesens in der

die Unternehmen, bei denen sie die Aktienmehrheit besitzen, oder durch andere unter dem beherrschenden Einfluss des Bundes stehende Betreiber von Eisenbahnanlagen (Furka-Oberalp-Bahn) dem BoeB; ausgenommen sind alle Tätigkeiten dieser Unternehmen, die nicht unmittelbar etwas mit dem Bereich Verkehr zu tun haben[1619/1620].

4. Im Unterschied zu den in Art. 3 Abs. 1 BoeB aufgeführten Bereichen, die grundsätzlich vom Geltungsbereich des Gesetzes ausgenommen sind, wird dessen Anwendbarkeit bei den Ausnahmen gemäss Art. 3 Abs. 2 BoeB nicht generell ausgeschlossen. Befindet sich die Vergabestelle grundsätzlich im Anwendungsbereich des BoeB, so kann sie das **freihändige Verfahren** oder das **Einladungsverfahren** nicht frei benutzen, sondern nur dann, wenn eine der gesetzlich vorgesehenen Ausnahmen gegeben ist (z. B. Gefährdung der Sittlichkeit oder der öffentlichen Ordnung und Sicherheit im Sinne von Art. 3 Abs. 2 lit. a BoeB). Die Frage, ob in einem konkreten Fall zu Recht auf eine dem BoeB unterstehende Verfahrensart (offenes Verfahren/ selektives Verfahren) und eine entsprechende **öffentliche Ausschreibung des Auftrages** verzichtet worden ist, kann das Gericht auf Beschwerde hin überprüfen[1621].

793

B. Einschränkungen bei Dienstleistungsaufträgen

Bei Dienstleistungsaufträgen zu beachten ist, dass die Zuständigkeit nur gegeben ist, wenn ein Vertrag zwischen der Auftraggeberin und einer Anbieterin über die Erbringung einer **Dienstleistung nach Anhang 1 Annex**

794

VoeB um, während er das BoeB nicht antastet. Die entsprechende Kompetenz ergibt sich für den Bundesrat aus Art. 2 Abs. 2 BoeB (STÖCKLI, in BR 2002, S. 5 Fn. 19).

[1619] BRK 12/04 E. 1a; Zwischenentscheid des Bundesverwaltungsgerichts B-1774/2006 vom 13. März 2007 E. 1.1.1; vgl. GANZ, AJP 2001, S. 978. Zur früheren Situation BRK 2/00 und ESSEIVA, in BR 2000, S. 127 f. sowie STÖCKLI, in BR 2001, S. 72 f., GANZ, AJP 2001, S. 977 und Bericht KBBK S. 19.

[1620] So ist das Bundesverwaltungsgericht beim Entscheid über ein Gesuch um Erteilung der aufschiebenden Wirkung aufgrund einer prima facie-Würdigung der Aktenlage zum Schluss gelangt, die Altlastensanierung eines Areals, auf dem gegenwärtig Güterwagen abgestellt werden, weise keinen unmittelbaren Zusammenhang mit dem Bereich Verkehr im Sinne von Art. 2a Abs. 2 lit. b VoeB auf. Denn die Sanierungsursache sei nicht auf den Bahnbetrieb zurückzuführen und der Zweck der Sanierung liege darin, umweltrechtlichen Vorschriften nachzukommen, um anschliessend das Grundstück verkaufen zu können (Zwischenentscheid des Bundesverwaltungsgerichts B-93/2007 vom 8. Juni 2007 E. 4.9).

[1621] BRK 5/99; MOSER, AJP 2000, S. 683; vgl. auch oben Rz. 148 ff. zur Wahl der Verfahrens-Art. Dies gilt auch für die von der SBB AG ausgeschriebenen Dienstleistungsaufträge (BRK 12/04 E. 1c; Zwischenentscheid des Bundesverwaltungsgerichts B-1774/2006 vom 13. März 2007 E. 1.1.2).

4 ÜoeB[1622] bzw. Anhang 1 zu Art. 3 Abs. 1 VoeB vorliegt[1623]. Dies wurde bejaht bei einem Vertrag, der es dem Bund ermöglicht, bis zu 500 Seiten pro Jahr den OTS (Original Text Service) zu benutzen, um den Redaktionen Erklärungen oder Communiqués von ausserordentlicher Bedeutung direkt im Wortlaut zukommen zu lassen. Eine solche Dienstleistung fällt unter Ziff. 5 von Anhang 1 zu Art. 3 Abs. 1 VoeB mit der Bezeichnung Fernmeldewesen und dem Verweis auf die CPC-Referenz-Nr. 752. Agentur-Dienstleistungen an die Bundesverwaltung und die Bundeshausjournalisten wie auch deren Zugang zur Datenbank ELSA sind dagegen CPC-Referenz-Nummern (Nrn. 962 bzw. 9631) zuzuordnen, die im abschliessend zu verstehenden Anhang zu Art. 3 Abs. 1 VoeB bzw. in Annex 4 ÜoeB nicht aufgeführt sind und dem sachlichen Anwendungsbereich des BoeB demnach nicht unterstehen[1624]. Auf Nichteintreten mangels Zuständigkeit schloss die BRK auch in einem Fall, in dem es um die Umsetzung der im Auftrag des Bundesamtes für Gesundheit erarbeiteten Studie «Interventionsplan HIV/Aids-Prävention bei Sub-Sahara-MigrantInnen» ging. Denn der Auftrag hatte das Erbringen von Dienstleistungen zum Gegenstand, die schwergewichtig dem Gesundheits- und Sozialbereich, also nicht dem Abschnitt 8, sondern dem Abschnitt 9 der *Zentralen Produkteklassifikation* zuzuordnen waren[1625].

3. Anwendungsbereich in zeitlicher Hinsicht

795 Mit Bezug auf den Anwendungsbereich in zeitlicher Hinsicht hält Art. 37 BoeB im Sinne einer (einzigen) **Übergangsbestimmung** fest, das Gesetz finde auf sämtliche geplanten Aufträge Anwendung, die nach seinem Inkrafttreten ausgeschrieben werden oder, falls die Aufträge ohne Ausschreibung vergeben werden, über die vor dem Inkrafttreten noch kein Vertrag geschlossen wurde. Die übrigen Verfahren richten sich nach altem Recht und sind für die Berechnung des Schwellenwertes nicht massgebend. Für die Frage, ob eine freihändige Vergabe dem alten oder dem neuen Recht unterstellt ist, ist mithin der Zeitpunkt des Vertragsschlusses massgebend. Bei einem Vertragsschluss vor dem 1. Januar 1996 untersteht die freihändige Vergabe dem alten, bei einem Vertragsschluss danach dem neuen Recht. Im konkret zu beurteilenden Fall wurde der Vertrag am 5. Dezember 1994 unterzeichnet und für eine anfängliche Minimaldauer von einem Jahr abgeschlossen, mit

---

[1622] Bzw. Anhang VI zum Abkommen zwischen der Schweiz und der Europäischen Gemeinschaft über bestimmte Aspekte des öffentlichen Beschaffungswesens.
[1623] Art. 5 Abs. 1 b BoeB; MOSER, AJP 2000, S. 683; vgl. auch BELLANGER, in BR 2000, S. 123 f.
[1624] BRK 7/00 E. 3a und STÖCKLI, in BR 2001, S. 62; BELLANGER, in BR 2000, S. 123 f.
[1625] BRK 9/01 E. 2b.

stillschweigender Erneuerung, sofern er jeweils nicht unter Einhaltung einer Kündigungsfrist von sechs Monaten auf Ende Jahr gekündigt wird. In Anwendung von Art. 37 BoeB fiel die freihändige Vergabe im Dezember 1994 nicht in den Anwendungsbereich des BoeB und konnte folglich auch nicht Gegenstand einer sich auf dieses Gesetz stützenden Beschwerde bilden. Das später erfolgte Inkrafttreten des BoeB vermochte die Vergabebehörde auch nicht zu verpflichten, den auf unbestimmte Dauer geschlossenen Vertrag auf Ersuchen eines Konkurrenten hin auf den nächstmöglichen Zeitpunkt zu kündigen und ein neues Verfahren nach den Regeln des BoeB durchzuführen. Da die Erfüllung des Vertrags nicht zum eigentlichen Gegenstand der Regelung des Vergabewesens gehört, würde eine Anwendung ex nunc des BoeB auf den Vertrag darauf hinauslaufen, einen unter der Herrschaft des früheren Rechts gültig festgelegten Vertragsinhalt in Frage zu stellen und eher eine echte, grundsätzlich verbotene als eine unechte Rückwirkung darstellen. Die Kündigung des Vertrags und eine neue, mit den Bestimmungen des BoeB übereinstimmende Vergabe der Dienstleistung lag somit allein im Zuständigkeitsbereich der Vergabebehörde und in deren Verantwortung[1626].

III. Mit Bezug auf kantonale Verwaltungsjustizorgane

1. Nach Art. 9 Abs. 2 BGBM[1627] hat das kantonale Recht für Submissionsstreitigkeiten wenigstens ein Rechtsmittel an eine verwaltungsunabhängige[1628] Behörde vorzusehen. In den meisten Kantonen wird der Rechtsschutz dabei durch das **Verwaltungsgericht** wahrgenommen[1629]. Der Kanton Bern kennt ein zweistufiges Beschwerdeverfahren: Dem Beschwerdeverfahren vor dem Verwaltungsgericht geht ein verwaltungsinternes Beschwerdeverfahren vor der sachlich zuständigen Direktion voraus[1630].

796

[1626] BRK 7/00 E. 3c; vgl. die kritische Anmerkung von ESSEIVA in BR 2000, S. 128, Nr. 41, Anm. 2. Vgl. auch oben Rz. 705 f.
[1627] Zur Entstehungsgeschichte dieser Bestimmung vgl. CLERC, N 10 ff. zu Art. 9 BGBM sowie Botschaft des Bundesrates vom 28. Februar 2001 zur Totalrevision der Bundesrechtspflege (BBl 2001 4468).
[1628] Gemeint ist eine richterliche Behörde, sei es ein Gericht oder eine unabhängige und unparteiische Rekurskommission, die alle verfahrensrechtlichen Garantien im Sinne von Art. 6 Abs. 1 EMRK gewährt (CLERC, N 53 zu Art. 9 BGBM).
[1629] Im Kanton Solothurn übt die Kantonale Schätzungskommission die Funktion der Beschwerdeinstanz aus (§ 31 SubmG/SO), während im Kanton Appenzell-Ausserrhoden der Präsident des Verwaltungsgerichts als Einzelrichter über submissionsrechtliche Streitigkeiten befindet (Art. 4 Abs. 2 SubmG/AR).
[1630] Bis zum 31. Dezember 2002 kannte der Kanton Bern stattdessen ein spezielles Einspracheverfahren bei der Auftraggeberin. Gemäss der damaligen Fassung von Art. 4 Abs. 2 Beitrittsgesetz/BE zur IVöB konnte die auf Einsprache hin ergangene neue Verfügung mit Beschwerde beim Verwaltungsgericht angefochten werden (vgl. VG Bern: Urteil vom 24.

797 **2.** Aufgrund der Formulierung von Art. 5 Abs. 1 Satz 1 BGBM ist davon auszugehen, dass sämtliche Ausgaben, die zur Erledigung von öffentlichen Aufgaben getätigt werden, vom **Binnenmarktgesetz** erfasst werden. Die Rechtsform der Beschaffungsstelle (Aktiengesellschaft, Genossenschaft, usw.) sowie der Umfang der Beschaffung spielen dabei keine Rolle[1631].

798 Auftraggeberin war in dem vom Aargauer Verwaltungsgericht konkret zu beurteilenden Fall die ARA AG. Dabei war davon auszugehen, dass diese trotz ihrer privatrechtlichen Rechtsform finanziell und personell massgeblich von der **öffentlichen Hand mitbeherrscht** wird und öffentliche Aufgaben im Bereich der Abwasserbeseitigung und -reinigung wahrnimmt. Sie war daher ungeachtet ihrer Rechtsform jedenfalls als Trägerin kantonaler bzw. kommunaler Aufgaben zu betrachten und als solche verpflichtet, die Vorschriften des Binnenmarktgesetzes über die öffentliche Beschaffung, insbesondere Art. 5 Abs. 2 und Art. 9 BGBM zu beachten[1632].

799 Unter Bezugnahme auf das sog. **Territorialitätsprinzip** hat das Verwaltungsgericht des Kantons Aargau erkannt, das Submissionsdekret könne nur dann zur Anwendung kommen, wenn ein Unternehmen Aufträge vergebe, die im Zusammenhang mit der im Kanton Aargau selbst ausgeübten Tätigkeit im Bereich der Wasser-, Energie- und Verkehrsversorgung oder Telekommunikation stehen. Vergebe das betreffende Unternehmen im Rahmen seiner ausserkantonalen Tätigkeit oder seiner Tätigkeit im Ausland Aufträge an Dritte, so handle es nicht als Vergabestelle im Sinne von § 30 Abs. 1 SubmD/AG. Weil es im vorliegenden Fall ausschliesslich um die Vergabe bzw. die Nichtausschreibung von Folgeaufträgen für Gas-Kombikraftwerke in Italien gehe, fänden die erwähnten submissionsrechtlichen Bestimmungen keine Anwendung, womit aber auch die Zuständigkeit des Verwaltungsgerichts zu verneinen sei und auf die Beschwerde nicht eingetreten werden dürfe[1633].

800 **3.** Das in Art. 9 Abs. 2 BGBM vorgesehene Recht, eine Streitigkeit im öffentlichen Beschaffungswesen einer verwaltungsunabhängigen Behörde zu unterbreiten, steht sowohl den **ortsfremden** als auch den **ortsansässigen**

August 1999, veröffentlicht in BVR 2000, S. 116 E. 1b und VG Bern: VGE 20992 E. 1a). Das Einspracheverfahren wurde abgeschafft, da es sich offenbar eher um eine Pflichtübung handelte, bestätigte die Auftraggeberin doch praktisch ausnahmslos jeweils ihre erste Verfügung. Mit Bezug auf den Rechtsschutz im Kanton Bern bei unterschwelligen Vergaben vgl. ZIMMERLI, S. 172 f.

[1631] AGVE 2001, S. 350; vgl. auch VG Neuenburg, Urteil vom 17. November 2000, veröffentlicht in RDAF 57/2001 (1. Teil – Verwaltungsrecht), S. 455 E. 2a sowie WAGNER, in BR 2000, S. 134, Anmerkung zu Nr. 59.
[1632] AGVE 2001, S. 350 f.
[1633] AGVE 2005, S. 230 ff.

Anbietern zu[1634]. Damit haben auch Ortsansässige die Möglichkeit, gegen kantonale und kommunale Vergabeentscheide wegen Verletzung verfassungsmässiger Rechte, insbesondere wegen Verletzung des Grundsatzes der derogatorischen Kraft des Bundesrechts, an das Bundesgericht zu gelangen[1635].

Art. 9 BGBM verpflichtet die Kantone, gegen Beschränkungen des freien Marktzugangs Rechtsschutz zu gewähren. Entgegen einem Teil der Lehre bedeutet dies aber nicht, dass sämtliche Vergabeentscheide als anfechtbare Verfügungen ergehen müssen. So verstösst ein kantonales Urteil, welches entsprechend der kantonalgesetzlichen Ordnung die Zulässigkeit einer **Beschwerde gegen die freihändige Vergabe unterhalb der Schwellenwerte** verneint, nicht gegen Art. 9 BGBM bzw. gegen den Grundsatz der derogatorischen Kraft des Bundesrechts (Art. 49 Abs. 1 BV). Für die Zulässigkeit der vom bernischen Gesetzgeber gewählten Regelung lassen sich nach Auffassung des Bundesgerichts eine Reihe gewichtiger Gründe anführen. So liege nicht ohne weiteres auf der Hand, dass und wieso der Bund den Kantonen einen weiter gehenden Rechtsschutz vorschreiben wollte als auf Bundesebene; es sei nicht ersichtlich, weshalb die Kantone bundesrechtlich verpflichtet sein sollten, auch für **Bagatellvergaben** Rechtsmittelverfahren vorzusehen, wenn der Bund selber für solche Fälle keinen Rechtsschutz kenne. Sodann habe die Gewährung einer Anfechtungsmöglichkeit grundsätzlich nur dort einen Sinn, wo das einschlägige Submissionsrecht im Hinblick auf die Bedeutung des Auftrags ein formalisiertes Vergabeverfahren, welches auf die Einholung und Evaluierung von Offerten nach Massgabe bestimmter Vorgaben ausgerichtet sei, überhaupt vorsehe. Die freihändige Vergebung sei kein derartiges Verfahren. Dass zwischen dem Verfahrensaufwand und der Bedeutung des zu vergebenden Auftrages ein vernünftiges Verhältnis bestehen solle, komme auch in Art. 5 Abs. 2 BGBM zum Ausdruck. Soweit der kantonale Gesetzgeber im Einklang mit dem übergeordneten Recht unterhalb der von ihm bestimmten Schwellenwerte die freihändige Vergabe vorsehen dürfe, impliziere dies zugleich, dass grundsätzlich auch kein förm-

801

[1634] BGE 125 I 408 E. 2; vgl. CLERC, N 91 zu Art. 5 und N 67 zu Art. 9 BGBM. Mit Blick auf diesen Entscheid hat das Berner Verwaltungsgericht erkannt, das kantonale Beitrittsgesetz verstosse (nur) insofern gegen Bundesrecht, als es für unterschwellige Vergaben dem in Art. 9 Abs. 2 BGBM verankerten Anspruch auf wenigstens ein Rechtsmittel an eine verwaltungsunabhängige kantonale Beschwerdeinstanz nicht Rechnung trage. Zuschläge kommunaler Vergabestellen, welche die Schwellenwerte gemäss Art. 3 Beitrittsgesetz i.V.m. Art. 7 IVöB nicht erreichen, seien daher nach wie vor gestützt auf Art. 63 VRPG/BE beim Regierungsstatthalteramt anfechtbar. Dessen Entscheid könne dann entgegen Art. 3 und 4 Beitrittsgesetz beim Verwaltungsgericht angefochten werden. Das gelte jedenfalls dort, wo Anbietende aus verschiedenen Gemeinden beteiligt seien (VG Bern: Urteil vom 17. Mai 2000, veröffentlicht in BVR 2000, S. 572).

[1635] WAGNER, in BR 2000, S. 134 (Anmerkung zu BGE 125 I 406).

licher Vergebungsentscheid zu ergehen habe, der Anfechtungsobjekt eines Rechtsmittelverfahrens bilden könnte. Immerhin seien Situationen denkbar, in denen ein Anspruch auf Eröffnung einer Beschwerdemöglichkeit bei freihändig durchgeführter Vergebung unmittelbar gestützt auf Art. 9 BGBM bzw. selbst ohne Grundlage im kantonalen Verfahrensrecht in Erwägung gezogen werden könnte[1636].

802 Ein **völliger Ausschluss** unterschwelliger Vergaben von jeglicher Überprüfung dürfte unter der Herrschaft von Art. 29a BV freilich nicht mehr zulässig sein[1637], doch würde wohl ein zu Art. 25a VwVG analoges Vorgehen den neuen verfassungsmässigen Vorgaben genügen[1638].

803 Für den Kanton **Zürich** gilt, dass gestützt auf Art. 9 BGBM alle nach dem vollständigen Inkrafttreten des BGBM am 1. Juli 1998 ergangenen Vergabeentscheide kantonaler und kommunaler Auftraggeber unmittelbar mit Beschwerde beim Verwaltungsgericht angefochten werden können[1639].

804 **4.** Die zuständige Behörde hat zwar auch in Bereichen, in denen die Vorschriften des öffentlichen Beschaffungswesens nicht zur Anwendung gelangen, stets die Möglichkeit, mittels Ausschreibung oder direkter Einladung Offerten interessierter Anbieter einzuholen. Führt sie indes in einem solchen Bereich[1640] eine Ausschreibung zur Beschaffung bestimmter Leistungen durch, steht gegen das Ergebnis dieser **freiwilligen Submission** keine direkte Beschwerde an das Verwaltungsgericht (ZH) zur Verfügung[1641].

805 **5.** Ein aus **mehreren Gemeinden** bestehender Verein, der den Bau und Betrieb von Kehrichtentsorgungs- und verwertungsanlagen bezweckt, un-

---

[1636] BGE 131 I 140 ff. mit Hinweisen (vgl. auch VG Bern: Urteil vom 7. Juni 2004, veröffentlicht in BVR 2005, S. 352 ff. E. 3 und 4 sowie VG Bern: Urteil vom 21. Januar 2005, veröffentlicht in BVR 2005, S. 501 ff.); zustimmend BEYELER, BR 2005, S. 70 f. Demgegenüber wurde in der Lehre auch die Ansicht vertreten, dass die Rechtsschutzvorschriften von Art. 9 BGBM umfassend Geltung haben und es gerade Sinn und Zweck von Art. 9 Abs. 1 BGBM sei, den vom Verfahren ausgeschlossenen oder den nicht berücksichtigten Anbieterinnen ein Rechtsmittel zur Verfügung zu stellen, mit dem sie – im Lichte des Diskriminierungsverbotes gemäss BGBM – die Rechtmässigkeit einer Vergabe bei einer verwaltungsunabhängigen Beschwerdeinstanz und letztlich mit Beschwerde beim Bundesgericht überprüfen lassen können (GALLI/LEHMANN/RECHSTEINER, S. 170 Rz. 568; CLERC, N 42 und 46 zu Art. 9 BGBM; WAGNER, in BR 2000, S. 134 [Anmerkung zu Nr. 59]; vgl. auch BGE 125 II 91 E. 1c sowie CLERC, N 112 und N 123 zu Art. 5 BGBM sowie N 100 f. zu Art. 9 BGBM).

[1637] Vgl. oben Rz. 781; ETIENNE POLTIER, Le recours en matière de droit public, in: Urs Portmann (Hrsg.), La nouvelle loi sur le Tribunal fédéral, Lausanne 2007, S. 156 sowie MESSERLI, S. 55 Fn. 111 mit Hinweisen.

[1638] HANSJÖRG SEILER, in: Hansjörg Seiler/Nicolas von Werdt/Andreas Güngerich (Hrsg.), Bundesgerichtsgesetz (BGG), Bern 2007, N 48 zu Art. 83 BGG; vgl. auch oben Rz. 787.

[1639] VG Zürich: VB.98.00372 E. 1 f. = BEZ 1999 Nr. 13 = ZBl 1999, S. 372 ff.; VG Zürich: VB.2005.00514 E. 1.

[1640] In concreto bei einem Auftrag zur Lieferung elektrischer Energie.

[1641] VG Zürich: VB.2000.00406 E. 4g.

tersteht als Träger von Gemeindeaufgaben dem öffentlichen Beschaffungsrecht[1642].

Keine öffentliche Beschaffung liegt demgegenüber vor, wenn die andere Partei selber ein Gemeinwesen ist, z.B. bei einem Vertrag zwischen zwei Gemeinden[1643]. So hat das Waadtländer Verwaltungsgericht erkannt, dass die **Delegation öffentlicher Aufgaben** seitens einer Gemeinde an eine andere Gemeinde aufgrund eines verwaltungsrechtlichen Vertrages nicht in den Anwendungsbereich der Gesetzgebung über das öffentliche Beschaffungswesen fällt. Gegen den «Zuschlag» des Kehrichtabfuhrwesens durch die Gemeinde Savigny an die Stadt Lausanne konnte entsprechend keine sich auf Art. 10 SubmG/VD stützende Beschwerde erhoben werden. Die Beschwerde war dagegen insoweit zulässig, als sie sich gegen den Abbruch des mit Bezug auf den gleichen Gegenstand eingeleiteten Vergabeverfahrens richtete[1644].

806

6. Gemäss einem Urteil des Verwaltungsgerichts des Kantons St. Gallen sind die Vorschriften über das Beschaffungswesen auf öffentlich-rechtlich anerkannte **kirchliche Körperschaften** nicht anwendbar, wenn die Beschaffung[1645] den autonomen Bereich der konfessionellen Behörde betrifft. Die in Art. 8 Abs. 1 lit. b IVöB genannten Körperschaften unterstünden der Vereinbarung nur dann, wenn sie vom Kanton unterstellt werden und auch dann nur gegenüber Kantonen, die entsprechend Gegenrecht gewähren. Der Katholische Konfessionsteil des Kantons St. Gallen sei zwar eine öffentlich-rechtliche Körperschaft. Der Kanton St. Gallen habe indes nur die Gemeinden, die keine eigene dem übergeordneten Recht entsprechende Ordnung haben, der IVöB unterstellt, nicht aber die übrigen öffentlich-rechtlichen Körperschaften im Sinne von Art. 8 Abs. 1 lit. b IVöB. Auch seien weder in den Botschaften der Regierung zu den Erlassen über das öffentliche Beschaffungswesen noch in den parlamentarischen Beratungen dieser Erlasse Anhaltspunkte zu finden, dass der Gesetzgeber die Kirchgemeinden und die kirchlichen Körperschaften dem staatlichen Beschaffungsrecht habe unterstellen wollen[1646].

807

Das Zürcher Verwaltungsgericht hat demgegenüber erkannt, dass die Landeskirche und die weiteren vom Staat als Personen des öffentlichen Rechts anerkannten **Kirchgemeinden** grundsätzlich den Vorschriften des Sub-

808

[1642] VG St. Gallen: GVP 2001, Nr. 17.
[1643] MOOR, S. 422 und Fn. 297.
[1644] VG Waadt: Entscheid vom 2. Juli 1999 (RDAF 56/2000 [1. Teil – Verwaltungsrecht], S. 123 ff.
[1645] In concreto der Entscheid über die Renovation einer Kirche bzw. die Entscheidung, bestimmte Personen als Bewerber um den Projektauftrag für eine Kirchenrenovation zuzulassen.
[1646] VG St. Gallen: GVP 2001, Nr. 16.

missionsrechts unterstehen[1647]. Auch in anderen Kantonen (z. B. Aargau) unterstehen die Kirchgemeinden (richtigerweise) dem öffentlichen Beschaffungsrecht[1648].

809 **7.** Ein Auswahlverfahren, bei dem die Gemeinde nicht selber als Abnehmerin einer Sache oder Dienstleistung auftritt, sondern lediglich das **Recht zur Benützung** des **öffentlichen Grundes** erteilt[1649], was es dem betreffenden Unternehmer erst ermöglicht, seine Dienstleistungen dem Publikum zu offerieren, kann schliesslich nicht einem Submissionsverfahren für öffentliche Beschaffungen gleichgesetzt werden[1650].

[1647] VG Zürich: VB.2002.00293 E. 2.
[1648] ELISABETH LANG, ZBl 2002, S. 457. Vgl. auch ESSEIVA, in BR 1999, S. 50.
[1649] In concreto ging es um die Bewilligung für das Aufstellen eines Riesenrads am Jahrmarkt.
[1650] BGE 128 I 146 E. 4.1. Zu Fragen im Zusammenhang mit dem gesteigerten Gemeingebrauch und dem Binnenmarktgesetz vgl. BGE 132 I 101 und ESSEIVA in BR 2006, S. 185, Nr. 107, Anm. 1-3.

3. Kapitel:
Vergabeverfügungen

I. Begründung

1. Verfügungen nach Art. 29 BoeB sind nach den Vorschriften von Art. 23 Abs. 1 und 2 BoeB zu begründen und zu eröffnen, d.h. entweder durch individuelle Eröffnung oder durch Publikation im SHAB[1651]. Diese Regelung stellt eine lex specialis zu Art. 35 Abs. 1 und 3 sowie Art. 36 VwVG dar[1652]. Verfügungen im Geltungsbereich des BoeB können demnach auch lediglich mit einer **summarischen** Begründung versehen werden[1653]. Die BRK hat in diesem Zusammenhang festgehalten, die Anforderungen an die summarische Begründungspflicht gemäss Art. 23 Abs. 1 BoeB seien nicht sehr hoch. So genüge es beispielsweise, der unterlegenen Anbieterin mitzuteilen, die Offerte der Zuschlagsempfängerin habe sich als qualitativ gleichwertig erwiesen, der veranschlagte Preis sei jedoch um Fr. 153 000.– tiefer, wobei zudem noch Hinweise auf die Punktezahl gemäss Bewertungsmatrix gegeben wurden[1654]. Angaben über die ausschlaggebenden Merkmale und Vorteile des berücksichtigten Angebotes bzw. die wesentlichen Gründe für die Nichtberücksichtigung eines eingereichten Angebotes etwa müssen lediglich auf Gesuch hin der nicht berücksichtigten Anbieterin bekannt gegeben werden (Art. 23 Abs. 2 lit. d und e BoeB). Demnach hat die Vergabestelle die Wahl, ob sie von Anfang an die Informationen nach Art. 23 Abs. 2 BoeB als Begründung mitliefern oder erst ein Gesuch abwarten will[1655].

810

Würden durch diese Informationen öffentliche **Interessen verletzt**, gegen Bundesrecht verstossen, berechtigte wirtschaftliche Interessen der Anbieter beeinträchtigt oder der lautere Wettbewerb zwischen ihnen verletzt, so muss die Auftraggeberin die entsprechenden Informationen nicht liefern (Art. 23 Abs. 3 BoeB[1656]). Dabei gilt es freilich zu beachten, dass der nicht berücksichtigten Anbieterin durch die Offenlegung der Vorteile des berücksichtigten

811

[1651] Vgl. ZUFFEREY/MAILLARD/MICHEL, S. 126 ff.
[1652] SCHERRER-JOST, S. 37 Rz. 68.
[1653] Vgl. dazu CARRON/FOURNIER, S. 13.
[1654] BRK 20/00 E. 5b.
[1655] GATT-Botschaft 2, BBl 1994 IV 1194.
[1656] Diese Bestimmung entspricht inhaltlich Art. XVIII Ziff. 4 ÜoeB und findet sich auch in den kantonalen Gesetzgebungen zum Submissionswesen.

Angebotes im Hinblick auf eine mögliche Wiederholung des Verfahrens im Falle der Aufhebung des Zuschlags stets gewisse wirtschaftliche Vorteile eingeräumt werden, da sie nunmehr weiss, wo nach Auffassung der Vergabebehörde die Schwachstellen des eigenen Angebots sind bzw. auf welche Art und Weise sie dieses bei Wiederholung des Submissionsverfahrens zu verbessern hätte. Insofern werden durch die Bekanntgabe der in Art. 23 Abs. 2 BoeB festgehaltenen Tatsachen *immer* in einem gewissen Sinne wirtschaftliche Interessen der berücksichtigten Anbieterin berührt. Der Gesetzgeber hat aber die Bekanntgabe der Informationen nach Art. 23 Abs. 2 BoeB angeordnet, um den Rechtsschutz im Vergaberecht – der von dieser Transparenz abhängig ist – nicht illusorisch zu machen; insofern bedeutet die Information der Anbieterinnen nach Art. 23 Abs. 2 BoeB eine systemimmanente Einbusse des Inhabers des angefochtenen Zuschlags. Diese wird gemildert durch Art. 23 Abs. 3 BoeB, der zu den in Abs. 2 genannten Ausnahmen vom Grundsatz der Vertraulichkeit Gegenausnahmen enthält[1657].

812 Erst aufgrund der in Art. 23 Abs. 2 BoeB genannten Informationen muss die nicht berücksichtigte Anbieterin in der Lage sein, eine substanziierte Beschwerde einreichen zu können. Demnach sind die Anforderungen an die Zuschlagsbegründung[1658] weniger hoch als an eine Verfügung, die den Abbruch des Vergabeverfahrens zum Gegenstand hat, da beim Zuschlag das **Gesuchsverfahren gemäss Art. 23 Abs. 2 BoeB** zur Verfügung steht[1659]. Treffen die an sich umgehend von der Vergabestelle bekannt zu gebenden Informationen gemäss Art. 23 Abs. 2 BoeB erst nach Ablauf der Beschwerdefrist bei der nicht berücksichtigten Anbieterin ein, so wird dieser gemäss Praxis der BRK eine Nachfrist zur Ergänzung der Beschwerde eingeräumt[1660].

813 **2.** In den **Kantonen** werden höchst unterschiedliche Anforderungen an die Begründung von Vergabeverfügungen im Allgemeinen und an die Begründung des Zuschlags im Speziellen gestellt. Nach Art. 13 lit. h IVöB haben die kantonalen Ausführungsbestimmungen die (Mitteilung und) kurze Begründung des Zuschlages zu gewährleisten.

[1657] BRK 20/00 E. 4b.
[1658] Zur Frage der Begründungsdichte von Zuschlagsverfügungen nach Aargauer Recht und Rechtsprechung siehe Entscheid des Verwaltungsgerichts des Kantons Aargau vom 18. Juni 1998 in Sachen S., publiziert in ZBl 2000, S. 129 ff.
[1659] GATT-Botschaft 2, BBl 1994 IV 1194.
[1660] Vgl. GALLI/LEHMANN/RECHSTEINER, S. 164 Rz. 543. Ansonsten ist zu beachten, dass eine Rechtsmittelfrist nicht erstreckbar ist und die Gewährung einer Nachfrist zur Beschwerdeergänzung im Sinne von Art. 53 VwVG auf Ausnahmefälle beschränkt ist und jedenfalls voraussetzt, dass die Beschwerdesache einen aussergewöhnlichen Umfang oder eine besondere Schwierigkeit aufweist (BRK 11/06 [Zwischenverfügung vom 22. August 2006] E. 4b und MOSER, Prozessieren, S. 81, Rz. 2.97).

a) Das Aargauer Verwaltungsgericht hat festgehalten, für die Feststellung, ob ein Vergabeentscheid den zu erfüllenden minimalen Begründungsstandard erfülle, seien die Kurzbegründung gemäss § 20 Abs. 1 Satz 2 SubmD/AG und die erst auf ausdrückliches Verlangen hin zu erteilenden Zusatzauskünfte gemäss § 20 Abs. 2 lit. a bis e SubmD/AG, insbesondere die wesentlichen Gründe für die Nichtberücksichtigung, stets als Einheit zu verstehen; diese beiden Elemente machten nach dem Willen des Gesetzgebers zusammen die genügende Begründung aus[1661].

b) Das Verwaltungsgericht des Kantons Glarus weist darauf hin, dass die **Begründungspflicht** als Bestandteil des verfassungsrechtlichen Anspruchs auf rechtliches Gehör für den Vergabeentscheid auch ausdrücklich in Art. 32 SubmG/GL stipuliert werde. Sie umfasse die Offenlegung der Entscheidgründe, um zu verhindern, dass sich die Behörde von unsachgemässen Motiven leiten lasse, und sei ein Element rationaler und transparenter Entscheidfindung, das nicht zuletzt der Selbstkontrolle der Behörde dienen soll. Schliesslich erhöhe eine für die Beteiligten nachvollziehbare Begründung auch die Akzeptanz des (hoheitlichen) Entscheides. Dies habe gerade für das Submissionsverfahren zu gelten, in welchem die Rationalität und die Transparenz der Entscheidfindung wegen der unbestreitbar bestehenden Gefahr von Ermessensmissbrauch und ungerechtfertigter Bevorzugung von zentraler Bedeutung sei[1662].

c) Das Verwaltungsgericht des Kantons Zürich hat zur Begründungspflicht (eines Vergabeentscheids) ebenfalls ausgeführt, diese ergebe sich aus dem **Anspruch auf rechtliches Gehör**, wie er in Art. 29 Abs. 2 BV verankert sei; sie werde überdies in § 10 Abs. 2 VRG/ZH ausdrücklich festgehalten. Nach den Spezialvorschriften von Art. 13 lit. h IVöB und § 38 Abs. 2 SubmV/ZH sei die Vergabestelle indessen bei der Eröffnung des Zuschlags lediglich zu einer summarischen Begründung verpflichtet; nur auf Gesuch eines Anbieters hin, habe sie diesem die wesentlichen Gründe für seine Nichtberücksichtigung bekannt zu geben (§ 38 Abs. 3 SubmV/ZH). Ob die Vergabebehörde im Zusammenhang mit der Zuschlagseröffnung ihrer Begründungspflicht im vorliegenden Fall hinreichend nachgekommen sei, könne offen bleiben, da eine allfällige **Verletzung** des Anspruchs auf rechtliches Gehör jedenfalls durch die Ausführungen in der Beschwerdeantwort sowie durch die dem Beschwerdeführer eingeräumte Gelegenheit, mittels Replik zur Beschwerdeantwort Stellung zu nehmen, **geheilt** worden sei[1663].

[1661] AGVE 1998, S. 429 f.; VG Aargau: Urteil BE.2001.00173 vom 25. September 2001, E. 3a mit Hinweis. Zur Begründungspflicht vgl. auch ELISABETH LANG, ZBl 2002, S. 475 f.
[1662] VG Glarus: VG.2003.00027 E. 3, VG.2003.00057 E. 6 und 7 sowie VG.2002.00118 E. 6b.
[1663] Das Aargauer Verwaltungsgericht hatte in seiner Rechtsprechung zunächst offen gelassen, ob eine sogenannte Heilung von Begründungsmängeln im Rechtsmittelverfahren überhaupt

Eine Heilung sei auch hinsichtlich allfälliger Verletzungen des *Akteneinsichtsrechts* eingetreten. Eine allfällige Gehörsverletzung sei damit für den Ausgang des Verfahrens nicht mehr von Bedeutung[1664].

817 d) Das St. Galler Verwaltungsgericht hat seinerseits erkannt, der Vermerk, ein bestimmtes Angebot habe sich aufgrund einer Prüfung der massgebenden Zuschlagskriterien als das wirtschaftlich günstigste erwiesen, sei inhaltsleer und genüge den gesetzlichen Anforderungen an die Begründung einer Zuschlagsverfügung nicht. Dass die Angebote nach Massgabe der Zuschlagskriterien geprüft werden, sei eine Selbstverständlichkeit, sage aber nichts über die Gründe aus, die bei der Bewertung massgebend waren und zur Qualifikation eines bestimmten Angebotes führten. Die Beschwerdeführerin rüge zu Recht, dass aufgrund der Verfügung nicht nachvollziehbar gewesen sei, weshalb sie den Zuschlag nicht erhalten habe. Die Vorinstanz hätte in der Begründung der Verfügung – kurz, aber immerhin – darlegen müssen, weshalb sie das Angebot der XY als das wirtschaftlich günstigste qualifiziert habe. Die Zuschlagsverfügung sei somit mangels Begründung **formell fehlerhaft**. Aufgrund der mangelhaften Begründung sei ein zweiter Schriftenwechsel durchgeführt worden. Dies sei ungeachtet des Verfahrensausgangs bei der Kostenverlegung zu berücksichtigen. Fehl gehe im Übrigen auch der Einwand der Vorinstanz, die Vorbringen der Beschwerdeführerin seien ungenügend substanziiert gewesen. Denn die Beschwerdeführerin habe aufgrund der mangelhaften Begründung des Zuschlags gar keine Möglichkeit gehabt, eine sachbezogene Begründung vorzutragen[1665].

818 3. Die Auswahl der Teilnehmer im selektiven Vergabeverfahren stellt nach § 4 lit. c aIVöB-Beitrittsgesetz/ZH[1666] eine anfechtbare Verfügung dar, weshalb sie als solche zu begründen ist. Im zu beurteilenden Fall wurde im **Präqualifikationsentscheid** festgehalten, dass die Gründe für eine Nichtberücksichtigung sehr unterschiedlich gewesen seien. Sodann wurde – nach

---

möglich ist oder an der eingeschränkten Kognition des Verwaltungsgerichts scheitert. Im zu beurteilenden Fall stellte sich die Frage der allfälligen Heilung des Formmangels ohnehin nicht, da auch die von der Vergabestelle in der Vernehmlassung zur Beschwerde nachgeschobene Begründung unzureichend war (AGVE 1998, S. 431; vgl. auch BR 1999, S. 59, Nr. 14, Anm. 4 a.E.). In späteren Entscheiden hat es hingegen regelmässig eine nachträgliche Heilung der Verletzung der Begründungspflicht im Beschwerdeverfahren zugelassen, dem Fehler aber bei der Kostenverlegung angemessen Rechnung getragen (VG Aargau: Urteil BE.97.00372 vom 15. Dezember 2000, E. 9c mit weiteren Hinweisen).

[1664] VG Zürich: VB.2004.00562 E. 3 und VG Zürich: VB.2005.00514 E. 3; vgl. auch VG Zürich: VB.2003.00268 E. 3.1, VG Zürich: VB.2001.00103 E. 4b und VG Zürich: VB.1999.00015 E. 4a sowie VG Thurgau: VGE 99-06-09 E. 2.
[1665] VG St. Gallen: GVP 2000, Nr. 24; vgl. auch VG St. Gallen: Urteil vom 24. Oktober 2002 (E. 3).
[1666] Bzw. Art. 15 Abs. 1bis lit. c Gesetz über den Beitritt zur revidierten Interkantonalen Vereinbarung über das öffentliche Beschaffungswesen vom 15. März 2001.

Fallgruppen geordnet – dargelegt, weshalb die abgewiesenen Projekte nicht für die zweite Stufe ausgewählt worden seien. Es konnte darauf verzichtet werden, im Einzelnen darzulegen, welcher der aufgeführten Nichtberücksichtigungsgründe auf die einzelnen Projekte zutraf. Zu berücksichtigen ist dabei, dass bei Vergabeverfahren in Form von **Wettbewerben mit anonymen Beiträgen** und einer **unabhängigen Jury** aufgrund der durch diese Besonderheiten bereits weitgehend gewährleisteten Objektivität und Transparenz die Anforderungen an die Begründungspflicht weniger streng sind. Den Wettbewerbsteilnehmern war jedenfalls zuzumuten, anhand dieser unterschiedlichen Gründe zu ersehen, weshalb ihr Projekt nicht für die zweite Stufe ausgewählt worden war[1667].

II. Rechtsmittelbelehrung

Die Rechtsmittelbelehrung bildet formelles Gültigkeitserfordernis einer behördlichen Anordnung[1668]. In einem vom Zürcher Verwaltungsgericht zu beurteilenden Fall hatte die Vergabebehörde keine Rechtsmittelbelehrung angebracht mit der Begründung, entsprechend einem Vermerk in den Ausschreibungsunterlagen habe jeder Teilnehmer mit der Abgabe seines Vorprojektes (...) auf die Geltendmachung von Rechtsmitteln nach erfolgter Entscheidungsveröffentlichung verzichtet. Ein solcher **zum Voraus erklärter Rechtsmittelverzicht** ist nach Lehre und Praxis **unwirksam**. Mithin war die Rechtsmittelbelehrung seitens der Vergabebehörde zu Unrecht unterblieben[1669].

819

III. (Selbständige) Anfechtbarkeit

1. In einem Grundsatzentscheid hat sich die BRK mit den Fragen der Anfechtbarkeit der **Ausschreibung** und namentlich der **Ausschreibungsunterlagen** sowie der Verwirkung des entsprechenden Beschwerderechts auseinander gesetzt. Sie hielt in Präzisierung ihrer Rechtsprechung fest, dass Mängel in den Ausschreibungsunterlagen nicht selbständig, sondern mit dem nächstfolgenden Verfahrensschritt, der in eine Verfügung nach Art. 29 BoeB mündet, anzufechten sind. In der Regel wird dies der Zuschlag

820

[1667] VG Zürich: VB.1999.00386 E. 6b; vgl. oben Rz. 659. Zur Begründung eines Präqualifikationsentscheids vgl. auch VG Zürich: VB.2005.00264 E. 5.1.
[1668] Für das Bundesrecht vgl. Art. 35 Abs. 1 a.E. VwVG und für den Kanton Zürich § 10 Abs. 2 VRG/ZH.
[1669] VG Zürich: VB.2001.00103 E. 2 mit Hinweis; vgl. auch unten Rz. 839.

sein[1670]. Mit Bezug auf die Ausschreibung selbst hielt sie am Gebot der unmittelbaren Anfechtung (mit der Konsequenz der Verwirkung) für diejenigen Anordnungen in der öffentlichen Ausschreibung fest, die bereits aus sich heraus als rechtswidrig erscheinen und deren Bedeutung und Tragweite für die Interessenten ohne weiteres erkennbar sind. Dies gilt in der Regel z. B. für Anordnungen betreffend Verfahrensart, Eingabefristen, Zulässigkeit und Rechtsformen von Bietergemeinschaften, Teilangeboten und Varianten, Losbildung oder Verfahrenssprache(n)[1671]. Die Verpflichtung zur sofortigen Anfechtung des erkannten Mangels der öffentlichen Ausschreibung ergibt sich hier nicht nur aufgrund von Art. 29 BoeB, sondern auch aus dem Grundsatz von Treu und Glauben, nach dem sich auch die Anbietenden zu verhalten haben[1672]. Soweit die öffentliche Ausschreibung hingegen Anordnungen enthält, deren volle Bedeutung und Tragweite auch bei objektiver Betrachtungsweise noch wenig klar ist und sich für die Interessenten erst im Verlaufe des weiteren Verfahrens mit genügender Eindeutigkeit ergibt, bleibt die Anfechtungsmöglichkeit in einem späteren Verfahrensabschnitt, gegebenenfalls sogar erst im Rahmen der Zuschlagsverfügung, erhalten. Ob eine selbständige Anfechtung einer in der öffentlichen Ausschreibung enthaltenen Anordnung möglich war oder nicht, die Anordnung mit anderen Worten dafür inhaltlich ausreichend bestimmt war, muss im jeweiligen Einzelfall geprüft werden[1673].

821 Das **Einladungsverfahren** und das **freihändige Verfahren** werden ohne vorgängige Ausschreibung eingeleitet, so dass insofern keine selbständig anfechtbare Verfügung vorliegt und die Vergabebehörde den ersten formellen Entscheid – abgesehen von einem allfälligen Ausschluss eines eingeladenen Anbieters – mit dem Zuschlag zu treffen hat. Es kann bei diesen Verfahren daher auch noch im Rahmen der Anfechtung des Zuschlags geltend gemacht

---

[1670] Vgl. BRK 11/01 E. 3c; BRK 3/01 E. 3b; BRK 3/02 E. 4a, CRM 17/04 E. 3b/bb und CRM 23/05 E. 2c.

[1671] In diesem Sinne hatte die BRK in einem früheren Entscheid auch erkannt, die in einer Ausschreibung enthaltene Beschränkung der Teilnehmerzahl in einem selektiven Verfahren sei von jenen Anbietern unverzüglich anzufechten, die der Ansicht sind, sie liesse sich nicht rechtfertigen durch die Notwendigkeit einer effizienten Abwicklung der Auftragsvergabe. Eine spätere Anfechtung im Rahmen des Entscheids über die Teilnehmerauswahl sei grundsätzlich nicht mehr möglich (CRM 3/98 E. 4 a.E.); vgl. auch VG Waadt: GE 99/0049, BR 1999, S. 147, Nr. 48; vgl. demgegenüber VG Zürich: VB 98.00416 E. 3d.

[1672] Vgl. BGE 130 I 246 E. 4.3 mit Hinweisen sowie CRM 17/04 E. 3c.

[1673] BRK 11/01 E. 3. Vgl. in diesem Sinne auch CARRON/FOURNIER, S. 58 und 74 ff. Ihren Grundsatzentscheid bestätigte die BRK in den Entscheiden BRK 24/03 E. 1f, BRK 18/04 E. 2 und 3 sowie BRK 16/05 E. 2b; vgl. auch BRK 3/06 (Zwischenentscheid vom 20. Juni 2006) E. 3c/cc.

werden, es sei eine falsche Verfahrensart gewählt worden und es hätte eine öffentliche Ausschreibung erfolgen müssen[1674].

Ansonsten sind alle in Art. 29 BoeB bezeichneten Entscheide **selbständig** mit Beschwerde anfechtbar. Dies hat zur Folge, dass bei einem Beschwerdeverzicht, z. B. beim Entscheid über die Auswahl der Teilnehmer im selektiven Verfahren, dieser Entscheid nicht mehr im Rahmen der Zuschlagsverfügung angefochten werden kann[1675].

822

2. Mit Bezug auf das kantonale bzw. interkantonale Beschaffungsrecht hat das **Bundesgericht** festgehalten, allfällige Einwände gegen die in der Ausschreibung oder in den Ausschreibungsunterlagen enthaltenen Anordnungen seien grundsätzlich ohne Verzug zu erheben, d.h. bereits in dem Moment, in dem letztere den Interessenten zur Kenntnis gebracht werden[1676]. Können aber die Ausschreibung und die Ausschreibungsunterlagen, zu denen auch die Angabe der Zuschlagskriterien gehört, selbständig angefochten werden, so darf auf sie nach Auffassung des Bundesgerichts im Anschluss an den Zuschlag grundsätzlich nicht mehr zurückgekommen werden. Es verstiesse gegen Treu und Glauben, wenn ein Anbieter, der sich auf ein Submissionsverfahren eingelassen hat, obwohl er die von ihm als ungenügend erachtete Umschreibung der Zuschlagskriterien in der Ausschreibung hätte anfechten können, noch in diesem Zeitpunkt dagegen Beschwerde führen könnte[1677]. In einem neueren Entscheid hat das Bundesgericht insofern eine begrüssenswerte Einschränkung vorgenommen, als es festgehalten hat, (nur) soweit Mängel der Ausschreibung auf Anhieb und nicht erst im Zeitpunkt des Zuschlags erkennbar seien, müssten sie innert der gemäss kantonalem

823

[1674] BRK 5/99 E. 1b/cc; vgl. auch BRK 7/00 E. 2a und 4 sowie STÖCKLI, in BR 2000, S. 124. Mit Bezug auf das kantonale Recht im gleichen Sinn VG Bern: Urteil VGE 21309 vom 21. März 2002, E. 1a und OG Uri: V 00 28 sowie STÖCKLI, in BR 2001, S. 67 f., Nr. 16, mit Anm. 1; vgl. demgegenüber Entscheid des Waadtländer Verwaltungsgerichts vom 26. Januar 2000, wiedergegeben in BR 2000, S. 131 f., Nr. 53 mit kritischen Anmerkungen von ESSEIVA. Das St. Galler Verwaltungsgericht hat darauf hingewiesen, dass sich der Rechtsschutz bei der freihändigen Vergabe auf die Frage nach der Zulässigkeit der Verfahrensart beschränke. Ein Dritter könne lediglich die Rüge erheben, ein bestimmter Auftrag sei zu Unrecht im freihändigen Verfahren vergeben worden. Ein freihändig vergebener Zuschlag könne dagegen nicht auf die Anwendung von Zuschlagskriterien überprüft werden (VG St. Gallen: GVP 1999, Nr. 36). Vgl. schliesslich auch CARRON/FOURNIER, S. 18 mit Hinweisen in Fn. 35 auf Beispiele rechtswidriger Wahl des freihändigen Vergabeverfahrens (ohne vorgängige Ausschreibung) in der europäischen Rechtsprechung.

[1675] GATT-Botschaft 2, BBl 1994 IV 1200.

[1676] BGE 125 I 206; vgl. auch VG Tessin: Urteil vom 14. Mai 2001, veröffentlicht in RDAT II-2001, S. 64 ff und Urteil des Bundesgerichts 1P.338/2004 vom 11. August 2004, E. 2.1.

[1677] Urteil des Bundesgerichts 2P.222/1999 vom 2. März 2000, E. 3a und STÖCKLI, in BR 2001, S. 67, Nr. 15, Anm. 4 sowie einlässlich WOLF, ZBl 2003, S. 5 ff.; vgl. auch Urteile des Bundesgerichts 2P.184/2005 vom 8. Dezember 2005, E. 3.2.1 und 2P.136/2006 vom 30. November 2006 E. 3.3.

Recht für die Anfechtung der Ausschreibung des Auftrags festgelegten Frist gerügt werden[1678].

824 a) Das St. Galler Verwaltungsgericht hat ausgeführt, die Beschwerdeführerin hätte, wenn sie die **Anwendbarkeit des Beschaffungsrechts** hätte geltend machen wollen, die Ausschreibung im Amtsblatt, in der ausdrücklich vermerkt worden sei, dass die Veranstalterin nicht den Bestimmungen des öffentlichen Beschaffungswesens unterstehe, beim Verwaltungsgericht anfechten und die Nichtanwendung des staatlichen Beschaffungsrechts rügen müssen. Ein Rechtsmittel erst dann zu ergreifen, als die Beschwerdeführerin nicht zur zweiten Phase des Wettbewerbs zugelassen wurde, widerspreche dem Grundsatz von Treu und Glauben[1679].

825 b) Das Verwaltungsgericht des Kantons Freiburg hat erkannt, es gehe nicht an, in einem Beschwerdeverfahren gegen einen Zuschlag den Einwand nicht (mehr) zuzulassen, die **Zuschlagskriterien** hätten in den Ausschreibungsunterlagen **gefehlt**, unter dem Vorwand, man hätte ihn im Rahmen einer Beschwerde gegen die Ausschreibung erheben müssen. Denn das Fehlen von Zuschlagskriterien stelle einen Verstoss gegen das Gebot der Transparenz dar, der sich über die Ausschreibung hinaus auf das ganze Vergabeverfahren auswirke. In diesem Sinne könne er in einem Beschwerdeverfahren gegen den Zuschlag geltend gemacht werden, selbst wenn er bereits mit Beschwerde gegen die Ausschreibung hätte vorgebracht werden können. Im Rahmen der Anfechtung des Zuschlags nicht mehr gerügt werden könne dagegen, ein in der Ausschreibung korrekt veröffentlichtes Kriterium sei ungeeignet; ein solcher Einwand sei unmittelbar mit Beschwerde gegen die Ausschreibung zu erheben[1680]. Das Luzerner Verwaltungsgericht anerkennt die selbständige

---

[1678] Urteil des Bundesgerichts 2P.294/2005 vom 14. März 2006, E. 4.1.
[1679] VG St. Gallen: GVP 2001, Nr. 16. Vgl. auch VG St. Gallen: Urteil vom 24. Oktober 2002 (E. 4), wo ausgeführt wird, gemäss ständiger Rechtsprechung des Verwaltungsgerichts widerspreche es dem Grundsatz von Treu und Glauben, wenn in der Beschwerde gegen den Zuschlag die Rechtswidrigkeit der Ausschreibung geltend gemacht werde. Eine Einladung (zur Abgabe der Offerte) ergehe zwar – anders als die Ausschreibung – nicht als anfechtbare Verfügung. Der Anbieter, der eine Einladung als mangelhaft erachte, habe indes die Möglichkeit, den Auftraggeber um eine Behebung der Mängel oder eine Klärung von offenen Fragen zu ersuchen. Wer vorbehaltlos die Ausschreibung oder Einladungsunterlagen akzeptiere und diese zur Grundlage seines Angebotes mache, dem sei es verwehrt, nach einem für ihn negativen Ausgang des Verfahrens Mängel der Einladung zu rügen. In einem neueren Entscheid hat das St. Galler Verwaltungsgericht seine Praxis grundsätzlich bestätigt, indes festgehalten, Gleichbehandlungsgebot und Diskriminierungsverbot seien Rechtsgrundsätze, welche die Behörde von Amtes wegen zu beachten habe. Die Behörde könne daher die Anbieter nicht mittels Zustimmung zu den Modalitäten des Ausschreibungsverfahrens verpflichten, einen rechtswidrigen Zuschlag zu akzeptieren bzw. auf das Recht zur Anfechtung des Zuschlags zu verzichten (GVP 2005, Nr. 35, S. 178).
[1680] VG Freiburg: 2A 99 15/16/17 E. 2a, MOSER, AJP 2000, S. 689 f. Vgl. auch VG Waadt: Urteil vom 9. Juli 2002 (lit. a der im Internet publizierten Zusammenfassung).

Anfechtbarkeit sowohl der Ausschreibung selbst als auch der Ausschreibungsunterlagen, wobei die Nichtanfechtung der Ausschreibungsunterlagen grundsätzlich nicht zur Folge hat, dass es unzulässig wäre, solche Rügen (erst) bei der Anfechtung des Zuschlags anzubringen[1681]. Ebenfalls eine differenzierte Lösung vertritt das Zürcher Verwaltungsgericht, indem es die selbständige Anfechtung der (öffentlichen) Ausschreibung als **Zwischenentscheid** zwar zulässt, aber daraus nicht den Schluss zieht, der Beschwerdeführer müsse diese sofort anfechten. Eine selbständige Anfechtbarkeit auch der Ausschreibungsunterlagen schliesst es hingegen aus[1682].

c) Das Aargauer Verwaltungsgericht hat sich mit der Frage auseinandergesetzt, zu welchem **Zeitpunkt** die Auswahl und die Gewichtung der Zuschlagskriterien anzufechten sind. Im zu beurteilenden Fall waren diese samt ihrer prozentualen Gewichtung in der öffentlichen Ausschreibung aufgeführt worden. Damit war an sich klar erkennbar, dass dem Preis mit 35 % und den Terminen mit 10 % im Vergleich zur Kompetenz mit 55 % ein vergleichsweise geringes Gewicht zukam. Die Interessenten mussten somit bereits zu diesem Zeitpunkt davon ausgehen, dass für die Vergabestelle die qualitativen Aspekte und nicht der Preis im Vordergrund standen. Hingegen hatten sie weder Kenntnisse von den verschiedenen Teilkriterien noch vom genauen Inhalt der zu vergebenden Leistungen. Vor diesem Hintergrund erschien es nicht sachgerecht, von den Interessenten zu verlangen, bereits gegen die in der öffentlichen Ausschreibung bekannt gegebenen Zuschlagskriterien auf dem Beschwerdeweg vorgehen zu müssen, um die diesbezügliche Rügebefugnis nicht zu verwirken. Das Verwaltungsgericht verneinte auch die Verpflichtung, die Zuschlagskriterien unmittelbar nach Erhalt der Ausschreibungsunterlagen anzufechten; die selbständige Anfechtbarkeit der Ausschreibungsunterlagen sei generell abzulehnen[1683].

826

d) Das Verwaltungsgericht des Kantons Bern schliesslich hält als Grundsatz fest, dass allfällige Mängel der **Ausschreibungsunterlagen** wie bei einer Beschwerde gegen die Ausschreibung selbst innert zehn Tagen zu rügen sind, andernfalls das Beschwerderecht verwirkt ist. Ist aber die Beschwerdefrist

827

[1681] VG Luzern: LGVE 2000 II Nr. 13 E. 4c und 4d sowie STÖCKLI, in BR 2001, S. 67, Nr. 15, Anm. 3. Vgl. auch VG Bern: Urteil VGE 21294 vom 19. März 2002, E. 7b.
[1682] VG Zürich: VB.98.00416 E. 3c/cc und VB.2000.00121 E. 2c. Auch die Praxis des Waadtländer Verwaltungsgerichts hält fest, dass die Ausschreibungsunterlagen – entgegen der Ansicht des Bundesgerichts – keine anfechtbare Verfügung bilden (VG Waadt: Urteil vom 29. Oktober 2001, E. 1c mit Hinweisen).
[1683] VG Aargau: Urteil BE.2002.00041 vom 30. April 2002, E. 3c mit Hinweisen auf die Rechtsprechung der BRK sowie des Zürcher bzw. des Thurgauer Verwaltungsgerichts. Zur Frage der direkten Anfechtbarkeit der Ausschreibung siehe im Übrigen § 24 Abs. 2 lit. a SubmD/AG bzw. zum früheren Recht § 37 Abs. 2 lit. b aSubmD/AG und die Rechtsprechung dazu (VG Aargau: Urteil BE.97.00372 vom 15. Dezember 2000, E. 3b/dd sowie VG Aargau: Urteil BE.98.00141 vom 28. August 1998, E. 5a).

gegen die Ausschreibung zum Zeitpunkt, als die Interessentinnen die Ausschreibungsunterlagen erhielten, bereits abgelaufen, wird es – logischerweise – als zulässig erachtet, die Rügen gegen die Ausschreibungsunterlagen erst anlässlich der Anfechtung des Zuschlags vorzubringen. Die Frage, ob die Beschwerdeführerinnen nach Treu und Glauben nicht gehalten gewesen wären, frühzeitig auf allfällige Mängel der Ausschreibungsunterlagen hinzuweisen, statt diese erst im nachfolgenden Beschwerdeverfahren geltend zu machen, konnte das Gericht offenlassen[1684].

828 **3.** Das öffentliche Vergaberecht unterscheidet klar zwischen dem Zuschlag des Auftrags einerseits und dem Abschluss des Vertrags andererseits[1685]. Der Zuschlag ist zwingend als Verfügung des öffentlichen Rechts auszugestalten (Art. 9 Abs. 1 BGBM; Art. 13 lit. g IVöB), also als individueller, an den Einzelnen gerichteten Hoheitsakt, durch den ein konkretes verwaltungsrechtliches Rechtsverhältnis geregelt wird. Der Zuschlag ist damit öffentlich-rechtlicher Natur und kann mit den im öffentlichen (Submissions-) Recht vorgesehenen Rechtsmitteln angefochten werden. Demgegenüber unterstehen **Vertragsabschluss und Vertrag** dem **Privatrecht**[1686]. Diese Unterscheidung wirkt sich auch im Beschwerdeverfahren aus. Anfechtbar ist nur der Zuschlag, nicht auch der Vertrag, den die Auftraggeberin mit dem erfolgreichen Anbieter eingeht[1687].

829 Bei einem dreistufig organisierten **Zweckverband** mit Betriebskommission als «Exekutive» und Delegiertenversammlung als «Legislative» fällt die Zuschlagserteilung dabei nach Zürcher Recht in die Zuständigkeit der Betriebskommission, während der Vertragsschluss Sache der Delegiertenversammlung ist[1688].

830 **4.** Wird einer Anbieterin durch das **Preisgericht** der Ausschluss vom Vergabeverfahren mitgeteilt, so liegt gemäss Luzerner Rechtsprechung ein anfechtbarer Entscheid vor, sofern davon auszugehen ist, das Preisgericht handle im Auftrag der Einwohnergemeinde, sodass dessen Handlungen und Entscheide ihr zuzurechnen sind[1689].

831 Das Glarner Verwaltungsgericht hat demgegenüber zu Recht festgehalten, die Mitteilung des Zuschlags nach Art. 32 SubmG/GL stelle eine Verfügung im Sinne von Art. 3 VRG/GL dar, die den gesetzlichen Anforderungen nach Art. 70 ff. VRG/GL zu genügen habe. Sie sei namentlich **durch** den

---

[1684] VG Bern: Urteil vom 24. August 2006, veröffentlicht in BVR 2007, S. 177 ff. E. 2.
[1685] Vgl. GAUCH/STÖCKLI, S. 70 f. Ziff. 27.1.
[1686] Vgl. auch oben Rz. 701 f.
[1687] VG Zürich: VB.2000.00183 E. 3a.
[1688] VG Zürich: VB.2000.00183 E. 3b.
[1689] VG Luzern: LGVE 2000 II, Nr. 17, S. 223 ff., BR 2001, S. 158, Nr. 45, zustimmend ESSEIVA, a.a.O., Anm. 2.

Auftraggeber als Vergabebehörde den Beteiligten schriftlich zu **eröffnen**. Eine bloss «indirekte» Mitteilung des Zuschlagsentscheids durch ein beauftragtes Architekturbüro usw. gehe grundsätzlich nicht an[1690], selbst wenn zwischen Behörde und Architekturbüro ein Vertrag abgeschlossen bzw. ein entsprechender Auftrag erteilt worden sei. Schwerer noch wiege aber der Umstand, dass in der Mitteilung des Architekten nicht die Rede von einem Entscheid der Baukommission als Auftraggeberin sei und ein solcher lediglich mit den im Rahmen des Beschwerdeverfahrens eingereichten Akten dokumentiert werde. Damit habe die Mitteilung einen besonders schwerwiegenden Fehler aufgewiesen, der zu ihrer **Nichtigkeit** nach Art. 78 Abs. 1 VRG/GL führe[1691].

Auch das Verwaltungsgericht des Kantons St. Gallen hat die Mitteilung einer Arbeitsvergabe durch die mit der Offertprüfung beauftragte Unternehmung wiederholt als **nichtig** qualifiziert[1692].

832

[1690] Vgl. in diesem Sinn auch das Urteil des Waadtländer Verwaltungsgerichts vom 24. Januar 2002, E. 1, wobei das Gericht den Fehler im konkreten Fall als geheilt erachtete, nachdem er sich auf die Beschwerdeerhebung nicht ausgewirkt hatte.

[1691] VG Glarus: VG.2001.00067 E. III./2c; vgl. auch VG Glarus: VG.2001.00096 E. III./6b und c, wo der Vergabeentscheid des Regierungsrates den Anbietern nur indirekt über eine Mitteilung der Baudirektion und damit mangelhaft eröffnet wurde, was gemäss Art. 77 VRG/GL weder zur Aufhebung des Verwaltungsentscheides noch zu einer Rückweisung führt, sofern den Betroffenen durch den Mangel kein Rechtsnachteil erwachsen ist. Dessen ungeachtet hielt das Gericht dafür, dass bei künftigen Arbeitsvergaben diesen formellen Aspekten (Art. 31 und 32 SubmG/GL) volle Beachtung geschenkt werden müsse.

[1692] VG St. Gallen: Urteil vom 6. Dezember 2005 mit Hinweisen, wiedergegeben in BR 2007, S. 91 f., Nr. 31 mit Anmerkungen von BEYELER.

4. Kapitel:
Beschwerdefrist

1. Nach Art. 30 BoeB müssen Beschwerden innert **20 Tagen** seit Eröffnung der Verfügung beim Bundesverwaltungsgericht eingereicht werden[1693/1694]. Wird eine Zuschlagsverfügung durch Publikation im SHAB eröffnet, so bestimmt sich der Beginn der Beschwerdefrist nach dem Publikationsdatum[1695]. Ein Orientierungsschreiben der Verwaltung, das einem nicht berücksichtigten Anbieter nach Eröffnung der Verfügung zugestellt wird und das lediglich auf eine Abschrift der Verfügung und das diesbezügliche Publikationsdatum verweist, vermag den Beginn des Fristenlaufs nicht hinauszuschieben[1696]. Gerade umgekehrt verhält es sich immer dann, wenn der Zuschlagsentscheid rechtsgenüglich[1697] durch persönliche (Post-)Zustellung eröffnet wird, wobei auch dann die (nachträgliche) Publikation der Zuschlagsverfügung zwingend ist (Art. 24 Abs. 2 BoeB; Art. XVIII Ziff. 1 ÜoeB)[1698/1699]. Die Beschwerdefrist nicht auszulösen vermag die mündliche oder telefonische Mitteilung der Vergabebehörde an die Submittentin, dass ihr Angebot nicht berücksichtigt werden könne und der Zuschlag an eine Konkurrenzfirma erfolgt sei[1700].

833

Art. 22*a* Abs. 1 VwVG enthält die bei Beschwerdeverfahren nach dem Verwaltungsverfahrensgesetz zu beachtenden Vorschriften zum **Stillstand der**

834

[1693] Diese Frist gilt auch mit Bezug auf allfällige selbständig eröffnete Zwischenverfügungen im Sinne von Art. 45 f. VwVG, nachdem es die Spezialfrist von 10 Tagen gemäss Art. 50 aVwVG nicht mehr gibt.

[1694] Bei elektronischer Zustellung (siehe unten Rz. 843) gilt die Frist als gewahrt, wenn das Informatiksystem, welchem die elektronische Zustelladresse der Behörde angehört, vor ihrem Ablauf den Empfang bestätigt hat (Art. 21*a* Abs. 3 VwVG).

[1695] Zum Beginn des Fristenlaufs im Vergabeverfahren des Kantons Zürich vgl. unten Rz. 836.

[1696] BRK 9/00 E. 1b; BRK 12/97 E. 2b.

[1697] Insbesondere unter Beifügung einer Rechtsmittelbelehrung (vgl. Art. 35 VwVG).

[1698] BRK 12/97 E. 2a und STÖCKLI, in BR 2001, S. 63 Nr. 3, Anm. 1.

[1699] Zur Zustellung eines Entscheides im Ausland und der Einhaltung der Beschwerdefrist vgl. Entscheid der Eidgenössischen Personalrekurskommission vom 7. November 2001, veröffentlicht in VPB 66.36, S. 384 ff.; vgl. auch Entscheid der Eidgenössischen Zollrekurskommission vom 23. Mai 2005, veröffentlicht in VPB 69.121, S. 1462 ff.

[1700] BRK 8/96 (Zwischenentscheid vom 17. Februar 1997) E. 1c und GALLI, Rechtsprechung, S. 106; BRK 18/00 E. 1e. Mit Bezug auf das kantonale Recht im gleichen Sinn VG St. Gallen: GVP 1999, Nr. 33 sowie STÖCKLI, in BR 2001, S. 70, Nr. 24.

Fristen während der Gerichtsferien[1701]. Diese Bestimmung gilt auch für das Verfahren vor dem Bundesverwaltungsgericht. Denn der in Art. 26 Abs. 2 BoeB festgehaltene Ausschluss der Anwendbarkeit von Art. 22a VwVG ist ausdrücklich auf das Verfügungsverfahren nach dem 4. Abschnitt des BoeB beschränkt[1702]. Die Eröffnung der Verfügung (Art. 23 und 24 BoeB) gehört noch zum Verfügungsverfahren und schliesst dieses ab. Die Beschwerdefrist ist demgegenüber im 5. Abschnitt geregelt. Art. 30 BoeB bestimmt, dass Beschwerden innert 20 Tagen seit Eröffnung der Verfügung einzureichen sind. Der mit der Eröffnung beginnende Fristenlauf ist somit aufgrund der Gesetzessystematik bereits Teil des Beschwerdeverfahrens, auf das Art. 26 Abs. 2 BoeB nicht anwendbar ist[1703]. Zu beachten ist dagegen die neue Bestimmung von Art. 22a Abs. 2 VwVG, wonach dessen Abs. 1 (über den Fristenstillstand) nicht gilt in Verfahren betreffend aufschiebende Wirkung und andere vorsorgliche Massnahmen[1704].

835   **2.** Gemäss Art. 15 Abs. 2 IVöB sind Beschwerden schriftlich und begründet innert **10 Tagen** seit Eröffnung der Verfügungen einzureichen[1705]. Diese Frist entspricht der Minimalfrist nach Art. XX Ziff. 5 ÜoeB. Zu beachten ist, dass im Anwendungsbereich der IVöB **keine Gerichtsferien** (mehr) gelten (Art. 15 Abs. 2bis IVöB)[1706]. Bei einer Beschwerde betreffend eine Beschaffung, die sich weder im Anwendungsbereich der IVöB noch des ÜoeB befindet, die aber das Diskriminierungsverbot gemäss BGBM verletzt, entspricht die Beschwerdefrist jener des betreffenden kantonalen Verwaltungsverfahrensrechts, d.h. in der Regel **30 Tage**[1707]. Die Kantone können freilich verfahrensrechtliche Spezialvorschriften in dem Sinne vorsehen, dass sie Beschwerden wegen Verletzung des BGBM den gleichen Regeln unterstellen, die für Beschwerdeverfahren im Anwendungsbereich der IVöB

[1701] Neu fällt auch der 2. Januar in den Fristenstillstand.
[1702] BRK 1/96 E. 1a; MOSER, Prozessieren, S. 55, Rz. 2.49; STÖCKLI, in BR 2001, S. 63 Nr. 3, Anm. 2.
[1703] BRK 9/01 E. 5b.
[1704] Der neue Absatz 2 trägt dem Umstand Rechnung, dass Verfahren betreffend aufschiebende Wirkung und andere vorsorgliche Massnahmen keinen Aufschub ertragen. Der Fristenstillstand findet daher in diesen Verfahren keine Anwendung.
[1705] Das Recht des Kantons Freiburg sieht gegenüber den Vergabeentscheiden der Gemeinden einen doppelten Instanzenzug vor, und zwar vorerst an den Oberamtmann (Préfet) des betreffenden Bezirks und alsdann an das Verwaltungsgericht. Die 10-tägige Beschwerdefrist von Art. 15 Abs. 2 IVöB gilt dabei sowohl mit Bezug auf das Beschwerdeverfahren vor dem Oberamtmann als auch hinsichtlich jenes vor dem Freiburger Verwaltungsgericht (Urteil des Bundesgerichts 2P.96/2002 vom 9. September 2002, E. 3 und 4).
[1706] Art. 36 Abs. 2 SubmG/TI hält seinerseits fest, dass die im – Unterschied zu Art. 15 Abs. 2 IVöB – 15 Tage betragende Beschwerdefrist während der Gerichtsferien nicht stillsteht (vgl. MALFANTI, RDAT I-2001, S. 453).
[1707] Vgl. BOVET, in RDAF 57/2001 (1. Teil – Verwaltungsrecht), S. 419 mit Hinweis; CARRON/ FOURNIER, S. 70 f.

bzw. des ÜoeB gelten, namentlich mit der auf 10 Tage verkürzten Beschwerdefrist[1708].

3. Nach einem neueren Urteil des Verwaltungsgerichts des Kantons **Zürich** beginnt die Beschwerdefrist grundsätzlich mit der Zustellung des Vergabeentscheids nach § 38 Abs. 1 SubmV/ZH zu laufen, was freilich voraussetzt, dass die Rechtsmittelbelehrung in diesem Sinn abgefasst worden ist. Wurde der Entscheid schon vor der individuellen Zustellung publiziert, ist die Veröffentlichung für den Fristenlauf nicht massgeblich. Erfolgt die Publikation erst nach der Zustellung, besteht zwar ebenfalls keine sachliche Notwendigkeit, den Lauf der Rechtsmittelfrist neu beginnen zu lassen; ob ein Adressat sich dennoch auf die nochmalige Eröffnung verlassen darf, beurteilt sich nach Treu und Glauben und hängt vor allem davon ab, wie die Rechtsmittelbelehrung lautet. Damit aus einer nachträglichen Publikation keine Unklarheit entsteht, die aus Gründen des Vertrauensschutzes zu einem nochmaligen Beginn des Fristenlaufs führen kann, empfiehlt es sich daher, die Verfügung mit einer angepassten Rechtsmittelbelehrung zu versehen, wonach die Beschwerdefrist nur für Betroffene, denen der Entscheid nicht zugestellt wurde, mit der Veröffentlichung zu laufen beginnt. Bei diesem Vorgehen ist die Publikation nur noch in Ausnahmefällen für den Beginn der Rechtsmittelfrist massgebend; zum Beispiel dann, wenn ein Konkurrent eine freihändig erfolgte Vergabe anfechten will oder wenn der Entscheid einem ausländischen Anbieter nicht innert nützlicher Frist zugestellt werden kann[1709].

836

4. Mit Bezug auf den Kanton **Basel-Stadt** zu beachten ist, dass die in § 27 in Verbindung mit § 30 des kantonalen Beschaffungsgesetzes vorgesehene Regelung insoweit ungewöhnlich ist, als die Frist von 10 Tagen für die Anfechtung des Zuschlagsentscheides – je nachdem, ob die Begründung der strittigen Punkte bereits im zuerst eröffneten, summarisch begründeten Entscheid oder aber erst in dem auf Verlangen zugestellten näher begründeten «weiteren Entscheid» enthalten ist – zu unterschiedlichen Zeitpunkten zu laufen beginnt, was zu entsprechenden Unsicherheiten bei den Betroffenen führen kann[1710].

837

5. Nennt eine interne kantonale Beschwerdeinstanz **fälschlicherweise** eine Beschwerdefrist von 30 Tagen statt der nach kantonalem Submissionsrecht massgebenden spezialgesetzlichen Frist von 10 Tagen, so kann sich ein Anwalt nicht auf den Vertrauensschutz berufen, da er den Mangel allein

838

[1708] CLERC, Diss., S. 521 f.
[1709] VG Zürich: VB.2004.00477 E. 3.
[1710] Und in der Praxis auch geführt hat (vgl. Urteil des Bundesgerichts 2P.147/2006 vom 24. Oktober 2006, E. 2).

schon durch Konsultierung des massgeblichen Gesetzestextes hätte erkennen können, der überdies auch auf dem Internet in französischer Sprache verfügbar ist[1711].

839 **6.** Ist eine Rechtsmittelbelehrung zu Unrecht unterblieben, beginnt die Rechtsmittelfrist nicht zu laufen. Das **Fehlen jeglicher Rechtsmittelbelehrung** bedeutet jedoch nicht, dass ein Rechtsmittel noch beliebig lang erhoben werden könnte. Vielmehr wird von den Rechtsuchenden in Anwendung des auch im prozessualen Bereich geltenden Grundsatzes von Treu und Glauben erwartet, dass sie sich innert angemessener Frist nach den zulässigen Rechtsmitteln erkundigen und allenfalls solche ergreifen[1712]. Dies hatten die Beschwerdeführer in einem vom Zürcher Verwaltungsgericht zu beurteilenden Fall getan. Nachdem die Mitteilung des Vergabeentscheids vom 28. Februar keine Rechtsmittelbelehrung aufwies, ersuchten sie am 6. März um die Eröffnung einer solchen, was die Vergabestelle wiederum am 20. März ablehnte. Daraufhin wurde am 27. März Beschwerde erhoben. Die Beschwerdeführer hatten demnach jeweils innert weniger Tage – mithin innert angemessener Frist – reagiert, weshalb die Beschwerde als rechtzeitig zu qualifizieren war[1713].

840 **7.** Wurde ein Auftrag ohne formellen Entscheid direkt und ohne vorherige Veröffentlichung vergeben, so vermag dies am Verfügungscharakter des Zuschlags nichts zu ändern; der Vergabeentscheid gilt spätestens mit dem Abschluss des Werkvertrags als erfolgt. Ein benachteiligter Anbieter kann die Vergabe innert 10 Tagen **nach Kenntnisnahme** mit Beschwerde anfechten[1714].

[1711] Urteil des Bundesgerichts 2P.56/2006 vom 17. März 2006, E. 2, Esseiva, in BR 2006, S. 192 f. Nr. 123, Anm. 1 sowie Beyeler, Jusletter 14. Mai 2007 Rz. 90; vgl. auch Urteil des Bundesgerichts 2P.287/2006 vom 16. April 2007, E. 2-4.
[1712] Vgl. Urteil des Bundesgerichts 1A.278/2005 vom 23. Januar 2006, E. 3; vgl. auch Urteil des Bundesgerichts 2P.287/2006 vom 16. April 2007, E. 2.
[1713] VG Zürich: VB.2001.00103 E. 2 mit Hinweis. Vgl. auch das Urteil des Waadtländer Verwaltungsgerichts vom 24. Januar 2002 (E. 1). Dort wurde die Beschwerde zwar nach Ablauf der gesetzlichen Frist von 10 Tagen gemäss Art. 10 Abs. 2 SubmG/VD eingereicht, doch enthielt die angefochtene Verfügung ebenfalls weder eine Rechtsmittelbelehrung noch die Angabe einer Rechtsmittelfrist. Der nicht durch einen Anwalt vertretene Beschwerdeführer handelte binnen einer Frist, die der Beschwerdefrist gemäss aOG entsprach, mithin innert einer Frist, die als angemessen zu bezeichnen war. Das Gericht erklärte seine Beschwerde daher als rechtzeitig erhoben.
[1714] VG Zürich: VB.1999.00106 E. 2; vgl. auch VG Bern: BVR 1998, S. 72 ff., sowie VG St. Gallen: GVP 2001, Nr. 17. Zur Berechnung der Beschwerdefrist im freihändigen Verfahren oder im Einladungsverfahren vgl. auch Esseiva, in BR 2000, S. 52 sowie Carron/Fournier, S. 58 und 73.

8. Die Frist zur **Anfechtung** der **Ausschreibungsunterlagen,** soweit diese überhaupt anfechtbar sind[1715], beginnt nicht mit der Publikation der Ausschreibung im Amtsblatt zu laufen, sondern mit der Zustellung der Unterlagen an die Interessenten[1716].

841

9. Zur Einreichung einer Beschwerde in öffentlich-rechtlichen Angelegenheiten gemäss Art. 82 ff. BGG beträgt die Frist **30 Tage**. Die Frist beginnt mit der Eröffnung der vollständigen Ausfertigung des angefochtenen Entscheids (Art. 100 Abs. 1 BGG)[1717], d.h. mit der Eröffnung des begründeten Entscheids. Binnen der gleichen Frist ist eine subsidiäre Verfassungsbeschwerde gemäss Art. 113 ff. BGG zu erheben (vgl. Art. 117 BGG). Zu beachten ist der Stillstand der Frist während der Gerichtsferien gemäss Art. 46 Abs. 1 BGG. Denn es besteht kein Grund zur Annahme, dass die Vorschriften betreffend die Gerichtsferien über den Wortlaut der Bestimmung betreffend den Stillstand der Fristen hinaus immer dann nicht gelten sollen, wenn ein Verfahren aus irgendwelchen Gründen rasch durchzuführen ist[1718]. Nach Art. 46 Abs. 2 BGG gilt die Vorschrift über den Fristenstillstand dagegen nicht in Verfahren betreffend aufschiebende Wirkung und andere vorsorgliche Massnahmen. Gegen das unrechtmässige Verweigern oder Verzögern eines Entscheids kann schliesslich jederzeit Beschwerde geführt werden (Art. 100 Abs. 7 BGG).

842

[1715] Vgl. oben Rz. 820 ff.
[1716] VG Tessin: Urteil vom 14. Mai 2001, veröffentlicht in RDAT II-2001, S. 66 f. E. 3.
[1717] Art. 48 Abs. 2 BGG regelt, dass im Falle der elektronischen Zustellung (siehe unten Rz. 843) die Frist gewahrt ist, wenn der Empfang bei der Zustelladresse des Bundesgerichts vor Ablauf der Frist durch das betreffende Informatiksystem bestätigt worden ist.
[1718] Urteil des Bundesgerichts 2P.222/1999 vom 2. März 2000, E. 1.

5. Kapitel:
Beschwerdeschrift und Sprache des Beschwerdeverfahrens

I. Form, Rechtsbegehren und Begründung der Beschwerde

1. Das neue Bundesgerichtsgesetz führt den **elektronischen Rechtsverkehr** ein. Das bedeutet, dass Parteien und Anwälte ihre Eingaben ans Bundesgericht grundsätzlich auch *per Mail* einreichen können und das Bundesgericht seine Entscheide im Gegenzug per Mail eröffnen kann. Gewöhnliche Mails bleiben allerdings weiterhin ungültig[1719]. Art. 42 Abs. 4 BGG hält in diesem Zusammenhang fest, dass bei Benutzung der elektronischen Zustellung das Dokument, das die Rechtsschrift und die Beilagen enthält, von der Partei oder ihrem Vertreter mit einer anerkannten elektronischen Signatur[1720] versehen werden muss[1721]. Auch Eingaben an das Bundesverwaltungsgericht können elektronisch zugestellt werden (Art. 21*a* VwVG)[1722].

2. In einer Beschwerde an das Bundesverwaltungsgericht sind die **Rechtsbegehren** in der Beschwerdeschrift zu nennen (Art. 52 Abs. 1 VwVG). Der Antrag auf Feststellung der Rechtswidrigkeit gilt dabei als im Antrag auf

843

844

[1719] Annette Dolge, Elektronischer Rechtsverkehr zwischen Bundesgericht und Parteien, in AJP 2007, S. 299.

[1720] Vgl. dazu das Bundesgesetz vom 19. Dezember 2003 über Zertifizierungsdienste im Bereich der elektronischen Signatur (Bundesgesetz über die elektronische Signatur; SR 943.03) sowie Dolge, a.a.O., S. 300 ff.

[1721] Die «e-mail Beschwerde» ist Teil des Projekts «Jus-Link» (www.juslink.ch). In welchem Format die elektronische Zustellung erfolgen kann, bestimmt das Bundesgericht in seinem Reglement über den elektronischen Rechtsverkehr mit Parteien und Vorinstanzen vom 5. Dezember 2006 (SR 173.110.29). Vorausgesetzt ist insbesondere eine vorgängige Registrierung gemäss Art. 3 des Reglements.

[1722] Die Parteien ihrerseits können gegenüber dem Bundesgericht bzw. dem Bundesverwaltungsgericht eine elektronische Zustelladresse angeben und ihr Einverständnis erklären, dass Zustellungen (namentlich der Versand von Urteilen) auf dem elektronischen Weg erfolgen (Art. 39 Abs. 2 und Art. 60 Abs. 3 BGG bzw. Art. 11*b* Abs. 2 VwVG). Als Fernziel soll der gesamte Verkehr mit Gerichts- und Verwaltungsbehörden auf elektronischem Weg geschehen können. Mit Bezug auf die praktischen Schritte, die zur Einreichung von Rechtsschriften und für den Empfang von Gerichtsurkunden notwendig sind, siehe Jacques Bühler, Der elektronische Rechtsverkehr mit dem Schweizerischen Bundesgericht, in AnwaltsRevue 2007, S. 204 ff.

Aufhebung des Zuschlags sinngemäss mitenthalten[1723]. Nicht stattzugeben war einem Antrag, es sei der Inhalt der Beschwerdeschrift bis zum Erhalt der Begründung der Zuschlagsverfügung weder der Vergabebehörde noch der Zuschlagsempfängerin zur Kenntnis zu bringen[1724]. Die Rechtsbegehren können nach Ablauf der Beschwerdefrist nicht erweitert, sondern höchstens präzisiert werden. Einzig **Gesuche betreffend aufschiebende Wirkung** und vorsorgliche Massnahmen sind ihrer prozeduralen Natur wegen grundsätzlich auch nachträglich noch zuzulassen[1725]. Allerdings handelt der Beschwerdeführer diesfalls auf eigenes Risiko. Die Vergabebehörde darf nämlich nach Ablauf der Beschwerdefrist in einem Fall, in welchem bis zu jenem Zeitpunkt kein Gesuch um Erteilung der aufschiebenden Wirkung gestellt worden ist, in guten Treuen den Vertrag mit der ausgewählten Anbieterin abschliessen. Dadurch kann ein erst nach Ablauf der Beschwerdefrist gestelltes Gesuch um Gewährung des Suspensiveffektes wirkungslos werden[1726]. Ausserdem kann sich ein erst nach Ablauf der Beschwerdefrist gestelltes Gesuch um vorsorglichen Rechtsschutz, selbst wenn der Vertrag bis zu jenem Zeitpunkt noch nicht abgeschlossen worden ist, bei der im Hinblick auf den Entscheid betreffend Gewährung des Suspensiveffekts vorzunehmenden Interessenabwägung zum Nachteil des Beschwerdeführers auswirken[1727].

845 Das Verwaltungsgericht des Kantons St. Gallen stellt in seiner Praxis an den Antrag einer Beschwerde gegen einen Zuschlag keine hohen Anforderungen. So hat es den in der Beschwerdeschrift gestellten Antrag, der Vergabeentscheid sei zu überprüfen und zu korrigieren, grundsätzlich als genügend erachtet, nicht dagegen einen Antrag, in dem lediglich die Prüfung der Angelegenheit verlangt wurde. Weiter hat es festgehalten, dass innerhalb der gesetzlichen Rechtsmittelfrist eine vollständige Beschwerdeschrift mit Antrag, Darstellung des Sachverhalts und Begründung einzureichen und eine **nachträgliche** Ergänzung und **Erweiterung** des Rechtsbegehrens **nicht zulässig** ist. Wenn eine Verfügung mangelhaft begründet sei und ihre Motive erst in der Beschwerdeantwort dargelegt werden, so erhalte zwar der Beschwerdeführer Gelegenheit, dazu Stellung zu nehmen und damit seine Beschwerde gleichsam zu ergänzen. Das Rechtsbegehren könne aber in der Stellungnahme zur Beschwerdeantwort nicht mehr erweitert werden[1728].

[1723] BGE 132 I 90, E. 3.2; Urteil des Bundesgerichts 2P.307/2005 vom 24. Mai 2006, E. 2; BRK 24/05 E. 2 sowie BRK 1/06 E.2c; vgl. unten Rz. 857.
[1724] Vgl. BRK 16/06.
[1725] MOSER, Prozessieren, S. 77, Rz. 2.88.
[1726] GALLI, Rechtsprechung, S. 107.
[1727] CRM 8/97 (Zwischenentscheid vom 26. März 1997) E. 2c mit Hinweisen; CLERC, Diss. S. 545.
[1728] VG St. Gallen: GVP 2001, Nr. 18. Zur Begründung des Zuschlags und der Beschwerde vgl. auch VG St. Gallen: Urteil vom 6. Dezember 2005, wiedergegeben in BR 2007, S. 91, Nr. 30 mit Anmerkungen von BEYELER.

2. Mit Bezug auf die **Rangordnung** zwischen Begehren auf Aufhebung der angefochtenen Zuschlagsverfügung und Feststellung von deren Rechtswidrigkeit hat das Waadtländer Verwaltungsgericht festgehalten, es sei zweifelhaft, ob sich ein nicht berücksichtigter Mitbewerber auf ein Feststellungsbegehren beschränken könne, obschon es für ihn möglich sei, die Aufhebung des Zuschlags zu beantragen. Da im zu beurteilenden Fall eine der Beschwerdeführerinnen indes hauptsächlich auf Aufhebung der Zuschlagsverfügung und nur subsidiär auf Feststellung der Rechtswidrigkeit schloss, konnte die Frage offen gelassen werden[1729]. Das Verwaltungsgericht des Kantons Basel-Landschaft führte aus, dass das **Feststellungsbegehren** auch im vergaberechtlichen Beschwerdeverfahren grundsätzlich **subsidiärer** Natur sei, dass es also nur dann gestellt werden könne, wenn der Beschaffungsvertrag abgeschlossen worden sei. Dieser Grundsatz gelte jedoch nicht uneingeschränkt; sofern ausnahmsweise trotz Möglichkeit der Aufhebung der angefochtenen Verfügung ein selbständiges Feststellungsinteresse bestehe, könne ein übergangener Anbieter auch direkt die Feststellung der Rechtswidrigkeit verlangen. Im konkreten Fall anerkannte das Gericht ein solches Interesse im Umstand, dass das Verhältnis zwischen dem Beschwerdeführer und der Vergabestelle zerrüttet und jeglicher Vertrauensbasis beraubt sei, so dass eine konstruktive Zusammenarbeit nicht mehr zu erwarten sei[1730].

846

3. Im Beschwerdeverfahren vor dem Bundesgericht dürfen **neue Tatsachen** und **Beweismittel** nur so weit vorgebracht werden, als erst der Entscheid der Vorinstanz dazu Anlass gibt. Neue Begehren sind unzulässig (Art. 99 BGG)[1731].

847

In der **Begründung**[1732] einer Beschwerdeschrift an das Bundesgericht ist in gedrängter Form darzulegen, inwiefern der angefochtene Entscheid Recht verletzt[1733]. Ist eine Beschwerde – wie auf dem Gebiete der öffentlichen Beschaffungen[1734] – nur unter der Voraussetzung zulässig, dass sich eine

848

[1729] VG Waadt: GE 00/00136 E. 1c/ee, vgl. BR 2001, S. 163, Nr. 60.
[1730] VG Basel-Landschaft: Urteil vom 11. September 2003 (BEYELER, BR Sonderheft Vergaberecht 2006, S. 95).
[1731] Im Verfahren der staatsrechtlichen Beschwerde waren (lediglich) solche neuen Vorbringen erlaubt, zu deren Geltendmachung erst die Begründung des angefochtenen Entscheides Anlass gab, sowie Gesichtspunkte, die sich derart aufdrängten, dass sie von der kantonalen Instanz von Amtes wegen hätten berücksichtigt werden müssen (BGE 129 I 57 E. 3 mit Hinweisen; Urteil des Bundesgerichts 2P.146/2006 vom 8. November 2006, E. 1.4).
[1732] Zur Beschwerdebegründung im Verfahren vor dem Bundesverwaltungsgericht bzw. der BRK vgl. Art. 52 Abs. 1 VwVG und MOSER, Prozessieren, S. 78, Rz. 2.89.
[1733] Zur qualifizierten Rügepflicht im Rahmen von Art. 106 Abs. 2 BGG, d.h. wenn eine Verletzung von Grundrechten bzw. von kantonalem oder interkantonalem Recht geltend gemacht wird, siehe auch unten Rz. 915.
[1734] Siehe oben Rz. 774.

Rechtsfrage von grundsätzlicher Bedeutung stellt[1735], so ist auszuführen, warum diese Voraussetzung erfüllt ist (Art. 42 Abs. 2 BGG). Im Übrigen ist darauf hinzuweisen, dass die Beschwerde, die sich gegen ein Urteil richtet, das auf mehreren, voneinander unabhängigen Begründungen beruht, sich mit jeder von ihnen auseinandersetzen und dartun muss, dass der Entscheid nach jeder dieser Begründungen[1736] Recht verletzt. Tut sie dies nicht, ist die Beschwerdeschrift nicht geeignet, die Rechtswidrigkeit des Entscheides darzulegen und erfüllt damit die Voraussetzungen einer hinreichenden Begründung im Sinne von Art. 42 Abs. 2 BGG nicht[1737].

II. Sprache des Beschwerdeverfahrens

849 Gemäss neuem Art. 33*a* Abs. 2 VwVG ist im Beschwerdeverfahren vor dem Bundesverwaltungsgericht die Sprache des angefochtenen Entscheids massgebend[1738]. Verwenden die Parteien eine andere Amtssprache[1739], so kann das Verfahren in dieser Sprache geführt werden[1740]. Reicht eine Partei Urkunden ein, die nicht in einer Amtssprache verfasst sind, so kann die Behörde mit dem Einverständnis der anderen Parteien darauf verzichten, eine Übersetzung zu verlangen. Im Übrigen ordnet die Behörde eine Übersetzung an, wo dies nötig ist (Art. 33*a* Abs. 3 und 4 VwVG[1741]).

[1735] Siehe oben Rz. 775.
[1736] Auch der subsidiären Erwägungen.
[1737] Urteil des Bundesgerichts 1B_9/2007 vom 19. März 2007, E. 6.3; vgl. auch BGE 132 I 17 E. 3 sowie Urteile des Bundesgerichts 2P.196/2001 vom 2. Oktober 2001, E. 1a mit Hinweisen und 2P.265/2004 vom 25. November 2004, E.2.3. Ist die Begründung (offensichtlich) ungenügend, tritt das Bundesgericht auf die Beschwerde nicht ein (Art. 108 Abs. 1 lit. b BGG).
[1738] Die BRK hatte demgegenüber ihre Entscheide aufgrund von Art. 37 aVwVG in der Amtssprache zu verfassen und zu eröffnen, in welcher der Beschwerdeführer seine Rechtsbegehren gestellt hatte; dies galt auch dann, wenn die angefochtene Verfügung in einer anderen Sprache abgefasst war.
[1739] Vgl. Art. 70 Abs. 1 BV.
[1740] Für das Verfahren vor dem Bundesgericht gilt mit Art. 54 Abs. 1 BGG eine inhaltlich gleich lautende Bestimmung.
[1741] Bzw. Art. 54 Abs. 3 und 4 BGG für das Verfahren vor dem Bundesgericht.

6. Kapitel:
Beschwerdelegitimation und Verfahrensbeteiligung

I. Beschwerdelegitimation[1742]

1. Im Allgemeinen

1. Weder das Vergaberecht des Bundes noch die Interkantonale Vereinbarung regeln, wer zur Anfechtung eines Vergabeentscheids befugt ist. Die Frage beurteilt sich daher nach dem **allgemeinen Verfahrensrecht** des Bundes[1743] bzw. nach dem anwendbaren kantonalen Verfahrensrecht. Für die Beschwerde ans Bundesverwaltungsgericht und für die Beschwerde in öffentlich-rechtlichen Angelegenheiten ans Bundesgericht werden einerseits Betroffensein und andererseits ein schutzwürdiges Interesse vorausgesetzt (Art. 48 Abs. 1 lit. b und c VwVG bzw. Art. 89 Abs. 1 lit. b und c BGG). Mit der *«besonderen» Betroffenheit* ist dabei nur gemeint, dass die Beschwerdeführenden der bisherigen Praxis entsprechend[1744] mehr als jedermann betroffen sein müssen. Als *schutzwürdige Interessen* kommen neben rechtlichen grundsätzlich auch faktische[1745] Interessen wirtschaftlicher oder ideeller

850

[1742] Vgl. allgemein zur Befugnis, gegen Entscheide der Vergabebehörde Beschwerde zu führen, ZUFFEREY, Juridictions administratives, S. 77 ff.
[1743] Art. 26 Abs. 1 BoeB i.V.m. Art. 48 VwVG; vgl. auch MOSER, Prozessieren, S. 36 ff., Rz. 2.22 ff., GALLI, Rechtsprechung, S. 103; CLERC, Diss., S. 524 ff.; vgl. Art. 89 BGG mit Bezug auf die Beschwerde in öffentlich-rechtlichen Angelegenheiten an das Bundesgericht bzw. Art. 115 BGG mit Bezug auf die subsidiäre Verfassungsbeschwerde. Die allgemeinen Legitimationsvorschriften gelten dabei mit Bezug auf die Anfechtung sämtlicher in einem Submissionsverfahren anfechtbaren Verfügungen (vgl. Urteil des Bundesgerichts 2P.157/2001 vom 8. September 2001, E. 1b betreffend Legitimation zur staatsrechtlichen Beschwerde gegen die Ausschreibung eines Auftrags).
[1744] Die Voraussetzungen von Art. 89 Abs. 1 lit. b und c BGG hängen eng zusammen; insgesamt kann insoweit an die Grundsätze, die zur Legitimationspraxis bei der Verwaltungsgerichtsbeschwerde nach Art. 103 lit. a aOG entwickelt worden sind, angeknüpft werden (Urteil des Bundesgerichts 1C_3/2007 vom 20. Juni 2007, E. 1.3.1 mit Hinweisen). Mit Bezug auf Art. 48 Abs. 1 lit. b und c VwVG kann in gleicher Weise die Rechtsprechung zu Art. 48 lit. a aVwVG herangezogen werden.
[1745] Im Gegensatz zur Legitimation bei der subsidiären Verfassungsbeschwerde gemäss Art. 115 BGG, wo ein rechtlich geschütztes Interesse verlangt wird. Aufgrund der Bestimmung von Art. 115 lit. b BGG, die wörtlich der Formulierung der bisherigen Rechtsprechung zu Art. 88 aOG entspreche, hat das Bundesgericht an einer Plenarversammlung vom 30. April

Natur in Frage[1746]. Zusätzlich erforderlich ist, dass die Beschwerdeführenden am Verfahren vor der Vorinstanz teilgenommen haben oder keine Möglichkeit zur Teilnahme erhalten haben (formelle Beschwer; Art. 48 Abs. 1 lit. a VwVG[1747] bzw. Art. 89 Abs. 1 lit. a BGG[1748])[1749].

851 Das Binnenmarktgesetz verpflichtet zwar die Kantone, wenigstens ein Rechtsmittel an eine verwaltungsunabhängige Behörde vorzusehen (Art. 9 Abs. 2 BGBM). Wer zum Ergreifen dieses Rechtsmittels befugt ist, beantwortet sich jedoch vorab ebenfalls nach dem einschlägigen kantonalen Recht[1750]. Zu beachten ist freilich, dass seit dem Inkrafttreten des Bundesgerichtsgesetzes die Beschwerdelegitimation im kantonalen Verfahren **mindestens im gleichen Umfang** gewährleistet sein muss wie für die Beschwerde in öffentlich-rechtlichen Angelegenheiten ans Bundesgericht, wenn diese gegen Entscheide letzter kantonaler Instanzen zulässig ist (Art. 111 Abs. 1 BGG)[1751].

852 **2.** Eine **Anschlussbeschwerde** ist nur zulässig, wenn sie gesetzlich vorgesehen ist. Dies ist im Verwaltungsverfahren (des Bundes) bzw. im Verfahren vor dem Bundesverwaltungsgericht grundsätzlich nicht der Fall[1752]. Es hat zur Folge, dass nur jenen erfolglosen Submittenten die Beschwerdelegitimation zukommen kann, die binnen der gesetzlichen Frist eine Beschwerde erhoben haben; ein Anschluss an eine Beschwerde nach Ablauf der Beschwerdefrist ist ausgeschlossen[1753]. Das Bundesgerichtsgesetz sieht die Möglichkeit der

---

2007 mit einer knappen Mehrheit beschlossen, mit Bezug auf die **Legitimation zur subsidiären Verfassungsbeschwerde** an der Praxis zur bisherigen staatsrechtlichen Beschwerde festzuhalten. Danach ergibt sich die Berechtigung zur Beschwerdeführung in solchen Fällen nicht direkt aus dem Willkürverbot (Art. 9 BV), sondern weiterhin nur, wenn das Gesetzesrecht, dessen willkürliche Anwendung gerügt wird, dem Beschwerdeführer einen Rechtsanspruch einräumt oder den Schutz seiner Interessen bezweckt. Noch am gleichen Tag erging ein entsprechendes Urteil (BGE 133 I 190 ff. E. 3–6; vgl. auch die kritischen Bemerkungen von GIUSEP NAY, AJP 2007, S. 892 ff. sowie einlässlich CHRISTOPH ROHNER, Die Legitimation zur Willkürrüge im Verfahren der subsidiären Verfassungsbeschwerde, AJP 2007, 1269 ff.). In der Folge hat das Bundesgericht diese Rechtsprechung bereits mehrfach bestätigt (vgl. ANDREAS GÜNGERICH/THOMAS COENDET, Das Bundesgerichtsgesetz – Erste Erfahrungen und offene Fragen, in AnwaltsRevue 2007, S. 319 mit Hinweisen).

[1746] HÄFELIN/MÜLLER/UHLMANN, S. 412 f., Rz. 1944 f. mit Hinweisen.
[1747] In der seit 1. Januar 2007 gültigen Fassung.
[1748] Dieses Erfordernis gilt gemäss Art. 115 lit. a BGG auch für die subsidiäre Verfassungsbeschwerde.
[1749] Vgl. demgegenüber die Legitimationspraxis zur früheren staatsrechtlichen Beschwerde (unten Rz. 855).
[1750] Urteil des Bundesgerichts 2P.42/2001 vom 8. Juni 2001, E. 2d (ZBl 2002, S. 146 ff.).
[1751] HÄFELIN/MÜLLER/UHLMANN, S. 412, Rz. 1941; HANSJÖRG SEILER, in: Hansjörg Seiler/Nicolas von Werdt/Andreas Güngerich (Hrsg.), Bundesgerichtsgesetz (BGG), Bern 2007, N 5 zu Art. 89 BGG.
[1752] Im Sinne einer spezialgesetzlichen Ausnahme siehe immerhin Art. 78 Abs. 2 des Bundesgesetzes über die Enteignung (SR 711).
[1753] Vgl. ZUFFEREY/MAILLARD/MICHEL, S. 136.

Anschlussbeschwerde ebenfalls nicht vor; diesbezüglich hat der Gesetzgeber selber die Idee der Anschlussbeschwerde ausdrücklich verworfen[1754].

3. Die Beurteilung der Beschwerdelegitimation kann (zeitlich) nicht hinausgeschoben werden, wenn verfahrensrechtliche Ansprüche – namentlich das **Recht auf Akteneinsicht** – im Streite liegen, die nur einer Partei im Sinne von Art. 6 VwVG (und Art. 26 Abs. 1 VwVG) zukommen können, und die Parteistellung der Ansprechenden bestritten wird[1755].

853

2. Nicht berücksichtigte Anbieter

1. Als **direkte Verfügungsadressaten** zur Beschwerde an das Bundesverwaltungsgericht – bzw. früher an die BRK – **legitimiert** sind bei einem öffentlichen Vergabeverfahren nach dem ÜoeB die nicht berücksichtigten oder ausgeschlossenen Mitbewerber[1756]. Dies gilt[1757] einerseits grundsätzlich unabhängig von den konkreten Chancen auf den Zuschlag[1758] und andererseits auch dann, wenn die Beschwerdeführerin keine aufschiebende Wirkung verlangt hat und der Vertrag mit der berücksichtigten Anbieterin bereits abgeschlossen worden ist. Denn die Feststellung der Rechtswidrigkeit einer angefochtenen Verfügung (Art. 32 Abs. 2 BoeB) durch das Bundesverwaltungsgericht – bzw. früher durch die BRK – ist Voraussetzung zur Geltendmachung eines Schadenersatzbegehrens im Sinne von Art. 34 Abs. 1 BoeB[1759].

854

2. Der in einem Submissionsverfahren **übergangene Bewerber** war gemäss Art. 88 aOG legitimiert, den Vergebungsentscheid in formeller wie in materieller Hinsicht mit *staatsrechtlicher Beschwerde* anzufechten[1760].

855

[1754] Vgl. TARKAN GÖKSU, Die Beschwerden ans Bundesgericht, Zürich/St. Gallen 2007, S. 96 f. Rz. 192 mit Hinweisen.
[1755] Urteil des Bundesgerichts 1A.72/2002 vom 19. August 2002, E. 2.
[1756] CRM 23/05 E. 2b mit Hinweisen sowie CRM 13/00 E. 1b; MOSER, Prozessieren, S. 39, Rz. 2.26 mit Hinweisen.
[1757] Bzw. galt nach der Rechtsprechung der BRK.
[1758] CRM 8/01 E. 2a mit Hinweisen; vgl. auch einlässlich CLERC, N 72 zu Art. 9 BGBM; a.M. zumindest mit Bezug auf den Wettbewerb MESSERLI, S. 58 f.
[1759] MOSER, AJP 2000, S. 684 mit Hinweisen. Dass eine Zuschlagserteilung an die Beschwerdeführerin infolge des Vertragsabschlusses mit der Mitbeteiligten nicht mehr möglich ist, ändert auch nach der Rechtsprechung des Zürcher Verwaltungsgerichts an der Legitimation nichts, zumal die Submissionsbeschwerde auch dafür zur Verfügung steht, nach Vertragsabschluss die Rechtswidrigkeit einer Zuschlagsverfügung im Sinne von Art. 18 Abs. 2 IVöB feststellen zu lassen (VG Zürich: VB.2005.00373 E. 2).
[1760] BGE 125 II 95 E. 4; 125 I 408 E. 1; Urteil des Bundesgerichts 2P.6/2002 vom 29. Januar 2002, E. 1b; Urteil des Bundesgerichts 2P.300/2000 vom 13. Februar 2001, E. 1; Urteil des Bundesgerichts 2P.151/1999 vom 30. Mai 2000, E. 2b; Urteil des Bundesgerichts 2P.74/2002 vom 13. September 2002, E.1.1. Lediglich in einem Urteil vom 13. Februar

Dies traf auch für die ursprüngliche Zuschlagsempfängerin zu, selbst wenn sie am Verfahren vor dem kantonalen Verwaltungsgericht nicht teilgenommen hatte[1761]. Denn sie war durch den Entscheid beschwert, in dem das Verwaltungsgericht die zu ihren Gunsten lautende Zuschlagsverfügung der Gemeinde aufgehoben und ihr damit ein Recht entzogen hatte[1762]. Dem übergangenen Bewerber stand die staatsrechtliche Beschwerde gegen den Vergabeentscheid selbst dann offen, wenn mit dem Konkurrenten der Vertrag bereits abgeschlossen worden war, da er aufgrund der Sonderregel in Art. 9 Abs. 3 BGBM wegen des Schadenersatzanspruchs weiterhin über ein aktuelles praktisches Interesse an der Überprüfung des umstrittenen Zuschlags verfügte[1763]. Anders verhielt es sich jedoch beim **Submittenten, mit dem der Vertrag abgeschlossen worden war**, sofern sich die Feststellung der Rechtswidrigkeit des Zuschlags auf seine Rechtsstellung überhaupt nicht mehr auswirken konnte[1764]. Eine allfällige Gutheissung der staatsrechtlichen Beschwerde war für ihn in diesem Fall mit keinem praktischen Nutzen

---

2001 (2P.231/2000) hatte das Bundesgericht in E. 2d bei einer Beschwerde, die sich als offensichtlich unbegründet erwies, angemerkt, die Legitimation des Beschwerdeführers, der mit seinem Projekt ohnehin kaum Erfolgsaussichten gehabt hätte, sei fraglich, könne aber angesichts des Verfahrensausgangs offen bleiben. Die Tatsache, dass das Bundesgericht die Legitimation des nicht berücksichtigten Mitbewerbers zur staatsrechtlichen Beschwerde im Allgemeinen vorbehaltlos anerkannte, führt zum Schluss, dass dessen Legitimation zur Erhebung ordentlicher Rechtsmittel auf der Ebene von Bund und Kantonen erst recht zu bejahen ist (vgl. CRM 8/01 E. 2a und POLTIER, RDAF 56/2000 [1. Teil – Verwaltungsrecht], S. 322). Denn im Gegensatz zu diesen Rechtsmitteln handelte es sich bei der staatsrechtlichen Beschwerde um ein ausserordentliches Rechtsmittel, bei dem eine Verletzung in rechtlich geschützten Interessen erforderlich war, während das Anfechtungsinteresse bei der Beschwerde an die BRK bzw. an das Bundesverwaltungsgericht und wohl auch bei den meisten Beschwerden an kantonale Verwaltungsgerichte rechtlicher oder auch bloss tatsächlicher Natur sein kann. Mit Bezug auf die kantonale Rechtsprechung vgl. Urteil des Waadtländer Verwaltungsgerichts vom 22. Juni 2001. E. 1b, wiedergegeben in BR 2001, S. 161, Nr. 53.

[1761] Siehe demgegenüber Art. 89 Abs. 1 lit. a bzw. Art. 115 lit. a BGG (oben Rz. 850).

[1762] Urteil des Bundesgerichts 2P.153/2001 vom 18. Oktober 2001, E. 1a; vgl. auch Urteil des Bundesgerichts 2P.60/2002 vom 16. April 2002, E. 1. Mit Bezug auf die Beschwerdelegitimation vor einem kantonalen Verwaltungsgericht vgl. VG Tessin, Urteil vom 1. September 1999, veröffentlicht in RDAT I-2000, S. 373 f. E. 1.2.

[1763] BGE 125 II 97 E. 5b; 130 I 261 E. 1.2; Urteil des Bundesgerichts 2P.97/2005 vom 28. Juni 2006, E. 1.2; Urteil des Bundesgerichts 2P.222/1999 vom 2. März 2000, E. 2b; Urteil des Bundesgerichts 2P.151/1999 vom 30. Mai 2000, E. 2b; Urteil des Bundesgerichts 2P.226/2001 vom 5. April 2002, E. 1; vgl. auch Urteil des Bundesgerichts 2P.250/2001 vom 9. Juli 2002, E. 1.1. Zur Beschwerdelegitimation im Rahmen von Art. 9 Abs. 2 BGBM vgl. GALLI/LEHMANN/RECHSTEINER, S. 179 f. Rz. 612 ff. und CLERC, N 103 zu Art. 9 BGBM.

[1764] In concreto aufgrund von § 30 Abs. 3 Beschaffungsgesetz BS, wonach der bereits abgeschlossene Vertrag als solcher durch die Feststellung der Rechtswidrigkeit des Zuschlagsentscheids nicht berührt wird.

verbunden, und es fehlte ihm deshalb das nach Art. 88 aOG erforderliche schutzwürdige Interesse zur Ergreifung dieses Rechtsmittels[1765].

3. Einzelne kantonale Verwaltungsgerichte bejahen freilich eine **materielle Beschwer** des nicht berücksichtigten Anbieters nur dann, wenn er bei Gutheissung seiner Beschwerde eine realistische Chance hat, mit dem eigenen Angebot zum Zuge zu kommen[1766], oder wenn er eine neue Ausschreibung bzw. eine Wiederholung des Submissionsverfahrens erreichen kann, so dass er die Möglichkeit erhält, ein neu kalkuliertes Angebot einzureichen[1767]. Das Walliser Kantonsgericht lehnt ein solches Vorgehen zu Recht ab. Es hält fest, der in einem Zuschlagsverfahren nicht berücksichtigte Mitbewerber sei durch diesen Entscheid betroffen und mehr als jeder andere berührt. Er habe als primärer Verfügungsadressat die erforderliche Nähe zum angefochtenen Entscheid. Die Chancen bei einer Gutheissung der Beschwerde den Auftrag zu erhalten, dürften diesbezüglich nicht als Legitimationsvoraussetzungen beigezogen werden. Ansonsten müsste die Beschwerdeinstanz zuerst die materielle Überprüfung des Vergabeentscheides vornehmen, um anschliessend bei Aussichtslosigkeit des Zuschlags für den Beschwerdeführer dessen Legitimation zu verneinen[1768]. In einem jüngeren Entscheid

856

[1765] Urteil des Bundesgerichts 2P.214/2001 vom 30. Januar 2002, E. 3.2. War ein Beschwerdeführer zur Anfechtung in der Sache selber nicht legitimiert, so konnte er dennoch gegen den ihn belastenden letztinstanzlichen kantonalen Kostenentscheid staatsrechtliche Beschwerde führen, da er durch diesen persönlich und unmittelbar in seinen Interessen betroffen war. Dies führte aber nicht dazu, dass der Sachentscheid trotz fehlender Legitimation – wenn nicht direkt, so doch indirekt – umfassend geprüft worden wäre. Der Betroffene war in diesem Fall nur befugt, geltend zu machen, der Kostenspruch sei aus Gründen verfassungswidrig, die mit dem Entscheid in der Hauptsache in keinem unmittelbaren Zusammenhang standen (Urteil des Bundesgerichts 2P.214/2001 vom 30. Januar 2002, E. 3.3 mit Hinweisen).

[1766] So hält das Schwyzer Verwaltungsgericht fest, wer mit seiner Offerte aufgrund des bereinigten Preisvergleichs preislich im vierten Rang lag, sei aufgrund konstanter Praxis zur Submissionsbeschwerde nicht legitimiert (VG Schwyz, Entscheid vom 23. Oktober 2000, wiedergegeben in BR 2002, S. 79, Nr. 23).

[1767] VG Zürich: VB.1999.00026 E. 6c und VG Zürich: VB.1999.00255 E. 3a mit Hinweis; VG Jura: Entscheid vom 17. Mai 2001, E. 1b; AGVE 1999, S. 321 ff. (der Beschwerdeführer machte in der Beschwerde nicht etwa eigene, sondern ausschliesslich öffentliche Interessen geltend, vgl. MOSER, AJP 2000, S. 684; ESSEIVA in BR 2000, S. 132, Nr. 54, Anm. 1 und 2).

[1768] Kantonsgericht Wallis: A1 00 70 E. 6.1. Das Verwaltungsgericht des Kantons Basel-Landschaft hebt hervor, dass eine nicht berücksichtigte Anbieterin an einer korrekten Abwicklung des Vergabeverfahrens grundsätzlich ein hinreichendes eigenes Interesse habe, das sie zur Beschwerdeführung berechtige (VG Basel-Landschaft: 2000/100 E. 2c); für den Kanton St. Gallen in gleichem Sinne VG St. Gallen: GVP 2001, Nr. 18 E. e. Das Berner Verwaltungsgericht weist mit Bezug auf die Beschwerdebefugnis zu Recht auf den Zweck des Rechtsschutzes im öffentlichen Beschaffungswesen hin: Die Anbietenden sollen gegen vermutete Verletzungen von Submissionsvorschriften im Zusammenhang mit Beschaffungen, an welchen sie ein Interesse haben oder gehabt haben, Beschwerde führen können (VG Bern: BVR 1998, S. 172, E. 1e). Auch CARRON/FOURNIER (S. 62 f.) legen mit überzeugenden Argumenten dar, dass die Beschwerdelegitimation nicht von Kausalitätsüberlegungen mit

ist das Kantonsgericht des Kantons Wallis von dieser Praxis abgewichen, ohne sich freilich mit seiner früheren Rechtsprechung auch nur mit einem Wort auseinanderzusetzen. Es ist auf eine Beschwerde nicht eingetreten mit der Begründung, der Beschwerdeführer habe trotz Richtigkeit der von ihm erhobenen Rügen keine Chance, den Zuschlag zu erhalten, weil vor ihm liegende Angebote zum Zuge kämen, so dass seine Legitimation verneint werden müsse[1769]. Das Verwaltungsgericht des Kantons Zug hat die Legitimation eines Bewerbers, der in einem selektiven Verfahren als Ersatz bestimmt war, zur Anfechtung der Zulassung eines anderen Bewerbers zum Wettbewerb bejaht. Zur Begründung führte es aus, falls eines der (ausgewählten) Bewerberteams ausfalle, käme das Ersatzteam zum Zug[1770].

857 **4.** Wer legitimiert gewesen ist, den Zuschlagsentscheid anzufechten, behält den Anspruch auf Überprüfung der Rechtmässigkeit des Zuschlages auch dann, wenn dieser infolge Vertragsabschlusses nicht mehr aufgehoben werden kann. Ein dahingehendes **Eventualbegehren** braucht nicht notwendigerweise bereits in der Beschwerde gegen den (noch nicht vollzogenen) Zuschlag gestellt zu werden; der Antrag auf Feststellung der Rechtswidrigkeit gilt als im Begehren um Aufhebung des Zuschlages sinngemäss mitenthalten[1771].

3. Arbeitsgemeinschaft

858 **1.** Im Falle einer Arbeitsgemeinschaft kann gemäss Rechtsprechung der *BRK*[1772] grundsätzlich auch ein **einzelner Gesellschafter** allein Beschwerde erheben, insbesondere um für die Gesellschaft allfällige Nachteile abzuwehren. An der Legitimation fehlt es indes dann, wenn ein oder mehrere Gesellschafter bewusst aus der Arbeitsgemeinschaft ausgeschieden und an einem Zuschlag nicht mehr interessiert sind[1773]. Das nachträgliche Ausscheiden

---

Bezug auf die Erfolgschancen einer Beschwerde abhängen darf, d.h. davon, ob der Beschwerdeführer eine ausreichende Chance hätte, den Zuschlag zu erhalten, wenn seine Beschwerde wegen der geltend gemachten Rechtsverletzung gutgeheissen würde.

[1769] Kantonsgericht Wallis: A1 03 48 E. 2.2 und 3; vgl. demgegenüber wiederum A1 03 222 E. 2a, wo das Walliser Kantonsgericht in einem französischsprachigen Fall offenbar wieder die alte Praxis übernimmt.

[1770] GVP-ZG 2001, S. 104.

[1771] BGE 132 I 90 E. 3.2; Urteil des Bundesgerichts 2P.307/2005 vom 24. Mai 2006, E. 2; vgl. oben Rz. 844.

[1772] Eine gleichlautende Praxis kennt auch das Kantonsgericht Basel-Landschaft, wie einem Zwischenentscheid betreffend aufschiebende Wirkung vom 26. März 2007 i.S. S. und W. gegen Regierungsrat des Kantons Basel-Landschaft (E. 6.2 und E. 6.2.1) entnommen werden kann.

[1773] BRK 8/05 E. 1b; MOSER, AJP 2000, S. 684 mit Hinweisen; CARRON/FOURNIER, S. 66; vgl. auch Zwischenentscheid des Bundesverwaltungsgerichts B-1774/2006 vom 13. März 2007

eines Mitglieds einer Bietergemeinschaft stellt nämlich eine wesentliche Änderung des Angebots dar. Dieses umfasst nicht nur das Versprechen einer konkreten Leistung zu einem bestimmten Preis, sondern vorab auch die unmittelbare Verpflichtung der offerierenden Vertragspartei. Das Vergaberecht verbietet es daher, eine Bietergemeinschaft nachträglich in irgendeiner Weise zu verändern, sei es durch Einschränkung oder Erweiterung oder Austausch einzelner ihrer Mitglieder. Das Ausscheiden eines Mitglieds hat damit zur Folge, dass die Legitimation der übrigen Gesellschafter zur Anfechtung des Vergabeentscheides entfällt. Denn diese können selbst bei einer Gutheissung der Beschwerde allein nicht den Zuschlag erhalten, weil sie allein keine Offerte eingereicht haben[1774].

2. Solange der **Vertrag** zwischen der Vergabebehörde und dem berücksichtigten Anbieter **nicht abgeschlossen** ist, können die Mitglieder eines übergangenen Konsortiums gemäss *bundesgerichtlicher Rechtsprechung* nur gemeinschaftlich gegen den Vergabeentscheid Beschwerde führen, weil sie nur ein unteilbares Recht der Gesellschaft geltend machen können, d.h. dasjenige, den Zuschlag für die Beschaffung zu erhalten[1775]. Auch das Zürcher Verwaltungsgericht hat einem einzelnen Mitglied einer Anbietergemeinschaft die Legitimation zur Beschwerde gegen einen Vergabeentscheid, der die Gemeinschaft als Ganzes betrifft, wie insbesondere bei der Zulassung zum Angebot im selektiven Verfahren oder beim Zuschlag, abgesprochen[1776]. Gleich entschieden hat das Walliser Kantonsgericht, wobei es aus der Tatsache, dass alle natürlichen und juristischen Personen, welche die Arbeitsgemeinschaft bilden, eine schriftliche Vollmacht unterzeichnet haben, geschlossen hat, die Beschwerde könne als gemeinsam durch diese Personen selbst eingereicht betrachtet werden[1777]. Das Verwaltungsgericht des Kantons Glarus hat ein schutzwürdiges Interesse des einzelnen Gesellschafters nur insoweit bejaht, als jenes den divergierenden Interessen der übrigen Gesellschafter nicht widerspricht. Sinnvollerweise sei bei der Prüfung der Beschwerdelegitimation danach zu fragen, ob nur dem (beschwerdeführenden) Gesellschafter oder aber der Gemeinschaft selbst im Falle des Obsiegens ein praktischer Nutzen zuteil werden könnte. Sei Letzteres nicht der Fall, dürfe auf die Beschwerde nicht eingetreten werden[1778].

859

E. 1.4 mit weiteren Hinweisen; vgl. auch die Anmerkungen dazu von Beyeler in BR 2007, S. 90, Nr.28.
[1774] BRK 1/05 (Zwischenentscheid vom 14. April 2005) E. 3b mit Hinweisen; BRK 1/06 (Zwischenverfügung vom 24. Februar 2006) E. 3a.
[1775] BGE 131 I 159 E. 5.
[1776] VG Zürich: VB.1999.00347 E. 3; in diesem Sinne auch Esseiva, in BR 2000, S. 127, Nr. 37, Anm. 2 und 3.
[1777] Kantonsgericht Wallis: A1 00 80 E. 2a, A1 00 145 E. 1a und A1 01 79 E. 1a.
[1778] VG Glarus: VG.2002.00132 E. 2b.

860 Sobald der **Vertrag abgeschlossen** ist, stellt sich nach der Praxis des Bundesgerichts die Frage anders, ob ein einzelnes Mitglied in seinem eigenen Namen vorgehen kann, weil die Beschwerde nur noch auf die Feststellung der Rechtswidrigkeit des Vergabeentscheids und den Erhalt von Schadenersatz hinzielt[1779]. In gleichem Sinne hat das Bundesgericht festgehalten, die Tatsache, dass ein Mitglied aus der Arbeitsgemeinschaft ausgeschieden ist und sich an der staatsrechtlichen Beschwerde nicht beteiligt, stelle die Beschwerdebefugnis der verbleibenden Mitglieder nicht in Frage. Ihr Interesse an der Feststellung der behaupteten Rechtswidrigkeit des Zuschlagsentscheides werde dadurch nicht berührt[1780].

4. Dritte

861 Auch Dritte können unter Umständen zur Beschwerdeführung gegen eine submissionsrechtliche Verfügung legitimiert sein. Damit ihnen ein ausreichendes Rechtsschutzbedürfnis zukommt, müssen sie durch die streitige Anordnung unmittelbar berührt sein und eine **spezifische Beziehungsnähe zur Streitsache** haben[1781]. Dies ist jedenfalls dann nicht der Fall, wenn ein interessierter Dritter den Vergebungsentscheid zugunsten eines Verfügungsadressaten anfechten will: Akzeptieren die am Verfahren beteiligten Konkurrenten die Vergabe an einen anderen Anbieter, so können Dritte – z.B. Arbeitnehmer oder Lieferanten als Vertragspartner der übergangenen Bewerber – kein eigenes Beschwerderecht haben[1782].

5. Verbände

862 Eine spezielle Beschwerdelegitimation von Gewerbe- oder Berufsorganisationen[1783] sehen weder die eidgenössische noch die kantonalen Gesetz-

---

[1779] BGE 131 I 163 E. 6.
[1780] Urteil des Bundesgerichts 2P.4/2000 vom 26. Juni 2000, E. 1b; zustimmend ESSEIVA, in BR 2001, S. 161, Nr. 52, Anm. 1 unter Hervorhebung des Umstandes, dass die Vergabestelle in der Zwischenzeit den Vertrag mit der Zuschlagsempfängerin abgeschlossen hat und das Bundesgericht im Falle der Gutheissung der Beschwerde nur die Rechtswidrigkeit der Verfügung hätte feststellen können; dies hätte den einzelnen Beschwerdeführern alsdann ermöglicht, ein – unter ihnen aufteilbares – Begehren auf Schadenersatz zu erheben.
[1781] BGE 127 II 269 E. 2c; 124 II 504 E. 3b mit Hinweisen; 123 II 378 E. 2 mit Hinweisen; BRK 9/97 E. 2b; vgl. auch TARKAN GÖKSU, Die Beschwerden ans Bundesgericht, Zürich/St. Gallen 2007, S. 75 f. Rz. 148 mit Hinweisen.
[1782] Urteil des Bundesgerichts 2P.42/2001 vom 8. Juni 2001, E. 2e/bb (ZBl 2002, S. 146 ff.); vgl. auch BRK 9/97 E. 2c.
[1783] Vgl. allgemein dazu CARRON/FOURNIER, S. 66 ff. sowie CLERC, N 68 und N 73 zu Art. 9 BGBM.

gebungen zum Vergaberecht vor. Die Beschwerdeführenden sind daher nur unter den Voraussetzungen der sogenannten **egoistischen Verbandsbeschwerde** zur Beschwerde befugt, d.h. soweit sie Interessen vertreten, die der Mehrzahl oder zumindest einer grossen Anzahl ihrer Mitglieder gemeinsam sind und zu deren Wahrung sie nach ihren Statuten befugt sind, und soweit überdies jedes dieser Mitglieder selber zur Beschwerde legitimiert wäre. Diesbezüglich genügt ein Interesse lediglich allgemeiner Art an der Einhaltung der Arbeitsschutzbestimmungen des Vergaberechts nicht[1784]. Dieses Ergebnis entspricht den Grundsätzen zur Legitimation von Konkurrenten eines Verfügungsadressaten, wonach nur dann eine besondere Beziehungsnähe zum Streitgegenstand vorliegt, wenn die Konkurrenten gemeinsam einer speziellen wirtschaftsverwaltungsrechtlichen Ordnung unterstehen[1785]. Allein das Interesse an der Wahrung des Qualitätsstandards einer Berufsbranche vermag die Beschwerdelegitimation des Konkurrenten nicht zu begründen[1786].

[1784] VG Zürich: VB.1999.00204 E. 3 und VB.2000.00313 E. 2a je mit Hinweisen; vgl. auch MOSER, Prozessieren, S. 43, Rz. 2.30 mit weiteren Hinweisen. Im gleichen Sinne haben auch das VG BE und das VG NW entschieden, indem sie die Legitimation einer Paritätischen Berufskommission zur Beschwerde gegen einen Submissionsentscheid wegen Verletzung bzw. Gefährdung eines Gesamtarbeitsvertrags verneinten (VG Bern: BVR 2000, S. 115, E. 1; VG Nidwalden: Urteil vom 11. Dezember 2000 mit Abweisung der gegen den kantonalen Nichteintretensentscheid erhobenen staatsrechtlichen Beschwerde durch das Urteil des Bundesgerichts 2P.42/2001 vom 8. Juni 2001, ZBl 2002, S. 146 ff.); vgl. schliesslich Anm. 1 von STÖCKLI in BR 2001, S. 162, Nr. 55, wo darauf hingewiesen wird, dass nach dieser Rechtsprechung Interessenverbände – abgesehen von den (seltenen) Konstellationen, in denen sich ein Verband gerade als Anbieter am Verfahren beteilige – einen Zuschlagsentscheid kaum mehr anfechten können; anders müsste es sich verhalten, wenn die (Verbands-) Beschwerde gegen eine Ausschreibung, gegen die Einladung im Einladungsverfahren oder gegen eine freihändige Vergabe gerichtet werde, da dies alles Fälle seien, in denen der Kreis der (prospektiven) Anbieter offen und damit eine «Grosszahl der (Verbands-)Mitglieder» vom Vergabefehler berührt sei, sofern im konkreten Fall zugleich die beiden formalen Voraussetzungen der Rechtspersönlichkeit und der statutarischen Grundlage erfüllt seien. Die Beschwerdelegitimation anerkannt hat immerhin das Waadtländer Verwaltungsgericht im Falle des kantonalen Ingenieur- und Architektenverbandes gegen eine freihändige Vergabe von mehreren Ingenieurmandaten (VG Waadt: Urteil vom 24. Januar 2001 [RDAF 2002, 1. Teil – Verwaltungsrecht], S. 143 f. E. 1c/bb; vgl. ESSEIVA, in BR 2001, S. 73 und STÖCKLI, in BR 2002, S. 13 f.). Das Verwaltungsgericht des Kantons Tessin hat demgegenüber die Legitimation der Tessiner Sektion des SIA zur Erhebung einer egoistischen Verbandsbeschwerde mit Bezug auf eine Brückenprojektierung (Dienstleistungsauftrag betreffend eine Tiefbauarbeit) verneint mit der Begründung, nicht einmal ein Drittel der Sektionsmitglieder gehörten der Kategorie Ingenieure Fachgebiet Tiefbau an (Urteil vom 16. November 2000, veröffentlicht in RDAT I-2001, S. 104 ff., vgl. auch GRABER, RDAT I-2001, S. 457 ff.).

[1785] VG Zürich: VB.2000.00313 E. 2b mit Hinweisen.

[1786] BRK 5/98 E. 2b mit Hinweisen; MOSER, Prozessieren, S. 42, Rz. 2.28 mit Hinweisen; vgl. auch MERKLI/AESCHLIMANN/HERZOG, N 12 zu Art. 65 VRPG/BE.

6. Behörden

863 **1.** Staatliche Behörden wie die Beschaffungskommission des Bundes[1787] oder die für die Umsetzung und Überwachung der internationalen Verpflichtungen der Schweiz im öffentlichen Beschaffungswesen zuständige Überwachungskommission[1788] verfügen über keine Beschwerdelegitimation.

864 Einzig mit Bezug auf Entscheide, die sich auf das BGBM stützen, ist ein Beschwerderecht der **Wettbewerbskommission** eingeführt worden. Nach Art. 9 Abs. 2bis BGBM kann die Kommission Beschwerde erheben, um feststellen zu lassen, ob ein Entscheid den Zugang zum Markt in unzulässiger Weise beschränkt[1789]. Dieses Beschwerderecht soll zur Verwirklichung des Binnenmarktes beitragen[1790].

865 **2.** Bei der Beschwerde in öffentlich-rechtlichen Angelegenheiten sind gegenüber Entscheiden des Bundesverwaltungsgerichts im Verfahren vor dem Bundesgericht ferner zur Beschwerde berechtigt, die Bundeskanzlei, die **Departemente des Bundes** oder, soweit das Bundesrecht es vorsieht, die ihnen unterstellten Dienststellen, wenn der angefochtene Akt die Bundesgesetzgebung in ihrem Aufgabenbereich verletzen kann (Art. 89 Abs. 2 lit. a BGG).

866 **3.** Auch mit Bezug auf die **Gemeinden** hat die Behördenbeschwerde Eingang ins Bundesgerichtsgesetz gefunden. Gemäss Art. 89 Abs. 2 lit. c BGG sind Gemeinden und andere öffentlich-rechtliche Körperschaften zur *Beschwerde in öffentlich-rechtlichen Angelegenheiten* berechtigt, wenn sie die Verletzung von Garantien rügen, die ihnen die Kantons- oder Bundesverfassung gewährt[1791]. Steht nur die subsidiäre Verfassungsbeschwerde offen, ist die Behördenbeschwerde zwar nicht zulässig, doch ist eine Gemeinde oder gleichgestellte Körperschaft gestützt auf die (allgemeine) Legitimationsbestimmung von Art. 115 BGG befugt, die Verletzung ihrer Autonomie geltend zu machen. Die Gemeinde kann sich entsprechend auch mit der *subsidiären Verfassungsbeschwerde* dagegen wehren, dass eine kantonale Rechtsmittelinstanz einen Submissionsentscheid der Gemeinde aufhebt[1792].

[1787] Die BKB ist das Strategieorgan der Bundesverwaltung für die Bereiche Güter- und Dienstleistungsbeschaffung. Deren Aufgaben und Organisation sind in Art. 16 ff. Org-VoeB umschrieben.

[1788] Zu den Aufgaben und Befugnissen der Überwachungsbehörde vgl. Art. 8 BilatAbk und Art. 68b VoeB sowie allgemein CARRON/FOURNIER, S. 19 ff.

[1789] Vgl. Änderung vom 16. Dezember 2005 (AS 2006 2363 ff.; BBl 2005 7463), in Kraft seit dem 1. Juli 2006.

[1790] REY/WITTWER, AJP 2007, S. 586 mit Hinweis.

[1791] Namentlich die Garantie der Gemeindeautonomie.

[1792] HANSJÖRG SEILER, in: Hansjörg Seiler/Nicolas von Werdt/Andreas Güngerich [Hrsg.], Bundesgerichtsgesetz (BGG), Bern 2007, N 8 zu Art. 115 BGG; vgl. auch PETER KARLEN, Das

Eine Gemeinde, deren Zuschlagsverfügung vom kantonalen Verwaltungsgericht auf Beschwerde hin aufgehoben wurde, war durch diesen Entscheid als Trägerin hoheitlicher Gewalt betroffen, weshalb sie sich auf ihre durch das kantonale Recht[1793] gewährleistete Autonomie berufen konnte und zur *staatsrechtlichen Beschwerde* legitimiert war[1794]. Auch ein öffentlich-rechtlicher Gemeindeverband ist Autonomieträger, sofern ihm selber das kantonale Recht Autonomie wie einer Gemeinde gewährleistet bzw. wenn er eine Aufgabe erfüllt, die den Gemeinden zukommt und die diese dem Verband übertragen haben[1795]. Ob der Gemeinde bzw. dem Gemeindeverband im betreffenden Bereich tatsächlich Autonomie zusteht, ist nicht eine Frage des Eintretens, sondern der materiellrechtlichen Beurteilung[1796].

867

7. Bei freihändiger Vergabe

1. Ist ein Auftrag freihändig, d.h. ohne öffentliche Ausschreibung, vergeben worden, so sind Dritte, mithin alle möglichen Anbieterinnen, zur Einsprache und Beschwerde legitimiert. Denn wird gerügt, es sei **zu Unrecht kein Wettbewerb durchgeführt worden** oder es hätte ein anfechtbarer Zuschlag erfolgen sollen, so muss diese Frage in einem Rechtsmittelverfahren überprüft werden können[1797]. In gleichem Sinne hat das Bundesgericht erkannt,

868

---

neue Bundesgerichtsgesetz, Basel/Genf/München 2006, S. 56 f.
[1793] Seit dem Inkrafttreten der Bundesverfassung vom 18. April 1999 am 1. Januar 2000 gewährleistet auch Art. 50 Abs. 1 BV ausdrücklich die Gemeindeautonomie nach Massgabe des kantonalen Rechts (zur Tragweite der Gemeindeautonomie vgl. BGE 133 I 130 E. 3.1 mit Hinweisen).
[1794] Urteil des Bundesgerichts 2P.154/2001 vom 18. Oktober 2001, E. 1a; Urteil des Bundesgerichts 2P.85/2001 vom 6. Mai 2002, E. 3.2; vgl. auch BGE 131 I 93 E. 1.
[1795] Urteil des Bundesgerichts 2P.175/2001 vom 12. Oktober 2001, E. 1c (ZBl 2002, S. 482 f.).
[1796] BGE 129 I 319 E. 4.2; 124 I 226 E. 1b; 120 Ia 204 E. 2a; 118 Ia 453 E. 3a, je mit Hinweisen; Urteil des Bundesgerichts 2P.71/2006 vom 23. Februar 2007, E. 2.2 und E.3; Urteil des Bundesgerichts 2P.148/2006 vom 2. Oktober 2006, E. 1.2; Urteil des Bundesgerichts 2P.212 + 213/2005 vom 7. Juni 2006, E. 2.2.2; Urteil des Bundesgerichts 2P.175/2001 vom 12. Oktober 2001, E. 1c a.E. (ZBl 2002, S. 483). In letzterem Entscheid hat das Bundesgericht bei der materiellen Prüfung festgehalten, dass die Gemeinde oder der Gemeindeverband bei der Vergabe öffentlicher Arbeiten über eine relativ erhebliche Entscheidungsfreiheit und damit über Autonomie verfügt. So kann sich die Gemeinde insbesondere dagegen wehren, dass eine kantonale Behörde in einem Rechtsmittelverfahren ihre Prüfungsbefugnis überschreitet oder die den betreffenden Sachbereich ordnenden kommunalen, kantonalen oder bundesrechtlichen Normen falsch anwendet. Im Zusammenhang mit der Rüge der Autonomieverletzung kann sie sich auch über eine Verletzung des Anspruchs auf rechtliches Gehör beklagen (a.a.O., E. 2b mit Hinweisen).
[1797] VG Bern: BVR 1998, S. 72 ff. (vgl. MOSER, AJP 2000, S. 684); vgl. auch VG Glarus: VG.2000.00123 E. III./1b, VG Zürich: VB.1999.00106 E. 2 und VG Luzern: LGVE 1999 II Nr. 12 E. 2a. Das Zürcher Verwaltungsgericht hat erkannt, die Rüge, es sei zu Unrecht auf die öffentliche Ausschreibung eines Auftrags verzichtet worden, stehe jenem Beschwerdeführer zu, der in der Lage sei, einen Auftrag der betreffenden Art zu übernehmen, und ein

dass ein interessierter Anbieter auch dann zur Beschwerde befugt sein muss, wenn ein öffentlicher Auftrag ohne das vorgeschriebene Verfahren vergeben wird (oder vergeben werden soll) und damit als Anfechtungsobjekt (noch) kein förmlicher Vergebungsentscheid vorliegt. Ein Verstoss gegen verfassungsmässige Rechte (Art. 84 Abs. 1 lit. a aOG bzw. Art. 95 lit. c und Art. 116 BGG) oder gegen individualrechtliche Konkordatsgarantien (Art. 84 Abs. 1 lit. b aOG bzw. Art. 95 lit. e BGG) kann auch darin liegen, dass – in Verletzung der Rechte der Anbieter – die Durchführung der vorgeschriebenen Submission unterbleibt. In einem solchen Fall setzt die Legitimation zur Beschwerde allerdings voraus, dass der sich manifestierende Bewerber überhaupt zum Kreis der potentiellen Anbieter gerechnet werden kann. Nur dann ist er hinreichend in eigenen Rechten betroffen; würde die Legitimation (noch) weiter gefasst, so käme das Verfahren einer unzulässigen Popularbeschwerde gleich[1798].

869 **2.** Dem **Grundeigentümer** einer in den Quartierplan einbezogenen Liegenschaft steht die Submissionsbeschwerde für die Anfechtung der Vergabe von Arbeiten im Zusammenhang mit der Ausarbeitung des Quartierplanes und dem Bau der darin festgesetzten Erschliessungsanlagen nicht offen. Dies gilt selbst dann, wenn er geltend macht, bei der Vergabe seien submissionsrechtliche Bestimmungen verletzt worden, z. B. es sei zu Unrecht das freihändige statt das Einladungsverfahren gewählt worden; denn mit dem Rechtsmittel verfolgt er Interessen an einer korrekten Arbeitsvergebung in seiner Eigenschaft als Eigentümer (Quartierplangenosse) eines in den Quartierplan eingezogenen Grundstückes und nicht Interessen als (nicht berücksichtigter) Anbieter an der Arbeitsvergabe[1799].

Interesse an dessen Ausführung glaubhaft mache. Eine andere Situation liege vor, wenn mit der Beschwerde gegen eine freihändige Vergabe lediglich beanstandet werde, dass an deren Stelle ein Einladungsverfahren hätte durchgeführt werden müssen. Zu einer solchen Rüge sei ein Beschwerdeführer legitimiert, wenn er offensichtlich zum Kreis der für eine Einladung in Frage kommenden Anbieter zähle (VG Zürich: VB.2001.00116 E. 2c).

[1798] Urteil des Bundesgerichts 2P.282/1999 vom 2. März 2000, E. 1b. Diese vom Bundesgericht zur Legitimation im staatsrechtlichen Verfahren entwickelte Praxis kann auch auf das Verfahren der Beschwerde in öffentlich-rechtlichen Angelegenheiten bzw. das Verfahren der subsidiären Verfassungsbeschwerde übertragen werden, muss sich der Beschwerdeführer doch auch in diesen Verfahren über ein persönliches Interesse ausweisen, das sich vom allgemeinen Interesse der übrigen Bürger klar abhebt, womit die Popularbeschwerde weiterhin ausgeschlossen werden soll (vgl. Art. 89 Abs. 1 lit. b und Art. 115 lit. b BGG sowie HEINZ AEMISEGGER, Die vier Rechtsmittel des neuen Bundesgerichtsgesetzes, in AnwaltsRevue 2006, S. 429).

[1799] VG Zürich: VB.2001.00137 E. 1b.

II. Verfahrensbeteiligung

1. Nebst den Beschwerdeführern und der Vorinstanz (Vergabebehörde) können allenfalls auch **Gegenparteien** der Beschwerdeführenden oder andere am Verfahren Beteiligte in Erscheinung treten[1800]. Darunter fallen u.a. Dritte, die mit dem Entscheid der Vorinstanz einverstanden sind oder sich damit abgefunden haben, ebenso bei der Anfechtung einer Zuschlagsverfügung im Sinne von Art. 29 lit. a BoeB derjenige, der den Zuschlag ursprünglich erhalten und ein eigenes, schützenswertes Interesse an der Beibehaltung dieser Verfügung hat. Stellt die natürliche bzw. juristische Person, die den Zuschlag erhalten hat, formelle, eigene Rechtsbegehren, so ist sie als eigentliche Gegenpartei zu behandeln und trägt grundsätzlich auch ein Kostenrisiko[1801]. Erklärt deren Vertreter dagegen ausdrücklich, nicht als (Gegen)Partei intervenieren zu wollen, so verleiht ihr selbst eine anfängliche beschränkte Stellungnahme nicht die Eigenschaft einer Gegenpartei im Sinne von Art. 57 Abs. 1 VwVG; konsequenterweise kommen ihr diesfalls auch keine Parteirechte zu[1802] und ist deren Vertreter an einer Sitzung gegebenenfalls als Auskunftsperson einzuvernehmen[1803].

870

2. In ähnlichem Sinn hat das Aargauer Verwaltungsgericht festgehalten, bei der Anfechtung einer Zuschlagsverfügung habe derjenige **Anbieter**, der den **Zuschlag** ursprünglich **erhalten** habe, ein eigenes, schützenswertes Interesse an der Beibehaltung der zu seinen Gunsten lautenden Zuschlagsverfügung. Es sei ihm deshalb die Beschwerdeschrift gestützt auf § 41 Abs. 1 VRPG/AG i.V.m. § 23 SubmD/AG zur Kenntnis- und allfälligen Stellungnahme zuzustellen. Die Verpflichtung, den Zuschlagsempfänger solchermassen von Amtes wegen in das Verfahren einzubeziehen, folge auch aus dem Anspruch auf rechtliches Gehör (§ 15 VRPG/AG; Art. 29 Abs. 2 BV). Wer im Verfahren vor dem Verwaltungsgericht auf eine Parteistellung verzichte, begebe sich damit in der Regel gleichzeitig der Möglichkeit, im Rahmen des Prozesses die Partei- und Mitwirkungsrechte einschliesslich des Anspruchs auf rechtliches Gehör auszuüben. Wer sich auf ein Rechtsmittel einlasse und entsprechende Rechtsbegehren stelle, habe dagegen mit seinem Unterliegen zu rechnen und gegebenenfalls die damit verbundenen finanziellen Folgen zu tragen. Wolle eine Partei ein solches Prozessrisiko nicht auf sich nehmen, habe sie sich vom Prozess zu distanzieren. Handle es sich um eine

871

[1800] Vgl. Art. 57 Abs. 1 VwVG.
[1801] BRK 22/00 E. 1e; BRK 3/02 E. 1e; CRM 23/05 E. 6d mit Hinweisen; CARRON/FOURNIER, S. 78 f.; CLERC, N 75 zu Art. 9 BGBM; GALLI/LEHMANN/RECHSTEINER, S. 163 Rz. 542; MOSER, Prozessieren, S. 83, Rz. 3.1.
[1802] Darunter fällt insbesondere auch das Recht auf Akteneinsicht (vgl. Urteil des Bundesgerichts 1A.72/2002 vom 19. August 2002, E. 2).
[1803] CRM 2/99 E. 1c mit Hinweisen; BRK 4/02 E. 1e.

Arbeitsgemeinschaft, die den Zuschlag erhalten habe, komme dabei nicht nur der Arbeitsgemeinschaft als solcher, sondern darüber hinaus auch den einzelnen Streitgenossen die Befugnis zu, sich durch eine Beteiligung am Beschwerdeverfahren für die Beibehaltung des erteilten Zuschlags einzusetzen[1804].

872 **3.** Beteiligt sich die Zuschlagsempfängerin aktiv im Sinne einer (Gegen)Partei am Beschwerdeverfahren, so vertritt sie weitgehend die gleichen Interessen wie die Vergabebehörde, namentlich mit Bezug auf die Aufrechterhaltung der angefochtenen Zuschlagsverfügung. Gegen eine **Zusammenarbeit** bei der Ausarbeitung der Vernehmlassung(en) und der Vorbereitung einer allfälligen Verhandlung ist dabei grundsätzlich nichts einzuwenden, solange die Vergabebehörde die Zuschlagsempfängerin nicht mit unzulässigen Informationen bedient. So wäre die direkte Einblicknahme in nicht allgemein zugängliche Unterlagen des Submissionsverfahrens klarerweise unzulässig[1805]. Ein Begehren um Akteneinsicht hätte die Zuschlagsempfängerin in genau gleicher Weise wie die Beschwerdeführerin auch an das mit der Beschwerde befasste Gericht zu stellen[1806].

873 **4.** Mittels gewillkürter Vertretung kann eine Partei eine andere Person bevollmächtigen, sie im Beschwerdeverfahren vor der BRK bzw. dem Bundesverwaltungsgericht zu vertreten oder zu verbeiständen. Die **Prozessvertretung** steht dabei jedem Handlungsfähigen und damit auch Laien zu; es besteht nach Bundesrecht mithin keine Verpflichtung, einen patentierten Anwalt als Vertreter beizuziehen (kein Anwaltsmonopol)[1807]. Auch für das Verfahren vor dem Bundesgericht besteht bei Beschwerden in öffentlich-rechtlichen Angelegenheiten[1808] kein Anwaltsmonopol[1809].

[1804] VG Aargau: Urteil BE.2002.00041 vom 30. April 2002, E. 4 (nicht publiziert).
[1805] Vgl. oben Rz. 755 ff.
[1806] Zur Akteneinsicht siehe unten Rz. 898 ff.
[1807] CRM 8/01 E. 3; MOSER, Prozessieren, S. 84, Rz. 3.2 mit Hinweisen. Zur Rechtsvertretung in kantonalen vergaberechtlichen Streitigkeiten vgl. WAGNER in BR 2000, S. 52 sowie das Bundesgesetz vom 23. Juni 2000 über die Freizügigkeit der Anwältinnen und Anwälte, das in Art. 21 ff. auch Bestimmungen über die Berufsausübung durch EU-Anwältinnen und -Anwälte in der Schweiz enthält.
[1808] Sowie bei der subsidiären Verfassungsbeschwerde.
[1809] Vgl. Art. 40 Abs. 1 BGG e contrario; anders noch die Botschaft des Bundesrates vom 28. Februar 2001 zur Totalrevision der Bundesrechtspflege, BBl 2001 4293 und 4488.

7. Kapitel:
Vertragsschluss und aufschiebende Wirkung

I. Im Allgemeinen

An dieser Stelle ist auf die **zentrale Bedeutung** hinzuweisen, die dem Entscheid betreffend Gewährung oder Nichtgewährung der aufschiebenden Wirkung auf dem Gebiete des öffentlichen Beschaffungswesens zukommt[1810]. In der Tat geht es einem Beschwerdeführer in erster Linie darum, mit seiner Beschwerde einem Vertragsschluss zwischen Vergabebehörde und (vorläufiger) Zuschlagsempfängerin zuvorzukommen, um seinerseits die Chance auf Erhalt dieses Zuschlags aufrechtzuerhalten. Kann der Beschwerdeführer dieses Ergebnis nicht erreichen, befindet er sich in einer wesentlich ungünstigeren Ausgangslage und müsste sich sehr wahrscheinlich bei Gutheissung seiner Beschwerde am Ende mit dem Ersatz des ihm entstandenen Schadens begnügen[1811]. Zu berücksichtigen ist dabei, dass die Haftung beschränkt ist auf Aufwendungen, die dem Anbieter im Zusammenhang mit dem Vergabe- und Rechtsmittelverfahren erwachsen sind, und nicht einmal das negative Vertragsinteresse abdeckt[1812]. Der nicht berücksichtigte Anbieter hat demnach regelmässig ein gewichtiges Interesse daran, dass er die wirtschaftlichen Chancen des Submissionsverfahrens wahren kann[1813] und dem Vergabeentscheid nicht unmittelbar der Vertragsschluss folgt. Dieser Situation sollten sich die Beschwerdeinstanzen von Bund und Kantonen stets bewusst sein, wenn sie aufgrund einer Interessenabwägung über die Gewährung oder Verweigerung der aufschiebenden Wirkung zu befinden haben. Schliesslich ist auch vor Augen zu halten, dass das den Beschwerdeführern zur Verfügung stehende Beschwerderecht das wichtigste Mittel ist, um eine korrekte Anwendung der Gesetzgebung zu fördern[1814].

874

[1810] Vgl. KG Basel-Landschaft: 810 05 367 (Verfügung vom 26. Oktober 2005) E. 6 sowie ZUFFEREY/MAILLARD/MICHEL, S. 131 und CLERC, N 61 zu Art. 9 BGBM.
[1811] Vgl. BOVET, in RDAF 57/2001 (1. Teil – Verwaltungsrecht), S. 419 f.
[1812] Vgl. unten Rz. 941 Fn. 1962.
[1813] Vgl. CARRON/FOURNIER, S. 89 mit Hinweis.
[1814] Parlamentsbericht, S. 1; STÖCKLI, in BR 2002, S. 73.

II. Zum (vorzeitigen) Vertragsschluss

875   **1.** Die BRK hat zur Problematik Vertragsschluss und aufschiebende Wirkung seinerzeit zwei Grundsatzentscheide gefällt[1815]. Danach ist Art. 22 BoeB so auszulegen, dass der Vertrag erst abgeschlossen werden darf, wenn feststeht, dass keine Beschwerde erhoben wurde, oder eine Beschwerde erhoben wurde, für welche die aufschiebende Wirkung nicht beantragt oder ein Gesuch um aufschiebende Wirkung abgewiesen worden ist[1816]. In der Tat kann nur auf diese Weise den in jedem Verwaltungsverfahren zu beachtenden Prinzipien von Treu und Glauben und Fairness sowie dem Gebot der Wirksamkeit des Verfahrens Rechnung getragen und Art. 22 BoeB staatsvertragskonform[1817] ausgelegt werden. So verbietet insbesondere der Grundsatz von Treu und Glauben es der Auftraggeberin, unmittelbar nach dem Zuschlag den Vertrag zu schliessen, um auf diese Weise eine spätere Aufhebung des Vertrages unmöglich zu machen. Bei einer Zuschlagsverfügung würde ein wirksamer Rechtsschutz zur Farce verkommen, wenn die Vergabestelle der Gewährung einer aufschiebenden Wirkung durch raschen **Abschluss des Vertrages** zuvorkommen könnte. Mit dem Antrag auf Gewährung der aufschiebenden Wirkung muss daher – abgesehen von Fällen ausserordentlicher Dringlichkeit – bei gegebenen Voraussetzungen ein Vertragsabschluss bis zum Sachentscheid der Beschwerdeinstanz verhindert werden können.

876   Die **Dringlichkeit**, die nachgewiesen werden muss, um auch das Abwarten des richterlichen Entscheides über die aufschiebende Wirkung für die Vergabestelle als unzumutbar erscheinen zu lassen, ist gegenüber derjenigen Dringlichkeit, welche die Abweisung des Gesuches um Erteilung der aufschiebenden Wirkung aufgrund einer Interessenabwägung zur Folge hat, qualifiziert. Nur für die Rechtfertigung des Vertragsschlusses zur Unzeit wird eine besondere Dringlichkeit infolge notstandsähnlicher Situation vorausgesetzt[1818]. Den Umstand, dass gegen den Zuschlag ein Rechtsmittel ergriffen

---

[1815] BRK 8/96 (Zwischenentscheid vom 17. Februar 1997) E. 2; BRK 19/97 (Zwischenentscheid vom 6. Februar 1998) E. 2 mit Hinweisen; GALLI, Rechtsprechung, S. 110 f.; MOSER, AJP 2000, S. 685; HÄFELIN/MÜLLER/UHLMANN, S. 59, Rz. 293; CARRON/FOURNIER, S. 84; CLERC, N 61 zu Art. 9 BGBM mit Hinweisen auf das Grundsatzurteil *Alcatel* des EU-Gerichtshofes, das in die gleiche Richtung geht wie die Rechtsprechung der BRK, sowie die an dieses Urteil anschliessende Revision der deutschen Gesetzgebung (vgl. § 13 der Verordnung über die Vergabe öffentlicher Aufträge [Vergabeverordnung – VgV] vom 9. Januar 2001, Bundesgesetzblatt 2001 I 110 ff.).

[1816] Mit anderen Worten wirkt der Lauf der Rechtsmittelfrist gegen einen Vergabeentscheid faktisch suspensiv, obwohl das Rechtsmittel selber von Gesetzes wegen keine aufschiebende Wirkung hat (BAUMBERGER, S. 94 Rz. 321 und S. 192 Rz. 648).

[1817] Vgl. Art. XX Ziff. 2 und 7 lit. a ÜoeB.

[1818] BRK 14/01 (Zwischenentscheid vom 16. November 2001) E. 2b.

werden kann, dem gegebenenfalls die aufschiebende Wirkung erteilt wird, hat die Auftraggeberin im Übrigen bei sorgfältiger Disponierung bereits in ihre Planung einzubeziehen und die Termine, die eingehalten werden müssen, entsprechend anzusetzen. Beschaffungsgeschäfte samt Durchführung des eigentlichen Submissionsverfahrens und eines allfälligen Rechtsmittelverfahrens sind mit anderen Worten nach Möglichkeit so langfristig zu planen, dass grundsätzlich keine Dringlichkeit eintreten kann[1819].

Nach der Rechtsprechung der BRK setzt die Anwendung der Bestimmung von Art. 32 Abs. 2 BoeB, wonach bei begründeten Beschwerden mit bereits abgeschlossenem Vertrag nur noch die Rechtswidrigkeit der Verfügung festgestellt werden kann, voraus, dass der in Frage stehende Vertrag als gültig erscheint. Diesfalls ist die Gewährung der aufschiebenden Wirkung ausgeschlossen. Ist aufgrund einer prima facie-Würdigung die **Nichtigkeit** des **Vertrages** nicht ausgeschlossen, so beschränkt Art. 32 Abs. 2 BoeB die Beschwerdeinstanz nicht in ihrer Befugnis, die aufschiebende Wirkung zu gewähren[1820]. 877

2. Gemäss Art. 14 Abs. 1 IVöB darf der Vertrag mit der Anbieterin oder dem Anbieter erst **nach Ablauf der Beschwerdefrist** abgeschlossen werden[1821]. Die Vergabebehörde hat sich daher nach dem Grundsatz von Treu und Glauben – wenn nicht aufgrund des Zeitablaufes eindeutig feststeht, dass keine Anfechtung des Zuschlags erfolgt sein kann – bei der Beschwerdeinstanz über den Eingang einer allfälligen Beschwerde und eines Gesuches um Erteilung der aufschiebenden Wirkung zu vergewissern, bevor der Vertrag unterzeichnet wird[1822]. In gleichem Sinne hat das Zürcher Verwaltungsgericht ausgeführt, der Vergabestelle sei der Abschluss des Vertrages mit dem ausgewählten Anbieter erst erlaubt, wenn sie nicht mehr damit rechnen 878

[1819] BRK 8/96 (Zwischenentscheid vom 17. Februar 1997) E. 2d; CRM 13/00 (Zwischenentscheid vom 30. August 2000) E. 2a a.E. und Esseiva, in BR 2001, S. 155 Nr. 38, Anm. 3b; BRK 3/01 (Zwischenverfügung vom 11. Mai 2001) E. 2b a.E.; vgl. auch OG Uri: Entscheid vom 11. Mai 1998, veröffentlicht in ZBl 1998, S. 539 E. 3b und Moser, AJP 2000, S. 685 f. sowie VG Zürich: VB.2001.00160 E. 3b, VG Obwalden: B 00/005 (Präsidialverfügung vom 6. April 2000) E. 2c und KG Basel-Landschaft: 810 05 367 (Verfügung vom 26. Oktober 2005) E. 6.

[1820] CRM 10/97 (Zwischenentscheid vom 15. Juli 1997) E. 2h; BRK 19/97 (Zwischenentscheid vom 6. Februar 1998) E. 2d mit Hinweisen; CRM 8/01 (Zwischenentscheid vom 19. September 2001) E. 3a; BRK 14/01 (Zwischenentscheid vom 16. November 2001) E. 2a mit Hinweisen; Clerc, AJP 1997, S. 812 ff.; Moor, S. 428. Zum Entscheid CRM 10/97 bzw. zur Frage der Nichtigkeit eines verfrüht abgeschlossenen Beschaffungsvertrages vgl. die kritischen Ausführungen von Gauch in BR 1998, S. 119 ff.; vgl. auch GVP 2001, Nr. 22. Der Rechtsprechung der BRK hat sich das Freiburger Verwaltungsgericht angeschlossen (vgl. Urteil des Freiburger Verwaltungsgerichts vom 3. Februar 1999, wiedergegeben in BR 1999, S. 60, Nr. 18 mit kritischen Anmerkungen von Esseiva).

[1821] «Standstill»-Verpflichtung, vgl. dazu allgemein Carron/Fournier, S. 79 ff.

[1822] KG Wallis: A1 98 141.

müsse, dass gegen ihren Entscheid eine Beschwerde eingehe oder einer eingegangenen Beschwerde die aufschiebende Wirkung erteilt werde. Dabei sei freilich zu beachten, dass die aufschiebende Wirkung im kantonalen Verfahren – anders als im Bund[1823] – auch von Amtes wegen angeordnet werden könne (Art. 17 Abs. 2 IVöB). Im Sinne einer einfach zu handhabenden Regel sei daher festzuhalten, dass es der Vergabebehörde erlaubt ist, den Vertrag zu schliessen, sobald ihr vom Verwaltungsgericht eine Frist für die Beschwerdeantwort angesetzt wird, ohne dass gleichzeitig eine – allenfalls vorläufige – Anordnung betreffend Erteilung der aufschiebenden Wirkung getroffen wird[1824].

879 a) Auch im Kanton Aargau hat die Beschwerde an das Verwaltungsgericht seit der Änderung von § 26 Abs. 1 SubmD/AG – **von Gesetzes wegen** – **keine** aufschiebende Wirkung (mehr)[1825]. Dies hat zur Konsequenz, dass der Vertrag mit den Anbietenden nach dem Zuschlag geschlossen werden darf, wenn a) die Beschwerdefrist unbenutzt abgelaufen ist; b) im Fall einer Beschwerde feststeht, dass die Beschwerdeinstanz dieser keine aufschiebende Wirkung erteilt (§ 21 Abs. 1 SubmD/AG).

880 Das aargauische Verwaltungsgericht hat sich in einem Grundsatzentscheid zum alten Recht einlässlich mit der Problematik eines verfrüht abgeschlossenen Vertrages und der Frage, welche Folgen die Verletzung von § 21 Abs. 1 (a)SubmD/AG für den verfrüht geschlossenen Werkvertrag hat, auseinander gesetzt. Es hat festgehalten, dass Sanktionen gegen einen verfrühten Vertragsschluss in § 21 SubmD/AG nicht normiert werden und dass auch Sinn oder Zweck der Bestimmung die Rechtsfolge der Nichtigkeit nicht rechtfertigen. Dagegen stelle das in § 21 Abs. 1 (a)SubmD/AG statuierte Erfordernis des rechtskräftigen Zuschlags oder des Entzugs der aufschiebenden Wirkung eine **Rechtsbedingung** im Sinne einer öffentlich-rechtlichen Wirksamkeitsvoraussetzung für den im Anschluss an den Zuschlag abzuschliessenden Werkvertrag dar. Entsprechend befinde sich der unter Verletzung von § 21 Abs. 1 (a)SubmD/AG verfrüht abgeschlossene Vertrag bis zur Rechtskraft des erfolgten Zuschlags (entweder durch unbenützten Ablauf der Beschwerdefrist oder infolge Abweisung der Beschwerde) bzw. bis zum Entzug der aufschiebenden Wirkung einer Submissionsbeschwerde durch die Beschwerdeinstanz in einem **Schwebezustand** und entfalte keine Rechtswirksamkeit. Nachdem in dem zu beurteilenden Vergabeverfahren die in § 21 Abs. 1 (a)SubmD/AG vorgesehenen Bedingungen für einen Vertrags-

---

[1823] Vgl. Art. 28 Abs. 2 BoeB.
[1824] VG Zürich: VB.98.00372 E. 2b.
[1825] Die kantonalen Verfahrensgesetze gewähren demgegenüber in der Regel automatisch die aufschiebende Wirkung bei Beschwerden, die sich auf das BGBM stützen (Bovet, in RDAF 57/2001 [1. Teil – Verwaltungsrecht], S. 419 mit Hinweis).

schluss nicht erfüllt waren, vermochte der zwischen der Vergabestelle und der Beschwerdegegnerin abgeschlossene Werkvertrag derzeit keine Rechtswirksamkeit zu entfalten und stand auch der Aufhebung des widerrechtlich erteilten Zuschlags durch das Verwaltungsgericht nicht entgegen[1826].

b) Das Verwaltungsgericht des Kantons Freiburg hat einen **vorzeitig abgeschlossenen** Werkvertrag als krasse Missachtung des Gesetzes und der richterlich für die Dauer des Beschwerdeverfahrens angeordneten vorsorglichen Massnahmen bezeichnet. Das Gericht sah sich daher veranlasst, bei der Aufsichtsbehörde der Gemeinden, d.h. beim Freiburger Staatsrat, Anzeige zu erstatten[1827].

881

c) Das Zürcher Verwaltungsgericht hatte die Rechtswirkungen eines vorzeitig abgeschlossenen Vertrages bisher nicht abschliessend zu beurteilen. Mit der überwiegenden Mehrheit von Rechtsprechung und Lehre ging es immerhin davon aus, dass ein unzulässigerweise geschlossener Vertrag die Rechtsmittelinstanz im Sinn von Art. 9 Abs. 3 BGBM und Art. 18 Abs. 2 IVöB nicht daran hindert, den angefochtenen **Zuschlagsentscheid aufzuheben**. Andernfalls wäre eine wirksame Durchsetzung der vergaberechtlichen Regeln nicht gewährleistet[1828].

882

III. Speziell zur aufschiebenden Wirkung

1. Das Bundesverwaltungsgericht kann die aufschiebende Wirkung nicht von Amtes wegen erteilen, sondern gemäss Art. 28 Abs. 2 BoeB **nur auf Gesuch hin**. Das Beschwerdebegehren «Vergabe der obigen Arbeiten an unsere Firma» umfasst weder explizit noch implizit ein solches Gesuch; dieses muss – nach der Rechtsprechung der BRK – vielmehr zusätzlich zu den materiellen Begehren gestellt werden[1829]. Ausreichend ist demgegenüber das Begehren um sofortige Sistierung des Ausschreibungsverfahrens, zumal wenn in der Begründung der Beschwerde noch ausgeführt wird, zur Vermeidung weiterer Schäden sei das Gesuch auf aufschiebende Wirkung gutzuheissen. Über ein Begehren um Erteilung der aufschiebenden Wirkung ist ohne Verzug durch die Beschwerdeinstanz, ihren Vorsitzenden oder – neu – durch den Instruktionsrichter zu befinden[1830]. Von der umfassenden Anhörung der Beteiligten oder von einem zweiten Schriftwechsel darf

883

[1826] AGVE 2001, S. 326 ff.; vgl. in ähnlichem Sinne Carron/Fournier, S. 87 f.
[1827] VG Freiburg: 2A 99 38 E. 4.
[1828] VG Zürich: VB.2005.00068 E. 4 mit Hinweisen.
[1829] BRK 22/03 E. 2a; Baumberger, S. 121 Rz. 413.
[1830] Vgl. Art. 55 Abs. 3 VwVG.

in der Regel abgesehen werden. Art. 29 Abs. 2 BV kommt im Verfahren betreffend vorsorgliche Massnahmen nicht die Bedeutung zu wie im in den Sachentscheid ausmündenden Hauptverfahren[1831].

884 Das BoeB selbst nennt keine Kriterien, die für die Frage der Gewährung oder Verweigerung der **aufschiebenden Wirkung** zu berücksichtigen sind. Es können indes jene Grundsätze übernommen werden, die Rechtsprechung und Lehre zu Art. 55 VwVG entwickelt haben[1832]. Danach ist abzuwägen, ob die Gründe, die für die sofortige Vollstreckbarkeit sprechen, gewichtiger sind als jene, die für die gegenteilige Lösung angeführt werden können. In die Prüfung sind die Interessen des Beschwerdeführers, öffentliche Interessen des Auftraggebers sowie allfällige private Interessen Dritter, insbesondere der übrigen an einem Beschaffungsgeschäft Beteiligten, einzubeziehen. Dem öffentlichen Interesse ist dabei nicht von vornherein ein stärkeres Gewicht beizumessen[1833]. Dass der Gesetzgeber im BoeB den Suspensiveffekt in Abweichung zum VwVG nicht von Gesetzes wegen gewährte, zeigt nämlich bloss, dass er sich der Bedeutung dieser Anordnung im Submissionsrecht bewusst war und eine individuelle Prüfung dieser Frage als notwendig erachtete, nicht aber, dass er diesen nur ausnahmsweise gewährt haben wollte[1834].

885 Liegt ein Gesuch um Erteilung der aufschiebenden Wirkung vor, so ist im Sinne einer **Prima-facie**-Würdigung der materiellen Sach- und Rechtsla-

---

[1831] Urteil des Bundesgerichts 2P.103/2006 vom 29. Mai 2006, E. 3.1 mit Hinweisen; BAUMBERGER, S. 208 Rz. 704 mit weiteren Hinweisen; vgl. auch BRK 11/06 (Zwischenverfügung vom 22. August 2006) E. 4c und Verfügung des Bundesverwaltungsgerichts B-743/2007 vom 18. Mai 2007 E. 1.1 und E. 1.2.

[1832] Zu den Voraussetzungen und Entwicklungen nach herrschender Lehre und Rechtsprechung vgl. namentlich BAUMBERGER, S. 125 ff. Rz. 428 ff.

[1833] Vgl. demgegenüber Urteil des Bundesgerichts 2P.103/2006 vom 29. Mai 2006, E. 4.2.1 mit Hinweisen, wo ausgeführt wird, das Bundesgericht schliesse aus der Regelung, wonach eine Beschwerde gegen einen Submissionsentscheid grundsätzlich keine aufschiebende Wirkung habe, dass dem öffentlichen Interesse an einer möglichst raschen Umsetzung des Vergabeentscheids von vornherein ein erhebliches Gewicht zukomme.

[1834] BRK 9/00 (Zwischenentscheid vom 27. Juni 2000) E. 2a; CRM 13/00 (Zwischenentscheid vom 30. August 2000) E. 2a a.E. und ESSEIVA, in BR 2001, S. 155 Nr. 38, Anm. 3a; CRM 8/01 (Zwischenentscheid vom 19. September 2001) E. 2b mit Hinweisen; BRK 14/01 (Zwischenentscheid vom 16. November 2001) E. 2c und STÖCKLI, in BR 2002, S. 73 Nr. 7, Anm. 2 und 3; BRK 11/06 (Zwischenverfügung vom 22. August 2006) E. 2b und STÖCKLI, in BR 2006, S. 192 Nr. 120, Anm. 1 und 2 mit einer Prognose für das Verfahren vor dem Bundesverwaltungsgericht; Zwischenentscheide des Bundesverwaltungsgerichts B-1774/2006 vom 13. März 2007 E. 2.1 bzw. B-4719/2007 vom 20. September 2007 E.4.1; BEYELER, BR Sonderheft Vergaberecht 2006, S. 90 mit weiteren Hinweisen; MOSER, Prozessieren, S. 95, Rz. 3.19 ff.; BAUMBERGER, S. 56 f. Rz. 193 f. und S. 190 Rz. 642. Nach BOVET (RDAF 57/2001 [1. Teil – Verwaltungsrecht], S. 419 Fn. 27) kann diese auf der Ebene des Bundes entwickelte Rechtsprechung ohne Weiteres auch auf den Anwendungsbereich der Kantone übertragen werden; siehe in gleichem Sinne auch Urteil des Bundesgerichts 2P.161/2002 vom 6. September 2002, E. 2.1.

ge[1835] zu prüfen, ob aufgrund der vorliegenden Akten davon auszugehen ist, dass sich die Beschwerde als offensichtlich unbegründet erweist oder ein Grund besteht, auf die Beschwerde aller Voraussicht nach nicht eintreten zu können[1836]. Ist dies der Fall, so ist die anbegehrte aufschiebende Wirkung von vornherein nicht zu gewähren[1837]/[1838]. Werden der Beschwerde Erfolgschancen zuerkannt oder bestehen darüber Zweifel, so ist über das Begehren um aufschiebende Wirkung aufgrund der erwähnten **Interessenabwägung** zu befinden[1839]. Ob in Zukunft im Rahmen derselben auch die überwiegend negative (oder positive) Erfolgsprognose berücksichtigt werden soll, wie dies in einem Teil der Lehre[1840] gefordert wird, konnte das Bundesverwaltungsgericht in seinem ersten vergaberechtlichen Zwischenentscheid noch offenlassen[1841]. Kurze Zeit später hat es dann die Frage – in Präzisierung der Rechtsprechung der BRK – unter gewissen Voraussetzungen bejaht[1842]. Die Interessenlage und der Grundsatz der Verhältnismässigkeit können es unter Umständen rechtfertigen, einen ganz spezifischen Teilbereich von der Gewährung der aufschiebenden Wirkung auszunehmen. Ein Vertragsabschluss mit der berücksichtigten Anbieterin für diesen Teilbereich kann indessen nur insoweit in Betracht kommen, als ihm keinerlei präjudizielle Wirkung mit Bezug auf eine definitive Vergabe für den Rest des Auftrages zukommen darf[1843]. Drohen bei der Vergabe von Arbeiten, die ohne Unterbruch benötigt werden, auf beiden Seiten grosse Nachteile, ist gegebenenfalls zu prüfen, ob die Arbeiten für die Dauer des Verfahrens an einen Dritten vergeben werden können, um einen Unterbruch oder eine Verzögerung bei der Erbringung einer Dienstleistung zu verhindern[1844].

[1835] Allgemein zur Kognitionsbeschränkung im Rahmen des Erlasses von Massnahmen des einstweiligen Rechtsschutzes vgl. BAUMBERGER, S. 208 ff.
[1836] Z.B. mangels Zuständigkeit des Gerichts (vgl. Zwischenentscheid des Bundesverwaltungsgerichts B-93/2007 vom 8. Juni 2007 E. 4.9).
[1837] Als Anwendungsfälle vgl. Zwischenentscheide des Bundesverwaltungsgerichts B-1774/2006 vom 13. März 2007 E. 6.3. und B-4719/2007 vom 20. September 2007 E. 7.
[1838] Demgegenüber genügt eine überwiegend positive Beurteilung der Aussichten in der Hauptsache nicht, um ohne Prüfung der weiteren Kriterien die aufschiebende Wirkung zu erteilen (BAUMBERGER, S. 188 Rz. 637 mit Hinweisen in Fn. 742).
[1839] CRM 8/01 (Zwischenentscheid vom 19. September 2001) E. 2 c mit Hinweisen; vgl. CARRON/FOURNIER, S. 99 ff.
[1840] Vgl. namentlich BAUMBERGER, S. 191 Rz. 646.
[1841] Zwischenentscheid des Bundesverwaltungsgerichts B-1774/2006 vom 13. März 2007 E. 2.2; vgl. auch die Anmerkungen dazu von BEYELER in BR 2007, S. 87 f., Nr. 25.
[1842] Vgl. Zwischenentscheid des Bundesverwaltungsgerichts vom 31. Juli 2007 E. 2.3.2.
[1843] MOSER, AJP 2000, S. 685 mit Hinweisen.
[1844] BAUMBERGER, S. 191 Rz. 645 mit Hinweis auf BRK 12/98 (E. 4), wo die Parteien im konkreten Fall einem solchen Vorgehen zugestimmt hatten.

886 Mit dem Entscheid in der Hauptsache (Endentscheid) **fällt** die für das Beschwerdeverfahren gewährte aufschiebende Wirkung **dahin**[1845]. Ist über ein Gesuch um Gewährung der aufschiebenden Wirkung nicht vorweg in einem Zwischenentscheid befunden worden, so wird das Gesuch mit dem Entscheid in der Hauptsache gegenstandslos und die gegebenenfalls mit Präsidialverfügung[1846] superprovisorisch erteilte aufschiebende Wirkung fällt dahin[1847].

887 **2.** Das Kantonsgericht Basel-Landschaft hat im Rahmen der Interessenabwägung ausgeführt, es könne nicht angehen, ein nicht besonders komplexes Submissionsverfahren über eineinhalb Jahre andauern zu lassen und sich alsdann, nachdem Beschwerde gegen den Vergabeentscheid erhoben worden sei, mit Erfolg auf **ausserordentliche Dringlichkeit** zu berufen. Obwohl eine gewisse Dringlichkeit an der strittigen Beschaffung nicht von der Hand zu weisen sei, könne gestützt auf die Akten nicht von einer notstandsähnlichen Situation gesprochen werden und daher sei ein zwingender Grund des öffentlichen Interesses für einen vorzeitigen Vertragsabschluss zu verneinen[1848].

888 Für den Kanton Zürich hat das Verwaltungsgericht festgehalten, dass die Prozessleitung auch in Kammergeschäften allgemein dem Vorsitzenden obliegt. Entsprechend sei der Kammervorsitzende selbständig befugt, einen Entscheid betreffend die aufschiebende Wirkung zu treffen. Indessen werde ihm keine umfassende Kompetenz eingeräumt, sondern die zuständige Kammer könne verfahrensleitende Anordnungen gestützt auf § 56 Abs. 3 und § 55 Abs. 2 VRG/ZH widerrufen oder nachholen[1849]. Ein Anspruch

---

[1845] CRM 13/00 E. 4a a.E. und BRK 11/01 E. 6; MOSER, Prozessieren, S. 90, Rz. 3.13 mit Hinweisen; BAUMBERGER, S. 97 Rz. 333.

[1846] Diese Befugnis steht neuerdings auch dem Instruktionsrichter zu (vgl. neue Abs. 2 und 3 von Art. 55 VwVG).

[1847] BRK 20/00 E. 6; vgl. auch BGE 128 II 102. Desgleichen fällt die superprovisorisch erteilte aufschiebende Wirkung dahin, wenn in einem Zwischenentscheid ein Gesuch um Erteilung der aufschiebenden Wirkung abgewiesen wird (Zwischenentscheid des Bundesverwaltungsgerichts B-93/2007 vom 8. Juni 2007 E. 4.9 a.E.; BRK 14/01 [Zwischenentscheid vom 16. November 2001] Dispositiv Ziff. 1 a.E.; vgl. auch VG Genf: A/212/2001 [Präsidialverfügung vom 7. Mai 2001] Dispositiv).

[1848] KG Basel-Landschaft: 810 05 367 (Verfügung vom 26. Oktober 2005) E. 7.

[1849] Für das Verfahren vor der BRK verhielt es sich so, dass in sinngemässer Anwendung von Art. 55 VwVG die Befugnis zum Entscheid über ein Gesuch um Gewährung der aufschiebenden Wirkung an sich dem Präsidenten der BRK zustand. Angesichts der Tragweite, die diesem Zwischenentscheid im Bereiche des öffentlichen Beschaffungswesens zukommt, wurde darüber gemäss Praxis der BRK jedoch in der Regel in Dreierbesetzung, sofern grundsätzliche Fragen anstanden, gar in Fünferbesetzung befunden (vgl. Art. 71b Abs. 2 aVwVG). Das Bundesverwaltungsgericht (Abteilung II) hat sich der Praxis, in Beschaffungssachen bereits über die aufschiebende Wirkung durch den für die Hauptsache vorgesehenen Spruchkörper – statt allein durch den neu grundsätzlich zuständigen Instruktionsrichter – zu befinden, in seinem ersten Zwischenentscheid angeschlossen (Zwischen-

der Parteien auf eine Beurteilung durch die Kammer bestehe indessen nicht. Das Verwaltungsgericht trete praxisgemäss auf Einsprachen gegen Präsidialverfügungen betreffend aufschiebende Wirkung nicht ein, weil das Verwaltungsrechtspflegegesetz diesbezüglich eine eigene, abschliessende Regelung bereit halte und darin eine Einsprache nicht vorgesehen sei. Gegen derartige **prozessleitende Anordnungen** stehe mithin **kein kantonales Rechtsmittel** zur Verfügung. Ob die Präsidialverfügung allenfalls direkt mit Beschwerde beim Bundesgericht hätte angefochten werden können, brauche in diesem Verfahren nicht entschieden zu werden. Ein Gesuch um Erteilung der aufschiebenden Wirkung könne indessen bis zur Zustellung des Entscheids in der Hauptsache jederzeit (neu) gestellt werden. Allerdings brauche auf ein solches Gesuch dann nicht eingetreten zu werden, wenn sich seit einer allfälligen früheren diesbezüglichen Beurteilung am massgeblichen Sachverhalt nichts geändert habe[1850].

Im Kanton Obwalden verhält es sich demgegenüber so, dass Präsidialverfügungen betreffend aufschiebende Wirkung binnen 5 Tagen an das **Gesamtgericht weitergezogen** werden können. Der Verwaltungsgerichtspräsident, dessen Verfügung es auf Beschwerde hin zu überprüfen gilt, befindet sich dabei im Ausstand[1851].

889

3. Entscheide des Bundesverwaltungsgerichts sowie letzter kantonaler Instanzen betreffend aufschiebende Wirkung können an sich in dem Umfang mit **Beschwerde** beim Bundesgericht angefochten werden, als in der Hauptsache der Beschwerdeweg ans Bundesgericht offen steht (vgl. Art. 31 BGG). Da ein Entscheid, mit dem eine Beschwerdeinstanz einer Beschwerde die aufschiebende Wirkung zuerkennt oder versagt, das Verfahren nicht abschliesst, handelt es sich dabei gemäss Praxis des Bundesgerichts um einen Zwischenentscheid[1852]. Gegen Vor- und Zwischenentscheide ist die Beschwerde ans Bundesgericht nur im Rahmen von Art. 92 f. BGG[1853] zu-

890

---

entscheid des Bundesverwaltungsgerichts B-1774/2006 vom 13. März 2007 E. 1.3.2; vgl. auch Zwischenentscheide des Bundesverwaltungsgerichts B-93/2007 vom 8. Juni 2007 E. 1 bzw. B-4719/2007 vom 20. September 2007 E. 1.2.2). Zwischenentscheide der BRK betreffend aufschiebende Wirkung waren gemäss dem Grundsatz der Einheit des Prozesses ebenso endgültig wie deren Endentscheide (Art. 27 Abs. 1, Art. 36 aBoeB sowie Art. 100 Abs. 1 lit. x i.V.m. Art. 101 lit. a aOG). Da es sich um prozessleitende Verfügungen handelte, konnten sie von der BRK freilich jederzeit geändert und allfälligen neuen Verhältnissen angepasst werden (CRM 8/97 [Zwischenentscheid vom 26. März 1997] E. 2c; MOSER, Prozessieren, S. 90, Rz. 3.13 a.E.).

[1850] VG Zürich: VB.2001.00160 E. 1b.
[1851] VG Obwalden: Urteil B 00/005 vom 28. April 2000, E. 1 und 2 mit Hinweisen auf die kantonalen Organisations- und Verfahrensbestimmungen.
[1852] BGE 117 Ia 249 E. 2; 116 Ia 179 E. 2a mit Hinweisen.
[1853] Diese beiden Artikel gelten sinngemäss auch für das Verfahren der subsidiären Verfassungsbeschwerde (vgl. Art. 117 BGG).

lässig. Danach ist die Beschwerde gegen Zwischenentscheide namentlich zulässig, wenn sie einen nicht wieder gutzumachenden Nachteil bewirken können[1854]. Einen solchen Nachteil hatte das Bundesgericht noch unter dem Recht der staatsrechtlichen Beschwerde stillschweigend (und zu Recht) angenommen in einem Fall, in dem es das Genfer Verwaltungsgericht abgelehnt hatte, einer Submissionsbeschwerde in Anwendung von Art. 17 Abs. 2 IVöB die aufschiebende Wirkung zu erteilen. Das Bundesgericht war auf die staatsrechtliche Beschwerde, die es in der Folge abgewiesen hatte, eingetreten mit der lapidaren Begründung, die Beschwerde erfülle die Eintretensvoraussetzungen der Art. 84 ff. aOG[1855]. In einem späteren Urteil hatte das Bundesgericht zur Begründung der Eintretensfrage ausdrücklich Folgendes festgehalten: **Bei Verweigerung der aufschiebenden Wirkung** kann der Werkvertrag gemäss Vergabeentscheid abgeschlossen werden, womit die Beschwerdeführenden keine Möglichkeit mehr haben, die Arbeiten nachträglich zugesprochen zu erhalten. Der Umstand, dass sie – sofern im Beschwerdeverfahren festgestellt werden sollte, dass die Vergabe rechtswidrig erfolgte – ein Schadenersatzbegehren stellen könnten, vermag den Verlust der Möglichkeit, ihrerseits den Werkvertrag mit der Vergabebehörde abzuschliessen, nicht aufzuwiegen. Bleibt es beim angefochtenen Entscheid, droht ihnen daher ein nicht wiedergutzumachender Nachteil (rechtlicher Natur). Die staatsrechtliche Beschwerde war somit **zulässig**[1856].

891 Mit der Beschwerde gegen Entscheide über vorsorgliche Massnahmen kann nur die Verletzung verfassungsmässiger Rechte gerügt werden (Art. 98 BGG)[1857]. **Materiell** beschränkte sich das Bundesgericht auf staatsrecht-

---

[1854] Vgl. oben Rz. 783. Seinen ersten Zwischenentscheid betreffend aufschiebende Wirkung und Akteneinsicht auf dem Gebiete des Beschaffungswesens hat das Bundesverwaltungsgericht entsprechend mit folgender Rechtsmittelbelehrung versehen: «Dieser Zwischenentscheid kann, soweit davon auszugehen ist, dass er einen nicht wieder gutzumachenden Nachteil bewirken kann (Art. 93 Abs. 1 lit. a BGG) und dass sich eine Rechtsfrage von grundsätzlicher Bedeutung stellt (Art. 83 lit. f Ziff. 2 BGG), gemäss Art. 100 Abs. 1 BGG innert dreissig Tagen seit Eröffnung beim Schweizerischen Bundesgericht in Lausanne angefochten werden» (Zwischenentscheid des Bundesverwaltungsgerichts B-1774/2006 vom 13. März 2007).

[1855] Urteil des Bundesgerichts 2P.93/2001 vom 3. Juli 2001, E. 1.

[1856] Urteil des Bundesgerichts 2P.165/2002 vom 6. September 2002, E. 1, ebenso Urteil des Bundesgerichts 2P.161/2002 vom gleichen Tag, E. 1.2; vgl. auch BAUMBERGER, S. 189 f. Rz. 641.

[1857] Die bisher für vorsorgliche Massnahmen zu ergreifende staatsrechtliche Beschwerde liess demgegenüber auch die Verletzung von Konkordatsrecht und von Staatsverträgen zu (Art. 84 Abs. 1 lit. b und c aOG). Der Rügegrund bei vorsorglichen Massnahmen deckt sich demnach mit demjenigen bei der subsidiären Verfassungsbeschwerde; hier wie dort gilt das «Rügeprinzip» gemäss Art. 106 Abs. 2 BGG (vgl. PETER REETZ, Das neue Bundesgerichtsgesetz unter besonderer Berücksichtigung der Beschwerde in Zivilsachen, SJZ 2007, S. 34). Die Bestimmung von Art. 98 BGG trägt dem Umstand Rechnung, dass der Entscheid über meist sehr rasch zu treffende vorsorgliche Massnahmen vorläufig ist und nicht auf Grund

liche Beschwerde hin auf eine vorläufige Prüfung der Akten (prima facie-Beurteilung). Es kontrollierte bloss, ob die Behörde beim Entscheid über die vorsorgliche Massnahme (aufschiebende Wirkung) ihr **Ermessen überschritten oder missbraucht** hatte, und hob deren Entscheid nur auf, wenn sie wesentliche Interessen bzw. Gesichtspunkte ausser Acht gelassen oder offensichtlich falsch bewertet hatte. Letztlich griff es nur ein, wenn die Interessenabwägung einer vernünftigen Grundlage entbehrte[1858]. Dies galt schon dann, wenn unmittelbar Art. 17 IVöB angerufen wurde, dessen Auslegung und Anwendung das Bundesgericht an sich frei prüfte. Erst recht verhielt es sich so, wenn bloss Willkür bei der Anwendung einer kantonalrechtlichen Norm bzw. bei der danach gebotenen Interessenabwägung gerügt wurde[1859].

4. Die Beschwerde an das Bundesgericht hat gemäss Art. 103 Abs. 1 BGG in der Regel keine aufschiebende Wirkung[1860]. Der Instruktionsrichter kann über die aufschiebende Wirkung von Amtes wegen oder auf Antrag einer Partei eine andere Anordnung treffen (Art. 103 Abs. 3 BGG). Desgleichen kann er **vorsorgliche Massnahmen** treffen, um den bestehenden Zustand zu erhalten oder bedrohte Interessen einstweilen sicherzustellen (Art. 104 BGG).

So kann einer Beschwerde[1861] die aufschiebende Wirkung erteilt werden, wenn das Interesse der darum ersuchenden Partei dem öffentlichen Interesse an einem sofortigen und vollständigen Wirksamwerden des angefochtenen Entscheids vorgeht, weil ihr ein rechtlich erheblicher, auch durch Gutheissung der Beschwerde nicht rückgängig zu machender Nachteil droht, den hinzunehmen ihr nicht zugemutet werden kann. Dass derartige Gründe vorliegen, hat grundsätzlich die um vorsorgliche Massnahmen ersuchende Partei darzutun[1862]. Die **Prozessaussichten** fallen beim Entscheid über die aufschiebende Wirkung nur dann in Betracht, wenn sie eindeutig sind. In einem konkreten Anwendungsfall hat das Bundesgericht festgehalten, es lasse sich nicht sagen, dass die Beschwerde ohne jegliche Erfolgsaussichten sei. Damit fielen die Prozessaussichten bei der Interessenabwägung in con-

---

einer erschöpfenden Prüfung sämtlicher Rechts- und Tatfragen erfolgt (HEINZ AEMISEGGER, Der Beschwerdeweg in öffentlich-rechtlichen Angelegenheiten, in: Bernhard Ehrenzeller/Rainer J. Schweizer [Hrsg.], Die Reorganisation der Bundesrechtspflege – Neuerungen und Auswirkungen in der Praxis, St. Gallen 2006, S. 168).

[1858] Urteil des Bundesgerichts 2P.165/2002 vom 6. September 2002, E. 2.1.2 mit Hinweis, ebenso Urteil des Bundesgerichts 2P.161/2002 vom gleichen Tag, E. 2.1; Urteil des Bundesgerichts 2P.273/2004 vom 3. November 2004, E. 1.
[1859] Urteil des Bundesgerichts 2P.103/2006 vom 29. Mai 2006, E. 4.2.2 mit Hinweisen.
[1860] Zu den Voraussetzungen für die Erteilung der aufschiebenden Wirkung bei der Beschwerde ans Bundesgericht vgl. ausführlich BAUMBERGER, S. 174 ff.
[1861] Gemäss der vom Bundesgericht zur staatsrechtlichen Beschwerde entwickelten Praxis.
[1862] BGE 107 Ia 270 E. 1.

creto ausser Betracht. Werde dem Gesuch um aufschiebende Wirkung nicht entsprochen, entstehe für die Beschwerdeführerin dadurch ein nicht wieder gutzumachender Nachteil, dass die Gemeinde den Vertrag mit der (vorläufigen) Zuschlagsempfängerin abschliessen würde; dieser Vertrag könnte auch im Falle der Gutheissung der Beschwerde nicht mehr rückgängig gemacht werden. Das Interesse der Beschwerdeführerin an der beantragten vorsorglichen Massnahme sei dargetan und gewichtig. Die Gemeinde mache demgegenüber lediglich pauschal geltend, dass eine saubere, umweltgerechte und geregelte Entsorgung im Interesse der breiten Öffentlichkeit liege. Warum auch für eine zumindest kurzfristige befriedigende Entsorgung ein definitiver Vertragsabschluss erforderlich sei, sei nicht ersichtlich. Unter den gegebenen Umständen überwiege das Interesse der Beschwerdeführerin an einem Vollzugsaufschub jenes der Gemeinde an einem sofortigen definitiven Vertragsabschluss schon vor dem Urteil des Bundesgerichts über die Verfassungsmässigkeit des Vergabeentscheids[1863].

894 Dass das Bundesgericht einer Beschwerde im Allgemeinen mit **grösserer Zurückhaltung** die aufschiebende Wirkung gewährte als es die BRK tat[1864] – und wohl auch das Bundesverwaltungsgericht tun wird –, lässt sich insbesondere mit der Tatsache erklären, dass zwischen der ursprünglichen Zuschlagsverfügung und dem Zeitpunkt des Entscheids über die Beschwerde an das Bundesgericht in der Regel weit mehr Zeit verstrichen war als im Zeitpunkt, in dem die BRK als erste richterliche Instanz über die bei ihr erhobene Beschwerde materiell zu befinden hatte.

895 Wird ein letztinstanzlicher kantonaler **Feststellungsentscheid** (betreffend Rechtswidrigkeit eines Vergabeentscheids[1865]) mit Beschwerde beim Bundesgericht angefochten, so kommt die Gewährung der aufschiebenden Wirkung (von vornherein) nicht in Betracht, da ein Feststellungsentscheid als solcher nicht vollzogen werden kann und auch faktisch nicht zu einer Verzögerung des anstehenden Submissionsvorhabens führt[1866].

[1863] Präsidialverfügung 2P.342/1999 vom 22. Februar 2000, E. 2.
[1864] Wenn im Bericht der NEAT-Aufsichtsdelegation der eidgenössischen Räte vom 19. März 2007 auf S. 15 festgehalten wird, die ATG weise darauf hin, dass von 67 öffentlich im Internet publizierten Entscheiden der BRK nur in einem einzigen Fall die aufschiebende Wirkung gewährt wurde, so handelt es sich dabei um eine offensichtlich unzutreffende Aussage. So hat die BRK in den letzten drei Jahren (2004 – 2006) neun Gesuche um Erteilung der aufschiebenden Wirkung in formellen Zwischenentscheiden gutgeheissen und acht abgewiesen (vgl. auch MOSER, BR Sonderheft Vergaberecht 2004, S. 85 f.). Superprovisorisch, d.h. bis zu einem Zwischenentscheid über die aufschiebende Wirkung oder gegebenenfalls einem direkten Entscheid in der Hauptsache (siehe oben Rz. 886), hat die BRK einem Antrag auf Gewährung der aufschiebenden Wirkung praktisch immer stattgegeben.
[1865] Vgl. Art. 18 Abs. 2 IVöB.
[1866] Vgl. Urteil des Bundesgerichts 2P.175/2001 vom 12. Oktober 2001, Sachverhalt lit. D.

8. Kapitel:
Sicherheiten

Wird die aufschiebende Wirkung auf Gesuch der Beschwerdeführerin angeordnet und kann sie zu einem **bedeutenden Nachteil** führen, so kann die Beschwerdeführerin gemäss Art. 17 Abs. 3 IVöB[1867] innerhalb nützlicher Frist zur Leistung von Sicherheiten für die Verfahrenskosten und mögliche Parteientschädigungen verpflichtet werden. Wird die Sicherheit nicht fristgerecht geleistet, so wird der Entscheid über die aufschiebende Wirkung hinfällig.

896

Das Genfer Verwaltungsgericht hat in einem Fall, in dem es die aufschiebende Wirkung erteilt hat, auf die Einforderung von Sicherheiten verzichtet, dagegen vorbehalten, auf die Frage in einem **späteren Zeitpunkt** der Instruktion zurückzukommen[1868].

897

[1867] Auch einige kantonale Submissionsgesetze sehen spezialgesetzlich die Möglichkeit vor, die Gewährung der aufschiebenden Wirkung von der Leistung einer Sicherheit abhängig machen zu lassen (vgl. z. B. § 32 Abs. 3 BeG/BL). Das BoeB enthält demgegenüber keine entsprechende Bestimmung für das Verfahren vor dem Bundesverwaltungsgericht. Gemäss Art. 82 Abs. 2 BZP sind die vorsorgliche Verfügung wie die vorläufigen Massnahmen von Sicherheitsleistung abhängig zu machen, wenn dem Gesuchsgegner durch sie Schaden entstehen kann. Ob diese Bestimmung über Art. 4 VwVG – und Art. 37 VGG – allenfalls auch auf das Beschwerdeverfahren vor der BRK bzw. dem Bundesverwaltungsgericht angewendet werden kann zur Sicherstellung einer allfälligen Parteientschädigung an die (private) Gegenpartei, musste bisher nicht entschieden werden (vgl. dazu auch STÖCKLI, BR 2002, S. 73, Nr. 7, Anm. 4 sowie BGE 132 I 137 ff. E. 2). Für die Verfahrenskosten müssen die Beschwerdeführer ohnehin in dem Sinn Sicherheit leisten, als sie gestützt auf Art. 63 Abs. 4 VwVG einen Kostenvorschuss in der Höhe der mutmasslichen Verfahrenskosten zu entrichten haben. Der Kostenvorschuss kann dabei auch im Laufe des Verfahrens erhöht werden, z.B. wenn nachträglich ein Gesuch um Gewährung der aufschiebenden Wirkung gestellt wird.

[1868] VG Genf: A/201/2001, S. 10, E. 7.

9. Kapitel:
Akteneinsicht

1. Für das Vergabeverfahren des Bundes (Verfügungsverfahren nach dem 4. Abschnitt des BoeB) ist das Akteneinsichtsrecht nach den Art. 26–28 VwVG aufgrund von Art. 26 Abs. 2 BoeB ausdrücklich ausgeschlossen[1869]. Dies gilt bis zum Ablauf der Beschwerdefrist nach dem Zuschlagsentscheid. Das Akteneinsichtsrecht und dessen Ausnahmen kommen **erst im Beschwerdeverfahren** zur Anwendung. Diese Regelung rechtfertigt sich, da nicht erwünscht ist, dass Konkurrenten während des Beschaffungsverfahrens Einsicht in die Entscheidunterlagen nehmen können[1870].

898

Im Verfahren vor dem Bundesverwaltungsgericht gelangen – wie erwähnt – die Art. 26–28 VwVG zur Anwendung. Die Vergabebehörde ist dabei vorweg verpflichtet, die Submissionsakten vollständig der Beschwerdeinstanz auszuhändigen[1871]. Vom allgemeinen Einsichtsrecht durch die Parteien ausgenommen bleiben jene Akten, bezüglich denen ein überwiegendes Geheimhaltungsinteresse vorliegt (Art. 27 Abs. 1 lit. b VwVG). So besteht – gemäss ständiger Rechtsprechung der BRK – selbst für das Beschwerdeverfahren ohne Zustimmung der Betroffenen kein allgemeiner Anspruch auf Einsichtnahme in **Konkurrenzofferten**[1872]. Das Bundesgericht hat seinerseits festgehalten, dass im Submissionsverfahren für das Akteneinsichtsrecht

899

[1869] ALBERTINI (Diss., S. 312 f.) weist in diesem Zusammenhang darauf hin, dass eine Vereitelungsgefahr von öffentlichen und privaten Interessen durch vorgängige Gehörsausübung beispielsweise im Submissionsverfahren bestehen kann: Eine verfrühte Äusserung, verbunden mit einer Einsicht in die Unterlagen bzw. Offerten der Konkurrenten könnte den Wettbewerb verfälschen und somit die Zielsetzungen des neuen öffentlichen Beschaffungswesens zugunsten eines objektiven und unverfälschten Marktzugangs vereiteln.

[1870] GATT-Botschaft 2, BBl 1994 IV 1196. Ein nicht berücksichtigter Anbieter kann daher vor Einleitung eines Rechtsmittelverfahrens nicht verlangen, dass ihm etwa der ausgefüllte Bewertungsbogen (Matrix) mit der Angebotsbeurteilung sämtlicher Mitbewerber oder ein Text mit gleichem Informationsgehalt zugänglich gemacht werden (vgl. SCHERLER, in BR 2001, S. 61).

[1871] CRM 4/04 (Zwischenentscheid vom 4. Mai 2004) E. 3b mit Hinweisen; MOSER, Prozessieren, S. 119, Rz. 3.60 mit Hinweisen; vgl. auch Urteil des Bundesgerichts 1S.1/2004 vom 9. Juli 2004, E. 3.

[1872] BRK 11/06 (Zwischenverfügung vom 22. August 2006) E. 6a; BRK 32/03 E. 1f; BRK 3/01 (Zwischenverfügung vom 11. Mai 2001) E. 3; CRM 8/01 (Zwischenverfügung vom 9. November 2001); BRK 23/00 (Zwischenverfügung vom 31. Januar 2001) E. 3; BRK 14/01 (Zwischenentscheid vom 16. November 2001) E. 3a; Zwischenentscheid des Bundesverwaltungsgerichts B-1774/2006 vom 13. März 2007 E. 7.1; MOSER, AJP 2000, S. 686.

(Art. 29 Abs. 2 BV) besondere Grundsätze gelten. Die Vertraulichkeit der eingereichten Offerten sei gewährleistet und sie genössen Schutz als Geschäftsgeheimnisse. Der unterlegene Bewerber habe nur Anspruch auf Bekanntgabe jener Elemente, die von Gesetzes wegen zur Begründung des Zuschlags angeführt werden müssen. Diese Regelung könne nicht durch das blosse Einlegen eines Rechtsmittels umgangen werden, weshalb die unmittelbar durch die Verfassung gewährleisteten Minimalgarantien für das besonders geartete Verfahren der Submission auch im Rechtsmittelstadium grundsätzlich keinen Anspruch auf (direkte) Einsicht in die Offertunterlagen von Konkurrenten gewährten. Das in anderen Bereichen übliche allgemeine Akteneinsichtsrecht müsse bei Submissionsverfahren gegenüber dem Interesse der Anbieter an der vertraulichen Behandlung ihrer Geschäftsgeheimnisse sowie des in den Offertunterlagen zum Ausdruck kommenden unternehmerischen Know-hows zurücktreten[1873]. Nicht zu verkennen sei zwar, dass eine solche Einsichtsbeschränkung dem unterlegenen Konkurrenten die Möglichkeit erschwere, vermutete Mängel des Vergabeentscheides auf dem Rechtsmittelweg geltend zu machen. Schutzlos seien die übergangenen Anbieter jedoch nicht: Sie könnten von der Vergabebehörde eine Begründung für die Nichtberücksichtigung ihres Angebots verlangen, deren Stichhaltigkeit dann von der Rechtsmittelinstanz – gestützt auf einen vollumfänglichen Einblick in die Konkurrenzofferten – überprüft werde[1874].

900 Nicht herausgegeben werden in der Regel Akten von **Beteiligten** des Submissionsverfahrens, die nicht in das Beschwerdeverfahren einbezogen wurden[1875].

901 Von der Akteneinsicht auszunehmen ist – nebst der Konkurrenzofferte – auch die technische Auswertung der Offerten durch das die Vergabestelle beratende Ingenieurbüro, soweit daraus schützenswerte Angaben der Konkurrentin ersichtlich sind[1876]. Nach dem Verhältnismässigkeitsprinzip beschränkt

---

[1873] Vgl. oben Rz. 765.
[1874] Urteil des Bundesgerichts 2P.274/1999 vom 2. März 2000, E. 2c mit Hinweisen; vgl. die kritische Auseinandersetzung mit dieser Rechtsprechung durch das Zürcher Verwaltungsgericht in VB.2001.00095 E. 3d (unten Rz. 907). Vgl. auch Urteile des Bundesgerichts 2P.193/2006 vom 29. November 2006, E. 3.1 und 2P.226/2002 vom 20. Februar 2003, E. 2.1, CRM 4/04 (Zwischenentscheid vom 4. Mai 2004) E. 3b mit weiteren Hinweisen, BVR 2006, S. 328 E. 2 sowie den Hinweis auf die unterschiedliche Praxis deutscher Beschwerdeinstanzen bei CARRON/FOURNIER, S. 15.
[1875] BRK 12/98 (Verfügung vom 5. November 1998) E. 2; KG Basel-Landschaft: 810 05 367 (Verfügung vom 26. Oktober 2005) E. 9.
[1876] BRK 14/01 (Zwischenentscheid vom 16. November 2001) E. 3b. Vgl. auch BRK 1/05 (Zwischenentscheid vom 14. April 2005) E. 4c, wo sämtliche Unterlagen betreffend die Bewertung der übrigen Angebote anhand der Zuschlagskriterien sowie die den betreffenden Anbietern zugestellten Fragenkataloge von der Akteneinsicht ausgenommen wurden, da sie einerseits geschützte Informationen enthielten und andererseits für die Frage, ob die Be-

sich die Verweigerung der Einsichtnahme ganz allgemein auf diejenigen Aktenstücke, für die **Geheimhaltungsgründe** bestehen. Verwehrt werden darf mit anderen Worten nur die Einsicht in das Aktenstück oder diejenigen Unterlagen, die im überwiegenden öffentlichen oder privaten Interesse nicht bekannt gegeben werden sollen, nicht die Einsicht in das gesamte Dossier. Auch einzelne Aktenstücke, an denen überwiegende Geheimhaltungsinteressen bestehen, dürfen nur soweit der Einsicht entzogen werden, wie es die Geheimhaltung erfordert, wenn eine teilweise Einsichtgewährung praktikabel ist. Der Schutz vor Offenlegung kann auf verschiedene Weise geschehen (Abdecken gewisser Namen oder Stellen, Entfernen einzelner Seiten oder Aktenstücke). Grundsätzlich ist die Form zu wählen, welche die Einsicht am wenigsten einschränkt, sofern sie mit vertretbarem Aufwand umgesetzt werden kann[1877].

2. Auch das Aargauer Verwaltungsgericht hat erkannt, ein Anspruch auf Bekanntgabe oder Einsichtnahme in die Bewertung der Konkurrentinnen bestehe nur soweit, als dies mit § 20 Abs. 3 SubmD/AG vereinbar sei, d.h. durch die Bekanntgabe von Informationen dürfen nicht schützenswerte wirtschaftliche Interessen der Anbieter beeinträchtigt oder der lautere Wettbewerb unter den Anbietern verletzt werden. **Fabrikations- und Geschäftsgeheimnisse**[1878] müssen gewahrt bleiben. Die Eigenschaften und Vorteile des berücksichtigten Angebots, welche zur Zuschlagserteilung geführt haben, können in aller Regel aber bekannt gegeben werden, ohne dass es deswegen bereits zu einer Verletzung von § 20 Abs. 3 SubmD/AG kommt. Es seien demzufolge keine sachlichen Gründe ersichtlich, die gegen eine Aushändigung der Bewertungsmatrices (Zusammenstellungen) Verfahren/Layout/MSR und Bautechnik HLKS sowie der entsprechenden Zusammenzüge (in Kopie) gesprochen hätten. Diesen Unterlagen liessen

902

---

schwerdeführerinnen zu Recht von der weiteren Evaluation ausgeschlossen worden waren, grundsätzlich unerheblich waren.

[1877] MERKLI/AESCHLIMANN/HERZOG, N 7 zu Art. 23 VRPG/BE.

[1878] Eine Tatsache gilt als **Geschäftsgeheimnis**, wenn sie kumulativ folgende Voraussetzungen erfüllt: Die Tatsache darf weder allgemein bekannt noch allgemein zugänglich sein (objektive Voraussetzung); der Geheimnisherr will die Tatsache geheim halten (subjektive Voraussetzung); der Geheimnisherr hat an der Geheimhaltung der Tatsache ein berechtigtes Interesse (objektives Geheimhaltungsinteresse) (RPW 2002, S. 280). Unter das Geschäftsgeheimnis fallen insbesondere sämtliche Tatsachen, die den kaufmännischen und betriebswirtschaftlichen Bereich eines Geschäfts oder Unternehmens betreffen. Nach der Umschreibung des Geschäftsgeheimnisses im Bereich des Strafrechts, die auch im Submissionsbereich Anwendung findet, kommen dabei in Betracht: Organisation, Produktionsmittel, Bezugsquellen, Absatzmöglichkeiten, Preiskalkulationen, Verteilkanäle, Kundenkreise und deren Bedürfnisstruktur, Betriebsgewinn, Gesamtumsatz, Eigenkapitalrentabilität, Cash Flow sowie die allgemeine Geschäftslage (VG Bern: VGE 21024 E. 3d mit Hinweisen).

sich nur die Punktebewertungen und keine Informationen zu den konkreten Inhalten der Angebote entnehmen[1879].

903 **3.** Im Verfahren vor dem Bundesverwaltungsgericht bleibt bei Verweigerung der Akteneinsicht generell Art. 28 VwVG vorbehalten, wonach diesfalls zum Nachteil einer Partei nur dann auf das Aktenstück abgestellt werden darf, wenn ihr die Behörde von seinem für die Sache wesentlichen Inhalt mündlich oder schriftlich Kenntnis gibt und ihr ausserdem die Möglichkeit einräumt, sich zu äussern und Gegenbeweismittel zu nennen[1880]. Dokumente, die aus der **internen Meinungsbildung** der Auftraggeberin für die Vergabe hervorgegangen sind, sind insoweit herauszugeben, als sie für den angefochtenen Entscheid relevant sind[1881]. Dies kann beispielsweise mit Bezug auf einen Evaluationsbericht der Fall sein, den die Verwaltung zu den Akten gegeben hat, und zwar ungeachtet des Hinweises, er sei lediglich für die interne Meinungsbildung der Vergabebehörde bestimmt gewesen[1882]. Das Aargauer Verwaltungsgericht hat demgegenüber die Bewertungsblätter der einzelnen Mitglieder der Baukommission, die im Rahmen der Offertbewertung je einen separaten Auswertungsbogen ausgefüllt haben, als verwaltungsinterne Akten qualifiziert, die der verwaltungsinternen Meinungsbildung dienen und lediglich für den internen Gebrauch bestimmt sind. Ein Anspruch auf Einsicht in diese Unterlagen bestehe nicht und die Beschwerdeführer hätten kein Recht, zu erfahren, wie kommissionsintern die Meinungsbildung erfolgt sei; sie hätten lediglich einen Anspruch darauf, dass ihnen das Resultat dieser Meinungsbildung bekannt gegeben werde[1883].

904 **4.** Das Verwaltungsgericht des Kantons Schwyz hat in Anlehnung an seine bisherige Praxis sowie unter Berücksichtigung des in der neueren Submissionsgesetzgebung besonders hervorgehobenen Vertraulichkeitsgebotes das grundsätzliche **Vorgehen** bei anbegehrter Akteneinsicht im Beschwerdeverfahren **wie folgt festgelegt**:

– Angaben und Unterlagen über im Beschwerdeverfahren nicht beteiligte Parteien (ausser Offertöffnungsprotokoll und bereinigte Offertpreise mit Rangfolge) sind geheimzuhalten.

[1879] VG Aargau: Urteil BE.2001.00173 vom 25. September 2001, E. 3a/bb/dd (S. 18 f.) (nicht publiziert).
[1880] Vgl. BRK 1/05 (Zwischenentscheid vom 14. April 2005) E. 4c; CARRON/FOURNIER, S. 116. Für den Kanton Bern in gleichem Sinne VG Bern: VGE 21024 E. 3b; vgl. auch VG Waadt: Urteil vom 3. April 2002 E. 3a mit Hinweisen.
[1881] BGE 125 II 478 mit Hinweisen; MOSER, AJP 2000, S. 686; MOSER, Prozessieren, S. 116 f., Rz. 3.57 mit Hinweisen; ALBERTINI, Diss., S. 229 f.
[1882] CRM 8/01 (Zwischenverfügung vom 9. November 2001).
[1883] AGVE 1999, S. 293 f.

– Angaben und Unterlagen von und über eine Beschwerdepartei können derselben auf Antrag hin offen gelegt werden. Dabei gilt es zu beachten, dass bereits der Auftraggeber den Anbietern die wesentlichen Gründe für ihre Nichtberücksichtigung zu eröffnen hat. Da die Mitteilungspflicht nur individuell gegenüber den einzelnen Anbietern vollzogen werden kann, ist dieser vernünftigerweise nur auf Gesuch hin nachzukommen.

– Angaben und Unterlagen von und über eine im Beschwerdeverfahren beteiligte Mitkonkurrentin sind – sofern sie mit erheblicher Wahrscheinlichkeit entscheidrelevant und in der Entscheidbegründung zu verwenden sein werden – bei deren Einverständnis der Gegenpartei auf Antrag hin zugänglich zu machen. Bei vorbehaltlos eingereichten Unterlagen wird das Einverständnis der einreichenden Partei präsumiert.

– Lehnt eine Partei die Einsichtnahme durch die Gegenpartei in die sie betreffenden Angaben und Unterlagen ab, so hat sie dem Gericht die geheimzuhaltenden Angaben und Unterlagen zu bezeichnen sowie ihr Geheimhaltungsinteresse zu begründen und soweit erforderlich zu belegen.

– Der mit der Verfahrensinstruktion betraute Richter ordnet im Fall des fehlenden Einverständnisses auf Grund einer Interessenabwägung an, welche Akten und allenfalls wieweit diese eingesehen werden können. Dabei hat er u.a. was folgt zu beachten:

– Der Richter gewährt die Einsichtnahme in Konkurrenzofferten nur zurückhaltend.

– Was mit erheblicher Wahrscheinlichkeit entscheidrelevant und im Rahmen der Begründungspflicht offen zu legen sein wird, kann der Gegenpartei grundsätzlich nicht vorenthalten werden (allenfalls Offenlegung in zusammengefasster, teilweise abgedeckter Form).

– Nachteilige Beweismittel im Sinne von § 22 Abs. 3 VRP/SZ sind auf das Submissionsverfahren bezogen solche, die sich für eine Anbieterin unmittelbar nachteilig auswirken (z. B. nachteilige Angaben über ihre Eignung), nicht jedoch solche von bloss mittelbarer Auswirkung (z. B. vorteilhafte Angaben über die Mitkonkurrentin, die den Zuschlag erhielt; Nachweis der Selbstkostendeckung). Es kann mithin in begründeten Ausnahmefällen auf mittelbar nachteilige Beweismittel abgestellt werden, ohne dass der wesentliche Inhalt der negativ betroffenen Partei zur Kenntnis gebracht wird (beispielsweise bei einem Konstruktionsgeheimnis, welches einen prägnanten Qualitätsvorsprung oder eine erhebliche Kostenersparnis zu begründen vermag).

– Bei der Interessenabwägung ist das Gebot der Waffengleichheit zu beachten. Für eine Aktenoffenlegung spricht im Übrigen, wenn sie ein der Sachverhaltsermittlung dienliches kontradiktorisches Vorgehen begünstigt.

– Gegen die Verfahrensanordnung des instruierenden Richters kann beim Gericht Einsprache erhoben werden (§ 23 Abs. 2 VRP/SZ). Nach unbenütztem Ablauf der Einsprachefrist bzw. Erledigung des Einspracheverfahrens ist die Akteneinsicht zu vollziehen.

Die obgenannten Grundsätze sind im Sinne einer Weiterentwicklung und Präzisierung der bisherigen Praxis auch bei Verfahren nach der kantonalen Submissionsverordnung zu beachten[1884].

905 **5.** Das Aargauer Verwaltungsgericht hat mit Bezug auf die Akteneinsicht in **Referenzauskünfte** im Rahmen des verwaltungsgerichtlichen Beschwerdeverfahrens grundsätzlich ein umfassendes Akteneinsichtsrecht bejaht. Im Normalfall sei das Interesse des nicht berücksichtigten Anbieters an der Offenlegung belastender Referenzauskünfte erheblich grösser und gewichtiger als die Interessen der Vergabestelle und des Referenzgebers an der Geheimhaltung[1885].

906 **6.** Das Zürcher Verwaltungsgericht hat mit Bezug auf Einschränkungen der Akteneinsicht, die von der Beschwerdeführerin beanstandet worden sind, festgehalten, die Vergabestelle habe im Beschwerdeverfahren die Unterlagen eingereicht, die zur Beurteilung des angefochtenen Entscheids notwendig gewesen seien, und die Beschwerdeführerin habe Gelegenheit erhalten, zu diesen Stellung zu nehmen. Die von ihr beantragte Herausgabe weiterer Belege erweise sich aufgrund der nachfolgenden Erwägungen zur Sache nicht als erforderlich; insbesondere die Edition zusätzlicher Offertunterlagen der Mitbeteiligten trüge zur Beurteilung der vorliegend relevanten Fragen nichts bei. Eine allfällige **Verletzung** des **Gehörsanspruchs** der Beschwerdeführerin sei damit **geheilt**[1886].

907 In einem weiteren Entscheid hat sich das Verwaltungsgericht des Kantons Zürich mit der Frage nach dem Verhältnis zwischen dem für das rechtliche Gehör wesentlichen Anspruch auf Akteneinsicht und dem das Submissionsrecht beherrschenden Grundsatz der Vertraulichkeit einlässlich auseinan-

---

[1884] VG Schwyz: 1004/99 (Zwischenbescheid vom 23. April 1999) E. 7. Zu den Gesichtspunkten, denen es bei der Entscheidung über das Ausmass der Gewährung einer beantragten Akteneinsicht Rechnung zu tragen gilt, vgl. auch VG Basel-Landschaft: Urteil vom 28. Juli 1999 i.S. A.C. (Nr. 128).

[1885] AGVE 2000, S. 279 ff., insb. 284 ff.; ELISABETH LANG, ZBl 2002, S. 477.

[1886] VG Zürich: VB.1999.00015 E. 4b und VG Zürich: VB.2001.00103 E. 4b a.E.

dergesetzt[1887]. Es hielt vorweg fest, dass im erstinstanzlichen Verfahren vor der Vergabebehörde grundsätzlich kein Anspruch auf Akteneinsicht bestehe. Durch diesen Ausschluss im erstinstanzlichen Verfügungsverfahren erhalte die Akteneinsicht dafür im Beschwerdeverfahren vor dem Verwaltungsgericht ein umso grösseres Gewicht. Denn die Einsicht in die für das Verfahren wesentlichen Unterlagen sei die Voraussetzung dafür, dass die Beteiligten ihre **Parteirechte wahrnehmen**, insbesondere Beweisanträge stellen und sich zu den rechtserheblichen Punkten äussern können. Hinzu komme, dass die Beschwerdeinstanz die geforderte unabhängige Überprüfung des Vergabeentscheids (Art. 9 Abs. 2 BGBM und Art. XX Abs. 2, 6 und 7 ÜoeB) in der Regel nicht vornehmen könne, ohne auf Unterlagen abzustellen, die von den Bewerbern im Rahmen der Submission eingereicht wurden oder – wie etwa Zusammenstellungen, welche die Vergabestelle anfertigt – Angaben aus diesen Unterlagen enthalten. Der Beschwerdeentscheid dürfe sich aber grundsätzlich nur auf Unterlagen stützen, die auch den Parteien zugänglich waren. Ein Vorgehen, wie es das Bundesgericht im Entscheid vom 2. März 2000[1888] in Betracht gezogen habe, wonach die Beschwerdeinstanz zwar in Kenntnis der vollständigen Akten, aber ohne Einsicht der Verfahrensparteien in dieselben entscheiden müsste, vermöchte diesen Anforderungen offensichtlich nicht zu genügen. Die besonderen Bedürfnisse des Submissionsverfahrens, insbesondere die geforderte Vertraulichkeit zugunsten der teilnehmenden Anbieter, böten keine Rechtfertigung dafür, dass grundlegende Anforderungen an ein rechtsstaatliches Verfahren weitgehend ausser Kraft gesetzt würden. Aufgrund der bisherigen Erfahrungen bestehe im Übrigen auch kein Grund für die Annahme, dass die Beachtung der genannten Verfahrensprinzipien eine sachgerechte Beurteilung von Submissionsbeschwerden verunmögliche. Den Erfordernissen des Vergabeverfahrens sei dagegen insofern Rechnung zu tragen, als bei der **Interessenabwägung**, die dem Entscheid über die Gewährung der Akteneinsicht zugrunde liegt, der Grundsatz der Vertraulichkeit das ihm gebührende Gewicht erhalte. Als schützenswert fielen z. B. Angaben von Mitbewerbern über interne Produktionsabläufe, detaillierte Kalkulationsgrundlagen oder Qualifikationsprofile von Mitarbeitern in Betracht. Berechtigten Geheimhaltungsinteressen von Konkurrenten könne durch die Verweigerung der Einsicht in bestimmte Aktenstücke oder durch die Modalitäten der Einsichtnahme Rechnung getragen werden. Auf dieser Grundlage sei es in der Regel möglich, einen sachgerechten Aus-

---

[1887] Wegen der grundsätzlichen Bedeutung der aufgeworfenen Rechtsfragen traf das Verwaltungsgericht diesen Zwischenentscheid, der in der Regel dem Abteilungsvorsitzenden obliegt, von der Kammer.
[1888] 2P.274/1999, vgl. oben Rz. 899.

gleich zwischen Informationsbedürfnissen und Geheimhaltungsinteressen der Beteiligten zu finden[1889].

908 **7.** Nach der Rechtsprechung des Verwaltungsgerichts des Kantons Bern sind Zwischenverfügungen betreffend Akteneinsicht nur selbständig anfechtbar, wenn sie einen **nicht wieder gutzumachenden Nachteil** bewirken können (Art. 61 Abs 1 und 2 VRPG/BE). Bei der Verweigerung der Akteneinsicht sei ein solcher Nachteil in der Regel zu verneinen. Auch im vorliegenden Fall sei kein nicht wieder gutzumachender Nachteil ersichtlich, könne doch mit einem für die Beschwerdeführerin günstigen Endentscheid jeder Nachteil behoben werden. Es komme hinzu, dass die erforderliche Akteneinsicht eng mit den sich stellenden materiellen Fragen verknüpft sei. Da die Vergabebehörde zu den Einsprachepunkten noch nie substanziiert Stellung genommen habe, sei es schwierig, den Umfang des Akteneinsichtsrechts im jetzigen Zeitpunkt losgelöst von den materiellen Fragen abschliessend zu beurteilen. Bei dieser Sachlage sei auf die Beschwerde nicht einzutreten[1890].

[1889] VG Zürich: VB.2001.00095 E. 3 mit zahlreichen Hinweisen.
[1890] VG Bern: BVR 2001, S. 138 f. E. 1b.

10. Kapitel:
Wiedererwägung und Widerruf durch die Vergabebehörde

1. Nach Art. 58 VwVG kann die Vorinstanz bis zu ihrer Vernehmlassung (in der Sache) die angefochtene Verfügung in **Wiedererwägung** ziehen[1891]. Die Praxis geht noch einen Schritt weiter und lässt auch eine spätere Aufhebung der Verfügung durch die Vorinstanz zu, somit in der Regel bis vor Ergehen des Entscheids der Rechtsmittelinstanz[1892]. So hat die Vergabestelle in einem Beschwerdeverfahren vor dem Bundesverwaltungsgericht z. B. die Möglichkeit, im Anschluss an einen Zwischenentscheid, in dem sich das Gericht zu den Erfolgsaussichten der Beschwerde geäussert und dieser die aufschiebende Wirkung erteilt hat, auf ihren Vergabeentscheid zurückzukommen und mit einer neuen Verfügung den angefochtenen Zuschlag wiedererwägungsweise zu widerrufen und gegebenenfalls der Beschwerdeführerin zu erteilen. Fällt durch die **neue Verfügung** der Vergabestelle das Anfechtungsobjekt des von der Beschwerdeführerin angestrengten Verfahrens dahin, ist die gegen die ursprüngliche Verfügung erhobene Beschwerde als gegenstandslos geworden abzuschreiben[1893]. Selbstverständlich hat die Vergabestelle ihre neue Verfügung zu begründen und wiederum mit einer Rechtsmittelbelehrung zu versehen, um so der ursprünglichen Zuschlagsempfängerin ihrerseits zu ermöglichen, die neue Verfügung allenfalls mit Beschwerde beim Bundesverwaltungsgericht anzufechten.

909

2. Ob daneben im Bereich des öffentlichen Beschaffungsrechts auch Platz bleibt für eine Anwendung der neuen Bestimmung über die **gütliche Einigung** und **Mediation**, wird sich zeigen müssen[1894]. Sie gibt der Beschwerdeinstanz die Möglichkeit, das Verfahren im Einverständnis mit den Parteien zu **sistieren**, damit sich diese über den Inhalt der Verfügung einigen können.

910

[1891] Vgl. dazu allgemein CARRON/FOURNIER, S. 38 f. und 108; vgl. auch ULRICH, Gestaltungsspielräume, S. 180 f.
[1892] MOSER, Prozessieren, S. 101, Rz. 3.30 mit Hinweisen.
[1893] BRK 11/00.
[1894] Vgl. auch Bericht der NEAT-Aufsichtsdelegation der eidgenössischen Räte vom 19. März 2007, S. 20.

Die gütliche Einigung soll einschliessen, dass die Parteien auf Rechtsmittel verzichten und wie sie die Kosten verteilen (Art. 33*b* Abs. 1 VwVG)[1895].

911 **3.** Auch das Verwaltungsrechtspflegegesetz des Kantons Aargau beispielsweise kennt das Institut der Wiedererwägung. Gemäss § 25 Abs. 1 VRPG/AG kann auf Gesuch eines Betroffenen eine Verfügung durch die erstinstanzlich zuständige Behörde in Wiedererwägung gezogen werden. § 26 VRPG/AG regelt seinerseits den **Widerruf**[1896]. Danach können Verfügungen und Entscheide, die der Rechtslage oder den sachlichen Erfordernissen nicht entsprechen, abgeändert oder aufgehoben werden, wenn wichtige öffentliche Interessen es erfordern. So hat der Aargauer Regierungsrat während eines beim Verwaltungsgericht hängigen Beschwerdeverfahrens, in dem sowohl die Aufhebung des Submissionsverfahrens als Ganzes als auch des regierungsrätlichen Vergabebeschlusses beantragt wurde, letzteren vorbehaltlos widerrufen. Der Widerruf wurde damit begründet, dass der ursprüngliche Vergabebeschluss eine nicht korrekte Vergabesumme genannt habe. Versehentlich habe die Vergabestelle im ersten Beschluss nicht den von den Zuschlagsempfängerinnen tatsächlich offerierten Preis, sondern eine im Rahmen der Preisbewertung verwendete fiktive Umrechnungssumme übernommen. Das Verwaltungsgericht des Kantons Aargau hat dieses Vorgehen geschützt und festgehalten, dem im Vergabebeschluss genannten Preis, zu dem der Zuschlag erteilt werde, komme auch im Hinblick auf den abzuschliessenden Vertrag verbindliche Wirkung zu. Insofern liege es auf der Hand, dass im Vergabebeschluss der Preis, zu dem der Zuschlag tatsächlich erfolge, auch richtig genannt sein müsse. Ein gewichtiges öffentliches Interesse am Widerruf sei klar zu bejahen[1897].

[1895] Zur Förderung der Einigung kann die Behörde (Beschwerdeinstanz) eine neutrale und fachkundige natürliche Person als Mediator (Vermittler) einsetzen (Art. 33*b* Abs. 2 VwVG). Die Behörde macht die Einigung zum Inhalt ihrer Verfügung, es sei denn, die Einigung widerspreche dem Bundesrecht (Art. 33*b* Abs. 4 VwVG). Damit wird klar gestellt, dass die Streitigkeit nicht durch einen Vergleich zwischen den Parteien beendet wird, sondern durch eine Verfügung der Beschwerdeinstanz. Die Einigung zwischen den Parteien wird mit diesem behördlichen Akt in das öffentliche Recht überführt (vgl. HÄFELIN/MÜLLER/UHLMANN, S. 387 Rz. 1810c).

[1896] Ein gestützt auf allgemeine Bestimmungen des massgeblichen Verwaltungsrechtspflegegesetzes während eines hängigen Beschwerdeverfahrens verfügter Widerruf ist nicht zu verwechseln mit dem Widerruf des Zuschlags nach Art. 11 BoeB bzw. § 27 und 35 VRöB. Diesbezüglich wird in der Literatur zu Recht bemängelt, dass Art. 29 BoeB den Widerruf des Zuschlags nicht (ausdrücklich) als anfechtbare Verfügung bezeichnet, da er doch für den Betroffenen dieselbe Wirkung hat wie ein Ausschluss, der nach Art. 29 lit. d BoeB anfechtbar ist. Es ist in diesem Zusammenhang von einer planwidrigen Unvollständigkeit des Gesetzes auszugehen, die vom Richter behoben werden kann (vgl. SCHERRER-JOST, S. 37, Rz. 67; MOSER, marchés publics, S. 20; GALLI/LEHMANN/RECHSTEINER, S. 153 Rz. 501).

[1897] VG Aargau: Urteil BE.2002.00041 vom 30. April 2002, E. 2 (nicht publiziert).

11. Kapitel:
Untersuchungsgrundsatz und Mitwirkungspflichten der Parteien

1. Es ist grundsätzlich Sache des Beschwerdeführers, in seiner Beschwerde die **notwendigen Sachvorbringen** vorzutragen, die den Schluss auf eine Verletzung von Bundesrecht durch den angefochtenen (Zuschlags)Entscheid ermöglichen. Soweit möglich hat er seine Sachvorbringen zu belegen. Daran vermag auch der im Vergaberecht des Bundes geltende *Untersuchungsgrundsatz*, wonach die Beschwerdeinstanz den rechtserheblichen Sachverhalt von Amtes wegen feststellt[1898], nichts zu ändern. Denn dieser Grundsatz gilt nicht uneingeschränkt. Vielmehr ist er eingebunden in den Verfügungsgrundsatz, das Erfordernis der Begründung der Rechtsschrift, die objektive Beweislast[1899] sowie die Regeln der Sachabklärung und Beweiserhebung mit richterlichen Obliegenheiten und Mitwirkungspflichten der Parteien[1900]. Andererseits ist die Beschwerdeinstanz aufgrund der Untersuchungsmaxime und des Grundsatzes der Rechtsanwendung von Amtes wegen berechtigt, auch Fragen nachzugehen, die von der Beschwerdeführerin nicht ausdrücklich aufgeworfen wurden, zu deren Beantwortung jedoch aufgrund der Parteivorbringen in Kombination mit den Akten durchaus Anlass besteht[1901].

912

2. Das St. Galler Verwaltungsgericht leitet aus **Art. 16 IVöB** in ständiger Rechtsprechung ab, dass die Beschwerdeinstanz nicht von Amtes wegen eine angefochtene Verfügung auf allfällige Sachverhaltsmängel oder Rechtswidrigkeiten zu überprüfen hat, sondern dass vom Beschwerdeführer im Einzelnen darzulegen ist, inwiefern die Verfügung mangelhaft sein soll. Der

913

[1898] Art. 26 BoeB i.V.m. Art. 12 VwVG.
[1899] Wer die Beweislast trägt, bestimmt sich in verfahrensrechtlichen Fragen nach dem allgemeinen, auch in Art. 8 ZGB zum Ausdruck kommenden Rechtsgrundsatz, wonach die Beweislosigkeit einer Tatsache zu Ungunsten jener Partei ausschlägt, die aus dem unbewiesen gebliebenen Sachverhalt Rechte ableiten will (HÄFELIN/MÜLLER/UHLMANN, S. 351, Rz. 1623). Eine Ausnahme gilt, wenn die beweispflichtige Partei den Beweis aus Gründen nicht erbringen kann, die nicht von ihr, sondern von der Behörde zu verantworten sind. In einem solchen Fall tritt eine Umkehrung der Beweislast ein: Diese ist dann von der Behörde zu tragen. Beruht schliesslich der Schluss einer (richterlichen) Vorinstanz auf Beweiswürdigung, so ist die Frage der Beweislastverteilung gegenstandslos (Urteil des Bundesgerichts 2P.60/2002 vom 16. April 2002, E. 2.4.2 mit Hinweisen).
[1900] BRK 7/99 E. 3b mit Hinweis; vgl. auch CRM 14/98 E. 3b mit Hinweisen.
[1901] BRK 14/04 E. 1d mit Hinweisen und E. 3; vgl. auch VG Zürich: VB.2005.00264 E. 5.5.

Beschwerdeführer muss in seiner Eingabe dartun, in welchen Punkten der angefochtene Entscheid auf einem unrichtigen oder unvollständig festgestellten Sachverhalt beruht und/oder inwiefern Rechtsnormen unrichtig oder in Überschreitung bzw. Missbrauch des Ermessens angewendet werden[1902].

914 **3.** Der Beizug eines **Experten** durch das Bundesverwaltungsgericht kann dann in Betracht kommen, wenn es darum geht, Sachumstände abzuklären, bezüglich denen es eines speziellen Fachwissens bedarf, auf das das Gericht nicht aus eigenem Sachverstand zurückgreifen kann. Wie alle anderen Beweismittel muss sich eine Expertise dabei auf Umstände beziehen, die für den Ausgang des Verfahrens erheblich sind. Sind die Tatsachen bereits aus den Akten genügend ersichtlich, braucht die Rechtsmittelinstanz nicht noch andere Beweise abzunehmen[1903/1904]. Da eine Expertise in aller Regel eine wesentliche Verzögerung und Verteuerung des Beschwerdeverfahrens mit sich bringt, ist von diesem Beweismittel nur mit Zurückhaltung Gebrauch zu machen[1905]. Auf das Einholen einer Expertise darf indes nicht verzichtet werden, wenn der Beschwerdeführer sonst in einen Beweisnotstand geriete und letzterer nicht anders als über ein Gutachten abgewendet werden kann[1906].

[1902] VG St. Gallen: GVP 1999, Nr. 37, S. 108 mit Hinweisen.

[1903] Auf die Abnahme eines beantragten Beweismittels kann gemäss Rechtsprechung allgemein dann verzichtet werden, wenn der Sachverhalt, den eine Partei beweisen will, nicht rechtserheblich ist, wenn bereits Feststehendes bewiesen werden soll, wenn von vornherein gewiss ist, dass der angebotene Beweis keine Klärung herbeizuführen vermag, oder wenn die Behörde den Sachverhalt gestützt auf ihre eigene Sachkenntnis zu würdigen im Stande ist. Der Verzicht auf die Durchführung beantragter Beweismassnahmen ist auch zulässig, wenn die Behörde aufgrund bereits abgenommener Beweise oder gestützt auf die Aktenlage ihre Überzeugung gebildet hat und ohne Willkür in vorweggenommener Beweiswürdigung annehmen kann, dass diese Überzeugung durch weitere Beweiserhebungen nicht mehr geändert würde (vgl. BGE 122 III 223 E. 3c; 117 Ia 269 E. 4b; 104 V 210 f.; MOSER, Prozessieren, S. 121 ff., Rz. 3.65 ff. mit Hinweisen).

[1904] Nur wenn am Ende der Instruktion für den Ausgang der Streitsache erhebliche Sachumstände ungenügend abgeklärt bleiben und Spezialkenntnisse eines Experten ermöglichen würden, den Sachverhalt weiter abzuklären, ist gemäss Rechtsprechung der BRK eine Expertise ins Auge zu fassen (vgl. CRM 8/01 E. 8a mit Hinweisen).

[1905] CARRON/FOURNIER, S. 55. Die BRK hat während ihrer ganzen elfjährigen Tätigkeit nie eine Expertise in Auftrag gegeben. Sie hat jedoch verschiedentlich davon profitieren können, dass in ihrem Spruchkörper auch ein Fachrichter oder eine Fachrichterin (Architekt, Ingenieurin, Informatiker) mitwirkten. Diese Möglichkeit besteht mit Bezug auf das Bundesverwaltungsgericht nicht (mehr), setzt sich dieses doch ausschliesslich aus Berufsrichterinnen und -richtern zusammen. Das Bundesverwaltungsgericht hat denn auch in einem die AlpTransit San Gottardo SA betreffenden Fall gestützt auf Art. 39 VGG in Verbindung mit Art. 12 lit. e VwVG eine technische Expertise (Kurzgutachten) in Aussicht genommen, und zwar noch vor dem Entscheid über die aufschiebende Wirkung. Es hat den Parteien Gelegenheit gegeben, mit Bezug auf die vorgesehenen Experten allfällige Ausstandsgründe geltend zu machen und eigene Nominierungsvorschläge zu unterbreiten (vgl. Verfügung des Instruktionsrichters in der Angelegenheit B-743/2007 vom 18. Mai 2007). Das Gesuch um Erteilung der aufschiebenden Wirkung wies das Bundesverwaltungsgericht nach Eingang der Expertise mit Zwischenentscheid vom 31. Juli 2007 ab.

[1906] Vgl. auch Rz. 638 ff.

12. Kapitel:
Beschwerdeentscheid

I. Im Allgemeinen

1. Gemäss Art. 106 Abs. 1 BGG wendet das *Bundesgericht* bei der Beschwerde in öffentlich-rechtlichen Angelegenheiten[1907] das Recht grundsätzlich von Amtes wegen an **(iura novit curia).** Es ist demnach nicht gezwungen, wissentlich einen Fehlentscheid zu treffen, nur weil der Beschwerdeführer nicht die einschlägige Rechtsnorm angerufen hat. Das in Art. 106 Abs. 2 BGG verankerte Rügeprinzip enthält freilich *Ausnahmen* zu diesem Grundsatz. Danach prüft das Gericht die Verletzung von Grundrechten und von kantonalem und interkantonalem Recht nur insofern, als eine solche Rüge in der Beschwerde präzise vorgebracht und begründet worden ist[1908]. Im Anwendungsbereich dieser Bestimmung ist die Praxis zum Rügeprinzip gemäss Art. 90 Abs. 1 lit. b aOG weiterzuführen. Dieselben strengen Anforderungen an die Begründungspflicht gelten, soweit es um die Frage geht, ob der Sachverhalt willkürlich bzw. unter verfassungswidriger Verletzung einer kantonalen Verfahrensregel ermittelt worden ist; entsprechende Beanstandungen sind vergleichbar mit den in Art. 106 Abs. 2 BGG genannten Rügen[1909].

915

Im Rahmen der rechtsgenügend erhobenen Rügen prüfte das Bundesgericht die Auslegung und Anwendung von **Konkordatsbestimmungen**[1910] **durch die kantonalen Behörden auch auf** *staatsrechtliche Beschwerde* hin grundsätzlich frei[1911]. Dies galt insbesondere mit Bezug auf die Regeln, die dazu bestimmt sind, eine korrekte Durchführung des Vergabeverfahrens

916

[1907] Nicht aber im Rahmen einer subsidiären Verfassungsbeschwerde, wo (allein) das Rügeprinzip gilt (Art. 117 BGG enthält entsprechend keinen Verweis auf Art. 106 Abs. 1, sondern nur auf Art. 106 Abs. 2 BGG).

[1908] Vgl. zur Veröffentlichung (in BGE 133 [II. Teil]) bestimmtes Urteil des Bundesgerichts 2C_224/2007 vom 10. September 2007, E. 3.2; Urteil des Bundesgerichts 2C_85/2007 vom 1. Oktober 2007, E. 3.3; HEINZ AEMISEGGER, Die vier Rechtsmittel des neuen Bundesgerichtsgesetzes, in AnwaltsRevue 2006, S. 421.

[1909] Urteil des Bundesgerichts 1C_3/2007 vom 20. Juni 2007, E. 1.4.2 f. mit Hinweisen.

[1910] Wie auch von Staatsvertragsbestimmungen sowie des Binnenmarktgesetzes (vgl. Urteil des Bundesgerichts 2P.151/1999 vom 30. Mai 2000, E. 2e mit Hinweisen).

[1911] Urteil des Bundesgerichts 2P.299/2000 vom 24. August 2001, E. 1c und Urteil des Bundesgerichts 2P.339/2001 vom 12. April 2002, E. 5a.

zu gewährleisten. Das Bundesgericht auferlegte sich dagegen eine gewisse Zurückhaltung, wenn es darum ging, örtlichen Verhältnissen Rechnung zu tragen oder über reine Ermessensfragen bzw. technische Probleme zu befinden. Seine Überprüfungsbefugnis war diesfalls praktisch auf Willkür beschränkt[1912].

917 Auch wenn der Submissionsbehörde bei öffentlichen Beschaffungen ein grosser Ermessensspielraum zukommt und sich das Bundesgericht bei der materiellen Überprüfung eines Vergebungsentscheides grosse Zurückhaltung auferlegt[1913], muss es doch einschreiten, wenn die Schranken des **Bundes(verfassungs)rechts missachtet** werden. Im konkreten Fall erwies sich die Art und Weise, in der eine Gemeinde über die im Streit liegenden Offerten befunden hat, als offensichtlich unsachgemäss und führte zu einer Bevorzugung ortsansässiger Bewerber, welche gegen das Diskriminierungsverbot des Binnenmarktgesetzes verstiess. Die staatsrechtliche Beschwerde war deshalb wegen Verletzung von Art. 2 ÜbBest. aBV gutzuheissen und das den Vergebungsentscheid schützende Urteil des kantonalen Verwaltungsgerichts aufzuheben[1914].

918 **2.** Die **Kognition** des *Bundesverwaltungsgerichts* bildet das prozessuale Spiegelbild der Beschwerdegründe. Diese umfassen die Verletzung von Bundesrecht, einschliesslich Überschreitung[1915] oder Missbrauch des Ermessens (Art. 49 lit. a VwVG) sowie die unrichtige oder unvollständige Feststellung des rechtserheblichen Sachverhalts (Art. 49 lit. b VwVG). Der Beschwerdegrund der Unangemessenheit gemäss Art. 49 lit. c VwVG steht dagegen für das Beschwerdeverfahren in Submissionsstreitigkeiten nicht offen (Art. 31 BoeB)[1916].

[1912] Urteil des Bundesgerichts 2P.218/2001 vom 31. Januar 2002, E. 2.2 mit Hinweisen; vgl. auch STÖCKLI, BR 2002, S. 6 mit weiteren Hinweisen.
[1913] BGE 125 II 98 f. E. 6.
[1914] Urteil des Bundesgerichts 2P.342/1999 vom 31. Mai 2000, E. 5b (ZBl 2001, S. 312 ff.).
[1915] Als Beispiel einer Ermessensüberschreitung auf dem Gebiete des Submissionswesens kann die sachwidrige Überbewertung eines Eignungs- oder Zuschlagskriteriums genannt werden (vgl. AGVE 1998, S. 381).
[1916] CRM 8/01 E. 8a; CRM 15/97 E. 3a; BRK 2/98 E. 1b; BRK 7/99 E. 1b mit Hinweis. Auch nach Art. 16 Abs. 2 IVöB kann die Rüge der Unangemessenheit nicht vorgebracht werden; vgl. MOSER, marchés publics, S. 21. Dasselbe gilt mit Bezug auf die meisten kantonalen Submissionsordnungen. So hat das Bundesgericht in zwei Walliser Fällen dem Kantonsgericht vorgeworfen, indem es mit Bezug auf bestimmte Fragen sein Ermessen an Stelle jenes des Regierungsrats bzw. der Gemeinde gesetzt habe, habe es über die Angemessenheit befunden («jugeant en opportunité») und so Art. 17 Abs. 2 SubmG/VS verletzt (Urteil des Bundesgerichts 2P.146/2001 vom 6. Mai 2002, E. 4.2 bzw. Urteil 2P.85/2001 vom 6. Mai 2002, E. 4.2). Der Beschwerdegrund der Unangemessenheit ist ebenfalls im Rahmen einer gestützt auf Art. 9 Abs. 2 BGBM an die verwaltungsunabhängige kantonale Beschwerdeinstanz erhobenen Beschwerde ausgeschlossen (CLERC, N 77 zu Art. 9 BGBM). CARRON/FOURNIER (S. 77) weisen freilich zutreffend darauf hin, dass in der Praxis die Grenze zwischen

Unrichtig ist eine **Sachverhaltsfeststellung** dann, wenn der Verfügung ein falscher, aktenwidriger Sachverhalt zugrunde gelegt, über rechtserhebliche Umstände kein Beweis geführt oder ein Beweis falsch gewürdigt wird. Unvollständig ist die Feststellung des Sachverhalts, wenn nicht alle für den Entscheid rechtswesentlichen Sachumstände berücksichtigt werden. Der Beschwerdeinstanz obliegt insoweit grundsätzlich eine umfassende Sachverhaltskontrolle[1917]. Sie auferlegt sich demgegenüber eine gewisse Zurückhaltung, wenn es darum geht, Probleme vorwiegend technischer Natur zu berücksichtigen und reine **Ermessensfragen** zu beurteilen. Das Gericht setzt namentlich mit Bezug auf die Frage des wirtschaftlich günstigsten Angebots nicht sein eigenes Ermessen anstelle jenes der Vergabebehörde. Zudem steht ihm, wie bereits erwähnt, die Kontrolle der Angemessenheit von Entscheiden der Vergabebehörde nicht zu[1918].

919

3. Aufgrund des Prinzips der Rechtsanwendung von Amtes wegen ist das Bundesverwaltungsgericht als Beschwerdeinstanz an die rechtliche Begründung der Begehren nicht gebunden (Art. 62 Abs. 4 VwVG). Es kann eine Beschwerde auch aus anderen als den geltend gemachten Gründen gutheissen oder den angefochtenen Entscheid im Ergebnis mit einer Begründung bestätigen, die von jener der Vergabebehörde abweicht (sog. **Motivsubstitution**)[1919]. So hat die BRK eine angefochtene Zuschlagsverfügung im Sinne der Erwägungen bestätigt mit der substituierten Begründung, die von den Beschwerdeführern eingereichte Variante hätte vom Vergabeverfahren ausgeschlossen werden müssen, da sie einer zwingenden Minimalanforderung nicht entsprach[1920].

920

Ansonsten hat es die BRK in ständiger Rechtsprechung **abgelehnt**, von der Vergabebehörde zu vertretende Rechtsverletzungen bzw. Verfahrensfehler auf ihre **Kausalität** hin zum Vergabeentscheid zu prüfen. Denn die Pflicht z. B. zur vorgängigen Bekanntgabe aller für den Zuschlagsentscheid massgebenden Gesichtspunkte ist formeller Natur; der angefochtene Entscheid

921

---

rechtsfehlerhafter Ermessensausübung (Überschreitung oder Missbrauch des Ermessens) und blosser Unangemessenheit eines Entscheids nicht immer leicht zu ziehen ist.

[1917] Dies vorbehaltlich der Mitwirkungspflichten der Parteien (siehe oben Rz. 912).

[1918] CRM 8/01 E. 8a mit Hinweisen; vgl. auch VG Waadt: Urteil vom 13. Juni 2002, E. 2, sowie CLERC, N 83 zu Art. 9 BGBM.

[1919] BGE 127 II 268 E. 1b; 125 V 369 E. 3b, 500 E. 1; CRM 8/01 E. 9; CRM 17/04 E. 3a; MOSER, Prozessieren, S. 18, Rz. 1.8 mit Hinweisen und S. 134, Rz. 3.85. Bei der staatsrechtlichen Beschwerde wegen Verletzung des Willkürverbotes konnte das Bundesgericht demgegenüber den angefochtenen Entscheid nicht gestützt auf eine substituierte Begründung bestätigen, wenn die letzte kantonale Instanz diese Gründe ausdrücklich abgelehnt hat (BGE 130 I 248 E. 4.4 mit Hinweisen).

[1920] CRM 13/00 E. 4a; vgl. BR 2001, S. 154, Nr. 36; vgl. auch Urteil des Waadtländer Verwaltungsgerichts vom 20. Februar 2007, wiedergegeben in BR 2007, S. 85, Nr. 20, sowie VG Jura: Urteil vom 2. November 2000 E. 2c mit Hinweis.

ist bei Verletzung vorgenannter Regel auch dann aufzuheben, wenn eine Kausalbeziehung zwischen Verfahrensfehler und Zuschlagserteilung fehlt bzw. nicht dargetan ist[1921]. Eines der Hauptziele der Reglementierung des öffentlichen Beschaffungswesens besteht gemäss Art. 1 Abs. 1 lit. b BoeB in der Stärkung des Wettbewerbs unter den Anbietern. Dieses Ziel wäre gefährdet, wenn die Unternehmungen auf die Einreichung von Angeboten verzichten würden, weil sie nicht (mehr) auf eine effektive Einhaltung der Regeln des öffentlichen Beschaffungswesens zählen könnten[1922]. Hätte das Gericht vorfrageweise zu entscheiden, welches das Resultat der Vergabe gewesen wäre, wenn der Vergabebehörde kein Verfahrensfehler unterlaufen wäre, so müsste es ausserdem über reine Ermessensfragen befinden, die an sich im Entscheidbereich der Vergabestelle liegen, und eine Kontrolle der Angemessenheit vornehmen, die der Beschwerdeinstanz gar nicht zusteht[1923].

922   **4.** Mit Bezug auf die Frage der Kausalität, d.h. ob sich beispielsweise eine **Verletzung** des **Transparenzprinzips** auf den Ausgang des Wettbewerbs bzw. den Zuschlag ausgewirkt haben muss, zeigt die **kantonale** Rechtsprechung kein einheitliches Bild. Die Gerichtspraxis verlangt zum Teil einen solchen Nachweis[1924]. So hat das Berner Verwaltungsgericht in Präzisierung seiner Rechtsprechung erkannt, dass eine Aufhebung der Zuschlagsverfügung wegen Verletzung des Transparenzgebots bzw. die Feststellung, dass der Zuschlag rechtswidrig gewesen ist, voraussetze, dass die Verletzung für den Vergabeentscheid kausal gewesen ist[1925]. Die Verletzung dieses Grundsatzes müsse sich praktisch auf die Position der Beschwerdeführerin ausgewirkt haben. Sei davon auszugehen, dass die beschwerdeführende Person den Zuschlag auch bei einer erneuten Beurteilung nicht erhalten würde, sei die Beschwerde abzuweisen[1926]. Nach der Rechtsprechung des Waadtländer Verwaltungsgerichts ist es dabei an der Vergabebehörde, den Nachweis

---

[1921] BRK 25/05 E. 4b/aa/ccc; BRK 7/02 E. 4b/cc; BRK 3/01 E. 6c; BRK 5/00 E. 4c; BRK 9/00 E. 4 und Esseiva, in BR 2001, S. 63 Nr. 4 mit kritischen Anmerkungen; Moser, Juridictions administratives, S. 60 f. sowie einlässlich Clerc, N 90 zu Art. 9 BGBM.

[1922] In diesem Zusammenhang hebt auch Stöckli (BR 2002, S. 79) unter Verweis auf den Parlamentsbericht, wo wiederholt auf die zentrale Bedeutung des Rechtsschutzes hingewiesen wird, hervor, dass das Beschwerderecht an Durchschlagskraft verliere, wo Kausalität verlangt werde. Wer den einschlägigen Parlamentsbericht lese, müsse zu grosser Zurückhaltung raten, wenn er das Tatbestandselement (der Kausalität) nicht überhaupt ablehne.

[1923] CRM 13/00 E. 2b mit Hinweisen.

[1924] Vgl. Zufferey/Maillard/Michel, S. 142.

[1925] VG Bern: Urteil VGE 21437 vom 7. Februar 2004, E. 3 = BVR 2004, S. 355 f.

[1926] VG Bern: VGE 20995 E. 6 und VG Bern: VGE 20992 E. 4b. Vgl. auch VG Freiburg: Urteil vom 11. Juli 2000 (RDAF 56/2000 [1. Teil – Verwaltungsrecht], S. 349), E. 4b und VG Genf: Urteil vom 23. Mai 2000 (RDAF 56/2000 [1. Teil – Verwaltungsrecht], S. 397) E. 5; vgl. ferner VG Jura: Urteil vom 2. November 2000, E. 2b und 5a, VG Freiburg: 2A 99 97, VG Waadt: Urteil vom 3. April 2002, E. 6 und VG Waadt: GE 99/0135 sowie Poltier, RDAF 56/2000 [1. Teil – Verwaltungsrecht], S. 308 und Esseiva, in BR 2000, S. 133 f. Nrn. 57 und 58 mit Anmerkungen.

zu erbringen, dass sich die Verletzungen der Vergaberegeln nicht auf das Ergebnis des Zuschlagsentscheids ausgewirkt haben[1927].

5. Das **Bundesgericht** hat die Frage offen gelassen, ob von einer Aufhebung des Zuschlags allenfalls dann abzusehen sei, wenn die Zuschlagsbehörde darlegen könne, dass die Verletzung des Transparenzgebots den Zuschlagsentscheid nicht zu beeinflussen vermochte[1928].

923

In einem Fall, in dem der Werkvertrag mit den Zuschlagsempfängern bereits abgechlossen war, hat das Bundesgericht in der nachträglichen Änderung des Leistungsinhalts (Verzicht auf eine gemäss Ausschreibungsunterlagen verlangte Position) zwar auf einen **Verfahrensfehler** erkannt, diesen indes nicht für derart erheblich erachtet, dass er die Vergabe insgesamt als bundesrechtswidrig (im Sinne von Art. 9 Abs. 3 [a]BGBM) bzw. als rechtswidrig (im Sinne von Art. 18 Abs. 2 IvoeB) erscheinen lasse. Es stehe fest, dass das Angebot der Zuschlagsempfänger auch unter Berücksichtigung der streitigen Position das kostengünstigste war und dass deren Streichung für die Vergabe nicht ausschlaggebend war. Der Verfahrensfehler sei auch insofern nicht erheblich gewesen, als er, soweit dies vorliegend zu prüfen sei, unter den konkreten Umständen keinen Verstoss gegen die von den Beschwerdeführern geltend gemachten «elementaren Grundprinzipien des Binnenmarkt- und Submissionsrechts» darstellte. Die Zuschlagsverfügung und im Ergebnis auch das sie schützende angefochtene Urteil erwiesen sich, mit der im Sinne der bundesgerichtlichen Erwägungen teilweise substituierten Begründung, als rechtmässig[1929].

924

II. Wirkung des Entscheids bei Gutheissung der Beschwerde

1. Nach der allgemeinen Bestimmung von Art. 32 Abs. 1 BoeB entscheidet das Bundesverwaltungsgericht in der Sache selbst oder weist diese mit verbindlichen Weisungen an die Auftraggeberin zurück, d.h. bei Gutheissung

925

[1927] VG Waadt: Urteil vom 12. Dezember 2001 E. 1a a.E.; vgl. auch VG Freiburg: Urteil vom 10. Januar 2000 und VG Waadt: Urteil vom 26. Januar 2000, wiedergegeben in BR 2000, S. 133, Nr. 57 und 58 mit Anmerkungen von ESSEIVA.

[1928] Urteil des Bundesgerichts 2P.299/2000 vom 24. August 2001, E. 4 mit Hinweis; vgl. auch Urteil des Bundesgerichts 2P.4/2000 vom 26. Juni 2000, E. 3b und 4d. In einem anderen Entscheid hat das Bundesgericht ausgeführt, dass sich bei nicht schwerwiegenden Verletzungen von Verfahrensregeln eine Aufhebung des Zuschlagsentscheids nur rechtfertige, wenn sie für die Bewerber einen Nachteil zur Folge hatten oder der Vergabebehörde verunmöglichten, festzulegen, welches das wirtschaftlich günstigste Angebot ist (Urteil des Bundesgerichts 2P.74/2002 vom 13. September 2002, E. 2.3 mit Hinweisen).

[1929] Urteil des Bundesgerichts 2P.151/1999 vom 30. Mai 2000, E. 5.

einer Beschwerde **hebt** das Gericht die **angefochtene Verfügung auf** und erlässt einen reformatorischen oder einen kassatorischen Entscheid. Bei einem Abbruch des Vergabeverfahrens im Sinne von Art. 30 Abs. 1 VoeB, in dem die Auftraggeberin auf das Projekt definitiv verzichtet und die ausgeschriebenen Arbeiten, aus welchen Gründen auch immer, nicht mehr ausführen lassen will, kann eine Aufhebung der – rechtswidrigen – Abbruchverfügung indessen nicht in Betracht kommen. So kann es nicht angehen, die Vergabestelle beispielsweise zum Bau eines Gebäudes zu zwingen, auf dessen Erstellung sie entgegen der Ausschreibung nachträglich verzichten möchte. Fällt ein reformatorischer bzw. kassatorischer Entscheid somit ausser Betracht, ist stattdessen ein Feststellungsentscheid betreffend die Rechtswidrigkeit der angefochtenen Verfügung zu treffen[1930].

926 In Anbetracht des grossen Ermessensspielraums, der der Vergabebehörde zukommt, hat die Aufhebung einer Zuschlagsverfügung durch die Beschwerdeinstanz in der Regel die mit verbindlichen Weisungen verbundene Rückweisung an die Auftraggeberin zur Folge (**kassatorische Wirkung**)[1931]. Das Beschaffungsgeschäft ist – gemäss Rechtsprechung der BRK – nur insoweit zu wiederholen, als dieses noch nicht in Rechtskraft erwachsen ist, mithin grundsätzlich ohne die Ausschreibung und einen allfälligen Entscheid über die Auswahl der Teilnehmer[1932]. In ein gegebenenfalls zur Vervollständigung des massgebenden Sachverhalts und zur Neubewertung der Angebote nochmals aufzurollendes Submissionsverfahren sind dabei nach ständiger Praxis der BRK nur die Beschwerdeführer und die ursprünglich berücksichtigte Anbieterin einzubeziehen, da die anderen Teilnehmer der in Frage stehenden Submission den erfolgten Zuschlag nicht angefochten und sich mit ihm abgefunden haben[1933/1934].

[1930] BRK 5/01 E. 3b mit Hinweis auf zwei deutsche Entscheide. Siehe auch oben Rz. 490 f. und unten Rz. 937.

[1931] BRK 13/99 E. 4, wo die Sache zur teilweisen Wiederholung des Vergabeverfahrens, d.h. zur Neuüberprüfung des Angebots der Beschwerdeführerin im Rahmen von neu durchzuführenden Verhandlungen, an die Vergabebehörde zurückgewiesen worden ist. Vgl. auch BRK 5/00 E. 5, BRK 6/00 E. 3a und BRK 9/00 E. 5b, wo der Rückweisungsentscheid jeweils vor allem damit begründet wurde, es sei nicht Sache der BRK, anstelle der Vergabestelle eine eigene Bewertung der Angebote vorzunehmen.

[1932] BRK 17/97 E. 3c; BRK 6/99 E. 6b; BRK 9/00 E. 5c.

[1933] BRK 17/97 E. 3c; BRK 6/99 E. 6b; BRK 13/99 E. 4b und STÖCKLI, BR 2000, S. 126 Nr. 34 mit kritischen Anm.; BRK 6/00 E. 3b; BRK 9/00 E. 5c; CRM 23/05 E. 5b; MOSER, AJP 2000, S. 686; CLERC, N 89 zu Art. 9 BGBM; CARRON/FOURNIER, S. 128 ff.; vgl. auch GVP 2001, Nr. 21 E. d. In prozessrechtlicher Hinsicht anzumerken bleibt in diesem Zusammenhang Folgendes: Wäre die Zuschlagsverfügung unangefochten geblieben oder hätte ein Beschwerdeführer seine – aussichtsreiche – Beschwerde im Laufe des Verfahrens zurückgezogen, so wäre der Zuschlag auch definitiv in Rechtskraft erwachsen, unbesehen um alle Mängel. Hinzu kommt, dass die den Zuschlag nicht anfechtenden Submittenten im Gegensatz zu den Beschwerdeführern und allenfalls auch zur Zuschlagsempfängerin im Beschwerdeverfahren keinem Kostenrisiko ausgesetzt waren. Es schiene unbillig, jene des-

In einem Fall, in dem einerseits ein reformatorischer Entscheid nicht möglich und andererseits die von der Vergabebehörde geltend gemachte **Dringlichkeit** ausgewiesen war, trug die BRK diesen Aspekten dadurch Rechnung, dass sie die Sache zu neuer Beurteilung an die Vorinstanz zurückwies mit der verbindlichen Weisung an die Beschwerdeführerin und die ursprünglich berücksichtigte Anbieterin, ihr Angebot binnen einer kurzen, nicht erstreckbaren Frist zu ergänzen und der Vergabebehörde neu einzureichen[1935].

927

2. Die Rechtsprechung der BRK ist in diesem Zusammenhang durch folgende, sich ergänzende Merkmale **charakterisiert**: Im Zweifel Gewährung der aufschiebenden Wirkung, dafür alsdann Sachentscheid binnen nützlicher Frist; bei Rechtsverletzungen bzw. Verfahrensfehlern keine Prüfung der Kausalität mit Bezug auf den Vergabeentscheid, dafür Wiederholung des Vergabeverfahrens nur insoweit es noch nicht in Rechtskraft erwachsen ist und unter Einbezug lediglich der Beschwerdeführer und der ursprünglich berücksichtigten Anbieterin. Damit wird das Risiko eines grossen Zeitverlusts und einer ungebührlichen Verzögerung des Beschaffungsprojekts limitiert, zumal wenn berücksichtigt wird, dass sämtliche Zwischen- und Endentscheide der BRK mit keinem Rechtsmittel angefochten werden konnten und mit der Ausfällung unmittelbar rechtskräftig wurden[1936]. Wie es sich mit der Rechtsprechung des Bundesverwaltungsgerichts, dessen submissionsrechtliche Entscheide zum Teil ans Bundesgericht weitergezogen werden können[1937], verhalten wird, bleibt abzuwarten.

928

3. Die Rechtsprechung der **Kantone** wird ebenfalls dadurch geprägt, dass die Beschwerdeinstanz bei Gutheissung einer Beschwerde in aller Regel die Sache nicht selbst entscheidet, sondern sie mit oder ohne verbindliche Anordnungen an die Auftraggeberin zurückweist[1938].

929

So hat das Waadtländer Verwaltungsgericht im Anschluss an die Gutheissung von zwei Beschwerden festgehalten, es sei angesichts der Fehler, die der Vergabebehörde während des Vergabeverfahrens unterlaufen waren,

930

---

sen ungeachtet im Falle einer Rückweisung sozusagen als Trittbrettfahrer am nochmals aufzurollenden Verfahren wieder teilhaben zu lassen.

[1934] Mit Bezug auf die Praxis des Verwaltungsgerichts des Kantons Aargau zur Frage, wer nach einem Rückweisungsentscheid in die Neubewertung der Angebote mit einzubeziehen sei, vgl. AGVE 2003, S. 245 f. und AGVE 2005, S. 233 f.
[1935] BRK 5/00 E. 5.
[1936] Vgl. MOSER, Juridictions administratives, S. 70.
[1937] Vgl. oben Rz. 774 ff.
[1938] Vgl. Art. 18 Abs. 1 IVöB. Im Rahmen der kantonalen Vorgaben steht der entscheidenden Behörde dabei in der Regel ein erheblicher Ermessensspielraum zu, ob sie selbst entscheiden oder die Sache zu neuem Entscheid an die Vorinstanz zurückweisen will (vgl. Urteil des Bundesgerichts 2P.148/2006 vom 2. Oktober 2006, E. 3.5). Eine Rückweisung zur Ergänzung des Sachverhalts und neuem Entscheid erfolgt namentlich, wenn die Vergabebehörde wesentliche Abklärungen unterlassen hat (vgl. KG Wallis: A1 99 96 E. 3.3 a.E.).

nicht in der Lage, selbst eine Evaluation der Angebote vorzunehmen. Die Sache sei daher zur **Ergänzung der Instruktion und neuem Entscheid** an die Vorinstanz zurückzuweisen. Dabei sei es in erster Linie an der Vergabebehörde zu entscheiden, in welchem Stadium des Verfahrens sie das Beschaffungsgeschäft wieder aufnehmen wolle. Verzichte sie darauf, dieses abzubrechen und von vorne anzufangen, könne sie es fortsetzen unter Beschränkung darauf, die Beurteilungsmatrix, die sie zur Anwendung bringen wolle, festzulegen, den Anbietern bekannt zu geben und diese einzuladen, ihre Angebote zu vervollständigen. Die Vorinstanz habe aber auch die Möglichkeit, das Verfahren z. B. am Ende des Selektionsverfahrens abzubrechen, um es aufgrund eines neuen Pflichtenheftes wieder aufzunehmen[1939].

931 Auch das Aargauer Verwaltungsgericht beschränkt sich bei Gutheissung einer Beschwerde in aller Regel darauf, den erteilten Zuschlag aufzuheben. In einzelnen Fällen, insbesondere bei schweren Verfahrensmängeln, werden **verbindliche Anweisungen** an die Vergabestelle bezüglich des weiteren Vorgehens in verfahrensrechtlicher Hinsicht erteilt (z. B. Wiederholung des gesamten Verfahrens, Wiederholung der Offertbereinigung und -auswertung). Hingegen sieht das Verwaltungsgericht davon ab, selber einen Zuschlag zu erteilen oder der Vergabestelle verbindliche Anweisungen bezüglich der Zuschlagserteilung zu geben[1940]. Begründet wird diese Zurückhaltung einerseits mit dem der Vergabestelle zustehenden Ermessensspielraum und andererseits damit, dass die Vergabestelle gemäss § 22 Abs. 1 SubmD/AG nicht zum Zuschlag verpflichtet ist[1941].

932 Das Luzerner Vergaberecht räumt der Beschwerdeinstanz nicht einmal die Möglichkeit ein, nach Aufhebung der Zuschlagsverfügung reformatorisch zu entscheiden und den Zuschlag direkt zu erteilen. Auch die IVöB, soweit sie überhaupt anwendbar ist, ändert an dieser Rechtslage nichts, da sie nur die Befugnis **nicht** jedoch eine **Pflicht** der Beschwerdeinstanz zum reformatorischen Entscheid vorsieht[1942].

933 **4.** Ausnahmsweise spricht die Beschwerdeinstanz den Zuschlag direkt einer Beschwerdeführerin zu (**reformatorische Wirkung**)[1943]. Dies bei vollständigem Sachverhalt und sofern nur (noch) eine Beschwerdeführerin für den Zuschlag in Frage kommt[1944] bzw. sofern bei zwei grundsätzlich erfolgreichen

---

[1939] VG Waadt: Entscheid vom 17. April 2001 E. 3.
[1940] Vgl. demgegenüber die Praxis des Zürcher Verwaltungsgerichts (unten Rz. 936).
[1941] Vgl. ELISABETH LANG, ZBl 2002, S. 480.
[1942] VG Luzern: V 03 308, E. 14 (BEYELER, BR Sonderheft Vergaberecht 2006, S. 95).
[1943] Vgl. CARRON/FOURNIER, S. 121 f.
[1944] Diese Voraussetzung war in einem Fall gegeben, in dem das Angebot der Zuschlagsempfängerin unvollständig war und nicht den Ausschreibungsunterlagen entsprach und somit vom Verfahren auszuschliessen gewesen wäre, so dass einzig noch das von der Vergabebehörde mit dem zweiten Rang bewertete Angebot der Beschwerdeführerin für den Zuschlag in

Beschwerdeführerinnen fest steht, dass sich das eine Angebot gegenüber dem anderen als das wirtschaftlich günstigere erweist[1945]. Im gleichen Sinne hat das Berner Verwaltungsgericht den Zuschlag direkt der Beschwerdeführerin des kantonalen Verfahrens erteilt mit der Begründung, jede Neubewertung würde sich zwingend zu ihren Gunsten auswirken, da sie das mit Abstand billigste Preisangebot eingereicht habe und sich die Gemeinde bei der von ihr bekannt gegebenen Gewichtung der Zuschlagskriterien behaften lassen müsse. Es würde daher einen prozessualen Leerlauf und eine unnötige Verzögerung des Verfahrens darstellen, wenn die Akten zur Neuvergabe des Auftrags an die Vergabebehörde zurückgewiesen würden[1946].

5. Das Tessiner Verwaltungsgericht hatte in einem Fall, in dem die Vergabestelle gegen den Transparenzgrundsatz verstossen und zudem ein Ausschreibungskriterium missachtet hatte, darauf verzichtet, die Sache zur Neubeurteilung an die Vergabebehörde zurückzuweisen. Denn es hielt dafür, die Referenznachweise, welche die Vergabebehörde entgegen der Ausschreibung von den Submittenten nicht verlangt hatte, könnten in diesem Stadium des Verfahrens nicht mehr nachgefordert werden. Daher entschied das Gericht reformatorisch und vergab den Auftrag direkt **aufgrund** der **übrigen Zuschlagskriterien**[1947].

934

Das Verwaltungsgericht des Kantons Zug hat in zwei Fällen den Zuschlag direkt der zweitplatzierten Beschwerdeführerin erteilt, nachdem es zuvor das wirtschaftlich günstigste Angebot des ursprünglichen Zuschlagsempfängers wegen Vorbefassung bzw. wegen Nichteinhaltung der Ausschreibungsbedingungen vom Zuschlagsverfahren **ausgeschlossen** hatte[1948].

935

Das Zürcher Verwaltungsgericht hat in einem Fall, in dem der Zuschlagsempfänger vom Submissionsverfahren auszuschliessen war, ebenfalls erkannt, als Empfänger des Zuschlags kämen nunmehr nur die Beschwerdeführenden in Frage, die im Beurteilungsbericht auf dem zweiten Rang platziert worden seien. Da dem Gericht jedoch nicht bekannt sei, ob mit dem Zuschlag allenfalls Nebenbestimmungen oder ergänzende vertragliche Regelungen – z. B. mit Bezug auf die durch das Beschwerdeverfahren verzögerte Terminpla-

936

Frage kam (BRK 16/06 E. 4c; vgl. auch CRM 2/99 E. 6 und BRK 4/02 E. 7c; CLERC, Diss., S. 557).

[1945] BRK 21 und 23/00 E. 5.

[1946] VG Bern: VGE 21040 E. 7. Mit der im staatsrechtlichen Beschwerdeverfahren erhobenen Rüge, die direkte Erteilung des Zuschlags durch das Berner Verwaltungsgericht sei unhaltbar, hatte sich das Bundesgericht nicht weiter zu befassen, da die Beschwerdebegründung insoweit den Anforderungen von Art. 90 Abs. 1 lit. b aOG nicht genügte (Urteil des Bundesgerichts 2P.153/2001 vom 18. Oktober 2001, E. 5b).

[1947] VG Tessin: Urteil vom 2. Juli 2003, zusammengefasst wiedergegeben in BR 2004, S. 170, Nr. 16.

[1948] VG Zug: Urteile vom 28. August 2001 (E. 4) bzw. vom 3. Februar 2000 (E. 3).

nung – zu verbinden seien, wäre es nicht zweckmässig, den Zuschlag unmittelbar mit dem Beschwerdeentscheid zu erteilen. Das Verwaltungsgericht wies stattdessen die Sache an die Vorinstanz zurück mit der **Weisung**, den Zuschlag an die Beschwerdeführenden zu erteilen[1949].

937 **6.** Erweist sich die Beschwerde als begründet und ist der Vertrag mit der Anbieterin bereits (rechtsgültig[1950]) abgeschlossen worden, so stellt das Bundesverwaltungsgericht in Anwendung von Art. 32 Abs. 2 BoeB lediglich fest, inwiefern die angefochtene Verfügung Bundesrecht verletzt (**Feststellungsentscheid**)[1951]. Die Beschwerdeführerin, die kein Gesuch um Erteilung der aufschiebenden Wirkung gestellt hat oder deren Gesuch vom Gericht abgewiesen worden ist, ist auf den Weg des Schadenersatzes zu verweisen[1952]. Auf dem Wege der Lückenfüllung hat die BRK Art. 32 Abs. 2 BoeB ebenfalls als anwendbar erklärt bei einem definitiven Abbruch eines Vergabeverfahrens gemäss Art. 30 Abs. 1 VoeB, der sich als rechtswidrig erwies. Damit ist auch gewährleistet, dass (später) gegen eine in Anwendung von Art. 35 BoeB erlassene Verfügung des EFD betreffend Schadenersatz der Rechtsweg an die BRK bzw. an das Bundesverwaltungsgericht offen steht, was zweckmässig ist, da sich diese Behörde schon im Rahmen des Beschwerdeverfahrens gegen die Abbruchverfügung mit dem Dossier befasst hat[1953].

938 **7.** Die Auffassung eines Kantonsgerichtes, es habe die gegen den streitigen Vergebungsentscheid erhobene Beschwerde mangels Rechtsschutzinteresses nicht mehr zu behandeln, da der **Vertrag** mit der Konkurrenzfirma **bereits abgeschlossen** worden sei und die Beschwerdeführerin nicht schon in ihrer (vor Abschluss des Vertrages eingereichten) Beschwerdeeingabe ihre Schadenersatzansprüche geltend gemacht und beziffert habe, steht in klarem Widerspruch zu Art. 9 BGBM wie auch zur entsprechenden Regelung des Konkordates, auf die im angefochtenen Entscheid einzig Bezug genommen wird. Das Kantonsgericht hätte sich richtigerweise mit den gegen den

---

[1949] VG Zürich: VB.2000.00101 E. 2b, ebenso VG Zürich: VB.2004.00133 E. 5 mit Hinweisen. Vgl. demgegenüber die Praxis des Aargauer Verwaltungsgerichts (oben Rz. 931).
[1950] Vgl. dazu CLERC, N 92 und N 94 ff. zu Art. 9 BGBM, je mit zahlreichen Hinweisen.
[1951] Vgl. CARRON/FOURNIER, S. 124 f. mit Hinweisen.
[1952] BRK 1/00 E. 1d und 4a.
[1953] BRK 5/01 E. 3b mit Hinweisen; vgl. auch CARRON/FOURNIER, S. 139. In ähnlicher Weise regt MESSERLI, (S. 182 f.) an, beim Entscheid über Entschädigungsbegehren gemäss Art. 55 Abs. 2 VoeB eine analoge Anwendung von Art. 34 und 35 BoeB in Betracht zu ziehen. Demnach hätte die Auftraggeberin bzw. das EFD ein entsprechendes Entschädigungsbegehren zu beurteilen und stünde gegen diesen Entscheid der Beschwerdeweg an das Bundesverwaltungsgericht offen. Es wäre unsinnig, der Beschwerdeinstanz im Fall einer *widerrechtlich* zugefügten Schädigung den Entscheid über Schadenersatzbegehren zuzuweisen, jedoch ihre Zuständigkeit zur Beurteilung von Entschädigungsbegehren nach Art. 55 Abs. 2 VoeB bei einem *rechtmässigen* Verhalten der Auftraggeberin zu verneinen.

Vergebungsentscheid erhobenen Einwendungen auseinandersetzen und in Form eines **Feststellungsentscheides** über diese Rügen befinden müssen, unabhängig davon, ob die Beschwerdeführerin in ihrer Beschwerdeeingabe bereits Schadenersatzansprüche geltend gemacht und begründet hatte[1954].

8. Im Hinblick auf einen solchen Feststellungsentscheid ist eine Rückweisung an die Vergabestelle nicht erforderlich; mit der Feststellung wird nicht über die Zulässigkeit der strittigen Vergabe, sondern entsprechend der gesetzlichen Regelung nur über die **Rechtswidrigkeit** des angefochtenen Entscheids befunden. Das Urteil ist daher aufgrund der im Beschwerdeverfahren gegebenen Sach- und Rechtslage zu fällen[1955].

939

9. Mit der **staatsrechtlichen Beschwerde** konnte regelmässig nur die Aufhebung des angefochtenen Entscheids verlangt werden[1956]. Diese Einschränkung galt dann nicht, wenn der verfassungsmässige Zustand nicht schon durch die blosse Aufhebung des angefochtenen Entscheids wieder hergestellt werden kann. Im Submissionsrecht genügt die Aufhebung des letztinstanzlichen Entscheids dann nicht, wenn das Gemeinwesen gestützt auf den Zuschlag bereits mit einem anderen Anbieter einen Vertrag geschlossen hat. Für diese Konstellation sieht Art. 9 Abs. 3 (a)BGBM vor, dass das Bundesgericht im Falle, dass sich die Beschwerde als begründet erweist, feststellen kann, inwiefern die angefochtene Verfügung Bundesrecht[1957] verletzt[1958]. Ist indes die Frage, ob sich der Vergabeentscheid als bundesrechtswidrig erweist[1959], für das Bundesgericht nicht spruchreif, so weist es die Angelegenheit zu neuer Beurteilung und zu neuem Entscheid im Sinne der Erwägungen an das kantonale Verwaltungsgericht zurück[1960].

940

[1954] BGE 132 I 90 E. 3.3, vgl. auch ZBJV 143/2007, S. 662; vgl. auch Urteil des Bundesgerichts 2P.307/2005 vom 24. Mai 2006, E. 2.
[1955] VG Zürich: VB.2005.00350 E. 5 mit Hinweis.
[1956] BGE 124 I 234 E. 1d.
[1957] In der seit 1. Januar 2007 gültigen Fassung von Art. 9 Abs. 3 BGBM heisst es statt «Bundesrecht» «das massgebende Recht».
[1958] Urteil des Bundesgerichts 2P.299/2000 vom 24. August 2001, E. 1b; vgl. auch CLERC, N 91, N 93 und N 110 zu Art. 9 BGBM.
[1959] In concreto wegen der Bewertung des Kriteriums «Lehrlingsausbildung».
[1960] Urteil des Bundesgerichts 2P.242/2006 vom 16. März 2007, E. 5.

# 13. Kapitel:

Schadenersatz

1. Gemäss Art. 34 Abs. 1 BoeB haften der Bund oder die Auftraggeberinnen ausserhalb der ordentlichen Bundesverwaltung für einen Schaden, den sie durch eine Verfügung verursacht haben, deren Rechtswidrigkeit im Verfahren nach Art. 32 Abs. 2 oder Art. 33[1961] BoeB festgestellt worden ist[1962]. Schadenersatz kann mit anderen Worten nur verlangen, wer durch eine widerrechtliche Verfügung einen Schaden erlitten hat, wobei das Bundesverwaltungsgericht bzw. die BRK die Widerrechtlichkeit vorgängig festgestellt haben muss[1963]. Die Feststellung der Beschwerdeinstanz über die Rechtswidrigkeit ist für den nachfolgenden vergaberechtlichen Verantwortlichkeitsprozess nach Art. 35 BoeB verbindlich[1964]. Der Gesetzgeber hat insofern ein **zweistufiges Verfahren** vorgesehen: In einem ersten Schritt hat das Bundesverwaltungsgericht im Beschwerdeverfahren nach Art. 32 Abs. 2 BoeB lediglich festzustellen, ob der angefochtene Zuschlag rechtswidrig ist. Erst nach dieser Feststellung ist das Verfahren gemäss Art. 35 BoeB einzuleiten[1965]. Die Frage, ob eine begangene Rechtsverletzung für den Erlass der angefochtenen Verfügung (adäquat) kausal war, ist dabei nicht im Beschwerdeverfahren nach Art. 32 Abs. 2 BoeB zu prüfen. Über diese

941

[1961] Tatbestand der Revision.
[1962] Die Haftung beschränkt sich dabei auf Aufwendungen, die dem Anbieter im Zusammenhang mit dem Vergabe- und Rechtsmittelverfahren erwachsen sind (Art. 34 Abs. 2 BoeB). Die Regelung orientiert sich am GA1 1-Minimalstandard (von Art. XX Ziff. 7 lit. c UoeB) und spricht nicht einmal das negative Vertragsinteresse zu (GALLI/LEHMANN/RECHSTEINER, S. 168 Rz. 560 mit Hinweisen; CLERC, Diss., S. 613 ff.; MOOR, S. 428 mit Hinweisen; ZUFFEREY/MAILLARD/MICHEL, S. 150 f.; vgl. auch CARRON/FOURNIER, S. 136 und 141 mit Hinweisen); so kann kein Ersatz für den Schaden verlangt werden, der dadurch entstanden ist, dass während der für die fragliche Vergabe aufgewendeten Zeit andere Geschäfte nicht an die Hand genommen werden konnten [costs of opportunity] (BOVET, in RDAF 57/2001 [1. Teil – Verwaltungsrecht], S. 421 mit Hinweis; CLERC, Diss., S. 620). Vgl. demgegenüber § 126 des deutschen Gesetzes gegen Wettbewerbsbeschränkungen, der Unternehmen bei Verstössen gegen Vergaberegeln einen Schadenersatzanspruch zugesteht, sofern sie ohne den Verstoss eine echte Chance gehabt hätten, den Zuschlag zu erhalten.
[1963] GALLI/LEHMANN/RECHSTEINER, S. 168 Rz. 558.
[1964] Wie im allgemeinen Staatshaftungsrecht (Art. 12 des Verantwortlichkeitsgesetzes) ist damit im vergaberechtlichen Verantwortlichkeitsverfahren die Überprüfung der Widerrechtlichkeit ausgeschlossen (RETO FELLER, Das Prinzip der Einmaligkeit des Rechtsschutzes im Staatshaftungsrecht, Zürich/St. Gallen 2007, S. 166 mit Hinweisen).
[1965] BRK 18/00 E. 4a.

Frage wäre allenfalls im Rahmen eines konkreten Schadenersatzbegehrens der Beschwerdeführerin zu befinden[1966].

942 Nach Art. 35 Abs. 1 und 3 BoeB ist ein **Schadenersatzbegehren** binnen einer einjährigen Verwirkungsfrist bei der Auftraggeberin einzureichen. Dieselbe Bestimmung sieht vor, dass der Bundesrat eine für den Entscheid zuständige Stelle bezeichnet, was neuerdings in Art. 22 Org-VoeB[1967] geschehen ist. Dieser Vorschrift zufolge ist für den Erlass von Verfügungen über Schadenersatzbegehren nach dem BoeB das EFD zuständig. Es konsultiert vorgängig die Dienststelle, die für den vom Schadenersatzbegehren betroffenen Bereich zuständig ist[1968]. Gegen die Verfügung der zuständigen Stelle ist die Beschwerde an das Bundesverwaltungsgericht zulässig (Art. 35 Abs. 2 BoeB). In den Fällen des Schadenersatzes wird deshalb der geschädigte Anbieter unter Umständen nicht vermeiden können, zweimal an das Bundesverwaltungsgericht zu gelangen[1969]. In der GATT-Botschaft 2 wird dazu ausgeführt, die Zuständigkeit der BRK[1970] für das Schadenersatzbegehren rechtfertige sich, weil diese schon im Rahmen des Beschwerdeverfahrens mit dem Dossier befasst sei, so dass der Sachverhalt für sie nicht neu sei und sie rascher einen Entscheid werde fällen können[1971]. Diese Regelung des BoeB ist lex specialis im Verhältnis zum Verantwortlichkeitsgesetz[1972]/[1973]. Der Weg über das **Verantwortlichkeitsgesetz**[1974] gilt als Auffangtatbestand für Fälle, in denen nicht die Rechtswidrigkeit einer Verfügung im Verfahren nach Art. 32 Abs. 2 BoeB oder Art. 33 BoeB festgestellt worden ist[1975]. Beschwerdeentscheide des Bundesverwaltungsgerichts über Schadenersatzbegehren können mit Beschwerde in öffentlich-rechtlichen Angelegenheiten an das Bundesgericht gezogen werden, sofern der Streitwert mindestens 30 000 Franken beträgt oder sich eine Rechtsfrage von grundsätzlicher Bedeutung[1976] stellt (Art. 85 Abs. 1 lit. a und Abs. 2 BGG).

[1966] BRK 1/00 E. 4a mit Hinweisen; vgl. auch VG Zürich: VB.1999.00026 E. 6c und VG Bern: VGE 20992 E. 4b sowie GALLI/LEHMANN/RECHSTEINER, S. 169 Rz. 565 und GADOLA, AJP 1996, S. 974.
[1967] Diese Verordnung trat am 1. Januar 2007 in Kraft. Gleichzeitig wurde auch Art. 64 Abs. 1 VoeB, der bis dahin die Zuständigkeit regelte, aufgehoben (vgl. Art. 30 Abs. 2 Ziff. 1 Org-VoeB).
[1968] Die Eidgenössische Zollverwaltung ist gemäss Art. 22 Abs. 2 Org-VoeB in ihrem Geschäftsbereich zuständig für Verfügungen über Ansprüche unter 10'000 Franken.
[1969] Bzw. früher an die Rekurskommission (vgl. SCHMID/METZ, S. 835 Rz. 19.109).
[1970] Auf den 1. Januar 2007 wurde die BRK abgelöst durch das Bundesverwaltungsgericht.
[1971] BBl 1994 IV 1203; vgl. auch CARRON/FOURNIER, S. 139.
[1972] GATT-Botschaft 2, BBl 1994 IV 1202; CLERC, Diss., S. 589.
[1973] BRK 5/01 E. 3a.
[1974] SR 170.32.
[1975] Vgl. BRK 18/00 E. 4a und BRK 5/01 E. 3b.
[1976] Vgl. oben Rz. 775.

2. Die BRK hatte sich nie mit einer Beschwerde zu befassen, die gestützt auf 943
Art. 35 Abs. 2 BoeB eingereicht wurde. Das **EFD** seinerseits hatte bis Ende
August 2007 über ein einziges Schadenersatzbegehren im Sinne von Art. 35
Abs. 1 BoeB mittels Entscheid zu befinden[1977]. Es hat dabei ausgeführt, nach
dem Wortlaut von Art. 34 Abs. 1 BoeB reiche eine fehlerhafte Verfügung,
deren Rechtswidrigkeit vorgängig im Verfahren nach Art. 32 Abs. 2 BoeB
festgestellt worden ist, um eine Haftung zu begründen. Eine qualifizierte
haftungsbegründende Widerrechtlichkeit im Sinne der bundesgerichtlichen
Rechtsprechung zur Haftung des Bundes nach den Bestimmungen des Verantwortlichkeitsgesetzes (Verletzung einer wesentlichen Amtspflicht) werde im
Bereich des BoeB nicht verlangt[1978]. Was den (adäquaten) **Kausalzusammenhang** betreffe, ergebe sich, dass die in der Botschaft zum BoeB verwendeten
Begriffe *engste* Wahl und *echte Chance* auslegungsbedürftig seien. Sie seien
so auszulegen, dass ein geschädigter Anbieter, dessen Offerte keine formellen
Fehler aufweise, hinsichtlich der Eignungs- und Zuschlagskriterien den Anforderungen der Ausschreibung entspreche und von der Auftraggeberin in
die letzte Evaluationsrunde mit einbezogen worden sei, Anspruch auf Ersatz
der Kosten im Vergabeverfahren habe. Die entsprechenden Aufwendungen
seien dem Anbieter dabei als Frustrationsschaden zu ersetzen, wenn und
soweit sie durch die rechtswidrige Verfügung nutzlos geworden seien. Dies
treffe für die Aufwendungen der Gesuchstellerin für die Ausarbeitung der
Offerte unbestrittenermassen zu. Hinzu komme ein Schadenszins von 5%
ab Datum des Entscheids der Rekurskommission, da ab diesem Zeitpunkt
fest stand, dass die Aufwendungen aufgrund einer rechtswidrigen Verfügung
nutzlos waren. Hinsichtlich der geltend gemachten Anwaltskosten für das
Schadenersatzverfahren nach Art. 35 Abs. 1 BoeB sei dagegen festzuhalten,
dass diese keine Schadensposition aus dem Vergabeverfahren oder dem
Rechtsmittelverfahren vor der Rekurskommission darstellten[1979].

3. Mit Bezug auf kantonale Beschaffungen zu beachten ist, dass sich die 944
Haftung für den aus einer rechtswidrigen Verfügung erwachsenen Schaden
allein nach dem einschlägigen **kantonalem Recht** richtet[1980], da dem Bund
keine Kompetenz zusteht, den Kantonen Schadenersatzregelungen vorzu-

---

[1977] Ein zweites Verfahren konnte vom EFD vergleichsweise erledigt werden.
[1978] Vgl. in gleichem Sinne auch das Urteil des Verwaltungsgerichts des Kantons Neuenburg vom 9. Juli 2001 (E. 4b), wiedergegeben bei ZUFFEREY/MAILLARD/MICHEL, S. 147.
[1979] Verfügung des EFD vom 27. Juni 2000, zusammengefasst wiedergegeben in BR 2002, S. 73 ff., Nr. 8 mit Anmerkungen von STÖCKLI.
[1980] Die meisten, aber nicht alle Kantone, kennen dabei eine Art. 34 Abs. 2 BoeB vergleichbare Regelung der Haftungsbeschränkung. Nach Art. XX Ziff. 7 lit. c ÜoeB sind die Kantone ermächtigt, nicht aber verpflichtet, die Haftung auf den Ersatz der Kosten für die Vorbereitung der Angebote oder für die Beschwerde zu beschränken (vgl. ESSEIVA, in BR 1999, S. 60, Nr. 18, Anm. 2 mit Hinweisen; REICH, S. 121 ff.).

schreiben. Auch aus dem BGBM, das sich zu dieser Frage ausschweigt[1981], lässt sich eine solche Kompetenz nicht ableiten[1982]/[1983]. Die Kantone können in ihren Submissionserlassen hierüber eine spezielle Regelung treffen oder aber in dieser Frage das allgemeine (Staats-)Haftungsrecht zum Zuge kommen lassen[1984].

945 **4.** Ansprüche aus Staatshaftung sind unabhängig davon, auf welcher Art von amtlicher Verrichtung der geltend gemachte Schaden zurückgeführt wird, zivilrechtlicher Natur im Sinne von **Art. 6 Abs. 1 EMRK**[1985]. Dies hat zur Folge, dass derartige Begehren gegen ein Gemeinwesen von einem unabhängigen Gericht in tatsächlicher und rechtlicher Hinsicht umfassend beurteilt werden müssen. Das Bundesgericht stellte im Rahmen eines staatsrechtlichen Beschwerdeverfahrens eine Verletzung von Art. 6 Abs. 1 EMRK fest, weil die Gerichte des Kantons Luzern die Frage, ob die Offerte eines Anbieters widerrechtlich nicht berücksichtigt worden sei, in Übereinstimmung mit § 4 Abs. 2 des kantonalen Haftungsgesetzes nicht überprüft, sondern ihrem Entscheid jenen des Regierungsrates zu Grunde gelegt haben, der eine Arbeitsvergabe an eine Drittunternehmung als rechtmässig erachtet hatte. Eine eingeschränkte Prüfung durch die kantonalen Gerichte wäre lediglich dann mit Art 6 Abs. 1 EMRK vereinbar gewesen, wenn der Vergabeentscheid vor ein Gericht hätte gebracht werden können, das seinerseits den Anforderungen von Art. 6 Abs. 1 EMRK genügt. Dies aber traf nach der

---

[1981] Vgl. CARRON/FOURNIER, S. 136 und CLERC, N 97 f. zu Art. 9 BGBM.
[1982] Urteil des Bundesgerichts 2P.218/2001 vom 31. Januar 2002, E. 2.3; GADOLA, AJP 1996, S. 977 mit Hinweisen.
[1983] Die in Art. 9 Abs. 3 (a)BGBM statuierte Pflicht der kantonalen Rechtsmittelinstanz, bei bereits erfolgtem Vertragsabschluss anstelle der Aufhebung des Zuschlages dessen allfällige Bundesrechtswidrigkeit festzustellen, besteht unabhängig davon, ob bzw. auf welcher Rechtsgrundlage und in welchem Verfahren nach dem betreffenden kantonalen Recht Haftungsansprüche gegen den öffentlichen Auftraggeber geltend gemacht werden können (BGE 132 I 89 E. 3.2).
[1984] BGE 132 I 89 E. 3.2; Urteil des Bundesgerichts 2P.307/2005 vom 24. Mai 2006, E. 2; BEYELER, Öffentliche Beschaffung, S. 435, Rz. 566; REICH, S. 117 f. Gemäss einem Entscheid des Genfer Verwaltungsgerichts ist die kantonale vergaberechtliche Haftung, die den Schadenersatz auf die Aufwendungen im Zusammenhang mit Vergabe- und Rekursverfahren beschränkt, spezieller Natur und untersteht damit nicht dem Staatshaftungsgesetz. Aus diesem Grund ist nicht einzusehen, weshalb zur Beurteilung vergaberechtlicher Schadenersatzansprüche anstelle des Verwaltungsgerichts der im Staatshaftungsgesetz für die Beurteilung gewöhnlicher Staatshaftungsansprüche für kompetent bezeichnete Zivilrichter zuständig sein sollte. Wären vergaberechtliche Haftungsansprüche vor diesem Richter im Verfahren nach dem Staatshaftungsgesetz geltend zu machen, so liefe dies dem Grundsatz der Prozessökonomie zuwider (VG Genf: Urteil vom 26. Oktober 2004 [BEYELER, BR Sonderheft Vergaberecht 2006, S. 96]); vgl. auch VG Genf: Urteil vom 7. Juni 2005 (RDAF 62/2006 [1. Teil – Verwaltungsrecht], S. 152 E. 1).
[1985] Vgl. dazu auch oben Rz. 772.

damals massgebenden Rechtslage im Kanton Luzern nicht zu, zumal sie die Beschwerde an das Verwaltungsgericht ausschloss[1986].

5. Bei Schadenersatzklagen nach einer **Vergabe durch** die **Kantonsregierung** konnte der Rechtsweg direkt an das Bundesgericht führen, sofern das kantonale Verantwortlichkeitsrecht[1987] für Klagen aus der Schädigung durch ein Mitglied der Kantonsregierung eine entsprechende Beurteilung durch das Bundesgericht vorsah. Der alleinige Umstand, dass ein (rechtswidriger) Vergabeentscheid formell von der Kantonsregierung getroffen und unterzeichnet wurde, reichte zur Begründung der Zuständigkeit des Bundesgerichts freilich nicht aus, solange der Entscheid inhaltlich von einer der Regierung untergeordneten Amtsstelle vorgespurt und gefällt worden war und die Mitglieder der Kantonsregierung im Zusammenhang mit der Rechtswidrigkeit kein persönlicher Vorwurf traf[1988].

946

6. Das Zürcher Verwaltungsgericht trat auf ein von der Beschwerdeführerin eventuell gestelltes Schadenersatzbegehren – unter Vorbehalt des Entscheids über eine allfällige Parteientschädigung – nicht ein. Es wies darauf hin, dass nach Art. 18 Abs. 2 IVöB die Beschwerdeinstanz bei gegebenen Voraussetzungen lediglich feststelle, dass der angefochtene Entscheid rechtswidrig sei. Gestützt auf das Feststellungsurteil könne die Beschwerdeführerin anschliessend von der Vergabebehörde Schadenersatz nach Massgabe des kantonalen IVöB-Beitrittsgesetzes verlangen. Dieses Begehren sei nicht im Rahmen der Beschwerde gegen den Vergabeentscheid, sondern in einem **separaten Verfahren** zu stellen. Das Gesetz verweise dazu auf das für die jeweilige Vergabeinstanz anwendbare Haftpflichtrecht, in Situationen der vorliegenden Art somit auf das Gesetz über die Haftung des Staates und der Gemeinden sowie ihrer Behörden und Beamten vom 14. September 1969[1989]. Ein entsprechendes Begehren sei nach Rechtskraft des Feststellungsentscheids des Verwaltungsgerichts bei den in § 22 HaftungsG bezeichneten Behörden einzureichen. Die Zuständigkeit des Verwaltungsgerichts für Ersatzansprüche der geltend gemachten Art sei auch ausserhalb des Anwendungsbereichs der Bestimmungen der IVöB und des Beitrittsgesetzes nicht gegeben[1990].

947

[1986] BGE 126 I 144 ff.
[1987] Gestützt auf Art. 190 Abs. 2 aBV (die Bestimmung wurde auf das Inkrafttreten der Justizreform per 1. Januar 2007 aufgehoben).
[1988] Urteil des Bundesgerichts 2A.48/2004 vom 31. August 2004, E. 4, wiedergegeben in BR 2006, S. 87, Nr. 9 mit Anmerkung von BEYELER; vgl. auch REICH, S. 118 und 120.
[1989] HaftungsG.
[1990] VG Zürich: VB.1999.00015 E. 3; vgl. auch VG Zürich: VB.98.00372 E. 2a und VG Zürich: VB.2001.00215 E. 2. Auch für den Kanton Bern gilt, dass – im Unterschied zu Art. 35 BoeB, der das Entscheidverfahren zur Beurteilung von Schadenersatzbegehren speziell regelt – die (allgemeinen) Vorschriften des Staatshaftungsrechts betreffend die verfahrensrechtliche Durchsetzung entsprechender Ansprüche anwendbar sind. Geht es um eine öffentliche Beschaffung auf kommunaler Ebene, ist daher zur Beurteilung der geltend ge-

948 Für das St. Galler Recht gilt demgegenüber, dass das **Schadenersatzbegehren mit** der **Beschwerde** einzureichen ist[1991]. Dies bedeutet, dass bereits in der Beschwerdeschrift ein Schadenersatzbegehren aufzuführen und, soweit möglich, zu beziffern ist[1992]. In materieller Hinsicht haftet die Auftraggeberin dem Anbieter gemäss St. Galler Verwaltungsgericht für Schaden, den sie durch eine rechtswidrige Verfügung verursacht hat. Als Schaden können dabei nicht nur die Aufwendungen für die Offertstellung, sondern auch die Umtriebe aus dem Vergabe- und Rechtsmittelverfahren geltend gemacht werden[1993].

949 Gemäss § 6 GöB/TG haften die Auftraggeber für den Schaden, den sie durch einen Entscheid, dessen Rechtswidrigkeit vom Verwaltungsgericht festgestellt worden ist, verursacht haben[1994]. Diese Haftung beschränkt sich auf Aufwendungen, die den Anbietern im Zusammenhang mit dem Vergabe- und Rechtsmittelverfahren entstanden sind. In einem konkreten Fall verlangte eine Beschwerdeführerin die Rückerstattung der Kosten für die Ausarbeitung des Angebots in der Höhe von Fr. 1080.– sowie eine Entschädigung für entgangenen Gewinn von Fr. 8400.–. Letzteren Anspruch begründete sie sinngemäss mit «**culpa in contrahendo**». Denn der Auftraggeber habe ihre Offerte lediglich zu Vergleichszwecken eingeholt; sie habe gar nie eine echte Chance gehabt, den Zuschlag zu erhalten. Das Verwaltungsgericht des Kantons Thurgau sprach der Beschwerdeführerin den (in der Höhe nicht bestrittenen) Betrag von Fr. 1080.– für Aufwendungen im Zusammenhang mit der Offertstellung ohne weiteres zu. Auf die weiter gehenden Forderungen für entgangenen Gewinn trat es hingegen nicht ein, da für eine eigentliche Schadenersatzforderung aus «culpa in contrahendo» im Submissionsverfahren keine Rechtsgrundlage bestehe. Ersatzansprüche, die über § 6 GöB/TG hinausgingen, müssten gestützt auf die Feststellung der Rechtswidrigkeit in einem separaten Verfahren gegen die Vergabestelle geltend gemacht werden[1995].

---

machten Ersatzansprüche das Verwaltungsgericht nicht in erster Instanz zuständig. Allfällige Schadenersatzansprüche wären vielmehr beim zuständigen Regierungsstatthalteramt einzuklagen (VG Bern: VGE 20992 E. 6b).

[1991] Vgl. Art. 4 Abs. 2 des kantonalen Einführungsgesetzes zur Gesetzgebung über das öffentliche Beschaffungswesen.

[1992] VG St. Gallen: GVP 2001, Nr. 18, E. c.

[1993] VG St. Gallen: GVP 1999, Nr. 33, S. 98 f.

[1994] Mit Bezug auf § 38 SubmD/AG hat das Aargauer Verwaltungsgericht präzisiert, dass ein Schadenersatzanspruch einzig in den Fällen durchgesetzt werden kann, in denen ein Feststellungsurteil der Beschwerdeinstanz betreffend der Widerrechtlichkeit der angefochtenen Verfügung ergangen ist, weil die Korrektur der begangenen Rechtswidrigkeit durch Aufhebung der Verfügung nicht mehr möglich war (AGVE 2003, S. 269 ff.).

[1995] TVR 2000, Nr. 29, S. 141. Auch das Genfer Verwaltungsgericht hat erkannt, dass der entgangene Gewinn durch die kantonal massgebende submissionsrechtliche Norm nicht ge-

In einem Fall, den das Verwaltungsgericht des Kantons Basel-Landschaft 950
zu beurteilen hatte, hatte das widersprüchliche und rechtswidrige Verhalten
der Vergabestelle (rechtswidriger Ausschluss) dazu geführt, dass die Aufwendungen des Anbieters im Zusammenhang mit der Angebotserstellung
von Anfang an nutzlos waren. Vor diesem Hintergrund dürfe bezweifelt
werden, ob der Anbieter zur Begründung seines Schadenersatzanspruches
nachzuweisen habe, dass er eine **echte Chance** auf den Zuschlag gehabt
hätte. Im gleichen Entscheid hielt das Gericht fest, die Tatsache, dass die anwendbare vergaberechtliche Schadenersatzbestimmung die Aufwendungen
des Anbieters im Zusammenhang mit dem **Rechtsmittelverfahren** explizit
nenne, impliziere, dass der Anbieter diese Aufwendungen in einem weiteren
Umfang zurückfordern könne, als es die gewöhnlichen Bestimmungen über
die Parteientschädigung erlauben würde[1996].

7. Im Verhältnis zum Beschwerdeweg ist der Weg des Schadenersatzes 951
subsidiär. Entsprechend fällt eine Staatshaftung von vornherein ausser
Betracht, wenn eine rechtskräftige, nicht mit Beschwerde angefochtene
Verfügung vorliegt[1997]. Allgemein gilt sodann, dass ein Betroffener sein
Klagerecht auf Schadenersatz verliert, wenn er zuvor nicht von allen ihm
zustehenden Rechtsmitteln Gebrauch gemacht hat. Daraus folgt, dass ein
nicht berücksichtigter Anbieter, der Ersatz verlangen will für den Schaden,
den ihm eine Zuschlagsverfügung verursacht hat, sich nicht damit begnügen
kann zuzuwarten, bis einer seiner ebenfalls erfolglosen Mitbewerber die
Rechtswidrigkeit dieser Verfügung bei der Beschwerdeinstanz hat feststellen lassen. Hat es der nicht berücksichtigte Anbieter unterlassen, selber die
gegen die Zuschlagsverfügung offen stehenden Rechtsmittel zu erheben, so
steht ihm auch kein Klagerecht auf Schadenersatz zu[1998]. In analoger Weise
hat das Bundesgericht festgehalten, dass der nicht berücksichtigte Anbieter,
der Schadenersatz geltend machen will, sich nicht damit begnügen darf, die
Rechtswidrigkeit des Zuschlagsverfahrens durch die Beschwerdeinstanz
feststellen zu lassen, sondern ebenfalls, sofern der Vertrag noch nicht geschlossen worden ist, so bald wie möglich die aufschiebende Wirkung für

---

deckt ist (VG Genf: Urteil vom 7. Juni 2005, in RDAF 62/2006 [1. Teil – Verwaltungsrecht], S. 154 E. 7).

[1996] VG Basel-Landschaft: Urteil vom 11. September 2003 (BEYELER, BR Sonderheft Vergaberecht 2006, S. 96).

[1997] POLTIER, RDAF 56/2000 (1. Teil – Verwaltungsrecht), S. 327.

[1998] Urteil des Bundesgerichts 2P.218/2001 vom 31. Januar 2002, E. 3.4 mit Hinweisen, RETO FELLER, Das Prinzip der Einmaligkeit des Rechtsschutzes im Staatshaftungsrecht, Zürich/St. Gallen 2007, S. 166 f. Ein Trittbrettfahren ist in diesem Zusammenhang somit (auch) ausgeschlossen.

die Beschwerde verlangen muss, um so zu verhindern, dass der Schaden eintreten kann[1999].

[1999] Urteil des Bundesgerichts 2P.71/2005 vom 27. Januar 2006, E. 5 wiedergegeben in BR 2006, S. 88, Nr. 10 mit Anmerkung von BEYELER; vgl. auch BEYELER, Öffentliche Beschaffung, S. 445.

14. Kapitel:
Verfahrenskosten und Parteientschädigung

I. Verfahrenskosten

1. Im Verfahren vor dem Bundesverwaltungsgericht[2000] erhebt der Vorsitzende[2001] oder der Instruktionsrichter zu Beginn des Verfahrens vom Beschwerdeführer einen **Kostenvorschuss** in der Höhe der mutmasslichen Verfahrenskosten (Art. 63 Abs. 4 VwVG). Bei Submissionsbeschwerden wird dabei in der Regel statt von einem Streitwert vom Interessewert der beschwerdeführenden Partei ausgegangen[2002]. Am Ende des Verfahrens auferlegt das Gericht in der Entscheidungsformel (Dispositiv) die Verfahrenskosten in der Regel der unterliegenden Partei (Art. 63 Abs. 1 VwVG).

952

2. Einer unterliegenden (privaten) Gegenpartei, die ausdrücklich auf das **Kostenrisiko** aufmerksam gemacht worden ist und die im Beschwerdeverfahren vor der Beschwerdeinstanz formelle Anträge gestellt hat, sind (anteilmässige) Verfahrenskosten aufzuerlegen, sofern nicht Gründe vorliegen,

953

[2000] Für das Beschwerdeverfahren vor dem Bundesgericht ist seit 1. Januar 2007 der gestützt auf Art. 15 Abs. 1 lit. a und Art. 65 BGG erlassene Tarif für die Gerichtsgebühren im Verfahren vor dem Bundesgericht vom 31. März 2006 (SR 173.110.210.1) anwendbar.

[2001] Bzw. der Vorsitzende der für Submissionsstreitigkeiten zuständigen Abteilung oder Kammer.

[2002] Vgl. Moser, Prozessieren, S. 144, Rz. 4.2 f. und Fn. 10. Das Aargauer Verwaltungsgericht geht in seiner Praxis bei der Bestimmung der Gerichtskosten von einem Streitwert entsprechend 10 % des Auftragswerts aus. Das Berner Verwaltungsgericht hat seinerseits in einem Entscheid festgehalten, der Auffassung des Anwalts der Zuschlagsempfängerin, der in seiner Kostennote von einer Streitsache mit bestimmtem Streitwert im Sinne von Art. 12 i.V.m. Art. 10a des kantonalen Dekrets über die Anwaltsgebühren ausgehe, indem er die Werkvertragssumme als Streitwert und Ausgangspunkt für die Bemessung der Normalgebühr eingesetzt habe, könne nicht gefolgt werden. Abgesehen davon, dass ohnehin nicht die Werkvertragssumme, sondern allenfalls die Gewinnmarge der Unternehmerin als Streitwert eingesetzt werden könnte, werde im vorliegenden Submissionsverfahren ausschliesslich über die Rechtmässigkeit der Vergabe an die Zuschlagsempfängerin befunden. Die sich daraus ergebenden finanziellen Konsequenzen für die Streitbeteiligten stünden nur mittelbar – jedenfalls nicht urteilsmässig – zur Diskussion. Die Parteikosten der Zuschlagsempfängerin, die nach Abweisung des Gesuchs der Beschwerdeführerin um Zuerkennung der aufschiebenden Wirkung und Abschluss des Werkvertrags infolge Wegfalls ihres Interesses vom Instruktionsrichter aus dem Verfahren entlassen worden ist, seien daher gestützt auf Art. 13 Abs. 1 i.V. m. Art. 4 des Berner Dekrets über die Anwaltsgebühren zu bemessen. Ein pauschaler Parteikostenersatz von Fr. 4'000.– erscheine mit Blick auf den Gebührenrahmen und die weiteren zu berücksichtigenden Kriterien vorliegend als angemessen (VG Bern: VGE 20316 E. 6b).

um von einer Auferlegung von Kosten in Anwendung von Art. 63 Abs. 1 (letzter Satz) VwVG ausnahmsweise abzusehen[2003].

954 Die Beschwerdeinstanz erhebt bei einem **Beschwerderückzug** dann keine Verfahrenskosten, wenn ihr bislang kein besonderer Aufwand entstanden ist[2004]. Wird die Beschwerde dagegen erst am Tag vor der öffentlichen Verhandlung und nachdem die aufschiebende Wirkung in einer Zwischenverfügung gewährt und in der Sache ein doppelter Schriftenwechsel durchgeführt worden ist, zurückgezogen, sind die Voraussetzungen für einen ganzen oder teilweisen Erlass nicht erfüllt[2005].

955 **3.** Das Zürcher Verwaltungsgericht hat festgehalten, die Tatsache allein, dass der eröffnete Vergabeentscheid **keine ausreichende Begründung** enthält, führe noch nicht zu einer vom Unterliegerprinzip abweichenden Kostenregelung. Die Kosten des Beschwerdeverfahrens könnten nur dann als durch die mangelhafte Begründung verursacht gelten, wenn die folgenden Voraussetzungen kumulativ erfüllt seien:

– Der Vergabeentscheid war bei seiner Eröffnung nicht mit einer ausreichenden Begründung versehen;

– der abgewiesene Anbieter hat die Vergabestelle im Sinn von § 33 Abs. 2 SubmV/ZH rechtzeitig um Bekanntgabe der wesentlichen Entscheidgründe ersucht, von der Behörde jedoch vor dem Einreichen der Beschwerde nicht rechtzeitig eine ausreichende Begründung erhalten;

– der Beschwerde führende Anbieter hat die massgeblichen Entscheidgründe danach im Verlauf des Beschwerdeverfahrens (im Rahmen des Schriftenwechsels oder aus eingereichten Unterlagen) erfahren;

– und er hat seine Beschwerde gestützt auf die für ihn neuen Entscheidgründe zurückgezogen[2006].

956 Wo diese Voraussetzungen erfüllt seien, erscheine eine **Kostenbefreiung** des Beschwerdeführers **trotz Rückzugs der Beschwerde** gestützt auf § 13

[2003] BRK 21 und 23/00 E. 6a; BRK 3/02 E. 8a; GALLI/LEHMANN/RECHSTEINER, S. 163 Rz. 542 Fn. 39; MOSER, Prozessieren, S. 146, Rz. 4.7 Fn. 17.
[2004] Vgl. Art. 6 lit.a VGKE bzw. im Verfahren vor der BRK Art. 4a lit. a VKEV.
[2005] BRK 14/00.
[2006] Seit Herbst 2001 erhalten die Beschwerdeführenden, wenn diese vom Verwaltungsgericht des Kantons Zürich zum Einreichen einer Replik aufgefordert werden, folgenden Hinweis: «Der Vergabeentscheid enthält in der Regel nur die gemäss § 33 Abs. 1 der Submissionsverordnung vorgeschriebenen Angaben, jedoch keine eigentliche Begründung. Eine solche erhalten die Beschwerdeführenden regelmässig erst mit der Beschwerdeantwort der Vergabestelle. Wird aufgrund dieser Begründung die *Beschwerde zurückgezogen*, wird das Verfahren *in der Regel ohne Kosten* für den/die Beschwerdeführer/in abgeschrieben. Hat das Gericht über die Beschwerde zu entscheiden, werden die Verfahrenskosten der unterliegenden Partei auferlegt.»

Abs. 2 in Verbindung mit § 70 VRG/ZH als gerechtfertigt. Auch die Zusprechung einer Parteientschädigung an den Beschwerdeführer sei in einer Situation dieser Art denkbar[2007]. In einem Fall, in dem das Beschwerdeverfahren in erster Linie durch die mangelhafte Ausschreibung ausgelöst wurde, hat das Verwaltungsgericht des Kantons Zürich statt des als Regel für die Kostenverlegung geltenden Unterliegerprinzips das Verursacherprinzip angewandt und die Verfahrenskosten der Vergabebehörde auferlegt[2008].

Das Aargauer Verwaltungsgericht hat bei einer Verletzung der Begründungspflicht eine nachträgliche Heilung im Beschwerdeverfahren zugelassen, dem Fehler aber bei der Kostenverlegung angemessen Rechnung getragen[2009]. Das Waadtländer Verwaltungsgericht hat einem unterliegenden Beschwerdeführer **keine Verfahrenskosten** auferlegt angesichts der Tatsache, dass der Vergabebehörde verschiedene, für den Ausgang des Verfahrens nicht kausale Versäumnisse formeller Art unterlaufen sind[2010]. Das Verwaltungsgericht des Kantons Zug hat einem unterliegenden Beschwerdeführer reduzierte Verfahrenskosten auferlegt mit der Begründung, angesichts der kurzen Beschwerdefrist von 10 Tagen habe er sich in guten Treuen zur Beschwerdeerhebung veranlasst sehen können. Ein Rückzug der Beschwerde nach Eingang der Vernehmlassung der Beschwerdegegner und nach Kenntnis sämtlicher massgebender Umstände wäre jedoch möglich gewesen. Es rechtfertige sich daher zumindest die Auferlegung einer reduzierten Spruchgebühr[2011].

4. Da das **Gemeinwesen**, welches ein Submissionsverfahren durchführt, Vermögensinteressen wahrnimmt[2012], können im **Beschwerdeverfahren** vor dem Bundesgericht auch ihm Kosten auferlegt werden (Art. 66 Abs. 4 BGG e contrario). Als unterliegende Partei im Sinne von Art. 66 Abs. 1 BGG hat bei Gutheissung der Beschwerde daher nebst dem Beschwerdegegner auch

957

958

[2007] VG Zürich: VB.2000.00101 E. 2b; vgl. auch VG Zürich: VB.2000.00136 E. 10 und VB.1999.00015 E. 11.
[2008] VG Zürich: VB.2004.00195 E. 4.
[2009] VG Aargau: Urteile BE.98.00306 vom 28. Dezember 1998, E. 3c und BE.97.00372 vom 15. Dezember 2000, E. 9c und E. 10 (beide nicht publiziert). Auch das Bundesgericht hatte in einem Fall, in dem sich die unterliegenden Beschwerdeführer auf Grund der unhaltbaren Begründung des angefochtenen Urteils in guten Treuen zur Prozessführung veranlasst sehen konnten, in Anwendung von Art. 156 Abs. 2 und 3 aOG auf eine verhältnismässige Kostenverlegung zwischen den Beschwerdeführern und dem Kanton Wallis, um dessen Vermögensinteressen es in der zu behandelnden Streitsache ging, erkannt (Urteil des Bundesgerichts 2P.151/1999 vom 30. Mai 2000, E. 6b).
[2010] VG Waadt: Urteil vom 24. Januar 2002, E. 1. 4; vgl. auch VG Waadt: GE 2005.0053, Urteil vom 23. August 2005, E. 3b.
[2011] VG Zug: Urteil vom 13. November 2001, E. 4 a.E.
[2012] Vgl. Urteile des Bundesgerichts 2P.242/2006 vom 16. März 2007, E. 5, 2P.148/2006 vom 2. Oktober 2006, E. 4 und 2P.136/2006 vom 30. November 2006, E. 4.

der Kanton zu gelten[2013]. Die Gerichtsgebühr ist ihnen je zur Hälfte unter Solidarhaft aufzuerlegen (Art. 66 Abs. 5 BGG)[2014]. Für das bundesgerichtliche Beschwerdeverfahren gilt im Übrigen, dass unnötige Kosten zu bezahlen hat, wer sie verursacht (Art. 66 Abs. 3 BGG)[2015].

II. Parteientschädigung

959 1. Das Bundesverwaltungsgericht hat der **ganz oder teilweise obsiegenden** Partei von Amtes wegen oder auf Begehren eine Entschädigung für ihr erwachsene notwendige und verhältnismässig hohe Kosten zuzusprechen (Art. 64 Abs. 1 VwVG). Als Parteikosten kommen dabei in erster Linie die Kosten der Vertretung (durch einen Anwalt) in Betracht[2016]. Eine Parteientschädigung ist ausnahmsweise auch dann zuzusprechen, wenn die Beschwerdeführerin ihre Beschwerde zurückzieht. Auf eine solche Ausnahme hat die BRK in einem Fall erkannt, in dem die Beschwerdeführerin sich in guten Treuen darauf verlassen konnte, dass sich die Vergabestelle an die rechtskräftige und veröffentlichte Rechtsprechung der BRK betreffend Vertragsschluss halten und den Vertrag nicht bereits vor der Publikation der Zuschlagsverfügung schliessen werde. Als die Beschwerdeführerin im Rahmen der Vernehmlassung vom erfolgten Vertragsschluss erfuhr, zog sie ihre Beschwerde, für die sie aufschiebende Wirkung beantragt hatte, zurück, da eine Aufrechterhaltung (zwecks blosser Feststellung der Bundesrechtswidrigkeit des Zuschlages) keinen Sinn mache[2017]. Sodann kann die Entrichtung einer Parteientschädigung dann in Betracht kommen, wenn

---

[2013] Dasselbe gilt selbstverständlich auch mit Bezug auf eine (unterliegende) Gemeinde (Urteil des Bundesgerichts 2P.70 + 71/2006 vom 23. Februar 2007 und Urteil des Bundesgerichts 2P.342/1999 vom 31. Mai 2000, E. 6b [ZBl 2001, S. 312 ff.]). Hinsichtlich einer selber Beschwerde führenden und unterliegenden Gemeinde vgl. Urteil des Bundesgerichts 2P.212 + 213/2005 vom 7. Juni 2006, E. 7.
[2014] Urteil des Bundesgerichts 2P.299/2000 vom 24. August 2001, E. 5 mit Bezug auf die im Wesentlichen gleich lautende Bestimmung von Art. 156 aOG.
[2015] Gestützt auf diese Bestimmung ist einem Vertreter des Beschwerdeführers, der rechtsmissbräuchlich ans Bundesgericht gelangt ist, die Gerichtsgebühr auferlegt worden (Urteil des Bundesgerichts 2C_238/2007 vom 5. Juli 2007, E. 2.4). Als Anwendungsfälle zum identischen Art. 156 Abs. 6 aOG vgl. Urteil des Bundesgerichts 2P.300/2000 vom 13. Februar 2001, E. 3b und Urteil des Bundesgerichts 2P.92/2002 vom 25. April 2002.
[2016] Vgl. Art. 8 ff. VGKE; vgl. im Übrigen auch MOSER, Prozessieren, S. 149 ff., Rz. 4.15 ff. Für das Beschwerdeverfahren vor dem Bundesgericht ist seit 1. Januar 2007 das Reglement über die Parteientschädigung und die Entschädigung für die amtliche Vertretung im Verfahren vor dem Bundesgericht vom 31. März 2006 (SR 173.110.210.3) massgebend.
[2017] BRK 1/99 E. 2.

die Vorinstanz die angefochtene Verfügung nach Art. 58 Abs. 1 VwVG zugunsten des Beschwerdeführers in Wiedererwägung zieht[2018].

2. Die Entschädigung an eine ganz oder teilweise obsiegende Partei wird in einem Verfahren vor dem Bundesverwaltungsgericht der Körperschaft oder autonomen Anstalt auferlegt, in deren Namen die Vorinstanz verfügt hat, soweit sie nicht einer unterliegenden Gegenpartei auferlegt werden kann. Einer **unterliegenden Gegenpartei** kann sie je nach deren Leistungsfähigkeit auferlegt werden, wenn sich die Partei mit selbständigen Begehren am Verfahren beteiligt hat (Art. 64 Abs. 2 und 3 VwVG)[2019]. Das Waadtländer Verwaltungsgericht hat die einem obsiegenden und durch einen Rechtsanwalt vertretenen Beschwerdeführer zu entrichtende Parteientschädigung in Anwendung von Art. 55 Abs. 3 VRPG/VD zu zwei Dritteln dem Staat und zu einem Drittel dem Konsortium[2020], das (ursprünglich) den Zuschlag erhalten hat, auferlegt[2021].

960

3. Die Zusprechung einer Parteientschädigung an eine **verfügende Bundesbehörde**[2022] fällt aufgrund von Art. 7 Abs. 3 VGKE[2023] von vornherein ausser Betracht[2024]. Dies auch dann, wenn sie sich vor der Beschwerdeinstanz durch einen praktizierenden Anwalt vertreten lässt. Obwohl es sich bei der Skyguide nicht um eine Vergabebehörde im Geltungsbereich von ÜoeB und BoeB handelt, ist sie als Behörde im Sinne der erwähnten Be-

961

[2018] Vgl. Art. 15 VGKE bzw. mit Bezug auf das Verfahren vor der BRK ausdrücklich Art. 8 Abs. 7 VKEV (BRK 11/00).

[2019] BRK 3/02 E. 8b. In BGE 128 II 95 E. 2c hat das Bundesgericht diesen Grundsatz zwar relativiert und festgehalten, bei der Entschädigungsregelung dürfe von der Voraussetzung, dass die Gegenpartei ausdrücklich Antrag gestellt habe, abgesehen werden, sofern das Interesse der Gegenpartei am Verfahrensausgang auf der Hand liege. Die fragliche Bedingung, die erst im Laufe des parlamentarischen Verfahrens ins Gesetz (Art. 64 Abs. 3 VwVG) eingefügt worden sei, könne nicht bezwecken, der im Beschwerdeverfahren unterliegenden Hauptpartei die Möglichkeit zu verschaffen, die prozessuale Entschädigungspflicht trotz ihrer Leistungsfähigkeit auf die Behörden zu überwälzen. Dies mag in dem vom Bundesgericht beurteilten Fall, in dem es um eine (ursprüngliche) Gesuchstellerin in einem Plangenehmigungsverfahren ging, berechtigt erscheinen, wohl kaum aber im Falle einer (ursprünglichen) Zuschlagsempfängerin, die im Beschwerdeverfahren vor der BRK bzw. vor dem Bundesverwaltungsgericht auf die Ausübung eigener Parteirechte verzichtet und es der Vergabestelle überlässt, den angefochtenen Zuschlag mit selbständigen Begehren und Ausübung von Parteirechten (z. B. an einer Sitzung) zu verteidigen.

[2020] Unter solidarischer Haftbarkeit der beiden Mitglieder des Konsortiums.

[2021] VG Waadt: Entscheid vom 12. Dezember 2001, E. 3.

[2022] Kosten von anderen Behörden oder mit öffentlich-rechtlichen Aufgaben betrauten Organisationen, die als Parteien auftreten, begründen in der Regel ebenfalls keinen Anspruch auf Parteientschädigung (vgl. dazu BRK 8/02 E. 3b, wo der BLS AlpTransit AG als Organisation ausserhalb der Bundesverwaltung, die im Rahmen der Realisierung der NEAT in Erfüllung ihr übertragener öffentlich-rechtlicher Aufgaben des Bundes Submissionen tätigt, ein solcher Anspruch abgesprochen wurde).

[2023] Bzw. Art. 8 Abs. 5 VKEV für das Verfahren vor der BRK.

[2024] BRK 13/97 E. 3.

stimmung zu betrachten, so dass ihr keine Parteientschädigung ausgerichtet werden kann[2025]. Auch einem obsiegenden Gemeindeverband ist, da er in Wahrnehmung öffentlicher Aufgaben handelt, für das bundesgerichtliche Beschwerdeverfahren (in der Regel) keine Parteientschädigung auszurichten (Art. 68 Abs. 3 BGG analog)[2026].

962 Das Waadtländer Verwaltungsgericht hat es ebenfalls abgelehnt, der in der Sache **obsiegenden Vergabebehörde** eine Parteientschädigung auszurichten, mit der Begründung, das kantonale Departement dürfte in seiner Organisation über genügend sachverständige Dienststellen verfügen, um sich den Beizug eines aussen stehenden Vertreters ersparen zu können[2027]. Nach konstanter Rechtsprechung des Verwaltungsgerichts des Kantons Aargau kommt den in einem Beschwerdeverfahren obsiegenden Gemeinden oder Gemeindeverbänden kein Anspruch auf Parteikostenersatz zu[2028]. Bejaht wurde demgegenüber ein Anspruch auf Parteikostenersatz bei einer Stiftung als privatrechtlicher Trägerin einer Klinik[2029]. Das Walliser Kantonsgericht spricht einer in der Sache obsiegenden Gemeinde keine Parteientschädigung zu, es sei denn die Gemeinde vermöge speziell zu begründen, dass ausnahmsweise die Voraussetzungen für den Zuspruch einer Entschädigung für ihr im Zusammenhang mit dem Beschwerdeverfahren entstandene Kosten erfüllt sind[2030].

963 **4.** Der Rechtsvertreter einer Beschwerdepartei hat jederzeit die Möglichkeit, dem Gericht eine **Kostennote** einzureichen, ohne dass es hierfür einer Aufforderung bedarf. Ob er verlangen kann, dass an ihn vor dem Entscheid eine entsprechende Mitteilung ergeht, hatte das Zürcher Verwaltungsgericht angesichts des konkret in Frage stehenden Ausgangs des Verfahrens nicht zu entscheiden. Jedenfalls wäre es nicht zulässig, nur der voraussichtlich obsiegenden Partei eine entsprechende Aufforderung zukommen zu lassen und damit der gerichtlichen Entscheidfindung vorzugreifen[2031].

[2025] CRM 7/01 E. 5.
[2026] Urteil des Bundesgerichts 2P.122/2000 vom 6. November 2000, E. 8 mit Bezug auf die sinngemäss gleich lautende Bestimmung von Art. 159 Abs. 2 aOG. In einem anderen Entscheid hatte das Bundesgericht freilich die unterliegenden Beschwerdeführerinnen solidarisch verpflichtet, die Schulgemeinde Appenzell, die sich durch einen Anwalt vertreten liess, für das staatsrechtliche Beschwerdeverfahren mit Fr. 5'000.– zu entschädigen (Urteil des Bundesgerichts 2P.165/2002 vom 6. September 2002, E. 3); vgl. auch Urteile des Bundesgerichts 2P.74/2002 vom 13. September 2002, E. 5 und 2P.225/2005 vom 27. April 2006, in denen einer kleinen Gemeinde bzw. einer interkommunalen Vereinigung mit weniger als 3000 Einwohnern ebenfalls eine Parteientschädigung zugesprochen wurde.
[2027] Vgl. MOSER, AJP 2000, S. 687.
[2028] AGVE 1985, S. 384 ff.; 2000, S. 377 ff.;
[2029] VG Aargau: Urteil BE.99.00067 vom 27. August 1999, E. III. (nicht publiziert).
[2030] KG Wallis: A1 01 87 E. 6b.
[2031] VG Zürich: VB.2005.00240 E. 2.

Stichwortverzeichnis 1. Band

Die Verweise beziehen sich auf die Randziffern im Buchtext.

A

Abbruch (des Submissionsverfahrens) 324, 344, 412, 489 ff., 506, 695, 756, 839, 937
- Einleitung eines falschen Vergabeverfahrens 500
- endgültiger Verzicht auf das Beschaffungsgeschäft 490 f., 492
- kein wichtiger Grund 493, 502 f., 506
- *s. Neuvergabe*
- nicht grundlos 490, 493
- nicht voraussehbarer Grund 490, 505
- *s. Schadenersatz*
- Submittentenkartell *s. Wettbewerb, Abrede*
- Teilabbruch 483, 513 f.
- wesentliche Änderung der Leistung/ des Leistungsverzeichnisses/(Projektänderung) 494, 497 ff., 506, 507 ff., 511, 514
- wichtiger Grund 501, 505, 506, 508, 627, 636
    - durch die Vergabebehörde verschuldet 506
- Wiederholung des Submissionsverfahrens) (Neudurchführung) *s. Verfahren*
- Widerruf (des Zuschlags) 324 ff., 703, 839, 846, 909 ff.

Abgebot 412, 448, 476
Abgebotsrunde *s. Verhandlung*
Abgeltungsvereinbarung 140
Abgrenzung
- von Eignungs- und Zuschlagskriterien *s. Zuschlagskriterien*
- von Bau-, Liefer- und Dienstleistungsaufträgen *s. Bauauftrag/Lieferauftrag/Dienstleistungsauftrag*

Abrede/Absprache
s. Wettbewerb (Kartell)
Abkommen, internationales
- Bilaterales Abkommen CH-EG 9 ff., 13, 43, 241
- EFTA Konvention 14
- EWR 49
- mit Italien 22 f.
- WTO-Übereinkommen 1 f., 8, 15, 36, 128, 942

Abweichung von der Ausschreibung/ den Ausschreibungsunterlagen
s. Ausschreibung
Akteneinsicht 759 f., 817, 853, 872, 898 ff.
- Akten, verwaltungsinterne 890, 901, 903
- Fabrikationsgeheimnis 761, 899, 902
- Geheimhaltung 755, 898, 904 f.
- Geschäftsgeheimnis 759, 761 f., 765, 898 f., 902
- Interessenabwägung 765, 899, 904 f., 907
- Offertöffnungsprotokoll 408 ff., 760, 762, 901, 904
- Konkurrenzofferte
    - Einsichtnahme in 759 f., 765, 898 f., 901 f., 904
- Referenzauskunft 905
- *s. Grundsatz der Vertraulichkeit*

Alpentransit
- -Beschluss 32 f.
- -Verordnung 32 f.

Amtsmissbrauch 749 ff.
Amtsführung, ungetreue 740, 749 ff.
Anbieter (Bewerber, Bieter) 155 f., 800, 871, 951
- Grundanforderungen an die
    s. Ausschluss vom Verfahren

465

- Mitwirkung bei der näheren Ausgestaltung des Auftrags 254, 694, 912
- ortsansässiger 580 ff., 800, 917
- ortsfremder 582, 800
- Selektion der 358
- Ungleichbehandlung der 244, 280, 582
- Wettbewerbsbeschränkung der
  s. Wettbewerb (Kartell)

Änderung
- der ausgeschriebenen Leistung oder des Leistungsinhalts
  s. Ausschreibung, Änderung der
- der Angebote s. Angebot

Anfüttern 747

Angebot(e)
- Änderung der 416, 426, 428, 446 ff., 495, 497, 507 ff.
  - Berichtigung der Angebote 280, 289, 427, 444 ff., 456 ff., 464 ff., 728, 757
  - Unveränderbarkeit des Angebots 416, 426 ff., 441 f., 444 ff., 462, 469, 510, 626 f.
  - Unterrichtung der Bewerber über die Präzisierung 254, 496, 704
- Abgebotsrunden s. Verhandlung
  - Verbot der
    s. Verhandlung, Verbot der
- Bereinigung 280 ff., 412, 417, 419 ff., 425 ff., 441 ff., 444 ff., 702
  - Anbringung eines Vorbehalts 287, 420
  - Fragepflicht 419
  - sofortige Rügepflicht 419 f., 422 ff.
  - s. Verhandlung
- Einheitspreisangebot s. Preis
- Einreichungsfrist 280, 356 f., 833
- Einsichtnahme in Konkurrenzofferte, s. Akteneinsicht, s. Grundsatz der Vertraulichkeit
- elektronische Einreichung des 235
- Erläuterung des 441, 444 f., 464 ff.
  - s. Erläuterung, Einholung der
- Unternehmergespräch 467, 477
- gleichwertige 519
- Globalpreisangebot
  s. Preis, Pauschalpreis (Globalpreis)
- Grundangebot s. Variante
- Gesamtangebot 481, 483 ff.
- s. Grundsatz der Vertraulichkeit
- Mehrfachbewerbungen 155
- Öffnung der 406 ff.
  - öffentliche 408 f., 413 f.
  - Protokoll 407, 411 f., 415, 436, 444, 447, 454, 468
  - Teilnahme von Anbietern an der 408, 414
  - Einsichtnahme in das Offertöffnungsprotokoll s. Akteneinsicht
  - Unterlassung der 413
- Präsentation, mündliche 468
  - angekündigt 468
  - formell und materiell ordnungsgemässes Protokoll 468
- s. Preis
  - ungewöhnlich niedriger Preis
    s. Unterangebot
- Prüfung der Angebote s. Prüfung
- Schriftlichkeitsgebot 356, 431 ff., 446, 835
- Teilangebot 480 f., 483 ff., 493
- unbestimmtes 446
- unklares 287, 447
- Unterzeichnung des 289
- unvollständiges 254, 267, 280, 356, 465
  - nicht den Ausschreibungsunterlagen entsprechende Angebote 266
- s. Verhandlung
- wirtschaftlich günstigstes
  s. Zuschlagskriterien

Annahmeerklärung 450

Anwendungsbereich s. Auftrag,
  s. Auftraggeber, s. Auftragswert

Arbeitsgemeinschaft 326, 858 ff.

Arbeitsschutzbestimmungen
- Einhaltung der 312 ff., 712, 862
- Konventionalstrafe 313

Architekturwettbewerb 174, 645 ff., 670, 678, 688
- SIA-Ordnung 646 ff.

Aufschiebende Wirkung (der Beschwerde) 491, 773, 854, 874 ff., 883 ff., 896 f., 928, 937, 951, 954
- auf Gesuch hin 883, 892
- Dringlichkeit 875 f., 887, 927
- Interessenabwägung 874 f., 884 f., 887, 891
- öffentliches Interesse 884, 887, 893, 911
- Präsidialverfügung 888 f.
- prima-facie-Würdigung 884, 891
- Prozessaussichten 893
- von Amtes wegen 878, 883, 892
- von Gesetzes wegen 879

Aufsichtsbehörde 881

Auftrag (s)
- Änderung des –
  s. *Leistungsverzeichnis, Änderung der ausgeschriebenen Leistung;*
  s. *Angebote, Änderung der;*
  s. *Ausschreibung, Abweichung*
- Aufträge, die nicht oder nur teilweise unter die Vergaberichtlinien fallen
  - s. *Auftrag, unter den Schwellenwerten*
  - s. *Dienstleistungsauftrag, übrige (nicht prioritäre) Dienstleistungen*
- Auftragsarten 123, 180
  - s. *Bau-, Liefer-, Dienstleistungsauftrag*
- Aufteilung des 167, 182, 482 ff.
  - Bekanntgabe des 482, 485
  - nachträgliche 486
- freiwillige Submission 804
- Gegenstand des – 107 ff., 224, 231 f., 236, 774 ff., 799
  - Umschreibung des 236 ff., 243, 257
  - Begriff 107 ff., 114 ff., 788
  - synallagmatischer Charakter 121, 788
  - s. *Leistungsverzeichnis*
- gemischter 145 ff., 165, 654
- s. *In-house*
- Konzession 108, 114, 122, 809
  - s. *Konzession*
  - s. *Dienstleistungskonzession*
  - s. *Option, Folgeauftragoption*
  - s. *Public Private Partnership (PPP)*
  - s. *Submission, freiwillige*
  - s. *Subvention*
- übrige – des Bundes 15, 148
- übrige (nicht prioritäre) Dienstleistungen s. *Dienstleistungen*
- unter den Schwellenwerten 774, 776, 780, 787, 802
- voraussichtlich zu Beauftragende 483

Auftraggeber 692, 798, 819, 870
- Einrichtung des öffentlichen Rechts 65, 808
- Gemeinde 43 ff., 50, 65, 101 ff., 805, 809, 866 f., 893, 960, 962
- Kantone 9, 43, 50, 65
- Kirchgemeinde/kirchliche Körperschaften 807
- Ermessen des Auftraggebers
  s. *Prüfung*
- nachfragemächtiger – s. *Wettbewerb (Kartell), Nachfragemacht*
- öffentlicher 798, 806, 958
  - Armasuisse 25, 789
    Bund 1, 9, 14, 43, 70, 789
  - Skyguide 792, 961
- öffentliches Unternehmen 37, 550
- Sektoren (Auftraggeber in den) 9, 16
  - s. *Ausklinkklausel*
  - Eisenbahn 9, 16, 33 f., 44, 792
  - Energieversorgung 9, 16, 36, 44, 65
  - Postsektor 1, 791
  - Telekommunikationsversorgung 9, 16, 18, 44, 65
  - Verkehrsversorgung 9, 16, 36, 65, 791
  - Wasserversorgung 9, 16, 65

- unterstellte Auftraggeber 789 ff.
- Verbände 690, 829, 866 f., 962
- zentrale Beschaffungsstellen des Bundes 1, 25, 36, 249

Auftragswert 168 ff., 173, 180 ff.
- der mehrjährigen Liefer- oder Dienstleitungsaufträge 170
- Gesamtwert (eines Auftrages) 168, 171 f.
- Kostenüberschreitung 509
- Schätzung des Auftragswerts 168, 183 ff., 509
- s. Schwellenwerte

Ausführungsbestimmungen 67

Ausgestaltungsfreiheit
  s. *Ausschreibung*

Ausklinkklausel 11, 17, 45, 66
- Nichtunterstellungsverfahren 66

Auslegung 7, 38, 42
- Hilfe für die 4
- self-executing (unmittelbare Wirkung) 41, 782
- staatsvertragskonforme 4 ff., 39 f., 875

Ausschliessliche Rechte
  s. *Auftraggeber*

Ausschluss vom Verfahren (wegen) 224 ff., 259 ff., 378, 397, 414, 455, 771
- Änderung des Anbieters bzw. dessen Zusammensetzung 271, 333 ff.
- Angebot
  - unbestimmtes 267, 282
  - unvollständiges 271, 273, 276, 280 f.
  - verspätetes 280 f., 307 ff.
  - Einreichen des – am falschen Ort 307, 310
- Arbeitsschutzbestimmungen (Nichteinhaltung von) 312 ff.
- Bekanntgabe des 339
- Denunziation 300 f.
- eigenmächtiger Änderung
  - der Angebotsbedingungen 271
  - des Angebotstextes 276, 283
- Einmischung 300 f.
- falscher Auskünfte 259, 291 ff.
- fehlender Eignung 350
- formfehlerhafter Offerten 259, 165, 265, 267, 274 f., 284, 289 ff.
- Formvorschriften 271 f., 275 ff., 281, 290
  - Referenzlisten 277 ff.
- gestörtem Vertrauensverhältnis 302 ff., 503
- impliziter und expliziter 268 f.
- mangelnder Beilage einer Subunternehmerliste 285, 326
- Kriterien für den 372 ff., 378, 397
  - Eignungskriterien administrativer, rechtlicher, technischer Natur 373
- nachträglicher Wegfall der Eignung 298, 330 ff.
- Nichtangabe von exakten Terminzusicherungen 285
- Nichtbezahlung
  - von Abgaben/Steuern 291 f., 294 ff.
  - Konkurs 297 ff.
- Nichteinhaltung der Frist 276, 307 ff.
- Nichterfüllung eines (Muss-) Eignungskriteriums 262, 352
- nicht den Ausschreibungsunterlagen entsprechende Angebote 266, 273, 287
- ökologischer Gründe 329, 597 ff.
- Preisabsprache 215, 322 ff.
  - s. *Wettbewerb (Kartell)*
  - s. *rechtliches Gehör*
- Sanktionen gegen Anbieter 340
- separater Entscheid 267
- sonstigen gesetzwidrigen Verhaltens 291, 297
- Unterangebot 321 f., 714, 718, 723 ff., 728 f., 736
- Unlauterer Wettbewerb 493, 714, 724 ff.
- Variante ohne Grundangebot 305 f., 472

- Verbot des überspitzten Formalismus 265, 271 f., 281, 290, 310
- Verhältnismässigkeitsprinzip 284
- Verletzung der Gleichbehandlungspflicht von Mann und Frau 312, 314 ff.
- Verpflichtung zum 260
- Verstoss gegen Landesmantelvertrag 314
- Verwirkung des Ausschlussgrundes 270
- Vorbefassung 336 ff., 684, 686 f., 690, 935

Ausschlussgründe 271 ff.
- *s. Ausschluss vom Verfahren (wegen)*

Ausschreibung 224 ff., 685
- Abweichung von der Ausschreibung/den Ausschreibungsunterlagen 287 f., 845
  - absichtliche oder irrtümliche 287 f.
- auslegende Erklärung 287
- Änderung, *s. Leistungsverzeichnis, Änderung der Leistung; s. Angebot, Änderung der*
- Anfechtbarkeit (selbständige) 820 ff., 837, 840 f., 845, 908
- Ausgestaltungsfreiheit 239 f., 246, 248, 251, 545
- Fehlen von Zuschlagskriterien in der 626
- funktionale 247, 250 ff.
  - Ausführungsdetails 237, 253
  - Festlegung des Beschaffungsziels 255
  - Festlegung des Leistungsprogramms 255 ff.
  - Mithilfe der Anbieter 255
  - nicht zulässige 256
- -smethode, funktionale 247, 250 f.
  - Optimierungsprobleme 247
- Nichtausschreibung der Beschaffung 196
- Nomenklatur *s. CPC*
- -spflicht 122

- Publikation 58, 234, 841
  - e-Procurement 234 f.
  - SHAB 67, 234, 810, 833
  - SIMAP 27, 234
- Unterlagen 224 ff., 246, 258, 355, 679, 684, 687, 690, 704, 820, 823, 825 ff., 841
  - Ausarbeitung 228, 684, 687,
  - Anforderungen an den Inhalt der 227
  - Fragepflicht der Anbietenden bei unklaren 229 f.

Ausschuss, gemischter 12
Ausstand 682, 685, 692 ff., 834
- Gründe 692 ff.
- Pflicht zum 692 ff.
- Regeln des 698, 700

B

Bagatellklausel 168, 188, 218, 801
Bau-, Planungs- und Umweltschutzdirektoren-Konferenz (BPUK), Schweizerische 62
Bauauftrag 107, 123 ff., 168
- Abgrenzung zu Liefer- und Dienstleistungsaufträgen 124
- Bauleasing 124
- Hoch- / Tiefbauarbeiten 123

Bauhauptgewerbe 125 f.
- Landesmantelvertrag für das Schweizerische 125, 314

Baunebengewerbe 125 f.
Bedeutung (Rechtsfrage von grundsätzlicher) *s. Beschwerde, in öffentlich-rechtlichen Angelegenheiten*
Bedürfnisabklärung 224, 254
Befangenheit, Anschein der
  s. Ausstand
Beförderung von Personen 36
Begründungspflicht
- bei Planungswettbewerben 677 f.
- von Vergabeverfügungen 810, 815 f.

Beihilfen, staatliche *s. Subvention*
Bekanntgabe

- der Gewichtung 434, 523
  - im konkreten Beschaffungsgeschäft zur Anwendung gelangenden Kriterien 434, 523, 611 ff.
- des Ausschlusses 339
- der Aufteilung
  s. Verfügung, Eröffnung der
- *s. Eignungskriterien*
- *s. Zuschlagskriterien*

Bereinigung der Angebote *s. Angebote, Bereinigung*

Berichtigungen der Angebote
  s. Angebote, Änderungen der, Berichtigungen

Beschaffung
- *s. Auftrag, Gegenstand des Auftrags*
- *s. Vertrag*

Beschaffungsstelle *s. Auftraggeber*

Beschaffungswesen
- Interkantonale Vereinbarung über das öffentliche – (IVöB) *s. Konkordat*

Beschränkung der Teilnehmerzahl
  s. Verfahren, selektives

Beschwerde
- *s. Akteneinsicht*
- Amtssprache 849
- Antrag/Begehren 844, 878, 883
- Anwalt 873
- Anschlussbeschwerde 852
- *s. Aufschiebende Wirkung*
- Begründung 848
- elektronischer Rechtsverkehr 843
  - Mail 843
- *s. Entscheid (Urteil)*
- *s. Bundesverwaltungsgericht*
- Frist 816, 826 f., 833 ff., 844, 852, 878 f., 898, 957
- Gegenpartei 870, 872, 953, 959 f.
- *s. Gehör, rechtliches*
- *s. Gerichtsferien*
- Gründe 868, 891, 913, 915 ff.
  - Ermessensfragen (reine) 915 ff.
  - Ermessensmissbrauch 742, 749, 891, 913, 918
  - Sachverhaltsfeststellung

- unrichtige oder unvollständige 891, 913, 915, 918 f.
- Verletzung von Bundesrecht 782, 917 f.
- Verletzung von verfassungsmässigen Rechten 783
- Unangemessenheit 913, 918, 921
- in öffentlich-rechtlichen Angelegenheiten 774 ff., 780 ff., 842, 850, 915, 942
- Gründe 775 ff.
- Legitimation 865 f.
- Rechtsfrage von grundsätzlicher Bedeutung 774 ff., 915
- *s. Schwellenwerte*
- *s. Kognition*
- *s. Kosten des (Beschwerde)Verfahrens*
- Kostennote *s. Parteientschädigung*
- Legitimation 850 ff.
  - Arbeitsgemeinschaft 858 ff., 871
  - Behörde 863 ff.
  - Berufsorganisationen 862
  - Dritte 861, 868, 870
  - egoistische Verbandsbeschwerde 862
  - Gemeinde 809, 867
  - Gewerbeorganisationen 862, 864
  - Grundeigentümer 869
  - Kirchgemeinde 808
  - Konkurrenten 862
  - nicht berücksichtigter Anbieter 854 ff.
- *s. Mitwirkungspflichten der Parteien*
- Mail *s. Beschwerde, elektronischer Rechtsverkehr*
- Mediation 910
- Nachfrist 812, 844
- *s. Öffentlichkeit des Beschwerdeverfahrens*
- *s. Parteientschädigung*
- Prozessvertretung 873
- Rechtsweggarantie 781, 801
- Rückzug 954, 956, 959
- Schrift 845, 848, 948
- Sprache 849

- staatsrechtliche 781, 784, 890 f., 917, 940, 945
  - Begründung/Begründungsanforderungen 916
  - kassatorische 779
  - Legitimation 855, 867
  - Popularbeschwerde 868
- *s. Standstill*
- subsidiäre Verfassungsbeschwerde 778 ff., 842
  - Gründe 778 ff.
  - Legitimation 866
- *s. Untersuchungsgrundsatz*
- *s. Zuschlag*

Beschwerdeinstanz, verwaltungsunabhängige 60, 122, 796

Beschwerdeverfahren 12, 772, 796, 825, 834, 868, 898, 941, 958
- neue Tatsachen und Beweismittel 847

Besondere oder ausschliessliche Rechte *s. Auftraggeber*

Best-endeavour-Klausel 10

Bestechung 737, 738 ff., 748
- Tatbestand der 747 ff.

Beteiligte 870 ff., 890
- Parteirechte 907

Betrug 737, 740, 752

Beurteilungsmatrix *s. Prüfung*

Bevorzugung von Ortsansässigen
s. Grundsatz der Nichtdiskriminierung

Bewerber *s. Anbieter*

Bieter *s. Anbieter*

Bilaterale Abkommen *s. Abkommen, internationales*

Binnenmarkt, Bundesgesetz über den (BGBM) 49 ff., 137, 796 ff., 851, 917
- Beschränkung des freien Zutritts zum Markt 56, 60
- *s. Grundsatz der Nichtdiskriminierung*

- Grundsatz- oder Rahmengesetz 49 f.
- Handelshemmnisse, verkappte 57
- Herkunftsortsprinzip 317
- Mindeststandard 49 ff.
- Monopolkonzession
  s. Dienstleistungskonzession
- Prozentklausel 57, 585

Brokermandat 143, 189

Bundesbahnen, Schweizerische *s. Auftraggeber, Eisenbahnanlagen*

Bundesgesetz
- über den Binnenmarkt
  s. Binnenmarkt
- über die in die Schweiz entsandten Arbeitnehmerinnen und Arbeitnehmer vom 8. Oktober 1999 34, 318
- über die Nationalstrassen 68
- über Kartelle und andere Wettbewerbsbeschränkungen vom 6. Oktober 1995 (KG)
  s. Wettbewerb (Kartellgesetz) 35
- vom 16. Dezember 1994 über das öffentliche Beschaffungswesen (BoeB) 15, 26 ff., 147, 165, 943
- vom 17. Juni 2005 über das Bundesgericht (Bundesgerichtsgesetz, BGG) 774, 843, 850

Bundesverwaltungsgericht 772, 833, 843 f., 883
- *s. Kognition*
- *s. Zuständigkeit*

Buslinien, Betrieb von
s. Dienstleistungskonzession

C

Central Product Classification (CPC) 133, 794

Conférence romande des travaux publics 99

Culpa in contrahendo 949
- *s. Schadenersatz*

D

Dialog, technischer 680
Dialog, wettbewerblicher *s. Verfahren, wettbewerblicher Dialog*
Dienstleistungsauftrag 107
- Abgrenzung zu Bau- und Lieferaufträgen 124, 136
- Begriff, unterstellte (prioritäre) Dienstleistungen 107, 132 ff., 143 ff., 794
- mehrjähriger 170, 180
- übrige (nicht prioritäre) Dienstleistungen 126, 144
- Versicherungsdienstleistung 143, 189
- Transportdienstleistungen 139

Dienstleistungskonzession
- Begriff 110 ff., 140 ff., 701
  - Buslinien, Betrieb von 36, 140 ff.
  - Spitex 113
  - Monopolkonzession 109 ff., 701
- *s. Public Private Partnership (PPP)*
- Sondernutzungskonzession 701
  - Plakataushang 109 ff., 788
- Vergabe von – 109, 788

Diskriminierungsverbot *s. Grundsatz der Nichtdiskriminierung*
Doppelprüfung der Eignung
  s. Prüfung

E

Eignung 199, 347 ff.
- fehlende *s. Ausschluss vom Verfahren*
- Nachweis der 347, 353, 356
- *s. Prüfung der*
- *s. Ständige Liste*
- *s. Verfahren, selektives, Präqualifikation*

Eignungskriterien 152, 198 ff., 347 ff., 712
- Abgrenzung von – und Zuschlagskriterien *s. Zuschlagskriterien*
- auftragsspezifische 347 f.
- Ausbildung von Lehrlingen
  s. Zuschlagskriterien – soziale Kriterien
- *s. Ausschlusskriterien*
- Ausschlusskriterien *s. Ausschluss vom Verfahren, Kriterien für den*
- Begriff der 362 ff.
- Bekanntgabe der 386 ff.
  - Bindung der Vergabebehörde an die 386 ff.
- Bewertung der
  s. Prüfung der Eignung
- Erfahrung und Fachkompetenz 367 f.
- Ermessen des Auftraggebers
  s. Prüfung, Ermessen des Auftraggebers
- Festlegung der 387, 389
- finanzielle Leistungsfähigkeit 355, 357, 366, 377 ff.
  - Gesellschaftskapitel 365
- Leistungsfähigkeit des Anbieters im Allgemeinen 347
- *s. Mehreignung*
- nachträgliche Änderung der 390, 495, 514
- Nichterfüllung der *s. Ausschluss vom Verfahren*
- Ortsansässigkeit 362
- *s. Prüfung der Eignung*
- Referenzen 349, 368
- unzulässige 362, 363, 364, 365 f.
  - *s. Ortkenntnisse*

Einladungsverfahren *s. Verfahren, Einladungsverfahren*
Einrichtung des öffentlichen Rechts
  s. Auftraggeber
Einreichungsfrist *s. Angebot*
Einsicht in das Offertöffnungsprotokoll *s. Angebote, Öffnung*
Einzelauftrag 181 f.
Eisenbahnanlagen *s. Auftraggeber, Sektoren*
Elektrizität *s. Energie*
Elektronische Auktion *s. Verfahren*

Elektronischer Rechtsverkehr
  s. Beschwerde
Eliminationsverfahren *s. Ausschluss vom Vergabeverfahren; s. Widerruf*
Email *s. Beschwerde, Elektronischer Rechtsverkehr*
Empfehlungen der Fachverbände
  s. Fachverbände
EMRK
– Art. 6 Abs. 1 EMRK 772 f., 945
Energie
– Lieferung *s. Lieferauftrag, Energielieferung*
– Versorgung *s. Auftraggeber*
Entscheid (Urteil) 915 ff.
– Endentscheid 774, 778, 783, 840, 842, 886, 928
– Feststellungsentscheid 895, 925, 937 ff., 947
– kassatorischer 925 f.
– *s. Kosten (des Beschwerdeverfahrens)*
– letzter kantonaler Instanzen 778 f.
– neuer 930, 940
– reformatorischer 925, 927, 932 ff.
– *s. Parteientschädigung*
– Rückweisungsentscheid 784, 787, 926, 929 ff., 939
– Weisung
  – verbindliche 926, 931, 936
  – *s. Verfügung, Wiedererwägung*
– Zwischenentscheid 783, 825, 833, 886, 890, 908, 928, 954
E-Procurement *s. Ausschreibung, Publikation*
Entsendung von Arbeitnehmern 318
Erfüllungsgarantie 355
Erläuterung
– Einholung der 441, 444 f., 464 ff., 467, 477
Ermessensfragen (reine) 916 ff.
EU
– Bilaterales Abkommen mit
  s. Abkommen, Internationales
– Eurokompatibilität des Schweizerischen Rechts *s. Auslegung*

Europäische Freihandels-Assoziation (EFTA) *s. Abkommen, Internationales*
Evaluation *s. Prüfung*
EWR *s. Abkommen, Internationales*
Experte 679, 682, 684, 687, 690, 694, 914

F

Fachleute *s. Experte*
Fachverbände
– Empfehlungen der 647, 656
Fairness 248, 682, 685, 875
Fernmeldewesen, (Telekommunikation) *s. Auftraggeber, Sektoren*
Finanzhilfe *s. Subvention*
Folgeauftragsoption *s. Option*
Freihändiges Verfahren *s. Verfahren*
Freistellung *s. Ausklinkklausel*
Frist *s. Angebote, Einreichungsfrist, s. Beschwerde, Frist*

G

GATT/WTO-Übereinkommen
  s. Abkommen, Internationales
GAV/LMV
  s. Arbeitsschutzbestimmungen
Gegenpartei *s. Beschwerde*
Gegenrecht 9, 33,
Gegenrechtsvereinbarung 59, 90, 92, 807
Geheimhaltung *s. Vertraulichkeit, Grundsatz der; s. Akteneinsicht*
Gehör, rechtliches 263 f., 479, 815 f., 871, 906 f.
– Heilung des verletzten 816, 906, 957
Geistiges Eigentum (Schutz) 761, 766, 768
Gemeinde *s. Auftraggeber, Gemeinde*
Gerichtsferien 834 f., 842
Gesamtangebot *s. Angebot*
Gesamtleistungswettbewerb
  s. Wettbewerbsverfahren

Gesamtwert (eines Auftrages)
  s. *Auftragswert*
Geschäftsgeheimnis s. *Akteneinsicht;*
  s. *Vertraulichkeit, Grundsatz der*
Gewichtung s. *Zuschlagskriterien*
Gleichbehandlung s. *Grundsatz der Gleichbehandlung*
Grundfreiheiten
  – s. *Grundsatz der Nichtdiskriminierung*
Grundangebot s. *Variante*
Grundsatz
  – der gegenseitigen Anerkennung 9, 14, 22, 60, 398
  – der Gleichbehandlung 12, 48, 53, 122, 153 f., 177 ff., 225, 232 f., 254, 257, 269, 272, 280, 287, 308, 314, 355, 368, 388, 412, 414, 425 ff., 442, 464 ff., 469, 479, 494, 511, 528, 550, 579, 582, 584 f., 588 f., 604, 613, 649, 679, 682, 684 ff., 702, 788
  – der Nichtdiskriminierung 5, 12, 14, 48, 53, 56 ff., 122, 179, 201, 203, 240 f., 247, 364 ff., 390, 406, 580, 582, 584 f., 588 f., 605, 610, 649, 917
  – s. *Rückwirkungsverbot*
  – der Stärkung des Wettbewerbs 203, 368, 686, 921
  – der Transparenz 12, 14, 122, 153 f., 177, 203, 280, 308, 339, 355, 358, 393, 408, 412, 414, 430, 442, 450, 469, 479, 494, 511, 528, 540, 556, 564, 573, 575, 589, 612 ff., 627 ff., 632 ff., 649, 665, 685, 702, 741, 815, 825, 922
  – s. *Treu und Glauben*
  – der Verhältnismässigkeit 159, 273, 281, 288, 316, 318, 604, 639, 679, 686, 885, 901
  – der Vertraulichkeit 430 ff., 755 ff., 772, 904, 907
  – des wirtschaftlichen Einsatzes der öffentlichen Mittel 116, 224, 241, 473, 686, 690, 788

grundsätzlicher Bedeutung, Rechtsfrage von s. *Beschwerde, in öffentlich-rechtlichen Angelegenheiten*
Guide Romand pour l'adjudication des marchés publics 99, 561, 573

H

Haftung s. *Schadenersatz*
Handelsamtsblatt, Schweizerisches (SHAB) 67, 234, 810, 833,
Handelshemmnis 56 f., 63, 606,
Harmonisierung (der Vergaberegeln) 30, 63,
Herkunftsortsprinzip s. *Binnenmarkt*
Hochbauarbeiten 123,
  – s. *Bauauftrag*

I

Ideenskizze s. *Wettbewerbsverfahren*
Ideenwettbewerb
  s. *Wettbewerbsverfahren*
In-house 118
  – s. *verbundene Unternehmen*
Inländerbehandlung 12, 59, 406
  – s. *Grundsatz der Gleichbehandlung*
Insolvenz s. *Eignungskriterien, finanzielle Leistungsfähigkeit*
Integritätsklausel 743, (Fn. 1468)
Irrtum, Korrektur
  s. *Angebotsänderung, Berichtigung*
Italien s. *Abkommen, International*

J

Jury s. *Wettbewerbsverfahren, Preisgericht*

K

Kalkulationsfehler s. Angebotsänderung, Berichtigung
Kartellgesetz (KG) s. Wettbewerb (Kartellgesetz)
Kausalität 928, 941, 944
– zwischen Verfahrensfehler und Zuschlagserteilung 921 ff.
Kirchgemeinde (kirchliche Körperschaft) s. Auftraggeber
Klausel
– s. Ausklinkklausel
– s. Bagatellklausel
– s. Best-endeavour
– s. Integritätsklausel
– s. Binnenmarkt
Kognition (Beschwerdeinstanz) 776 f., 785, 786, 915 ff.
– Rechtsanwendung von Amtes wegen 920
– Motivsubstitution 920, 924
Kommission
– Kommission Beschaffungswesen Bund–Kantone (KBBK) 21 f., 863
– s. Wettbewerb (Kartell), Wettbewerbskommission
Konferenz
– s. Conférence romande des travaux publics
– s. Bau-, Planungs- und Umweltschutzdirektorenkonferenz, Schweizerische (BPUK)
– s. Volkswirtschaftsdirektorenkonferenz, kantonale
Konkordat (IVöB) 62 ff., 134
Konkurrenzsituation s. Ausklinkklausel
Konsortium s. Arbeitsgemeinschaft
Kontaktstelle 12
Kontrahierungspflicht s. Vertrag
Konzession
– Begriff 108, 788
– s. Dienstleistungskonzession
– s. In-house
Korruption 304, 739, 741 ff., 747, 750

Kosten (des Beschwerdeverfahrens) 817, 952 ff.
– Interessewert 952
– Kostenbefreiung 956 f.
– Kostennote s. Parteientschädigung
– Kostenrisiko 870 f.
– Kostenverlegung 957 f.
– Kostenvorschuss 952
– Sicherheiten (aufschiebende Wirkung) 835, 844, 884 ff., 896 f.
– Streitwert 942, 952
– unnötige 958

L

Legalitätsprinzip 647
Leistungsortsprinzip 317, 681
Leistungsverzeichnis 224 f., 227, 250, 423, 440, 472, 510 f., 681, 764
– Änderung der ausgeschriebenen Leistung 233, 258, 510 f.
  – s. Angebot, Änderung der
– s. Ausschreibung, Abweichung von der
– standardisierte Leistung 515 f., 527
– Variante mit Reduktion/Ausweitung der ausgeschriebenen Leistung 479
Lieferauftrag 107, 127 ff.
– Abgrenzung zu Bau- und Dienstleistungsaufträgen 124, 236, (Fn. 497)
– Beschaffung beweglicher Güter 127
– Energielieferung 130 ff.
– mehrjähriger 170
– Rüstungsbeschaffung 24, 128
Limitierungsabsicht s. Verfahren, selektives
Liste, ständige 361, 398 ff.
Losentscheid 153, 199 ff., 649
– s. Verfahren, selektives

M

Mail s. Beschwerde, elektronischer Rechtsverkehr
Maklermandat 143, 189

475

Marktmacht *s. Wettbewerb, Nachfragemacht*
Mehreignung 202, 359, 380 ff., 394, 530, 625
Missbrauch 737 ff.
– der Transparenz 412, 741, 744
– des Ermessens 559, 574, 742, 749, 815
Mittel, öffentliche *s. Grundsatz des wirtschaftlichen Einsatzes der*
Mitwirkungspflichten der Parteien 912 ff.
Monopolkonzession
  s. Dienstleistungskonzession

N

Nachfragemacht *s. Wettbewerb, Nachfragemacht*
Nationalstrassen
– Bundesgesetz über die 68
– Verordnung über die 68
Neuvergabe 492 ff.
– *s. Wiederholung des Vergabeverfahrens*
Neue Eisenbahn-Alpentransversale (NEAT) 33
Nichtdiskriminierung *s. Grundsatz der Nichtdiskriminierung*
Nichtigkeit *s. Vertrag*
Nichtunterstellungsklausel
  s. Ausklinkklausel

O

Öffentlichkeit
– des (Beschwerde)Verfahrens 772
Offenes Verfahren *s. Verfahren, offenes*
Offerte *s. Angebot(e)*
Offertebereinigung *s. Angebot, Bereinigung*
Offertevaluation *s. Prüfung*
Öffnung der Offerte *s. Angebote, Öffnung*
Option 494

– Folgeauftrags- 172, 494, 659 ff.
Organ, Interkantonales 66
Ortskenntnisse 364, 684
Outsourcing
– *s. Dienstleistungskonzession*
– *s. In-house*

P

Parteientschädigung 896, 947, 952, 956, 958, 959 ff.
– Kostennote 952, 963
Patentrecht 764
Plakataushang *s. Dienstleistungskonzession*
Planungswettbewerb
  s. Wettbewerbsverfahren
Postsektor *s. Auftraggeber*
PPP *s. Public Private Partnership*
Präqualifikation *s. Verfahren, selektives*
Präsentation, mündliche – der Angebote *s. Angebot*
Preis
– Angebotpreis 439, 527 ff, 547 ff, 551, 553 f., 557, 588
– Benotung des (Preiskurve) 523, 551 ff.
  – Gewichtung 551, 554 ff., 587
– Budgetposten 464 f.
– Einheitspreis 289, 321, 417, 440, 448, 458, 471
– Kostendach 282, 527
– nicht bestimmbarer Preis 417
– offerierter Gesamtpreis 511
– Pauschalpreis (Globalpreis) 289, 440, 448, 471
– Preisabsprache, *s. Wettbewerb (Kartell)*
– Preisabweichung 449, 553, 575, 588
– Preisreduktion 462
– Preisvergleich 440, 548, 550
– Quersubventionierung 550
– Rabatte 448, 451, 454, 459 f., 466
– Richtpreis 417, 549, 691

- Skonto 448, 451, 548
- ungewöhnlich niedriger Preis
  s. Unterangebot
- Vereinbarung des 458
Preiserklärung
- Korrektur von Fehlern in der 458
Preisgericht s. Wettbewerbsverfahren
Prinzip s. Grundsatz
Produkteanforderungen
  s. Spezifikationen technische
Produkteklassifikation
- s. Central Product Classification (CPC)
Projektwettbewerb
  s. Wettbewerbsverfahren
Protokoll
- s. Angebot, Öffnung der Offerte
- s. Verhandlung, Nachvollziehbarkeit
Prüfung
- s. Angebot(e), Bereinigung der
- der Eignung 349, 351, 356, 375 f., 380, 391 ff., 530, 538, 717 f.
  - Doppelprüfung der Eignung 359, 380 ff., 395, 519, 530, 543
  - s. Mehreignung
- der Angebote 452
- Ermessen des Auftraggebers 202, 349, 372, 374, 518, 531, 720 ff., 727, 919, 921
- Evaluation 417 f., 440, 570 f., 632 ff.
  - Beurteilungsmatrix 523, 539, 619 ff., 636, 676, 684, 810, 930
  - Evaluationsbericht 358, 495, 532, 537 ff., 633 ff., 649, 693, 903
  - Evaluationsmethode 570, 621, 640
  - Evaluationsmittel 638 f.
  - Rechtmässigkeit der 632 ff.
Prüfungssystem s. Liste, ständige
Public Private Partnership (PPP) 27
Publizität s. Grundsatz der Transparenz

R

Rabatte s. Preis
Rahmenvereinbarung s. Verfahren
Rechnungsfehler 456 ff.
- s. Angebotsänderung, Berichtigung
Rechtsfrage von grundsätzlicher Bedeutung s. Beschwerde, in öffentlich-rechtlichen Angelegenheiten
Rechtsgrundlagen 1 ff., 36, 62
- Bund 1, 9, 14, 15, 25, 32, 34, 35, 712
- Gemeinde (und Bezirk) 36 ff, 43 ff., 49 ff., 62 ff., 101 ff.
- Kantone 36 ff, 46, 49 ff., 62 ff., 71 ff., 714, 944
- WTO 1, 36
Rechtsweggarantie s. Beschwerde
Rekurskommission für das öffentliche Beschaffungswesen (BRK/CRM) 774
Rückwirkungsverbot 702, 705, 795
Rüstung s. Lieferauftrag, Rüstungsbeschaffung

S

Sachverständiger s. Experte
Sanktionen gegen Anbieter 67, 340, 742, 880
Schadenersatz 491, 500, 860, 874, 937 f., 941 ff.
- Begehren 854, 890, 911 f., 946 ff.
- s. Culpa in contrahendo
- Frustrationsschaden 943, 950
- Schaden 941, 943 f., 948
- Schadenszins 943
- Staatshaftung 942 ff.
- Verantwortlichkeitsgesetz 942
- Widerrechtlichkeit 941, 943 ff.
Schätzung des Auftragswerts
  s. Auftragswert
Schienenverkehr s. Auftraggeber, Eisenbahnanlagen
Schriftlichkeitsgebot s. Angebot

Schwellenwerte 1, 10, 48, 69, 103, 165 ff., 173 ff., 655, 774, 776, 787
- *s. Bagatellklausel*
- Auftrag unter den *s. Auftrag*
- Regeln zur Berechnung der 166 ff.

Sektoren *s. Auftraggeber in den Sektoren*

Selektives Verfahren *s. Verfahren, selektives*

Self-executing *s. Auslegung*

SHAB *s. Ausschreibung, Publikation*

SIA-Ordnung *s. Wettbewerbsverfahren*

Sicherheiten 896 f.

SIMAP *s. Ausschreibung, Publikation*

Skizzenselektion
  s. Wettbewerbsverfahren, Ideenskizze

Sondernutzungskonzession
  s. Dienstleistungskonzession

Soziale Kriterien *s. Zuschlagskriterien*

Spezifikation, technische 241 ff., 245, 679, 690
- Handelsmarken 241
- Handelsnamen 241
- ISO 241, 370 f., 635
- Markenbezeichnung 241
- Muster 241
- Patente 241
- Typen 241

Spitex *s. Dienstleistungskonzession*

Sponsoringleistung *s. Wettbewerb, Nachfragemacht*

Staatshaftung *s. Schadenersatz*

Standstill 5, 874

Stromversorgung *s. Auftraggeber, Sektoren*

Studienauftrag 238, 642 ff., 653, 666 ff.
- *s. Verfahren, wettbewerblicher Dialog*

Submission
- -sabsprache *s. Wettbewerb (Kartell), Abrede*
- -sbetrug *s. Betrug*
- freiwillige *s. Auftrag*
- *s. Verfahren*

Subsidiäre Verfassungsbeschwerde
  s. Beschwerde

Subunternehmen 403 ff.

Subvention 121, 130, 140, 788
- *s. Konzession*

Swisscom *s. Auftraggeber, Sektoren, Telekommunikationsversorgung*

T

Teilabbruch (des Submissionsverfahrens) *s. Abbruch*

Teilangebot *s. Angebot*

Teilnahme von Anbietern *s. Angebote, Öffnung der*

Teilnahmeantrag *s. Verfahren, selektives, Präqualifikation*

Teilnahmebedingungen *s. Verfahren, selektives, Präqualifikation*

Teilnehmerzahl
- Beschränkung der 483, 487
- *s. Verfahren, selektives, Präqualifikation*

Telekommunikationsversorgung
  s. Auftraggeber

Tiefbauarbeiten 123
- *s. Bauauftrag*

Tiefpreisangebot *s. Unterangebot*

Transparenz *s. Grundsatz der Transparenz*

Transportdienstleistung 139
- *s. Dienstleistungsauftrag*
- *s. Dienstleistungskonzession*

Transportweg
- *s. Zuschlagskriterien, Umweltschutzkriterien*
- *s. Grundsatz der Nichtdiskriminierung*

Treu und Glauben 288, 421, 435, 490, 500, 534, 674, 820, 823, 875, 878

U

Übereinkommen über das öffentliche Beschaffungswesen (ÜoeB oder GPA) *s. Abkommen, internationales*

Übergangsbestimmung 795

Überwachungsbehörde (unabhängige) 12, 20

Überwachungskommission
  s. *Kommission, KBBK*

Umweltschutzkriterien
  s. *Zuschlagskriterien*

Ungewöhnlich niedrige Angebote
  s. *Unterangebot*

Ungleichbehandlung der Anbieter
  s. *Grundsatz der Gleichbehandlung*

Unlauterer Wettbewerb 459 ff., 724 ff.

Unterakkordant s. *Subunternehmen*

Unterangebot (ungewöhnlich niedriger Preis) 3, 575 f., 711 ff.
– Gründe des 714 ff.
– unlauterer Wettbewerb 714, 716, 724 ff.

Unternehmen, öffentliches
  s. *Auftraggeber*

Unternehmergespräch s. *Angebote, Erläuterung der*

Unternehmervariante
– s. *Angebote, Änderung der*
– s. *Variante*

Unterstellung
– Befreiung von der s. *Ausklinkklausel*

Unterzeichnung des Angebots 289

Untersuchung
– s. *Wettbewerb (Kartell), Verfahren*

Untersuchungsgrundsatz 682, 357, 912 ff.

Unveränderbarkeit des Angebots
  s. *Angebot, Änderung*

Unvollständigkeit des Angebots
  s. *Angebot*

Urheberrecht 761, 766 ff.
– am Bauplan 767
– an Wettbewerbsarbeiten 767
– Computerprogramme 768
– (Erst-)Veröffentlichungsrecht 769
– Korrekturanspruch 769
– Werke der Baukunst 768

Urteil s. *Entscheid*

V

Variante 241, 469 ff., 474, 476, 762 f.
– s. *Angebot, Änderung der*
– Begriff 469, 471, 476 ff.
– Beurteilung nach gleichen Zuschlagskriterien 469, 478
– Beweislast 470
– Grundangebot 305, 418, 469, 472
– mit Reduktion/Ausweitung des ausgeschriebenen Leistungsinhalts 479

Verantwortlichkeitsanspruch
  s. *Schadenersatz*

Verantwortlichkeitsgesetz
  s. *Schadenersatz*

verbundene Unternehmen
– s. *In-house*

Vereinbarung, Interkantonale
– über das öffentliche Beschaffungswesen (IVöB) s. *Konkordat*

Verfahren
– s. *Abbruch (des Vergabeverfahrens)*
– Art des s. *Wahl des*
– s. *aufschiebende Wirkung*
– s. *Ausschluss vom Vergabeverfahren*
– s. *Bagatellklausel*
– s. *Beschwerde*
– s. *Beteiligte*
– Einladungsverfahren 148 ff., 173, 204 ff., 393 ff., 408 ff., 442, 655, 793, 804, 821
  – Anspruch auf Teilnahme 204 ff.
  – Bevorzugung ortsansässiger Anbieter 420, 584 f., 605, 610
– freihändiges 148 ff., 157 ff., 173, 190 ff., 207 ff., 217 ff., 223, 408 ff., 442, 494, 642 f., 655, 793, 804, 821, 868
  – Anschlussauftrag 210
  – Austauschbarkeit (der Leistungen) 208
  – Dringlichkeit 212 ff.
  – Kausalzusammenhang (zwischen Ereignis und Dringlichkeit) 212 f.
  – künstlerische Besonderheiten des Auftrags 160

- mit mehreren Anbietern 217 ff.
- Schutz des geistigen Eigentums 160
- technische Besonderheiten des Auftrags 160
- unvorhersehbares Ereignis 212
- Zulässigkeit 158 f., 161 f., 207 ff., 211
- Zusatzauftrag 209
- zusätzliche Bauleistungen 209
- freiwillige Submission 804
- höherstufiges 163, 179, 195, 216, 442
- *s. Kosten des (Beschwerde)Verfahrens*
- offenes 6, 148 ff., 173, 351, 393, 643, 655
- *s. Öffentlichkeit des Beschwerdeverfahrens*
- Rahmenvereinbarung 27, 318, 753, (Fn. 522, 1021)
- selektives 148 ff., 172 ff., 351, 643
  - Auswahl 153, 200
  - Beschränkung der Teilnehmerzahl 152, 154, 197 ff., 201, 203, 351, 354
  - *s. Liste, ständige*
  - Losentscheid 153, 199 ff., 201 ff., 354, 493, 649
  - Mehrfachbewerbungen 155
  - Nachfragemacht 177, 753 f.
  - Präqualifikation 152, 197, 201 f., 351, 356, 361, 398, 401, 530, 651, 670, 818
- Wahl des 19, 151, 159, 163 f., 169, 173 ff., 190 ff., 219, 222, 644, 654, 667, 793
- wettbewerblicher Dialog 29, 642 ff.
- *s. Studienauftrag*
- *s. Wettbewerbsverfahren*
- *s. Wiederholung des Vergabeverfahrens*

Verfassungsbeschwerde, subsidiäre *s. Beschwerde*

Verfügung 701, 801, 803, 810 ff., 820 ff., 845

- Abbruchsverfügung 489 ff.
- Begründung der 542, 810 ff., 835, 909, 955, 957
- Eröffnung der 482 ff., 810 f., 816, 831, 835
  - *s. Auftrag, Aufteilung des, Bekanntgabe der*
- Nichtigkeit der 822 f.
- Publikation (im SHAB) 810, 824, 833
- Feststellungsverfügung 846
- neue 909
- Rechtsmittelbelehrung 819, 836, 909
- Rechtsmittelverzicht 819, 839
- Widerruf (des Zuschlags) 324 ff., 703, 839, 846, 909 ff.
  - *s. Abbruch*
- Wiedererwägung (durch die Vergabebehörde) 703, 909 ff., 959
- *s. Zuschlag*

Vergabe
- Behörde *s. Auftraggeber*
- freihändige *s. Verfahren, freihändiges*
- Richtlinien 57
  - Empfehlungen 656
- *s. Verfügung*

Vergabefremde Kriterien *200*
- *s. Zuschlagskriterien, vergabefremde*
- *s. Umweltschutzkriterien, soziale Kriterien*
- *s. Zuschlagskriterien, Umweltschutzkriterien*

Vergabestelle *s. Auftraggeber*
Vergabeverfahren *s. Verfahren*
Vergleichbarkeit (der Angebote) 440
- *s. Angebote, Unveränderbarkeit*
- *s. Prüfung der Angebote*

Verhältnismässigkeit *s. Grundsatz der Verhältnismässigkeit*

Verhandlung 416 ff., 428 ff., 469, 497
- Abgebotsrunde 67, 413, 428 ff., 438, 447, 452 ff., 465 f., 760
- Einbezug einzelner Angebote in die 439, 464 f.

- nach dem Zuschlag, im Hinblick auf den Abschluss des Vertrags 427 ff., 497
- Nachvollziehbarkeit (Protokoll) 433 ff., 466, 539, 633, 635, 649
- öffentliche Verhandlung *s. Öffentlichkeit des Beschwerdeverfahrens*
- Verbot der 441 ff., 446, 454, 465 f., 497, 512

Verhandlungsverfahren (EU)
  s. Verfahren, freihändiges

Verkehrsdienstleistung
  s. Dienstleistungskonzession, Buslinien

Verkehrsversorgung *s. Auftraggeber, Sektoren*

Verordnung
- Schweiz
  - über das Immobilienmanagement und die Logistik des Bundes vom 14. Dezember 1998   25
  - über das öffentliche Beschaffungswesen vom 11. Dezember 1994 (VoeB) 13, 15, 26 ff.
  - über die Nationalstrassen vom 18. Dezember 1995 (NSV) 68
  - über die Nichtunterstellung unter das öffentliche Beschaffungsrecht vom 18. Juli 2002   17
  - über die Organisation des öffentlichen Beschaffungswesens des Bundes von 22. November 2006 (Org-VoeB) 25, 942

Versicherungsdienstleistung
  s. Dienstleistungsauftrag

Verteidigungsbereich *s. Lieferauftrag, Rüstungsbeschaffung*

Vertrag
- abgeschlossener 877, 938 ff., 951
  - vorzeitig 875 ff., 881 f., 887
  - *s. Standstill*
- Änderung 702 ff.
- Dauervertrag 704 ff., 795
- Inhalt 225, 702 f.
- KBOB-Planervertrag 710

- Kontrahierungspflicht 490, 517, 701
- mehrjähriger 182
- Nichtigkeit 877, 880, 882, 886
- Rechtswirksamkeit 880, 882
- Schwebezustand 880
- submissionsrechtswidriger 467
- Vertragsschluss 701 f., 795, 828 f., 854, 859 f, 874 ff.
- wesentliche Elemente 701 ff.

Vertrauensschutz *s. Treu und Glauben*

Vertraulichkeit 755 ff., 772
- *s. Grundsatz der Vertraulichkeit*
- *s. Akteneinsicht*

Verzeichnis *s. Liste, ständige*

Volkswirtschaftsdirektoren
- Konferenz der kantonalen 62

Vorbefassung 679 ff., 682, 693 f.
- *s. Ausschluss vom Verfahren*
- Wissensvorsprung 680, 682, 685, 687, 699
- Wettbewerbsvorteil 67, 684, 687 ff., 699

Vorsorgliche Massnahmen *s. aufschiebende Wirkung*

W

Wahl des Vergabeverfahrens
  s. Verfahren, Wahl des

Wasserversorgung *s. Auftraggeber, Sektoren*

Wettbewerb (Kartell)
- Abrede (Submissionskartell, Submissionsabsprache) 35, 215, 248, 322 ff., 448, 493, 509, 580, 711, 737, 745 f., 752
  - *s. Ausschluss vom Verfahren (wegen)*
  - Beweislast 304, 325, 690, 912, 922
- Gutachten 61, 66, 914
- Kartellgesetz 35
- Nachfragemacht 35, 177 f., 248, 273, 650, 724 f., 753 f.

481

- Untersuchungsverfahren 61, 294
- Wettbewerbskommission (Weko) 17 f., 61, 66, 324 f., 863 f.

wettbewerblicher Dialog *s. Verfahren*

Wettbewerbsverfahren 29, 174, 642 ff.
- Anonymität 659, 664, 667, 688, 771
- *s. Option, Folgeauftragsoption*
- Gesamtleistungswettbewerb 15, 146, 149, 173 f., 524, 527, 536, 539, 642 ff.
- Gewinner des 643, 657, 660 ff.
- Ideenskizze 347, 650 f., 664, 676
- Ideenwettbewerb 238, 650 f., 661 ff.
- Intensität des 251, 685 f.
- Planungswettbewerb 15, 149, 173, 536, 642 ff.
- Preisgericht 642, 649, 657 f., 672 ff., 688, 818, 830
  - Bindung der Vergabebehörde an die Empfehlung des 652, 674 f.
- Projektwettbewerb 238, 651, 656, 661 f., 665, 673, 678
- SIA-Ordnung 646 ff., 658

Wettbewerbsverzerrung
 s. Wettbewerb, Abrede

Widerruf (des Zuschlags)
 s. Verfügung
- *s. Abbruch*

Wiedererwägung (durch die Vergabebehörde) *s. Verfügung*

Wiederholung (Neudurchführung) des Vergabeverfahrens 216, 413, 489 ff., 492 ff., 682, 695, 699, 705, 735, 756, 856, 926 ff., 933 f.
- wegen Unterangebot 726 ff., 735
- wegen wesentlicher Änderung des Projekts 502, 508

Wirkung, aufschiebende
 s. aufschiebende Wirkung

wirtschaftlich günstigstes Angebot
 s. Zuschlagskriterien

Wirtschaftsverbände 249

Wissensvorsprung *s. Vorbefassung*

WTO-Abkommen *s. Abkommen, internationales*

Z

Zentrale Beschaffungsstelle
 s. Auftraggeber

Zusatzauftrag *s. Option*

Zuschlag 515 ff., 701 f., 704, 810 ff., 870, 874, 880, 909, 926, 936, 950
- Anfechtung 820 ff.
  - *s. Ausschreibung*
  - *s. Beschwerde*
- Begründung *s. Verfügung*
- Eröffnung *s. Verfügung, Eröffnung*
- Rechtsanspruch auf den 616
- Rechtswidrigkeit des 846, 854 ff., 877, 940, 941
  - Feststellung der 846, 860, 877, 949 ff., 959 f.
- *s. Standstill*
- Teilvergabe 483, 487 f.
- *s. Verfügung*
- *s. Vertrag*
- Widerruf *s. Verfügung,*

Zuschlagskriterien 515 ff., 543 ff., 825, 920
- Abgrenzung von Eignungs- und – 360, 380 ff., 393, 519 f., 529 f, 543, 595
  - *s. Mehreignung*
- Auswahl 544, 581, 826
- Änderung der 528
- Bekanntgabe der 523, 525, 574, 611 ff., 626 ff.
  - Fehlen von – in der Ausschreibung bzw. den Ausschreibungsunterlagen 626
- Beurteilungsmatrix *s. Prüfung, Evaluation*
- Bevorzugung ortsansässiger Bieter *s. Grundsatz der Nichtdiskriminierung*
- Bewertung *s. Zuschlagskriterien, Gewichtung*
- Einführung eines zusätzlichen Zuschlagskriteriums 527
- Erfahrung des Auftraggebers mit einem Anbieter 583

- Gewichtung der – 556, 558, 578, 586 ff., 611 ff., 826
  - Bekanntgabe der – der Zuschlagskriterien 523, 525, 611 ff., 626 ff., 626 ff.
  - Muss-Kriterien 535
  - Preis-/Leistungsverhältnis 526, 546
- gewöhnlicher Sprachgebrauch 533
- inhaltlich bestimmte 544
- nicht diskriminierende 522, 544
- niedrigster Preis 516, 527, 544, 553
- Objektkenntnisse 584
- Ortskenntnisse 583 f., 684
- Preis *s. Preis*
- sachfremde Kriterien 580 f., 685
- soziale Kriterien 522, 590 ff.
  - Lehrlingsausbildung 364, 522, 590 ff.
- strukturpolitische Zielsetzung 579
- Umweltschutzkriterien 522, 592, 597 ff.
  - Produktionsbedingungen 599 ff.
  - Transportwege 56, 522, 602 ff.
- Unterkriterien (Subkriterien) 432, 591, 611 ff.
  - Bekanntgabe der 523, 611 ff., 627 ff., 628 f.
- unzulässige – 579 ff.
- vergabefremde 522, 580 f., 589 ff.
  - soziale Kriterien
    s. Zuschlagskriterien
  - Umweltschutzkriterien
    s. Zuschlagskriterien
- wirtschaftlich günstigstes Angebot 515, 526

Zuständigkeit
- des Bundesverwaltungsgerichts 774, 776, 786 ff.
- des Bundesgerichts 774 ff.

Zweistufentheorie 701, 774